情報処理技術者試験対策書

令和6-7年 秋期

データベース スペシャリスト

2024-2025
DB

総仕上げ問題集

● アイテックIT人材教育研究部 [編著]

iTEC
人間力を、企業力に

刊行にあたって

　AI，IoT，ビッグデータ関連技術の進化に伴い，政府が策定した Society 5.0（ソサエティ 5.0）によるスマート社会の実現やデジタルトランスフォーメーションの実施が具体的に進んでいます。この動向に合わせて，情報処理技術者試験の出題内容も毎回新しくなり，また難易度も一昔前と比べてかなり上がってきています。情報処理技術者試験は，全体で 13 試験が現在実施されています。それぞれの試験ごとに定められた対象者像，業務と役割，期待する技術水準を基に出題内容が決められ，必要な知識と応用力があるかどうか試験で判定されます。

　情報処理技術者試験に合格するためには，午前試験で出題される試験に必要な知識をまず理解し，午後試験の事例問題の中で，学習した知識を引き出し応用する力が必要です。特に午後の試験は，出題された問題を読んで解答に関連する記述や条件を把握し，求められている結果や内容を導いたり，絞り込んだりする力が必要で，これは問題演習と復習を繰り返す試験対策学習を通じて，身に付けていくことが最短の学習方法といえます。

　この総仕上げ問題集は，試験対策の仕上げとして，実際に出題された直近の試験問題で出題傾向を把握しながら問題演習を行い，試験に合格できるレベルの実力をつけることを目的としています。非常に詳しいと好評を頂いている本試験問題や模擬試験の解説をそのまま生かし，知識確認と実力診断も行えるように内容を充実させた，合格に向けての実践的な問題集です。

　具体的な内容として，まず，基礎知識を理解しているかを Web 上で問題を解いて確認できる，分野別 Web 確認テストを実施します。基本的な内容を出題していますが，データベーススペシャリスト試験で求められる知識を理解するには，基礎となる応用情報技術者の知識を十分に理解する必要があります。解答できなかった問題がある分野は理解度が不足していると考えて確実に復習をしてください。

　次に，過去の試験で実際に出題された問題で演習をします。「徹底解説 本試験問題シリーズ」の特長を継承し直近 10 期分の本試験問題を収録（ダウンロードでの提供含む）していますので，分野を絞って問題演習したり，模擬試験のように時間を決めて解いたりしながら，実力を上げてください。できなかった問題は復習した後，時間をおいて再度解きなおすことが大切です。

　最後に，総合的に合格できる実力があるかを試すために，本試験 1 回分に相当する実力診断テストを実際の試験時間に合わせて受験します。本番の試験までに最後の追込み学習に活用してください。

　合格を目指す皆さまが，この総仕上げ問題集を十分に活用して実力を付け，栄冠を勝ち取られますことを，心から願っております。

2024 年 3 月
アイテック IT 人材教育研究部

本書の使い方

　本書は，試験に合格できる実力を身に付けていただくための，総仕上げの学習を目的とした実践的な問題集です。次の三つの部で構成されています。

第1部　分野別 Web 確認テスト（学習前実力診断）＋本試験の分析
　　　　※Web コンテンツあり

第2部　本試験問題（直近の過去問題 10 期分（ダウンロードでの提供含む））
　　　　※ダウンロードコンテンツあり

第3部　実力診断テスト（学習後実力診断）
　　　　※ダウンロードコンテンツあり

第 1 部　分野別 Web 確認テスト

　総仕上げ学習を進めるに当たって，まず午前試験レベルの基礎知識が理解できているか，分野別の代表的な問題で確認しましょう。

（学習方法）
① 　分野別 Web 確認テストの URL に Web ブラウザからアクセスし（アクセス方法は P.10 参照），受験したい分野をクリックしてください。

② 　「開始」ボタンを押した後に，選択した分野について，最低限抑えておくべき午前Ⅰ・午前Ⅱ試験レベルの知識確認問題（各分野数問）の選択式問題が出題されます。基本的で必須知識といえる内容を出題していますので，基礎知識が定着しているかを確認しましょう。

③ 　テストの結果，知識に不安が残る分野があれば，午前試験の学習に戻って理解を深めた上で，再度，該当分野のテストを受験しましょう。テストは繰り返し何度でも受験することができます。

④ 　該当分野を復習後，第 2 部・第 3 部の本試験を想定した問題演習に進みましょう。

本試験の分析

　第1部第2章（「第2部　本試験問題」に取り組む
前に）では，本試験問題の分析結果を，統計資料を交
えてご紹介しています。アイテック独自の徹底した分
析を通して，試験対策のツボを見つけましょう。

様々な観点から本試験を分析！

　「過去問題」，「分野」，「頻出度」，「重点テーマ」な
どの観点から，本試験問題を午前，午後それぞれに
徹底的に分析しています。長年に渡る IT 教育の実績
に基づいたプロの視点と，蓄積された膨大な試験問
題の資料に基づいています。

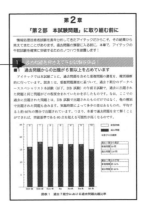

Web コンテンツ for 第1部

◎分野別 Web 確認テスト

　午前Ⅰ・午前Ⅱ試験レベルの知識
確認問題（選択式問題）を Web 上で
受験することで，基礎知識の定着度
が確認できます。

※受験結果は保存できませんので，
　ご注意ください。

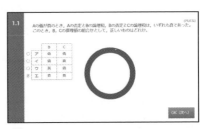

第2部　本試験問題

　本書では，最近の出題傾向を理解するために重要な直近3期分の本試験問題と，その詳細な解答・解説を収録しています。4期～10期前の本試験問題と解答・解説もダウンロードしてご利用いただけます（アクセス方法は P.10 参照）。

（学習方法）

① 　最初のうちは制限時間を気にせずにじっくりと問題に向き合うように解き進めましょう。本番を想定する段階になったら，ダウンロードコンテンツの「本試験問題の解答シート」（アクセス方法は P.10 参照）を有効活用しましょう。

② 　問題を解いた後は，解説をじっくりと読んで，出題内容と関連事項を理解してください。特に午後問題は，解説を読み込み，問題を実際の事例として捉えるようにしましょう。解答を導く過程と根拠を組み立てられるようになります。

問 18　エ　　プロジェクトの立上げプロセスで作成する "プロジェクト憲章"（R5 春・高度　午前1問 18）

　　プロジェクト憲章は，プロジェクトを正式に許可するために作成される文書で，プロジェクトマネージャを特定し，プロジェクトマネージャの責任と権限が記述される。この他，ビジネスニーズ，プロジェクトの目標，成果物，概算の予算，前提や制約などが文書化されるので，（エ）が正解である。
　ア：プロジェクトマネジメント計画書の説明である。スケジュール，リスクの他に，課題，変更管理，コスト，コミュニケーション，構成管理，品質，健康，環境などに関するマネジメントの役割・責任・組織などが記述される。
　イ：プロジェクトスコープ規定書（又は記述書）の説明である。スコープを明確に定義することを目的としている。
　ウ：WBS（Work Breakdown Structure）の説明である。WBS では階層が下がるごとに作業が詳細に記述される。

アイテックが誇る詳細な解答・解説で理解を深めよう！

　正解についての説明に加え，関連する技術やテーマ，正解以外の選択肢についても解説しているので，問われている内容についてより深く理解できます。

---

③ 　合格水準に到達できるまで，繰り返し問題を解くようにしてください。

④ 　試験日が近づいたら，制限時間を意識して解き進めるようにしましょう。

充実のダウンロードコンテンツ for 第2部

◎本試験問題の解答シート

　直近 10 期分の本試験問題の解答シートです。受験者の情報を基に本試験さながらの解答用紙を再現しました。

　解答をマークしたり，書き込んだりしながら，問題を解いてみましょう。特に，「午後問題解答シート」は，手書きで解答を記入することで，制限時間内に解答を書き込む感覚を，本番前に身に付けるのに有効です。

◎本試験問題（平成 26～31 年度春期，令和 2，6 年度秋期）の問題と解答・解説

- ・平成 26 年度春期試験
- ・平成 27 年度春期試験
- ・平成 28 年度春期試験
- ・平成 29 年度春期試験
- ・平成 30 年度春期試験
- ・平成 31 年度春期試験
- ・令和 2 年度秋期試験

上記の問題と解答・解説がダウンロードできます。

※令和 6 年度秋期試験の問題と解答・解説は，2025 年 3 月中旬にリリース予定です。

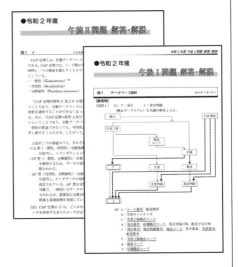

第3部　実力診断テスト

　過去の出題傾向から分析して作問した，アイテックオリジナルの実力診断テストにチャレンジしましょう。本試験を想定した問題演習を通じて，合格レベルまで確実に実力をアップするための総仕上げを行います。

（学習方法）

① 　本番の試験を受験するつもりで，問題にチャレンジ。制限時間を意識して解き進めましょう。ダウンロードコンテンツの「実力診断テストの解答用紙」（アクセス方法は P.10 参照）を有効活用しましょう。

② 　問題を解いた後は，本書の解答一覧，及び，午後試験の解答例の後ろに掲載されている，配点表で採点してみましょう。

問番号	設問番号	配点	小計	得点
問1	［設問1］	(1) リレーションシップ：1点×9，(2) a～q：1点×17	50点	
	［設問2］	(1) ①，②：2点×2，(2) ①，②：3点×2		
	［設問3］	(1) ①追加するエンティティタイプ名：2点，追加する属性名：2点，②4点，(2) サブタイプ：3点，理由：3点		2問解答 =100点
問2	［設問1］	(1) ア～キ：2点×7，(2) (a) ク，ケ：2点×2，(b) 2点	50点	
	［設問2］	(1) a～d：2点×4，(2) (a) 5点，(b) 5点		
	［設問3］	(1) e～g：2点×3，(2) 6点		
問3	［設問1］	(1) a～c：3点×3，(2) d～f：3点×3，(3) 4点	50点	
	［設問2］	(1) 名称：2点，理由：3点，(2) 名称：2点，理由：3点		
	［設問3］	(1) g～i：3点×3，(2) 5点，(3) 4点		
		合　　　計		100点

　配点表を活用すれば，現在の自分の実力を把握できます。

③ 　ダウンロードコンテンツとして提供している解答・解説（アクセス方法は P.10 参照）をじっくりと読んで，出題内容と関連事項を理解してください。
　知識に不安のある分野があれば，基礎知識の学習に戻って復習をしましょう。

　第2部・第3部の問題を繰り返し解くことで，学習した知識が合格への得点力に変わります。総仕上げ問題集を十分に活用し，合格を目指しましょう。

充実のダウンロードコンテンツ for 第3部

◎実力診断テストの解答用紙

本書に掲載している実力診断テストの午後問題の解答用紙です。アイテックオリジナルの実力診断テストを解く際，本番に近い状況を作り出すのに，お役立てください。

◎実力診断テストの解答・解説

問題を解き終わったら，解答・解説でしっかりと復習しましょう。

不正解だった問題の復習はもちろん，正解した問題も，正解までのプロセスや誤答選択肢の解説を読むことで，問題を解くための知識を増やすことができます。

<u>※実力診断テストの解答は本書（問題の直後）にも掲載されています。</u>

⬇ Web・ダウンロードコンテンツのアクセス方法

① 下記の URL に Web ブラウザからアクセスしてください。
https://www.itec.co.jp/support/download/soshiage/answer/
2024_2025db/index.html

② ユーザー名とパスワードを入力すると,ダウンロードページを開くこと
ができます。

【ユーザー名】
soshiagedb

【パスワード】
　本書の次のページに,前半と後半に **2 分割して記載**されています。
組み合わせて入力してください。

①前半4文字:第2部　本試験問題の最初のページ
（色付きのページ,R3-1 の前）
②後半4文字:第3部　実力診断テストの最初のページ
（色付きのページ,実-1 の前）

例:以下の場合は,「abcd1234」と入力

パスワード前半:abcd	パスワード後半:1234

※令和 6 年度秋期試験の分析結果と,問題と解答・解説も,上記のページ
からダウンロードできるようになります（分析結果は 2025 年 2 月中旬,
問題と解答・解説は 2025 年 3 月中旬リリース予定）。
※Web・ダウンロードコンテンツのご利用期限は **2026 年 3 月末日**です。

目次

■第 3 部　実力診断テスト

総仕上げ問題集

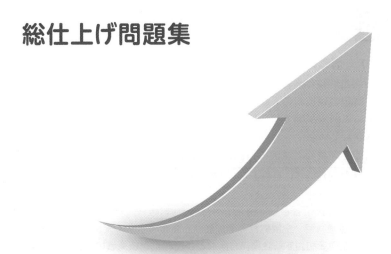

試験制度解説編

試験制度とはどのようなものなのか，解説します。

・試験制度の概要，試験の時期・時間，出題範囲，
　出題形式などの情報をまとめてあります。

・受験の際のガイドとして活用してください。

1-1 情報処理技術者試験の目的

　情報処理技術者試験は，「情報処理の促進に関する法律」に基づき経済産業省が，情報処理技術者としての「知識・技能」が一定以上の水準であることを認定している国家試験です。独立行政法人 情報処理推進機構（以下，IPA）によって実施されています。

　情報処理技術者試験の目的は次のとおりです。

- 情報処理技術者に目標を示し，刺激を与えることによって，その技術の向上に資すること
- 情報処理技術者として備えるべき能力についての水準を示すことにより，学校教育，職業教育，企業内教育等における教育の水準の確保に資すること
- 情報技術を利用する企業，官庁などが情報処理技術者の採用を行う際に役立つよう客観的な評価の尺度を提供し，これを通じて情報処理技術者の社会的地位の確立を図ること

図表 1　情報処理技術者試験及び情報処理安全確保支援士試験

1-2　データベーススペシャリスト試験の概要

(1)　データベーススペシャリスト試験の対象者像

　データベーススペシャリスト試験の対象者像は，次のように規定されています。業務と役割，期待する技術水準，レベル対応も示されています。

対象者像	高度IT人材として確立した専門分野をもち，データベースに関係する固有技術を活用し，最適な情報システム基盤の企画・要件定義・開発・運用・保守において中心的な役割を果たすとともに，固有技術の専門家として，情報システムの企画・要件定義・開発・運用・保守への技術支援を行う者
業務と役割	データ資源及びデータベースを企画・要件定義・開発・運用・保守する業務に従事し，次の役割を主導的に果たすとともに，下位者を指導する。 ①　データ管理者として，情報システム全体のデータ資源を管理する。 ②　データベースシステムに対する要求を分析し，効率性・信頼性・安全性を考慮した企画・要件定義・開発・運用・保守を行う。 ③　個別システム開発の企画・要件定義・開発・運用・保守において，データベース関連の技術支援を行う。
期待する技術水準	高品質なデータベースを企画，要件定義，開発，運用，保守するため，次の知識・実践能力が要求される。 ①　データベース技術の動向を広く見通し，目的に応じて適用可能な技術を選択できる。 ②　データ資源管理の目的と技法を理解し，データ部品の標準化，リポジトリシステムの企画・要件定義・開発・運用・保守ができる。 ③　データモデリング技法を理解し，利用者の要求に基づいてデータ分析を行い，正確な概念データモデルを作成できる。 ④　データベース管理システムの特性を理解し，情報セキュリティも考慮し，高品質なデータベースの企画・要件定義・開発・運用・保守ができる。
レベル対応(*)	共通キャリア・スキルフレームワークの 人材像：テクニカルスペシャリストのレベル4の前提要件

（＊）レベルは，人材に必要とされる能力及び果たすべき役割（貢献）の程度によって定義するとされており，レベル4では，「高度な知識・スキルを有し，プロフェッショナルとして業務を遂行でき，経験や実績に基づいて作業指示ができる。また，プロフェッショナルとして求められる経験を形式知化し，後進育成に応用できる」と定義されています。

図表2　データベーススペシャリスト試験の対象者像

(2) 試験時間と出題形式

試験時間，出題形式，出題数，解答数は次のとおりです。

実施時期	午前Ⅰ 9：30～10：20 (50分)	午前Ⅱ 10：50～11：30 (40分)	午後Ⅰ 12：30～14：00 (90分)	午後Ⅱ 14：30～16：30 (120分)
秋期	共通問題 多肢選択式 (四肢択一) 30問出題 30問解答	多肢選択式 (四肢択一) 25問出題 25問解答	記述式 3問出題 2問解答	記述式 2問出題 1問解答

図表3　試験時間，出題形式，出題数，解答数

(3) 午前試験の出題範囲

午前Ⅰ試験は，全ての分野から出題されるので，午前Ⅰを受験する場合は，まんべんなく学習する必要があります。

午前Ⅱ試験では，大分類の「3 技術要素」が重点分野に該当します（図表4参照）。

本書の第2部の出題分析に，具体的な分野ごとの出題範囲を収録しているので，参考にしてください。

高度試験・支援士試験　午前II（専門知識）

分野	大分類	中分類	情報セキュリティマネジメント試験	基本情報技術者試験	応用情報技術者試験	午前I（共通知識）	ITストラテジスト試験	システムアーキテクト試験	プロジェクトマネージャ試験	ネットワークスペシャリスト試験	データベーススペシャリスト試験	エンベデッドシステムスペシャリスト試験	ITサービスマネージャ試験	システム監査技術者試験	情報処理安全確保支援士試験
テクノロジ系	1 基礎理論	1 基礎理論													
		2 アルゴリズムとプログラミング													
	2 コンピュータシステム	3 コンピュータ構成要素						○3		○3	◎3	◎4	○3		
		4 システム構成要素	○2					○3		○3	○3	○3	○3		
		5 ソフトウェア		○2	○3	○3						◎4			
		6 ハードウェア										◎4			
	3 技術要素	7 ユーザーインタフェース						○3							
		8 情報メディア													
		9 データベース	○2					○3			◎4		○3	○3	○3
		10 ネットワーク	○2					○3		◎4			○3	○3	◎4
		11 セキュリティ[1]	◎2	○2	○3	◎3	◎4	◎4	○3	◎4	◎4	◎4	◎4	◎4	◎4
	4 開発技術	12 システム開発技術						◎4	○3	○3	○3	◎3			○3
		13 ソフトウェア開発管理技術						○3				○3			○3
マネジメント系	5 プロジェクトマネジメント	14 プロジェクトマネジメント	○2						◎4				◎4		
	6 サービスマネジメント	15 サービスマネジメント	○2							○3			◎4	○3	
		16 システム監査	○2										○3	◎4	
ストラテジ系	7 システム戦略	17 システム戦略					◎4	○3							
		18 システム企画	○2	○2	○3	○3	◎4	◎4	○3				○3		
	8 経営戦略	19 経営戦略マネジメント					◎4						○3	○3	
		20 技術戦略マネジメント					○3						○3		
		21 ビジネスインダストリ					◎4						○3		
	9 企業と法務	22 企業活動					◎4							○3	
		23 法務	◎2				○3		○3					○3	◎4

注記1　○は出題範囲であることを，◎は出題範囲のうちの重点分野であることを表す。
注記2　2，3，4は技術レベルを表し，4が最も高度で，上位は下位を包含する。
注[1]　"中分類11：セキュリティ"の知識項目には技術面・管理面の両方が含まれるが，高度試験の各試験区分では，各人材像にとって関連性の強い知識項目をレベル4として出題する。

図表4　試験区分別出題分野一覧表

（4） 午後の試験の出題範囲

午後の試験の出題範囲は，次のとおりです。

データベーススペシャリスト試験

（午後Ⅰ：記述式，午後Ⅱ：記述式）

1 データベースシステムの企画・要件定義・開発に関すること

　　データベースシステムの計画，要件定義，概念データモデルの作成，コード設計，物理データベースの設計・構築，データ操作の設計，アクセス性能見積り，セキュリティ設計　など

2 データベースシステムの運用・保守に関すること

　　データベースの運用・保守，データ資源管理，パフォーマンス管理，キャパシティ管理，再編成，再構成，バックアップ，リカバリ，データ移行，セキュリティ管理　など

3 データベース技術に関すること

　　リポジトリ，関係モデル，関係代数，正規化，データベース管理システム，SQL，排他制御，データウェアハウス，その他の新技術動向　など

図表5　午後の試験の出題範囲

（5） 採点方式・配点・合格基準

① 採点方式については，素点方式が採用されます。

② 各時間区分（午前Ⅰ，午前Ⅱ，午後Ⅰ，午後Ⅱの試験）の得点が全て基準点以上の場合に合格となります。

③ 配点（満点）及び基準点は図表6のとおりです。

④ 試験結果に問題の難易差が認められた場合には，基準点の変更を行うことがあります。

時間区分	配点	基準点
午前Ⅰ	100 点満点	60 点
午前Ⅱ	100 点満点	60 点
午後Ⅰ	100 点満点	60 点
午後Ⅱ	100 点満点	60 点

図表6　配点及び基準点

⑤　問題別配点割合は，次のとおりです。

午前Ⅰ			午前Ⅱ			午後Ⅰ			午後Ⅱ		
問番号	解答数	配点割合	問番号	解答数	配点割合	問番号	解答数	配点割合	問番号	解答数	配点割合
1～30	30	各3.4点 (*)	1～25	25	各4点	1～3	2	各50点	1, 2	1	100点

(*) 得点の上限は 100 点とする。

図表7　問題別配点割合

⑥　「多段階選抜方式」が採用されています。

・午前Ⅰ試験の得点が基準点に達しない場合には，午前Ⅱ・午後Ⅰ・午後Ⅱ試験の採点が行われずに不合格とされます。

・午前Ⅱ試験の得点が基準点に達しない場合には，午後Ⅰ・午後Ⅱ試験の採点が行われずに不合格とされます。

・午後Ⅰ試験の得点が基準点に達しない場合には，午後Ⅱ試験の採点が行われずに不合格とされます。

(6)　免除制度

高度試験及び支援士試験の午前Ⅰ試験については，次の①～③のいずれかを満たせば，その後2年間，受験が免除されます。

①　応用情報技術者試験に合格する。

②　いずれかの高度試験又は支援士試験に合格する。

③　いずれかの高度試験又は支援士試験の午前Ⅰ試験で基準点以上の成績を得る。

免除希望者は，IPA のホームページで確認してください。

(7)　情報公開

①　試験問題

問題冊子は持ち帰ることができます。また，IPA のホームページでも公開されます。

②　解答例

多肢選択問題……正解が公開されます。

記述式問題……解答例又は解答の要点，出題趣旨が公開されます。

③ 個人成績

　合格者の受験番号がホームページに掲載されます。また，成績照会ができます。

④ 統計情報

　得点別の人数分布など，試験結果に関する統計資料一式が公開されます。

⑤ 採点講評

　午後試験を対象とし，受験者の解答の傾向，解答状況に基づく出題者の考察などをまとめた採点講評が公開されます。

⑥ シラバス

　IPA が発表している最新シラバスは下記から確認できます。最新版に目を通しておきましょう。

　　　https://www.ipa.go.jp/shiken/syllabus/gaiyou.html
　　　「データベーススペシャリスト試験（レベル4）」シラバス（Ver.4.1）
　　　2023 年 12 月 25 日掲載

（8）　試験で使用する情報技術に関する用語・プログラム言語など

　試験で使用する情報技術に関する用語の定義及び表記は，原則として，一般に広く定着しているものを用いることを優先するとされています。ただし，専門性が高い用語であって日本産業規格（JIS）に制定されているものは，その規定に従うとされています。また，次に示された以外のものについては，問題文中で定義されることになります。

記号・図など	
情報処理用流れ図など	JIS X 0121
決定表	JIS X 0125
計算機システム構成の図記号	JIS X 0127
プログラム構成要素及びその表記法	JIS X 0128
データベース言語	
SQL	JIS X 3005 規格群

図表8　試験で使用する情報技術に関する用語・プログラム言語など

2 受験ガイド

2-1 試験を実施する機関

　「独立行政法人 情報処理推進機構　デジタルセンター　国家資格・試験部」
が試験を実施します。

　〒113-8663　　東京都文京区本駒込 2-28-8

　文京グリーンコートセンターオフィス

　ホームページ https://www.ipa.go.jp/shiken/index.html

2-2 試験のスケジュール

　秋期は，10 月中旬の日曜日に試験が実施されます。

　案内書公開と出願，解答例発表，合格発表の時期はいずれも予定です。

実施時期	出願 （予定）	解答例発表 （予定）	合格発表 （予定）
秋期 10 月中旬の 日曜日	案内書公開 7 月上旬 〜 受付終了 7 月下旬	多肢選択式 は即日 午後試験は 12 月下旬	12 月下旬

図表 9　試験のスケジュール

2-3 案内書公開から合格発表まで

（1）個人申込み

・インターネットの利用

　　IPA のホームページから，申込受付ページへアクセスし，受験の申込みが
できます（初回利用時はマイページアカウントの取得が必要）。受験手数料の
支払い方法は，クレジットカードによる支払いのほかに，ペイジーやコンビ
ニエンスストアでの支払いも可能です。

（2） 障害をお持ちの方などへの対応

希望者は特別措置を受けることができます。その際，申請が必要となります。

（3） 合格発表方法

合格者の受験番号は次のようにして発表されます。

・IPA のホームページに掲載

・官報に公示

また，合格発表日は事前に IPA のホームページに掲載されます。

（4） 合格証書の交付

経済産業大臣から情報処理技術者試験合格証書が交付されます。

（5） 受験手数料

受験手数料は，7,500 円（消費税込み）です。

詳しくは，IPA のホームページで確認してください。

試験前・試験後もアイテックのホームページは情報が満載

　試験制度に関する変更及び追加事項があった場合は，アイテックのホームページでもご案内いたします。

　また，試験後には午前試験の結果を分野別に評価できる自動採点サービスも行う予定です。

　　　　　株式会社アイテック　https://www.itec.co.jp/

試験対策書籍のご案内

　アイテックでは，本書籍以外にも，情報処理技術者試験の対策書として，午前・午後・論文対策など，様々な書籍を刊行しております。ぜひ，本書と併せてご活用ください。

　書籍のご案内　https://forms.gle/jLV9BiC8qSer1FzZ9

3　試験に向けて

　令和5年度秋期に行われたデータベーススペシャリスト試験（以下，DB試験という）を分析し，令和6年度秋期の試験の対策を考えていきましょう。

3-1　試験全体について

　DB試験の応募者数，受験者数，合格者数の直近3年間の推移は次のとおりです。

年　度	応募者数	受験者数（受験率）	合格者数（合格率）
令和3年度秋期	10,648	7,409（69.6%）	1,268（17.1%）
令和4年度秋期	12,399	8,445（68.1%）	1,486（17.6%）
令和5年度秋期	13,121	8,980（68.4%）	1,664（18.5%）

図表10　応募者数・受験者数・合格者数の推移

　令和5年度秋期の午前Ⅱ（専門知識）は，新傾向の問題が3問ほど見られましたが，それ以外は，既出・類似問題でした。データベース分野のデータベース設計やデータ操作，データベース応用，トランザクション処理，データベース以外の分野のセキュリティなどがやや難でした。午前Ⅱは，やや難の問題が令和4年度秋期と同じ12問で，難易度は令和4年度秋期並みといえるでしょう。

　午後Ⅰ記述式の問題文は，問1のボリュームと問2の設問数が減り，問1の設問数及び問3のボリュームと設問数が増えたものの，ほぼ令和4年度秋期並みでした。難易度は，問1が令和4年度秋期並み，問2が令和4年度秋期よりやや平易，問3が令和4年度秋期よりやや難で，全体的には令和4年度秋期並みといえるでしょう。

　午後Ⅱ記述式（事例解析）の問題文は，問2のボリュームと設問数が減ったものの，問1はほぼ令和4年度秋期並みでした。難易度は，問1・問2ともに令和4年度秋期並みなので，全体的には令和4年度秋期並みといえるでしょう。

　令和5年度秋期試験の全体的な特徴をまとめると，次のようになります。
①午前Ⅱは，令和4年度秋期並みの難易度であった。
②午後Ⅰは，全体的には令和4年度秋期並みの難易度であった。
③午後Ⅱは，問1・問2ともに令和4年度秋期並みの難易度であった。

3-2　午前 I 試験（四肢択一）

　共通知識として幅広い出題範囲の全分野から 30 問が出題される試験です。令和 5 年度秋期の分野別出題数はテクノロジ分野が 17 問，マネジメント分野が 5 問，ストラテジ分野が 8 問でこれまでと同じでした。出題された問題は，従来どおり全て同時期に実施された応用情報技術者試験（以下，AP 試験という）の午前問題 80 問から選択されています。重点分野のセキュリティからの出題が 4 問と最も多く，ヒューマンインタフェース分野からは令和 4 年度秋期に続き出題がありませんでした。

　これまで試験で出題されていない新傾向の問題は次の 5 問（令和 4 年度秋期は 3 問）でした。なお，問 18 のスコープ記述書は PMBOK®ガイド第 7 版からの初出題でしたが，問われていることは過去に出題された内容と同じです。

　　問 5　　IaC に関する記述
　　問 16　 開発環境上でソフトウェアを開発する手法
　　問 18　 スコープ記述書に記述する項目（PMBOK®ガイド第 7 版）
　　問 23　 バックキャスティングの説明
　　問 28　 AI を用いたマシンビジョンの目的

　これまで何回か出題されている定番の問題が 14 問程度ありましたが，令和 4 年度秋期の 17 問と比べて減っています。また，定番問題でも，タスク実行時間と周期，多数決回路，第三者中継のログ，スケジュール短縮日数など，少し難しい問題があり，全体として令和 4 年度秋期よりも少し難しかったといえます。

　問題の出題形式は，文章の正誤問題が 15 問，用語問題が 5 問，計算問題が 2 問，考察問題が 8 問で，用語・考察問題が増え，文章問題が減っています。

　高度試験の午前 I は出題範囲が広いので，対策としては，基本情報技術者試験（以下，FE 試験という）や AP 試験レベルの問題を日ごろから少しずつ解いて必要な基礎知識を維持し，新しい知識を吸収していくことが大切です。

（令和 5 年度秋期の分野別出題内容）　　　は新傾向問題，＿＿は既出の定番問題
　・テクノロジ分野……逆ポーランド記法，パリティビット，整列，投機実行，IaC ，タスク実行時間と周期，多数決回路，レンダリング，DBMS 障害対応，IP アドレス，マルチキャスト，レインボーテーブル攻撃，第三者中継，コーディネーションセンター，DKIM，ローコード開発 ，IDE
　・マネジメント分野……プロジェクト・スコープ記述書（PMBOK®ガイド第 7 版），

スケジュール短縮日数，サービス停止時間，バックアップ方式，伝票入力の
監査手続
・ストラテジ分野……バックキャスティング，SOA，ファウンドリーサービ
ス，人口統計的変数，オープンイノベーション，マシンビジョン，故障要
因の表現に適した図，匿名加工情報の第三者提供

分野別の出題数は次のような結果で，従来と同じでした。

分野	大分類	分野別問題数	令和4年度秋期	令和5年度春期	令和5年度秋期
テクノロジ系	基礎理論	17	3	3	3
	コンピュータシステム		4	4	4
	技術要素		8	8	8
	開発技術		2	2	2
マネジメント系	プロジェクトマネジメント	5	2	2	2
	サービスマネジメント		3	3	3
ストラテジ系	システム戦略	8	3	3	3
	経営戦略		3	3	3
	企業と法務		2	2	2
	合計	30	30	30	30

図表11　午前Ⅰ試験　分野別出題数

　出題される内容の7割程度は，過去のFE試験やAP試験で出題された基本的な問題です。高度試験で専門分野の力を発揮するのは午前Ⅱの専門知識の試験からですが，午前Ⅰ試験から受験する人は，試験対策として，過去のAP試験の午前問題を，余裕をもって7割以上正解できるよう確実に実力を付けてください。

　IPAの試験統計情報を分析すると，高度情報処理技術者試験を午前Ⅰ試験から受けた人で60点以上取れた人は5割から6割台で推移していて，半数近くの人が次の午前Ⅱ以降の採点に進んでいない状況です。出題元のAP試験の午前問題は細かい内容で難しいことが多いので，苦手な分野の学習では1レベル易しいFE試験の問題から復習を始めるとよいといえます。

　また，出題範囲が広いため，全体をまんべんなく学習するのにかなり時間がかかります。そのため，試験対策としては，これまで出題された出題内容のポイン

ト事項を重点的に解説したアイテック刊行の「2024 高度午前Ⅰ・応用情報 午前試験対策書」で効率よく学習することをお勧めします。

3-3 午前Ⅱ試験（四肢択一）

　午前Ⅱ（専門知識）は，令和2年度からセキュリティが重点分野になり（IPAの「試験要綱」Ver.4.4参照），共通キャリア・スキルフレームワークのデータベース分野から18問，データベース以外の分野から7問出題されました（セキュリティが3問，それ以外が4問）。午前Ⅱ試験の分野別出題数の推移（3期分）は，次のようになっています。

大分類	中分類	令和3年度秋期	令和4年度秋期	令和5年度秋期
技術要素	データベース	18	18	18
	セキュリティ	3	3	3
コンピュータシステム	コンピュータ構成要素	1	0	0
	システム構成要素	1	2	2
開発技術	システム開発技術	1	1	1
	ソフトウェア開発管理技術	1	1	1
合　計		25	25	25

図表12　午前Ⅱ試験　分野別出題数

　また，午前Ⅱ問題の小分類（データベース以外の分野は中分類）と難易度，新傾向は，次のようになっています。

問	タイトル	小分類(*)	難易度
問 1	CAP 定理	データベース応用	難
問 2	規則に従い複数のノードにデータを分散して割り当てる方法	データベース設計	難，新
問 3	概念データモデルの説明	データベース方式	
問 4	B⁺木インデックスのアクセス回数のオーダー	データベース設計	難
問 5	指定された状況を管理する表の設計	データベース設計	難
問 6	情報無損失分解かつ関数従属性保存が可能な正規化	データベース設計	難
問 7	指定された主キーをもつ関係"フライト"に関する説明	データベース設計	難
問 8	第3正規形まで正規化した場合に分割される表の数	データベース設計	
問 9	"成績"表から順位付けした結果を求めるウィンドウ関数	データ操作	難，新
問 10	二つの表からどちらか一方にだけ含まれるIDを得るSQL文	データ操作	難
問 11	R÷S の関係演算結果	データ操作	
問 12	2相ロック方式を用いたトランザクションの同時実行制御	トランザクション処理	
問 13	B⁺木インデックスによる検索の性能改善	トランザクション処理	
問 14	データベースの REDO のべき等の説明	トランザクション処理	難
問 15	障害に対する DBMS の適切な回復手法	トランザクション処理	
問 16	トランザクションの隔離性水準を高めたときの傾向	トランザクション処理	難
問 17	トランザクションスケジュールの性質	トランザクション処理	
問 18	ブロックチェーンのデータ構造の特徴	データベース応用	
問 19	DRDoS 攻撃に該当するもの	セキュリティ	難，新
問 20	インシデントハンドリングの順序	セキュリティ	難
問 21	エクスプロイトコードに該当するもの	セキュリティ	
問 22	2台故障してもデータを復旧できる RAID レベル	システム構成要素	
問 23	キャパシティプランニングの目的	システム構成要素	
問 24	データ中心アプローチの特徴	システム開発技術	
問 25	ステージング環境の説明	ソフトウェア開発管理技術	

(*) データベース以外の分野は中分類

図表13　午前II試験　出題分析

データベース分野では 10 問がやや難でしたが，新傾向の 2 問を除けば，既出・類似問題が多いので，過去問題を解いておけば，十分に対応可能だったのではないでしょうか。

データベース以外の分野では，普段からセキュリティなどの新しい用語の理解を深めておき，更に他の高度試験を含む過去問題を一通り解いておけば対応可能だったのではないかと思われます。

3-4 午後Ⅰ試験（記述式）

午後Ⅰ記述式は，問1，問2が概念データモデリング，問3がSQL設計，性能，運用について出題されました。問1，問2の概念データモデリングは，令和4年度秋期に続いての出題です（データベース設計の問題としては28年連続出題）。問1で正規化理論が設問の一部として出題されました（令和3年以来）。問3のSQLには集約関数を指定したウィンドウ関数が出題されました。

問1　電子機器の製造受託会社での調達システムの概念データモデリング

問1は概念データモデリングの問題でした。設問1は，"社員所属"の候補キー，"社員所属"は何正規形かとその根拠・第3正規形に分解した関係スキーマ，設問2は，リレーションシップの記入，空欄a〜eの属性名，設問3は，品目分類の階層化のためにどのようにリレーションシップを追加又は変更すべきか・関係名と追加属性，仕入先からの分納対応でどのようにリレーションシップを追加又は変更すべきか・二つの関係名とその追加属性について出題されました。

問1は，見積回答の業務ルールが複雑で設問2がやや難でしたが，他の設問はそれ程でもありません。難易度は，普通かやや難で，令和4年度秋期並みです。

問2　ホテルの予約システムの概念データモデリング

問2は概念データモデリングの問題でした。設問1は，リレーションシップの記入，空欄ア〜エの属性名，設問2は，表2「割引券発行区分の値が発行対象となる宿泊の条件」の穴埋め（空欄a〜d），表3「予約時に割引券を利用する場合の制約条件」の穴埋め（空欄e〜j），設問3は，リレーションシップの記入，空欄オ〜サの属性名，ポイント利用時に消込みの対象とするインスタンスを選択する条件・そのインスタンスに対して消込みを行う順序付けの条件について出題されました。

問2は，割引券に関する業務ルールがやや複雑で設問2がやや難と思われますが，他の設問はそれほどでもありません。難易度は，普通かやや難で，令和4年度秋期の問2（データベースの実装）よりもやや平易といえるでしょう。

問3　観測データ分析システムのSQL設計，性能，運用

問3はSQL設計，性能，運用の問題でした。設問1は，SQL文の穴埋め（空欄a，b），1日の行数が1,440行とは限らない理由，図3の穴埋め（空欄c〜e），

SQL 文の穴埋め（空欄 f〜h），設問 2 は，ハッシュ区分を採用しなかった理由，表 6 の読込みページ数（空欄ア），区分化前では副次索引から 1 行を読み込むごとに表領域の 1 ページを読み込む理由，区分化後の年末処理の期限はなぜ元日の日出時刻なのか，表 7 の空欄イ〜カに入れる手順（示された①〜⑤から選択）について出題されました。

　問 3 は，設問 1 の SQL 文に集約関数を指定したウィンドウ関数（初出題）が使われており，設問 2 の一部もやや難でした。難易度はやや難で，令和 4 年度秋期よりもやや難といえるでしょう。

3-5　午後Ⅱ試験（記述式）

　午後Ⅱ記述式（事例解析）は，問 1 がデータベース実装・運用，問 2 が概念データモデリングについて出題されました。問 1 は，令和 4 年度秋期同様，データベース設計の要素が強い問題でした。

問 1　生活用品メーカーの在庫管理システムのデータベース実装・運用

　問 1 はデータベース実装・運用の問題でした。設問 1 は，表 3 中の空欄 a に入れる業務ルール，空欄 b〜f に入れる番号，設問 2 は，図 2 の二つのグラフの出荷量の傾向，表 4 の空欄ア，カに入れる数値と空欄イ〜オに入れる字句，SQL 文の穴埋め（空欄キ〜コ），図 4 で入替えを行う棚#の組，入替えのために更新が必要な二つのテーブル名と操作（行の挿入・行の更新），設問 3 は，商品有高表の空欄 g〜l に入れる数値，本文中の下線①で(a)同じ年月，拠点#，商品#の赤伝，黒伝が複数ある場合に洗替えの起点となる行の選択条件,(b)(a)の行を基に計数格納処理の開始時点で登録済の入出荷だけを反映した状態にするために指定する条件,本文中の下線②に関し計数格納処理の結果が正しいことを確認する方法の例，本文中の空欄 m〜o に入れる字句，追加するエンティティタイプの外部キーと参照先のエンティティタイプの表の空欄に入れる字句ついて出題されました。

　問 1 は，設問数が多い上に論点が細かく，問合せや SQL 文に集約関数を指定したウィンドウ関数が出題されており，やや難です。令和 4 年度秋期の問 1 もやや難でしたので，難易度は令和 4 年度秋期並みといえるでしょう。

問 2　ドラッグストアチェーンの商品物流の概念データモデリング

問 2 は概念データモデリングの問題でした。設問は，空欄 a，b に入れるエンティティタイプ名，マスター及び在庫の領域のリレーションシップの記入，トランザクションの領域のリレーションシップの記入，関係スキーマの完成（空欄ア〜ノ）が出題されました。

問 2 は，DC から店舗への配送方法の業務ルールがやや複雑でした。難易度は普通かやや難であり，令和 4 年度秋期並みといえるでしょう。

3-6　令和 6 年度秋期の試験に向けて

令和 6 年度秋期の試験に向けての留意点は，次のようになります。

①　午前の対策

データベース分野は，正規化理論，SQL，排他制御，障害回復，2 相コミットメント制御，分散データベース，ビッグデータ，NoSQL，DBMS の実装技術（B 木，入れ子ループ法，インデックス）などを中心に，データベース以外の分野では，共通キャリア・スキルフレームワークのコンピュータ構成要素，システム構成要素，セキュリティ，システム開発技術，ソフトウェア開発管理技術について，弊社刊行の参考書や問題集などで演習問題を数多く解いておくようにしてください。新傾向の問題は数が少ないので，過去問題などでしっかりと基礎固めをしておきましょう。過去に難問だった問題は繰り返し出題される傾向にあります（CAP 定理，BASE 特性，CEP など）。また，令和 5 年度秋期に出題された新しい用語（DRDoS）やその周辺の用語の理解を深めておくとよいでしょう。

②　午後 I の対策

午後 I を克服するためには，データベース設計（データモデル作成，関係スキーマ），正規化理論，テーブル設計，SQL，データベースの保守・運用及び性能評価・調整などの専門知識を身に付けた上で，過去問題などの演習問題によって知識を応用可能なレベルにまで深めておく必要があります。

データモデル作成（設問の一部での出題も含め 12 年連続）は，演習問題を通して，業務内容に応じた適切なサブタイプの識別・リレーションシップの設定ができるようにしておいてください。テーブル設計は，サブタイプやサマリテーブルなどのテーブル構造を押さえておくとよいでしょう。正規化理論は，関係スキーマやテーブル設計の基本ですので，十分に理解しておいてください。

データベースの保守・運用及び性能評価・調整の問題は，平成 22 年度以降連続で出題されています。保守・運用は，排他制御，アイソレーションレベル，バックアップとリカバリ，性能評価・調整は，インデックスの利用と選定，データの物理的配置（区分化），問合せの最適設計，アクセス時間見積りなどについて，演習問題を通して理解を深めておくとよいでしょう。

SQL は，単独問題としてセキュリティや参照制約をテーマに出題されたことがありますが，大部分はテーブル設計や保守・運用，性能評価などの問題の一部として出題されています。ロール，参照制約，トリガー，外結合，EXISTS 述語，WITH 句（共通テーブル式），令和 5 年度秋期午後 I 問 3，午後 II 問 1 でも出題されたウィンドウ関数（LAG，LEAD，RANK，NTILE 関数，集合関数等）などを一通り押さえておくとよいでしょう。

③ 午後 II の対策

午後 II は，「実際の業務の中で活用した経験，実務能力」について出題されます。実際にデータベースの設計や運用に携わっている人であれば対応可能ですが，そうでない人は概念データモデル系の問題を中心に，数多く問題を解いておくとよいでしょう。過去問題集や公開模擬試験などの問題を解くことで，実務経験の不足を補い，問題に対する解決能力，応用能力を磨くことができます。また，業務やチューニング関連の予備知識を得るために，販売・流通システムや在庫管理などの単行本・参考書，チューニングやデータ管理者向けの専門書を一読しておくことをお勧めします。

終わりに，データベーススペシャリストとしての業務知識，解決能力，応用能力は一朝一夕には身に付きません。広範なデータベース専門分野の知識を身に付け，実務に生かし，自分の知識ベースを高めていく努力が必要です。その努力が DB 試験合格への道につながります。

令和 6 年度秋期試験の分析結果は，ダウンロードコンテンツとして提供いたします。P.10 で案内しているダウンロードページから，**2025 年 2 月中旬**にリリース予定です。

総仕上げ問題集

第1部

分野別Web確認テスト

テストの出題分野，問題リスト，復習ポイントを
確認しましょう。

第 1 章

分野別 Web 確認テスト

1　分野別 Web 確認テストとは？

　本書の使い方（P.4）でもご紹介したように，第 2 部，第 3 部の問題演習の前に基礎知識を理解しているか確認するために，Web ブラウザ上で実施いただくテストです。テストを受けた結果，基礎知識に不足がある場合は，復習をしてから再度テストを受けるようにしましょう。全ての分野で十分得点できるようになったら，本書の第 2 部，第 3 部に進みましょう。

　アクセス方法と使い方は P.4〜6 をご確認ください。

2　出題分野

　出題分野は次のとおりです。

●午前 I

分野 No.	分野名	中分類
1	基礎理論・コンピュータシステム	1〜6
2	技術要素（データベース・ネットワーク・セキュリティ）	9〜11
3	開発技術（ユーザーインタフェースと情報メディア含む）	7, 8, 12, 13
4	マネジメント分野	14〜16
5	ストラテジ分野	17〜23

※中分類は，第 2 部　出題分析「(2) 午前の出題範囲」に記載されています。

●午前 II

分野 No.	分野名	中分類
1	データベース基礎と応用知識	9
2	データベース設計	9
3	SQL	9
4	トランザクション処理	9
5	セキュリティ	11

出典が 6 桁の数字の問題は，アイテックオリジナル問題です。

●午前 I

【1】基礎理論・コンピュータシステム

No.	問題タイトル	出典
1	AI の機械学習における教師なし学習	R01 秋 AP04
2	逆ポーランド表記法による表現	R02 秋 AP03
3	クイックソートの処理方法	H30 秋 FE06
4	ディープラーニングの学習に GPU を用いる利点	R03 春 AP10
5	物理サーバの処理能力を調整するスケールインの説明	R03 秋 AP12
6	システムの信頼性設計	R03 春 AP13
7	タスクの状態遷移	R03 春 AP17
8	半加算器の論理回路	R03 秋 AP22

【2】技術要素（データベース・ネットワーク・セキュリティ）

No.	問題タイトル	出典
1	第 1，第 2，第 3 正規形の特徴	H30 秋 AP28
2	媒体障害発生時のデータベースの回復法	R01 秋 AP29
3	スイッチングハブの機能	R02 秋 AP33
4	ネットワークアドレス	H31 春 AP34
5	UDP になく TCP に含まれるヘッダフィールドの情報	R03 秋 AP34
6	ディジタル署名でできること	R02 秋 AP40
7	チャレンジレスポンス認証方式	R01 秋 AP38
8	クリプトジャッキングに該当するもの	R02 秋 AP41
9	JPCERT コーディネーションセンターの説明	R03 春 AP42
10	WAF の説明	H31 春 AP45

【3】開発技術（ユーザーインタフェースと情報メディア含む）

No.	問題タイトル	出典
1	オブジェクト指向言語のクラス	H28 秋 AP47
2	UML のアクティビティ図の特徴	R02 秋 AP46
3	有効なテストケース設計技法	H30 秋 AP49
4	アジャイル開発手法のスクラムの説明	R02 秋 AP49
5	アクセシビリティを高める Web ページの設計例	H30 春 AP24
6	レンダリングに関する記述	H31 春 AP25

【4】マネジメント分野

No.	問題タイトル	出典
1	アーンドバリューマネジメントによる完成時総コスト見積り	R04 春 AP51
2	アクティビティの所要時間を短縮する技法	R01 秋 AP53
3	RTO と PRO に基づくデータのバックアップの取得間隔	R04 春 AP55
4	問題管理プロセスにおいて実施すること	H31 春 AP54
5	起票された受注伝票に関する監査手続	R01 秋 AP60
6	事業継続計画の監査結果で適切な状況と判断されるもの	R04 春 AP58

【5】ストラテジ分野

No.	問題タイトル	出典
1	プログラムマネジメントの考え方	R03 秋 AP63
2	オープン API を活用する構築手法	R03 春 AP62
3	非機能要件の使用性に該当するもの	R04 春 AP65
4	アンゾフの成長マトリクスの説明	R04 春 AP68
5	技術の S カーブの説明	R03 春 AP71
6	チャットボットの説明	H30 秋 AP72
7	IoT 活用におけるディジタルツインの説明	H31 春 AP71
8	企業システムにおける SoE の説明	R02 秋 AP72
9	リーダシップ論における PM 理論の特徴	R04 春 AP75
10	下請代金支払遅延等防止法で禁止されている行為	H31 春 AP79

【1】データベース基礎と応用知識

No.	問題タイトル	出典
1	データ分析・データモデル作成の手順	855040
2	1対多のエンティティ	855002
3	共通集合の関係代数の演算	855004
4	関係モデルの候補キー	H28 春 DB07
5	複合キーを扱いやすくする場合の対応策	H22 春 DB04
6	和集合演算が成立するための必要十分条件	H28 春 DB15
7	分散データベースの透過性	855035
8	分散型 DBMS で必要な列値だけを送り結果を転送する結合方式	R02 秋 DB18
9	分散型データベースシステムの特性に関する理論	H31 春 DB01

【2】データベース設計

No.	問題タイトル	出典
1	関数従属性	855007
2	推移的関数従属性	855010
3	第3正規形に存在する関数従属	H31 春 DB08
4	非正規化の手法	855043
5	物理的配置における I/O 性能向上対策	855044
6	他の実体の存在に依存する実体名	H29 春 DB05
7	候補キーの抽出	H29 春 DB04
8	情報無損失分解かつ関数従属性保存が可能な正規化	R05 秋 DB06
9	第2正規形の関係 R が第3正規形である条件	H30 春 DB04

【3】SQL

No.	問題タイトル	出典
1	カーソルによるデータ操作	855019
2	同じ検索結果が得られる SQL 文	H28 春 DB09
3	結合演算における NULL 値	855022
4	整合性制約	855023
5	差（R−S）を求める SQL 文	H23 春 DB05
6	SQL における BLOB 型データの説明	H30 春 DB01
7	SQL の3値論理	H29 春 DB09
8	平均点数の一覧を取得する SQL 文	H27 春 DB07

【4】トランザクション処理

No.	問題タイトル	出典
1	トランザクションのスケジュール	855026
2	ACID 特性の説明	H29 春 DB16
3	ロックの対象	855028
4	B⁺木インデックスによる検索の性能改善	R05 秋 DB13
5	ロールバックによる障害回復	855031
6	RDBMS のロック	H29 春 DB18
7	トランザクション管理	H22 春 DB18
8	トランザクションの隔離性水準	R03 秋 DB07

【5】セキュリティ

No.	問題タイトル	出典
1	GRANT 文で与える操作権限	855017
2	示された手順によって行われる暗号化通信で期待できる効果	821561
3	マルチベクトル型 DDoS 攻撃に該当するもの	R02 秋 DB21
4	Web アプリケーションへの攻撃と対策	H28 秋 SA24
5	パケットフィルタリング型ファイアウォール	R03 秋 DB21
6	DLP（Data Loss Prevention）の機能	R04 秋 DB20

分野別 Web 確認テストを解き終わったら，解答結果ページに表示される正答率を下記の表にメモしておきましょう。

午前 I

分野 No.	正答率
1	％
2	％
3	％
4	％
5	％

午前 II

分野 No.	正答率
1	％
2	％
3	％
4	％
5	％

【習熟度目安】

●正答率 80％以上●
この分野の基本事項はほぼ理解できていると思われます。正解できなかった問題についてしっかり復習しておきましょう。

●正答率 50％以上 80％未満●
この分野の基本事項について，理解できていない内容がいくつかあります。理解不足と思われる内容については，**次のページにある復習ポイント**を他のテキストなどで復習の上，分野別 Web 確認テストに再挑戦しましょう。

●正答率 50％未満●
この分野の基本事項について，理解できていない内容が多くあります。データベーススペシャリスト試験の問題は，応用情報技術者レベルの内容が理解できていないと解答できない場合が多いので，まずは**次のページの復習ポイント**の基礎知識を確実に理解してください。その後，分野別 Web 確認テストに再挑戦しましょう。

全ての分野で 80％以上の正答率になったら，第 1 部第 2 章を読んで本試験の傾向と学習ポイントをつかみ，第 2 部，第 3 部に進みましょう。

―分野別復習ポイント―

午前 I

分野 1：基礎理論・コンピュータシステム

- 基礎理論…論理演算，誤り検出，BNF，逆ポーランド記法，AI（機械学習，ディープラーニング），確率・統計，待ち行列理論，データ構造（配列，リスト，スタック，キュー，木），アルゴリズム（整列，探索）
- コンピュータ構成要素…CPU の動作，各種レジスタの役割，パイプライン，CPU の高速化，キャッシュメモリ，入出力インタフェース，GPU
- システム構成要素…システム構成，バックアップ方式，性能計算，稼働率，信頼性設計，仮想化
- ソフトウェア…タスク管理，割込み（外部割込み，内部割込み），仮想記憶（FIFO，LRU），OSS
- ハードウェア…論理回路，フリップフロップ，記憶素子（DRAM，SRAM），センサ，IoT（省電力）

分野 2：技術要素（データベース・ネットワーク・セキュリティ）

- データベース…E-R 図，クラス図，正規化，関係演算（射影・選択・結合），SQL（CREATE 文，SELECT 文），トランザクション処理，障害回復処理，ビッグデータ，ブロックチェーン，NoSQL
- ネットワーク…LAN 間接続（ゲートウェイ，ルータ，ブリッジ，リピータ），無線通信，LPWA，伝送時間・伝送量の計算，TCP/IP 関連プロトコル（SMTP，POP，IMAP，DHCP，FTP，MIME，ARP，RARP，NTP ほか），IP アドレス，サブネットマスク
- セキュリティ…脅威，暗号化（共通鍵暗号，公開鍵暗号），認証方式，各種マルウェアと対策，各種サイバー攻撃（ブルートフォース，クロスサイトスクリプティング，SQL インジェクションほか），不正アクセス，ISMS，リスク分析，リスク対応，ファイアウォール，IDS/IPS，バイオメトリクス認証，セキュアプロトコル（IPsec，SSL/TLS，SSH ほか）

分野3：開発技術（ユーザーインタフェースと情報メディア含む）

- 開発技術…開発プロセス，オブジェクト指向（カプセル化，クラス，継承，UMLの各種図），レビュー・テスト技法，アジャイル（XP，ペアプログラミング，スクラム，イテレーション）
- ユーザーインタフェース…コード設計，ユーザビリティ，アクセシビリティ
- 情報メディア…データ形式（JPEG，MPEGほか），コンピュータグラフィックス，VR，AR）

分野4：マネジメント分野（プロジェクトマネジメント，サービスマネジメント，システム監査）

- プロジェクトマネジメント…PMBOK，スコープ，WBS，アローダイアグラム（クリティカルパス，終了時刻），見積り（ファンクションポイント法）
- サービスマネジメント…サービスレベル合意書（SLA），インシデント管理，変更管理，問題管理，サービスデスク，システムの運用（バックアップ），ファシリティマネジメント，DevOps
- システム監査…監査人の立場・責任，予備・本調査，監査技法，監査手続，監査証跡，内部統制

分野5：ストラテジ分野（システム戦略，経営戦略，企業と法務）

- システム戦略…エンタープライズアーキテクチャ，BPM，RPA，SOA，SaaS，BCP（事業継続計画），AI・IoT・ビッグデータの活用
- システム企画…投資対効果，要件定義，非機能要件，調達，情報提供依頼書（RFI），提案依頼書（RFP），グリーン調達
- 経営戦略マネジメント…競争戦略，PPM，マーケティング戦略，バランススコアカード，CSF，CRM，SCM，ERP
- 技術戦略マネジメント…イノベーションのジレンマ，リーンスタートアップ，デザイン思考，技術進化過程，ロードマップ
- ビジネスインダストリ…MRP，eビジネス（ロングテール，コンバージョン，SEO，フィンテック），RFID，IoT（エッジコンピューティング）
- 企業活動…グリーンIT，BCP，クラウドファンディング，線形計画法，ゲーム理論，デルファイ法，損益分岐点，営業利益，経常利益，財務指標
- 法務…著作権，不正競争防止法，労働者派遣法，請負，個人情報保護法，不正アクセス禁止法，刑法，製造物責任法

午前 II

分野 1：データベース基礎と応用知識

関係モデル，関係（の構造），関係スキーマ，主キー，候補キー，非キー属性，外部キー，関係代数，整合性制約，データウェアハウス，データマイニング，OLAP，分散データベース，ビッグデータ，NoSQL，CAP 定理，CEP，クラスタリング技術，分散処理フレームワーク

分野 2：データベース設計

概念設計，論理設計，物理設計，E-R 図，エンティティ，リレーションシップ，多重度，サブタイプ，正規化，第 1 正規形，第 2 正規形，第 3 正規形，BCNF，関数従属性，情報無損失分解，関数従属性の保存，索引設計，B$^+$木，ビットマップインデックス，ハッシュインデックス，データベース容量見積り

分野 3：SQL

問合せ，GROUP BY 句，ORDER BY 句，集合関数，副問合せ，相関副問合せ，結合，外結合，SQL 集合演算子，埋込み SQL，カーソル処理，CASE 式，WITH 句，表定義，データ型，ビュー定義，ビュー更新の制限，整合性制約の定義，3 値論理，ウィンドウ関数

分野 4：トランザクション処理

ACID 特性，アイソレーションレベル，Dirty read，Non-repeatable read，Phantom，同時実行制御，排他制御，ロック制御，デッドロック，共有ロック，専有ロック，ロック粒度，2PL，楽観的制御，直列化可能，回復処理，WAL，ロールフォワード，ロールバック，チェックポイント，MVCC

分野 5：セキュリティ

共通鍵暗号，公開鍵暗号，公開鍵基盤，フィッシング，認証技術，生体認証技術，情報セキュリティ管理，情報セキュリティ組織（CSIRT など），情報セキュリティ対策，無線 LAN セキュリティ，携帯端末のセキュリティ，セキュリティ実装技術，セキュアプロトコル，セキュア OS，GRANT 文，カラム暗号化，SQL インジェクション，ブロックチェーン

第2章

「第2部　本試験問題」に取り組む前に

　情報処理技術者試験を長年分析してきたアイテックだからこそ，その結果から見えてきたことがあります。過去問題の演習に入る前に，本章で，アイテックの午前試験を確実に突破するためのノウハウを披露します！

1　過去問題を押さえて午前試験を突破！

■1　過去問題からの出題が6割以上を占めています

　アイテックでは本試験ごとに，過去問題を含めた重複問題の調査を，種別横断的に行っています。図表1は，重複問題調査に基づいて，過去7期分のデータベーススペシャリスト本試験（以下，DB試験）の午前Ⅱ試験で，過去に出題された問題と同じ問題がどの程度含まれていたかを示したものです。なお，ここでの過去に出題された問題とは，DB試験で出題されたものだけではなく，他の種別で出題された問題も含みます。実施時期によって多少の差はあるものの，平均すると約66％の割合で出題されています。つまり，本番で過去問題を全て解くことができれば，突破基準である60点を超える可能性が高くなるのです。

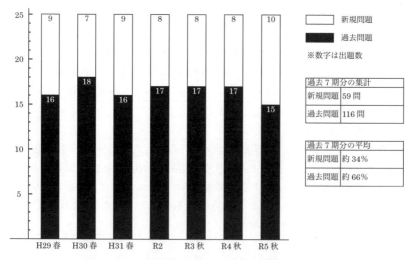

図表1　過去7期分における過去問題出題比率

■2　分野と種別の関係は？

前節で「過去に出題された問題とは，DB 試験で出題されたものだけではなく，他の種別で出題された問題も含みます」と書きましたが，過去に他種別で出題されていたのと同じ問題が DB 試験で出題されるとはどういうことなのでしょうか。それを理解するには，種別と分野の関係を知る必要があります。

まず，P.17 の「図表 4　試験区分別出題分野一覧表」から抜粋した図表 2 をご覧ください。

出題分野　　　　試験区分	高度試験
	午前 II（専門知識）
共通キャリア・スキルフレームワーク	データベーススペシャリスト試験
中分類	
1　基礎理論	
2　アルゴリズムとプログラミング	
3　コンピュータ構成要素	○3
4　システム構成要素	○3
5　ソフトウェア	
6　ハードウェア	
7　ユーザーインタフェース	
8　情報メディア	
9　データベース	◎4
10　ネットワーク	
11　セキュリティ	◎4
12　システム開発技術	○3
13　ソフトウェア開発管理技術	○3
⋮	

図表 2　DB 試験出題分野一覧表（一部抜粋）

太枠で囲まれている「データベーススペシャリスト試験」の列は，DB 試験の午前 II 試験の出題範囲です。「○3」及び「◎4」と記入されている行の左方に表示されている分野（図表 2 中では「中分類」）の問題が本試験で出題されます。丸の横にある数字は技術レベルを示しており，「○3」と表記されている分野は「レベル 3」の問題，「◎4」が表記されている分野は「重点分野」として，「レベル 4」の問題が出題されます。図表 2 にあるとおり，DB 試験では「9　データベース」と「11　セキュリティ」が重点分野で，この分野では専門性が高い「レベル 4」の問題が出題されます。なお，このレベル表記は「試験制度解説編」で説明した共通キャリア・スキルフレームワークと連動しており，「高度 IT 人材のレベル 4」に求められる技術レベルを指しています。

さて，図表3をご覧ください。「データベーススペシャリスト試験」の列で，「○3」が付けられている「4 システム構成要素」や「13 ソフトウェア開発管理技術」には，他の幾つかの種別の列でも「○3」と記入されていることが分かると思います（図表3中太枠で囲まれた行）。他の種別でも丸印がある分野は，本試験の午前Ⅱ試験の出題範囲です。つまり，DB試験で出題された「4 システム構成要素」の問題は，「ITサービスマネージャ試験」や「システムアーキテクト試験」といった4種別でも出題されるということであり，それらの種別で出題された問題がDB試験に出題されることもあるということです。また，「◎4」が付けられている「9 データベース」分野は，「システム監査技術者試験」といった4種別の出題範囲と重なっていますが，図表3のとおり，DB試験以外の種別では，「レベル3」の問題が出題されることになっており，対象とする技術レベルが異なっています（図表3中二重線で囲まれた行）。したがって，他種別で出題された同じ問題がDB試験に出題されることは多くはありませんが，何度かの出題実績があります。

出題分野 / 共通キャリア・スキルフレームワーク / 中分類	ITストラテジスト試験	システムアーキテクト試験	プロジェクトマネージャ試験	ネットワークスペシャリスト試験	データベーススペシャリスト試験	エンベデッドシステムスペシャリスト試験	ITサービスマネージャ試験	システム監査技術者試験	情報処理安全確保支援士試験
1 基礎理論									
2 アルゴリズムとプログラミング									
3 コンピュータ構成要素		○3		○3	◎3	◎4	○3		
4 システム構成要素		○3		○3	○3	○3	○3		
⋮									
9 データベース		○3			◎4		○3	○3	○3
10 ネットワーク		○3		◎4		○3	○3	○3	◎4
11 セキュリティ	◎4	◎4		◎4	◎4	◎4	◎4	◎4	◎4
12 システム開発技術		◎4	○3	○3	○3	○3		○3	○3
13 ソフトウェア開発管理技術		○3		○3	○3	○3			○3
⋮									

図表3 試験区分別出題分野一覧表（一部抜粋）

■3　レベル4とレベル3，それぞれの対策

　アイテックでは，本試験の午前問題に関して毎回独自の分析を加え，全問題を分野別に分類しています（分類はアイテック IT 人材教育研究部独自の分析に基づきます）。この分析に基づいて，過去 7 期分の DB 試験の午前 II 試験で出題された問題のレベル4とレベル3の割合を示したものが図表4です。

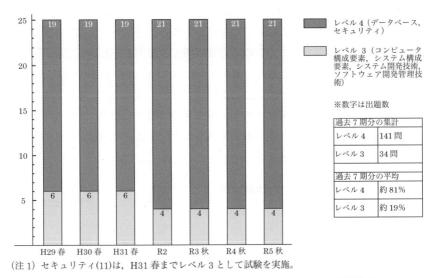

（注1）セキュリティ(11)は，H31春までレベル3として試験を実施。

図表4　過去7期分におけるレベル4及びレベル3の出題比率

　DB 試験の午前 II 試験では，高度技術者レベルであるレベル4の「9　データベース」と「11　セキュリティ」（R2 よりレベル4として出題）分野から，25 問中 19〜21 問，全体の約 81％が出題されています。このことから，レベル4分野をマスターすれば，突破基準である 60 点超えは余裕をもって実現可能目標であることが実感できるでしょう。

　DB 試験の午前 II 試験のレベル3の問題は，「3　コンピュータ構成要素」，「4　システム構成要素」，「12　システム開発技術」，「13　ソフトウェア開発管理技術」の4分野から出題されます。

　過去 7 期の傾向を見ると，「11　セキュリティ」分野からの出題は，平成 29 年度春期から平成 31 年度春期までは2問でしたが，レベル4となった令和2年度以降は3問となっています。なお，それ以外の4分野からの出題は，各分野1問ずつ（ただし，令和4年度秋期と令和5年度秋期は，「4　システム構成要素」が

2問，「13　ソフトウェア開発管理技術」が0問）となっています。出題される問題数は少ないですが，午前試験を突破するためには幅広い知識を身に付ける必要があります。レベル3の問題は，共通する分野がレベル3分野として含まれる他の種別でも出題され，同一種別内で複数回出題されることがほとんどありません。

■4　過去問題は○期前が狙い目!?

　午前Ⅱ試験において，過去問題の出題割合が多いことについてはご理解いただけたかと思います。しかし，一口に「過去問題を学習する」といっても，どれだけ遡ればいいのでしょうか。過去問題は大量にあり，学ぶべき分野も広く，「そんなに午前ばかりに時間を掛けていられないよ」という方もいると思います。そこで，ここでは当該回から「何期前の本試験の過去問題が出題されているか」について分析しています。過去7期分のDB試験の午前Ⅱ試験で出題された過去問題の出典を示したものが図表5です。

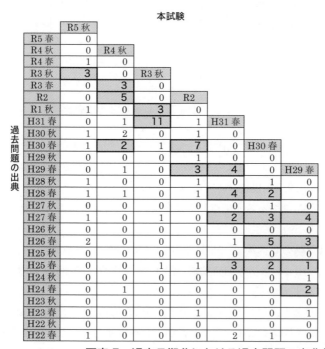

本試験　　　　　　　　　　　　　　　　　　※数字は出題数

注記：R3以降の春期試験とH21〜R1の秋期試験の数字は，他種別だけでの出題数

過去問題の出典	R5秋	R4秋	R3秋	R2	H31春	H30春	H29春
R5春	0						
R4秋	0						
R4春	1	0					
R3秋	3	0					
R3春	0	3	0				
R2	0	5	0				
R1秋	1	0	3	0			
H31春	0	1	11	1			
H30秋	1	2	0	1	0		
H30春	1	2	1	7	0		
H29秋	0	0	0	1	0	0	
H29春	0	1	0	3	4	0	
H28秋	1	0	0	1	0	1	0
H28春	1	1	0	1	4	2	0
H27秋	0	0	0	0	0	1	0
H27春	1	0	1	0	2	3	4
H26秋	0	0	0	0	0	0	0
H26春	2	0	0	0	1	5	3
H25秋	0	0	0	0	0	0	0
H25春	0	0	1	1	3	2	1
H24秋	0	0	0	0	0	0	1
H24春	0	1	0	0	0	0	2
H23秋	0	0	0	0	0	0	0
H23春	0	0	0	1	0	0	1
H22秋	0	0	0	0	0	0	0
H22春	1	0	0	0	2	1	0

図表5　過去7期分における過去問題の出典年度

　過去問題として多く出題されている期に注目してみると，おおむね図表5の太枠で囲まれている箇所，つまり2～4期前から多く出題されている傾向を読み取ることができます。特に，最近のDB試験では，2期前からの出題がより多くなっていることが分かります。また，最近のDB試験では，1期前と2期前の間のDB試験が実施されていない時期からの出題も見られます。そして，DB試験で顕著な傾向ですが，さらに遡った5期以上前からも出題があります。これは，データベース分野に関連する技術は成熟しており，あまり急激な技術革新が進んでいないことを反映した結果であろうと思われます。

　この傾向が続くとするならば，令和6年度秋期試験では，令和4年度秋期試験を中心に，令和5年度春期試験の過去問題を押さえておくことが効率的であると考えられます。

■5　頻出問題に注目！

　実は，過去問題の中には何度も出題されている問題があります。この何度も出ている問題は「良問」あるいは「定番問題」と呼ばれ，該当分野の中で受験者に確実に身に付けておいてほしい知識が問われます。そのため，今後も出題される可能性の高い問題といえるでしょう。

午前試験突破のポイント！

① 過去問題の出題は 6 割以上！

　過去問題の出題率は 6 割を超えています。過去問題を制するものは試験を制す！演習問題を繰返し解いて実力を身に付けていきましょう。

② 種別と分野の関係を理解して学習効率を上げよう！

　出題割合の多い分野と少ない分野があることを理解しておきましょう。また，過去問題は他種別から出された問題も出題されるため，幅広く学習しておきましょう。他種別で習得した知識は，実際の本番でも知識として活かされるでしょう。出題範囲を理解して，午後試験でも活用できるようにしておきましょう。

③ レベル 4 とレベル 3

　レベル 4 問題は，過去 7 期では 25 問中 19〜21 問も出題されています。まずは，データベーススペシャリスト人材に求められる主要な知識を問う，レベル 4 の問題演習を中心に進めましょう。レベル 3 には 5 分野が含まれ，そこから 4〜6 問程度の出題となるので，レベル 3 問題対策の重要度は相対的に低いといえますが，過去問題を一度は確認しておきましょう。

④ 狙いを絞るなら 2 期前の試験問題！

　最近の DB 試験では，2 期前からの出題が多くなっています。そこで，令和 6 年度秋期 DB 試験では，令和 4 年度秋期試験を中心に，令和 5 年度春期試験の問題を重点的に演習しておきましょう。

2 重点テーマを知ろう！　午後試験を突破するために

■1　午後Ⅰ・午後Ⅱ問題のテーマと出題傾向

　午前Ⅱ試験では，過去問題の出題比率が多いため，出題傾向に則って試験対策の演習問題として，本試験の過去問題を確認しておきましょう。一方，午後試験は，毎回新作問題となるため，過去に出た問題と同じ問題が出題されることはありません。しかも，やみくもに過去問題を学習していては，時間がいくらあっても足りません。DB 試験のテーマ別出題内容や分野を確認するとともに，午後Ⅰ・午後Ⅱにおいて，どの問題を選択するのが良いかを考えておくとよいでしょう。

　DB の午後Ⅰ・午後Ⅱ試験における出題テーマの概要は，次のようになります。

主な担当職務の分類	午後Ⅰ	午後Ⅱ
概念設計，論理設計の職務	問1と問2	問2
物理設計，実装・運用の職務	問2（又は問1）と問3	問1

図表6　DB の午後Ⅰ・午後Ⅱ試験における出題テーマの概要

　図表6では，データベース関連の職務を，「概念設計，論理設計の職務」と「物理設計，実装・運用の職務」の二つに分けています。従事されているデータベースシステムの規模などによっては明確に分かれていない場合も多いかもしれませんが，こちらを参考にして，いかに効率良く学習するかを考えるようにしていきましょう。

■2　長い長い午後試験の学習ポイントとは！

　午後試験の対策には，何よりも時間が必要です。過去問題を制限時間内で1期分解くだけでも，午後Ⅰは90分で2問（1問当たり45分），午後Ⅱは120分で1問と，合計で90分＋120分＝210分（3.5時間）掛かります。分からなかった問題の解説をしっかり読んで理解を深めようとすると，さらに時間が掛かります。そして，午後試験は「記述式」です。つまり，実際に解答を手で書いて学習する必要があるので，午後対策はまとまった時間を学習時間として確保しなければなりません。

　だからといって，午前試験の対策をおろそかにしてしまうと，午前試験で問われる知識の習得が十分にできず，午後試験には太刀打ちできなくなってしまいます。午後試験に解答するための知識は，午前試験で身に付けるべきものだからです。そのため，午前試験の学習は早い段階で終わらせ，午後試験の学習を早めに

開始することが望まれます。

　長い時間が必要とされる午後問題の対策に，効果的な学習方法はないのでしょうか。やはりここでも，過去問題に触れることが重要になってきます。そして，過去問題に取り組む際には，次の三つのポイントを意識することが重要です。

　まずは，長文の問題文に慣れることが大事です。問題文を読むだけでも長い時間が掛かりますし，表や図などにも細かく説明が入っていることが多いため，本試験の受験時に戸惑わないようにしておきましょう。

　次に，午後試験ならではの「記述式」問題の解き方を身に付けることです。午前試験のように，選択肢から解答を選ぶ形式ではないため，設問に関連するポイントを問題文から素早く見つけ出し，設問文で定められた字数内で解答をまとめるというテクニックが必要となります。演習する際には，問題をただ解いて答え合わせをするだけではなく，解説をしっかり読んで，「解答を導くためにどこに着目すべきか」を理解してください。

　最後は，制限時間内に解答するトレーニングを行うことです。どんなに正しい答えを導くことができても，制限時間内に解答できなければ意味がありません。演習時には，実際の試験時間を意識して，制限時間内に手書きで解答をまとめる，という学習方法を実践してください。

　できるだけ多くの過去問題に触れたいけれど，どうしても時間が取れないという方は，問題文だけでも読んでおきましょう。午後試験で要求される知識は午前試験で身に付けることができます。実は午後試験で最も重要なのは，「問題文の中の解答につながるポイントをいかに読み解くことができるか」なのです。解答につながるポイントさえしっかりと見つけることができれば，あとは知識と問題文に書かれている知識をまとめることで解答は自ずと導かれます。学習時間が取れない場合は，テーマごとにまず1問を解き，解答・解説をしっかり読んだ後は，他の演習問題の問題文を読んで，読解能力を高めるトレーニングをしましょう。DB試験は，午後I試験，午後II試験とも選択式となっているので，どの問題を選択すべきか素早く判断するのにも役立ちます。

午後試験突破のポイント！

① 午後試験は出題テーマの選択が重要！

図表 6 では，データベース関連の職務を，「概念設計，論理設計の職務」と「物理設計，実装・運用の職務」の二つに分けています。DB 試験のテーマ別出題内容や分野を確認するとともに，午後Ⅰ・午後Ⅱにおいて，どの問題を選択するのが良いかを考えておくと，効率良く学習することができるでしょう。

② 時間効率を考えた学習をしよう！

午後試験対策には時間が掛かります。ただ漫然と問題を解くのではなく，ポイントを意識しながら解くことです。また，問題文を読むだけでもいいので，多くの問題に触れて効率的に学習を進めましょう。

総仕上げ問題集

第2部

本試験問題

令和3年度秋期試験　問題と解答・解説編

令和4年度秋期試験　問題と解答・解説編

令和5年度秋期試験　問題と解答・解説編

出題分析

★平成26～31年度春期試験，令和2，6年度秋期試験の問題と
解答・解説（令和6年度秋期試験の問題と解答・解説は，2025
年3月中旬にリリース予定），解答シートはダウンロードコンテ
ンツです。アクセス方法はP.10をご覧ください。

令和 3 年度秋期試験
問題と解答・解説編

問題を解き，**解答・解説**でポイントを確認してください

令和3年度 秋期
プロジェクトマネージャ試験
データベーススペシャリスト試験
エンベデッドシステムスペシャリスト試験
システム監査技術者試験
情報処理安全確保支援士試験
午前Ⅰ 問題【共通】

試験時間	9:30 ～ 10:20 (50分)

注意事項

1. 試験開始及び終了は，監督員の時計が基準です。監督員の指示に従ってください。試験時間中は，退室できません。
2. 試験開始の合図があるまで，問題冊子を開いて中を見てはいけません。
3. **答案用紙への受験番号などの記入は，試験開始の合図があってから始めてください。**
4. 問題は，次の表に従って解答してください。

問題番号	問1 ～ 問30
選択方法	全問必須

5. 答案用紙の記入に当たっては，次の指示に従ってください。

   (1) 答案用紙は光学式読取り装置で読み取った上で採点しますので，B又はHBの黒鉛筆で答案用紙の**マークの記入方法**のとおりマークしてください。マークの濃度がうすいなど，**マークの記入方法**のとおり正しくマークされていない場合は，読み取れないことがあります。特にシャープペンシルを使用する際には，マークの濃度に十分注意してください。訂正の場合は，あとが残らないように消しゴムできれいに消し，消しくずを残さないでください。

   (2) **受験番号欄**に受験番号を，**生年月日欄**に受験票の生年月日を記入及びマークしてください。答案用紙の**マークの記入方法**のとおりマークされていない場合は，採点されないことがあります。生年月日欄については，受験票の生年月日を訂正した場合でも，訂正前の生年月日を記入及びマークしてください。

   (3) **解答**は，次の例題にならって，**解答欄に一つだけマークしてください。**答案用紙の**マークの記入方法**のとおりマークされていない場合は，採点されません。

   〔例題〕 秋期の情報処理技術者試験・情報処理安全確保支援士試験が実施される月はどれか。
       ア 8　　　　イ 9　　　　ウ 10　　　　エ 11
       正しい答えは"ウ 10"ですから，次のようにマークしてください。

例題	⑦ ⑦ ● ㊁

注意事項は問題冊子の裏表紙に続きます。
こちら側から裏返して，必ず読んでください。

6. **問題に関する質問にはお答えできません。** 文意どおり解釈してください。

7. 問題冊子の余白などは，適宜利用して構いません。ただし，問題冊子を切り離して利用することはできません。

8. 試験時間中，机上に置けるものは，次のものに限ります。

   なお，会場での貸出しは行っていません。

   受験票，黒鉛筆及びシャープペンシル（B 又は HB），鉛筆削り，消しゴム，定規，時計（時計型ウェアラブル端末は除く。アラームなど時計以外の機能は使用不可），ハンカチ，ポケットティッシュ，目薬，マスク

   これら以外は机上に置けません。使用もできません。

9. 試験終了後，この問題冊子は持ち帰ることができます。

10. 答案用紙は，いかなる場合でも提出してください。回収時に提出しない場合は，採点されません。

11. 試験時間中にトイレへ行きたくなったり，気分が悪くなったりした場合は，手を挙げて監督員に合図してください。

12. 午前Ⅱの試験開始は **10:50** ですので，**10:30** までに着席してください。

試験問題に記載されている会社名又は製品名は，それぞれ各社又は各組織の商標又は登録商標です。
なお，試験問題では，™ 及び ® を明記していません。

問題文中で共通に使用される表記ルール

各問題文中に注記がない限り，次の表記ルールが適用されているものとする。

〔論理回路〕

図記号	説明
	論理積素子（AND）
	否定論理積素子（NAND）
	論理和素子（OR）
	否定論理和素子（NOR）
	排他的論理和素子（XOR）
	論理一致素子
	バッファ
	論理否定素子（NOT）
	スリーステートバッファ
	素子や回路の入力部又は出力部に示される○印は，論理状態の反転又は否定を表す。

問1　非線形方程式 $f(x) = 0$ の近似解法であり，次の手順によって解を求めるものはどれ
か。ここで，$y = f(x)$ には接線が存在するものとし，(3)で x_0 と新たな x_0 の差の絶対値
がある値以下になった時点で繰返しを終了する。

〔手順〕

(1)　解の近くの適当な x 軸の値を定め，x_0 とする。

(2)　曲線 $y = f(x)$ の，点 $(x_0, f(x_0))$ における接線を求める。

(3)　求めた接線と，x 軸の交点を新たな x_0 とし，手順 (2) に戻る。

ア　オイラー法　　　　　　　　イ　ガウスの消去法

ウ　シンプソン法　　　　　　　エ　ニュートン法

問2　図のように 16 ビットのデータを 4×4 の正方形状に並べ，行と列にパリティビッ
トを付加することによって何ビットまでの誤りを訂正できるか。ここで，図の網掛け
部分はパリティビットを表す。

1	0	0	0	1
0	1	1	0	0
0	0	1	0	1
1	1	0	1	1
0	0	0	1	

ア　1　　　　　　イ　2　　　　　　ウ　3　　　　　　エ　4

問3　バブルソートの説明として，適切なものはどれか。

　ア　ある間隔おきに取り出した要素から成る部分列をそれぞれ整列し，更に間隔を詰
　　　めて同様の操作を行い，間隔が1になるまでこれを繰り返す。
　イ　中間的な基準値を決めて，それよりも大きな値を集めた区分と，小さな値を集め
　　　た区分に要素を振り分ける。次に，それぞれの区分の中で同様の操作を繰り返す。
　ウ　隣り合う要素を比較して，大小の順が逆であれば，それらの要素を入れ替えると
　　　いう操作を繰り返す。
　エ　未整列の部分を順序木にし，そこから最小値を取り出して整列済の部分に移す。
　　　この操作を繰り返して，未整列の部分を縮めていく。

問4　演算レジスタが16ビットのCPUで符号付き16ビット整数 $x1$, $x2$ を16ビット符
　　　号付き加算（$x1+x2$）するときに，全ての $x1$, $x2$ の組合せにおいて加算結果がオー
　　　バフローしないものはどれか。ここで，$|x|$ は x の絶対値を表し，負数は2の補数で
　　　表すものとする。

　ア　$|x1|+|x2| \leqq 32{,}768$ の場合
　イ　$|x1|$ 及び $|x2|$ がともに 32,767 未満の場合
　ウ　$x1 \times x2 > 0$ の場合
　エ　$x1$ と $x2$ の符号が異なる場合

問5　システムが使用する物理サーバの処理能力を，負荷状況に応じて調整する方法としてのスケールインの説明はどれか。

ア　システムを構成する物理サーバの台数を増やすことによって，システムとしての処理能力を向上する。

イ　システムを構成する物理サーバの台数を減らすことによって，システムとしてのリソースを最適化し，無駄なコストを削減する。

ウ　高い処理能力の CPU への交換やメモリの追加などによって，システムとしての処理能力を向上する。

エ　低い処理能力の CPU への交換やメモリの削減などによって，システムとしてのリソースを最適化し，無駄なコストを削減する。

問6　ページング方式の仮想記憶において，ページ置換えの発生頻度が高くなり，システムの処理能力が急激に低下することがある。このような現象を何と呼ぶか。

ア　スラッシング　　　　　　　　　　　イ　スワップアウト
ウ　フラグメンテーション　　　　　　　エ　ページフォールト

問7　1桁の2進数 A, B を加算し，X に桁上がり，Y に桁上げなしの和（和の1桁目）が得られる論理回路はどれか。

ア
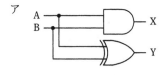

イ
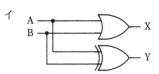

ウ
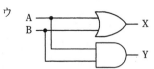

エ
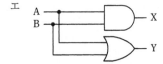

問8 関係Rと関係Sに対して，関係Xを求める関係演算はどれか。

R

ID	A	B
0001	a	100
0002	b	200
0003	d	300

S

ID	A	B
0001	a	100
0002	a	200

X

ID	A	B
0001	a	100
0002	a	200
0002	b	200
0003	d	300

ア IDで結合　　イ 差　　　　ウ 直積　　　　エ 和

問9 データベースの障害回復処理に関する記述として，適切なものはどれか。

ア 異なるトランザクション処理プログラムが，同一データベースを同時更新することによって生じる論理的な矛盾を防ぐために，データのブロック化が必要となる。

イ システムが媒体障害以外のハードウェア障害によって停止した場合，チェックポイントの取得以前に終了したトランザクションについての回復作業は不要である。

ウ データベースの媒体障害に対して，バックアップファイルをリストアした後，ログファイルの更新前情報を使用してデータの回復処理を行う。

エ トランザクション処理プログラムがデータベースの更新中に異常終了した場合には，ログファイルの更新後情報を使用してデータの回復処理を行う。

問10 TCP/IPネットワークにおけるARPの説明として，適切なものはどれか。

ア IPアドレスからMACアドレスを得るプロトコルである。

イ IPネットワークにおける誤り制御のためのプロトコルである。

ウ ゲートウェイ間のホップ数によって経路を制御するプロトコルである。

エ 端末に対して動的にIPアドレスを割り当てるためのプロトコルである。

問11 IPv4 ネットワークにおいて，あるホストが属するサブネットのブロードキャスト
アドレスを，そのホストの IP アドレスとサブネットマスクから計算する方法として，
適切なものはどれか。ここで，論理和，論理積はビットごとの演算とする。

ア IP アドレスの各ビットを反転したものとサブネットマスクとの論理積を取る。

イ IP アドレスの各ビットを反転したものとサブネットマスクとの論理和を取る。

ウ サブネットマスクの各ビットを反転したものと IP アドレスとの論理積を取る。

エ サブネットマスクの各ビットを反転したものと IP アドレスとの論理和を取る。

問12 IoT 推進コンソーシアム，総務省，経済産業省が策定した“IoT セキュリティガイ
ドライン（Ver 1.0)”における“要点 17. 出荷・リリース後も安全安心な状態を維持
する”に対策例として挙げられているものはどれか。

ア IoT 機器及び IoT システムが収集するセンサデータ，個人情報などの情報の洗い
出し，並びに保護すべきデータの特定

イ IoT 機器のアップデート方法の検討，アップデートなどの機能の搭載，アップデ
ートの実施

ウ IoT 機器メーカ，IoT システムやサービスの提供者，利用者の役割の整理

エ PDCA サイクルの実施，組織として IoT システムやサービスのリスクの認識，対
策を行う体制の構築

問13　JIS Q 27000:2019 (情報セキュリティマネジメントシステムー用語) において定義されている情報セキュリティの特性に関する説明のうち, 否認防止の特性に関するものはどれか。

　　ア　ある利用者があるシステムを利用したという事実が証明可能である。
　　イ　認可された利用者が要求したときにアクセスが可能である。
　　ウ　認可された利用者に対してだけ, 情報を使用させる又は開示する。
　　エ　利用者の行動と意図した結果とが一貫性をもつ。

問14　盗まれたクレジットカードの不正利用を防ぐ仕組みのうち, オンラインショッピングサイトでの不正利用の防止に有効なものはどれか。

　　ア　3D セキュアによって本人確認する。
　　イ　クレジットカード内に保持された PIN との照合によって本人確認する。
　　ウ　クレジットカードの有効期限を確認する。
　　エ　セキュリティコードの入力によって券面認証する。

問15　OSI 基本参照モデルのネットワーク層で動作し, "認証ヘッダ (AH)" と "暗号ペイロード (ESP)" の二つのプロトコルを含むものはどれか。

　　ア　IPsec　　　　　イ　S/MIME　　　　ウ　SSH　　　　　　エ　XML 暗号

問16 UMLにおける振る舞い図の説明のうち，アクティビティ図のものはどれか。

ア　ある振る舞いから次の振る舞いへの制御の流れを表現する。

イ　オブジェクト間の相互作用を時系列で表現する。

ウ　システムが外部に提供する機能と，それを利用する者や外部システムとの関係を
　　表現する。

エ　一つのオブジェクトの状態がイベントの発生や時間の経過とともにどのように変
　　化するかを表現する。

問17 アジャイル開発におけるプラクティスの一つであるバーンダウンチャートはどれか。
　　ここで，図中の破線は予定又は予想を，実線は実績を表す。

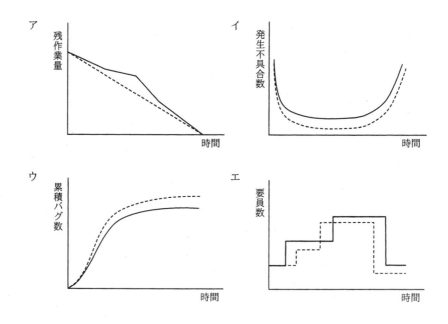

問18　次のプレシデンスダイアグラムで表現されたプロジェクトスケジュールネットワーク図を，アローダイアグラムに書き直したものはどれか。ここで，プレシデンスダイアグラムの依存関係は全て FS 関係とする。

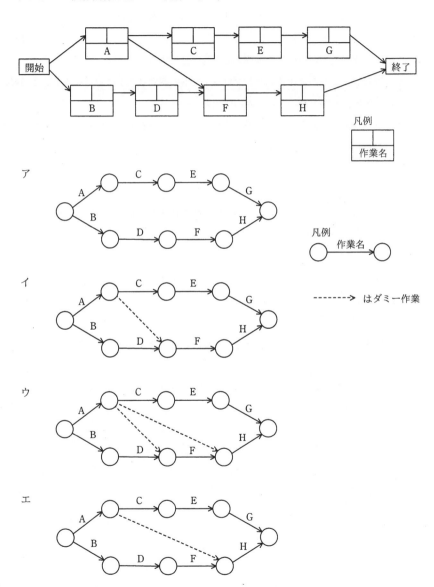

問19　PMBOK ガイド 第 6 版によれば，リスクの定量的分析で実施することはどれか。

ア　発生の可能性や影響のみならず他の特性を評価することによって，さらなる分析
　　や行動のためにプロジェクトの個別リスクに優先順位を付ける。

イ　プロジェクトの個別の特定した個別リスクと，プロジェクト目標全体における他
　　の不確実性要因が複合した影響を数量的に分析する。

ウ　プロジェクトの全体リスクとプロジェクトの個別リスクに対処するために，選択
　　肢の策定，戦略の選択，及び対応処置を合意する。

エ　プロジェクトの全体リスクの要因だけでなくプロジェクトの個別リスクの要因も
　　特定し，それぞれの特性を文書化する。

問20　サービスマネジメントシステムにおける問題管理の活動のうち，適切なものはどれ
　　か。

ア　同じインシデントが発生しないように，問題は根本原因を特定して必ず恒久的に
　　解決する。

イ　同じ問題が重複して管理されないように，既知の誤りは記録しない。

ウ　問題管理の負荷を低減するために，解決した問題は直ちに問題管理の対象から除
　　外する。

エ　問題を特定するために，インシデントのデータ及び傾向を分析する。

問21　次の処理条件で磁気ディスクに保存されているファイルを磁気テープにバックアップするとき，バックアップの運用に必要な磁気テープは最少で何本か。

〔処理条件〕

(1)　毎月初日（1 日）にフルバックアップを取る。フルバックアップは 1 本の磁気テープに 1 回分を記録する。

(2)　フルバックアップを取った翌日から次のフルバックアップを取るまでは，毎日，差分バックアップを取る。差分バックアップは，差分バックアップ用としてフルバックアップとは別の磁気テープに追記録し，1 本に 1 か月分を記録する。

(3)　常に 6 か月前の同一日までのデータについて，指定日の状態にファイルを復元できるようにする。ただし，6 か月前の月に同一日が存在しない場合は，当該月の末日までのデータについて，指定日の状態にファイルを復元できるようにする（例：本日が 10 月 31 日の場合は，4 月 30 日までのデータについて，指定日の状態にファイルを復元できるようにする）。

　ア　12　　　　　　　イ　13　　　　　　　ウ　14　　　　　　　エ　15

問22　データの生成から入力，処理，出力，活用までのプロセス，及び組み込まれているコントロールを，システム監査人が書面上で又は実際に追跡する技法はどれか。

　ア　インタビュー法　　　　　　　イ　ウォークスルー法
　ウ　監査モジュール法　　　　　　エ　ペネトレーションテスト法

問23 物流業務において，10％の物流コストの削減の目標を立てて，図のような業務プロセスの改善活動を実施している。図中の c に相当する活動はどれか。

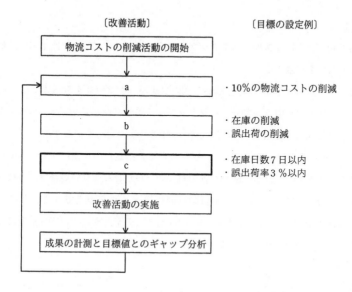

〔改善活動〕　　　　　　　　〔目標の設定例〕

物流コストの削減活動の開始

a　　　　　　　・10％の物流コストの削減

b　　　　　　　・在庫の削減
　　　　　　　　・誤出荷の削減

c　　　　　　　・在庫日数7日以内
　　　　　　　　・誤出荷率3％以内

改善活動の実施

成果の計測と目標値とのギャップ分析

ア　CSF（Critical Success Factor）の抽出

イ　KGI（Key Goal Indicator）の設定

ウ　KPI（Key Performance Indicator）の設定

エ　MBO（Management by Objectives）の導入

問24 A 社は，社員 10 名を対象に，ICT 活用によるテレワークを導入しようとしている。テレワーク導入後 5 年間の効果（"テレワークで削減可能な費用"から"テレワークに必要な費用"を差し引いた額）の合計は何万円か。

〔テレワークの概要〕

・テレワーク対象者は，リモートアクセスツールを利用して，テレワーク用 PC から社内システムにインターネット経由でアクセスして，フルタイムで在宅勤務を行う。

・テレワーク用 PC の購入費用，リモートアクセスツールの費用，自宅・会社間のインターネット回線費用は会社が負担する。

・テレワークを導入しない場合は，育児・介護理由によって，毎年 1 名の離職が発生する。フルタイムの在宅勤務制度を導入した場合は，離職を防止できる。離職が発生した場合は，その補充のために中途採用が必要となる。

・テレワーク対象者分の通勤費とオフィススペース・光熱費が削減できる。

・在宅勤務によって，従来，通勤に要していた時間が削減できるが，その効果は考慮しない。

テレワークで削減可能な費用，テレワークに必要な費用

通勤費の削減額	平均 10 万円／年・人
オフィススペース・光熱費の削減額	12 万円／年・人
中途採用費用の削減額	50 万円／人
テレワーク用 PC の購入費用	初期費用 8 万円／台
リモートアクセスツールの費用	初期費用 1 万円／人 運用費用 2 万円／年・人
インターネット回線費用	運用費用 6 万円／年・人

ア　610　　　　　イ　860　　　　　ウ　950　　　　　エ　1,260

問25 RFI を説明したものはどれか。

ア　サービス提供者と顧客との間で，提供するサービスの内容，品質などに関する保証範囲やペナルティについてあらかじめ契約としてまとめた文書

イ　システム化に当たって，現在の状況において利用可能な技術・製品，ベンダにおける導入実績など実現手段に関する情報提供をベンダに依頼する文書

ウ　システムの調達のために，調達側からベンダに技術的要件，サービスレベル要件，契約条件などを提示し，指定した期限内で実現策の提案を依頼する文書

エ　要件定義との整合性を図り，利用者と開発要員及び運用要員の共有物とするために，業務処理の概要，入出力情報の一覧，データフローなどをまとめた文書

問26　バリューチェーンの説明はどれか。

ア　企業活動を，五つの主活動と四つの支援活動に区分し，企業の競争優位の源泉を分析するフレームワーク

イ　企業の内部環境と外部環境を分析し，自社の強みと弱み，自社を取り巻く機会と脅威を整理し明確にする手法

ウ　財務，顧客，内部ビジネスプロセス，学習と成長の四つの視点から企業を分析し，戦略マップを策定するフレームワーク

エ　商品やサービスを，誰に，何を，どのように提供するかを分析し，事業領域を明確にする手法

問27 新しい事業に取り組む際の手法として，E.リースが提唱したリーンスタートアップの説明はどれか。

ア 国・地方公共団体など，公共機関の補助金・助成金の交付を前提とし，事前に詳細な事業計画を検討・立案した上で，公共性のある事業を立ち上げる手法

イ 市場環境の変化によって競争力を喪失した事業分野に対して，経営資源を大規模に追加投入し，リニューアルすることによって，基幹事業として再出発を期す手法

ウ 持続可能な事業を迅速に構築し，展開するために，あらかじめ詳細に立案された事業計画を厳格に遂行して，成果の検証や計画の変更を最小限にとどめる手法

エ 実用最小限の製品・サービスを短期間で作り，構築・計測・学習というフィードバックループで改良や方向転換をして，継続的にイノベーションを行う手法

問28 IoT の技術として注目されている，エッジコンピューティングの説明として，適切なものはどれか。

ア 演算処理のリソースをセンサ端末の近傍に置くことによって，アプリケーション処理の低遅延化や通信トラフィックの最適化を行う。

イ 人体に装着して脈拍センサなどで人体の状態を計測して解析を行う。

ウ ネットワークを介して複数のコンピュータを結ぶことによって，全体として処理能力が高いコンピュータシステムを作る。

エ 周りの環境から微小なエネルギーを収穫して，電力に変換する。

問29 いずれも時価 100 円の株式 A ～ D のうち，一つの株式に投資したい。経済の成長を高，中，低の三つに区分したときのそれぞれの株式の予想値上がり幅は，表のとおりである。マクシミン原理に従うとき，どの株式に投資することになるか。

単位 円

経済の成長 株式	高	中	低
A	20	10	15
B	25	5	20
C	30	20	5
D	40	10	−10

ア A　　　　イ B　　　　ウ C　　　　エ D

問30 労働基準法で定める 36 協定において，あらかじめ労働の内容や事情などを明記することによって，臨時的に限度時間の上限を超えて勤務させることが許される特別条項を適用する 36 協定届の事例として，適切なものはどれか。

ア 商品の売上が予想を超えたことによって，製造，出荷及び顧客サービスの作業量が増大したので，期間を 3 か月間とし，限度時間を超えて勤務する人数や所要時間を定めて特別条項を適用した。

イ 新技術を駆使した新商品の研究開発業務がピークとなり，3 か月間の業務量が増大したので，労働させる必要があるために特別条項を適用した。

ウ 退職者の増加に伴い従業員一人当たりの業務量が増大したので，新規に要員を雇用できるまで，特に期限を定めずに特別条項を適用した。

エ 慢性的な人手不足なので，増員を実施し，その効果を想定して 1 年間を期限とし，特別条項を適用した。

令和3年度 秋期
データベーススペシャリスト試験
午前Ⅱ 問題

試験時間　**10:50 ～ 11:30 （40分）**

注意事項

1. 試験開始及び終了は，監督員の時計が基準です。監督員の指示に従ってください。試験時間中は，退室できません。

2. 試験開始の合図があるまで，問題冊子を開いて中を見てはいけません。

3. **答案用紙への受験番号などの記入は，試験開始の合図があってから始めてください。**

4. 問題は，次の表に従って解答してください。

問題番号	問1 ～ 問25
選択方法	全問必須

5. 答案用紙の記入に当たっては，次の指示に従ってください。

    (1) 答案用紙は光学式読取り装置で読み取った上で採点しますので，B 又は HB の黒鉛筆で答案用紙の**マークの記入方法**のとおりマークしてください。マークの濃度がうすいなど，**マークの記入方法**のとおり正しくマークされていない場合は，読み取れないことがあります。特にシャープペンシルを使用する際には，マークの濃度に十分注意してください。訂正の場合は，あとが残らないように消しゴムできれいに消し，消しくずを残さないでください。

    (2) **受験番号欄に受験番号を，生年月日欄に受験票の生年月日を記入及びマークしてください。**答案用紙の**マークの記入方法**のとおりマークされていない場合は，採点されないことがあります。生年月日欄については，受験票の生年月日を訂正した場合でも，訂正前の生年月日を記入及びマークしてください。

    (3) **解答は，次の例題にならって，解答欄に一つだけマークしてください。**答案用紙の**マークの記入方法**のとおりマークされていない場合は，採点されません。

    〔例題〕　秋期の情報処理技術者試験が実施される月はどれか。

    　　　ア　8　　　　イ　9　　　　ウ　10　　　　エ　11

    　　　正しい答えは "ウ　10" ですから，次のようにマークしてください。

例題	⑦ ⑦ ● ㋓

注意事項は問題冊子の裏表紙に続きます。
こちら側から裏返して，必ず読んでください。

6. **問題に関する質問にはお答えできません。** 文意どおり解釈してください。

7. 問題冊子の余白などは，適宜利用して構いません。ただし，問題冊子を切り離して利用することはできません。

8. 試験時間中，机上に置けるものは，次のものに限ります。

　なお，会場での貸出しは行っていません。

　受験票，黒鉛筆及びシャープペンシル（B 又は HB），鉛筆削り，消しゴム，定規，時計（時計型ウェアラブル端末は除く。アラームなど時計以外の機能は使用不可），ハンカチ，ポケットティッシュ，目薬，マスク

　これら以外は机上に置けません。使用もできません。

9. 試験終了後，この問題冊子は持ち帰ることができます。

10. 答案用紙は，いかなる場合でも提出してください。回収時に提出しない場合は，採点されません。

11. 試験時間中にトイレへ行きたくなったり，気分が悪くなったりした場合は，手を挙げて監督員に合図してください。

12. 午後 I の試験開始は **12:30** ですので，**12:10** までに着席してください。

問 1　CAP 定理に関する記述として，適切なものはどれか。

　　ア　システムの可用性は基本的に高く，サービスは利用可能であるが，整合性については厳密ではない。しかし，最終的には整合性が取れた状態となる。

　　イ　トランザクション処理は，データの整合性を保証するので，実行結果が矛盾した状態になることはない。

　　ウ　複数のトランザクションを並列に処理したときの実行結果と，直列で逐次処理したときの実行結果は一致する。

　　エ　分散システムにおいて，整合性，可用性，分断耐性の三つを同時に満たすことはできない。

問2　部，課，係の階層関係から成る組織のデータモデルとして，モデル A ～ C の三つ
　　の案が提出された。これらに対する解釈として，適切なものはどれか。組織階層にお
　　ける組織の位置を組織レベルと呼ぶ。組織間の階層関係は，親子として記述している。
　　親と子は循環しないものとする。ここで，モデルの表記には UML を用い，{階層}
　　は組織の親と子の関連が循環しないことを指定する制約記述である。

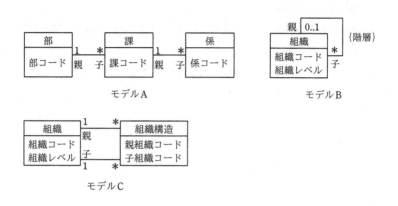

モデルA　　　　　　　　　　モデルB

モデルC

　　ア　新しい組織レベルを設ける場合，どのモデルも変更する必要はない。

　　イ　どのモデルも，一つの子組織が複数の親組織から管轄される状況を記述できない。

　　ウ　モデル B を関係データベース上に実装する場合，親は子の組織コードを外部キ
　　　ーとする。

　　エ　モデル C では，組織の親子関係が循環しないように制約を課す必要がある。

問3　関係 R（A，B，C）の候補キーが {A，B} と {A，C} であり，{A，B} →C 及び
　　C→B の関数従属性があるとき，関係 R はどこまでの正規形の条件を満足しているか。

　　ア　第 1 正規形　　　　　　　　　　イ　第 2 正規形

　　ウ　第 3 正規形　　　　　　　　　　エ　ボイス・コッド正規形

問4 四つの表の関係を表す E-R 図として，適切なものはどれか。ここで，実線の下線は主キーを，破線の下線は外部キーを表す。

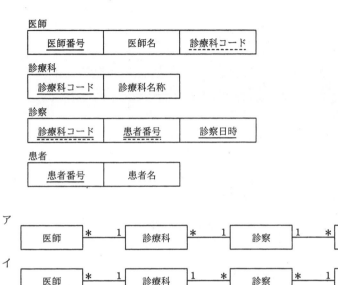

問5 第 1 正規形から第 5 正規形までの正規化に関する記述のうち，適切なものはどれか。

ア 正規形にする分解は全て関数従属性が保存される。

イ 正規形にする分解は全て情報無損失の分解である。

ウ 第3正規形への分解では，情報無損失かつ関数従属性が保存される。

エ 第4正規形から第5正規形への分解は自明な多値従属性が保存される分解である。

問6 "商品"表と"当月商品仕入合計"表に対して,SQL 文を実行した結果はどれか。

商品

商品コード	仕入先コード
S001	K01
S002	K01
S003	K02
S004	K02
S005	K03
S006	K04

当月商品仕入合計

仕入先コード	仕入合計金額
K01	150,000
K03	100,000
K05	250,000

〔SQL 文〕
(SELECT 仕入先コード FROM 商品)
        EXCEPT
(SELECT 仕入先コード FROM 当月商品仕入合計)

ア

仕入先コード
K01
K01
K03

イ

仕入先コード
K01
K03

ウ

仕入先コード
K02
K02
K04

エ

仕入先コード
K02
K04

問7 次の (1), (2) に該当するトランザクションの隔離性水準はどれか。

(1) 対象の表のダーティリードは回避できる。

(2) 一つのトランザクション中で,対象の表のある行を 2 回以上参照する場合,1 回目の読込みの列値と 2 回目以降の読込みの列値が同じであることが保証されない。

ア READ COMMITTED   イ READ UNCOMMITTED

ウ REPEATABLE READ   エ SERIALIZABLE

問8　"社員取得資格"表に対し，SQL 文を実行して結果を得た。SQL 文の a に入れる字句はどれか。

社員取得資格

社員コード	資格
S001	FE
S001	AP
S001	DB
S002	FE
S002	SM
S003	FE
S004	AP
S005	NULL

〔結果〕

社員コード	資格 1	資格 2
S001	FE	AP
S002	FE	NULL
S003	FE	NULL

〔SQL 文〕
```
SELECT C1.社員コード, C1.資格 AS 資格 1, C2.資格 AS 資格 2
    FROM 社員取得資格 C1 LEFT OUTER JOIN 社員取得資格 C2
         a
```

ア　ON C1.社員コード = C2.社員コード
　　　　AND C1.資格 = 'FE' AND C2.資格 = 'AP'
　　WHERE C1.資格 = 'FE'

イ　ON C1.社員コード = C2.社員コード
　　　　AND C1.資格 = 'FE' AND C2.資格 = 'AP'
　　WHERE C1.資格 IS NOT NULL

ウ　ON C1.社員コード = C2.社員コード
　　　　AND C1.資格 = 'FE' AND C2.資格 = 'AP'
　　WHERE C2.資格 = 'AP'

エ　ON C1.社員コード = C2.社員コード
　　WHERE C1.資格 = 'FE' AND C2.資格 = 'AP'

問9　属性が n 個ある関係の異なる射影は幾つあるか。ここで，射影の個数には，元の
　　関係と同じ結果となる射影，及び属性を全く含まない射影を含めるものとする。

　　ア　$\log_2 n$　　　　　　イ　n　　　　　　ウ　$2n$　　　　　　エ　2^n

問10 ある電子商取引サイトでは，会員の属性を柔軟に変更できるように，"会員項目"表で管理することにした。"会員項目"表に対し，次の条件でSQL文を実行して結果を得る場合，SQL文のaに入れる字句はどれか。ここで，実線の下線は主キーを，NULLは値がないことを表す。

〔条件〕

(1) 同一"会員番号"をもつ複数の行によって，1人の会員の属性を表す。

(2) 新規に追加する行の行番号は，最後に追加された行の行番号に1を加えた値とする。

(3) 同一"会員番号"で同一"項目名"の行が複数ある場合，より大きい行番号の項目値を採用する。

会員項目

行番号	会員番号	項目名	項目値
1	0111	会員名	情報太郎
2	0111	最終購入年月日	2021-02-05
3	0112	会員名	情報花子
4	0112	最終購入年月日	2021-01-30
5	0112	最終購入年月日	2021-02-01
6	0113	会員名	情報次郎

〔結果〕

会員番号	会員名	最終購入年月日
0111	情報太郎	2021-02-05
0112	情報花子	2021-02-01
0113	情報次郎	NULL

〔SQL文〕

```
SELECT 会員番号,
         a      (CASE WHEN 項目名='会員名' THEN 項目値 END) AS 会員名,
         a      (CASE WHEN 項目名='最終購入年月日' THEN 項目値 END)
       AS 最終購入年月日
     FROM  ( SELECT 会員番号, 項目名, 項目値 FROM 会員項目
              WHERE 行番号 IN ( SELECT     a     (行番号) FROM 会員項目
                        GROUP BY 会員番号, 項目名 )
         ) T
     GROUP BY 会員番号
     ORDER BY 会員番号
```

ア COUNT　　　イ DISTINCT　　　ウ MAX　　　エ MIN

問11　関係 R, S に次の演算を行うとき，R と S が和両立である**必要のないもの**はどれか。

ア　共通集合　　　　イ　差集合　　　　ウ　直積　　　　エ　和集合

問12　分散データベースのトランザクションが複数のサブトランザクションに分割され，複数のサイトで実行されるとき，トランザクションのコミット制御に関する記述のうち，適切なものはどれか。

ア　2 相コミットでは，サブトランザクションが実行される全てのサイトからコミット了承応答が主サイトに届いても，主サイトはサブトランザクションごとにコミット又はロールバックの異なる指示を出す場合がある。

イ　2 相コミットを用いても，サブトランザクションが実行されるサイトに主サイトの指示が届かず，サブトランザクションをコミットすべきかロールバックすべきか分からない場合がある。

ウ　2 相コミットを用いると，サブトランザクションがロールバックされてもトランザクションがコミットされる場合がある。

エ　集中型データベースのコミット制御である 1 相コミットで，分散データベースを構成する個々のサイトが独自にコミットを行っても，サイト間のデータベースの一貫性は保証できる。

問13 2相ロック方式を用いたトランザクションの同時実行制御に関する記述のうち，適切なものはどれか。

ア 全てのトランザクションが直列に制御され，デッドロックが発生することはない。

イ トランザクションのコミット順序は，トランザクション開始の時刻順となるように制御される。

ウ トランザクションは，自分が獲得したロックを全て解除した後にだけ，コミット操作を実行できる。

エ トランザクションは，必要な全てのロックを獲得した後にだけ，ロックを解除できる。

問14 RDBMS のロックに関する記述のうち，適切なものはどれか。ここで，X, Y はトランザクションとする。

ア X が A 表内の特定行 a に対して共有ロックを獲得しているときは，Y は A 表内の別の特定行 b に対して専有ロックを獲得することができない。

イ X が A 表内の特定行 a に対して共有ロックを獲得しているときは，Y は A 表に対して専有ロックを獲得することができない。

ウ X が A 表に対して共有ロックを獲得しているときでも，Y は A 表に対して専有ロックを獲得することができる。

エ X が A 表に対して専有ロックを獲得しているときでも，Y は A 表内の特定行 a に対して専有ロックを獲得することができる。

問15 関係データベースにおいて，タプル数 n の表二つに対する結合操作を，入れ子ループ法によって実行する場合の計算量はどれか。

ア $O(\log n)$ イ $O(n)$ ウ $O(n \log n)$ エ $O(n^2)$

問16　多版同時実行制御（MVCC）の特徴のうち，適切なものはどれか。

ア　アプリケーションプログラムからデータに対する明示的なロックをかけることが
　　できない。

イ　データアクセスの対象となる版をアプリケーションプログラムが指定する必要が
　　ある。

ウ　データ書込みに対して新しい版を生成し，同時にデータ読取りが実行されるとき
　　の排他制御による待ちを回避する。

エ　デッドロックは発生しない。

問17　W3C で勧告されている，Indexed Database API に関する記述として，適切なものは
　　どれか。

ア　Java のアプリケーションプログラムからデータベースにアクセスするための標準
　　的な API が定義されている。

イ　SQL 文をホストプログラムに埋め込むための API が定義されている。

ウ　Web ブラウザ用のストレージの機能として，トランザクション処理の API が定
　　義されている。

エ　データベースに対する一連の手続きを DBMS に格納し，呼び出す API が定義さ
　　れている。

問18 ビッグデータ処理基盤に利用され，オープンソースソフトウェアの一つである Apache Spark の特徴はどれか。

ア MapReduce の考え方に基づいたバッチ処理に特化している。

イ RDD（Resilient Distributed Dataset）と呼ばれるデータ集合に対して変換を行う。

ウ パブリッシュ／サブスクライブ（Publish／Subscribe）型のメッセージングモデルを採用している。

エ マスタノードをもたないキーバリューストアである。

問19 インシデントハンドリングの順序のうち，JPCERT コーディネーションセンター "インシデントハンドリングマニュアル（2015 年 11 月 26 日）" に照らして，適切なものはどれか。

ア インシデントレスポンス（対応） → 検知／連絡受付 → トリアージ

イ インシデントレスポンス（対応） → トリアージ → 検知／連絡受付

ウ 検知／連絡受付 → インシデントレスポンス（対応） → トリアージ

エ 検知／連絡受付 → トリアージ → インシデントレスポンス（対応）

問20 迷惑メールの検知手法であるベイジアンフィルタの説明はどれか。

ア 信頼できるメール送信元を許可リストに登録しておき，許可リストにないメール送信元からの電子メールは迷惑メールと判定する。

イ 電子メールが正規のメールサーバから送信されていることを検証し，迷惑メールであるかどうかを判定する。

ウ 電子メールの第三者中継を許可しているメールサーバを登録したデータベースの掲載情報を基に，迷惑メールであるかどうかを判定する。

エ 利用者が振り分けた迷惑メールと正規のメールから特徴を学習し，迷惑メールであるかどうかを統計的に判定する。

問21 パケットフィルタリング型ファイアウォールが，通信パケットの通過を許可するか
どうかを判断するときに用いるものはどれか。

ア　Web アプリケーションに渡される POST データ
イ　送信元と宛先の IP アドレスとポート番号
ウ　送信元の MAC アドレス
エ　利用者の PC から送信された URL

問22 ECC メモリで，2 ビットの誤りを検出し，1 ビットの誤りを訂正するために用いる
ものはどれか。

ア　偶数パリティ　　　　　　　　　　イ　垂直パリティ
ウ　チェックサム　　　　　　　　　　エ　ハミング符号

問23 複数台の物理サーバで多数の仮想サーバを提供しているシステムがある。次の条件
で運用する場合，物理サーバが 8 台停止してもリソースの消費を平均 80％以内にす
るには，物理サーバが 1 台も停止していないときは最低何台必要か。ここで，各物
理サーバは同一の性能と同一のリソースを有しているものとする。

〔条件〕
(1)　ある物理サーバが停止すると，その物理サーバ内の全ての仮想サーバを，稼働
　　中の物理サーバに，リソースの消費が均等になるように再配分する。
(2)　物理サーバが 1 台も停止していないときのリソースの消費は，平均 60％である。
(3)　その他の条件は考慮しない。

ア　32　　　　　　　　イ　34　　　　　　　ウ　36　　　　　　　エ　40

問24　ソフトウェアの使用性を向上させる施策として，適切なものはどれか。

　　ア　オンラインヘルプを充実させ，利用方法を理解しやすくする。

　　イ　外部インタフェースを見直し，連携できる他システムを増やす。

　　ウ　機能を追加し，業務の遂行においてシステムを利用できる範囲を拡大する。

　　エ　データの複製を分散して配置し，装置の故障によるデータ損失のリスクを減らす。

問25　マッシュアップの説明はどれか。

　　ア　既存のプログラムから，そのプログラムの仕様を導き出す。

　　イ　既存のプログラムを部品化し，それらの部品を組み合わせて，新規プログラムを
　　　開発する。

　　ウ　クラスライブラリを利用して，新規プログラムを開発する。

　　エ　公開されている複数のサービスを利用して，新たなサービスを提供する。

令和3年度 秋期
データベーススペシャリスト試験
午後Ⅰ 問題

試験時間	12:30 ～ 14:00 （1時間30分）

注意事項

1. 試験開始及び終了は，監督員の時計が基準です。監督員の指示に従ってください。

2. 試験開始の合図があるまで，問題冊子を開いて中を見てはいけません。

3. **答案用紙への受験番号などの記入は，試験開始の合図があってから始めてください。**

4. 問題は，次の表に従って解答してください。

問題番号	問1 ～ 問3
選択方法	2問選択

5. 答案用紙の記入に当たっては，次の指示に従ってください。

   (1) B又はHBの黒鉛筆又はシャープペンシルを使用してください。

   (2) **受験番号欄に受験番号を，生年月日欄に受験票の生年月日を記入してください。** 正しく記入されていない場合は，採点されないことがあります。生年月日欄については，受験票の生年月日を訂正した場合でも，訂正前の生年月日を記入してください。

   (3) **選択した問題**については，次の例に従って，**選択欄の問題番号を〇印で囲んで**ください。〇印がない場合は，採点されません。3問とも〇印で囲んだ場合は，はじめの2問について採点します。

   (4) 解答は，問題番号ごとに指定された枠内に記入してください。

   (5) 解答は，丁寧な字ではっきりと書いてください。読みにくい場合は，減点の対象になります。

〔問1，問3を選択した場合の例〕

注意事項は問題冊子の裏表紙に続きます。
こちら側から裏返して，必ず読んでください。

6. 退室可能時間中に退室する場合は，手を挙げて監督員に合図し，答案用紙が回収
されてから静かに退室してください。

退室可能時間	13:10 ～ 13:50

7. **問題に関する質問にはお答えできません。** 文意どおり解釈してください。

8. 問題冊子の余白などは，適宜利用して構いません。ただし，問題冊子を切り離し
て利用することはできません。

9. 試験時間中，机上に置けるものは，次のものに限ります。

なお，会場での貸出しは行っていません。

受験票，黒鉛筆及びシャープペンシル（B 又は HB），鉛筆削り，消しゴム，定規，

時計（時計型ウェアラブル端末は除く。アラームなど時計以外の機能は使用不可），

ハンカチ，ポケットティッシュ，目薬，マスク

これら以外は机上に置けません。使用もできません。

10. 試験終了後，この問題冊子は持ち帰ることができます。

11. 答案用紙は，いかなる場合でも提出してください。回収時に提出しない場合は，
採点されません。

12. 試験時間中にトイレへ行きたくなったり，気分が悪くなったりした場合は，手を
挙げて監督員に合図してください。

13. 午後Ⅱの試験開始は 14:30 ですので，14:10 までに着席してください。

試験問題に記載されている会社名又は製品名は，それぞれ各社又は各組織の商標又は登録商標です。

なお，試験問題では，™ 及び ® を明記していません。

問題文中で共通に使用される表記ルール

概念データモデル，関係スキーマ，関係データベースのテーブル（表）構造の表記ルールを次に示す。各問題文中に注記がない限り，この表記ルールが適用されているものとする。

1. 概念データモデルの表記ルール

(1) エンティティタイプとリレーションシップの表記ルールを，図1に示す。

① エンティティタイプは，長方形で表し，長方形の中にエンティティタイプ名を記入する。

② リレーションシップは，エンティティタイプ間に引かれた線で表す。

"1対1"のリレーションシップを表す線は，矢を付けない。

"1対多"のリレーションシップを表す線は，"多"側の端に矢を付ける。

"多対多"のリレーションシップを表す線は，両端に矢を付ける。

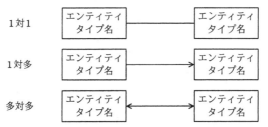

図1 エンティティタイプとリレーションシップの表記ルール

(2) リレーションシップを表す線で結ばれたエンティティタイプ間において，対応関係にゼロを含むか否かを区別して表現する場合の表記ルールを，図2に示す。

① 一方のエンティティタイプのインスタンスから見て，他方のエンティティタイプに対応するインスタンスが存在しないことがある場合は，リレーションシップを表す線の対応先側に"○"を付ける。

② 一方のエンティティタイプのインスタンスから見て，他方のエンティティタイプに対応するインスタンスが必ず存在する場合は，リレーションシップを表す線の対応先側に"●"を付ける。

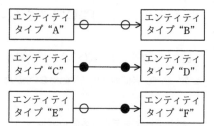

"A"から見た"B"も，"B"から見た"A"も，インスタンスが存在しないことがある場合

"C"から見た"D"も，"D"から見た"C"も，インスタンスが必ず存在する場合

"E"から見た"F"は必ずインスタンスが存在するが，"F"から見た"E"はインスタンスが存在しないことがある場合

図2　対応関係にゼロを含むか否かを区別して表現する場合の表記ルール

(3)　スーパタイプとサブタイプの間のリレーションシップの表記ルールを，図3に示す。

①　サブタイプの切り口の単位に"△"を記入し，スーパタイプから"△"に1本の線を引く。

②　一つのスーパタイプにサブタイプの切り口が複数ある場合は，切り口の単位ごとに"△"を記入し，スーパタイプからそれぞれの"△"に別の線を引く。

③　切り口を表す"△"から，その切り口で分類されるサブタイプのそれぞれに線を引く。

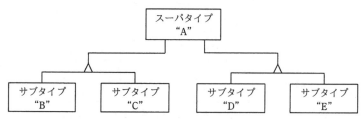

スーパタイプ"A"に二つの切り口があり，それぞれの切り口にサブタイプ"B"と"C"及び"D"と"E"がある例

図3　スーパタイプとサブタイプの間のリレーションシップの表記ルール

(4)　エンティティタイプの属性の表記ルールを，図4に示す。

①　エンティティタイプの長方形内を上下2段に分割し，上段にエンティティタイプ名，下段に属性名の並びを記入する。[1]

②　主キーを表す場合は，主キーを構成する属性名又は属性名の組に実線の下線を付ける。

③　外部キーを表す場合は，外部キーを構成する属性名又は属性名の組に破線の下線を付ける。ただし，主キーを構成する属性の組の一部が外部キーを構成する場合は，

破線の下線を付けない。

```
┌─────────────────────┐
│   エンティティタイプ名        │
├─────────────────────┤
│ 属性名1, 属性名2, …       │
│   …, 属性名 n          │
└─────────────────────┘
```

図4　エンティティタイプの属性の表記ルール

2. 関係スキーマの表記ルール及び関係データベースのテーブル（表）構造の表記ルール

(1) 関係スキーマの表記ルールを，図5に示す。

関係名（属性名1, 属性名2, 属性名3, …, 属性名 n）

図5　関係スキーマの表記ルール

① 関係を，関係名とその右側の括弧でくくった属性名の並びで表す。[1] これを関係スキーマと呼ぶ。

② 主キーを表す場合は，主キーを構成する属性名又は属性名の組に実線の下線を付ける。

③ 外部キーを表す場合は，外部キーを構成する属性名又は属性名の組に破線の下線を付ける。ただし，主キーを構成する属性の組の一部が外部キーを構成する場合は，破線の下線を付けない。

(2) 関係データベースのテーブル（表）構造の表記ルールを，図6に示す。

テーブル名（列名1, 列名2, 列名3, …, 列名 n）

図6　関係データベースのテーブル（表）構造の表記ルール

関係データベースのテーブル（表）構造の表記ルールは，(1) の ① 〜 ③ で"関係名"を"テーブル名"に，"属性名"を"列名"に置き換えたものである。

注[1]　属性名と属性名の間は","で区切る。

問1 データベース設計に関する次の記述を読んで，設問1〜3に答えよ。

B社は，複数の加盟企業向けに共通ポイントサービスを運営している。今回，その基盤のシステム（以下，ポイントシステムという）を再構築することになり，データベース設計を開始した。

〔ポイントシステムの概要〕
1. 会員

　会員は，B社が発行したポイントカードの利用者であり，会員コードで識別する。
2. 加盟企業

   (1) 加盟企業は，B社と共通ポイントサービス加盟の契約をした企業であり，加盟企業コードで識別する。コンビニエンスストア，レストランチェーンなど様々な業種の企業がある。同じ加盟企業と複数回の契約をすることはない。

   (2) 加盟企業は複数の店舗をもつ。店舗は，加盟企業コードと店舗コードで識別する。
3. 加盟企業商品と横断分析用商品情報

   (1) 加盟企業商品

   ① 加盟企業が販売する商品を，B社から見て加盟企業商品と呼ぶ。

   ② 加盟企業は，商品をポイントシステムに登録するときに，当該加盟企業の商品コード（以下，加盟企業商品コードという），商品名（以下，加盟企業商品名という），JANコードを登録する。加盟企業商品は，加盟企業コードと加盟企業商品コードで識別する。

   ③ 加盟企業商品コードは再利用されないが，加盟企業商品名とJANコードは再利用されることがある。また，JANコードが設定されない商品もある。

   (2) 横断分析用商品情報

   ① 横断分析用商品情報は，複数の加盟企業が同じ商品を扱っている場合に同一商品であると認識できるようにするものである。横断分析用商品情報には，横断分析用商品コードと横断分析用商品名を設定し，横断分析用商品コードで識別する。横断分析用商品名は一意になるとは限らない。

   ② B社は，加盟企業商品が追加される都度，既に同じ商品の横断分析用商品が

登録済みかどうかを確認し，登録済みと判断すればその横断分析用商品コードを，登録済みでないと判断すれば新たな横断分析用商品コードを加盟企業商品に設定する。

③　横断分析用商品コードの設定には，加盟企業商品の登録から数日を要する場合がある。

〔ポイントの概要〕

1. ポイント

ポイントは，加盟企業の販促のために会員に与える点数である。

2. ポイントの利用

(1)　会員は，自分のポイント残高を上限として，購入金額の一部又は全てをポイントで支払うことができる。利用したポイント（以下，利用ポイントという）は，支払時にポイント残高から減算する。

(2)　ポイントは，全ての加盟企業の店舗で利用できる。

(3)　利用ポイントを支払ごとに記録する。1回の支払はレシート番号で識別する。

3. ポイントの付与

(1)　会員がポイントカードを提示して支払をすると，その支払で付与するポイントを記録する。ポイントカードの提示がなければこの記録を作成しない。

(2)　付与ポイントを記録した時点では，付与ポイントの記録は会員のポイント残高に加算しない。ポイント残高への加算は後述の日次バッチで行う。

(3)　ポイントには，商品ごとの購入金額に対して付与するものと，支払方法ごとの支払金額に対して付与するものがある。

①　購入商品ごとの付与ポイント

・商品の購入金額（購入数×商品単価）にポイント付与率を乗じて計算する。

・ポイント付与率は，通常は全加盟企業共通で決められている基準ポイント付与率を適用するが，後述のクーポンの利用によって変わることがある。

②　支払方法ごとの付与ポイント

・支払においては，現金，ポイント利用，電子マネー利用など，1回の支払で複数の支払方法を併用できる。

・支払方法ごとの付与ポイントは，各支払方法での支払金額に，ポイント付

与率を乗じて計算する。

　　・各支払方法に対するポイント付与率は，ポイント設定で決めている。ポイント設定はポイント設定コードで識別し，ポイント付与率，適用期間をもつ。ポイントを付与する支払方法にポイント設定を対応付ける。同じポイント設定を，複数の支払方法に対応付けることがある。

　(4) 付与ポイントは，小数第3位まで記録する。

　(5) 会員がポイントで支払った分にもポイントを付与する。

4. 付与ポイントのポイント残高への加算

　(1) 毎日午前0時を過ぎると，支払ごとの付与ポイントの記録から，支払日時が前日の分を日次バッチで抽出し，集計して会員のポイント残高に加算する。

　(2) 購入商品ごとの付与ポイントと支払方法ごとの付与ポイントを加算し，小数点以下を切り捨てたものが支払全体の付与ポイントとなる。

5. ポイントの後付け

　(1) 会員がポイントカードを忘れた場合，会員が申告すると店員は支払時のレシートに押印する。会員がこのレシートを1か月以内にこの店舗に持って行き，ポイントカードを提示すると，その支払で付与するポイントを記録する。

　(2) 付与ポイントの記録は，レシートが発行された日時の記録となる。

〔クーポンの概要〕

1. クーポン

　(1) B社は，クーポンという販促手段を用意している。加盟企業は，自社の店舗に会員を呼び込むために，クーポンを企画する。

　(2) クーポンは，会員に配布する紙片である。会員が支払時にクーポンを提示すると，クーポンに設定されたポイント付与率を適用する。店舗は，提示されたクーポンを回収する。

　(3) クーポンの企画単位にクーポンコードを付与する。

　(4) クーポンは，企画した加盟企業の店舗だけで利用できる。

　(5) クーポンには，利用期間を設定している。

　(6) 設定できるクーポンには，適用対象となる店舗を限定したクーポン，適用対象となる商品を限定したクーポン，及び，店舗も商品も限定しないクーポンが

ある。ただし，商品の購入数を限定したクーポンは設定できない。

(7) 会員は，クーポンコードが異なる複数のクーポンを1回の支払で利用できる。

(8) クーポンの効果を測るために，クーポンがどの支払で利用されたか分かるように記録する。

2. クーポンの配布方法

(1) クーポンを企画した加盟企業は，B社に料金を支払い，クーポンの配布対象にしたい会員の抽出条件をB社に伝える。

(2) 会員の抽出は，支払時のポイント付与の記録を用いて行う。抽出条件には，ある期間に特定の店舗を利用した，特定の商品を一定以上の金額分購入した，特定の支払方法で一定以上の金額を支払った，などがある。

(3) B社は，条件に合う会員を抽出し，クーポン配布リストとして登録する。会員の抽出は，日次バッチで行う。

(4) クーポン配布リストに登録されている会員が，全加盟企業のいずれかの店舗を利用した場合に，クーポンを発行する。同じ会員に同じクーポンを2回発行することはない。

(5) クーポンには，配布上限数と配布期間を設定している。

〔概念データモデルと関係スキーマの設計〕

概念データモデルを図1に，関係スキーマを図2に示す。

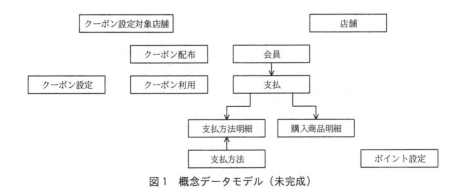

図1　概念データモデル（未完成）

```
店舗（加盟企業コード，店舗コード，店舗名，所在地）
会員（会員コード，会員名，入会日，住所，性別，生年月日，ポイント残高）
加盟企業商品（加盟企業コード，加盟企業商品コード，JAN コード，加盟企業名，契約開始日，
        契約終了日，加盟企業商品名，横断分析用商品コード，横断分析用商品名）
支払（レシート番号，会員コード，  a  ，  b  ，支払日時，利用ポイント）
支払方法明細（レシート番号，支払方法コード，  c  ，付与ポイント）
購入商品明細（レシート番号，加盟企業コード，加盟企業商品コード，  d  ，商品単価，
        付与ポイント）
支払方法（支払方法コード，支払方法名，  e  ）
ポイント設定（ポイント設定コード，適用開始日，適用終了日，  f  ）
クーポン設定（クーポンコード，クーポン名，企画加盟企業コード，配布開始日，
        配布終了日，利用開始日，利用終了日，ポイント付与率，  g  ）
クーポン設定対象店舗（クーポンコード，加盟企業コード，店舗コード）
クーポン設定対象商品（クーポンコード，加盟企業コード，加盟企業商品コード）
クーポン配布（  h  ，  i  ，配布済フラグ，配布日時）
クーポン利用（  j  ，  k  ）
```

図2　関係スキーマ（未完成）

　解答に当たっては，巻頭の表記ルールに従うこと。ただし，エンティティタイプ間の対応関係にゼロを含むか否かの表記は必要ない。

　なお，エンティティタイプ間のリレーションシップとして"多対多"のリレーションシップを用いないこと。エンティティタイプ名及び属性名は，それぞれ意味を識別できる適切な名称とすること。

設問1　図1，2について，(1)，(2)に答えよ。

　　(1)　図2中の　a　～　k　に入れる適切な属性名を答えよ。

　　　　なお，主キーを構成する属性の場合は実線の下線を，外部キーを構成する属性の場合は破線の下線を付けること。

　　(2)　図1のリレーションシップは未完成である。必要なリレーションシップを全て記入し，図を完成させよ。

　　　　なお，図に表示されていないエンティティタイプは考慮しなくてよい。

設問2　図2中の関係"加盟企業商品"について，(1)～(3)に答えよ。

　　(1)　関係"加盟企業商品"の候補キーを全て答えよ。また，部分関数従属性，推移的関数従属性の有無を，答案用紙のあり・なしのいずれかを○で囲んで

示せ。"あり"の場合は，次の表記法に従って，その関数従属性の具体例を一
つ示せ。

関数従属性	表記法
部分関数従属性	属性1→属性2
推移的関数従属性	属性3→属性4→属性5

　なお，候補キー及び表記法に示されている属性1，属性3，属性4が複数の
属性から構成される場合は，｛　｝でくくること。

(2)　関係"加盟企業商品"の候補キーのうち，主キーとして採用できないもの
はどれか答えよ。また，その理由を45字以内で具体的に述べよ。

(3)　関係"加盟企業商品"は第1正規形，第2正規形，第3正規形のうち，どこ
まで正規化されているか答えよ。第3正規形でない場合は，第3正規形に分解
し，関係スキーマを示せ。ここで，分解後の関係の関係名には，本文中の用
語を用いること。

　なお，主キーを構成する属性の場合は実線の下線を，外部キーを構成する
属性の場合は破線の下線を付けること。

設問3　〔ポイントの概要〕の4. で示した日次バッチについて，(1)，(2) に答えよ。

(1)　日次バッチの集計処理では，付与ポイントの記録がポイント残高に加算さ
れない場合がある。それはどのような場合か。本文中の用語を用いて 30 字以
内で述べよ。

(2)　付与ポイントの記録をポイント残高に正しく加算するために，日次バッチ
の処理を変更することにした。この処理に用いる属性を，関係"支払"に一
つ追加した。その属性の役割を30字以内で述べよ。

問2 データベースの実装に関する次の記述を読んで，設問1〜3に答えよ。

クレジットカード会社のC社では，キャッシュレス決済の普及に伴いカード決済システムのオンライントランザクションの処理量が増えている。情報システム部のFさんは，将来の処理量から懸念される性能低下の対策を検討することになった。

〔RDBMSの主な仕様〕

1. アクセス経路，区分化，再編成

(1) アクセス経路は，RDBMSによって表探索又は索引探索に決められる。表探索では，索引を使わずに先頭ページから順に全行を探索する。索引探索では，WHERE句中の述語に適した索引によって絞り込んでから表の行を読み込む。

(2) テーブルごとに一つ又は複数の列を区分キーとし，区分キーの値に基づいて物理的な表領域に分割することを区分化という。

(3) 区分方法にはハッシュとレンジの二つがある。どちらも，テーブルを検索するSQL文のWHERE句の述語に区分キー列を指定すると，区分キー列で特定した区分だけを探索する。

① ハッシュは，区分キー値を基にRDBMSが生成するハッシュ値によって一定数の区分に行を分配する方法である。

② レンジは，区分キー値の範囲によって区分に行を分配する方法である。

(4) テーブル又は区分を再編成することによって，行を主キー順に物理的に並び替えることができる。また，各ページ中に指定した空き領域を予約することができる。

(5) INSERT文で行を挿入するとき，RDBMSは，主キー値の並びの中で，挿入行の主キー値に近い行が格納されているページに空き領域があればそのページに，なければ表領域の最後のページに格納する。最後のページに空き領域がなければ，新しいページを表領域の最後に追加する。

2. データ入出力とログ出力

(1) データとログはそれぞれ別のディスクに格納される。同じディスクに対し同時に入出力は行われないものとする。

(2) データ入出力とログ出力は4,000バイトのページ単位に行われる。

(3) データバッファはテーブルごとに確保される。

(4) ページをランダムに入出力する場合，SQL 処理中の CPU 処理と入出力処理は並行して行われない。これを同期データ入出力処理と呼び，SQL 処理時間は次の式で近似できる。

SQL 処理時間 ＝ CPU 時間 ＋ 同期データ入出力処理時間

(5) ページを順次に入出力する場合，SQL 処理中の CPU 処理と入出力処理は並行して行われる。これを非同期データ入出力処理と呼び，SQL 処理時間は次の式で近似できる。ここで関数 MAX は引数のうち最も大きい値を返す。

SQL 処理時間 ＝ MAX（CPU 時間，非同期データ入出力処理時間）

(6) 行を挿入，更新，削除した場合，変更内容がログとして RDBMS に一つ存在するログバッファに書き込まれる。ログバッファが一杯の場合，トランザクションの INSERT 文，UPDATE 文，DELETE 文の処理は待たされる。

(7) ログは，データより先にログバッファからディスクに出力される。これをログ出力処理と呼ぶ。このとき，トランザクションのコミットはログ出力処理の完了まで待たされる。ログ出力処理は，次のいずれかの事象を契機に行われる。

① ログバッファが一杯になった。

② トランザクションがコミット又はロールバックを行った。

③ あるテーブルのデータバッファが変更ページによって一杯になった。

〔カード決済システムの概要〕

1. テーブル

主なテーブルのテーブル構造を図 1，将来の容量見積りを表 1 に示す。各テーブルの主キーには索引が定義されており，索引キーを構成する列の順はテーブルの列の順と同じである。

```
加盟店（加盟店番号，加盟店名，住所，電話番号，…）
オーソリ履歴（カード番号，利用日，オーソリ連番，加盟店番号，利用金額，
             審査結果，請求済フラグ，請求日，…）
```

図 1 主なテーブルのテーブル構造（一部省略）

表1　主なテーブルの将来の容量見積り

テーブル名	行長 （バイト）	見積行数	1ページ当たり の行数	ページ数	容量 （Gバイト）
加盟店	1,000	100万	4	25万	1
オーソリ履歴	200	480億	20	24億	9,600

2. オーソリ処理（オンライン処理）

　　オーソリ処理は，会員がカードで支払う際にカード有効期限，与信限度額を超過していないかなどを判定する処理である。判定した結果，可ならば審査結果を 'Y' に，否ならば 'N' に設定した行を "オーソリ履歴" テーブルに挿入する。オーソリ処理は最大 100 多重で処理される。"オーソリ履歴" テーブルには直近 5 年分を保持する。

3. 利用明細抽出処理（バッチ処理）

　　請求書作成に必要な1か月分の利用明細の記録を "オーソリ履歴" テーブルから抽出しファイルに出力する。

〔参照処理の性能見積り〕

　　将来の処理時間が懸念される利用明細抽出処理の SQL 文を，図2に示す。

```
SELECT A.カード番号, A.利用日, A.オーソリ連番, A.利用金額, B.加盟店名
  FROM オーソリ履歴 A, 加盟店 B
 WHERE A.審査結果 = 'Y' AND A.利用日 BETWEEN :hv1 AND :hv2
   AND A.加盟店番号 = B.加盟店番号
```
注記　ホスト変数 hv1, hv2 は，請求対象月の初日と末日をそれぞれ表す。

図2　利用明細抽出処理の SQL 文

　　Fさんは，利用明細抽出処理の処理時間を，次のように見積もった。

1. この SQL 文での表の結合方法を調べたところ，"オーソリ履歴" テーブルを外側，"加盟店" テーブルを内側とする入れ子ループ法だった。"オーソリ履歴" テーブルのアクセス経路は表探索だったので，　a　ページを非同期に読み込む。

2. ディスク転送速度を 100M バイト／秒と仮定すれば，　a　ページを非同期に読み込むデータ入出力処理時間は，　b　秒である。

3. カード数を 1,000 万枚，カード・月当たり平均オーソリ回数を 80 回，審査結果が全て可であると仮定すると，"オーソリ履歴" テーブルの結果行数は，[c] 行である。これに掛かる CPU 時間は，96,000 秒である。

4. この結合では，外側の表の結果行ごとに "加盟店" テーブルの主キー索引を索引探索し，"加盟店" テーブルを 1 行，ランダムに合計 [d] 回読み込む。

5. 索引はバッファヒット率 100％，テーブルはバッファヒット率 0％と仮定すれば，"加盟店" テーブルを合計で [e] ページを同期的に読み込むことになる。同期読込みにページ当たり 1 ミリ秒掛かると仮定すれば，同期データ入出力処理時間は [f] 秒である。

6. 内側の表の索引探索と結合に掛かる CPU 時間は，1 結果行当たり 0.01 ミリ秒掛かると仮定すれば，[g] 秒である。

7. 外側の表の CPU 時間は 96,000 秒，内側の表の CPU 時間は [g] 秒，内側の表の同期データ入出力処理時間は [f] 秒なので，SQL 文の処理時間を [h] 秒と見積もった。

処理時間が長くなることが分かったので時間短縮のため，次の 2 案を検討した。
案 1 "加盟店" テーブルのデータバッファを増やしバッファヒット率 100％にする。
案 2 "オーソリ履歴" テーブルの利用日列をキーとする副次索引を追加する。

〔"オーソリ履歴" テーブルの区分化〕
　F さんは，上司である G 氏から，次の課題の解決策の検討を依頼された。
課題 1　月末近くに起きるオーソリ処理の INSERT 文の性能低下を改善すること
課題 2　将来懸念される利用明細抽出処理の処理時間を短縮すること
課題 3　月初に行う "オーソリ履歴" テーブル再編成の処理時間を短縮すること

　F さんは，課題を解決するために，"オーソリ履歴" テーブルを区分化することにし，区分キーについて表 2 に示す 3 案を評価した。いずれの案も 60 区分に行を均等に分配する前提であり，図 2 の SQL 文を基に区分化に対応した SQL 文を作成した。作成した SQL 文の WHERE 句を図 3 に示す。利用明細抽出処理及び再編成について，アクセスする総ページ数が最小になるようにジョブを設計した。このときジョブは，

必要に応じて並列実行させる。

表2 課題ごとに各案を評価した結果（未完成）

	案A	案B	案C
区分方法	ハッシュ	レンジ	レンジ
区分キー	カード番号	カード番号	利用日（1か月を1区分）
課題1	評価：○	評価：○	評価：×
課題2	評価：× ジョブ当たり60区分， 24億ページを探索	評価：○ ジョブ当たり ▓▓▓▓ 区分， ▓▓▓▓ ページを探索	評価：○ ジョブ当たり イ 区分， ロ ページを探索
課題3	評価：○	評価：○	評価：○

注記1 ○：課題を解決する。×：課題を解決しない。
注記2 網掛け部分は表示していない。

```
WHERE A.審査結果 = 'Y' AND A.利用日 BETWEEN :hv1 AND :hv2
  AND A.カード番号 BETWEEN :hv3 AND :hv4 AND A.加盟店番号 = B.加盟店番号
```
注記1 ホスト変数 hv1, hv2 は，請求対象月の初日と末日をそれぞれ表す。
注記2 ホスト変数 hv3, hv4 は，カード番号の範囲（レンジ）の始まりと終わりをそれぞれ表す。

図3 区分化に対応した SQL 文の WHERE 句

〔更新処理の多重化〕

"オーソリ履歴"テーブルの請求済フラグと請求日を更新する処理も同様に，将来の処理時間が懸念された。更新処理の SQL 文を図4に示す。更新処理はバッチ処理であり，カーソルを使用して1,000行を更新するごとにコミットする。

```
UPDATE オーソリ履歴 SET 請求済フラグ = 'Y', 請求日 = :hv1
  WHERE 利用日 BETWEEN :hv2 AND :hv3 AND カード番号 BETWEEN :hv4 AND :hv5
```
注記1 ホスト変数 hv1 は，請求日を表す。
注記2 ホスト変数 hv2, hv3 は，請求対象月の初日と末日をそれぞれ表す。
注記3 ホスト変数 hv4, hv5 は，カード番号の範囲（レンジ）の始まりと終わりをそれぞれ表す。

図4 更新処理の SQL 文

Fさんは，次のように，区分化と併せて，更新処理を多重化することにした。

1. "オーソリ履歴"テーブルについて，カード番号，利用日の順の組で区分キーとし，レンジによって区分化する。

2. 区分ごとのジョブで更新処理を多重化する。

3. 更新処理を多重化しても競合しないように，各区分を異なるディスクに配置し，データバッファを十分に確保する。

設問1　〔参照処理の性能見積り〕について，(1)～(3) に答えよ。

(1) 本文中の ［ a ］ ～ ［ h ］ に入れる適切な数値を答えよ。

(2) 案 1 について，"加盟店" テーブルのデータバッファを増やすのはなぜか。また，"オーソリ履歴" テーブルはデータバッファを増やさないのはなぜか。アクセス経路に着目し，それぞれ理由を 25 字以内で述べよ。

(3) 案 2 を適用した場合，オーソリ処理の処理時間が長くなると考えられる。その理由を 25 字以内で述べよ。

設問2　〔"オーソリ履歴" テーブルの区分化〕について，(1)～(4) に答えよ。

(1) 課題 1 について，案 A と案 B は案 C に比べてオーソリ処理の INSERT 文の性能が良いと考えられる。その理由を 25 字以内で具体的に述べよ。

(2) 課題 2 について，区分限定の表探索を行う場合，1 ジョブが探索する区分数及びページ数の最小値はそれぞれ幾らか。表 2 中の ［ イ ］，［ ロ ］ に入れる適切な数値を答えよ。

(3) 課題 2 について，案 A ではカード番号に BETWEEN 述語を追加しても改善効果を得られないと考えられる。その理由を 30 字以内で具体的に述べよ。

(4) 課題 3 について，特に案 C は，区分キーの特徴から，案 A と案 B に比べて再編成の効率が良いと考えられる。その理由を 20 字以内で具体的に述べよ。

設問3　〔更新処理の多重化〕について，(1)，(2) に答えよ。

(1) ジョブの多重度を幾ら増やしても，それ以上は更新処理全体の処理時間を短くできない限界がある。このときボトルネックになるのはログである。その理由を RDBMS の仕様に基づいて 30 字以内で述べよ。

(2) 更新処理では 1,000 行更新するごとにコミットしているが，仮に 1 行更新するごとにコミットすると，更新処理の処理時間のうち何がどのように変わるか。本文中の用語を用いて 25 字以内で述べよ。

問3 テーブルの移行及び SQL の設計に関する次の記述を読んで，設問1，2に答えよ。

　A 社は，不動産賃貸仲介業を全国規模で行っている。RDBMS を用いて物件情報検索システム（以下，検索システムという）を運用している運用部門の K さんは，物件情報を検索する SQL 文を設計している。

〔検索システムの概要〕
　検索システムは，物件を管理するシステムを補完するシステムであり，社内利用者が接客するとき，当該システムの"物件"テーブルを利用している。
1. 社内利用者の接客業務の概要
　(1) 物件を探している借主に対して，当該借主の希望に近い物件を探す支援を行い，借主と貸主との間の交渉・賃貸契約の仲介を行う。
　(2) 物件の貸主に対して，物件の審査を行う。当該貸主に長期の空き物件がある場合，周辺の競合物件の付帯設備（以下，設備という）の設置状況を調査し，当該空き物件に人気の設備を増強することなど，物件の付加価値を高める対策の助言を行うこともある。
2. "物件"テーブル
　(1) A 社が仲介する全ての物件を，物件コードで一意に識別する。
　(2) 物件の沿線，最寄駅，賃料，間取りなどの基本属性を記録する列がある。
　(3) エアコン，オートロックなどの設備が設置されているかどうかの有無を記録する列があり，一つの物件に最大 20 個の設備の有無を記録できる。
　(4) 記録されている 20 個の設備について，どの設備もいずれかの物件に設置されているが，20 個全ての設備が設置されている物件は限られている。
　(5) 設備に流行があるので，テーブルの定義を変更し，記録する人気の設備を毎年入れ替える処理を行っている。この処理を物件設備の入替処理と呼んでいる。
　(6) "物件"テーブルの全ての列に NOT NULL 制約を指定している。
3. "物件"テーブルのテーブル構造，主な列の意味と制約及び主な統計情報
　　"物件"テーブルのテーブル構造を図 1 に，主な列の意味・制約を表 1 に，RDBMS の機能を用いて取得した主な統計情報を表 2 に示す。

物件（物件コード, 物件名, 沿線, 最寄駅, 賃料, 間取り, 向き, 専有面積, 築年数, 都道府県, 市区町村, エアコン, オートロック, …, 物件登録日）

図1　"物件"テーブルのテーブル構造（一部省略）

表1　"物件"テーブルの主な列の意味・制約（一部省略）

列名	意味・制約
物件コード	物件を一意に識別するコード
沿線	物件から利用可能な沿線のうち代表的な沿線の名前
最寄駅	物件から利用可能な駅のうち代表的な駅の名前
エアコン, オートロック, …	当該設備が設置されているかどうかの有無を示す値 Y：設置あり, N：設置なし

表2　"物件"テーブルの主な統計情報

テーブル名	行数	列名	列値個数
物件	1,600,000	物件コード	1,600,000
		沿線	400
		エアコン	2
		オートロック	2

4. 検索システムの課題

　　Kさんは, 社内利用者に聞取り調査を行い, その結果を二つの課題にまとめた。

(1)　"物件"テーブルの各設備の有無を示す列（以下, 総称して設備列という）の数は不十分で, 借主からの問合せに十分に対応できていない。追加したい設備は, テレワーク対応, 宅配ボックス, 追い焚き風呂などがあり, 現在の20個を含め, 全部で100個ある。将来, 増える可能性がある。

(2)　設備の設置済個数が分からない。例えば, 借主から物件に設置されているエアコンについて問合せがあったとき, 設置されている正確な個数が分からず, 別の詳細な物件設備台帳を調べなければならない。

〔物件の設備に関する調査及び課題への対応〕

1. 物件の設備に関する調査

　　Kさんは, 現在検索できる設備の組合せを述語に指定したSQL文を調査した。その SQL 文の例を, 表3に示す。そしてKさんは, SQL文の結果行を保存するフ

ァイルの所要量を見積もる目的で，表3の各SQL文の結果行数を見積もった。

表3　設備の組合せを述語に指定したSQL文の例（未完成）

SQL	SQL文の構文（上段：目的，下段：構文）	見積もった結果行数
SQL1	沿線が○△線であり，かつ，設備にエアコンとオートロックの両方がある物件を調べる。	イ
	SELECT 物件コード, 物件名 FROM 物件 WHERE 沿線 = '○△線' AND (エアコン = 'Y' AND オートロック = 'Y')	
SQL2	沿線が○△線であり，かつ，設備にエアコン又はオートロックのいずれかがある物件を調べる。	ロ
	SELECT 物件コード, 物件名 FROM 物件 WHERE 沿線 = '○△線' AND (エアコン = 'Y' OR オートロック = 'Y')	
SQL3	設備にエアコンとオートロックの両方がある物件を沿線ごとに集計した物件数が，全物件数に占める割合を百分率（小数点以下切捨て）で求める。	400
	WITH TEMP (TOTAL) AS (SELECT COUNT(*) FROM 物件) SELECT 沿線, FLOOR(ハ * 100 / ニ) FROM 物件 CROSS JOIN TEMP WHERE エアコン = 'Y' AND オートロック = 'Y' GROUP BY ホ	

注記　FLOOR関数は，引数以下の最大の整数を計算する。

2.物件の設備に関する課題への対応

　　Kさんは，物件の設備に関する課題に対応するため，次の2案について長所及び短所を比較した結果，案Bを採用することにした。

案A　"物件"テーブルにエアコン台数列を追加する。

案B　追加・変更するテーブルのテーブル構造を，図2に示すとおりにする。

　・"設備"テーブルを追加する。

　・図1に示した"物件"テーブルを"新物件"テーブルに置き換える。

　・"物件設備"テーブルを追加する。

設備（設備コード, 設備名 ）
新物件（物件コード, 物件名, 沿線, 最寄駅, 賃料, 間取り, 向き, 専有面積, 築年数,
　　　都道府県, 市区町村, 物件登録日）
物件設備（物件コード, 設備コード, 設置済個数 ）

図2　追加・変更するテーブルのテーブル構造

設備コードは，全設備を一意に識別するコードで，そのうち20個は，"物件"テーブルの各設備列に対応させた。また，"設備"テーブルの設備名の列値に"物件"テーブルの設備列名をそのまま設定し，今後追加される設備名を含めて重複させないことに決めた。

3. テーブルの移行

Kさんは，追加・変更するテーブルへの移行を，次のような手順で行った。

(1) "設備"，"新物件"及び"物件設備"テーブルを定義した。

(2) "物件"テーブルから設備列20個を除いた全行を，"新物件"テーブルに複写した。

(3) "設備"テーブルに100個の設備を登録した。エアコン又はオートロックを登録するSQL文の例を，表4のSQL4に示す。

(4) "物件設備"テーブルには"物件"テーブルにある設備に限って行を登録した。エアコン又はオートロックがある行を登録するSQL文の例を，表4のSQL5に示す。ここで，設置済個数列に1を設定し，正確な個数を移行後に設定することにした。

(5) テーブルの統計情報を取得した。主な統計情報を表5に示す。

表4 "設備"テーブル又は"物件設備"テーブルに登録するSQL文の例（未完成）

SQL	SQL文の構文
SQL4	INSERT INTO 設備 VALUES ('A1', 'エアコン') INSERT INTO 設備 VALUES ('A2', 'オートロック')
SQL5	INSERT INTO 物件設備 (物件コード, 設備コード, 設置済個数) 　　SELECT 　a　 FROM 物件 WHERE 　b　 　c　 SELECT 　d　 FROM 物件 WHERE 　e

表5 追加・変更したテーブルの主な統計情報（未完成）

テーブル名	行数	列名	列値個数
設備	100	設備コード	100
新物件	1,600,000	物件コード	1,600,000
物件設備	▓▓▓▓▓	物件コード	あ
		設備コード	い

注記 網掛け部分は表示していない。

〔テーブルの移行の検証〕

Kさんは，テーブルの移行を次のように検証し，新たなビューを定義した。

1. SQL 文の検証

　　テーブルの移行の前後で SQL 文が同じ結果行を得るか検証するため，移行前の
SQL 文（表 3 の SQL1，SQL2）に対応する移行後の SQL 文を，それぞれ表 6 の
SQL6，SQL7のとおりに設計した。そして，"1. 物件の設備に関する調査"で保存
したファイルを用いて，SQL1 と SQL6 の結果行，SQL2 と SQL7 の結果行がそれぞ
れ一致することを確認した。

表 6　移行後の SQL 文の例（未完成）

SQL	SQL 文の構文
SQL6	SELECT B.物件コード，B.物件名 FROM 新物件 B 　[f]　物件設備 BS1 ON B.物件コード　 = BS1.物件コード AND B.沿線 = '○△線' 　[g]　設備 S1　　ON BS1.設備コード = S1.設備コード AND　[h] 　[f]　物件設備 BS2 ON B.物件コード　 = BS2.物件コード 　[g]　設備 S2　　ON BS2.設備コード = S2.設備コード AND　[i]
SQL7	SELECT DISTINCT B.物件コード，B.物件名 FROM 新物件 B 　[f]　物件設備 BS ON B.物件コード　 = BS.物件コード AND B.沿線 = '○△線' 　[g]　設備 S　　ON BS.設備コード = S.設備コード　AND　[j]

2. ビューの定義

　　Kさんは，"物件"テーブルの定義を削除した後でも実績のある SQL 文を変更す
ることなく使いたいと考えている。そのために"物件"テーブルにあった沿線列，
かつ，エアコン列とオートロック列の両方を表示するビュー"物件"を，図 3 のと
おりに定義した。

```
CREATE VIEW 物件（物件コード, 沿線, エアコン, オートロック）AS
 SELECT B.物件コード, B.沿線,
   CASE WHEN [ k ]  THEN [ l ]  ELSE [ m ]  END AS エアコン,
   CASE WHEN [███]  THEN [ l ]  ELSE [ m ]  END AS オートロック
  FROM 新物件 B
   [ n ]  物件設備 BS1 ON B.物件コード ＝ BS1.物件コード AND [ o ]
   [ n ]  物件設備 BS2 ON B.物件コード ＝ BS2.物件コード AND [████]
```

注記　網掛け部分は表示していない。

図3　ビュー"物件"の定義（未完成）

設問1　〔物件の設備に関する調査及び課題への対応〕について，(1)～(4)に答えよ。

(1) 表3中の　イ 　，　ロ 　に入れる適切な数値を，　ハ 　～　ホ 　に入れる適切な字句を答えよ。ここで，沿線，エアコン，オートロックの列値の分布は互いに独立し，各列の列値は一様分布に従うと仮定すること。

(2) "2. 物件の設備に関する課題への対応"について，Kさんが採用した案Bの長所を一つ，本文中の用語を用いて，25字以内で具体的に述べよ。

(3) 表4中の　a 　，　c 　及び　d 　に入れる適切な字句を，　b 　，　e 　に入れる一つの適切な述語を答えよ。

(4) 表5中の　あ 　，　い 　に入れる適切な数値を答えよ。

設問2　〔テーブルの移行の検証〕について，(1)～(3)に答えよ。

(1) 表6中の　f 　～　j 　に入れる適切な字句を答えよ。

(2) 表6中のSQL7の選択リストにあるDISTINCTの目的は，結果行の重複を排除するためである。このSQL7で行が重複するのはどのような場合か。本文中の用語を用いて，30字以内で具体的に述べよ。

(3) 図3中の　k 　～　o 　に入れる適切な字句を答えよ。

令和3年度　秋期
データベーススペシャリスト試験
午後II　問題

試験時間	14:30 ～ 16:30（2時間）

注意事項

1. 試験開始及び終了は，監督員の時計が基準です。監督員の指示に従ってください。

2. 試験開始の合図があるまで，問題冊子を開いて中を見てはいけません。

3. **答案用紙への受験番号などの記入は，試験開始の合図があってから始めてください。**

4. 問題は，次の表に従って解答してください。

問題番号	問1，問2
選択方法	1問選択

5. 答案用紙の記入に当たっては，次の指示に従ってください。

   (1) B又はHBの黒鉛筆又はシャープペンシルを使用してください。

   (2) **受験番号欄に受験番号を，生年月日欄に受験票の生年月日を記入してください。**
   正しく記入されていない場合は，採点されないことがあります。生年月日欄については，受験票の生年月日を訂正した場合でも，訂正前の生年月日を記入してください。

   (3) **選択した問題**については，次の例に従って，**選択欄**の**問題番号を〇印で囲んで**ください。〇印がない場合は，採点されません。2問とも〇印で囲んだ場合は，はじめの1問について採点します。

   〔問2を選択した場合の例〕

選択欄	
1問選択	問1
	(問2)

   (4) 解答は，問題番号ごとに指定された枠内に記入してください。

   (5) 解答は，丁寧な字ではっきりと書いてください。読みにくい場合は，減点の対象になります。

注意事項は問題冊子の裏表紙に続きます。
こちら側から裏返して，必ず読んでください。

6. 退室可能時間中に退室する場合は，手を挙げて監督員に合図し，答案用紙が回収
されてから静かに退室してください。

退室可能時間	15:10 ～ 16:20

7. **問題に関する質問にはお答えできません。**文意どおり解釈してください。

8. 問題冊子の余白などは，適宜利用して構いません。ただし，問題冊子を切り離し
て利用することはできません。

9. 試験時間中，机上に置けるものは，次のものに限ります。

なお，会場での貸出しは行っていません。

受験票，黒鉛筆及びシャープペンシル（B 又は HB），鉛筆削り，消しゴム，定規，
時計（時計型ウェアラブル端末は除く。アラームなど時計以外の機能は使用不可），
ハンカチ，ポケットティッシュ，目薬，マスク

これら以外は机上に置けません。使用もできません。

10. 試験終了後，この問題冊子は持ち帰ることができます。

11. 答案用紙は，いかなる場合でも提出してください。回収時に提出しない場合は，
採点されません。

12. 試験時間中にトイレへ行きたくなったり，気分が悪くなったりした場合は，手を
挙げて監督員に合図してください。

問題文中で共通に使用される表記ルール

概念データモデル，関係スキーマ，関係データベースのテーブル（表）構造の表記ルールを次に示す。各問題文中に注記がない限り，この表記ルールが適用されているものとする。

1. 概念データモデルの表記ルール

(1) エンティティタイプとリレーションシップの表記ルールを，図1に示す。

① エンティティタイプは，長方形で表し，長方形の中にエンティティタイプ名を記入する。

② リレーションシップは，エンティティタイプ間に引かれた線で表す。

"1対1"のリレーションシップを表す線は，矢を付けない。

"1対多"のリレーションシップを表す線は，"多"側の端に矢を付ける。

"多対多"のリレーションシップを表す線は，両端に矢を付ける。

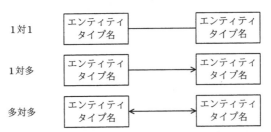

図1　エンティティタイプとリレーションシップの表記ルール

(2) リレーションシップを表す線で結ばれたエンティティタイプ間において，対応関係にゼロを含むか否かを区別して表現する場合の表記ルールを，図2に示す。

① 一方のエンティティタイプのインスタンスから見て，他方のエンティティタイプに対応するインスタンスが存在しないことがある場合は，リレーションシップを表す線の対応先側に"○"を付ける。

② 一方のエンティティタイプのインスタンスから見て，他方のエンティティタイプに対応するインスタンスが必ず存在する場合は，リレーションシップを表す線の対応先側に"●"を付ける。

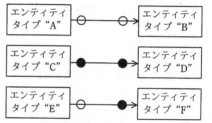

"A" から見た "B" も，"B" から見た "A" も，インスタンスが存在しないことがある場合

"C" から見た "D" も，"D" から見た "C" も，インスタンスが必ず存在する場合

"E" から見た "F" は必ずインスタンスが存在するが，"F" から見た "E" はインスタンスが存在しないことがある場合

図2　対応関係にゼロを含むか否かを区別して表現する場合の表記ルール

(3)　スーパタイプとサブタイプの間のリレーションシップの表記ルールを，図 3 に示す。

①　サブタイプの切り口の単位に "△" を記入し，スーパタイプから "△" に 1 本の線を引く。

②　一つのスーパタイプにサブタイプの切り口が複数ある場合は，切り口の単位ごとに "△" を記入し，スーパタイプからそれぞれの "△" に別の線を引く。

③　切り口を表す "△" から，その切り口で分類されるサブタイプのそれぞれに線を引く。

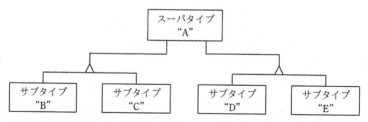

スーパタイプ "A" に二つの切り口があり，それぞれの切り口にサブタイプ "B" と "C" 及び "D" と "E" がある例

図3　スーパタイプとサブタイプの間のリレーションシップの表記ルール

(4)　エンティティタイプの属性の表記ルールを，図 4 に示す。

①　エンティティタイプの長方形内を上下 2 段に分割し，上段にエンティティタイプ名，下段に属性名の並びを記入する。[1]

②　主キーを表す場合は，主キーを構成する属性名又は属性名の組に実線の下線を付ける。

③　外部キーを表す場合は，外部キーを構成する属性名又は属性名の組に破線の下線を付ける。ただし，主キーを構成する属性の組の一部が外部キーを構成する場合は，

破線の下線を付けない。

```
┌─────────────────────────┐
│    エンティティタイプ名    │
├─────────────────────────┤
│ 属性名1，属性名2，…      │
│    …，属性名 n          │
└─────────────────────────┘
```

図4　エンティティタイプの属性の表記ルール

2．関係スキーマの表記ルール及び関係データベースのテーブル（表）構造の表記ルール

(1)　関係スキーマの表記ルールを，図5に示す。

関係名（属性名1，属性名2，属性名3，…，属性名 n）

図5　関係スキーマの表記ルール

①　関係を，関係名とその右側の括弧でくくった属性名の並びで表す。[1] これを関係スキーマと呼ぶ。

②　主キーを表す場合は，主キーを構成する属性名又は属性名の組に実線の下線を付ける。

③　外部キーを表す場合は，外部キーを構成する属性名又は属性名の組に破線の下線を付ける。ただし，主キーを構成する属性の組の一部が外部キーを構成する場合は，破線の下線を付けない。

(2)　関係データベースのテーブル（表）構造の表記ルールを，図6に示す。

テーブル名（列名1，列名2，列名3，…，列名 n）

図6　関係データベースのテーブル（表）構造の表記ルール

関係データベースのテーブル（表）構造の表記ルールは，(1)の①～③で"関係名"を"テーブル名"に，"属性名"を"列名"に置き換えたものである。

注[1]　属性名と属性名の間は"，"で区切る。

問1 データベースの実装に関する次の記述を読んで，設問1～3に答えよ。

D社は，マンションの開発及び販売を手掛ける不動産会社である。D社では，販売業務で利用している商談管理システムの老朽化に伴い，システムの刷新を行っている。

〔業務の概要〕
1. 物件
   (1) 販売対象のマンション全体を物件という。物件内の建物を棟といい，棟内の個々の住居を住戸という。
   (2) 物件内の住戸を幾つかの販売期に分けて販売する。
2. 組織
   (1) 物件の販売を行う拠点として，物件の近隣に販売センタを設営している。
   (2) 販売センタには，販売業務を行う担当者を配置している。
   (3) 販売センタの業務時間は毎日10～19時である。
3. 販売業務
   (1) 物件に興味をもった人を顧客といい，顧客ごと物件ごとに，商談の進捗度，接触回数，受注確度，希望面積，購入予算などを記録する。
   (2) 担当者は，資料請求の受付，資料の送付，販売センタへの来場予約受付，来場時の応接，希望条件・購入予算などを記した要望書の取得，購入申込みの受付，抽選会の案内・実施などの営業活動を行う。担当者が顧客との間で行うこれらの活動を追客といい，"受付"（資料請求，来場予約など），"実施"（資料送付，来場時の応接など），"応対"（購入申込受領，問合せ対応など）の区分に分けて記録する。
   (3) 追客を行うたびに商談管理システムにその内容を登録する。
4. 販売分析業務
   販売促進のための分析業務である。業務に用いるミスマッチ分析表の例を図1に示す。図1は，住戸の仕様（販売価格，専有面積）と顧客の要望（購入予算，希望面積）との一致度合いを確認するための帳票で，販売価格，購入予算を範囲によって価格帯に，専有面積，希望面積を範囲によって面積帯に分け，価格帯と面積

帯の組ごとに“住戸数（戸）／顧客数（名）”を表示する。空白は該当なしを表す。

物件コード：1234567　物件名：○○マンション

価格帯＼面積帯	50 ㎡未満	50 ㎡以上 60 ㎡未満	60 ㎡以上 70 ㎡未満	70 ㎡以上 80 ㎡未満	80 ㎡以上
3千万円未満	4戸／3名	／2名			
3千万円以上4千万円未満		4戸／4名	4戸／10名	／5名	
4千万円以上5千万円未満		4戸／1名	2戸／2名	1戸／2名	／1名
5千万円以上6千万円未満			1戸／	2戸／1名	／2名
6千万円以上				1戸／	2戸／

図1　ミスマッチ分析表の例

〔商談管理システムの概要〕

1.　関係スキーマ

商談管理業務の関係スキーマを図2に，主な属性とその意味・制約を表1に示す。

大エリア（<u>大エリアコード</u>，大エリア名）
小エリア（<u>小エリアコード</u>，小エリア名，<u>大エリアコード</u>）
住所（<u>住所コード</u>，都道府県名，市区町村名，丁目，<u>小エリアコード</u>）
鉄道事業者（<u>鉄道事業者コード</u>，鉄道事業者名）
沿線（<u>沿線コード</u>，沿線名，<u>鉄道事業者コード</u>）
駅（<u>沿線コード</u>，<u>駅コード</u>，駅名，<u>住所コード</u>）
担当者（<u>担当者コード</u>，<u>販売センタコード</u>，氏名）
販売センタ（<u>販売センタコード</u>，販売センタ名，<u>所在地住所コード</u>，番地その他）
物件（<u>物件コード</u>，物件名，<u>販売センタコード</u>，<u>所在地住所コード</u>，番地その他，…）
最寄り駅（<u>物件コード</u>，<u>沿線コード</u>，<u>駅コード</u>，徒歩分数）
販売期（<u>物件コード</u>，<u>販売期コード</u>，販売期名，販売開始日，販売終了日，…）
棟（<u>物件コード</u>，<u>棟コード</u>，棟名称）
住戸（<u>物件コード</u>，<u>棟コード</u>，<u>住戸コード</u>，販売価格，<u>販売期コード</u>，間取り，専有面積，…）
顧客（<u>顧客コード</u>，氏名，<u>住所コード</u>，メールアドレス，電話番号，生年月日，名寄せ先顧客コード，…）
商談（<u>顧客コード</u>，<u>物件コード</u>，商談ステータス，最新接触日時，受注確度，希望面積，購入予算，…）
追客（<u>顧客コード</u>，<u>物件コード</u>，<u>連番</u>，追客区分，接触日時，追客種別，…）
　受付（<u>顧客コード</u>，<u>物件コード</u>，<u>連番</u>，開始予定日時，終了予定日時，…）
　実施（<u>顧客コード</u>，<u>物件コード</u>，<u>連番</u>，実施結果メモ，…）
　応対（<u>顧客コード</u>，<u>物件コード</u>，<u>連番</u>，応対内容，…）
契約（<u>顧客コード</u>，<u>物件コード</u>，<u>棟コード</u>，<u>住戸コード</u>，契約ステータス，成約価格，…）

図2　関係スキーマ（一部省略）

表1 主な属性とその意味・制約

属性名	意味・制約
顧客コード	顧客を一意に識別するコード（6桁の半角英数字）
物件コード	物件を一意に識別するコード（7桁の半角英数字）
販売価格，購入予算	販売価格，購入予算の金額（単位：万円，0〜99,999）
専有面積，希望面積	住戸の面積（単位：平方メートル，0.00〜999.99）
商談ステータス	'1'（接触開始），'2'（商談中），'3'（要望書取得）， '4'（購入申込済），'5'（抽選済），'6'（仮契約済）， '7'（本契約済），'8'（引渡済），'9'（追客中止）のいずれか
契約ステータス	'6'（仮契約済），'7'（本契約済），'8'（引渡済）のいずれか
追客区分	'1'（受付），'2'（実施），'3'（応対）のいずれか
追客種別	資料請求，資料送付，来場予約，来場応接，購入申込受領，問合せ対応など，追客の種類を識別するコード（2桁の半角英数字）
接触日時	追客ごとに顧客との接触を開始した日時
最新接触日時	商談に紐付く追客の最新の接触日時

2. 外部システムとの連携

商談管理システムは，次のように外部システムとのデータ連携を行っている。

(1) 物件管理システムから物件情報（大エリア，小エリア，住所，鉄道事業者，沿線，駅，物件，最寄り駅，販売期，棟，住戸）の変更データを受領する。

(2) 自社の Web サイトから資料請求及び来場予約データを受領する。

(3) 契約システムから毎日複数回，契約データを受領する。

(4) 受領したデータは専用のアプリケーションソフトウェア（以下，AP という）を用いて商談管理システムのデータベースに反映する。

3. 処理の例

商談管理システムにおける処理の例を表2に示す。

表2　処理の例

処理名	内容
処理1	物件管理システムから受領した物件情報の変更データを反映する。APは，関係ごとに追加，更新を記録したファイルを読み込み，データベースへの追加，更新を行う。
処理2	Webサイトから受信する資料請求データには，資料請求日時，物件コード，顧客コード，氏名，住所コードなどが記録されている。同様に，来場予約データには，開始予定日時，物件コード，顧客コード，氏名などが記録されている。APは，追客の追加，新規顧客の追加，商談の追加又は最新接触日時の更新を行う。
処理3	同一の顧客を名寄せする。APは，一定の条件に基づいて同一の顧客を抽出し，名寄せ元の名寄せ先顧客コードを更新する。
処理4	契約システムから受領した契約データを基に，契約の契約ステータスを更新し，追客を追加する。
処理5	指定した物件コード，顧客コードに該当する全ての追客を対象に，接触日時，追客種別，追客概要を商談管理画面に表示する。追客概要は，本処理において追客区分ごとに固有の属性値を基にして作成した文字列である。例えば，来場予約受付の追客概要は，"予約日時：2021-10-10 11:00～12:00"のようになる。
処理6	指定した物件コード，期間に該当する追客状況表を出力する。追客種別ごと接触日時の日ごとに件数を集計し，物件コード，年月日，資料請求数，来場予約数，来場応接数，購入申込受領数を出力する。
処理7	図1のミスマッチ分析表を出力するために，指定した物件コードに該当する住戸の販売価格から価格帯を，専有面積から面積帯を求め，両者の組ごとに住戸数を集計する。同じように，商談の購入予算から価格帯を，希望面積から面積帯を求め，両者の組ごとに顧客数を集計する。価格帯と面積帯の組ごとに，該当する住戸数と顧客数の片方又は両方を対応させて，価格帯，面積帯，住戸数，顧客数を抽出する。

〔RDBMSの主な仕様〕

　　商談管理システムで利用するRDBMSの主な仕様は次のとおりである。

1. ページ

　　RDBMSとストレージ間の入出力単位をページという。同じページに異なるテーブルの行が格納されることはない。

2. テーブル・索引

　(1) テーブルの列にはNOT NULL制約を指定することができる。NOT NULL制約を指定しない列にはNULLか否かを表す1バイトのフラグが付加される。

　(2) 主キー制約には，主キーを構成する列名を指定する。

　(3) 参照制約には，列名，参照先テーブル名，参照先列名を指定する。制約に違反する追加，更新，削除は拒否される。

　(4) 検査制約には，同一行の列に対する制約を記述する。

(5) 索引には，ユニーク索引と非ユニーク索引がある。

3. トリガ機能

　テーブルに対する変更操作（追加，更新，削除）を契機に，あらかじめ定義した処理を実行する。

(1) 実行タイミング（変更操作の前又は後。前者のトリガを BEFORE トリガ，後者のトリガを AFTER トリガという），列値による実行条件を定義することができる。

(2) トリガ内では，変更操作を行う前の行，変更操作を行った後の行のそれぞれに相関名を指定することで，行の旧値，新値を参照することができる。

(3) BEFORE トリガの処理開始から終了までの同一トランザクション内では，どのテーブルに対しても変更操作を行うことはできない。

(4) トリガ内で例外を発生させることができる。

(5) トリガ内で発生した例外は，実行の契機となった変更操作に返却される。トリガ内で例外が発生した場合，変更操作を行うトランザクションは終了しないので，明示的なコミット又はロールバックが必要である。

4. バックアップ機能

(1) バックアップの単位には，データベース単位，テーブル単位がある。

(2) バックアップには，取得するページの範囲によって，全体，増分，差分の3種類がある。

　① 全体バックアップには，全ページが含まれる。

　② 増分バックアップには，前回の全体バックアップ取得後に変更されたページが含まれる。ただし，前回の全体バックアップ取得以降に増分バックアップを取得していた場合は，前回の増分バックアップ取得後に変更されたページだけが含まれる。

　③ 差分バックアップには，前回の全体バックアップ取得後に変更された全てのページが含まれる。

(3) 全体及び増分バックアップでは，取得ごとにバックアップファイルが作成される。差分バックアップでは，2回目以降の差分バックアップ取得ごとに，前回の差分バックアップファイルが最新の差分バックアップファイルで置き換えられる。

5. 復元機能

(1) バックアップを用いて，バックアップ取得時点の状態に復元できる。

(2) 復元の単位はバックアップの単位と同じである。

(3) データベース単位の全体バックアップは，取得元とは異なる環境に復元することができる。

6. 更新ログによる回復機能

(1) バックアップを用いて復元した後，更新ログを用いたロールフォワード処理によって，障害発生直前又は指定の時刻の状態に回復できる。データベース単位の全体バックアップを取得元と異なる環境に復元した場合も同様である。

(2) 一つのテーブルの回復に要する時間は，変更対象ページのストレージからの読込み回数に比例する。行の追加時には，バッファ上のページに順次追加し，空き領域を確保してページが一杯になるごとに空白ページを読み込む。行の更新時には，ログ1件ごとに対象ページを読み込む。バッファ上のページのストレージへの書込みは，非同期に行われるので，回復時間に影響しない。

7. エクスポート機能

(1) テーブル単位にデータをファイルに抽出することができる。

(2) エクスポート対象テーブルの行の抽出条件を指定することができる。

8. インポート機能

(1) エクスポート機能で抽出したファイルを，インポート先の環境の同じ構造のテーブルに格納することができる。

(2) インポート先のテーブルに主キーが一致するデータが存在する場合の動作として，処理しない（SKIP），又は更新する（MERGE）のいずれかのオプションを指定することができる。未指定時はSKIPを指定した場合と同等となる。

〔実装するテーブルの設計〕

1. テーブルの列の追加

各テーブルには，登録担当者コード，登録TS，更新担当者コード，更新TSの各列を追加する。登録TSには行追加時の時刻印を，更新TSには行更新時の時刻印をそれぞれ設定する。また，行の削除は論理削除によって行うこととし，削除フラグ列（0：未削除，1：削除済）を追加する。

2. 関係"追客"及びそのサブタイプの実装方法検討

関係"追客"と，関係"受付"，"実施"，"応対"は，概念データモデルにおいてスーパタイプとサブタイプの関係にある。スーパタイプ，サブタイプのテーブルへの実装には次の方法①～③があり，それぞれに，他の方法に比べて格納効率が悪い，他の方法では不要な選択・結合・和集合が必要になる，などの短所がある。そこで，表3を作成し，テーブル構造の特質に由来する実装上の短所をまとめた。短所がない場合は"－"を記入する。

方法① スーパタイプと全てのサブタイプを一つのテーブルにする。

方法② スーパタイプ，サブタイプごとにテーブルにする。

方法③ サブタイプだけを，それぞれテーブルにする。スーパタイプの属性は，列として各テーブルに保有する。

表3 実装方法の短所（未完成）

項目		実装方法の短所		
		方法①	方法②	方法③
A	テーブル定義による一意性制約の実装	－	－	実装不可
B	属性の格納効率	サブタイプの固有属性が冗長	－	スーパタイプの属性が冗長
C	スーパタイプを参照する処理の性能	－	－	－
D	単一のサブタイプを参照する処理の性能	ア	－	－
E	全部のサブタイプを参照する処理の性能	－	和集合が必要	和集合が必要
F	スーパタイプと単一のサブタイプを参照する処理の性能	ア	結合が必要	－
G	スーパタイプと全部のサブタイプを参照する処理の性能	－	イ	ウ

表3を基に，関係"追客"の実装方法を次のように判断した。

・方法③は，項目Aの短所からサブタイプ全体での主キーの一意性を，テーブルの一意性制約以外の方法によってチェックする必要があり採用し難い。

・表2中の処理5は表3の項目 エ に，処理6は表3の項目 オ に

該当する。方法②では，処理5の応答時間に不安がある。

・方法①は，項目Bの短所による不利益はあるものの，項目D，Fに該当する処理
は少なく，影響が限定的であることから方法①を採用する。

3. 制約の実装検討

外部システムとの連携によってデータの整合性が失われることのないように，
データベースの制約を定義する。

(1) 参照制約

図2の関係スキーマのうち，物件情報である大エリア，小エリア，住所，鉄道
事業者，沿線，駅，物件，最寄り駅，販売期，棟及び住戸をそのままテーブル
として実装し，参照制約を定義するとしたら，表2中の処理1では，制約に違反
しないように各テーブルへの変更反映処理を行わなければならない。そこで，
テーブルを順序付けしてグループ番号1～6に分け，参照制約に違反しない限り
できるだけ小さいグループ番号に配置することにして表4を作成した。グループ
番号順に直列に処理を行い，同じグループ内のテーブルへの処理は並行して行
う。

表4 変更データ反映処理のグループとテーブル（未完成）

グループ番号	テーブル名
1	大エリア，鉄道事業者
2	小エリア，沿線
3	カ
4	キ
5	ク
6	住戸

(2) 参照制約以外の制約

連携データの反映による整合性の喪失を防ぐための制約を，一意性制約，
NOT NULL制約，検査制約，BEFOREトリガ，AFTERトリガのうち適切な方法
を用いて定義する。制約とその定義内容を表5にまとめた。ここで，トリガ内の
行の旧値を参照する相関名をOROW，新値を参照する相関名をNROWと定義す
るものとする。

表5 制約とその定義内容 （未完成）

	制約	定義内容
制約①	住戸には必ず 0 よりも大きい販売価格が設定されていなければならない。	"住戸" テーブルに，"販売価格 > 0" をチェックする検査制約を定義する。
制約②	同じ顧客，接触日時及び追客種別の追客を行うことはない。例えば，重複する資料請求データがあればエラーを通知する。	"追客" テーブルに， ケ
制約③	契約ステータスが後退する（例：本契約済が仮契約に戻る）ことはない。そのような契約の変更にはエラーを通知する。	"契約" テーブルの行の更新を契機に， コ
制約④	契約ステータスはできるだけ最新の状態でなければならず，契約手続の開始後は，契約ステータスと商談の商談ステータスは一致していなければならない。	"契約" テーブルの行の更新を契機に，NROW.契約ステータスに対応する商談ステータスの値を設定して"商談"テーブルを更新する AFTER トリガを定義する。

〔問合せの検討〕

表2の処理7に用いる問合せの内容を，次の要領で表6に整理した。

(1) 行ごとに構成要素となる問合せを記述する。結果を他の問合せで参照する場合は，行に固有の名前（以下，問合せ名という）を付ける。

(2) 列名又は演算には，テーブルから射影する列名又は演算によって求まる項目を "項目名＝[演算の内容]" の形式で記述する。

(3) テーブル名又は問合せ名には，参照するテーブル名又は問合せ名を記入する。

(4) 選択又は結合の内容には，テーブル名又は問合せ名ごとの選択条件，結合の具体的な方法と結合条件を記入する。

表6 表2の処理7に用いる問合せの内容（未完成）

問合せ名	列名又は演算	テーブル名又は問合せ名	選択又は結合の内容
M1	棟コード, 住戸コード, 価格帯＝[販売価格3000未満：1, 4000未満：2, 5000未満：3, 6000未満：4, 6000以上：5], 面積帯＝[専有面積50未満：1, 60未満：2, 70未満：3, 80未満：4, 80以上：5]	住戸	住戸から指定された物件コードに一致する行を選択
M2	価格帯, 面積帯, 住戸数＝[価格帯, 面積帯でグループ化した行数]	M1	全行を選択
T1	顧客コード, 価格帯＝[購入予算3000未満：1, 4000未満：2, 5000未満：3, 6000未満：4, 6000以上：5], 面積帯＝[希望面積50未満：1, 60未満：2, 70未満：3, 80未満：4, 80以上：5]	商談	商談から指定された物件コードに一致する行を選択
T2	価格帯, 面積帯, 顧客数＝[価格帯, 面積帯でグループ化した行数]	T1	全行を選択
R1	価格帯＝[　　サ　　], 面積帯＝[　　　　　　], 住戸数, 顧客数	M2, T2	M2の全行とT2の全行を選択し, 価格帯, 面積帯で完全外結合

注記 網掛け部分は表示していない。

　表6中の"M1"の問合せを実装するためのSQL文の案を図3に示す。案1は, 問合せをそのまま実装するもので, 案2は, "価格帯"及び"面積帯"テーブルを追加することで, SQL文の変更なしに価格帯, 面積帯の範囲を変えられるようにするものである。案2の①は"価格帯"及び"面積帯"テーブルを作成するSQL文, ②は"価格帯"テーブルに行を追加するSQL文, ③は追加したテーブルを用いて問合せの結果行を得るSQL文である。

案1　問合せの選択条件をそのまま実装する。

```
SELECT 棟コード, 住戸コード,
    CASE WHEN 販売価格 < 3000 THEN 1 WHEN 販売価格 < 4000 THEN 2
         WHEN 販売価格 < 5000 THEN 3 WHEN 販売価格 < 6000 THEN 4 ELSE 5 END AS 価格帯,
    CASE WHEN 専有面積 < 50 THEN 1 WHEN 専有面積 < 60 THEN 2
         WHEN 専有面積 < 70 THEN 3 WHEN 専有面積 < 80 THEN 4 ELSE 5 END AS 面積帯
    FROM 住戸 WHERE 物件コード = :hv1;
```

案2　SQL 文の変更なしに価格帯, 面積帯の範囲の変更を可能にする。

① "価格帯" テーブル及び "面積帯" テーブルを作成する。

```
CREATE TABLE 価格帯 (価格帯 SMALLINT, 下限値 INTEGER, 上限値 INTEGER,
            PRIMARY KEY (価格帯));
CREATE TABLE 面積帯 (面積帯 SMALLINT, 下限値 DECIMAL(5, 2), 上限値 DECIMAL(5, 2),
            PRIMARY KEY (面積帯));
```

② "価格帯" テーブルに行を追加する。

```
INSERT INTO 価格帯 VALUES( 1, [   シ   ] );
INSERT INTO 価格帯 VALUES( 2, [   ス   ] );
           :  (中略)
INSERT INTO 価格帯 VALUES( 5, [   セ   ] );
```

③ "価格帯", "面積帯" テーブルを使用して問合せの結果行を得る。

```
SELECT A.棟コード, A.住戸コード, B.価格帯, C.面積帯 FROM 住戸 A
INNER JOIN 価格帯 B ON [   ソ   ]
INNER JOIN 面積帯 C ON [        ]
WHERE A.物件コード = :hv1;
```

注記1　ホスト変数 hv1 には, 指定された物件コードが設定される。
注記2　網掛け部分は表示していない。

図3　"M1" の問合せを実装する SQL 文の検討例（未完成・一部省略）

〔バックアップ・リカバリの検討〕

1.　障害発生の想定

　　バックアップ・リカバリの検討に当たり, 本番環境のデータベース（以下, 本番 DB という）で想定される障害ケースを検討し, 表7に整理した。ここで, データベース単位の全体バックアップを毎日0時に取得しているものとする。

表7　想定した障害ケース

障害ケース	障害状況
障害ケース①	ディスク装置に障害が発生し，テーブルのデータが全損した。
障害ケース②	表2の処理2で，外部システムの不具合によって誤った来場予約データが大量に登録された。誤登録の行の更新担当者コードは SYSRAI01，誤登録の期間は 2021-07-20 の 15:05:00〜15:10:00 である。誤登録発生の前後の時間帯では，断続的に追客を記録する業務を行っている。また，誤登録の期間中，当該担当者コードによって誤登録以外の処理は行われていない。
障害ケース③	表2の処理3で，"顧客"テーブルのうち，名寄せ先顧客コードが NULL の行が誤更新によって不正な状態となった。誤更新が行われた直前の日時は 2021-07-21 13:45:11 であり，誤更新の発生中にも"顧客"テーブルへの追加及び更新が行われている。また，誤更新の発生後，商談管理システムは参照系機能だけを利用可能な状態で稼働させ，後続の処理への影響はない。

2. 障害ケース①の検討

　障害ケース①のリカバリは，ディスク装置の復旧，バックアップからの復元，更新ログによる回復によって行う。このうち，"商談"及び"追客"テーブルの更新ログによる回復がリカバリに要する時間の大半を占めるので，回復に掛かる時間を試算し，業務への影響を調べることにした。試算に先立って，試算対象テーブルのデータ量及び更新ログ件数見積りを表8にまとめた。

表8　試算対象テーブルのデータ量及び更新ログ件数見積り

テーブル名	見積行数	平均行長（バイト）	1ページ当たりの平均行数	1時間当たりの更新ログ件数	
				追加	更新
商談	630,000	720	10	5,000	50,000
追客	24,000,000	288	25	50,000	5,000

注記　テーブルを格納する表領域のページサイズを8,000バイト，空き領域率を10%とする。

(1) 回復に要する時間の試算

　障害が 18:00 に発生し，10:00 から 8 時間分の各テーブルへの追加，更新ログによる回復を想定し，更新ログが毎時均等に発生すると考える。また，1 ページ当たりのストレージへの I/O を 10 ミリ秒（0.01秒）とし，ストレージへの I/O 以外の CPU 処理，索引探索，ネットワーク通信などに掛かる時間を考慮しないものとして，次のように試算した。

① 障害発生時点で，"商談"テーブルには，追加 40,000 件，更新 400,000 件の更

新ログがある。回復の際，ストレージへの I/O は，追加では 1 ページ当たりの平均行数まではバッファ上で処理するので 4,000 回，更新ではバッファヒット率を 0 とすると 400,000 回，合わせて 404,000 回発生する。よって，回復に必要な時間は　　a　　秒になる。

② 同様に，"追客"テーブルでは，回復時のストレージへの I/O は，追加では　　b　　回，更新では　　c　　回発生するので，回復に必要な時間は　　d　　秒になる。

(2) 回復時間短縮の対策

(1) の試算では回復時間が長い。回復時間を短縮するために，毎日 12:00，14:00，16:00 に"商談"及び"追客"テーブルのテーブル単位の増分又は差分バックアップを取ることを検討し，次の結論を得た。

① 　　e　　時間分の更新ログを適用すればよいので，"商談"テーブルの回復時間は，　　f　　秒になる。

② バックアップからの復元に要する時間を考慮すると，"追客"テーブルは，増分と差分のどちらの方式でもほとんど変わらないが，"商談"テーブルは，増分バックアップよりも時間が掛からない差分バックアップを採用する。

3. 障害ケース②の検討

障害ケース②は，バックアップの復元及び更新ログによる回復によって誤登録発生直前の日時の状態にする方法では問題を解決できない。そこで，誤登録したデータを削除するため，次の処理を順次実行することにした。

・誤登録した"追客"テーブルの行を削除状態に更新する。

・誤登録によって作成された"商談"テーブルの行を削除状態に更新する。

・誤登録によって作成された"顧客"テーブルの行を削除状態に更新する。

・"商談"テーブルの最新接触日時を更新する。

"商談"テーブルの最新接触日時を更新する SQL 文を図 4 に示す。ここで，更新担当者コード，更新 TS を更新する処理は省略している。

```
UPDATE 商談 S
SET S.最新接触日時 = (
  SELECT    g    FROM 追客 T
  WHERE    h    AND    i    AND    j    )
WHERE 更新 TS BETWEEN CAST('2021-07-20 15:05:00.000000' AS TIMESTAMP)
AND CAST('2021-07-20 15:10:00.000000' AS TIMESTAMP)
AND 更新担当者コード = 'SYSRAI01'
AND 削除フラグ = 0;
```

図4 "商談"テーブルの最新接触日時を更新する SQL 文（未完成）

4. 障害ケース③の検討

　　障害ケース③では，誤更新が行われた行だけを誤更新前の状態に戻し，誤更新の原因を排除した上で処理3を再実行することとした。そこで，本番 DB とは別に，作業用のデータベース（以下，作業用 DB という）を用意し，作業ミスに備えて本番 DB の"顧客"テーブルの全ての行を退避した上で，RDBMS の機能を利用した復旧手順を検討し，表9に整理した。

表9　障害ケース③の復旧手順（未完成）

手順	RDBMS の機能	作業対象 DB	作業内容
手順1	エクスポート機能	本番 DB	"顧客"テーブルの全ての行を抽出する。
手順2	復元機能	作業用 DB	2021-07-21 の 0 時に取得した本番 DB のバックアップを復元する。
手順3	k	l	m
手順4	n	o	p
手順5	q	r	s
手順6	－	－	誤更新の原因を排除して処理3を再実行する。

注記1　RDBMS の機能には，〔RDBMS の主な仕様〕に記載されている機能名を一つ記入する。
注記2　作業対象 DB には，作業用 DB，本番 DB のいずれかを記入する。

設問1　〔実装するテーブルの設計〕について，(1)～(4)に答えよ。

　　(1)　表3中の　　ア　　～　　ウ　　に入れる適切な字句を答えよ。また，本文中の　　エ　　，　　オ　　に入れる表3中の項目 A～G のいずれか一つを答えよ。

　　(2)　表4中の　　カ　　～　　ク　　に入れる一つ又は複数のテーブル名を答

えよ。

(3) 表 5 中の ケ ， コ に入れる適切な定義内容を，記入済みの例に倣って， ケ は 40 字以内， コ は 60 字以内で具体的に述べよ。

(4) 制約④の AFTER トリガ内で，"商談"テーブルの更新時にロック待ちタイムアウトによる例外が返却された場合，トリガの契機となる変更を行った表 2 中の処理 4 の AP ではどのような処置を行うべきか。行うべき処置を二つ挙げ，それぞれ 25 字以内で述べよ。

設問 2 〔問合せの検討〕について，(1)，(2) に答えよ。

(1) 表 6 中の問合せ名"R1"の下線部について，完全外結合を行う理由を 40 字以内で述べ， サ に入れる演算の内容を答えよ。

(2) 図 3 中の シ ～ ソ に入れる適切な字句を答えよ。

設問 3 〔バックアップ・リカバリの検討〕について，(1)～(3) に答えよ。

(1) 障害ケース①について，(a)，(b) に答えよ。

(a) 本文中の a ～ f に入れる適切な数値を答えよ。

(b) 本文中の下線部について，差分バックアップからの復元が増分バックアップからの復元よりも時間が掛からない理由を，30 字以内で具体的に述べよ。

(2) 障害ケース②について，(a)，(b) に答えよ。

(a) バックアップの復元及び更新ログによる回復によって誤登録発生直前の日時の状態にする方法では問題を解決できない理由を，60 字以内で述べよ。

(b) 図 4 は，相関副問合せを使用して更新を行う SQL 文である。 g に適切な字句を， h ～ j に一つの適切な述語を入れ，SQL 文を完成させよ。

(3) 障害ケース③について，表 9 中の k ～ s に適切な字句を入れ，表を完成させよ。

なお， m ， p ， s に入れる作業内容は，RDBMS の機能に指定する内容を含めてそれぞれ 40 字以内で記入すること。

問2　製品物流業務に関する次の記述を読んで，設問1，2に答えよ。

　　E社は中堅市販薬メーカである。E社の顧客には，医薬品卸業と医薬品の量販店チェーンがある。以前は医薬品卸業が主な顧客であったが，近年は量販店チェーンとの取引が増えている。両者の取引のやり方は大きく異なるので，今回量販店チェーン専用のシステムを開発することにして，概念データモデル及び関係スキーマを設計した。

〔設計の前提となる業務〕

1. 社内の組織の特性

　(1)　物流拠点

　　①　E社の製品物流の拠点であり，商品の在庫，梱包，出荷などの機能をもつ。

　　②　物流拠点は，全国に6拠点あり，物流拠点ごとに複数の配送地域をもつ。

　(2)　配送地域

　　①　物流拠点から顧客の納入先へ，1台のトラックで1日に配送できる範囲の地域であり，配送地域コードによって識別し，配送地域名をもつ。

　　②　配送地域は，隣接する複数の郵便番号の地域を合わせた範囲に設定している。一つの郵便番号の地域が幾つかの配送地域に含まれることはない。

2. 顧客の組織の特性

　(1)　チェーン法人

　　①　量販店チェーンとは，ブランド，外観，サービス内容などに統一性をもたせて多店舗展開している医薬品の小売業であり，全国又は一部地方に集中して店舗展開している。

　　②　チェーン法人はその法人であり，チェーン法人コードによって識別する。

　(2)　チェーンDC（DCは，物流センタの英語(Distribution Center)の頭文字）

　　①　量販店チェーンの物流センタである。チェーンDCコード及びチェーンDC名を顧客から知らされ，立地するE社の配送地域を設定して登録し，チェーン法人コードとチェーンDCコードによって識別する。

　　②　チェーンDCは，次に記すチェーン店舗の注文をまとめてE社を含む仕入先に発注（E社にとっての受注）する。

③ E社は，受注した商品の全てを受注したチェーンDCに対して納入する。

④ チェーンDCは，E社を含む仕入先から納入を受けた商品をチェーン店舗に配送する役割を果たしている。

(3) チェーン店舗

① 量販店チェーンの個々の店舗である。チェーン店舗コード及びチェーン店舗名を顧客から知らされて登録し，チェーン法人コードとチェーン店舗コードによって識別する。

② チェーン店舗は，いずれか一つのチェーンDCに属している。チェーンDCには，通常数十から百数十のチェーン店舗が属している。

3. 商品の特性

(1) 商品

① E社が製造販売する医薬品であり，商品コードによって識別する。

② 商品には，PB商品とNB商品があり，流通方法区分で分類している。

・PB商品は，E社と特定の量販店が協業する量販店独自ブランドの商品である。E社が広告宣伝費を掛けない代わりに，量販店に低価格で販売することができる商品である。PB商品は，どのチェーン法人のものかをもつ。

・NB商品は，E社が製造するメーカブランドの商品である。E社が広告宣伝費を掛けて消費者の認知を形成する商品である。NB商品は，売上金額のランクをもつ。

③ 商品の外観を荷姿と呼ぶ。荷姿にはケースとピースがある。荷姿は荷姿区分によって識別する。

・商品ごとに定まった数で箱詰めしたものをケース，ケースを開梱し，箱から出した一つ一つのものをピースと呼ぶ。

・商品ごとに，ケースに入っているピースの数を表す入数をもつ。

(2) 商品の製造ロット

① 商品ごとの製造単位である。製造ロットには，商品ごとに昇順な製造ロット番号を付与している。

② 製造ロットには，いつ製造したか分かるように製造年月日を，いつまで使用できるか分かるように使用期限年月を記録している。

4. 締め契機

① E社は受注を随時受け付けているが,受注後すぐに出荷するのではなく,受け付けた受注を締めて出荷指示を出すタイミングを定めている。このタイミングを締め契機という。

② 締め契機は,平日に1日5回,土曜日に1日3回,時刻を定めて設けており,年月日とその日の何回目の締めかを示す“回目”で識別している。

③ チェーン法人ごとに適用する締め契機は,チェーン法人と協議の上で,週3回程度に設定している。

5. 物流拠点の在庫

E社では,在庫を引当在庫と払出在庫で把握している。

① 引当在庫は,物流拠点,商品,製造ロットの別に,その時点の在庫数,引当済数,引当可能数を記録するもので,商品の引当てに用いる。

② 払出在庫は,物流拠点,商品,製造ロット,荷姿の別に,その時点の在庫数（荷姿別在庫数）を記録するもので,商品の出庫の記録に用いる。

6. 引当てのやり方

① 古い製造ロットの商品から順に引き当てる。

② 顧客によっては,ロット逆転禁止の取決めを交わしている。ロット逆転禁止とは,チェーンDCごとに,前回納入した製造ロットより古い商品を納入することを禁じることである。この取決めを交わしていることは,チェーン法人ごとに設定するロット逆転禁止フラグで判別する。ロット逆転禁止の取決めを交わしている顧客の場合,チェーンDCと商品の組合せに対して,最終で引き当てた製造ロット番号を記録する。

③ 引当ては,同じ締め契機の受注について,早く入った受注から順に行う。

7. 出庫のやり方

① E社では,出庫を種まき方式で行っている。一般に種まき方式とは,行き先にかかわらず同じ品をまとめて出庫し,それを種に見立てて行き先別に仕分けることを品ごとに行うやり方である。

② 出庫は,物流拠点ごとに締め契機の対象の受注に対して行う。

③ 出庫指示は商品別製造ロット別に出し,出庫実績は商品別製造ロット別荷姿別に記録する。

8. 梱包のやり方

　　商品の梱包のやり方は，顧客の方針で店舗別梱包又は商品カテゴリ別梱包のいずれかの指定を受ける。指定はチェーン DC ごとにされ，梱包方法区分で判別する。

① 店舗別梱包は，チェーン DC の仕分け作業の効率を優先するやり方である。

・チェーン DC は，E 社を含む仕入先から納入された梱包を崩さずにチェーン店舗へ送る。

・これを可能にするために，チェーン DC が担当するチェーン店舗ごとの梱包による納入が求められる。

・店舗別梱包では，受注で指定される梱包対象の店舗は一つである。

② 商品カテゴリ別梱包は，チェーン店舗での品出し作業の効率を優先するやり方である。

・チェーン店舗の棚は，風邪薬，胃腸薬，目薬など商品カテゴリ別である。

・チェーン DC は，E 社を含む仕入先から納入を受けた商品をまとめて，棚と同じ商品カテゴリ別に梱包し直して店舗へ送る。

・これを可能にし，かつ，チェーン DC での仕分け作業を簡易にするために，商品カテゴリ別の梱包による納入が求められる。

・商品カテゴリは，どの顧客も似ているが微妙に異なり，チェーン法人コードと商品カテゴリコードによって識別する。

・商品カテゴリコード及び商品カテゴリ名は顧客が使っている値を用いる。

・また，あらかじめどの商品をどの商品カテゴリにするかを知らされているので，商品カテゴリの明細として商品を設定している。

9. 業務の流れと情報

　　業務の流れを図 1 に示す。業務の流れの中で用いられる情報を次に述べる。

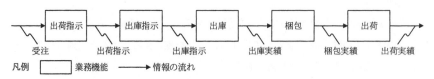

図 1　業務の流れ

(1) 受注

① 顧客から随時何度でも受け付け，締め契機まで蓄積する。

② 1回の受注に複数の商品を指定できる。

③ 受注ごとに，受注番号を付与し，受注年月日時刻を記録する。

④ 受注明細では，受注明細番号を付与し，商品とその数を指定する。

⑤ 在庫引当ての成否は，受注明細に記録する。

(2) 出荷指示

① 締め契機で在庫引当てに成功した受注を集約した情報である。出荷指示に基づいて，一連で出庫，梱包，出荷を実施する。

② 出荷指示は，納入先別に行う。梱包を分ける単位を示す出荷指示梱包明細，梱包を分けた中に入れる商品を示す出荷指示梱包内商品明細の3階層の形式をとる。

③ 出荷指示ごとに，出荷指示番号を付与し，適用した締め契機，出荷指示対象の納入先を記録する。対象の受注に出荷指示番号を記録する。

④ 出荷指示梱包明細ごとに，出荷指示梱包明細番号を付与し，梱包方法によって，店舗別梱包の場合は梱包対象チェーン店舗を，商品カテゴリ別梱包の場合は商品カテゴリを設定する。

⑤ 出荷指示梱包内商品明細ごとに，梱包すべき商品について製造ロット別に出荷指示数を設定する。

(3) 出庫指示

① 物流拠点ごとに，同じ締め契機の，全ての納入先の出荷指示を集約し，物流拠点の倉庫から出荷対象の商品を出すための情報である。

② 出庫指示には，出庫指示番号を付与し，対象の物流拠点と適用した締め契機を記録する。対象の出荷指示に出庫指示番号を記録する。

③ 出庫指示明細には，出庫指示明細番号を付与し，製造ロット別の商品と出庫指示数を設定する。

(4) 出庫実績

① 出庫指示明細で指示された商品の出庫指示数を，幾つのケースと幾つのピースで出庫したかの実績である。

② 出庫実績には出庫実績番号を付与し，荷姿区分で分類して，ケースを出庫

した出庫実績には出庫ケース数を，ピースを出庫した出庫実績には出庫ピース数を記録する。

(5) 梱包実績

① 出庫された商品を，出荷指示梱包明細に基づいて配送できるように段ボール箱に詰めた実績であり，段ボール箱ごとに梱包実績番号を付与する。

② 梱包実績にはケース梱包実績とピース梱包実績がある。いずれの実績かは，段ボール箱区分で分類する。

③ ケース梱包実績は，どのケース出庫実績によるものかを関連付ける。

④ ピース梱包実績は，一つ又は複数の種類の商品の詰め合わせであり，どのピース出庫実績から幾つの商品を構成したかのピース梱包内訳を記録する。

(6) 出荷実績

① 出荷指示の単位に梱包を納入先別に配送した実績である。

② 出荷実績には，車両番号と出荷年月日時刻を記録する。

③ 出荷実績に対応する梱包実績に，どの出荷実績で出荷されたかを記録する。

〔概念データモデル及び関係スキーマの設計〕

1. 概念データモデル及び関係スキーマの設計方針

(1) 関係スキーマは第3正規形にし，多対多のリレーションシップは用いない。

(2) リレーションシップが1対1の場合，意味的に後からインスタンスが発生する側に外部キー属性を配置する。

(3) 概念データモデルでは，リレーションシップについて，対応関係にゼロを含むか否かを表す“○”又は“●”は記述しない。

(4) 実体の部分集合が認識できる場合，その部分集合の関係に固有の属性があるときは部分集合をサブタイプとして切り出す。

(5) サブタイプが存在する場合，他のエンティティタイプとのリレーションシップは，スーパタイプ又はいずれかのサブタイプの適切な方との間に設定する。

(6) 概念データモデル及び関係スキーマは，マスタ及び在庫の領域と，トランザクションの領域を分けて作成し，マスタとトランザクションの間のリレーションシップは記述しない。

2. 設計した概念データモデル及び関係スキーマ

マスタ及び在庫の領域の概念データモデルを図2に，トランザクションの領域の

概念データモデルを図3に，マスタ及び在庫の領域の関係スキーマを図4に，トランザクションの領域の関係スキーマを図5に示す。

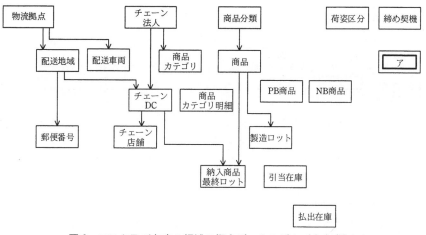

図2　マスタ及び在庫の領域の概念データモデル（未完成）

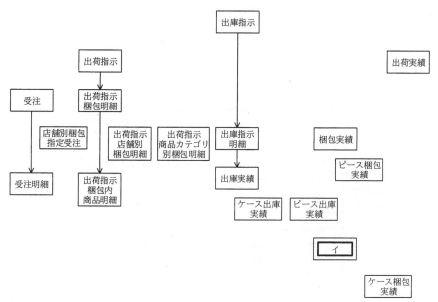

図3　トランザクションの領域の概念データモデル（未完成）

物流拠点（<u>拠点コード</u>，拠点名）
配送地域（<u>配送地域コード</u>，配送地域名，<u>拠点コード</u>）
郵便番号（<u>郵便番号</u>，<u>配送地域コード</u>）
配送車両（<u>車両番号</u>，<u>拠点コード</u>）
チェーン法人（<u>チェーン法人コード</u>，チェーン法人名，業界シェア，ロット逆転禁止フラグ）
チェーンDC（<u>チェーン法人コード</u>，<u>チェーンDCコード</u>，梱包方法区分，チェーンDC名，
　　　　　<u>配送地域コード</u>）
チェーン店舗（<u>チェーン法人コード</u>，<u>チェーン店舗コード</u>，<u>チェーンDCコード</u>，チェーン店舗名）
商品分類（<u>商品分類コード</u>，商品分類名）
商品（<u>商品コード</u>，商品名，販売単価，<u>商品分類コード</u>，流通方法区分，ケース内ピース入数）
　PB商品（　　a　　）
　NB商品（　　b　　）
製造ロット（<u>商品コード</u>，<u>製造ロット番号</u>，製造年月日，使用期限年月）
商品カテゴリ（　　c　　）
商品カテゴリ明細（<u>チェーン法人コード</u>，<u>商品カテゴリコード</u>，<u>商品コード</u>）
納入商品最終ロット（<u>チェーン法人コード</u>，<u>チェーンDCコード</u>，<u>商品コード</u>，製造ロット番号）
荷姿区分（<u>荷姿区分</u>，荷姿名）
締め契機（<u>締め年月日</u>，回目，締め時刻）
　ア　（　　d　　）
引当在庫（　　e　　）
払出在庫（　　f　　）

注記　図中の　ア　には，図2の　ア　と同じ字句が入る。

図4　マスタ及び在庫の領域の関係スキーマ（未完成）

受注（<u>受注番号</u>，受注年月日時刻，チェーン法人コード，チェーンDCコード，　　g　　）
　店舗別梱包指定受注（　　h　　）
受注明細（<u>受注番号</u>，<u>受注明細番号</u>，商品コード，受注数，　　i　　）
出荷指示（<u>出荷指示番号</u>，チェーン法人コード，チェーンDCコード，　　j　　）
出荷指示梱包明細（<u>出荷指示番号</u>，<u>出荷指示梱包明細番号</u>）
　出荷指示店舗別梱包明細（<u>出荷指示番号</u>，<u>出荷指示梱包明細番号</u>，　　k　　）
　出荷指示商品カテゴリ別梱包明細（<u>出荷指示番号</u>，<u>出荷指示梱包明細番号</u>，　　l　　）
出荷指示梱包内商品明細（<u>出荷指示番号</u>，<u>出荷指示梱包明細番号</u>，　　m　　）
出庫指示（<u>出庫指示番号</u>，　　n　　）
出庫指示明細（<u>出庫指示番号</u>，<u>出庫指示明細番号</u>，商品コード，　　o　　）
出庫実績（<u>出庫実績番号</u>，　　p　　）
　ケース出庫実績（　　q　　）
　ピース出庫実績（　　r　　）
梱包実績（<u>梱包実績番号</u>，　　s　　）
　ケース梱包実績（<u>梱包実績番号</u>，　　t　　）
　ピース梱包実績（<u>梱包実績番号</u>，緩衝材使用量）
　イ　（　　u　　）
出荷実績（<u>出荷実績番号</u>，　　v　　）

注記　図中の　イ　には，図3の　イ　と同じ字句が入る。

図5　トランザクションの領域の関係スキーマ（未完成）

〔設計変更の内容〕

　設計は，全ての量販店がチェーン DC をもち，チェーン DC から受注し，チェーン DC に納入することを前提にしてきた。しかし，大手の量販店が，地方の量販店と合併することによって，暫定的又は恒久的にチェーン DC のないチェーン店舗が発生することが判明した。このような場合，量販店の本部又は支部から受注し，チェーン店舗に直接納入する必要がある。そこで，当初の検討と合わせて運用できるように，顧客の組織について次の設計変更を行うことにした。

1. 顧客の組織の設計変更

　(1) チェーン本支部

　　① 新たな受注先である量販店の本部又は支部をチェーン本支部と呼ぶ。

　　② 受注し得るチェーン本支部について，コード及び名称を顧客から知らされて登録し，チェーン法人コードとチェーン本支部コードによって識別する。

　(2) チェーン組織

　　① 受注は，チェーン DC 又はチェーン本支部から受けることになったので，この両者を併せて受注先と呼ぶことにする。

　　② 納入は，チェーン DC 又は直接納入する対象のチェーン店舗（以下，直納対象チェーン店舗という）に行うので，この両者を併せて納入先と呼ぶことにする。

　　③ さらに，受注先と納入先を併せてチェーン組織と呼ぶことにする。

　　④ チェーン組織には，チェーン法人を超えて一意に識別できるチェーン組織コードを付与し，どのチェーン法人のチェーン組織なのかを設定する。

　　⑤ 受注先と納入先は，それぞれチェーン組織の一部なので，受注先に該当するチェーン組織には受注先フラグを，納入先に該当するチェーン組織には納入先フラグを設定する。

　　⑥ 受注先は，受注の対象の納入先が全て分かるようにする。また，その受注先がチェーン DC かチェーン本支部のいずれかを示す受注先区分を設定する。

　　⑦ 配送地域は，納入先に設定し，チェーン DC からは外す。

　(3) チェーン店舗

　　① 設計変更前に対象にしていたチェーン店舗を，店舗別梱包対象チェーン店舗に呼び替える。

② チェーン店舗は，スコープを広げて，店舗別梱包対象チェーン店舗と直納
　　　　対象チェーン店舗を併せたものにする。また，そのチェーン店舗が店舗別梱
　　　　包対象チェーン店舗か直納対象チェーン店舗のいずれかを示すチェーン店舗
　　　　区分を設定する。
2. 梱包のやり方についての設計変更
　　　直納対象チェーン店舗への納入では，梱包方法の指定は受けない。これに伴っ
　て，梱包方法区分に指定なしの分類を追加する。
3. 顧客についての概念データモデル及び関係スキーマの検討内容
　　　設計変更の内容に基づいて，顧客に関する部分を切り出して検討した。設計変
　更した顧客の概念データモデルを図6に，設計変更した顧客の関係スキーマを図7
　に示す。

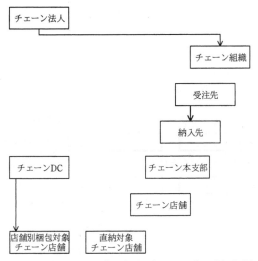

図6 設計変更した顧客の概念データモデル（未完成）

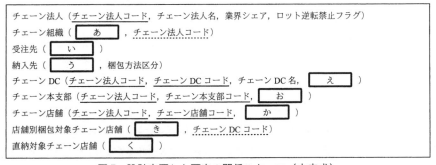

図7 設計変更した顧客の関係スキーマ（未完成）

　解答に当たっては，巻頭の表記ルールに従うこと。ただし，エンティティタイプ間の対応関係にゼロを含むか否かの表記は必要ない。

　なお，属性名は，それぞれ意味を識別できる適切な名称とすること。また，関係スキーマに入れる属性名を答える場合，主キーを表す下線，外部キーを表す破線の下線についても答えること。

設問1 〔設計の前提となる業務〕に基づいて設計した概念データモデル及び関係スキーマについて，(1)～(4)に答えよ。

(1) 図2中の ア に入れる適切なエンティティタイプ名を答えよ。また，図2に欠落しているリレーションシップを補って図を完成させよ。

(2) 図3中の イ に入れる適切なエンティティタイプ名を答えよ。また，図3に欠落しているリレーションシップを補って図を完成させよ。

(3) 図4中の a ～ f に入れる一つ又は複数の適切な属性名を補って関係スキーマを完成させよ。

(4) 図5中の g ～ v に入れる一つ又は複数の適切な属性名を補って関係スキーマを完成させよ。

設問2 〔設計変更の内容〕について，(1)～(3)に答えよ。

(1) 図6は，幾つかのスーパタイプとサブタイプの間のリレーションシップが欠落している。欠落しているリレーションシップを補って図を完成させよ。

(2) 図7中の あ ～ く に入れる一つ又は複数の適切な属性名を補って関係スキーマを完成させよ。

(3) 設計変更前に，図6に示したもの以外のエンティティタイプで，チェーンDCを参照していたエンティティタイプが，図2に一つと図3に二つの合計三つある。これら三つのエンティティタイプは，設計変更によって参照するエンティティタイプが，チェーンDCから図6に示した別のエンティティタイプになる。次の表の①～③に，設計変更前にチェーンDCを参照していた三つのエンティティタイプ名とそれぞれに対応する設計変更後の参照先エンティティタイプ名を答えよ。

	設計変更前にチェーンDCを参照していた三つのエンティティタイプ	それぞれに対応する設計変更後の参照先エンティティタイプ
①		
②		
③		

●令和 3 年度秋期
午前 I 問題 解答・解説

問 1 エ 接線を求めることによる非線形方程式の近似解法 (R3 秋・高度 午前 I 問 1)

　非線形方程式 $f(x)=0$ の解を，〔手順〕(1)～(3)に挙げる近似解法によって求める様子を図に示す。非線形とは，比例関係で表すことができない形で，例として図 1 に示す曲線 $y=f(x)$ のようなグラフが挙げられる。

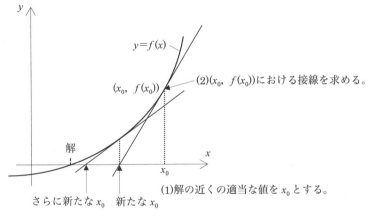

図　$f(x)=0$ の近似解法の〔手順〕(1)～(3)

　$f(x)=0$ の解の近くに近似解の候補として適当な値 x_0 をとり，$(x, f(x))$ における曲線 $y=f(x)$ の接線と x 軸との交点を求める。求めた交点は，はじめに決めた x_0 より $f(x)=0$ の解に近づくので，これを新たな x_0 とする。この操作を繰り返し，現在の x_0 と次に求めた新たな x_0 の差の絶対値が，ある値以下になった時点で繰返しを終了する。この結果，$f(x)=0$ の近似解が求められる。この解法は，ニュートン法と呼ばれるので，（エ）が正解である。なお，1 次方程式のように，変数の 1 次式だけで構成される方程式を線形方程式，2 次以上の変数を含む方程式を非線形方程式と呼ぶ。

ア：オイラー法…微分方程式で与えられた関係式を基に，x の値に対する推定値を計算し，$y=f(x)$ の近似を行う手法である。

イ：ガウスの消去法…連立 1 次方程式の解法である。連立 1 次方程式の係数から
なる行列を変形することによって変数を絞り込み，解を求める。

ウ：シンプソン法…関数 $f(x)$ の積分計算を近似する手法である。積分計算は，細
かく区切った台形の面積の和で近似する方法がよく知られているが，シンプソ
ン法は関数 $f(x)$ を細かく区切った区間ごとに 2 次関数で近似することによって
求める方法である。

問2 ア　パリティビットの付加で訂正できるビット数 (R3 秋·高度 午前 I 問 2)

パリティビットは，データに対して付加する冗長ビットである。そして，この
冗長ビットも含めて"1"の状態のビットの数を偶数（あるいは奇数）となるよ
うにする。問題のような行列（垂直・水平）ではなく，一方向だけのパリティビ
ットの場合，奇数個のビット誤りは検出できるが，誤り箇所は識別できない。ま
た，偶数個のビット誤りでは検出もできない。

では，問題のような行列の場合はどうなるかを，調べてみる。

〔正しい状態〕

1	0	0	0	1
0	1	1	0	0
0	0	1	0	1
1	1	0	1	1
0	0	0	1	

← データ部分の"1"ビットが一つなので，パリティ
ビットは 1 とし，全体として"1"のビットの数が
偶数になるようにしている。

〔1 ビット誤りがあった場合〕

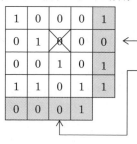

☒ の箇所に誤りがあり，1 のところが 0 となった。

← "1"ビットの数が奇数なので，この行に誤りが発
生する。

"1"ビットの数が奇数なので，この列に誤りが発
生。したがって，2 行 3 列に誤りが発生しているこ
とが分かり，その値を訂正できる。

〔2ビットの誤りがあった場合〕

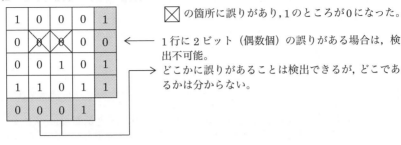

☒ の箇所に誤りがあり，1のところが0になった。

← 1行に2ビット（偶数個）の誤りがある場合は，検出不可能。

→ どこかに誤りがあることは検出できるが，どこであるかは分からない。

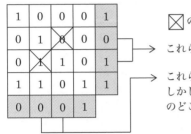

☒ の箇所に誤りがある。

→ これらの行に誤りがあることが分かる。

→ これらの列に誤りがあることが分かる。
しかし，2行2列，2行3列，3行2列，3行3列のどこが誤りかは分からない。

以上のように，1ビットの誤り検出と訂正は可能であるが，2ビットの誤り訂正は不可能である。よって，（ア）が正解である。なお，問題では「何ビットまでの誤りを訂正できるか」と問われているので，2ビットの誤り訂正ができないことが分かれば，3ビット以上を考える必要はない。

問3　ウ バブルソートの説明（R3秋・高度 午前Ⅰ問3）

　バブルソートは，隣り合う要素を比較して，大小の順が逆であれば入れ替えるという操作を繰り返すことで整列を行うので，（ウ）が正解である。要素の入替え（交換）を繰り返すことから交換法とも呼ばれる。なお，バブルとは泡のことで，後方（下）にある要素が，入替えの繰返しによって，徐々に前方（上）に移っていく様子を，コップなどの中の泡が下から上へ昇っていく様子にたとえて，バブルソートと呼ばれる。

ア：ある間隔おきに取り出した要素に対する整列を，間隔を詰めながら行う整列法は，シェルソートである。

イ：中間的な基準値を決めて，その基準値よりも大きな要素，小さな要素に振り分ける操作を繰り返す整列法は，クイックソートである。再帰を用いることで，容易に実現できることも特徴である。

エ：未整列の部分を順序木にし，そこから最小値を取り出して整列済の部分に移

す操作を繰り返して，未整列の部分を縮めていく整列法は，ヒープソートである。なお，順序木とは，要素の値の大小によって，格納位置を決める木構造のことである。ヒープは順序木の代表で，親要素が常に子要素よりも大きくならない（小さくならない）という条件で要素の格納位置を決めるので，根の要素が最小値（最大値）になる。

問4 エ　　　　　　16 ビット整数の加算結果でオーバフローしないもの (R3 秋・高度 午前 I 問 4)

　演算レジスタが 16 ビットの CPU で符号付き 16 ビット整数 $x1$, $x2$ を 16 ビット符号付き加算 ($x1+x2$) するときに，全ての $x1$, $x2$ の組合せにおいて加算結果がオーバフローしないのはどの場合かについて考える。このとき，負数は 2 の補数で表す。補数とは元の数に足したときに桁上がりする最小の数のことであり，2 の補数は「2 進数で表された数のビットを反転させて 1 を足す」操作で求めることができる。例えば，整数の 7 を 4 ビットの 2 進数で表すと $0111_{(2)}$ となるが，-7 を 2 の補数表現で表すと，2 進数のビットを反転させた $1000_{(2)}$ に 1 を加えて $1001_{(2)}$ となる。2 の補数表現を用いると，符号付き 16 ビット整数では $-2^{15} \sim 2^{15} - 1$ （$-32,768 \sim 32,767$）の範囲の値を表現することができる。

　全ての $x1$, $x2$ の組合せにおいて加算結果がオーバフローしないものを選ぶので，オーバフローする例が一つでもある場合は正解とはならない。

ア：$|x1| + |x2| \leqq 32,768$ を満たす例として，$x1=32,767$, $x2=1$ とすると，$x1+x2=32,767+1=32,768$ となり，表現できる数 $-32,768 \sim 32,767$ の範囲を超えオーバフローする。

イ：$|x1|$ 及び $|x2|$ がともに 32,767 未満である例として，$x1=32,766$, $x2=32,766$ とすると，$x1+x2=32,766+32,766=65,532$ となり，表現できる数 $-32,768$ $\sim 32,767$ の範囲を超えオーバフローする。

ウ：$x1 \times x2 > 0$ となるのは，次の①，又は②の場合であるが，いずれもオーバフローする例が挙げられる。

　　① $x1>0$ かつ $x2>0$　　（ア），（イ）の例からオーバフローすることが分かる。

　　② $x1<0$ かつ $x2<0$　$x1=-32,768$, $x2=-32,768$ とすると，$x1+x2=-32,768+(-32,768)=-65,536$ となり，表現できる数 $-32,768 \sim 32,767$ の範囲を超えオーバフローする。

エ：$x1$ と $x2$ の符号が異なる例として，加算結果（正／負双方）の絶対値が最も大きくなる $x1$ と $x2$ の組合せである，次の①，②を考えるとオーバフローは発生しないので，全ての $x1$, $x2$ の組合せにおいて加算結果が表現できる数 $-32,768 \sim 32,767$ に収まり，オーバフローしないと考えることができる。したがって，（エ）が正解である。

　　① $x1=-1$, $x2=32,767$ とすると，$x1+x2=-1+32,767=32,766$ となり，オーバフローしない。

　　② $x1=-32,768$, $x2=1$ とすると，$x1+x2=-32,768+1=-32,767$ となり，

オーバフローしない。

問5　イ　　　物理サーバの処理能力を調整するスケールインの説明（R3秋・高度 午前Ⅰ問5）

　システムが使用する物理サーバの処理能力を，負荷状況に応じて調整する方法の一つとして，システムを構成する物理サーバの台数を減らすことによって，システムのリソースを最適化し，無駄なコストを削減する方法があり，スケールインと呼ばれる。したがって，（イ）が正解である。

　（ア）はスケールアウトの説明である。スケールインとスケールアウトは対義語の関係にあり，両者とも物理サーバの台数に着目した方法である。一方，（ウ）はスケールアップ，（エ）はスケールダウンの説明である。スケールアップとスケールダウンも対義語の関係にあり，両者ともCPUやメモリのスペックに着目した方法である。

問6　ア　　　仮想記憶システムにおいて処理能力が低下する現象（R3秋・高度 午前Ⅰ問6）

　プログラムの実行に従って参照するページが異なってくるため，ページ参照時に，必要とするページがメモリ内に存在しないことがある。これをページフォールトといい，このような場合は仮想記憶装置（ディスク）から必要なページをメモリにロード（ページイン）しなければならない。プログラムが必要とする仮想ページ数（メモリ容量）に比べて，利用できる実ページ数（実メモリ領域）が極端に少ないと，ページフォールトに伴うページング（ページ置換え；ページアウト＋ページイン）が多発して，その処理のためにCPUが多く使われてしまいオーバヘッドが増加する。このため，アプリケーション処理などにCPUが利用できず，システムの処理能力が急激に低下することになる。この現象はスラッシングと呼ばれるので，（ア）が正解である。

イ：スワップアウトとは，ジョブ，プロセスという単位でメモリからディスクにメモリ内容を書き出すことである。また，この逆をスワップインと呼び，二つを合わせてスワッピングと呼ぶ。一定時間，処理要求がないオンラインプロセスなどが，スワップアウトの対象となる。

ウ：フラグメンテーションとは，メモリ空間が細かな領域に断片化した状態のことである。通常，断片化した細かな領域は利用することができないために，フラグメンテーションが発生した場合，メモリ内の配置を再編成して，使われていないメモリ領域を大きなまとまりにする必要が生じるが，この再編成操作をガーベジコレクションと呼ぶ。

エ：前述のようにページフォールトとは，プログラムが参照するページがメモリ内に存在しないことである。

　X は，加算したときの桁上がりなので，A，B がともに 1 のときだけ 1，その他は 0 を出力する。したがって，該当する論理演算は，論理積（AND）である。

　Y は，加算したときの桁上げなしの和（和の 1 桁目）なので，A，B の値のどちらか一方が 0，もう一方が 1 のときは 1 を出力し，両方とも 0 又は 1 のときは 0 を出力する。したがって，該当する論理演算は，排他的論理和（XOR）である。選択肢の中で，X が論理積素子の出力，Y が排他的論理和素子の出力になっている論理回路は（ア）なので，これが正解である。

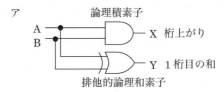

　なお，1 桁の 2 進数を加算し，一方に桁上がり，他方に桁上げなしの和を求める論理回路は，半加算器と呼ばれる。これは，本来の加算回路に必要な下位からの桁上がりを考慮していないためで，半加算器を組み合わせて，下位桁からの桁上がりを考慮して入力を三つにしたものが全加算器である。

　関係 R と関係 S，及び関係 X のタプル（行）に注目すると，関係 X のタプルは，関係 R と S のタプルを合わせて，重複する ID＝0001 のタプルを 1 行にしたものである。このように，二つの関係（集合）の要素の和集合を求めて，重複しているタプル（行）を取り除く関係演算は，（エ）の和である。なお，和演算では，二つの関係の属性の数とドメイン（属性の値が取り得る集合）が同じという条件が成立している必要がある。

ア：結合は，複数の関係を，共通する属性の値を基に一つの関係に変換する演算である。関係 R と関係 S を ID で結合すると，自然結合の場合には関係 X は次のようになる。

X

ID	R.A	R.B	S.A	S.B
0001	a	100	a	100
0002	b	200	a	200

イ：差演算は，例えば，R－S の場合には関係 R から関係 S の要素を取り除く。R－S で求めた関係 X は次のようになる。

X

ID	A	B
0002	b	200
0003	d	300

ウ：直積演算は，二つの関係のタプルの全ての組合せを求める演算である。関係
Rと関係Sの直積を求めた関係Xは次のようになる。

X

R.ID	R.A	R.B	S.ID	S.A	S.B
0001	a	100	0001	a	100
0001	a	100	0002	a	200
0002	b	200	0001	a	100
0002	b	200	0002	a	200
0003	d	300	0001	a	100
0003	d	300	0002	a	200

問9 イ　　　　　　　　　　　　　　　データベースの障害回復処理（R3秋・高度 午前Ⅰ問9）

　　データベースの障害回復処理には，障害によって失われてしまった更新内容に
対して更新後情報を使用して復元するためのロールフォワード（リカバリ）と，
処理が中断してしまった更新内容に対して更新前情報を使用して元に戻すための
ロールバック（リカバリ）がある。また，データベースの更新処理では，この二
つのリカバリ処理に備えるため，更新前の内容，更新後の内容をログファイルに
記録する。
　　トランザクションによるデータベースの更新頻度が多い場合には，チェックポ
イントを設定し，定期的に更新バッファの内容をディスクに書き込み，ログとデ
ータベース内容との同期をとる。こうすることで，チェックポイント以前の回復
作業が不要になるので，システム障害時の回復時間を短縮することができる。し
たがって，（イ）が適切な記述である。なお，媒体障害の場合には，チェックポイ
ント以前の内容も失われてしまうため，バックアップファイルをリストアした後，
バックアップ以降の更新後情報を利用した回復処理が必要となる。
ア：データのブロック化ではなく，ロック処理である。データのブロック化とは，
　　複数のレコードをひとまとめにして記録することで，格納効率やアクセス効率
　　を向上させる手法である。
ウ：データベースの媒体障害に対しては，ログファイルの更新前情報ではなく，
　　更新後情報を用いてバックアップ以降の更新内容を反映することで，データの
　　回復処理を行う。
エ：トランザクションが異常終了した場合には，中途半端な更新結果が残る可能

性があるので，ログファイルの更新後情報ではなく，更新前情報によって更新前の状態に戻すことで，データの回復処理を行う。

問10　ア
ARP の説明（R3 秋-高度 午前 I 問 10）

TCP/IP のプロトコルの一つである ARP（Address Resolution Protocol）は，「IP アドレスから MAC アドレスを得るプロトコル」である。したがって，（ア）が適切である。

ARP では，まず MAC アドレスを取得したいホストが，問い合わせる IP アドレスを格納した ARP 要求パケットを LAN 全体にブロードキャストする。ARP 要求を受け取った各ホストは自分の IP アドレスに対するものかどうかを判断し，問い合わせた IP アドレスをもつホストだけが MAC アドレスを格納した ARP 応答パケットを返すという仕組みになっている。なお，これとは逆に MAC アドレスから IP アドレスを得るプロトコルは RARP（Reverse Address Resolution Protocol）である。

その他の記述は，次のプロトコルの説明である。

イ：IP ネットワークにおける誤り制御のためのプロトコルは，ICMP（Internet Control Message Protocol）である。

ウ：ゲートウェイ間のホップ数によって経路を制御するプロトコルは，RIP（Routing Information Protocol）である。

エ：端末に対して動的に IP アドレスを割り当てるためのプロトコルは，DHCP（Dynamic Host Configuration Protocol）である。

問11　エ
ブロードキャストアドレスを計算する方法（R3 秋-高度 午前 I 問 11）

論理演算の特性に着目した解き方（解き方 1）と，想定した IP アドレスを解答群の計算の方法で試してみる解き方（解き方 2）の二つを説明する。

【解き方 1】

マスクビットを用いる論理演算において，論理積と論理和は演算対象の値のビット列に対して次の特性をもつ。

・論理積（AND）‥マスクビットが 0 のビット位置は値に関わらず 0 をセット（マスク）し，マスクビットが 1 のビット位置は値をそのまま取り出す。

・論理和（OR）‥マスクビットが 0 のビット位置は値をそのまま取り出し，マスクビットが 1 のビット位置は値に関わらず 1 をセットする。

あるホストの IP アドレスを 192.168.10.15/24 とすると，ホストが属するサブネットのプレフィックス長（ネットワーク部の長さ）は 24 ビットなので，サブネットマスクは 255.255.255.0 である。また，ホストが属するサブネットのブロードキャストアドレスは，ホストアドレス部である下位 8 ビットを全て 1 にした 192.168.10.255 である。このブロードキャストアドレスを計算するには，IP アド

レスの上位 24 ビット（ネットワークアドレス部）はそのまま取り出し，下位 8
ビット（ホストアドレス部）に 1 をセットする必要がある。そのためには，上位
24 ビットが 0 で，下位 8 ビットが 1 のマスクビットを用いて，IP アドレスのビ
ット列との論理和を計算すればよい。そして，このマスクビットは，サブネット
マスク 255.255.255.0 の各ビットを反転した 0.0.0.255 である。したがって，（エ）
が適切である。

　この演算を 10 進表記及びビット列表記で示すと次のようになる。なお，各ビ
ットの反転を単に反転と表記している。

```
          IP アドレス：192.168.10. 15   11000000 10101000 00001010 00001111
サブネットマスクを反転： 0. 0. 0.255    00000000 00000000 00000000 11111111
───────────────────────────────────────────────────────────────────
      論理和：192.168.10.255   11000000 10101000 00001010 11111111
```

【解き方 2】
　選択肢ごとの確認は，解き方 1 で想定した IP アドレス 192.168.10.15 であれば，
シンプルな下位 16 ビットの 10.15（00001010 00001111）の部分で試すのが効率
的である。下位 16 ビットに対応するサブネットマスクは 255.0 である。この例
を用いて，選択肢の方法で計算すると次のようになる。なお，解き方 1 と同様に，
各ビットの反転を単に反転と表記している。

```
ア：      IP アドレスを反転：11110101 11110000
         サブネットマスク：11111111 00000000
         ────────────────────────────────
            論理積：11110101 00000000

イ：      IP アドレスを反転：11110101 11110000
         サブネットマスク：11111111 00000000
         ────────────────────────────────
            論理和：11111111 11110000

ウ：          IP アドレス：00001010 00001111
    サブネットマスクを反転：00000000 11111111
    ────────────────────────────────────
            論理積：00000000 00001111

エ：          IP アドレス：00001010 00001111
    サブネットマスクを反転：00000000 11111111
    ────────────────────────────────────
            論理和：00001010 11111111
```

　このように，（エ）が正しいブロードキャストアドレス（下位16ビットが10.255）
で適切となる。

問 12　イ　　IoT セキュリティガイドラインにおける対策例（R3 秋・高度 午前 I 問 12）

　"IoT セキュリティガイドライン（Ver 1.0）"（2016 年 7 月）では，方針〜分析
〜設計〜構築・接続〜運用・保守という IoT のライフサイクルに沿って，21 の要
点を挙げ，要点ごとにポイントと解説，対策例が示されている。"要点 17. 出荷・
リリース後も安全安心な状態を維持する"には，IoT 機器のアップデートに関す
る対策例として，アップデート方法の検討，アップデート等の機能の搭載，アッ

プデートの実施の3項目が示されている。したがって，（イ）が正しい。

その他の対策例は，次の要点において示されている。

ア：要点3. 守るべきものを特定する

ウ：要点20. IoTシステム・サービスにおける関係者の役割を認識する

エ：要点1. 経営者がIoTセキュリティにコミットする

問13 ア
否認防止に関する情報セキュリティの特性（R3秋·高度 午前Ⅰ問13）

JIS Q 27000:2019（情報セキュリティマネジメントシステム－用語）には，否認防止（non-repudiation）について「主張された事象又は処置の発生，及びそれらを引き起こしたエンティティを証明する能力」と定義されている。ある利用者があるシステムを利用したという事実を証明可能にすることは，この否認防止に該当するので，（ア）が正解である。否認防止の実現手段としては，ディジタル署名が代表的である。システム利用時に当該利用者のディジタル署名を含む記録を残しておくことによって，システムを利用した事実を証明可能にすることができる。

イ：可用性（availability）の特性に関する記述である。

ウ：機密性（confidentiality）の特性に関する記述である。

エ：信頼性（reliability）の特性に関する記述である。

問14 ア
盗まれたクレジットカードの不正利用防止（R3秋·高度 午前Ⅰ問14）

3Dセキュアは，ネットショッピングサイトなどのECサイトにおけるオンライン決済において，クレジットカードの不正使用を防止するために本人認証を行う仕組みである。したがって，（ア）が正しい。

3Dセキュアの3Dは，クレジットカード発行会社（イシュア）に関わるイシュアドメイン，加盟店に対して支払いを行う加盟店契約会社（アクワイアラ）に関わるアクワイアラドメイン，及び3Dセキュア認証をサポートする様々なプロバイダに関わる相互運用ドメインの三つのドメインを意味している。利用者は，クレジットカード発行会社にあらかじめメッセージとパスワードを登録しておき，ECサイトでのクレジット決済時にパスワードを入力して，クレジットカード発行会社が本人認証を行う。3Dセキュアによる認証のメッセージングの例を次に示す。

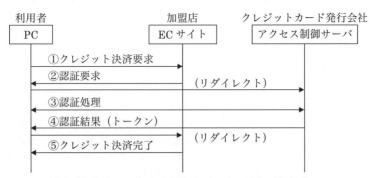

図　3D セキュアによる認証のメッセージング（例）

　③の認証処理では，認証画面に表示されるあらかじめ登録したメッセージを，利用者が確認することによってフィッシング攻撃のリスクを低減する。

　なお，3D セキュアのバージョン 2 では，モバイル決済における利便性や安全性を向上させるために，固定のパスワード認証に代わって，リスクベース認証や生体認証，ワンタイムパスワード認証などを利用できるようになっている。

イ：オンラインショッピングでは，クレジットカード内に保存された PIN を読み取ることはできない。

ウ：有効期限の入力は，オンラインショッピングの決済処理でも行われるが，有効期限がクレジットカードに表記されているので，盗まれたカードの不正使用を防ぐことはできない。

エ：セキュリティコードの入力は，オンラインショッピングの決済処理でも行われるが，オンラインショッピングでは券面認証はできない。

問 15　ア　　　認証ヘッダと暗号ペイロードの二つのプロトコルを含むもの（R3 秋・高度 午前 I 問 15）

　認証ヘッダ（AH；Authentication Header）と，暗号ペイロード（ESP；Encapsulated Security Payload）を含むプロトコルは，IPsec なので，（ア）が正解である。IPsec は IP 通信を暗号化して送るネットワーク層のプロトコルであり，IP レベルで VPN を実現する，インターネット VPN を構築する場合の主要技術である。なお，認証ヘッダ（AH）は，送受信するパケットの認証を行うためのプロトコル，暗号ペイロード（ESP）は，送受信するパケットの認証と暗号化を行うためのプロトコルである。また，IPsec には，この二つの他に，インターネット鍵交換（IKE；Internet Key Exchange）という，鍵交換を行うためのプロトコルが含まれる。

イ：S/MIME（Secure Multipurpose Internet Mail Extensions）は，電子メールのセキュリティ規格の一つであり，RSA 公開鍵暗号方式を用いてディジタル署

名を付与したり，メール本文などを暗号化したりするプロトコルである。
ウ：SSH は，遠隔地にあるコンピュータを CUI ベースで遠隔操作するための暗
　号通信プロトコルである。
エ：XML 暗号は，XML 文書内の任意の項目を暗号化するための規格である。

問 16　ア　　　　　　　　　　　UML のアクティビティ図の説明（R3 秋・高度　午前 I 問 16）

　UML のアクティビティ図は，ビジネスプロセスにおける作業手順やプログラ
ム処理といった「ある振る舞いから次の振る舞いへの制御の流れ」を表すことが
できる。次の例は，要件定義プロセスについて，顧客ニーズヒアリングの後に，
機能設計と非機能設計を並行に行い，両作業の終了後に要件定義書作成を行うこ
とを表現している。したがって，（ア）が正しい。

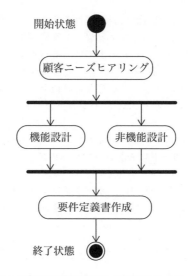

開始状態
顧客ニーズヒアリング
機能設計　　非機能設計
要件定義書作成
終了状態

イ：オブジェクト間の相互作用を時系列で表現するのは，シーケンス図である。
ウ：システムの機能と利用者や外部システムとの関係を表現するのは，ユースケ
　ース図である。
エ：オブジェクトの状態がイベント発生や時間でどのように変化するかを表現す
　るのは，ステートマシン図（状態遷移図）である。

問 17　ア　　　　　　　アジャイル開発におけるバーンダウンチャート（R3 秋・高度　午前 I 問 17）

　アジャイル開発のプラクティス（実践のための指針）の一つのバーンダウンチ
ャートは，縦軸をチームの残作業量，横軸を時間としたチャートで，時間の経過
とともに残作業量が減っていく様子を見ることができる。残作業量の予定と実績

を可視化することによって，進捗などの作業状況を把握し，必要な対処ができるようにすることを目的としている。したがって，（ア）が正しい。なお，バーンダウンチャートは，アジャイル開発の開発単位であるイテレーション（反復の単位となる作業期間）ごとに作成することが一般的である。

その他の選択肢で示されたものは，次のようなチャートである。

イ：ハードウェアにおける時間の経過と発生不具合数の関係を表したチャートで，バスタブ曲線と呼ばれる。不具合の発生が多い初期故障期間のあと，安定して稼働する偶発故障期間を経て，経年劣化から再び不具合の発生が増える磨耗故障期間に至る。

ウ：テストの進捗に伴い，累積バグ数が収束する傾向を表すチャートで，信頼度成長曲線と呼ばれる。ゴンペルツ曲線やロジスティック曲線も成長曲線の一種で，同じようなカーブを描く。

エ：プロジェクトの進捗に伴って工程ごとに投入する要員数を表すチャートで，リソースヒストグラムや山積みグラフ（山積み図）などと呼ばれる。

問18　イ　　プレシデンスダイアグラムからアローダイアグラムへの書直し（R3秋・高度 午前Ⅰ問18）

プレシデンスダイアグラム（Precedence Diagramming Method；PDM）は作業（アクティビティ）を四角形のノードで表記し，その作業順序や依存関係を矢印で表現する。終了や開始を示す依存関係には，次の4タイプが指定できる。

・FS関係（Finish to Start；終了－開始関係）
　　先行作業が終了したら，後続作業を開始する
・SS関係（Start to Start；開始－開始関係）
　　先行作業が開始したら，後続作業を開始する
・FF関係（Finish to Finish；終了－終了関係）
　　先行作業が終了したら，後続作業を終了する
・SF関係（Start to Finish；開始－終了関係）
　　先行作業が開始したら，後続作業を終了する

一つの作業が終了してから次の作業が始まることが多いので，FS関係で示すことが多い。

一方，アローダイアグラムは，作業を矢印で示し，作業の接続点を○（ノード）で表現する。なお，作業順序を示すために，実作業のないダミー作業（点線矢印）を使うので，矢印で作業も作業順序も表現していることになる。

これに対し，プレシデンスダイアグラムは作業をノードで，矢印で作業順序を示すので，ダミー作業を使わずに作業順序を表現できる。

この問題のプレシデンスダイアグラムで表現されているプロジェクトスケジュールネットワーク図は，開始から終了まで大きく二つの並列作業（A→C→E→GとB→D→F→H）のつながりで示されていて，作業Aから作業Fに矢印があることから，作業AとDが終了したら作業Fを開始することが分かる。

選択肢のアローダイアグラムで，作業Dの後に作業Fを開始する関係は全て示されているが，作業Aの後，作業Fの前に矢印（順序関係を示すためのダミー作業）が正しく示されているのは（イ）だけなので，これが書き直したものとなる。

ア：作業Aの後，作業Fへの矢印がなく，依存関係が示されていない。

ウ：作業Aの後で，作業Fの開始前と終了後の両方に矢印が示されていて，プレシデンスダイアグラムで表現されている内容と同じにはならない。

エ：作業Aの後，作業Fの終了後に矢印があり，正しく依存関係を表していない。

問19　イ　　リスクの定量的分析で実施すること（R3秋・高度 午前 I 問19）

PMBOK® (Project Management Body Of Knowledge) ガイド第6版によると，リスクの定量的分析とは，プロジェクトの個別の特定した個別リスクと，プロジェクト目標全体における他の不確実性要因が複合した影響を数量的に分析するプロセスである。したがって，リスクの定量的分析で実施することとしては，（イ）が正解である。

ア：「リスクの定性的分析」で実施することである。

ウ：「リスクの対応計画」で実施することである。

エ：「リスク登録簿」に関する記述である。

問20　エ　　サービスマネジメントシステムにおける問題管理の活動（R3秋・高度 午前 I 問20）

JIS Q 20000-1:2020 (ISO/IEC 20000-1:2018)情報技術－サービスマネジメント－第1部：サービスマネジメントシステム要求事項の「8 サービスマネジメントシステムの運用」の「8.6.3 問題管理」によると，「組織は，問題を特定するために，インシデントのデータ及び傾向を分析しなければならない」と記述されている。したがって，（エ）が正解である。

ア：必ず恒久的に解決するという点が誤りとなる。8.6.3 問題管理のeには，「根本原因が特定されたが，問題が恒久的に解決されていない場合，組織は，その問題がサービスに及ぼす影響を低減又は除去するための処置を決定しなければならない」と記述されている。また，8.6.3 には，「問題については，次の事項を実施しなければならない」と記載されたdに「可能であれば，解決する」と記述されている。

イ：既知の誤りは記録しないという点が誤りである。8.6.3 問題管理のeには「既知の誤りは，記録しなければならない」と記述されている。

ウ：解決した問題は直ちに問題管理の対象から除外するという点が誤りである。あらかじめ定めた間隔で，問題解決の有効性を監視し，レビューし報告した上で，問題管理の対象から除外する。

問 21　ウ　　バックアップの運用に必要な磁気テープの本数 (R3 秋・高度 午前 I 問 21)

　問題の処理条件の(3)の例に沿って，本日が 10 月 31 日の場合を考えてみると，4 月 30 日までのデータを復元できるようにする必要がある。フルバックアップは，処理条件の(1)から毎月 1 日にとるので，4/30 までのデータを復元するためには，4/1 のフルバックアップと 4/2〜4/30 の差分バックアップが必要となる。このように考えていくと，4 月から 10 月までのバックアップに必要な磁気テープの本数は，

　　・4 月から 10 月までのフルバックアップの本数 7 本
　　　　(4/1,　5/1,　6/1,　7/1,　8/1,　9/1,　10/1)
　　・4 月から 10 月までの差分バックアップの本数 7 本
　　　　(4/2〜,　5/2〜,　6/2〜,　7/2〜,　8/2〜,　9/2〜,　10/2〜)

という合計 14 本が必要となる。

　次に，本日が翌 11 月 1 日の場合を考えてみると，5 月 1 日から 11 月 1 日までのデータを復元するためのバックアップに必要な磁気テープの本数は，

　　・5 月から 11 月まで (5/1 から 11/1 までを復元できる必要がある) のフルバックアップの本数 7 本
　　　　(5/1,　6/1,　7/1,　8/1,　9/1,　10/1,　11/1)
　　・5 月から 11 月までの差分バックアップの本数 6 本
　　　　(5/2〜,　6/2〜,　7/2〜,　8/2〜,　9/2〜,　10/2〜)

となり，合計 13 本でよいことになる。しかし，これはフルバックアップ当日の 11 月 1 日 (月初日) の場合だけに限られたことであり，通常の運用を考えたときの 11 月 2 日以降に関しては，月末までのデータを復元する最初の例と同じ本数 (14 本) の磁気テープが必要である。

　したがって，バックアップの運用に必要な磁気テープの本数は最少で 14 本であり，(ウ) が正解である。

問 22　イ　　コントロールを書面上又は実際に追跡するシステム監査技法 (R3 秋・高度 午前 I 問 22)

　経済産業省は，システム監査を実施する監査人の行為規範及び監査手続の規則を規定した "システム監査基準" と，システム監査人の判断の尺度を規定した "システム管理基準" を改訂し，平成 30 年 4 月に公表している。

　"システム監査基準 (平成 30 年)" のⅣ. システム監査実施に係る基準における「【基準 8】監査証拠の入手と評価」で監査手続の技法についての記述があり，「ウォークスルー法とは，データの生成から入力，処理，出力，活用までのプロセス，及び組み込まれているコントロールを，書面上で，又は実際に追跡する技法をいう」としている。したがって，(イ) のウォークスルー法が正解である。

ア：インタビュー法は，「監査対象の実態を確かめるために，システム監査人が，直接，関係者に口頭で問い合わせ，回答を入手する技法」である。

ウ：監査モジュール法は、「システム監査人が指定した抽出条件に合致したデータをシステム監査人用のファイルに記録し、レポートを出力するモジュールを、本番プログラムに組み込む技法」である。

エ：ペネトレーションテスト法は、サイバー攻撃を想定した情報セキュリティ監査などにおいて、「システム監査人が一般ユーザのアクセス権限又は無権限で、テスト対象システムへの侵入を試み、システム資源がそのようなアクセスから守られているかどうかを確認する技法」である。

問 23　ウ　　　　　　　　　　　　　　業務プロセスの改善活動 (R3 秋·高度 午前 I 問 23)

物流業務における業務プロセスの改善活動に関して、問題文に「10％の物流コストの削減」が目標とあり、空欄 a〜c に対応する目標の設定例から、それぞれの活動内容は次のようになる。

・空欄 a……最終的な目標（KGI；重要目標達成指標）を決める。
・空欄 b……目標達成に必要となる主な要因（CSF；主要成功要因）を抽出する。
・空欄 c……CSF の達成度を示す定量的な数値目標（KPI；重要業績達成指標）を決める。

空欄 c に対応する目標設定の「在庫日数 7 日以内、誤出荷率 3％以内」が KPI（Key Performance Indicator；重要業績達成指標）に該当する。したがって、(ウ) が正解である。

ア：CSF（Critical Success Factor；主要成功要因）は KGI（重要目標達成指標）の実現のために必要となる主な要因のことで、「在庫の削減、誤出荷の削減」の空欄 b が該当する。

イ：KGI（Key Goal Indicator；重要目標達成指標）は経営目標を達成したことを示す定量的な数値目標のことで、「10％の物流コストの削減」の空欄 a が該当する。

エ：MBO（Management by Objectives；目標による管理）は、担当者ごとに自身の業務上の目標を設定し、担当者自身が目標達成に向けての業務推進や進捗管理を主体的に行う活動で、業務プロセスの改善活動には直接関係しない。

問 24　イ　　　　　　　　　　　　テレワーク導入後 5 年間の効果 (R3 秋·高度 午前 I 問 24)

テレワーク導入後 5 年間の効果を求める計算問題である。

問題文に示されているとおり、"テレワークで削減可能な費用" と "テレワークに必要な費用" に分けて計算する。

"テレワークで削減可能な費用" としては、表中の上段 3 項目であるので、これを計算していくと、次のようになる。

通勤費の削減額＝10 万円／年・人×5 年×10 人＝500 万円

オフィススペース・光熱費の削減額＝12 万円／年・人×5 年×10 人＝600 万円

中途採用費用の削減額＝50 万円／人・年×1 人×5 年＝250 万円

　"テレワークに必要な費用"は，表中の下段 3 項目であるので，これを計算すると，次のようになる。
　テレワーク用の PC の購入費用＝8 万円／台×10 台＝80 万円
　リモートアクセスツールの初期費用＝1 万円／人×10 人＝10 万円
　リモートアクセスツールの運用費用＝2 万円／年・人×5 年×10 人＝100 万円
　インターネット回線費用＝6 万円／年・人×5 年×10 人＝300 万円

　テレワーク導入後 5 年間の効果は，"テレワークで削減可能な費用"から"テレワークに必要な費用"を差し引いた額であるので，次のように計算される。
　テレワーク導入後 5 年間の効果＝(500＋600＋250)－(80＋10＋100＋300)
$$=1{,}350-490$$
$$=860 \text{ 万円}$$
　したがって，860 の（イ）が正解である。

問 25　イ

RFI の説明 (R3 秋・高度 午前 I 問 25)

　RFI（Request For Information；情報提供依頼書）は，RFP（Request For Proposal；提案依頼書）作成に先立って，製品やサービスを調達しようとする者が，その調達範囲を決めたり要件定義をまとめたりするために必要な情報を，ベンダから提供してもらうための依頼文書である。情報システムの調達においては，その要件を実現するために利用可能な技術，実現手段，ベンダの実績や保有商品などの情報提供を依頼する。したがって，（イ）が正解である。
ア：サービス提供者と顧客との間で，提供するサービスの内容，品質などに関する保証範囲やペナルティについてあらかじめ契約としてまとめた文書ということから，SLA（Service Level Agreement；サービスレベル合意書）の説明である。
ウ：調達側からベンダに対して要件を提示し，効果的な実現策の提案を依頼する文書ということから，RFP の説明である。
エ：要件定義との整合性を図り，利用者と開発要員及び運用要員の共有物とするために，業務処理の概要，入出力情報の一覧，データフローなどをまとめた文書ということから，システム要件定義書又はソフトウェア要件定義書の説明である。

問 26　ア

バリューチェーンの説明 (R3 秋・高度 午前 I 問 26)

　バリューチェーンとは，図のように企業活動を五つの主活動と四つの支援活動に分類し，個々の活動が付加価値（バリュー）を生み出すという考えに基づいた

フレームワークである。企業の競争優位の源泉がどこにあるのかを分析することができる。したがって，（ア）がバリューチェーンの説明である。

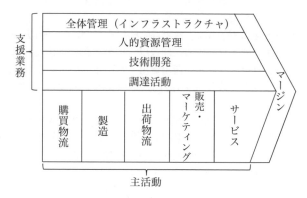

図　バリューチェーン

イ：SWOT 分析の説明である。企業の内部環境と外部環境 × プラス要因とマイナス要因の 4 象限に分類し，自社の強み（Strength）と弱み（Weakness），自社を取り巻く機会（Opportunity）と脅威（Threat）に整理する分析手法のことである。

ウ：バランススコアカード（Balanced Scorecard）の説明である。バランススコアカードでは 4 つの視点「財務の視点」，「顧客の視点」，「業務プロセスの視点」，「学習と成長の視点」から企業を分析し，戦略マップを作ったり企業の業績を評価したりすることで，最終的にはアクションプランを作成するのに利用する。

エ：事業領域（事業ドメイン）を明確にするために用いられる CFT 分析の説明である。CFT 分析は「誰に（顧客；Customer）」，「何を（機能；Function)」，「どのように（技術；Technology)」提供するかを 3 つの軸で分析し，事業領域を設定するのに利用する。

問27　エ
リーンスタートアップの説明（R3 秋·高度 午前Ⅰ問 27）

リーンスタートアップとは，新規事業の立ち上げや起業をする際に，実用に足る最小限の製品やサービス（MVP；Minimum Viable Product；実用最小限の製品）を作り，構築（製品やサービスにニーズがあると仮定して MVP を開発する）→ 計測（MVP を提供して反応を確認する）→ 学習（反応から改良を行う）というプロセスを短期間に繰り返すことである。この繰返しによって新規事業や起業の成功確率を上がっていく。なお，リーンとは無駄のないという意味である。したがって，（エ）がリーンスタートアップの説明である。

ア：公共性のある事業でもリーンスタートアップが適用できるケースはあるが，

事前に詳細な事業計画を検討・立案して進めるという点がリーンスタートアップには該当しない。

イ：経営資源を大規模の投入することは，実用最小限の製品を開発するのと相反する手法であり，リーンスタートアップの説明ではない。

ウ：持続可能な事業を迅速に構築し展開する点は良いが，あらかじめ詳細に立案された事業計画を厳格に遂行し，これらの変更を最小限にとどめる点がリーンスタートアップには該当しない。

問 28　ア　　IoT 技術のエッジコンピューティングの説明 (R3 秋・高度 午前 I 問 28)

エッジコンピューティングとは，センサ端末の近くに演算機能を配置することでネットワークの距離に応じた遅延を短縮する技術である。IoT 機器が増えるに従い，センサ端末とサーバの距離による遅延やサーバ側のネットワーク帯域の増大が問題となってきている。センサ端末の近くで演算し必要な情報に絞ってサーバにデータを送るなどの工夫で遅延やネットワーク負荷の低減ができる。したがって，（ア）が適切である。

イ：身体や衣服などに装着して使用するように設計され，コンピュータとして利用する方式であるウェアラブルコンピューティングの説明である。装着者の血圧や体温，心拍，脈拍などの情報を収集して健康管理に活用することが可能であり，ウェアラブルデバイスとしてはスマートウォッチなどがある。

ウ：クラスタリングの説明である。複数のコンピュータを束ねて仮想的に 1 つの大きなコンピュータとして利用する技術である。

エ：エネルギーハーベスティングの説明である。光や温度差，振動などの周囲の環境に存在するエネルギーを電力に変換する技術のことである。

問 29　ア　　マクシミン原理に従って投資する株式 (R3 秋・高度 午前 I 問 29)

マクシミン原理とは，それぞれの選択肢（ここではどの株式に投資するか）の最小利得を最大にする戦略である。これに従い次表の株式 A〜D の値を見ていく。

経済の成長／株式	高	中	低
A	20	10	15
B	25	5	20
C	30	20	5
D	40	10	−10

表中の網掛け部分が，各株式投資で得られる最小利得であり，それが最大であ

るものは A である。したがって，（ア）が正解となる。ここでは，「経済の成長」が低のところだけを比べてしまわないよう，注意が必要である。

問30 ア 特別条項を適用する 36 協定届の事例 (R3 秋·高度 午前 I 問 30)

36 協定とは，労働基準法の第 36 条（時間外及び休日の労働）に規定された労働者と使用者（労使）の間で取り決めた労働時間の延長に関する協定のことである。36 協定を結ぶ場合，月 45 時間以内，年 360 時間以内が上限時間になるが，通常予見することができない業務量の増加や臨時的にこの上限時間を超えた場合に，月 100 時間以内，年 720 時間以内，2 か月～6 か月の平均が 80 時間以内，月 45 時間を超える回数の上限 6 回以内を限度とする特別条項を労使で取り決めることができる。ただし，この特別条項は研究開発に係る業務については適用できないことになっている。また，36 協定では，対象期間は 1 年以内と定められている。したがって，（ア）が正解である。

イ：新商品の研究開発業務については特別条項を適用できないため誤った事例である。

ウ：特別条項を適用できる回数の上限が 6 回以内となっているため，期限の定めが必要であり誤った事例である。

エ：慢性的な人手不足は，通常予見することができない業務量の増加には該当しないため誤った事例である。

●令和3年度秋期
午前Ⅱ問題 解答・解説

問1 エ
CAP 定理（R3 秋-DB 午前Ⅱ問 1）

CAP 定理とは，分散コンピュータシステムを構成するノード間の情報複製において「一貫性（整合性）（Consistency）」，「可用性（Availability）」，「分断耐性（Partition tolerance）」の三つの保証のうち同時に満足できるのは二つまでであり，全てを同時に満足することはできないという定理である。したがって，（エ）が適切である。それぞれの保証の頭文字を取って CAP 定理と呼ばれるが，提唱したエリック・ブリュワー氏の名前を取ってブリュワーの定理ともいう。三つの保証の意味は，次のように定義されている。

・一貫性（整合性）：全てのノードのデータが常に最新化されており，データを参照する際はどのノードに接続しても常に最新のデータを参照できること。トランザクション処理における ACID 特性の一貫性（トランザクション実行前後のデータに矛盾がない状態を保証すること）とは意味が異なる。このため，あえて CAP 定理の C を強い整合性と区別する場合もある。
・可用性：障害発生時であっても障害が発生していないノードが応答し，ユーザがデータに必ずアクセスできること。
・分断耐性：ノード間で通信障害が発生した場合でも，分散コンピュータシステムが継続して動作すること。

二つの保証の組合せによって，CA 型，CP 型，AP 型の三つのパターンに分類される。そもそも分散されていない単一の RDBMS は CA 型，2 相コミットメントを用いて一貫性を重視した分散データベースは CP 型，NoSQL などを使用した一貫性より性能を重視する分散データベースは AP 型である。

ア：NoSQL などで適用されている，結果整合性（eventual consistency）に関する説明である。
イ：トランザクション処理における ACID 特性の一貫性（C）に関する説明である。
ウ：トランザクション処理における直列化可能性に関する説明である。

問2 エ
UML で表記された組織のデータモデル案（R3 秋-DB 午前Ⅱ問 2）

部，課，係の階層構造から成る組織のデータモデルに関する問題である。
モデル A～C の三つのデータモデルは，次の特徴がある。

データ モデル	概要	特徴
A	部，課，係エンティティを用意し，各エンティティ間に親子関係をもたせるデータモデル	・各組織は一つの親組織，複数の子組織をもつことが可能 ・新しい組織レベルが追加される場合はデータモデルの変更が必要 ・各組織に独自の属性が設定可能
B	組織エンティティという汎用エンティティを設け，一つのエンティティで親子関係を表現するデータモデル	・各組織は一つの親組織，複数の子組織をもつことが可能 ・新しい組織レベルが追加されても対応することが可能 ・各組織に独自の属性は設定不可能
C	組織エンティティという汎用エンティティを設け，組織構造エンティティという連関エンティティ^(注記)を設けて親子関係を表現するデータモデル	・各組織は複数の親組織，複数の子組織をもつことが可能 ・新しい組織レベルが追加されても対応することが可能 ・各組織に独自の属性は設定不可能

注記 連関エンティティという用語は，情報処理技術者試験の問題では使われていないが，DB 設計（E-R 図）では多対多のリレーションシップを 1 対多と多対 1 の二つのリレーションシップに分解する役割を果たすエンティティのことを指す。交差エンティティ又は関連エンティティなどと呼ぶ場合もある。

ア：モデル A は，組織ごとに個別エンティティとなっているため，新しい組織レベルが追加されるとデータモデルを変更する必要があり，この解釈は誤りである。

イ：モデル C は，親組織が複数になったとしても対応できるため，この解釈は誤りである。

ウ：モデル B では，複数の子組織を設定できるため，組織エンティティの属性として子組織をもつ形とすると属性数が定まらないため実現できない。したがって，外部キーとするのは親の組織コードであり，この解釈は誤りである。

エ：モデル C では，連関エンティティを使うことで自由に親子関係を設定することができるが，部の親組織として係を設定することもできるため，制約によって親子関係が循環しないようにする必要がある。したがって，この解釈は正しい。

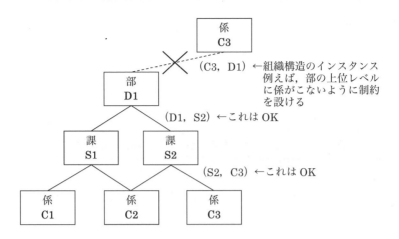

問3　ウ　　　　　　　　　　　　　　　　　　　　　正規形の条件 (R3 秋·DB 午前 II 問 3)

　データの一貫性を維持しながら効率性を高めるデータベース設計方法として，データベースの正規化がある。正規化されたデータベースは，その正規化段階によって第 1 正規形，第 2 正規形，第 3 正規形，ボイス・コッド正規形などがある。上位の正規化段階であるほど効率性の高いデータベースとなるが，データが分割されることに伴い結合処理が増加し，処理性能が犠牲になるというデメリットがある。

　　＜正規形の条件＞（関数従属性だけで，第 4, 5 正規形は除く）
　　・第 1 正規形：繰返し属性をもたない
　　・第 2 正規形：全ての非キー属性が全ての候補キーに完全関数従属している
　　・第 3 正規形：全ての非キー属性が全ての候補キーに推移的関数従属しない
　　・ボイス・コッド正規形：全ての関数従属性の決定項が候補キーだけ

　問題文より，関係 R は繰返し属性がない（重複する属性がない）ため，第 1 正規形の条件を満足している。また，属性は全て候補キー {A, B} と {A, C} の要素となっているため，関係 R は非キー属性をもっていない。第 2 正規形，第 3 正規形の条件は非キー属性にかかるため，非キー属性をもたない関係 R は第 3 正規形まで条件を満足している。しかし，関数従属性のうち C→B は，決定項（関数従属性の左側）が候補キーではないため，ボイス・コッド正規形の条件を満足していない。したがって，関係 R は第 3 正規形なので，（ウ）が正解である。

　　四つの表のそれぞれの関係を考えてみる。

・"医師" と "診療科"

　　「診療科コード」が "医師" の外部キーとして存在するので，複数の医師が特定の診療科に対応する場合がある。また，ある医師を選べば，診療科は特定できることになる。すなわち，"医師" と "診療科" は多対 1 の関連である。

・"診療科" と "診察"

　　「診療科コード」が "診察" の外部キーとして存在するので，"診療科" と "診察" は 1 対多の関連である。

・"診察" と "患者"

　　患者番号が "診察" の外部キーとして存在するので，"診察" と "患者" は多対 1 の関連である。

　　これらの関連を表すものとしては，（イ）が適切である。

　　ちなみに，"医師"，"診療科"，"患者" はマスタ系のエンティティ，"診察" はトランザクション系のエンティティである。"診察" は，"診療科" と "患者" の多対多の関連を，1 対多と多対 1 の二つの関連に分割する役割を担う。

　　正規化とは，データの冗長性を排除し，データの操作による不整合の発生を抑止するためにデータを正規形にすることである。正規形には第 1 正規形から第 5 正規形までの種類があり，高次の正規形になるほどデータの不整合などの更新時異常が発生しにくくなる。

　　正規化を行う際に，分解した後の関係を自然結合することで元の関係を復元できることを情報無損失分解という。第 2 正規形より高次の正規化は従属性に基づく分解であるため情報無損失分解であるが，第 1 正規形に分解する場合は繰返し属性をスカラ値（単一の値）となるよう分解するため，分解した後の関係を自然結合しても元の関係に復元できず情報無損失分解にはならない。

　　また，ボイス・コッド正規形より高次の正規化は，正規化する際に候補キーを分解するため，全ての関数従属性を保存することはできない。さらに，関数従属性，多値従属性，結合従属性の間には，関数従属性⊂多値従属性⊂結合従属性という包含関係があり，関数従属するなら多値従属し，多値従属するなら結合従属する。したがって，関数従属性が保存できないということは多値従属性と結合従属性が保存できないと表現することもできる。

　　正規形の条件と特徴をまとめると次の表のようになり，（ウ）が適切である。

正規形	条件	部分関数従属	推移的関数従属	情報無損失分解	関数従属性保存
第1正規形	全ての属性がスカラ値（単一の値）である。	あり	あり	×	○
第2正規形	第1正規形でかつ，全ての非キー属性が全ての候補キーに部分関数従属していない。	なし	あり	○	○
第3正規形	第2正規形でかつ，全ての非キー属性が候補キーに推移的関数従属していない。	なし	なし	○	○
ボイス・コッド正規形	第3正規形でかつ，関係に含まれる関数従属性の決定項が候補キーだけである。	なし	なし	○	×
第4正規形	第3正規形でかつ，関係に含まれる多値従属性の決定項が候補キーだけである。	なし	なし	○	×
第5正規形	第4正規形でかつ，関係に含まれる結合従属性の決定項が候補キーだけである。	なし	なし	○	×

問6 エ　　　　　　　　　　　　　EXCEPT演算子による実行結果（R3秋-DB 午前II問6）

　EXCEPT演算子は次の構文で，SELECT文1とSELECT文2の差集合を得ることができる。差集合とは，SELECT文1の結果の中からSELECT文2の結果に含まれない値の集合である。なお，EXCEPT演算子による演算結果は，重複が排除されユニークな集合となることに注意が必要である。重複を排除しない場合はALLを付ける。

　　構文：SELECT文1 EXCEPT SELECT文2
　　（注）SELECT文1とSELECT文2の結果は，列数とデータ型が一致している必要がある。

　問題の一つ目のSELECT文は，“商品”表の仕入先コードを抽出しており，その結果は問題の“商品”表の右側の列だけを抽出したものとなる。また，二つ目のSELECT文は“当月商品仕入合計”表の仕入先コードを抽出しており，結果は問題の“当月商品仕入合計”表の左側の列だけを抽出したものとなる。
　EXCEPT演算子は，一つ目のSELECT文にだけ存在する値をユニークな状態で抽出する。そのため，“商品”表の仕入先コードの一覧から“当月商品仕入合計”表の仕入先コードの一覧に含まれるK01，K03，K05を除いたK02，K04だけが抽出される。したがって，（エ）が正解である。

EXCEPT 演算子の演算結果は重複が排除されることを知らなければ，（ウ）を誤答してしまうため注意が必要である。

問7　ア　

トランザクションの隔離性水準（isolation level）とは，トランザクションのACID特性の隔離性（Isolation）に関する概念で，複数のトランザクションが同時に実行された場合，トランザクションのデータ操作に影響を与え合う度合いを定義している。トランザクションの隔離性水準には次の4段階があり，下に行くほど影響を与え合う度合いは少なくなるが，待ちが多くなり性能が低くなる可能性がある。

参考までに，隔離性水準は標準 SQL（JIS X 3005）では，既定値はSERIALIZABLE であるが，多くの RDBMS では既定値は READ COMMITTED（又は同等の内容）であることが多い。なお，隔離性水準は SQL 文の SET TRANSACTION 文でトランザクションごとに指定できる。

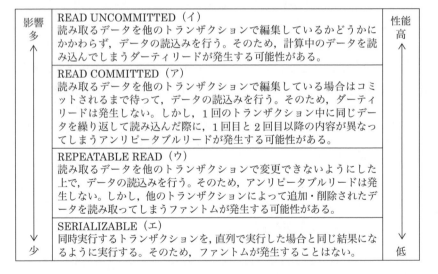

影響多 ↑ ↓ 少	READ UNCOMMITTED（イ） 読み取るデータを他のトランザクションで編集しているかどうかにかかわらず，データの読込みを行う。そのため，計算中のデータを読み込んでしまうダーティリードが発生する可能性がある。	性能高 ↑ ↓ 低
	READ COMMITTED（ア） 読み取るデータを他のトランザクションで編集している場合はコミットされるまで待って，データの読込みを行う。そのため，ダーティリードは発生しない。しかし，1回のトランザクション中に同じデータを繰り返して読み込んだ際に，1回目と2回目以降の内容が異なってしまうアンリピータブルリードが発生する可能性がある。	
	REPEATABLE READ（ウ） 読み取るデータを他のトランザクションで変更できないようにした上で，データの読込みを行う。そのため，アンリピータブルリードは発生しない。しかし，他のトランザクションによって追加・削除されたデータを読み取ってしまうファントムが発生する可能性がある。	
	SERIALIZABLE（エ） 同時実行するトランザクションを，直列で実行した場合と同じ結果になるように実行する。そのため，ファントムが発生することはない。	

したがって，問題の(1)，(2)に該当する（ア）が正解である。

問8　ア　　　　　　　　SQL 文に入れる字句（外結合）（R3 秋-DB 午前 II 問 8）

　　問題の SQL 文を見ると，FROM 句の中で左外結合（LEFT OUTER JOIN）されていることが分かる。左外結合は次の書式で記述され，探索条件に該当するテーブル 2 の行がなくても，テーブル 1 の全ての行が抽出される。

　　　　書式：FROM テーブル 1 LEFT OUTER JOIN テーブル 2
　　　　　　　ON 探索条件 1 (AND 探索条件 2 ……)

　　また，WHERE 句で絞込み条件が指定されている場合は，左外結合の結果に対して，WHERE 句の絞込み条件が適用される。
　　問題の SQL 文の実行結果では，資格 2 の抽出結果として 'AP' と NULL があることから，WHERE 句の抽出条件に「C2.資格 = 'AP'」が含まれている（ウ），（エ）は，資格 2 が 'AP' の結果しか得ることができないため誤りである。
　　（ア），（イ）の違いは，WHERE 句の絞込み条件である。そこで，左外結合の結果を考える。左外結合の結果は，探索条件に適合する行に加えて，テーブル 1 の探索条件に適合しなかった残りの行の集合となり，探索条件に関係なくテーブル 1 の行が全て抽出されるという点に注意が必要である。なお，テーブル 1 の探索条件に適合しなかった残りの行については，テーブル 2 の値が NULL で抽出される。
　　このことから，左外結合の結果は次のようになる。

C1.社員コード	C1.資格	C2.社員コード	C2.資格
S001	FE	S001	AP
S001	AP	NULL	NULL
S001	DB	NULL	NULL
S002	FE	NULL	NULL
S002	SM	NULL	NULL
S003	FE	NULL	NULL
S004	AP	NULL	NULL
S005	NULL	NULL	NULL

……探索条件に適合した行

テーブル 1（C1）の探索条件に適合しなかった残りの行

　　問題の結果は，左外結合の結果から C1.資格が 'FE' の行だけを抽出したものである。したがって，WHERE 句の絞込み条件は「C1.資格 = 'FE'」であり，（ア）が正解である。なお，本問では LEFT OUTER JOIN の ON 句に共通列（社員コード）の等号条件以外に，「AND C1.資格 = 'FE' AND C2.資格 = 'AP'」が付加されており，先に C1 と C2 をこの条件で絞り込み，その結果と結合をすると勘違いするかもしれない。しかし，これでは問題の結果にならず，外結合では探索条件に合致しない行も残ることに注意が必要である。

属性が n 個ある関係の異なる射影の総数は，「元の関係と同じ結果となる射影，及び属性を全く含まない射影を含めるものとする」と問題文にあるので，$_nC_0$ から $_nC_n$ まで合計したものとなる。これは 2 項定理において，$(1+1)^n$ に相当する。

$$射影の総数 = {_nC_0} + {_nC_1} + {_nC_2} + \cdots\cdots {_nC_{n-1}} + {_nC_n} = (1+1)^n = 2^n$$

となり，（エ）の 2^n が正解である。

例えば，$n=3$ で関係を a，b，c とすると，次のようになる。

・属性を全く含まない射影 …… null の 1 個（$_3C_0 = 1$）
・属性を 1 個含む射影 …… a，b，c の 3 個（$_3C_1 = 3 \div 1! = 3$）
・属性を 2 個含む射影 …… ab，ac，bc の 3 個（$_3C_2 = 3 \times 2 \div 2! = 3$）
・属性を 3 個含む射影 …… abc の 1 個（$_3C_3 = 3 \times 2 \times 1 \div 3! = 1$）

合計すると $1 + 3 + 3 + 1 = 8$ 個 $= 2^3$ となり，計算が正しいことが確認できる。

"会員項目" 表は〔条件〕(1)のとおり，同一 "会員番号" の属性が複数行に存在する（行番号 1，2，行番号 3〜5）。また，〔条件〕(2)のとおり，新たな最終購入年月日については，既存の行を削除することなく主キーである最後の行番号に 1 を加えた値で追加される（行番号 4，5）。

SQL 文を実行した〔結果〕は，"会員番号" ごとに "会員名"，"最終購入年月日" を 1 行にまとめ，"最終購入年月日" は最も新しい年月日の値を得ている（〔条件〕(3)のとおり，より大きい行番号の項目値を採用）。

〔結果〕の "会員名"，"最終購入年月日" は，WHEN の条件が真のとき THEN の値を出力する次の CASE 式を実行している。

CASE WHEN 項目名='会員名' or '最終購入年月日' THEN 項目値 END

このことから，SQL 文を実行すると，"会員項目" 表の行番号 1，2 が〔結果〕1 行目，行番号 3，5 が〔結果〕2 行目，行番号 6 が〔結果〕3 行目にまとめられる。

会員項目

行番号	会員番号	項目名	項目値
1	0111	会員名	情報太郎
2	0111	最終購入年月日	2021-02-05
3	0112	会員名	情報花子
4	0112	最終購入年月日	2021-01-30
5	0112	最終購入年月日	2021-02-01
6	0113	会員名	情報次郎

〔結果〕

会員番号	会員名	最終購入年月日
0111	情報太郎	2021-02-05
0112	情報花子	2021-02-01
0113	情報次郎	NULL

SQL 文を実行するとき〔結果〕を得るためには，FROM 句の副問合せによって"会員項目"表の行番号 1，2，3，5，6 に該当する"会員番号"，"項目名"，"項目値"を得る必要がある。そのためには，副問合せの検索条件 WHERE 句の行番号が 1，2，3，5，6 となるように，空欄 a に入れる字句を考えればよい。

SELECT [　　a　　] (行番号) FROM 会員項目 GROUP BY 会員番号，項目名

"会員項目"表に対して"会員番号"，"項目名"で GROUP BY 句を使用すると，(0111, 会員名) (0111, 最終購入年月日) (0112, 会員名) (0112, 最終購入年月日) (0112, 最終購入年月日) (0113, 会員名) の六つにグループ分けされる。

ア：COUNT(行番号)は，グループ分けされた行番号の行数をカウントするので，SELECT 句の出力は 1，1，1，2，1 となり，WHERE 句の行番号は 1，2 が得られるので条件を満たさない。

イ：DISTINCT(行番号)は，グループ分けされた行番号の重複行（行番号 4，5 の 5 行目）を除くので，SELECT 句の出力は 1，2，3，4，6 となり，WHERE 句の行番号も同じ 1，2，3，4，6 が得られるので条件を満たさない。

ウ：MAX(行番号)は，グループ分けされた行番号の最大値を選択するので，SELECT 句の出力は 1，2，3，5，6 となり，WHERE 句の行番号も同じ 1，2，3，5，6 が得られるので条件を満たす。

　　なお，空欄 a に MAX を使用するに当たり，MAX(CASE WHEN…)については最大値を選択するためではなく，GROUP BY 句で指定された"会員番号"以外に SELECT 句で指定する列には集合関数が必要なためである。

エ：MIN(行番号)は，グループ分けされた行番号の最小値を選択するので，SELECT 句の出力は 1，2，3，4，6 となり，WHERE 句の行番号も同じ 1，2，3，4，6 が得られるので条件を満たさない。

したがって，(ウ)が正解である。

問 11　ウ　　　　　　　　　　　　和両立である必要のないもの (R3 秋-DB 午前 II 問 11)

和両立とは，二つの関係の次数（属性の数）とドメイン（属性の値域）が同じという条件を両方満足している状態である。関係データベースの基礎理論となる集合論において，二つの関係間で演算を行うためにはその性質から和両立が成立していなければならない演算がある。

表　関係代数演算と和両立の関係

演算	内容	和両立
和集合	二つの関係のどちらか一方又は両方に存在するタプルの集合を得る演算。それぞれの関係の比較が必要となるため，和両立が前提となる。	必要
差集合	一方の関係から他方の関係に存在しないタプルの集合を得る演算。それぞれの関係の比較が必要となるため，和両立が前提となる。	必要
共通集合	二つの関係の両方に存在するタプルの集合を得る演算。それぞれの関係の比較が必要となるため，和両立が前提となる。	必要
直積	二つの関係のそれぞれのタプルの全ての組合せの集合を得る演算。それぞれの関係の比較は不要であるため，和両立である必要はない。	不要

したがって，和両立が不要な演算は直積であるため，（ウ）が正解である。

問 12　イ　　　　　　　　　　トランザクションのコミット制御（R3 秋-DB 午前Ⅱ問 12）

2 相コミットでも，主サイトと従サイトの間の通信が途絶えると，主サイトの指示が届かないことは当然あり得るので，サブトランザクションをコミットすべきかロールバックすべきか分からない場合がある。したがって，（イ）が適切である。

ア：サブトランザクションが実行される全てのサイトからコミット了承応答が主サイトに届けば，全てのサブトランザクションにコミット指示を出す。

ウ：サブトランザクションがロールバックされた場合には，全てのサブトランザクションがロールバックされる。

エ：1 相コミットでは，サイト間のデータベースの一貫性は保証できない。

問 13　エ　　　　2 相ロック方式を用いたトランザクションの同時実行制御（R3 秋-DB 午前Ⅱ問 13）

2 相（phase）ロックとは，（エ）のとおり，ロックが必要な資源について，全てのロックを獲得してから，アンロック（ロック解除）を行う方式である。トランザクションの直列化可能性を保証するために用いられる。直列化可能性とは，並行動作しているトランザクションが直列に動作した結果と同じ結果を得られることである。第 1 フェーズでまとめてロックを，第 2 フェーズでまとめてアンロックを行うところから 2 相ロック方式と名付けられた。したがって，（エ）が適

切である。

ア：2 相ロック方式を採用しても，全てのトランザクションが直列に制御されることはなく，デッドロックは避けられない。

イ：時刻印アルゴリズムについての記述である。2 相ロック方式では，トランザクション開始の時刻順と，コミット順序に関係はない。

ウ：通常，ロックを解除するのは，コミット又はロールバックを実行してからである。

　参考までに，この問題は，明示的にロック／アンロックを掛ける場合に考慮が必要なことではあるが，現在では SQL を用いることが多い。通常，現実の SQL は明示的にロック／アンロックを使わず，SQL ではトランザクションごとに決められるアイソレーションレベルでロックの解除のタイミングが自動的に決まる。アイソレーションレベルは，READ UNCOMMITTED（コミットされていないデータ読取り），READ COMMITTED（コミットされたデータ読取り），REPEATABLE READ（反復可能なデータ読取り），SERIALIZABLE（直列化可能）の四つがあるが，アイソレーションレベルが REPEATABLE READ，SERIALIZABLE のとき，ロック（共有ロック，専有ロックとも）はトランザクションのコミットまで解除されず，2 相ロック方式となる。なお，多くの DBMS では並行処理性能を考慮してアイソレーションレベルの既定値が READ COMMITTED になっており，共有ロックはコミット時点ではなく，途中の SQL（SELECT 文）の終了時点で解除され 2 相ロック方式とはならないので，直列化可能性を保証できない場合がある。

問 14　イ　　　　　　　　　　RDBMS のロック（R3 秋-DB 午前 II 問 14）

　RDBMS のロックについて整理すると，共有ロックは，データ参照時に獲得するロックである。共有ロック中に他のトランザクションが共有ロックを獲得することはできるが，専有ロックは獲得できない。専有ロックは，データ更新時に獲得するロックで，専有ロック中は全て排他状態である。

ア：適切ではない。「特定行 a に対して」とあり，X が共有ロックを獲得している行 a と，Y が専有ロックを獲得したい行 b とは行が違うので獲得可能である。

イ：適切である。「X が A 表内の特定行 a に対して共有ロックを獲得している」ので，Y が A 表（全体）に対して専有ロックを獲得することはできない。

ウ：適切ではない。X が既に A 表に対して共有ロックを獲得しているので，Y が A 表に対して専有ロックを獲得することはできない。

エ：適切ではない。X が A 表に対して専有ロックを獲得しているので，Y は A 表に対して共有ロックも専有ロックも獲得できず，特定行 a に対しても専有ロックを獲得できない。

　　タプル数 n の表二つをそれぞれ A，B とする。入れ子ループ法による結合操作
では，まず外側のループで A から 1 タプルを取り出し，次に内側のループで B の
タプルを一つずつ取り出して A のタプルとの比較を行う。つまり，A の 1 タプル
に対して，B の n タプルを比較し，これを A の全て（n 個）のタプルに対して繰
り返す。

　　したがって，入れ子ループ法の計算量は $n \times n = n^2$ となり，$O(n^2)$ の（エ）が正
解である。

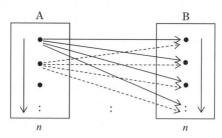

　　多版同時実行制御（MVCC；Multi Version Concurrency Control）とは，デー
タベースの処理性能を向上させる制御方式の一つである。通常，あるトランザク
ションによって更新中のデータは，排他制御によって他のトランザクションから
の参照が制限される。しかし，MVCC を使用したデータベースでは，更新前のス
ナップショット（データベースの一時的なコピー）を他のトランザクションが参
照できるため，排他制御による待ちを回避してデータの読込みが可能となる。
MVCC を実現するためには，全てのトランザクション処理の順序を記録する必要
があるため，タイムスタンプやトランザクション ID などを用いて順序を管理す
る。したがって，（ウ）が適切である。

ア：MVCC を使用していても明示的なロックをかけることはできるため，この記
　　述は誤りである。

イ：MVCC を使用したデータベースでは，アプリケーションプログラムはデータ
　　アクセスの対象となる版を意識することなくデータを操作できるため，この記
　　述は誤りである。

ウ：MVCC は，データの版数を管理することで更新中データの読取り時に排他制
　　御の待ちを回避して参照することができるため，この記述は正しい。

エ：MVCC は，データベースの処理性能を向上させる制御方式であり，デッドロ
　　ックを回避する技術ではないため，この記述は誤りである。例えば MVCC で
　　は，基本的には共有ロックはなく，専有ロックだけを使用するが，複数の資源

に対する専有ロックの順番が違えば，デッドロックは発生し得る。

問 17　ウ

　Indexed Database API とは，構造化データをクライアント側で保存するための API である。Web ブラウザなどのストレージ機能として搭載されており，インデックスによるデータ検索の高速化やトランザクションを扱うことができるという特徴がある。したがって，（ウ）が適切である。

ア：JDBC（Java DataBase Connectivity）に関する説明であり，この記述は適切ではない。

イ：ODBC（Open DataBase Connectivity）に関する説明であり，この記述は適切ではない。

ウ：Indexed Database API は，Web ブラウザなどのストレージ機能として搭載されており，トランザクション処理の API をもっているため，この記述は適切である。

エ：ストアドプロシージャに関する説明であり，この記述は適切ではない。

問 18　イ

　Apache Spark は，ビッグデータなどの大規模データを対象としたオープンソースの分散処理フレームワークである。MapReduce の処理速度の改善や，処理方式の柔軟化を目的に開発された。RDD（Resilient Distributed Dataset）と呼ばれる読取り専用の多重データ集合をメモリ上に展開し，処理結果をメモリ上でやり取りすることで，MapReduce と比べて処理速度を大幅に向上している。したがって，（イ）が正解である。

ア：Apache Spark は，MapReduce の問題点を改善するために開発された分散処理フレームワークであり，バッチ処理だけでなくインタラクティブな処理やストリーミングにも対応しており，この記述は不適切である。

イ：Apache Spark は，RDD と呼ばれるデータ集合を処理するため，この記述は適切である。

ウ：Apache Kafka に関する説明であり，この記述は適切ではない。

エ：Apache Spark は，キーバリューストアではなく，RDD と呼ばれるデータ集合によってデータを扱うため，この記述は不適切である。

問 19　エ

　JPCERT コーディネーションセンターが作成したインシデントハンドリングマニュアルは，CSIRT（Computer Security Incident Response Team；組織内の情報セキュリティを専門に扱う機関）を構築するに当たって，整備すべきインシ

デント対応マニュアルの共通的な対応内容を整理したものである。マニュアルの対象は CSIRT が行うインシデント対応全般のうち，インシデントの発生から解決までの一連の処理（インシデントハンドリング）である。インシデントハンドリングマニュアルでは，インシデントハンドリングの手順を①検知/連絡受付，②トリアージ（優先順位付け），③インシデントレスポンス（分析/対処/回答），④報告/情報公開と定めている。したがって，（エ）が適切である。

なお，インシデントハンドリングマニュアルでは，DDoS 攻撃やマルウェア感染などの一般的なセキュリティリスクに対するインシデントハンドリング上の留意点も記載されている。

問 20　エ　ベイジアンフィルタの説明 (R3 秋·DB 午前 II 問 20)

ベイジアンフィルタは，迷惑メールを検出するためのフィルタの一つで，その方法としてベイズ理論を利用している。ベイズ理論とは，現実の世界から集められたデータに基づいて推測を行い，データの数が多ければ多いほど，より確実な推測を引き出せるといった考え方である。そこで，ベイジアンフィルタでは，利用者が振り分けた迷惑メールと正規のメールから特徴を学習し，特徴的な単語の出現確率などを基に迷惑メールであるかどうかを統計的に判定する。そして，迷惑メールと判定した際には，自己学習して単語の出現確率を更新するようにしている。したがって，（エ）が正解である。

ア：メール送信元に関するホワイトリスト（許可リスト）による検知手法の説明である。

イ：SPF（Sender Policy Framework）や DKIM（DomainKeys Identified Mail）などの送信ドメイン認証による検知手法の説明である。

ウ：RBL（Realtime Blackhole List／Realtime Blocking List）と呼ばれるブラックリストによる検知手法の説明である。

問 21　イ　パケットフィルタリング型ファイアウォール (R3 秋·DB 午前 II 問 21)

ファイアウォールは，ネットワークの境界において通信パケットを検査し，許可されたパケットだけを通過させる通信制御装置であり，パケットフィルタリング型とアプリケーションゲートウェイ型がある。パケットフィルタリング型は，パケットの IP ヘッダ及び TCP/UDP ヘッダ中の情報によるフィルタリングルール（ACL；アクセスコントロールリスト）に基づいて，通信を許可するかどうかを判断する。選択肢にある情報の中で，送信元と宛先の IP アドレスは IP ヘッダ中，送信元と宛先のポート番号は TCP/UDP ヘッダ中の情報であり，パケットフィルタリング型のファイアウォールでは，主にこれらの情報を用いて通信を許可するかどうかを判断する。したがって，（イ）が正解である。なお，アプリケーションゲートウェイ型は，HTTP などのアプリケーションプロトコルに応じた情報

によって，通信を許可するかどうかを判断する。

　その他は，次のように誤りがある。

ア：Web アプリケーションに渡される POST データは，HTTP メッセージに格納されている。パケットフィルタリングでは，HTTP メッセージの情報は参照しない。

ウ：送信元の MAC アドレスは，MAC ヘッダに格納されている。パケットフィルタリングでは，MAC ヘッダの情報は参照しない。

エ：利用者の PC から送信された URL は，HTTP メッセージの中の HTTP ヘッダに格納されている。パケットフィルタリングでは，HTTP ヘッダを含む HTTP メッセージの情報は参照しない。

問22　エ　　　　　　ECCメモリでビット誤り検出と訂正で用いるもの（R3秋-DB 午前Ⅱ問22）

　ECC（Error Check and Correct）メモリで，2 ビットの誤りを検出し，1 ビットの誤りに対して訂正機能があるのは，選択肢の中で（エ）のハミング符号を使った検査方式だけである。

ア：偶数パリティ……ある一定の単位ごとに検査用に余分に付けた冗長ビット（パリティビット）を付加し，そのビットも含めてビットの 1 の個数が偶数になるように冗長ビットの値を決める。情報を検査するときも同様の方法で，ビットの 1 の個数が偶数かどうかを調べ，偶数であれば誤りなし，奇数であれば誤りありとする。ビットの 1 の個数を奇数にする方法もあり，奇偶検査（パリティチェック）ともいう。奇偶検査では，誤り箇所が奇数個の場合は検出できるが，偶数個の場合は検出できない。また，訂正はできない。

イ：垂直パリティ……文字単位にチェックビットを付加し，そのビットによって誤りを検出する方式である。具体的には，偶数パリティ，又は奇数パリティが用いられる。

ウ：チェックサム……誤り検出方法の一つで，データをブロックに分けて，その中のデータを数値として合計し，その合計（又はその一部）をブロックに付加する。検査は，同じ方法で計算した合計が付加されたデータ（チェックサム）と一致するかどうかを調べる。誤りは検出できるが，訂正はできない。

エ：ハミング符号……2 ビットの誤り検出と 1 ビットの自己訂正ができる誤り制御方式である。データのビット情報から計算されるチェックビットをデータに複数含ませておき，そのチェックビットの値を基に，誤り検出と訂正を行う。

問23　ア　　　　　　　　　必要な物理サーバ台数の計算（R3秋-DB 午前Ⅱ問23）

　必要とされる物理サーバの台数を N とする。〔条件〕(2)から，仮想サーバが必要とするリソース量の合計は 0.6×N である。一方，物理サーバが 8 台停止したときの稼働中の物理サーバの台数は(N−8)であり，リソースの消費の上限は 80%

である。そのため，8台停止時に提供できるリソースの上限値は$0.8×(N-8)$である。

　ここで，仮想サーバが必要とするリソース量の合計が，8台停止時のリソースの上限値と同じになればよい。すると，$0.6×N＝0.8×(N-8)$の式が成り立つ。

　この式よりNを求めると，

　　　$0.6N＝0.8N-6.4$

　　　$0.2N＝6.4$

　　　$N＝32$

となり，最低32台の物理サーバが必要となる。したがって，（ア）が正解である。

問24　ア　　　　　　　　　　　ソフトウェアの使用性を向上させる施策（R3秋-DB 午前II問24）

　ソフトウェアの使用性はソフトウェアの品質特性の一つで，ソフトウェアの分かりやすさや使いやすさの度合いを表す。オンラインヘルプを充実させ，利用方法を理解しやすくする施策は，使用性を向上させる施策なので，（ア）が適切である。

　なお，ソフトウェアの品質特性に関する規格には，ISO/IEC 9126-1（JIS X0129-1 ソフトウェア製品の品質－第1部：品質モデル）などがあり，JIS X0129-1 の品質モデルでは，品質特性として次の六つの特性と27の副特性を規定している。

① 機能性（合目的性，正確性，相互運用性，セキュリティ，機能性標準適合性）

　　ソフトウェアが，指定された条件の下で利用されるときに，明示的及び暗示的必要性に合致する機能を提供するソフトウェア製品の能力

② 信頼性（成熟性，障害許容性，回復性，信頼性標準適合性）

　　指定された条件下で利用するとき，指定された達成水準を維持するソフトウェア製品の能力

③ 使用性（理解性，習得性，運用性，魅力性，使用性標準適合性）

　　指定された条件の下で利用するとき，理解，習得，利用でき，利用者にとって魅力的であるソフトウェア製品の能力

④ 効率性（時間効率性，資源効率性，効率性標準適合性）

　　明示的な条件の下で，使用する資源の量に対比して適切な性能を提供するソフトウェア製品の能力

⑤ 保守性（解析性，変更性，安定性，試験性，保守性標準適合性）

　　修正のしやすさに関するソフトウェア製品の能力

⑥ 移植性（環境適応性，設置性，共存性，置換性，移植性標準適合性）

　　ある環境から他の環境に移すためのソフトウェア製品の能力

　その他の記述が示すものは，次のとおりである。

イ，ウ：機能性を向上させる施策である。

エ：信頼性を向上させる施策である。

問 25　エ

　マッシュアップ（mashup）は，Web 上に公開されている複数のサービスを組み合わせて，新たなサービスを提供することなどが該当する。したがって，（エ）が正しい。例えば，観光案内サービスを提供する Web サイトにおいて，提供元の異なる地図情報サービスやブログサービス，通信販売サービスなどを組み合わせ，一つのコンテンツとして提供することなどである。

　その他の記述が示すものは，次のとおりである。

ア：「既存のプログラムから，そのプログラムの仕様を導き出す」のは，リバースエンジニアリングである。

イ：「既存のプログラムを部品化し，それらの部品を組み合わせて，新規プログラムを開発する」のは，部品化再利用やコンポーネント指向プログラミングに関する記述である。

ウ：「クラスライブラリを利用して，新規プログラムを開発する」のは，クラスライブラリを活用した開発手法に関する記述である。

午前 II 解答

午後Ⅰ問題 解答・解説

問1　データベース設計

【解答例】

［設問1］　(1)　a：加盟企業コード　　　b：店舗コード
　　　　　　　c：支払金額
　　　　　　　d：購入数
　　　　　　　e：ポイント設定コード
　　　　　　　f：ポイント付与率
　　　　　　　g：配布上限数
　　　　　　　h：クーポンコード　　　i：会員コード
　　　　　　　j：クーポンコード　　　k：レシート番号
　　　　　　　　※空欄 a, b は順不同，空欄 h, i は順不同，空欄 j, k は順不同
　　　　　　(2)　（概念データモデル）太矢線が解答となる。

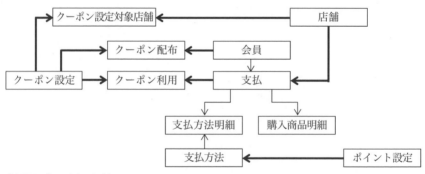

［設問2］　(1)　候補キー
　　　　　　　　{加盟企業コード, 加盟企業商品コード}
　　　　　　　　{加盟企業コード, 横断分析用商品コード}
　　　　　　　部分関数従属性　　　有無 (あり) なし
　　　　　　　　　　　　　　　　　具体例
　　　　　　　　　　　　　　　　　・加盟企業コード→加盟企業名
　　　　　　　　　　　　　　　　　・加盟企業コード→契約開始日
　　　　　　　　　　　　　　　　　・加盟企業コード→契約終了日
　　　　　　　　　　　　　　　　　・横断分析用商品コード→横断分析用商品名
　　　　　　　推移的関数従属性　　有無 (あり) なし

　　　　　　具体例
　　　　　　・{加盟企業コード，加盟企業商品コード} →
　　　　　　　横断分析用商品コード→横断分析用商品名
　　(2) 採用できない候補キー　{加盟企業コード，横断分析用商品コード}
　　　　　理由　横断分析用商品コードは加盟企業商品が登録された後に設
　　　　　　　定される場合があるから
　　(3) 正規形　第１正規形
　　　　　関係スキーマ
　　　　　加盟企業（加盟企業コード，加盟企業名，契約開始日，契約終了日）
　　　　　加盟企業商品（加盟企業コード，加盟企業商品コード，横断分析用
　　　　商品コード，加盟企業商品名，JAN コード）
　　　　　横断分析用商品情報（横断分析用商品コード，横断分析用商品名）
〔設問３〕　(1) 購入の翌日以降にポイントの後付けをしたとき
　　　　　(2) ・ポイント残高に加算済みかどうかを判別する。
　　　　　　　・ポイント残高への加算処理日が分かるようにする。
　　　　　　　・付与ポイントの記録を作成した日で抽出できるようにする。

【解説】
　複数の加盟企業向けの共通ポイントサービスのデータベース設計の問題である。設
問１は，空欄a～kへの属性名の記入，リレーションシップの記入，設問２は，"加盟
企業商品"に関する候補キーや関数従属性の確認，どこまで正規化されているのかの
確認と第３正規形に正規化する問題である。設問３は〔ポイントの概要〕4.で示され
た日次バッチの問題とその解消に必要な対応について解答する問題である。難易度は，
データベース設計の問題としては例年の問題に比べて設問と問題文の対応関係が分か
りやすく，比較的取り組みやすかったといえるだろう。

〔設問１〕
(1) 図 2「関係スキーマ（未完成）」中の　　a　　～　　k　　に入れる適切な
　属性名を答える。主キーを構成する属性の場合は実線の下線を，外部キーを構成す
　る属性の場合は破線の下線を付ける。なお，空欄の属性名を考える場合，図１の記
　入済のリレーションシップが空欄を含む関係スキーマ（エンティティタイプ）に引
　かれているときは，問題文だけでなく，それも参考にする必要がある。
・空欄 a, b："支払"に関する記述は，〔ポイントの概要〕2.と 3.にある。2.(3)に「利
　用ポイントを支払ごとに記録する。1 回の支払はレシート番号で識別する」
　とあり，"支払"の主キーのレシート番号と一致する。2.(2)に「ポイントは，
　全ての加盟企業の店舗で利用できる」とあるので，"支払"は加盟企業の店舗
　ごとに行われるが，加盟企業の店舗を示す属性（"店舗"の主キー{加盟企業
　コード，店舗コード}）の記載がなく，3.(1)には「会員がポイントカードを
　提示して支払をすると」とあることから，"支払"の属性に会員コードが存在

することと一致する。また，支払日時は一般的に記録されることが想定され，空欄と直接関係はないが4.(1)に「支払日時が前日の分を日次バッチで抽出」とあるので，"支払"の属性として妥当である。さらに，3.(3)②に「支払においては，現金，ポイント利用，電子マネー利用など，1回の支払で複数の支払方法を併用できる」とあり，支払時に利用したポイントも"支払"に記録することから，"支払"に利用ポイントが存在するのも妥当である。これらから，加盟企業の店舗を示す属性が不足することが分かるため，空欄a，bには「加盟企業コード」と「店舗コード」が入る。なお，この二つの属性は，"店舗"の主キーを参照するため，外部キーであることを示す破線の下線を付ける必要がある。

支払（<u>レシート番号</u>，会員コード，　a：加盟企業コード，
b：店舗コード（順不同），支払日時，利用ポイント）

・空欄c：〔ポイントの概要〕3.(3)②に「支払方法ごとの付与ポイントは，各支払方法での支払金額に，ポイント付与率を乗じて計算する」とあり，支払金額にポイント付与率を乗じた付与ポイントは存在するが，支払金額が属性として不足していることが分かるので，空欄cには「支払金額」が入る。

支払方法明細（<u>レシート番号</u>，<u>支払方法コード</u>，　c：支払金額，
付与ポイント）

・空欄d："購入商品明細"に関する記述は，〔ポイントの概要〕3.にある。なお，設問2で"加盟企業商品"に関する設問があるため，加盟企業商品に関する詳細は設問2の解説を参照してほしい。3.(3)①に「商品の購入金額（購入数×商品単価）にポイント付与率を乗じて計算する」とあり，購入金額にポイント付与率を乗じた付与ポイントと購入金額を計算するための商品単価は存在するが，購入数が属性として不足していることが分かるので，空欄dには「購入数」が入る。

購入商品明細（<u>レシート番号</u>，<u>加盟企業コード</u>，<u>加盟企業商品コード</u>，
d：購入数，商品単価，付与ポイント）

・空欄e，f："支払方法"に関する記述は，〔ポイントの概要〕3.にある。主キーの支払方法コードは，支払方法を識別するためのコードと推定される。また，支払方法名は，支払方法の名称であることも容易に推定できる。残り一つの属性については，3.(3)②に「各支払方法に対するポイント付与率は，ポイント設定で決めている。ポイント設定はポイント設定コードで識別し，ポイント付与率，適用期間をもつ。ポイントを付与する支払方法にポイント設定を対応付ける」とある。ポイント付与率を"支払方法"にもたせるのではなく，"ポイント設定"との対応付けを行うポイント設定コードが不足していることが分かるので，空欄eには「ポイント設定コード」が入る。"ポイント設定"

は，同記述部分に「ポイント設定はポイント設定コードで識別し，ポイント付与率，適用期間をもつ」とあり，ポイント付与率が不足していることが分かるので，空欄 f には「ポイント付与率」が入る。なお，"支払方法"のポイント設定コードは，"ポイント設定"の主キーのポイント設定コードを参照する外部キーであることを示す破線の下線を付ける必要がある。

支払方法（支払方法コード，支払方法名，| e：ポイント設定コード |）

ポイント設定（ポイント設定コード，適用開始日，適用終了日，
| f：ポイント付与率 |）

・空欄 g：〔クーポンの概要〕2.(5)に「クーポンには，配布上限数と配布期間を設定している」とあり，配布期間を表す配布開始日と配布終了日は存在するが，配布上限数が存在しないので，空欄 g には「配布上限数」が入る。

クーポン設定（クーポンコード，クーポン名，企画加盟企業コード，
配布開始日，配布終了日，利用開始日，利用終了日，
ポイント付与率，| g：配布上限数 |）

・空欄 h，i："クーポン配布"に関する記述は，〔クーポンの概要〕2.にある。2.(3)に「B 社は，条件に合う会員を抽出し，クーポン配布リストとして登録する」とあり，事前に配布するクーポンと配布対象の会員を登録しておくことを想定していることが分かる。このことから，配布するクーポンの"クーポン設定"と"会員"は多対多のリレーションシップがあり，多対多のリレーションシップを排除するために"クーポン配布"が存在すると考えられる。つまり，"クーポン配布"には配布するクーポンを識別する属性と配布対象の会員を識別する属性が不足しているのが分かる。それぞれの属性名は，"クーポン設定"の主キーのクーポンコードと，"会員"の主キーの会員コードと同じ属性名とした外部キーが妥当である。クーポンコードと会員コードは，同じ会員に同じクーポンを 2 回発行することはないため主キーとなる。したがって，空欄 h，i には「クーポンコード」と「会員コード」が入り，それぞれに主キーを表す実線の下線を付ける必要がある。外部キーでもあるが，破線の下線は付けない。

クーポン配布（| h：クーポンコード ， i：会員コード（順不同）|，
配布済フラグ，配布日時）

・空欄 j，k："クーポン利用"に関する記述は，〔クーポンの概要〕1.にある。1.(8)に「クーポンの効果を測るために，クーポンがどの支払で利用されたか分かるように記録する」とあることから，クーポンコードとレシート番号の情報を記録する必要があり，"クーポン利用"にクーポンコードとレシート番号が必要であることが分かる。また，1.(7)に「会員は，クーポンコードが異なる

複数のクーポンを 1 回の支払で利用できる」と記載されており，空欄 h，i
の解説にもあるが，同じ会員に同じクーポンを 2 回発行することはないため，
{クーポンコード，レシート番号} は主キーとなる。したがって，空欄 j，k
には「クーポンコード」と「レシート番号」が入り，それぞれに主キーを表
す実線の下線を付ける必要がある。

クーポン利用 (j：クーポンコード，k：レシート番号（順不同）)

(2) 図 1 のリレーションシップは未完成である。必要なリレーションシップを全て記
入し，図を完成させる。

図 2 の空欄を埋めた関係スキーマを上から順に見ながら，各セクションの記述を
参考に，リレーションシップを記入していく。図 2 の関係スキーマに関しては，設
問 1(1)の解説を確認してほしい。なお，図 1 に表示されていない "加盟企業商品"
と "クーポン設定対象商品" については，考慮しなくてもよいと記載されているの
で検討の対象としない。

① "店舗" に関するリレーションシップ

"店舗" の主キーは {加盟企業コード，店舗コード} である。この主キーを外
部参照している関係として，"支払"（設問 1(1)空欄 a，b）と "クーポン設定対象
店舗" がある。この二つの関係以外には存在しない。"支払" はレシート番号が
主キーであることから，"店舗" に対して複数（多）の "支払" があるため，"店
舗" と "支払" の間には 1 対多のリレーションシップを追加する。次に，"クー
ポン設定対象店舗" については，〔クーポンの概要〕1.(6)に「設定できるクーポ
ンには，適用対象となる店舗を限定したクーポン」があるとある。"店舗" に対
して設定できるクーポンは複数（多）となり，"クーポン設定対象店舗" の主キ
ーが {クーポンコード，加盟企業コード，店舗コード} となっており，"店舗"
に対して複数のクーポンが設定できることから，"店舗" と "クーポン設定対象
店舗" の間には 1 対多のリレーションシップを追加する。なお，ここで "店舗"
と "クーポン設定" の間には多対多のリレーションシップがあるともいえ，多対
多のリレーションシップを排除するための連関エンティティタイプとして，"ク
ーポン設定対象店舗" が存在すると考えられる。

② "会員" に関するリレーションシップ

"会員" の主キーは会員コードである。この主キーを外部参照している関係と
して，"支払" と "クーポン配布"（設問 1(1)空欄 h，i）がある。この二つの関係
以外には存在しない。"会員" と "支払" の間のリレーションシップは記載済み
である。次に，"クーポン配布" については，〔クーポンの概要〕1.(7)に「会員は，
クーポンコードが異なる複数のクーポンを 1 回の支払で利用できる」とあり，会
員に対して複数の種類のクーポンを配布することが想定されているのが分かる。
また，"クーポン配布" の主キーが {クーポンコード，会員コード} となってお
り，"会員" に対して複数のクーポンが設定できることから，"会員" と "クーポ
ン配布" の間には 1 対多のリレーションシップを追加する。これも "会員" と "ク

ーポン設定"の間の多対多を 1 対多と多対 1 に分解した片方の多対 1 に対応する。

③ "支払"に関するリレーションシップ

"支払"の主キーはレシート番号である。この主キーを外部参照している関係として，"支払方法明細"と"購入商品明細"と"クーポン利用"（設問 1(1)空欄 j，k）がある。この三つの関係以外には存在しない。"支払"と"支払方法明細"及び"購入商品明細"の間のリレーションシップは記載済みである。次に，"クーポン利用"については，〔クーポンの概要〕1.(7)に「会員は，クーポンコードが異なる複数のクーポンを 1 回の支払で利用できる」とあり，会員は 1 回の支払で複数のクーポンを利用できることが分かる。また，"クーポン利用"の主キーが｛クーポンコード，レシート番号｝となっており，"支払"に対して複数のクーポンが利用できることから，"支払"と"クーポン利用"の間には 1 対多のリレーションシップを追加する。

④ "支払方法明細"と"購入商品明細"に関するリレーションシップ

"支払方法明細"の主キーは，｛レシート番号，支払方法コード｝であるが，この主キーを外部参照している関係は存在しない。また，"購入商品明細"の主キーは，｛レシート番号，加盟企業コード，加盟企業商品コード｝であるが，この主キーを外部参照している関係も存在しない。したがって，これらの関係から新たにリレーションシップを追加する必要はない。

⑤ "支払方法"に関するリレーションシップ

"支払方法"の主キーは支払方法コードである。この主キーを外部参照している関係として，"支払方法明細"がある。この関係以外には存在しない。"支払方法"と"支払方法明細"の間のリレーションシップは記載済みである。

⑥ "ポイント設定"に関するリレーションシップ

"ポイント設定"の主キーはポイント設定コードである。この主キーを外部参照している関係として，"支払方法"（設問 1(1)空欄 e）がある。この関係以外には存在しない。"支払方法"については，〔ポイントの概要〕3.(3)②に「同じポイント設定を，複数の支払方法に対応付けることがある」とあり，一つのポイント設定を複数の支払方法に紐付けることが分かる。このことから，"ポイント設定"と"支払方法"の間には 1 対多のリレーションシップを追加する。なお，"ポイント設定"と"支払方法"の関係については，設問 1(1)空欄 e, f の解説も参考にしてほしい。

⑦ "クーポン設定"に関するリレーションシップ

"クーポン設定"の主キーはクーポンコードである。この主キーを外部参照している関係として，"クーポン設定対象店舗"と"クーポン配布"（設問 1(1)空欄 h，i）と"クーポン利用"（設問 1(1)空欄 j，k）がある。この三つの関係以外には存在しない。"クーポン設定対象店舗"については，「① "店舗"に関するリレーションシップ」も参照してほしいが，〔クーポンの概要〕1.(6)に「適用対象となる店舗を限定したクーポン」があるとあり，一つのクーポン設定を複数の店舗に限定できることから，一つのクーポン設定を複数の店舗に紐付けることが分か

る。このことから，"クーポン設定"と"クーポン設定対象店舗"の間には 1 対
多のリレーションシップを追加する。また，"クーポン配布"については，設問
1(1)空欄 h，i の解説にあるとおり，配布するクーポンは複数の会員に配布するこ
とになるため，"クーポン設定"と"クーポン配布"の間には 1 対多のリレーシ
ョンシップを追加する。最後に，"クーポン利用"については，設問 1(1)空欄 j，
k の解説にあるとおり，配布するクーポンが複数の支払に紐付くことになるため，
"クーポン設定"と"クーポン利用"には 1 対多のリレーションシップを追加す
る。

⑧　残りの関係に関するリレーションシップ

　　"クーポン設定対象店舗"の主キーは {クーポンコード，加盟企業コード，店
舗コード} であるが，この主キーを外部参照している関係は存在しない。また，
"クーポン配布"（設問 1(1)空欄 h，i）の主キーは {クーポンコード，会員コー
ド} であるが，この主キーを外部参照している関係も存在しない。最後に，"ク
ーポン利用"（設問 1(1)空欄 j，k）の主キーは {クーポンコード，レシート番号}
であるが，この主キーを外部参照している関係も存在しない。

以上のリレーションシップを記載すると解答例となる。

[設問2]

　図 2 中の関係"加盟企業商品"に関する設問である。"加盟企業商品"がどこまで
正規化されているのか不明な状態で，候補キーや関数従属性を調べることで，どこま
で正規化されているかを検討し，第 3 正規形まで正規化する設問となっている。非常
に丁寧に設問が作られているので，正規化の手順が良く分かる問題である。

(1)　候補キーを全て答え，部分関数従属性，推移的関数従属性の有無とその関数従属
　　性がある場合は具体例を一つ示せとある。まずは，"加盟企業商品"の関数従属性図
　　を図 A に示す。

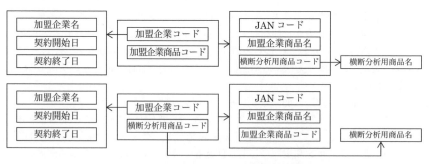

図 A　"加盟企業商品"の関数従属性図

　関数従属性を判断する根拠は，〔ポイントシステムの概要〕3.の記述にある。3.(1)
②「加盟企業商品は，加盟企業コードと加盟企業商品コードで識別する」とあり，

これが候補キーの一つであると想定できる。図 A の上段は，{加盟企業コード，加盟企業商品コード} を候補キーとした場合の関数従属性である。加盟企業商品名と JAN コードはこの候補キーに関数従属する。2.(1)に「加盟企業は，〜（中略）〜加盟企業コードで識別する」とあり，共通ポイントシステム加盟の契約は加盟企業ごとに 1 回だけ契約することになっているので，加盟企業名と契約開始日，契約数量日は加盟企業コードに関数従属する。3.(2)①に「横断分析用商品情報は，複数の加盟企業が同じ商品を扱っている場合に同一商品であると認識できるようにするものである」とある。つまり，加盟企業コードと加盟企業商品コードごとに横断分析用商品コードが設定されるため，関数従属性がある。また，横断分析用商品名は横断分析用商品コードで識別するとあるので，これらの属性間にも関数従属性がある。

　他に候補キーが存在するかを検討する。加盟企業コードに相当する属性は存在しないため，加盟企業商品コードに相当する属性を確認すると，横断分析用商品コードが代替できそうであることが分かる。横断分析用商品コードは，3.(2)①に明確な記述はないが，B 社で一意に設定されており，同じ商品を扱うことが判明した時点で，採番して同じコードをその両企業の"加盟企業商品"のインスタンスに設定するものと推測されるが，加盟企業コードと横断分析用商品コードで，このインスタンスを識別できる。図 A の下段は，{加盟企業コード，横断分析用商品コード} を候補キーとした場合の関数従属性である。この他に候補キーとなり得るものは存在しない。例えば，同じコードであっても，JAN コードは再利用されるとあり，候補キーとはなり得ない（3.(1)③の「JAN コードが設定されない商品もある」は，候補キーでない理由にはならない。3.(2)③の「横断分析用商品コードの設定には，加盟企業商品の登録から数日を要する場合がある」と同じ）。

※設問 2(2)で候補キーのうち，主キーとして採用できないものを解答する問題となっているので，候補キーは二つ以上存在すると推定できる。

　図 A を参照し，候補キー，部分関数従属性の有無，推移的関数従属性の有無を洗い出すと，次のようになる。

候補キー　　{加盟企業コード，加盟企業商品コード}
　　　　　　　{加盟企業コード，横断分析用商品コード}

部分関数従属性（加盟企業コードや横断分析用商品コードに関数従属する属性があるため　あり）

　　具体例：加盟企業コード→加盟企業名
　　　　　　　加盟企業コード→契約開始日
　　　　　　　加盟企業コード→契約終了日
　　　　　　　横断分析用商品コード→横断分析用商品名
　　※上記の具体例から一つ示せばよい。

推移的関数従属性（{加盟企業コード，加盟企業商品コード} →横断分析用商品コード→横断分析用商品名の推移的関数従属性があるため　あり）

　　具体例：{加盟企業コード，加盟企業商品コード} →横断分析用商品コード
　　　→横断分析用商品名

(2) 候補キーのうち主キーとして採用できないものとその理由を解答する。主キーになり得る候補キーは、レコードを一意に識別できてかつ非 NULL であることである。横断分析用商品コードは、〔ポイントシステムの概要〕3.(2)③に「横断分析用商品コードの設定には，加盟企業商品の登録から数日を要する場合がある」とあり，NULL となる可能性があるため，主キーにすることはできない。したがって，採用できない候補キーは，{加盟企業コード，横断分析用商品コード} であり，理由は，「横断分析用商品コードは加盟企業商品が登録された後に設定される場合があるから」などとすればよい。
(3) 関係"加盟企業商品"がどこまで正規化されているかを解答する。繰返し項目が存在しないため，第 1 正規形の条件を満たしている（関係スキーマは全て第 1 正規形）が，部分関数従属性が存在するため，第 2 正規形の条件を満たしていない。したがって，第 1 正規形である。

次に，現在の"加盟企業商品"を第 3 正規形に分解して正規化する。図 A の上段から部分関数従属するものと推移的関数従属するものを分解すればよい。一つ目は加盟企業コードにだけ関数従属する属性をまとめる。主キーは加盟企業コードで関数従属する属性は加盟企業名，契約開始日，契約終了日なので，

　　　　加盟企業（加盟企業コード，加盟企業名，契約開始日，契約終了日）

とすればよい。二つ目は推移的関数従属性がある項目を分離する。横断分析用商品名は，横断分析用商品コードで識別できるので，

　　　　横断分析用商品情報（横断分析用商品コード，横断分析用商品名）

とすればよい。残りの項目は主キーに関数従属するので，

　　　　加盟企業商品（加盟企業コード，加盟企業商品コード，
　　　　　　　　横断分析用商品コード，加盟企業商品名，JAN コード）

となる。なお，横断分析用商品コードは，横断分析用商品情報の主キーの横断分析用商品コードを参照するので，外部キーであることを示す破線の下線を付ける必要がある。

〔設問 3〕

〔ポイントの概要〕4.に示された日次バッチに関する設問である。「支払ごとの付与ポイントの記録から，支払日時が前日の分を日次バッチで抽出し，集計して会員のポイント残高に加算する」とあるように，1 日 1 回会員へのポイント残高への加算が行われている。
(1) 現在の日次バッチの集計処理では，付与ポイントの記録がポイント残高に加算されない場合があり，それがどのような場合なのかが問われている。ポイントの後付けについて，〔ポイントの概要〕5.(1)に「会員がポイントカードを忘れた場合，会員が申告すると店員は支払時のレシートに押印する。会員がこのレシートを 1 か月以内にこの店舗に持って行き，ポイントカードを提示すると，その支払で付与するポイントを記録する」とある。日次バッチの記述を見ると，このポイントの後付けについての考慮ができていない（当日であれば集計できるが，翌日以降であれば集

計対象とならない）ことが分かる。したがって、「購入の翌日以降にポイントの後付けをしたとき」となる。

(2) (1)の事象を解消するために、日次バッチの処理を変更する。関係"支払"に一つ属性を追加し、その属性の役割を解答する。追加する項目は複数考えられるが、どのような属性を追加し、その属性の役割がどのようなものであるかについて解説する。

①追加する属性：ポイント加算済みフラグ

　属性の役割：ポイント残高に加算済みかどうかを判別する。

②追加する属性：ポイント加算処理日

　属性の役割：ポイント残高への加算処理日が分かるようにする。

※加算処理日が入っていないデータを集計する。

③追加する属性：ポイント付与日

　属性の役割：付与ポイントの記録を作成した日で抽出できるようにする。

※ポイント付与日が入っていないデータを集計する。

　これら①～③に準じたポイントの付与を行っていないデータを集計できるような仕組みとなればよい。なお、解答するのは属性の役割だけでよい。

【解答例】

[設問1]　(1)　a：2,400,000,000　　b：96,000　　　　c：800,000,000
　　　　　　　　d：800,000,000　　　e：800,000,000　　f：800,000
　　　　　　　　g：8,000　　　　　　h：904,000
　　　　　(2)　加盟店：ランダムアクセスの処理時間を短縮できるから
　　　　　　　　オーソリ履歴：順次アクセスの処理時間に影響しないから
　　　　　(3)　行の挿入時に更新する索引が増えるから
[設問2]　(1)　挿入される行が複数の区分に分散するから
　　　　　(2)　イ：1　　　　　　　　　　ロ：40,000,000
　　　　　(3)　区分方法がハッシュでは探索する区分を限定できないから
　　　　　(4)　1区分だけを再編成すれば良いから
[設問3]　(1)　コミットはログ出力処理の完了まで待たされるから
　　　　　　　＜別解＞
　　　　　　　・ログ出力処理は並列化されないから
　　　　　　　・ログ出力処理は逐次化されるから
　　　　　　　・ログバッファが一杯だと更新が待たされるから
　　　　　(2)　ログ出力処理の待ち時間の合計が長くなる。
　　　　　　　＜別解＞
　　　　　　　・コミット時の待ち時間の合計が長くなる。

【解説】
　問題文に記載された RDBMS の仕様や将来の容量見積りを基に，性能低下の対策を
検討するデータベース実装に関する問題である。設問 1 は，提示された将来の容量見
積りから影響のある業務における処理時間の見積りについて，空欄 a～h の穴埋めや
対策案についての検討，設問 2 は，区分化を中心とした内容，設問 3 では，RDBMS
の仕様を基に，処理の多重化が処理時間に及ぼす影響ついて出題された。問題文に記
載された内容や設問数も比較的多く，数値情報を基にした計算もあるため，解答に当
たっては焦ってしまうかもしれないが，問われている内容としては，難しいというわ
けではないため，時間配分をしっかり守り，計算の桁数などに注意し落ち着いて対応
すれば，十分時間内に解答することができる。

[設問1]
(1)　〔参照処理の性能見積り〕について，〔RDBMS の主な仕様〕や〔カード決済シ
　　ステムの概要〕に記載された内容を読み取り，　　a　　～　　h　　に入れる
　　適切な数値を答える。なお，解答に当たっては，入れ子ループ法についての知識が
　　必要となる。"オーソリ履歴"テーブルを外側，"加盟店"テーブルを内側とした入
　　れ子ループ法の処理概要を図 A に示す。

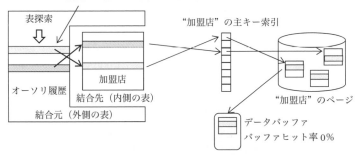

図 A　入れ子ループ法の処理概要

- 空欄 a：〔RDBMS の主な仕様〕1.(1)に「アクセス経路は，RDBMS によって表探索又は索引探索に決められる。表探索では，索引を使わずに先頭ページから順に全行を探索する」とある。また，表 1 には，"オーソリ履歴"テーブルのページ数は「24 億」とあり，"オーソリ履歴"テーブルのアクセス経路は，表探索なので，24 億ページ数を非同期に読み込む。したがって，空欄 a には「2,400,000,000」が入る。

- 空欄 b：〔RDBMS の主な仕様〕2.(2)に「データ入出力とログ出力は 4,000 バイトのページ単位に行われる」とあるので，データ入出力処理時間は次の式によって求めることができる。

$$データ入出力処理時間 = 24 億ページ × 4,000 バイト ÷ 100M バイト／秒$$
$$= 24 × 4 × 10^{(8+3-8)}$$
$$= 96,000 秒$$

　　したがって，空欄 b には「96,000」が入る。

- 空欄 c：〔カード決済システムの概要〕2.に「判定した結果，可ならば審査結果を 'Y' に，否ならば 'N' に設定した行を"オーソリ履歴"テーブルに挿入する」とあるので，1 か月分の"オーソリ履歴"テーブルの結果行数は，カード枚数と月当たり平均オーソリ回数の乗算（1,000 万枚 × 80 回）によって求めることができる。したがって，空欄 c には「800,000,000」が入る。

- 空欄 d：問題文のとおり，表探索で読み込んだ外側の表の結果行ごとに"加盟店"テーブルの主キー索引を索引探索して 1 行ごとに読み込むが，結果行の中の外部キーである加盟店番号の値はランダムであり，主キーの索引の順序とは無関係に結合処理ごとに結合先の行を読み込む必要がある。よって，"加盟店"テーブルの読み込む件数は，外側の表である"オーソリ履歴"テーブルの結果行数分，結合先の行が存在するページをランダムに読み込む必要がある。したがって，空欄 d には「800,000,000」が入る。

- 空欄 e：空欄 d の解説のとおり，"オーソリ履歴"テーブルの外部キーの値はランダムであり，主キー索引であるから，索引のバッファヒット率 100%と仮定

されており，"加盟店"テーブルの読み込み回数分のページを同期的に読み込むことになる。したがって，空欄 e には「800,000,000」が入る。

・空欄 f：ページ当たりの同期読込み時間が 1 ミリ秒と仮定されていることから，同期データ入出力処理時間は，読込みページ数とページ当たりの同期読込み時間の乗算（8 億ページ×1 ミリ秒／ページ÷1,000＝$8 \times 10^{(8-3)}$）によって求めることができる。したがって，空欄 f には「800,000」が入る。※単位が秒であることに注意する。

・空欄 g：内側の表と結合する外側の表となる"オーソリ履歴"テーブルの結果行数は「800,000,000」（空欄 c）であり，内側の表の索引探索と結合に掛かる CPU 時間が，1 結果行当たり 0.01 ミリ秒掛かると仮定されていることから，"オーソリ履歴"テーブルの結果行数と結合に掛かる CPU 時間の乗算（8 億行×0.01 ミリ秒÷1,000＝$8 \times 10^{(8-2-3)}$）によって求めることができる。したがって，空欄 g には「8,000」が入る。※単位が秒であることに注意する。

・空欄 h：〔RDBMS の主な仕様〕2.(4)に，ページをランダムに入出力する場合の SQL 処理時間は以下の式で近似できるとある。ランダムの場合，1 行読み込むごとに結合の CPU 処理を行い，次の行を読み込む必要があるが，順次アクセスのように次の行はまだバッファになく，非同期に CPU 処理はできないので，CPU 時間と同期データ入出力処理時間の合計となる。

　　　　SQL 処理時間 ＝ CPU 時間 ＋ 同期データ入出力処理時間

内側の表である"加盟店"テーブルはランダムに読み込まれるため，内側の表における SQL 処理時間は，空欄 g と空欄 f を加算した「808,000」となり，これに外側の表の CPU 時間を加算することで，空欄 h を求めることができる。したがって，空欄 h には「904,000」が入る。

(2) 〔参照処理の性能見積り〕において，見積もった SQL 文の処理時間の改善案のうち，案 1 の根拠を答える。案 1 の内容は，「"加盟店"テーブルのデータバッファを増やしバッファヒット率 100％にする」である。まずはじめに，"加盟店"テーブルのデータバッファを増やすことで処理時間の改善に繋がる理由を考える。なお，解答に当たっては，設問文にあるとおり，アクセス経路に着目して理由を検討する必要がある。

"加盟店"テーブルのアクセス経路は，ランダムアクセスであり，〔RDBMS の主な仕様〕2.(4)の内容から，SQL 処理時間を改善するためには，CPU 時間もしくは同期データ入出力処理時間を改善すればよいことが分かる。ここで，〔参照処理の性能見積り〕5.を見ると，「索引はバッファヒット率 100％，テーブルはバッファヒット率 0％と仮定」とある。つまり，データの読込みに際しては，ディスクからの読込み処理が発生し，これはバッファからの読込みと比較すると時間を要するということである。したがって，データバッファを増やし，バッファヒット率 100％とすることで，同期データ入出力処理時間の改善が見込め，ランダムアクセスの処理時間の短縮に繋がる。このため，解答としては，「ランダムアクセスの処理時間を短縮できるから」などのように答えるとよい。

次に，"オーソリ履歴"テーブルのデータバッファを増やさない理由を考える。"オーソリ履歴"テーブルのアクセス経路は表探索であり，順次アクセスとなる。〔RDBMSの主な仕様〕1.(1)に記載のあるとおり，表探索では，データの読込みに際しては，先頭ページから順にデータバッファには読み込まれるが，順次アクセスであるから，その読み込んだデータバッファは再利用されることはないので，データバッファはせいぜいダブルバッファリング(注)に必要な2ページ分程度あれば良い。したがって，解答としては，「順次アクセスの処理時間に影響しないから」などのように答えるとよい。

　(注)ダブルバッファリングとは，バッファを二つ用意して，一つのバッファをCPUで結合処理を行いながら，もう一つのバッファにディスクから非同期入出力処理を行う。SQL処理時間＝MAX（CPU処理時間，非同期データ入出力処理時間）の意味でもある。

(3)　〔参照処理の性能見積り〕において，見積もったSQL文の処理時間の改善案のうち，案2を適用した場合の影響を答える。案2の内容は，「"オーソリ履歴"テーブルの利用日列をキーとする副次索引(注)を追加する」である。ここで，〔カード決済システムの概要〕2.を見ると，オーソリ処理においては，カード有効期限などの判定をした結果として，"オーソリ履歴"テーブルにその判定結果行が挿入される。また，テーブルに定義された索引は，行を効率よく取得するために行挿入時に更新される。このため，副次索引を追加するということは，更新する索引が増え，処理時間に影響するということである。したがって，解答としては，「行の挿入時に更新する索引が増えるから」などのように答えるとよい。

　(注)主キー以外の順序付けられていない列に定義した索引を副次索引という。副次索引は複数定義することができる。一方，ファイルシステムの時代から順序付けられている主キーに定義した索引を主索引というが，RDBMSの主キーは順序付けられていない場合（非クラスタ）が多く，主索引という表現は使用しない場合が多い。

〔設問2〕

　〔"オーソリ履歴"テーブルの区分化〕について考える問題である。

(1)　課題1について，案Aと案Bは案Cに比べて，月末近くのオーソリ処理のINSERT文の性能が良い理由を答える。なお，区分化については，〔RDBMSの主な仕様〕1.(2)に説明があり，区分キーの値に基づいて物理的な表領域を分割することである。また，〔カード決済システムの概要〕2.に「オーソリ処理は最大100多重で処理される」とある。このため，INSERT文の処理性能を低下させないようにするためには，多重実行されるオーソリ処理のINSERT文による行を分割した区分に格納していくことが重要となる。ここで，表2に記載された内容から，それぞれの案の区分方法及び区分キーを基に処理時間を検討していく。

・案A（区分方法：ハッシュ，区分キー：カード番号）

　　カード番号を区分キーとして，ハッシュを区分方法とする案である。〔RDBMS の主な仕様〕1.(3)①を見ると，「ハッシュは，区分キー値を基に RDBMS が生成するハッシュ値によって一定数の区分に行を分配する方法である」とあり，挿入される行の区分は，カード番号を区分キーとしたハッシュ値に基づいて決定されることになり，処理ごとの INSERT 文による行の挿入が同じ区分に格納されることは少ないことが分かる。なお，ハッシュ値は基にする区分キーの値によって決まるため，データが異なれば，原則としてハッシュ値も異なるという特性がある。また，ハッシュ値によって区分が決定されるため，月末に近付くと INSERT 文の性能が低下するようなこともないといえる。

・案B（区分方法：レンジ，区分キー：カード番号）

　　カード番号を区分キーとして，レンジを区分方法とする案である。〔RDBMS の主な仕様〕1.(3)②を見ると，「レンジは，区分キー値の範囲によって区分に行を分配する方法である」とあり，区分は，カード番号を区分キーとしたカード番号の範囲によって決定することが分かり，この案においても，処理ごとの INSERT 文による行の挿入が同じ区分に格納されることは少なく，月末に近付くと INSERT 文の性能が低下するようなこともないといえる。

・案C（区分方法：レンジ，区分キー：利用日（1か月を1区分））

　　利用日（1か月を1区分）を区分キーとして，レンジを区分方法とする案である。1か月を1区分とした利用日を区分キーとするレンジ分割となるため，処理ごとの INSERT 文による行の挿入は，同じ区分に格納されることになる。このため，月末に近付くにつれ，処理性能の低下が顕在化してくるといえる。

　　以上より，案Aと案Bは案Cに比べてオーソリ処理の INSERT 文の性能が良い理由としては，「挿入される行が複数の区分に分散するから」などとすればよい。
(2) 表2中の空欄イ及び空欄ロに入れる適切な数値を解答する設問である。表2の区分キーに記載のとおり，案Cでは，1か月を1区分とした利用日を区分キーとして，レンジ分割する。ここで，〔カード決済システムの概要〕3.を見ると，利用明細抽出処理は1か月分の利用明細の記録をバッチ処理で抽出することが分かる。このため，1ジョブが探索する最小区分数は1となる。また，〔"オーソリ履歴"テーブルの区分化〕に「いずれの案も 60 区分に行を均等に分配する前提」とある。表1の内容から，"オーソリ履歴"テーブルのページ数は 24 億であるため，1ジョブが探索する最小のページ数は，ページ数と区分数の除算（24 億÷60＝24／6×10$^{(8-1)}$）によって，40,000,000 ページと求めることができる。したがって，空欄イには「1」，空欄ロには「40,000,000」が入る。
(3) 案Aとして，BETWEEN 述語を追加しても改善効果が得られない理由を解答する設問である。(1)の案Aで解説したとおり，ハッシュ値は基にする区分キーの値によって決まるため，データが異なれば，原則としてハッシュ値も異なるという特性によって，BETWEEN 述語で指定するカード番号で探索する区分を限定すること

はできず，期待した改善効果は見込めない。したがって，解答としては，「区分方法がハッシュでは探索する区分を限定できないから」などのように答えるとよい。

(4) 課題 3 に関して，案 C での再編成に要する処理時間が他の 2 案と比較して，効率が良い理由を答える設問である。(2)での解説のとおり，案 C では，1 か月を 1 区分とするため，再編成を行う必要がある場合には，対象とする区分を限定して実施すればよい。一方で，案 A 及び案 B において，再編成を行う必要がある場合には，対象とする区分を限定することはできず，60 区分全てに対して再編成を実施する必要があり，再編成に要する処理時間も長くなる。したがって，解答としては，「1 区分だけを再編成すれば良いから」などのように答えるとよい。

[設問 3]

(1) ログをボトルネックとして，ジョブの多重度を幾ら増やしたとしても，それ以上は更新処理全体の処理時間を短くできない理由を答える設問である。ログ出力に関する当該 RDBMS の仕様については，〔RDBMS の主な仕様〕2.(1)，(6)及び(7)に記載がある。データとログはそれぞれ別のディスクに格納され，同じディスクに対して同時に入出力は行われないことやジョブを多重化することに伴うコミットを契機としたログ出力処理やログバッファへの影響を中心に理由を考えるとよい。なお，ジョブの多重度を増やすということは，更新処理が増えることであり，コミットによるログ出力処理の完了まで更新処理が待たされることで，更新処理全体への影響も多くなる。また，当該 RDBMS に一つしか存在しないログバッファへの書込みも増えることとなり，ログバッファが一杯となった場合，INSERT 文などの更新処理は待たされる仕様であるため，ジョブの多重化に伴い，ログバッファが一杯となる頻度が短縮された結果，一定のジョブの多重度を境に更新処理全体の処理時間を短くすることが難しくなる。したがって，解答としては，次の内容などを答えるとよい。
・コミットはログ出力処理の完了まで待たされるから
・ログ出力処理は並列化されないから
・ログ出力処理は逐次化されるから
・ログバッファが一杯だと更新が待たされるから

(2) 更新行数を少なくした場合の更新処理の処理時間への影響を答える設問である。ここで，〔RDBMS の主な仕様〕2.(7)を見ると，コミットに関する仕様として，「トランザクションのコミットはログ出力処理の完了まで待たされる」との記載がある。また，同②では，ログ出力処理の契機として，「トランザクションがコミット又はロールバックを行った」ときとある。設問文にある更新処理におけるコミット契機を1,000 行更新から 1 行更新へ変更するということは，コミット契機が増えることであり，コミットごとのログ出力処理も多くなる。この結果，ログ出力処理の待ち時間の合計が長くなったり，ログ出力処理が完了するまでコミットが待たされたりするため，その待ち時間の合計が長くなるといった影響が発生する。したがって，解答としては，「ログ出力処理の待ち時間の合計が長くなる」もしくは「コミット時の待ち時間の合計が長くなる」などのように答えるとよい。

【解答例】

[設問1]　(1)　イ：1,000　　　ロ：3,000　　　　　ハ：COUNT(*)

　　　　　　　ニ：TOTAL　　ホ：沿線, TOTAL

　　　　(2)　・物件設備の入替処理が不要である。

　　　　　　　・全設備の有無と個数の問合せに答えられる。

　　　　　　　・将来，増える設備に対して行追加で対応できる。

　　　　(3)　a：物件コード, 'A1',1　　　　　b：エアコン='Y'

　　　　　　　c：UNION ALL　　　　　　　　d：物件コード, 'A2',1

　　　　　　　e：オートロック='Y'

　　　　　　　※空欄 a, b は順不同，空欄 d, e は順不同

　　　　(4)　あ：1,600,000　　　い：20

[設問2]　(1)　f：INNER JOIN

　　　　　　　g：INNER JOIN

　　　　　　　h：S1.設備名='エアコン'（又は，S1.設備コード='A1'）

　　　　　　　i：S2.設備名='オートロック'（又は，S2.設備コード='A2'）

　　　　　　　j：(S.設備名='エアコン' OR S.設備名='オートロック')

　　　　　　　（又は，(S.設備コード='A1' OR S.設備コード='A2')）

　　　　　　　※空欄 h, i は順不同

　　　　(2)　エアコンとオートロックの両方が設置されている場合

　　　　(3)　k：BS1.設備コード='A1'（又は，BS1.設備コード IS NOT NULL）

　　　　　　　l：'Y'　　　　　　　　　　m：'N'

　　　　　　　n：LEFT OUTER JOIN　　　　o：BS1.設備コード='A1'

【解説】

　不動産賃貸仲介業の物件情報検索システムについて，テーブル移行及び SQL の設計に関する問題である。設問 1 は，テーブルの統計情報に関する問題である。統計情報の数値を考える問題は，列値の組合せについてよく考えていかないと正解にたどり着けない。SQL の穴埋めも元のテーブルからどのように新しいテーブルに移行していくのかを具体的に考えていく必要がある。設問 2 は，テーブルの移行を検証するための問題である。ほとんどが SQL 文の穴埋めになっている。穴埋めで内結合か外結合かで迷う点が出てくるが，SQL 文の途中でどのような表が導出されるかをよく考える必要がある。内容を詳細に考えていかないと正解にたどり着けない問題が多く，短時間で解くのはやや難しい問題となっている。

[設問1]

　〔物件の設備に関する調査及び課題への対応〕に関する設問である。

(1)　表 3 の SQL1〜SQL3 の空欄イ〜空欄ホを埋める問題である。

・空欄イ：SQL1の見積もった結果行数を答える問題である。設問文に、「沿線、エアコン、オートロックの列値の分布は互いに独立し、各列の列値は一様分布に従うと仮定すること」とある。SQL1の一つ目の条件は「沿線が○△線」である。表2を見ると、物件は1,600,000件であり、沿線（列値個数、列値の種類数のこと）は400件である。沿線が○△線の件数は、一様に分布した400種類中の一つの種類当たりであるから1,600,000÷400＝4,000件となる。

SQL1の二つ目の条件は「エアコンとオートロックの両方がある物件」である。エアコンとオートロックの列はそれぞれ独立しており、次のような値の組合せとなっている。

エアコン	オートロック
Y	Y
Y	N
N	Y
N	N

上記の値の組合せのうち、エアコンとオートロックの両方がYの組合せは、全体の4分の1であるため、さらに4で割って、4,000÷4＝1,000となる。したがって、空欄イには「1,000」が入る。

・空欄ロ：SQL2の条件は「沿線が○△線であり、かつ、設備にエアコン又はオートロックのいずれかがある物件」である。沿線が○△線の件数は4,000件であり、エアコン又はオートロックのいずれかがある物件は、組合せの内で次の網掛けがある三つの組合せである。したがって、4,000件のうち4分の3がこの条件と一致する。

エアコン	オートロック
Y	Y
Y	N
N	Y
N	N

なお、計算式は4,000×3÷4＝3,000件となり、空欄ロには「3,000」が入る。

・空欄ハ～ホ：SQL3は「設備にエアコンとオートロックの両方がある物件を沿線ごとに集計した物件数」を求める。SQL3ではGROUP BY句が使用されており、沿線ごとに集計する処理が行われている。空欄ハと空欄ニはSELECT句で沿線ごとの「全物件数に占める割合を百分率で求める」FLOOR関数は小数点以下を切り捨てる関数である。物件ごとの集計は、「沿線ごとの集計数×100÷物件全体の件数」となる。

物件全体の件数は「WITH TEMP (TOTAL) AS (SELECT COUNT(*) FROM 物件)」で求められており、列名をTOTALとしている。したがって、空欄

ハには沿線ごとの集計数である「COUNT(*)」，空欄ニには物件全体の件数である「TOTAL」が入る。なお，FROM 句の CROSS JOIN（直積）は，"物件"テーブルに列の TOTAL を付加した形になる。

　　空欄ホは GROUP BY 句のグループ化列を指定する。グループ化列は，SELECT 句で指定した列を指定するため，空欄ホには「沿線，TOTAL」が必要である。GROUP BY 句のグループ化列は，SELECT 句の関数で使用される列名も必要となる。

(2) K さんが採用した案 B の長所を 25 字以内で述べる問題である。"物件"テーブルには全ての列が集約されており，正規化されていない状態である。また，〔検索システムの概要〕の 4.(1)では，設備について「将来，増える可能性がある」とあり，(2)では「設備の設置済個数が分からない」という課題を挙げられている。

　　案 B を採用することで，"物件"テーブルに集約されていた列が設備と新物件の列が分離され，次のような更新時異常や課題に対応することができる。長所を一つ挙げればよいので，下記のうちの一つを，25 字以内にまとめて解答すればよい。

・設備の設備名が変更されても，"設備"テーブルの設備名を変更すればよい。"物件"テーブルだけでは，"物件"テーブルの列名を変更しなければならない。

・"物件設備"テーブルに設置済個数があるので，物件ごとの全設備設置個数を把握することができる。案 A は"物件"テーブルにエアコン台数列を追加するだけなので，全設備設置個数を把握することができない。

・設備を追加するときは，"設備"テーブルにデータを追加していくだけでよい。"物件"テーブルを変更する必要がない。

(3) 表 4 の SQL5 における ┌ a ┐ ～ ┌ e ┐ を埋める問題である。SQL5 は，"物件設備"テーブルにデータを挿入する SQL 文である。今までの"物件"テーブルは列ごとに物件がある場合は Y の値が入っていた。これを，一つの行で物件コード，設備コードごとに分解する。この問題はエアコンとオートロックの設備だけを考えていくので，空欄 a と空欄 b の SELECT 文ではエアコンのデータの条件を，空欄 d と空欄 e の SELECT 文ではオートロックのデータの条件を考える。

・空欄 a，b：空欄 b の前に WHERE 句があるので，エアコン列が Y の条件が入る。したがって，空欄 b には「エアコン='Y'」が入る。そして，空欄 a には物件コード，設備コード，設置済個数の値を指定する。物件コードは物件からそのまま取り出せる。設備コードは新しく付与するので，SQL4 を見ると，エアコンは'A1'となる。設置済個数は，〔物件の設備に関する調査及び課題への対応〕の 3.(4)に「設置済個数列に 1 を設定し，正確な個数を移行後に設定することにした」とあるので，1 となる。したがって，空欄 a には「物件コード，'A1'，1」が入る。

・空欄 d，e：上記と同様にオートロックのときの条件を指定する。したがって，空欄 e には「オートロック='Y'」，空欄 d には「物件コード，'A2'，1」が入る。

・空欄 c：エアコンとオートロックを抽出する SELECT 文の和集合が必要となるため，「UNION ALL」が入る。UNION（DISTINCT は既定値）は値が重複する

行に関しては 1 行に集約される。二つの SELECT で選択される集合は排他
的であるので，UNION ALL の方がよいだろう。
(4) 表 5 の物件設備の物件コードと設備コードの統計情報を求める問題である。
 ・空欄あ：〔検索システムの概要〕の 2.(4)に「20 個の設備について，どの設備もい
  ずれかの物件に設置されている」と記述されている。つまり，どの物件も最
  低一つの設備があるため，全ての物件コードは，物件設備に存在することに
  なる。"新物件"テーブルの物件コードは 1,600,000 件あるため，空欄あには
  「1,600,000」が入る。
 ・空欄い：〔物件の設備に関する調査及び課題への対応〕の 2.に「設備コードは，
  全設備を一意に識別するコードで，そのうち 20 個は，"物件"テーブルの各設
  備列に対応させた」とある。"物件設備"テーブルにデータを挿入したときに
  は，"物件"テーブルにあった 20 個の設備を挿入している。したがって，空
  欄いには「20」が入る。

〔設問 2〕
 〔テーブルの移行の検証〕について，(1)～(3)に解答する問題である。
(1) 表 6 の SQL6 における　　　f　　～　　j　　を埋める問題である。
  まず，SQL6 は，表 3 の SQL1 に対応する SQL 文である。SQL1 の条件は「沿線
 が○△線であり，かつ，設備にエアコンとオートロックの両方がある物件を調べる」
 である。
 ・空欄 f, g：空欄 f, g の後に ON 句があることから，"新物件"テーブルと"物件
  設備"テーブル及び"設備"テーブルの結合を行うことが分かる。SQL6 の
  3 行目には「B.沿線='○△線'」という条件があることから，空欄 f には「INNER
  JOIN」が入る。もし，LEFT OUTER JOIN（又は，RIGHT OUTER JOIN）
  にすると，「B.沿線='○△線'」以外の行も取得されてしまう。同様に，空欄
  g も空欄 h で指定する条件に合致する行を取得するため，「INNER JOIN」が
  入る。空欄 f と空欄 g はともに「INNER JOIN」である。
 ・空欄 h, i：SQL1 の条件はエアコンとオートロックの両方がある物件となってい
  ることから，空欄 h には「S1.設備名='エアコン'」又は「S1.設備コード
  ='A1'」が入り，空欄 i には「S2.設備名='オートロック'」又は「S2.設備コ
  ード='A2'」が入る。なお，空欄 h と空欄 i は順不同である。
  次に，SQL7 は，表 3 の SQL2 に対応する SQL 文である。SQL2 の条件は「沿線
 が○△線であり，かつ，設備にエアコン又はオートロックのいずれかがある物件を
 調べる」である。
 ・空欄 j：設備がエアコン又はオートロックという条件が入る。したがって，空欄 j
  には「(S.設備名='エアコン' OR S.設備名='オートロック')」又は「(S.
  設備コード='A1' OR S.設備コード='A2')」が入る。

(2) SQL7において，"新物件"テーブルと"物件設備"テーブル及び"設備"テーブルを結合した場合に，次の表となる。

B.沿線	物件コード	設備コード	設備名
○△線	1234	A1	エアコン
○△線	1234	A2	オートロック
○△線	5678	A1	エアコン
○△線	9012	A2	オートロック

SELECT句において，B.物件コード，B.物件名だけを取得すると，エアコンとオートロックの両方が設置されている物件は行が重複しているため，DISTINCT^(注)で重複を排除している。したがって，解答は「エアコンとオートロックの両方が設置されている場合」となる。

（注）SELECT句はALLが既定値であり，通常，省略している。

(3) 図3のビュー"物件"における ┃ k ┃ ～ ┃ o ┃ を埋める問題である。ビュー"物件"は，"物件"テーブルにあった沿線列とエアコン列とオートロック列の両方を表示するためのビューとなる。つまり，ビュー"物件"は，次のような表を作成する。

物件コード	沿線	エアコン	オートロック
1234	○△線	Y	Y
4567	○△線	Y	N
7890	○△線	N	N

ビューで定義するSELECT文を見ると，ON句があることから"新物件"テーブルと"物件設備"テーブルの結合を行っていることが分かる。

・空欄o："物件設備"テーブルにおいて，エアコン又はオートロックの条件に一致する行を取得するため，空欄oには「`BS1.設備コード='A1'`」が入る。ちなみに，7行目の網掛けの空欄は「`BS1.設備コード='A2'`」となる。

・空欄n：INNER JOIN又はLEFT OUTER JOINが入ることが想定できる。もし，左外結合すると，新物件と物件設備BS1及び物件設備BS2の結合結果は次のとおりとなる。

B.物件コード	BS1.設備コード	BS2.設備コード
1234	A1	A2
4567	A1	NULL
7890	NULL	NULL

内結合の場合の結合結果は次のとおりとなり，B.物件コード「4567」と「7890」がなくなってしまう。

B.物件コード	BS1.設備コード	BS2.設備コード
1234	A1	A2

　ビュー"物件"では，エアコンとオートロックのどちらかが存在しない場合でも物件を表示する必要があるため，空欄 n には「LEFT OUTER JOIN」が入る。

・空欄 k〜m：上記の結合された結果では，BS1.設備コードや BS2.設備コードの値が'A1'や'A2'となってしまう。これを CASE 式によって'Y'に置き換えなければならない。また，NULL の場合は'N'に置き換える。空欄 k は設備がエアコンのときの条件が入るため，「BS1.設備コード='A1'」という条件となる。また，空欄 n を「LEFT OUTER JOIN」としたとき，エアコン設備がない物件のときに BS1.設備コードは NULL となる。そのため，「BS1.設備コード IS NOT NULL」でも正解となる。空欄 l は BS1.設備コード='A1'の条件が真のとき，'Y'を表示したいので「'Y'」となる。また，空欄 m は BS1.設備コード='A1'の条件が偽のとき，'N'を表示したいので「'N'」となる。

問1

出題趣旨
データベースの設計では，業務内容や業務で取り扱うデータなどの実世界の情報を統合的に理解し，データモデルに反映することが求められる。 　本問では，共通ポイントサービスのデータベース設計を題材として，業務要件をデータモデルに反映する能力，関数従属性，正規化理論などの基礎知識を用いてデータモデルを分析する能力，データモデルの問題点を識別する能力を問う。

設問			解答例・解答の要点	
設問1	(1)	a	加盟企業コード	順不同
		b	店舗コード	
		c	支払金額	
		d	購入数	
		e	ポイント設定コード	
		f	ポイント付与率	
		g	配布上限数	
		h	クーポンコード	順不同
		i	会員コード	
		j	クーポンコード	順不同
		k	レシート番号	
	(2)	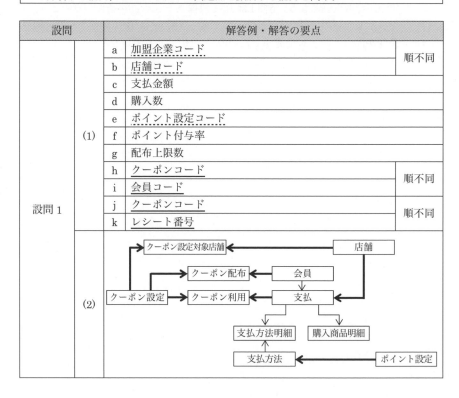		

設問 2	(1)	候補キー		{加盟企業コード，加盟企業商品コード}，{加盟企業コード，横断分析用商品コード}
		部分関数従属性	有無	(あり) ・ なし
			具体例	・加盟企業コード→加盟企業名 ・加盟企業コード→契約開始日 ・加盟企業コード→契約終了日 ・横断分析用商品コード→横断分析用商品名
		推移的関数従属性	有無	(あり) ・ なし
			具体例	{加盟企業コード，加盟企業商品コード}→横断分析用商品コード→横断分析用商品名
	(2)	採用できない候補キー		{加盟企業コード，横断分析用商品コード}
		理由		横断分析用商品コードは加盟企業商品が登録された後に設定される場合があるから
	(3)	正規形		第 1 正規形
		関係スキーマ		加盟企業（加盟企業コード，加盟企業名，契約開始日，契約終了日） 加盟企業商品（加盟企業コード，加盟企業商品コード，横断分析用商品コード，加盟企業商品名，JANコード） 横断分析用商品情報（横断分析用商品コード，横断分析用商品名）
設問 3	(1)	購入の翌日以降にポイントの後付けをしたとき		
	(2)	・ポイント残高に加算済みかどうかを判別する。 ・ポイント残高への加算処理日が分かるようにする。 ・付与ポイントの記録を作成した日で抽出できるようにする。		

採点講評

　問 1 では，共通ポイントサービスを題材に，業務要件に基づくデータベース設計，正規化理論に基づくデータモデル分析について出題した。全体として正答率は平均的であった。

　設問 1(2)は，正答率はやや高かったが，店舗と支払のリレーションシップが記入できていない解答が散見された。クーポンの配布対象にしたい会員の抽出に関する要件を読み取れていないと思われる。リレーションシップに関する記述が複数の業務要件に分散していても的確に読み取れるようにしてほしい。

　設問 2(1)は，全体的に正答率は平均的であったが，候補キーの "{加盟企業コード，横断分析用商品コード}" を "横断分析用商品コード" と答えてしまうなど，候補キーとは何かを正しく理解できていない解答が多く見られた。推移的関数従属性の具体例については "横断分析用商品コード→横断分析用商品名" の部分しか書けていない解答が多く見られた。正規化理論の基礎を十分理解するようにしてほしい。

問2

出題趣旨
近年，IT システムは重要な社会インフラとなり，高い負荷の下でも安定して稼働し続けることが期待されている。このような高負荷環境におけるデータベース設計では，RDBMS の機能を深く理解し，適切に使用して，性能要件を満たす設計を行う必要がある。 　本問では，クレジットカード会社におけるオーソリ業務を題材として，処理時間の見積り，バッファプールのチューニング，区分表の設計，ロギングの性能に関する考慮点を理解しているかを問う。

設問			解答例・解答の要点	
設問1	(1)	a	2,400,000,000	
		b	96,000	
		c	800,000,000	
		d	800,000,000	
		e	800,000,000	
		f	800,000	
		g	8,000	
		h	904,000	
	(2)	**加盟店**	ランダムアクセスの処理時間を短縮できるから	
		オーソリ履歴	順次アクセスの処理時間に影響しないから	
	(3)	行の挿入時に更新する索引が増えるから		
設問2	(1)	挿入される行が複数の区分に分散するから		
	(2)	イ	1	
		ロ	40,000,000	
	(3)	区分方法がハッシュでは探索する区分を限定できないから		
	(4)	1区分だけを再編成すれば良いから		
設問3	(1)	・コミットはログ出力処理の完了まで待たされるから ・ログ出力処理は並列化されないから ・ログ出力処理は逐次化されるから ・ログバッファが一杯だと更新が待たされるから		
	(2)	・ログ出力処理の待ち時間の合計が長くなる。 ・コミット時の待ち時間の合計が長くなる。		

採点講評

　問 2 では，クレジットカードにおけるオーソリ業務を題材に，処理時間の見積り，バッファプールのチューニング，区分表の設計，ロギングの性能に関する考慮点について出題した。全体として正答率は低かった。

　設問 1 は，特に(1)d〜h の正答率が低かった。入れ子ループ法の動きを復習し，外側表の結果行数が内側表の検索回数になること，検索回数は内側表の総ページ数とは無関係に大きくなり得ることを理解してほしい。

　設問 2 は，全体的に正答率がやや低かった。区分表の設計においては，範囲の限定，負荷分散を目的として，"時間的なキー"（例．利用日）と，"空間的なキー"（例．カード番号）を，組み合わせる技法がよく用いられる。区分表の利点をよく理解し，キーの特徴を利用した設計を行う技術を身に付けてほしい。

　設問 3 は，(2)の正答率が低かった。トランザクションのコミット時には，ログバッファにあるログの量を問わず，ログがディスクに出力される。このとき，トランザクションのコミットは，ログ出力処理の完了まで待たされるので，過度にコミットを行うと，ログ出力処理の待ち時間が長くなる。バッチ処理では適度なコミットインターバルを設定することが重要であることを是非知っておいてもらいたい。

問3

出題趣旨

　業務を改善するために，データベースのテーブル構造を変更することがある。その場合，現行のテーブル構造から新しいテーブル構造に適切な手順で効率よく移行することが求められる。

　本問では，RDBMS を用いた不動産賃貸仲介業の検索システムを題材として，テーブル構造の変更の妥当性を適切に評価した上で，検索に利用する SQL 文の変更方法，テーブルの移行手順，移行に利用する基本的な SQL 構文，及び移行のときに考慮すべきテーブルの統計情報を理解しているかを問う。

設問			解答例・解答の要点	
設問 1	(1)	イ	1,000	
		ロ	3,000	
		ハ	COUNT(*)	
		ニ	TOTAL	
		ホ	沿線, TOTAL	
	(2)		・物件設備の入替処理が不要である。 ・全設備の有無と個数の問合せに答えられる。 ・将来，増える設備に対して行追加で対応できる。	
	(3)	a	物件コード, 'A1',1	順不同
		b	エアコン='Y'	
		c	UNION ALL	
		d	物件コード, 'A2',1	順不同
		e	オートロック='Y'	
	(4)	あ	1,600,000	
		い	20	

設問 2	(1)	f	`INNER JOIN`	
		g	`INNER JOIN`	
		h	・S1.設備名＝'エアコン' ・S1.設備コード＝'A1'	順不同
		i	・S2.設備名＝'オートロック' ・S2.設備コード＝'A2'	
		j	・(S.設備名＝'エアコン' OR S.設備名＝'オートロック') ・(S.設備コード＝'A1' OR S.設備コード＝'A2')	
	(2)	エアコンとオートロックの両方が設置されている場合		
	(3)	k	・BS1.設備コード='A1' ・BS1.設備コード IS NOT NULL	
		l	`'Y'`	
		m	`'N'`	
		n	`LEFT OUTER JOIN`	
		o	`BS1.設備コード='A1'`	

問 3 では，物件情報検索システムを題材に，テーブルの移行及び SQL の設計について出題した。全体として正答率は平均的であった。

設問 1(3)は，正答率は平均的であったが，c に UNION ALL と解答すべきところを，AND 又は OR とする誤答が散見された。二つの SELECT 文の結果行の和集合を求めていることに留意し，正答を導き出してほしい。

設問 1(4)では，追加した"物件設備"テーブルの物件コード及び設備コードの列値個数を，状況記述から読み取ることを求めたが，前者に比べて後者の正答率が低かった。テーブルの行数だけでなく列値個数も，テーブルの物理設計及び性能見積り，及び性能改善に欠かせない基本的な統計情報の一つなので，よく理解してほしい。

設問 2(1)は，正答率が平均的であった。表 3 の SQL1 及び SQL2 の WHERE 句中の述語を手掛かりに，h～j に入れる適切な述語を導くことができる。ただし，表 6 の SQL 文の構文中に設備コードを参照する場合，どのテーブルの設備コードを参照するのかのあいまいさを排除するため，相関名で列名を修飾しなければならないことに注意してほしい。

設問 2(3)では，左外結合を選択できるかを問うたが，正答率が低かった。"3.テーブルの移行"において，エアコン又はオートロックがある物件を"物件設備"テーブルに登録していること，及びビュー"物件"のエアコン列又はオートロック列の列値が 'N' の行を求めることに留意し，正答を導き出してほしい。

●令和３年度秋期
午後Ⅱ問題　解答・解説

問1	データベースの実装	(R3 秋-DB 午後Ⅱ問 1)

【解答例】

[設問１]　(1)　ア：追客区分による選択が必要　　イ：結合及び和集合が必要

　　　　　　　ウ：和集合が必要　　エ：G　　　オ：C

　　　　　(2)　カ：住所　　　　キ：駅，物件　　ク：最寄り駅，販売期，棟

　　　　　(3)　ケ：顧客コード，接触日時，追客種別を構成列とする一意性制約を
　　　　　　　　定義する。

　　　　　　　コ：OROW.契約ステータスと NROW.契約ステータスの値をチェッ
　　　　　　　　クする BEFORE トリガを定義する。

　　　　　(4)　①トランザクションをロールバックする。
　　　　　　　②間隔を空けてトランザクションを再実行する。

[設問２]　(1)　理由：価格帯，面積帯の組が M2 と T2 のどちらか一方にしかない
　　　　　　　　　場合があるから

　　　　　　　サ：・M2 の価格帯と T2 の価格帯のどちらか NULL でない方
　　　　　　　　・COALESCE(M2.価格帯,T2.価格帯)

　　　　　(2)　パターン１

　　　　　　　シ：0, 3000　　　ス：3000, 4000　　セ：6000, 100000

　　　　　　　ソ：A.販売価格 >= B.下限値 AND A.販売価格 < B.上限値

　　　　　　　パターン２

　　　　　　　シ：0, 2999　　　ス：3000, 3999　　セ：6000, 99999

　　　　　　　ソ：A.販売価格 >= B.下限値 AND A.販売価格 <= B.上限値

　　　　　　　（又は，A.販売価格 BETWEEN B.下限値 AND B.上限値）

[設問３]　(1)　(a)　a：4,040　　　b：16,000　　　c：40,000

　　　　　　　　d：560　　　　e：2　　　　　f：1,010

　　　　　　(b)　同じ行への複数の更新を反映する必要がないから

　　　　　(2)　(a)　誤登録が発生したデータ以外も誤登録前の状態に戻ってしま
　　　　　　　　い，記録した情報が失われる。

　　　　　　(b)　g：MAX(T.接触日時)　　　　　h：S.顧客コード = T.顧客コード

　　　　　　　　i：S.物件コード = T.物件コード　　j：T.削除フラグ = 0

　　　　　　　　※空欄 h～j は順不同

(3) 手順3　k：更新ログによる回復機能　　l：作業用DB

　　　　　　　m：誤更新が行われた直前の日時の状態に回復する。

　　　手順4　n：エクスポート機能　　　　o：作業用DB

　　　　　　　p："顧客"テーブルのうち名寄せ先顧客コードが NULL
　　　　　　　　の行をファイルに抽出する。

　　　手順5　q：インポート機能　　　　　r：本番DB

　　　　　　　s：手順4で抽出したファイルを，MERGE オプションを
　　　　　　　　指定して格納する。

【解説】

　マンションの開発及び販売を手掛ける不動産会社の商談管理システムの刷新に関する問題である。主にデータベースの物理設計，データ操作，障害回復に関する設問となっている。設問1は実装するテーブル設計の問題であり，具体的にはスーパタイプとサブタイプの実装方法，業務上の制約の実装についての設問である。特に制約については，RDBMS の仕様をよく理解しておく必要がある。設問2はミスマッチ分析表を出力するための問合せ処理に関する問題である。最終的にどのような結果を取得したいのかを理解していないと適切な解答が導けない。設問3は障害ケースからの回復に関する問題である。計算問題は難しくないので問題文に沿って計算していけば解答できる。(3)は，復旧手順を解答する問題であるが，何をどこまで回復させたいのかを理解する必要がある。設問2と設問3の一部の問題は難しいが，それ以外は普通レベルの問題である。

[設問1]

(1) 関係"追客"及びそのサブタイプの実装方法に関しての問題である。

・空欄ア：「単一のサブタイプを参照する処理の性能」について，方法①での実装方法の短所を記述する。方法①は「スーパタイプと全てのサブタイプを一つのテーブルにする」とある。単一のサブタイプを選択する場合には，スーパタイプの属性である追客区分によって選択を行う必要がある。追客区分は，表1に追客区分の説明があり「'1'（受付），'2'（実施），'3'（応対）のいずれか」に区分されるため，サブタイプを区分することができる。したがって，空欄アには「追客区分による選択が必要」が入る。

・空欄イ：「スーパタイプと全部のサブタイプを参照する処理の性能」について，方法②での実装方法の短所を記述する。方法②は「スーパタイプ，サブタイプごとにテーブルにする」とある。全ての参照を行うためには，まずスーパタイプと各サブタイプの結合処理を行う。そして，結合された結果の和集合を求める必要がある。したがって，空欄イには「結合及び和集合が必要」が入る。

・空欄ウ：「スーパタイプと全部のサブタイプを参照する処理の性能」について，方法③での実装方法の短所を記述する。方法③は「サブタイプだけを，それぞ

れのテーブルにする。スーパタイプの属性は，列として各テーブルに保有する」とある。これは，スーパタイプと各サブタイプが結合されている状態のため，各サブタイプの和集合を求めればよい。したがって，空欄ウには「和集合が必要」が入る。

・空欄エ：表2中の処理5は「追客を対象に，接触日時，追客種別，追客概要を商談管理画面に表示する。追客概要は，本処理において追客区分ごとに固有な属性値を基にして作成した文字列である」とある。接触日時，追客種別は，スーパタイプの属性であるためスーパタイプが必要になる。また，追客区分ごとに固有な属性値を基にして作成した文字列とあるので，各サブタイプの属性が必要となる。したがって，スーパタイプと全部のサブタイプの属性が必要となるので，空欄エには「G」が入る。

・空欄オ：表2中の処理6は「追客種別ごと接触日時の日ごとに件数を集計し，物件コード，年月日，資料請求数，来場予約数，来場応接数，購入申込受領数を出力する」とある。表1に「資料請求，資料送付，来場予約，来場応接，購入申込受領，問合せ対応など，追客の種類を識別するコード」とあるので，追客種別は，スーパタイプの属性であることが分かる。追客種別の属性があれば，処理6を実行することができるので，空欄オには「C」が入る。

(2) 表4中の参照制約のグループとテーブルの表を完成させる問題である。〔実装するテーブルの設計〕3.(1)に「参照制約に違反しない限りできるだけ小さいグループ番号に配置することにして表4を作成した。グループ番号順に直列に処理を行い，同じグループ内のテーブルへの処理は並行して行う」とある。これは，他の制約に影響しなければ，参照するテーブルへの変更処理を随時行っていくということである。図2の関係スキーマを追って整理していく。例えば，大エリアと小エリアは，小エリアに大エリアコードを外部キーとしてもつので，参照制約があると考えていく。参照制約を整理したものが次の図となる。矢印の方向に他のテーブルを参照しているものとする。

```
住戸  →  販売期  →  物件  →  住所  →  小エリア  →  大エリア
    ↘    棟    ↗

最寄り駅  →  駅  →  沿線  →  鉄道事業者
       ↘  住所  →  小エリア  →  大エリア
```

　上の図で，一連の矢印の一番右側にあるテーブルがグループ1，その左側がグループ2である。ここで，住戸と駅は二つの参照制約があるので，当然右側から数えて深い方のグループ番号となる。これをグループ番号ごとにまとめると，グループ3の空欄カには「住所」，グループ4の空欄キには「駅，物件」，グループ5の空欄クには「最寄り駅，販売期，棟」が入る。

(3) 表5中の制約の定義内容を解答する。
　・空欄ケ：制約②は「同じ顧客，接触日時及び追客種別の追客を行うことはない」
　　　　　とある。顧客コード，接触日時，追客種別ごとに重複するデータはないため，
　　　　　一意性制約を設定する。したがって，空欄ケは「顧客コード，接触日時，追
　　　　　客種別を構成列とする一意性制約を定義する」などとすればよい。なお，〔実
　　　　　装するテーブルの設計〕3.(2)に「一意性制約」とあるので，一意性制約とい
　　　　　う用語を使用すること（UNIQUE 制約とはしない）。
　・空欄コ：制約③は「契約ステータスが後退することはない。そのような契約の変
　　　　　更にはエラーを通知する」とある。RDBMS にはトリガ機能があり，旧値を
　　　　　参照する場合には OROW，新値を参照する場合には NROW が利用できる。
　　　　　更新前の契約ステータス（旧値）と更新後の契約ステータス（新値）を比較
　　　　　して，更新前の契約ステータスが更新後の契約ステータスよりも小さいこと
　　　　　をチェックする。これは，変更前にチェックが必要なので，BEFORE トリ
　　　　　ガとなる。したがって，空欄コは「OROW.契約ステータスと NROW.契約ス
　　　　　テータスの値をチェックする BEFORE トリガを定義する」などとすればよ
　　　　　い。空欄コの説明は，制約④の定義内容に書いてある内容に沿って記述する
　　　　　とよいだろう。
(4) 制約④内で"商談"テーブルの更新時にロック待ちタイムアウトによる例外が返却
　　された場合に，表2中の処理4ではどのような処置を行うべきなのか，二つ挙げる
　　問題である。制約④は「契約手続の開始後は，契約ステータスと商談の商談ステー
　　タスは一致していなければならない」とある。もし，"契約"テーブルの契約ステー
　　タスだけを更新して，"商談"テーブルの商談ステータスが更新できない場合は，ス
　　テータスの不一致が生じてしまう。そこで，トランザクションのロールバック処理
　　を行い，"契約"テーブルの更新と"商談"テーブルの更新をトランザクション実行
　　前の状態に戻し，時間を空けてトランザクションを再実行することで，ステータス
　　の一致を図りながら，"契約"テーブルと"商談"テーブルの両方を更新する。した
　　がって，行うべき処置としては「トランザクションをロールバックする」や「間隔
　　を空けてトランザクションを再実行する」などとすればよい。

〔設問2〕
(1) 表6中の問合せ名 "R1"の下線部について，完全外結合を行う理由を述べる。R1
　　の処理は，M2 の全行と T2 の全行を選択し，価格帯，面積帯で完全外結合している。
　　M2 と T2 でどのような結果が取得されるかを考える必要がある。M2 で取得される
　　結果は，価格帯，面積帯，住戸数を求めている。表6の処理は図1のミスマッチ分
　　析表を作成するための導出するケースを考える。図1を導出する場合において M2
　　と T2 で取得される問合せ結果の表は，それぞれ次のようになる。

M2 の問合せ結果の表

価格帯	面積帯	住戸数
1	1	4
1	2	0
2	2	4
2	3	4
2	4	0
3	2	4
3	3	2
3	4	1
3	5	0
4	3	1
4	4	2
4	5	0
5	4	1
5	5	2

T2 の問合せ結果の表

価格帯	面積帯	顧客数
1	1	3
1	2	2
2	2	4
2	3	10
2	4	5
3	2	1
3	3	2
3	4	2
3	5	1
4	3	0
4	4	1
4	5	2
5	4	0
5	5	0

注記 網掛けの行は実際には存在しない。

　M2 の問合せ結果の表を見ると，価格帯と面積帯の組合せで住戸数が 1 戸も存在しない組合せがあることが分かる。M2 の問合せ結果の表と T2 の問合せ結果の表（以下，それぞれ M2，T2 という）を結合したときに，M2 には組合せとして存在するが，T2 には存在しない組合せがある。上記の表は，互いに他の表にあって自表に存在していない行を仮に表示している。例えば，図 1 の組合せから 5 千万円以上 6 千万円未満と 60m² 以上 70m² 未満の組合せは，M2 に 1 戸存在するが，T2 には存在しないことが分かる。逆も同じであり，T2 には存在するが，M2 には存在しない組合せがある。そのため，M2 と T2 を完全外結合しなければ，M2 と T2 で取得された値を全て表示することはできない。したがって，解答は「価格帯，面積帯の組が M2 と T2 のどちらか一方にしかない場合があるから」などとなる。

・空欄サ：図 1 のデータを使用して，M2 と T2 の完全外結合を行うと，次のような結果となる。

M2.価格帯	M2.面積帯	M2.住戸数	T2.価格帯	T2.面積帯	T2.顧客数
1	1	4	1	1	3
NULL	NULL	NULL	1	2	2
2	2	4	2	2	4
〜途中省略〜					
5	5	2	NULL	NULL	NULL

このとき，M2 と T2 のどちらかにしか価格帯が存在しない，又は両方で価
　　格帯が存在する場合は，その価格帯を取得したい。他の例を見ると，演算の
　　例は文章で書いてあるため，文章で記述してもよいし，COALESCE関数を
　　使用して記述してもよいだろう。したがって，空欄サは「M2 の価格帯と T2
　　の価格帯のどちらか NULL でない方」もしくは「COALESCE(M2.価格帯,T2.
　　価格帯)」などとなる。

(2) 図 3 中の ┃　　シ　　┃ ～ ┃　　ソ　　┃ に入れる適切な字句を答える。案 2 は SQL
　文の変更なしで価格帯，面積帯の変更を可能にするために，価格帯，面積帯のテー
　ブルを作成して，そのテーブルに，価格帯や面積帯の範囲となる値を挿入していく。
　案 2①では，価格帯と面積帯の範囲を格納するテーブルを定義している。②で価格
　帯に範囲となる値を挿入し，③で M1 の問合せ結果行を得る。

・空欄シ～ソ：価格帯の下限値と上限値を INSERT INTO で追加していく。空欄シ
　　～セに関しては，空欄ソで範囲の境界値の含む範囲にするのか，そうでない
　　のかで設定が変わってくる。もし，空欄シを「0, 3000」とした場合は，空
　　欄ソは「A.販売価格 >= B.下限値 AND A.販売価格 < B.上限値」となる。
　　空欄シを「0, 2999」とした場合は，空欄ソは「A.販売価格 >= B.下限値 AND
　　A.販売価格 <= B.上限値」となる。また，空欄ソは AND 条件ではなく「A.
　　販売価格 BETWEEN B.下限値 AND B.上限値」としてもよい。空欄シ～ソは，
　　幾つかの解答パターンがあるが，解答の整合性を取る必要がある。

［設問 3］
(1) 障害ケース①に関する問題である。
　(a) 回復に要する時間の試算に関する計算問題である。
　　・空欄 a：“商談”テーブルの回復に必要な時間を求める。ストレージへの I/O 回
　　　数は，追加 4,000 回，更新 400,000 回発生するので，404,000 回発生する。
　　　1 ページ当たりのストレージへの I/O は 10 ミリ秒なので，404,000 回×
　　　0.01 秒／回（ページ）＝4,040 秒となる。したがって，空欄 a には「4,040」
　　　が入る。
　　・空欄 b：“追客”テーブルの追加によるストレージへの I/O 回数を求める。表 8
　　　より 1 時間当たりの更新ログ件数（追加）は 50,000 件であり，50,000 件
　　　／時間×8 時間＝400,000 件となる。追加では 1 ページ当たりの平均行数
　　　までバッファ上で処理するので，400,000 件÷25（1 ページ当たりの平均
　　　行数）件／回（ページ）＝16,000 回となる。したがって，空欄 b には「16,000」
　　　が入る。
　　・空欄 c：“追客”テーブルの更新によるストレージへの I/O 回数を求める。表 8
　　　より 1 時間当たりの更新ログ件数（更新）は 5,000 件であり，5,000 件／
　　　時間×8 時間＝40,000 件となる。したがって，空欄 c には「40,000」が入
　　　る。

- 空欄 d：“追客”テーブルの回復に必要な時間を求める。追加と更新に必要なストレージへの I/O 回数は，16,000 回+ 40,000 回=56,000 回となる。1 ページ当たりのストレージへの I/O は 10 ミリ秒なので，56,000 回×0.01 秒／回（ページ）=560 秒となる。したがって，空欄 d には「560」が入る。

- 空欄 e：何時間分の更新ログを適用すればよいかを求める。10:00 から開始して 18:00 に障害が発生したことを考えると，12:00，14:00，16:00 にバックアップを取得した場合は，2 時間分の更新ログを適用すればよい。したがって，空欄 e には「2」が入る。

- 空欄 f：“商談”テーブルの回復時間を求める。追加の更新ログ件数は，5,000 件／時間×2 時間＝10,000 件である。追加のストレージへの I/O 回数は，10,000 件÷10（1 ページ当たりの平均行数）件／回（ページ）=1,000 回となる。次に，更新のストレージへの I/O 回数は，更新の更新ログ件数が 50,000 件（回）／時間なので，50,000 回／時間×2 時間=100,000 回となり，回復時間を求めると，（1,000 + 100,000）回×0.01 秒／回= 1,010 秒となる。したがって，空欄 f には「1,010」が入る。

(b)　“商談”テーブルの差分バックアップからの復元が増分バックアップからの復元よりも時間が掛からない理由を述べる問題である。〔バックアップ・リカバリの検討〕(2)②に「“追客”テーブルは，増分と差分のどちらの方式でもほとんど変わらない」とあり，“商談”テーブルは，差分バックアップの方が，時間が掛からないとしている。なぜ，“追客”テーブルはどちらの方式でも時間が掛からないのかを考える。“追客”テーブルは，“受付”，“実施”，“応対”の区分に分けて記録を追加していくようになっており，一度追加されたデータが後で変更される機会が少ない。これは，表 8 の“追客”テーブルの追加と更新の回数からも読み取れる。差分バックアップでも増分バックアップでも，前回のバックアップから追加された行が増えていく方が多い。一方，“商談”テーブルは，商談ステータスや最新接触日時，受注確度など商談が進むにつれて変更される属性が多くなっている（表 8 参照）。増分バックアップでは，前回のバックアップから変更されたページだけバックアップしていくため，幾つかのバックアップファイルでデータを何度も更新しなければならない。そのため，復元に時間が掛かるのである。差分バックアップでは，最新のバックアップファイルによって最新のデータに更新ができるため，時間を短縮できる。したがって，解答は「同じ行への複数の更新を反映する必要がないから」などとなる。

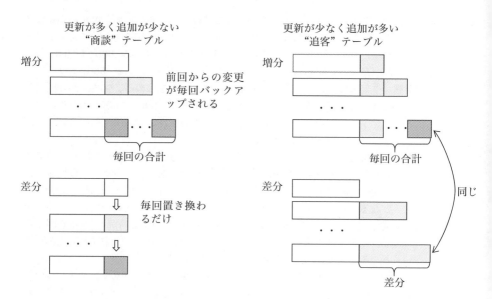

更新が多く追加が少ない
"商談"テーブル

増分

前回からの変更
が毎回バックア
ップされる

毎回の合計

差分

毎回置き換わ
るだけ

更新が少なく追加が多い
"追客"テーブル

増分

毎回の合計

差分

差分

同じ

(2) 障害ケース②について解答する。

(a) バックアップの復元及び更新ログによる回復によって誤登録発生直前の日時の状態にする方法では問題を解決できない理由を述べる。表7の障害ケース②の障害状況を見ると,「誤登録発生の前後の時間帯では, 継続的に追客を記録する業務を行っている」とある。つまり, 誤登録のデータ以外にも正しい追客のデータを追加, 更新している。また,〔RDBMS の主な仕様〕6.(1)に「バックアップを用いて復元した後, 更新ログを用いたロールフォワード処理によって, 障害発生直前又は指定の時刻の状態に回復できる」とあるので, 更新ログによる回復には特定のデータだけを復元する機能はないことが分かる。したがって, 解答は「誤登録が発生したデータ以外も誤登録前の状態に戻ってしまい, 記録した情報が失われる」などとなる。

(b) 図 4 の | g | に入れる適切な字句, | h | ～ | j | に入れる適切な述語を答える。図 4 は, "商談"テーブルの最新接触日時を更新する SQL 文である。SQL 文を見ると, WHERE 句の条件で誤登録されたデータの条件を指定している。SET 句で "商談"テーブルの最新接触日時を更新する内容を指定しているが, ここで相関副問合せを使用しており, 穴埋め問題となっている。副問合せの部分では SELECT 文で "追客"テーブルから最も新しい接触日時を取り出している。

・空欄 g：WHERE 句の条件で指定された行の中で最新の接触日時を取得する。最新の接触日時は日時の最大値であり, MAX 集合関数を使用して, 空欄 g には「MAX(T.接触日時)」が入る。

・空欄 h～j：SELECT 文の WHERE 句の条件としては，"商談"テーブルの顧客コード，物件コードに一致する"追客"テーブルの行を取得しなければならない。したがって，条件は「S.顧客コード=T.顧客コード」かつ「S.物件コード=T.物件コード」となる。また，〔バックアップ・リカバリの検討〕3.に「誤登録した"追客"テーブルの行を削除状態に更新する」とあり，〔実装するテーブルの設計〕1.に「行の削除は論理削除によって行うこととし，削除フラグ列（0：未削除，1：削除済）を追加する」とあるため，論理削除されていない行を指定する必要がある。この条件は「T.削除フラグ = 0」となる。したがって，空欄 h～j には「S.顧客コード = T.顧客コード」，「S.物件コード = T.物件コード」，「T.削除フラグ = 0」（順不同）が入る。

(3) 障害ケース③についての問題である。表 7 の障害ケース③の障害状況を見ると，「"顧客"テーブルのうち，名寄せ先顧客コードが NULL の行が誤更新によって不正な状態となった」とあり，この障害の復旧手順が表 9 である。表 9 の手順 1 は，本番 DB の全てのデータをエクスポートしている。そして，手順 2 では復元機能を利用して，作業用 DB に 2021-07-21 の 0 時のデータを復元している。また，手順 6 で「誤更新の原因を排除して処理 3 を再実行する」とあるので，手順 5 までに本番 DB において誤更新が行われる直前の状態まで回復させる必要がある。

・空欄 k～m：手順 3 の処理である。作業用 DB は 2021-07-21 の 0 時のデータまで復元しているので，更新ログによってロールフォワード処理を行い，誤更新が行われた直前まで回復することができる。〔RDBMS の主な仕様〕6.(1)に「バックアップを用いて復元した後，更新ログを用いたロールフォワード処理によって，障害発生直前又は指定の時刻の状態に回復できる」とあるので，指定の時刻の状態まで回復することが分かる。したがって，空欄 k には「更新ログによる回復機能」，空欄 l には「作業用 DB」，空欄 m には「誤更新が行われた直前の日時の状態に回復する」が入る。

・空欄 n～p：手順 4 の処理である。手順 3 で作業用 DB の誤更新が行われた直前の日時の状態に回復することができたので，ここから"顧客"テーブルの名寄せ先顧客コードが NULL のデータだけをエクスポートする。したがって，空欄 n には「エクスポート機能」，空欄 o には「作業用 DB」，空欄 p には「"顧客"テーブルのうち名寄せ先顧客コードが NULL の行をファイルに抽出する」が入る。

・空欄 q～s：手順 5 の処理である。手順 4 で名寄せ先顧客コードが NULL のデータを取り出すことができたので，これを本番 DB にインポート機能の MERGE オプションを使用して併合すれば，本番 DB において誤更新が行われる直前の状態まで回復させることができる。MERGE オプションは，〔RDBMS の主な仕様〕8.(2)に記述があり，MERGE オプションを指定すると同じ主キーが既に存在する場合は更新する機能である。したがって，空欄 q には「インポート機能」，空欄 r には「本番 DB」，空欄 s には「手順 4 で抽出したファイルを，MERGE オプションを指定して格納する」が入る。

午後Ⅱ解答

【解答例】

[設問1]　（1）　ア：チェーン法人別締め契機

　　　　　　リレーションシップの太線・太矢線が解答となる。

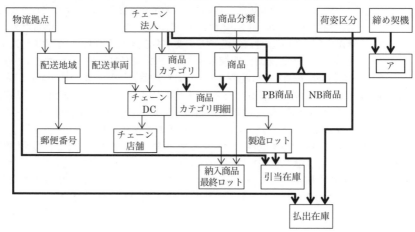

　　　　　（2）　イ：ピース梱包内訳

　　　　　　リレーションシップの太線・太矢線が解答となる。

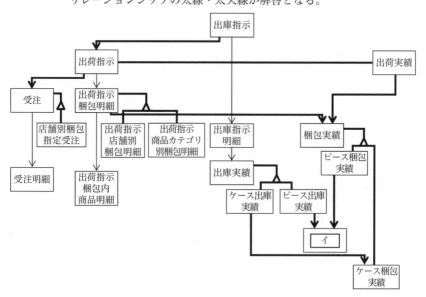

(3) a ：<u>商品コード</u>，<u>チェーン法人コード</u>

　　 b ：<u>商品コード</u>，<u>ランク</u>

　　 c ：<u>チェーン法人コード</u>，<u>商品カテゴリコード</u>，商品カテゴリ名

　　 d ：<u>締め年月日</u>，<u>回目</u>，<u>チェーン法人コード</u>

　　 e ：<u>拠点コード</u>，<u>商品コード</u>，<u>製造ロット番号</u>，在庫数，引当済数，
　　　　 引当可能数

　　 f ：<u>拠点コード</u>，<u>商品コード</u>，<u>製造ロット番号</u>，<u>荷姿区分</u>，荷姿別
　　　　 在庫数

(4) g ：<u>出荷指示番号</u>

　　 h ：<u>受注番号</u>，<u>梱包対象チェーン店舗コード</u>
　　　　 （又は，<u>受注番号</u>，<u>チェーン法人コード</u>，<u>梱包対象チェーン店舗
　　　　 コード</u>）

　　 i ：在庫引当成否

　　 j ：<u>締め年月日</u>，<u>回目</u>，<u>出庫指示番号</u>

　　 k ：梱包対象チェーン店舗コード
　　　　 （又は，<u>チェーン法人コード</u>，<u>梱包対象チェーン店舗コード</u>）

　　 l ：商品カテゴリコード
　　　　 （又は，<u>チェーン法人コード</u>，<u>商品カテゴリコード</u>）

　　 m ：<u>商品コード</u>，<u>製造ロット番号</u>，出荷指示数

　　 n ：<u>締め年月日</u>，<u>回目</u>，<u>拠点コード</u>

　　 o ：<u>製造ロット番号</u>，出庫指示数

　　 p ：<u>出庫指示番号</u>，<u>出庫指示明細番号</u>，荷姿区分

　　 q ：<u>出庫実績番号</u>，出庫ケース数

　　 r ：<u>出庫実績番号</u>，出庫ピース数

　　 s ：<u>出荷指示番号</u>，<u>出荷指示梱包明細番号</u>，段ボール箱区分，出荷
　　　　 実績番号

　　 t ：<u>出庫実績番号</u>

　　 u ：<u>梱包実績番号</u>，<u>出庫実績番号</u>，詰合せ数

　　 v ：<u>出荷指示番号</u>，車両番号，出荷年月日時刻

[設問2]　(1)　リレーションシップの太線が解答となる。

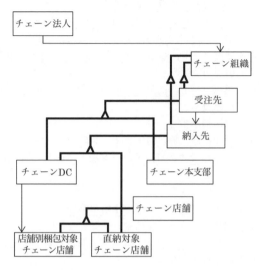

(2)　あ：<u>チェーン組織コード</u>，受注先フラグ，納入先フラグ
　　　い：<u>受注先チェーン組織コード</u>，受注先区分
　　　う：<u>納入先チェーン組織コード</u>，配送地域コード，受注先チェーン
　　　　　組織コード
　　　え：<u>チェーン組織コード</u>
　　　お：チェーン本支部名，受注先チェーン組織コード
　　　か：チェーン店舗区分，チェーン店舗名
　　　き：<u>チェーン法人コード</u>，店舗別梱包対象チェーン店舗コード
　　　く：<u>チェーン法人コード</u>，直納対象チェーン店舗コード，納入先チ
　　　　　ェーン組織コード

(3)

	設計変更前にチェーンDCを参照していた三つのエンティティタイプ	それぞれに対応する設計変更後の参照先エンティティタイプ
①	納入商品最終ロット	納入先
②	受注	受注先
③	出荷指示	納入先

【解説】
　中堅市販薬メーカの製品物流業務を対象とした概念データモデリングの問題である。設問1はマスタ及び在庫領域の概念データモデル及び関係スキーマ及びトランザクション領域の概念データモデル及び関係スキーマを完成させる問題である。設問 2

は設計変更による概念データモデル及び関係スキーマの関係を完成させる問題と参照先エンティティタイプの変更点に関する問題である。業務を理解する上で出荷指示や出庫指示，出庫実績などの関係性を理解するのが難しい。設問 1 では一部のリレーションシップや関係スキーマの属性名を決めるときに迷う部分が多い。設問 2 のリレーションシップや関係スキーマは，問題文をよく読んでいけば解答できるだろう。設問 1 はやや難しいが，設問 2 は普通レベルである。全体としては，リレーションシップの記入と関係スキーマの属性穴埋め問題に集中しているとはいえ，例年と比較してもその部分の解答量が多く（過去 3 年平均の 1.2～1.5 倍程度），内容は普通程度であるが，解答時間を考慮するとやや難しいかもしれない。

［設問 1］

(1) 図 2 中の ┌─── ア ───┐ に入れる適切なエンティティタイプ名を答え，マスタ及び在庫の領域の欠落しているリレーションシップを補って，概念データモデルを完成させる問題である。図 4 の対応する関係スキーマを見れば記入できるものもある。

・空欄ア：〔設計の前提となる業務〕4.③に「チェーン法人ごとに適用する締め契機は，チェーン法人と協議の上で，週 3 回程度に設定している」とある。チェーン法人ごとに締め契機が異なるということは，締め契機と属性が異なるので，チェーン法人別締め契機を記録するためのエンティティタイプが必要になるということである。したがって，空欄アには「チェーン法人別締め契機」が入る。

① "商品" と "PB 商品"，"NB 商品" の間（のリレーションシップ）

〔設計の前提となる業務〕3.(1)②に「商品には，PB 商品と NB 商品があり，流通方法区分で分類している」とあるので，"商品" と "PB 商品" 及び "商品" と "NB 商品" は，スーパタイプとサブタイプのリレーションシップとなる。この場合，図 4 のサブタイプの関係スキーマの字下げ表示^(注)と，さらに流通方法区分というサブタイプ識別子があり，排他的サブタイプ（"△" が一つ）となることが分かる。

(注) この問題では，サブタイプの関係スキーマに対して字下げ表示を行っており，サブタイプであることはすぐに分かる。ただし，問題によっては字下げ表示を行っていない場合もある（図 7 はない）。また，サブタイプ識別子は必ずしも必要でないが，"～区分" の場合は切り口が一つの排他的サブタイプ，"～フラグ" の場合は切り口が複数の共存的サブタイプになることが多い。

② "チェーン法人" と "PB 商品" の間

〔設計の前提となる業務〕3.(1)②に「PB 商品は，どのチェーン法人のものかをもつ」とあるので，"チェーン法人" と "PB 商品" には関連がある。PB 商品は量販店独自ブランド商品であるので，一つの PB 商品は一つのチェーン法人に対応する。一般的に，一つのチェーン法人では複数の PB 商品をもつので，"チェーン法人" と "PB 商品" は 1 対多のリレーションシップ（以下，1 対多と略記）

となる。

③ "商品カテゴリ"と"商品カテゴリ明細"の間

〔設計の前提となる業務〕8.②に「また，あらかじめどの商品をどの商品カテゴリにするかを知らされているので，商品カテゴリの明細として商品を設定している」とあるので，"商品カテゴリ"と"商品カテゴリ明細"には関連がある。商品カテゴリの明細は，どの商品がどの商品カテゴリに属するのかを決めるものである。一つの商品カテゴリには複数の商品カテゴリの明細があり，一つの商品カテゴリの明細は一つの商品カテゴリに属する。したがって，"商品カテゴリ"と"商品カテゴリ明細"は1対多となる。

④ "商品"と"商品カテゴリ明細"の間

〔設計の前提となる業務〕8.②に「また，あらかじめどの商品をどの商品カテゴリにするかを知らされているので，商品カテゴリの明細として商品を設定している」とあるので，"商品"と"商品カテゴリ明細"には関連がある。この記述から，商品カテゴリの明細は一つの商品に対応していることも分かる。次に，一つの商品は，複数の商品カテゴリの明細に対応するのかを考える。「商品カテゴリは，どの顧客も似ているが微妙に異なり」と記述されており，商品カテゴリはチェーン法人ごとに異なり，商品カテゴリの商品カテゴリ明細も異なることを表している。したがって，一つの商品が複数の商品カテゴリ明細に対応する。したがって，"商品"と"商品カテゴリ明細"は1対多となる。

⑤ "物流拠点"と"引当在庫"の間

〔設計の前提となる業務〕5.①に「引当在庫は，物流拠点，商品，製造ロットの別に，その時点の在庫数，引当済数，引当可能数を記録するもので，商品の引当てに用いる」とあるので，"物流拠点"と"引当在庫"には関連がある。一般的に，一つの物流拠点には複数の在庫があり，一つの引当在庫は一つの物流拠点に属する。したがって，"物流拠点"と"引当在庫"は1対多となる。

⑥ "物流拠点"と"払出在庫"の間

〔設計の前提となる業務〕5.②に「払出在庫は，物流拠点，商品，製造ロット，荷姿の別に，その時点の在庫数（荷姿別在庫数）を記録するもので，商品の出庫の記録に用いる」とあるので，"物流拠点"と"払出在庫"には関連がある。一般的に，一つの物流拠点には複数の払出在庫があり，一つの払出在庫は一つの物流拠点に属する。したがって，"物流拠点"と"払出在庫"は1対多となる。

⑦ "製造ロット"と"引当在庫"の間

〔設計の前提となる業務〕5.①に「引当在庫は，物流拠点，商品，製造ロットの別に，その時点の在庫数，引当済数，引当可能数を記録するもので，商品の引当てに用いる」とあるので，"製造ロット"と"引当在庫"には関連がある。製造ロットは，商品ごとの製造単位であり，複数の引当在庫をもつ。また，一つの引当在庫は，物流拠点，商品，製造ロット別に記録するため，一つの製造ロットに対応する。したがって，"製造ロット"と"引当在庫"は1対多となる。

⑧ "製造ロット"と"払出在庫"の間

〔設計の前提となる業務〕5.②に「払出在庫は，物流拠点，商品，製造ロット，荷姿の別に，その時点の在庫数（荷姿別在庫数）を記録するもので，商品の出庫の記録に用いる」とあるので，"製造ロット"と"払出在庫"には関連がある。製造ロットは，商品ごとの製造単位であり，複数の払出在庫をもつ。また，一つの払出在庫は，物流拠点，商品，製造ロット，似姿別に記録するため，一つの製造ロットに対応する。したがって，"製造ロット"と"払出在庫"は1対多となる。

⑨　"荷姿区分"と"払出在庫"の間

　〔設計の前提となる業務〕5.②に「払出在庫は，物流拠点，商品，製造ロット，荷姿の別に，その時点の在庫数（荷姿別在庫数）を記録するもので，商品の出庫の記録に用いる」とあるので，"荷姿区分"と"払出在庫"には関連がある。一般的に，払出在庫には，様々な荷姿の形態があり，払出在庫は，物流拠点，商品，製造ロット，荷姿の別で特定される。したがって，"荷姿区分"と"払出在庫"は1対多となる。

⑩　"締め契機"と空欄ア（チェーン法人別締め契機）の間

　チェーン法人別締め契機については，〔設計の前提となる業務〕4.③に「チェーン法人と協議の上で，週3回程度に設定している」とある。通常の締め契機のどこかでチェーン法人締め契機が設定されるので，"締め契機"と"チェーン法人別締め契機"には関連がある。一般的に，一つの締め契機には，複数のチェーン法人別締め契機が設定される。また，チェーン法人別締め契機は，一つの締め契機に対応するため，"締め契機"と"チェーン法人別締め契機"は1対多となる。

⑪　"チェーン法人"と"空欄ア（チェーン法人別締め契機）"の間

　チェーン法人別締め契機については，〔設計の前提となる業務〕4.③に「チェーン法人と協議の上で，週3回程度に設定している」とあるので，"チェーン法人"と"チェーン法人別締め契機"は関連がある。一つのチェーン法人で週3回の締め契機があるので，"チェーン法人"と"チェーン法人別締め契機"は1対多となる。

(2) 図3中の　　イ　　に入れる適切なエンティティタイプ名を答え，トランザクションの領域の欠落しているリレーションシップを補って，概念データモデルを完成させる問題である。図5の対応する関係スキーマを見れば記入できるものもある。

・空欄イ：〔設計の前提となる業務〕9.(5)④に「ピース梱包実績は，一つ又は複数の種類の商品の詰め合わせであり，どのピース出庫実績から幾つの商品を構成したかのピース梱包内訳を記録する」とある。ピースの梱包内訳を記録するエンティティタイプがないため，空欄イは「ピース梱包内訳」となる。

①　"出荷指示"と"受注"の間

　出荷指示については，〔設計の前提となる業務〕9.(2)①に「締め契機で在庫引当てに成功した受注を集約した情報である」とあるので，"出荷指示"と"受注"には関連がある。出荷指示は受注を集約したものなので，"出荷指示"と"受注"は1対多となる。

② "出庫指示"と"出荷指示"の間

　出庫指示については，〔設計の前提となる業務〕9.(3)①に「物流拠点ごとに，同じ締め契機の，全ての納入先の出荷指示を集約し，物流拠点の倉庫から出荷対象の商品を出すための情報である」とあるので，"出荷指示"と"出庫指示"には関連がある。出庫指示は出荷指示を集約したものなので，"出庫指示"と"出荷指示"は１対多となる。

③ "受注"と"店舗別梱包指定受注"の間

　店舗別梱包について，〔設計の前提となる業務〕8.①に「E社を含む仕入先から納入された梱包を崩さずにチェーン店舗へ送る」とある。また，「店舗別梱包では，受注で指定される梱包対象の店舗は一つである」とあるので，店舗別梱包の場合，1件の受注が1件の店舗別梱包になることが分かり，"受注"と"店舗別梱包"で属性を共有することができる。そのため，"受注"と"店舗別梱包指定受注"は，スーパタイプとサブタイプのリレーションシップとなる。この場合，"店舗別梱包指定受注"は，"受注"から店舗別梱包指定という一つの切り口でサブタイプを切り出したもので，切り口を表す"△"は一つである。このことは，図5の関係スキーマの"店舗別梱包指定受注"の字下げ表示からも分かる。

④ "出荷指示"と"出荷実績"の間

　出荷実績については，〔設計の前提となる業務〕9.(6)①に「出荷指示の単位に梱包を納入先別に配送した実績である」とあるので，"出荷指示"と"出荷実績"は１対１のリレーションシップとなる。このように，トランザクション領域（又は在庫領域）では，１対１の場合があり要注意である。

⑤ "出荷指示梱包明細"と"出荷指示店舗別梱包明細"及び"出荷指示商品カテゴリ別梱包明細"の間

　〔設計の前提となる業務〕9.(2)④に「梱包方法によって，店舗別梱包の場合は梱包対象チェーン店舗を，商品カテゴリ別梱包の場合は商品カテゴリを設定する」とあるので，"出荷指示梱包明細"と"出荷指示店舗別梱包明細"及び"出荷指示梱包明細"と"出荷指示商品カテゴリ別梱包明細"は，スーパタイプとサブタイプのリレーションシップとなる。この場合，図5のサブタイプの関係スキーマの字下げ表示と上記の出荷指示の記述から排他的サブタイプ（"△"が一つ）となることが分かる。

⑥ "出荷指示梱包明細"と"梱包実績"の間

　梱包実績については，〔設計の前提となる業務〕9.(5)①に「出庫された商品を，出荷指示梱包明細に基づいて配送できるように段ボール箱に詰めた実績であり，段ボールごとに梱包実績番号を付与する」とあるので，"出荷指示梱包明細"と"梱包実績"には関連がある。"梱包実績"は，"出荷指示梱包明細"と"梱包"を対応付けするエンティティタイプとなっている。また，出荷指示梱包明細については，(2)②に「梱包を分ける単位を示す」とあるので，一つの出荷指示梱包明細には，複数の梱包実績が対応する。また，一つの梱包実績は，一つの出荷指示梱包明細に対応する。したがって，"出荷指示梱包明細"と"梱包実績"は１対

多となる。

⑦ "出荷実績"と"梱包実績"の間

〔設計の前提となる業務〕9.(6)③に「出荷実績に対応する梱包実績に，どの出荷実績で出荷されたかを記録する」とあるため，"出荷実績"と"梱包実績"には関連がある。梱包実績は，出荷指示梱包明細に基づいて配送できるように段ボール箱に詰めた実績であり，出荷実績は，出荷指示の単位に梱包を納入先別に配送した実績である。したがって，一つの出荷実績には，複数の梱包実績に対応しており，一つの梱包実績は，一つの出荷実績に対応する。"出荷実績"と"梱包実績"は1対多となる。

⑧ "梱包実績"と"ピース梱包実績"及び"ケース梱包実績"の間

〔設計の前提となる業務〕9.(5)②に「梱包実績にはケース梱包実績とピース梱包実績がある。いずれの実績かは，段ボール箱区分で分類する」とある。したがって，"梱包実績"と"ピース梱包実績"及び"梱包実績"と"ケース梱包実績"は，スーパタイプとサブタイプのリレーションシップとなる。この場合，図5のサブタイプの関係スキーマの字下げ表示と上記の出荷指示の記述から排他的サブタイプ（"△"が一つ）となることが分かる。

⑨ "出庫実績"と"ケース出庫実績"及び"ピース出庫実績"の間

出庫実績については，〔設計の前提となる業務〕9.(4)①に「出庫指示明細で指示された商品の出庫指示数を，幾つのケースと幾つのピースで出庫したかの実績である」とあるので，"出庫実績"と"ケース出庫実績"及び"出庫実績"と"ピース出庫実績"は，スーパタイプとサブタイプのリレーションシップとなる。この場合，図5のサブタイプの関係スキーマの字下げ表示と上記の出荷指示の記述から排他的サブタイプ（"△"が一つ）となることが分かる。

⑩ "ケース出庫実績"と"ケース梱包実績"の間

〔設計の前提となる業務〕9.(5)③に「ケース梱包実績は，どのケース出庫実績によるものかを関連付ける」とあるので，"ケース出庫実績"と"ケース梱包実績"には関連がある。出庫されたケースは，出荷指示梱包明細に基づいてケース梱包される。ケース梱包では，出庫されたケースを組み合わせていくので，一つのケース出庫実績は，複数のケース梱包実績に対応する。また，一つのケース梱包実績は，一つのケース出庫実績に対応する。したがって，"ケース出庫実績"と"ケース梱包実績"は1対多となる。

⑪ "ピース出庫実績"と"空欄イ（ピース梱包内訳）"の間

〔設計の前提となる業務〕9.(5)④に「ピース梱包実績は，一つ又は複数の種類の商品の詰め合わせであり，どのピース出庫実績から幾つの商品を構成したかのピース梱包内訳を記録する」とある。ピース梱包実績は，複数の商品の詰合せであるため，ピース梱包実績は，ピース出庫実績から幾つの商品を構成するかをピース梱包内訳で記録する。つまり，ピース梱包内訳は，ピース梱包実績とピース出庫実績の組合せを記録している。そのため，一つのピース出庫実績は，複数のピース梱包内訳に対応する。また，一つのピース梱包内訳は，一つのピース出庫

実績に対応するため，“ピース出庫実績”と“ピース梱包内訳”は1対多となる。

⑫　“ピース梱包実績”と“空欄イ（ピース梱包内訳）”の間

⑪に記述したとおり，ピース梱包内訳は，ピース梱包実績とピース出庫実績の組合せを記録している。一つのピース梱包実績は，複数のピース梱包内訳に対応する。また，一つのピース梱包内訳は，一つのピース梱包実績に対応するため，“ピース梱包実績”と“ピース梱包内訳”は1対多となる。

(3) 図4中の ┌ a ┐ ～ ┌ f ┐ に入れる適切な属性名を補って関係スキーマを完成させる問題である。

・空欄 a：“PB商品”の属性を解答する。“PB商品”は，“商品”のサブタイプなので，“PB商品”の主キーは，商品コードとなる。〔設計の前提となる業務〕3.(1)②に「PB商品は，どのチェーン法人のものかをもつ」とあるので，チェーン法人コードをもつ。チェーン法人コードは，“チェーン法人”の主キーとなっているので，外部キーとなる。したがって，空欄 a には「<u>商品コード</u>,チェーン法人コード」が入る。

・空欄 b：“NB商品”の属性を解答する。“NB商品”は，“商品”のサブタイプなので，“NB商品”の主キーは，商品コードとなる。〔設計の前提となる業務〕3.(1)②に「NB商品は，売上金額のランクをもつ」とあるので，ランクの属性をもつ。したがって，空欄 b には「<u>商品コード</u>, ランク」が入る。

・空欄 c：“商品カテゴリ”の属性を解答する。〔設計の前提となる業務〕8.②に「商品カテゴリは，どの顧客も似ているが微妙に異なり，チェーン法人コードと商品カテゴリコードによって識別する」とあるので，チェーン法人コードと商品カテゴリコードが主キーとなる。また，「商品カテゴリコード及び商品カテゴリ名は顧客が使っている値を用いる」とあるので，商品カテゴリ名の属性が必要となる。したがって，空欄 c には「<u>チェーン法人コード</u>, <u>商品カテゴリコード</u>, 商品カテゴリ名」が入る。

・空欄 d：“空欄ア（チェーン法人別締め契機）”の属性を解答する。〔設計の前提となる業務〕4.②に「年月日とその日の何回目の締めかを示す“回目”で識別している」とあるので，主キーは年月日と回目となる。また，③に，「チェーン法人と協議の上で，週3回程度に設定している」とあるので，チェーン法人コードが必要となる。なお，チェーン法人別の締め契機が必要であるため，チェーン法人コードも主キーの属性となる。空欄 d には「<u>締め年月日</u>, <u>回目</u>, チェーン法人コード」が入る。

・空欄 e：“引当在庫”の属性を解答する。〔設計の前提となる業務〕5.①に「引当在庫は，物流拠点，商品，製造ロットの別に，その時点の在庫数，引当済数，引当可能数を記録するもので，商品の引当てに用いる」とあるので，主キーは，拠点コード，商品コード，製造ロット番号となる。非キー属性（従属属性）は，在庫数，引当済数，引当可能数となる。したがって，空欄 e には「<u>拠点コード</u>, <u>商品コード</u>, <u>製造ロット番号</u>, 在庫数, 引当済数, 引当可能数」が入る。

・空欄 f："払出在庫" の属性を解答する。〔設計の前提となる業務〕5.②に「払出在庫は，物流拠点，商品，製造ロット，荷姿の別に，その時点の在庫数（荷姿別在庫数）を記録するもので，商品の出庫の記録に用いる」とあるので，主キーは拠点コード，商品コード，製造ロット番号，荷姿区分となる。非キー属性は，荷姿別在庫数となる。したがって，空欄 f には「<u>拠点コード，商品コード，製造ロット番号，荷姿区分</u>，荷姿別在庫数」が入る。

(4) 図 5 中の ⎵ g ⎵ ～ ⎵ v ⎵ に入れる適切な属性名を補って関係スキーマを完成させる問題である。

・空欄 g："受注" の属性を解答する。〔設計の前提となる業務〕9.(2)③に「対象の受注に出荷指示番号を記録する」とあるので，出荷指示番号が入る。出荷指示番号は，"出荷指示" で主キーとなっているため，外部キーとなる。したがって，空欄 g には「出荷指示番号」が入る。

・空欄 h："店舗別梱包指定受注" の属性を解答する。"店舗別梱包指定受注" は，"受注" のサブタイプであるので，主キーは受注番号となる。〔設計の前提となる業務〕8.①に「店舗別梱包では，受注で指定される梱包対象の店舗は一つである」とあるので，梱包対象チェーン店舗を特定するためには，スーパタイプに "受注" のチェーン法人コードがあるから梱包対象チェーン店舗コードをもてば良い。"受注" から継承したチェーン法人コードと，サブタイプの固有属性である梱包対象チェーン店舗コードの組を外部キーとして "梱包対象チェーン店舗" を参照することになる。したがって，空欄 h には「受注番号，<u>梱包対象チェーン店舗コード</u>」が入る。なお，空欄 h については，サブタイプの "店舗別梱包指定受注" にチェーン法人コードをもたせる「受注番号，チェーン法人コード，<u>梱包対象チェーン店舗コード</u>」が別解となっている。サブタイプは，スーパタイプから属性を継承するのが原則であるが，外部キーの場合はチェーン法人コードを固有属性としてもつことを許しているようである。

午後II解答

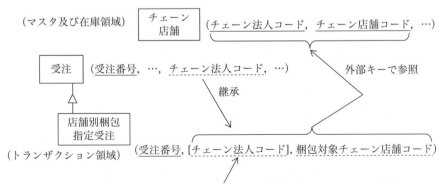

この属性は継承すると考え，サブタイプの固有属性とはしないのが一般的である。しかし，関係スキーマ（テーブルではないが）は半ば実装段階であると解釈すれば，サブタイプにチェーン法人コードをもつこともあり得る。

・空欄 i："受注明細"の属性を解答する。〔設計の前提となる業務〕9.(1)⑤に「在庫引当ての成否は，受注明細に記録する」とあるので，空欄 i には「在庫引当成否」が入る。

・空欄 j："出荷指示"の属性を解答する。〔設計の前提となる業務〕9.(2)③に「出荷指示ごとに，出荷指示番号を付与し，適用した締め契機，出荷指示対象の納入先を記録する」とある。既に出荷指示番号，出荷指示対象の納入先であるチェーン法人コード，チェーン DC コードが入っている。締め契機は，締め年月日，回目が入る。また，(3)②には「対象の出荷指示に出庫指示番号を記録する」とあるので，出庫指示番号が入る。締め年月日，回目，出庫指示番号は，他の関係スキーマの主キーであるので，外部キーとなる。したがって，空欄 j には「締め年月日，回目，出庫指示番号」が入る。

・空欄 k："出荷指示店舗別梱包明細"の属性を解答する。〔設計の前提となる業務〕9.(2)④に「梱包方法によって，店舗別梱包の場合は梱包対象チェーン店舗を，〜（中略）〜設定する」とあるので，梱包対象チェーン店舗コードが入る。また，チェーン店舗については，2.(3)①に「チェーン法人コードとチェーン店舗コードによって識別する」とある。チェーン法人コード及びチェーン店舗コードは，"チェーン店舗"の主キーとなるので，チェーン法人コード，梱包対象チェーン店舗コードは外部キーとなる。したがって，空欄 k には「チェーン法人コード，梱包対象チェーン店舗コード」が入る。ただし，空欄 k は梱包対象チェーン店舗コードだけを属性とすることも可能である。これは，"出荷指示"にチェーン法人コードの属性があり，"出荷指示"を参照すればチェーン法人コードを参照できるからである。その場合は，梱包対象チェーン店舗コードは外部キーにはなり得ない。

・空欄 l："出荷指示商品カテゴリ別梱包明細"の属性を解答する。〔設計の前提となる業務〕9.(2)④に「商品カテゴリ別梱包の場合は商品カテゴリを設定する」とあるので，商品カテゴリコードが入る。商品カテゴリコードは，チェーン法人コードと商品カテゴリコードによって識別するとある。チェーン法人コードと商品カテゴリコードは，"商品カテゴリ"の主キーであるため，チェーン法人コードと商品カテゴリコードは外部キーとなる。したがって，空欄 l には「チェーン法人コード，商品カテゴリコード」が入る。ただし，空欄 l は商品カテゴリコードだけを属性とすることも可能である。これは，"出荷指示"にチェーン法人コードの属性があり，"出荷指示"を参照すればチェーン法人コードを参照できるからである。これも，空欄 k などと同様に，商品カテゴリコードは単独では外部キーにはなり得ない。

・空欄 m："出荷指示梱包内商品明細"の属性を解答する。〔設計の前提となる業務〕9.(2)⑤に「出荷指示梱包内商品明細ごとに，梱包すべき商品について製造ロット別に出荷指示数を設定する」とある。"出荷指示梱包内商品明細"の主キーは，"出荷指示梱包明細"の主キーである出荷指示番号，出荷指示梱包明細番号と"製造ロット"の主キーである商品コードと製造ロット番号である。

また，非キー属性として出荷指示数が必要となる。したがって，空欄 m には「商品コード，製造ロット番号，出荷指示数」が入る。

- 空欄 n：“出庫指示”の属性を解答する。〔設計の前提となる業務〕9.(3)②に「出庫指示には，出庫指示番号を付与し，対象の物流拠点と適用した締め契機を記録する」とある。締め契機を特定するには，締め年月日，回目が必要となる。締め年月日，回目は，“締め契機”の主キーとなるため，外部キーになる。また，対象の物流拠点を特定するため，拠点コードが必要となる。拠点コードは，“物流拠点”の主キーのため，外部キーになる。したがって，空欄 n には「締め年月日，回目，拠点コード」が入る。
- 空欄 o：“出庫指示明細”の属性を解答する。〔設計の前提となる業務〕9.(3)③に「出庫指示明細には，出庫指示明細番号を付与し，製造ロット別の商品と出庫指示数を設定する」とある。製造ロットを特定するためには，商品コードと製造ロット番号が必要である。商品コードと製造ロット番号は，“製造ロット”の主キーなので，外部キーとなる。非キー属性としては，出庫指示数が必要となる。したがって，空欄 o には「製造ロット番号，出庫指示数」が入る。
- 空欄 p：“ケース出庫実績”の属性を解答する。出庫実績については，〔設計の前提となる業務〕9.(4)①に「出庫指示明細で指示された商品の出庫指示数を，幾つのケースと幾つのピースで出庫したかの実績である」とある。“出庫指示明細”と“出庫実績”は，1 対多なので，“出庫指示明細”の主キーである出庫指示番号，出庫指示明細番号を外部キーとしてもつ。また，②に「出庫実績には出庫実績番号を付与し，荷姿区分で分類」とあるので，“荷姿区分”の主キーである荷姿区分を外部キーとしてもつ。したがって，空欄 p には「出庫指示番号，出庫指示明細番号，荷姿区分」が入る。
- 空欄 q：“ケース出庫実績”の属性を解答する。“ケース出庫実績”は，“出庫実績”のサブタイプであるので，主キーは出庫実績番号となる。〔設計の前提となる業務〕9.(4)②に「ケースを出庫した出庫実績には出庫ケース数」とあるので，非キー属性として出庫ケース数が必要である。したがって，空欄 q には「出庫実績番号，出庫ケース数」が入る。
- 空欄 r：“ピース出庫実績”の属性を解答する。“ピース出庫実績”は，“出庫実績”のサブタイプであるので，主キーは出庫実績番号となる。〔設計の前提となる業務〕9.(4)②に「ピースを出庫した出庫実績には出庫ピース数を記録する」とあるので，非キー属性として出庫ピース数が必要である。したがって，空欄 r には「出庫実績番号，出庫ピース数」が入る。
- 空欄 s：“梱包実績”の属性を解答する。梱包実績については，〔設計の前提となる業務〕9.(5)①に「出荷指示梱包明細に基づいて配送できるように段ボール箱に詰めた実績」とあるので，“出荷指示梱包明細”の主キーである出荷指示番号，出荷指示梱包明細番号の属性をもつ。また，②に「梱包実績にはケース梱包実績とピース梱包実績がある。いずれの実績かは，段ボール箱区分で

分類する」とあるので，段ボール区分の属性が必要となる。さらに，(6)③に「出荷実績に対応する梱包実績に，どの出荷実績で出荷されたかを記録する」とあるので，"出荷実績"の主キーである出荷実績番号の属性が入る。出荷指示番号，出荷指示梱包明細番号，出荷実績番号は，他の関係スキーマで主キーであるため，外部キーとなる。したがって，空欄 s には「出荷指示番号，出荷指示梱包明細番号，段ボール箱区分，出荷実績番号」が入る。

・空欄 t："ケース梱包実績"の属性を解答する。〔設計の前提となる業務〕9.(5)③に「ケース梱包実績は，どのケース出庫実績によるものかを関連付ける」とあるので，"出庫実績"の主キーである出庫実績番号が入る。出庫実績番号は，"出庫実績"の主キーであるため，外部キーである。したがって，空欄 t には「出庫実績番号」が入る。

・空欄 u："空欄イ（ピース梱包内訳）"の属性を解答する。〔設計の前提となる業務〕9.(5)④に「どのピース出庫実績から幾つの商品を構成したかのピース梱包内訳を記録する」とある。つまり，"ピース梱包内訳"は，"ピース出庫実績"と"ピース出庫実績"の連関エンティティタイプとなる。それぞれに対応する関係スキーマの主キー属性を組み合わせた梱包実績番号と出庫実績番号が主キーとなる。また，幾つの商品を構成したのか詰合せ数を記録する。したがって，空欄 u には「梱包実績番号，出庫実績番号，詰合せ数」が入る。

・空欄 v："出荷実績"の属性を解答する。〔設計の前提となる業務〕9.(6)②に「出荷実績には，車両番号と出荷年月日時刻を記録する」とある。"出荷実績"は，"出荷指示"と 1 対 1 の関連があるため，"出荷指示"の主キーである出荷指示番号が必要となり，これは外部キーである。また，車両番号は，"配送車両"で主キーとなっているので，外部キーになる。したがって，空欄 v には「出荷指示番号，車両番号，出荷年月日時刻」が入る。

［設問2］
(1) 図6の設計変更した顧客のリレーションシップを補って概念データモデルを完成させる問題である。図7の関係スキーマを上から順に見ていく。

① "チェーン組織"と"受注先"及び"納入先"の間

〔設計変更の内容〕1.(2)③に「さらに，受注先と納入先を併せてチェーン組織と呼ぶことにする」とあるので，"チェーン組織"と"受注先"及び"チェーン組織"と"納入先"は，スーパタイプとサブタイプのリレーションシップとなる。この場合，(2)⑤に「受注先と納入先は，それぞれチェーン組織の一部なので，受注先に該当するチェーン組織には受注先フラグを，納入先に該当するチェーン組織には納入先フラグを設定する」とあり，サブタイプ識別子がフラグである。つまり，受注先と納入先は重なる場合があるため，共存的サブタイプとなり，受注先と納入先の二つの切り口（"△"）に分かれる。なお，易しくなり過ぎるという配慮か，図7の関係スキーマには，サブタイプの字下げ表示がない。

② "受注先"と"チェーンDC"及び"チェーン本支部"の間

〔設計変更の内容〕1.(2)①に「受注は，チェーン DC 又はチェーン本支部から受けることになったので，この両者を併せて受注先と呼ぶことにする」とあるので，"受注先"と"チェーン DC"及び"受注先"と"チェーン本支部"は，スーパタイプとサブタイプのリレーションシップとなる。この場合は，上記の記述から排他的サブタイプである。

③　"納入先"と"チェーン DC"及び"直納対象チェーン店舗"の間

〔設計変更の内容〕1.(2)②に「納入は，チェーン DC 又は直接納入する対象のチェーン店舗に行うので，この両者を併せて納入先と呼ぶことにする」とあるので，"納入先"と"チェーン DC"及び"納入先"と"直納対象チェーン店舗"は，スーパタイプとサブタイプのリレーションシップとなる。これも，排他的サブタイプである。

④　"チェーン店舗"と"店舗別梱包対象チェーン店舗"及び"直納対象チェーン店舗"の間

〔設計変更の内容〕1.(3)②に「チェーン店舗は，スコープを広げて，店舗別梱包対象チェーン店舗と直納対象チェーン店舗を併せたものにする。また，〜（中略）〜いずれかを示すチェーン店舗区分を設定する」とあるので，"チェーン店舗"と"店舗別梱包対象チェーン店舗"及び"チェーン店舗"と"直納対象チェーン店舗"は，スーパタイプとサブタイプのリレーションシップとなる。これも，チェーン店舗区分があり，排他的サブタイプである。

(2)　図 7 中の　┃　あ　┃ 〜 ┃　く　┃　に入れる適切な属性名を補って関係スキーマを完成させる問題である。

・空欄あ："チェーン組織"の属性を解答する。〔設計変更の内容〕1.(2)④に「チェーン組織には，チェーン法人を超えて一意に識別できるチェーン組織コードを付与し，どのチェーン法人のチェーン組織なのかを設定する」とあるので，チェーン組織コードが"チェーン組織"の主キーとなる。また，⑤に「受注先と納入先は，それぞれチェーン組織の一部なので，受注先に該当するチェーン組織には受注先フラグを，納入先に該当するチェーン組織には納入先フラグを設定する」とあるので，受注先フラグと納入先フラグが必要になる。したがって，空欄あには「<u>チェーン組織コード</u>，受注先フラグ，納入先フラグ」が入る。

・空欄い："受注先"の属性を解答する。"受注先"は，"チェーン組織"のサブタイプであるため，主キーは"チェーン組織"の主キーであるチェーン組織コードとなる。これを受注先チェーン組織コードという属性名にする。〔設計変更の内容〕1.(2)⑥に「その受注先がチェーン DC かチェーン本支部のいずれかを示す受注先区分を設定する」とあるので，受注先区分が必要になる。したがって，空欄いには「<u>受注先チェーン組織コード</u>，受注先区分」が入る。なお，受注先区分は，サブタイプ識別子である。

・空欄う："納品先"の属性を解答する。"納入先"は，"チェーン組織"のサブタイプであるため，主キーは"チェーン組織"の主キーであるチェーン組織コー

ドとなる。これを納入先チェーン組織コードという属性名にする。〔設計変更の内容〕1.(2)⑦に「配送地域は、納入先に設定し、チェーンDCからは外す」とあるので、配送地域コードが必要である。配送地域コードは、"配送地域"の主キーであるため、外部キーとなる。また、図6において、"受注先"と"納入先"は1対多であり、"受注先"の主キーである受注先チェーン組織コードを外部キーとしてもつ。したがって、空欄うには「<u>納入先チェーン組織コード</u>，<u>配送地域コード</u>，<u>受注先チェーン組織コード</u>」が入る。

・空欄え："チェーンDC"の属性を解答する。"チェーンDC"は、"受注先"と"納入先"の両方に対しての多重継承のサブタイプとなる。そのため、"受注先"と"納入先"の主キーであるチェーン組織コードが必要となる。"チェーンDC"は、チェーン法人コード、"チェーンDCコード"が主キーとなっているため、チェーン組織コードは外部キーとしてスーパタイプとサブタイプのリレーションシップを表現する。したがって、空欄えには「<u>チェーン組織コード</u>」が入る。

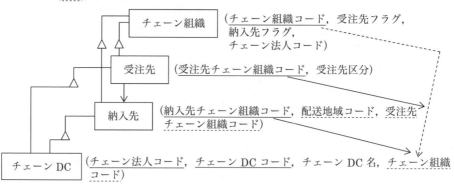

多重継承のサブタイプの場合、通常、主なスーパタイプの主キーを主キーとし、それ以外のスーパタイプの主キーを外部キーとすることが多い。しかし、この例では、どちらのスーパタイプも主キーはチェーン組織コードであり、外部キーとして参照することで多重継承のサブタイプを表現できる。この場合、主キーと外部キーは1対1であり、外部キーは候補キーともみなせる。また、チェーン法人コードは"チェーン組織"のチェーン法人コードを段階的に継承していると解釈できる。

・空欄お："チェーン本支部"の属性を解答する。〔設計変更の内容〕1.(1)②に「受注し得るチェーン本支部について、コード及び名称を顧客から知らされて登録」とあるので、チェーン本支部名が必要となる。また、"チェーン本支部"は、"受注先"のサブタイプであるため、"受注先"の主キーである受注先チェーン組織コードをもつ。"チェーン本支部"の主キーは、チェーン法人コードとチェーン本支部コードとなっているため、空欄えと同じく、受注先チェーン組織コードは外部キーとなる。したがって、空欄おには「<u>チェーン本支部名</u>，<u>受注先チェーン組織コード</u>」が入る。

・空欄か：“チェーン店舗”の属性を解答する。〔設計変更の内容〕1.(3)②に「また，そのチェーン店舗が店舗別梱包対象チェーン店舗か直納対象チェーン店舗のいずれかを示すチェーン店舗区分を設定する」とあるので，チェーン店舗区分が必要となる。また，図４の関係スキーマにおける“チェーン店舗”を見ると，チェーン店舗名があるので，チェーン店舗名も必要となる。したがって，空欄かには「チェーン店舗区分，チェーン店舗名」が入る。この場合，(1)④の解説でも触れたチェーン店舗区分は，サブタイプ識別子である。

・空欄き：“店舗別梱包対象チェーン店舗”の属性を解答する。“店舗別梱包対象チェーン店舗”は，“チェーン店舗”のサブタイプであるため，“チェーン店舗”の主キーであるチェーン法人コードとチェーン店舗コードをもつ。チェーン店舗コードは，店舗別梱包対象チェーン店舗コードという修飾名を付けた名称にする。したがって，空欄きには「チェーン法人コード，店舗別梱包対象チェーン店舗コード」が入る。

・空欄く：“直納対象チェーン店舗”の属性を解答する。“直納対象チェーン店舗”は，“チェーン店舗”のサブタイプであるため，“チェーン店舗”の主キーであるチェーン法人コードとチェーン店舗コードをもつ。チェーン店舗コードは，直納対象チェーン店舗コードという修飾名を付けた名称にする。また，“直納対象チェーン店舗”は，“納入”のサブタイプ（多重継承）でもある。そのため，“納入先”の主キーである納入先チェーン組織コードをもつ。既にチェーン法人コードと直納対象チェーン店舗コードが主キーとなっているので，納入先チェーン組織コードは外部キーとする。したがって，空欄くには「チェーン法人コード，直納対象チェーン店舗コード，納入先チェーン組織コード」が入る。

(3) 設計変更前にチェーンDCを参照していた三つのエンティティタイプと，それぞれに対応する設計変更後の参照先エンティティタイプを解答する。

まず，設計変更前に“チェーンDC”を参照していた三つのエンティティタイプについて考える。設問より“チェーンDC”を参照していたエンティティタイプは図２に一つある。図２の“チェーンDC”から矢印が伸びている“納入商品最終ロット”となる。“チェーン店舗”にも矢印が伸びているが，設問には「図６に示したもの以外のエンティティタイプで」とあるので除外する。図３において，リレーションシップは省略されているが，“チェーンDC”を参照していたエンティティタイプは，“受注”と“出荷指示”となる。これは，図５の関係スキーマを見ると，“受注”と“出荷指示”は，チェーンDCコードの外部キーをもっているためである。

次に，それぞれに対応する設計変更後の参照先エンティティタイプを考える。設計変更による“納入先”は，“チェーンDC”と“直納対象チェーン店舗”に変更された。“納入商品最終ロット”と“出荷指示”は，“納入先”を参照するという意味で“チェーンDC”を参照していたので，変更後の参照先は“納入先”となる。また，設計変更前の“受注”はどのチェーンDCから受注したのかを表している。“受注先”は，“チェーンDC”と“チェーン本支部”に変更されたので，変更後の参照

午後Ⅱ解答

先は"受注先"となる。

　以上から，設計変更前に"チェーン DC"を参照していた三つのエンティティタイプは，「①納入商品最終ロット，②受注，③出荷指示」となる。また，それぞれに対応する設計変更後の参照先エンティティタイプは，「①納入先，②受注先，③納入先」となる。

●令和 3 年度秋期
午後 II 問題　IPA 発表の解答例

問 1

出題趣旨
データベースの物理設計では，概念設計及び論理設計の結果をインプットとして，業務的な制約などの機能要件，性能，運用などの非機能要件の両方を考慮して，実際のテーブル定義を行い，さらに集計機能を実装して帳票出力するなど，SQL 文による効率の良い処理の設計が求められる。一方，データベースシステムの運用に当たっては，想定される障害に備えたリカバリ方法を検討した上で，適切なバックアップ計画を立案することが求められる。 　本問では，不動産販売会社の商談管理システムを題材として，物理設計，データ操作，リカバリを行う能力を問う。具体的には，①論理データモデルを基に実装するテーブルの設計を行う能力，②業務上の制約を実装する能力，③問合せを設計する能力，④障害からのリカバリを行う能力を評価する。

設問			解答例・解答の要点	
設問 1	(1)	ア	追客区分による選択が必要	
		イ	結合及び和集合が必要	
		ウ	和集合が必要	
		エ	G	
		オ	C	
	(2)	カ	住所	
		キ	駅，物件	
		ク	最寄り駅，販売期，棟	
	(3)	ケ	顧客コード，接触日時，追客種別を構成列とする一意性制約を定義する。	
		コ	OROW.契約ステータスと NROW.契約ステータスの値をチェックする BEFORE トリガを定義する。	
	(4)	①	・トランザクションをロールバックする。	
		②	・間隔を空けてトランザクションを再実行する。	
設問 2	(1)	理由	価格帯，面積帯の組が M2 と T2 のどちらか一方にしかない場合があるから	
		サ	・M2 の価格帯と T2 の価格帯のどちらか NULL でない方 ・COALESCE(M2.価格帯, T2.価格帯)	
	(2)	シ	0, 3000	0, 2999
		ス	3000, 4000	又は	3000, 3999
		セ	6000, 100000	6000, 99999

設問2	(2)	ソ	A.販売価格 >= B.下限値 AND A.販売価格 < B.上限値	A.販売価格 >= B.下限値 AND A.販売価格 <= B.上限値 又は A.販売価格 BETWEEN B.下限値 AND B.上限値

設問3	(1)	(a)	a	4,040	
			b	16,000	
			c	40,000	
			d	560	
			e	2	
			f	1,010	
		(b)	同じ行への複数の更新を反映する必要がないから		
	(2)	(a)	誤登録が発生したデータ以外も誤登録前の状態に戻ってしまい,記録した情報が失われる。		
		(b)	g	MAX(T.接触日時)	
			h	S.顧客コード = T.顧客コード	順不同
			i	S.物件コード = T.物件コード	
			j	T.削除フラグ = 0	
	(3)	手順3	k	更新ログによる回復機能	
			l	作業用DB	
			m	誤更新が行われた直前の日時の状態に回復する。	
		手順4	n	エクスポート機能	
			o	作業用DB	
			p	"顧客"テーブルのうち名寄せ先顧客コードがNULLの行をファイルに抽出する。	
		手順5	q	インポート機能	
			r	本番DB	
			s	手順4で抽出したファイルを,MERGEオプションを指定して格納する。	

採点講評

　問1では,不動産販売会社の商談管理システムを題材に,データベースの物理設計について出題した。全体として正答率は高かった。

　設問1では,テーブル及び制約の実装について出題した。(1)イ及びオでは誤答が散見された。業務処理に必要な関係演算に適したテーブル構造を設計するよう心掛けてほしい。(4)では,例外の特性を考慮しない解答が散見された。ロック待ちタイムアウトなどの例外の特性に応じた処理設計を心掛けてほしい。

　設問2では,問合せに用いるメタデータを含めた問合せの設計について出題した。(1)サは完全外結合の結果の列値がNULLになることを理解できている解答を求めたが,誤答が散見された。関係演算についても正確な知識をもってほしい。

　設問3では,バックアップ・リカバリについて出題した。(1)(b)及び(2)(b)の正答率が低かった。相関副問合せはUPDATE文でも利用できるので,是非知っておいてもらいたい。(3)では,エクスポート機能に指定するテーブルの検索条件,インポート機能に指定するオプションに関する記述のない解答が散見された。本文中の状況記述,RDBMSの仕様,設問の指示をよく読んで解答するよう心掛けてほしい。

問2

	出題趣旨

概念データモデリングでは、データベースの物理的な設計とは異なり、実装上の制約に左右されずに実務の視点に基づいて、対象領域から管理対象を正しく見極め、モデル化する必要がある。概念データモデリングでは、業務内容などの実世界の情報を総合的に理解・整理し、その結果を概念データモデルに反映する能力が求められる。

本問では、中堅市販薬メーカの製品物流業務を例として、与えられた状況から概念データモデリングを行う能力を問う。具体的には、①トップダウンにエンティティタイプ及びリレーションシップを見抜く能力、②ボトムアップにエンティティタイプ及び関係スキーマを分析する能力、③設計変更に基づき概念データモデル及び関係スキーマの適切な変更を行う能力を評価する。

設問	解答例・解答の要点
設問1 (1)(2)	ア チェーン法人別締め契機 イ ピース梱包内訳 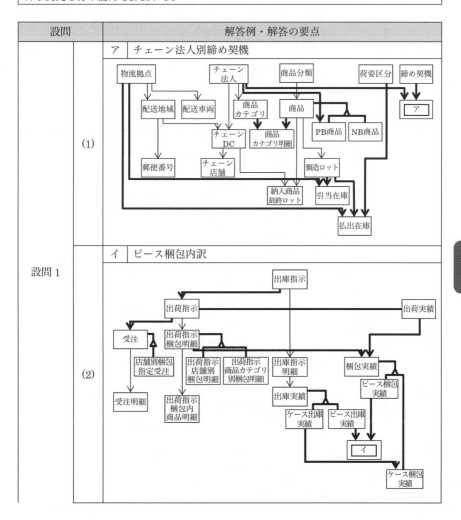

午後 II 解答

設問1	(3)	a	商品コード, <u>チェーン法人コード</u>
		b	<u>商品コード</u>, ランク
		c	<u>チェーン法人コード</u>, <u>商品カテゴリコード</u>, 商品カテゴリ名
		d	<u>締め年月日</u>, <u>回目</u>, <u>チェーン法人コード</u>
		e	<u>拠点コード</u>, <u>商品コード</u>, <u>製造ロット番号</u>, 在庫数, 引当済数, 引当可能数
		f	<u>拠点コード</u>, <u>商品コード</u>, <u>製造ロット番号</u>, <u>荷姿区分</u>, 荷姿別在庫数
	(4)	g	出荷指示番号
		h	・<u>受注番号</u>, 梱包対象チェーン店舗コード ・<u>受注番号</u>, チェーン法人コード, 梱包対象チェーン店舗コード
		i	在庫引当成否
		j	<u>締め年月日</u>, <u>回目</u>, 出庫指示番号
		k	・梱包対象チェーン店舗コード ・チェーン法人コード, 梱包対象チェーン店舗コード
		l	・商品カテゴリコード ・チェーン法人コード, 商品カテゴリコード
		m	商品コード, 製造ロット番号, 出荷指示数
		n	<u>締め年月日</u>, <u>回目</u>, 拠点コード
		o	製造ロット番号, 出庫指示数
		p	<u>出庫指示番号</u>, <u>出庫指示明細番号</u>, 荷姿区分
		q	<u>出庫実績番号</u>, 出庫ケース数
		r	<u>出庫実績番号</u>, 出庫ピース数
		s	<u>出荷指示番号</u>, <u>出荷指示梱包明細番号</u>, <u>段ボール箱区分</u>, <u>出荷実績番号</u>
		t	<u>出庫実績番号</u>
		u	<u>梱包実績番号</u>, <u>出庫実績番号</u>, 詰合せ数
		v	<u>出荷指示番号</u>, 車両番号, 出荷年月日時刻
設問2	(1)		

設問 2	(2)	あ	チェーン組織コード，受注先フラグ，納入先フラグ	
		い	受注先チェーン組織コード，受注先区分	
		う	納入先チェーン組織コード，配送地域コード，受注先チェーン組織コード	
		え	チェーン組織コード	
		お	チェーン本支部名，受注先チェーン組織コード	
		か	チェーン店舗区分，チェーン店舗名	
		き	チェーン法人コード，店舗別梱包対象チェーン店舗コード	
		く	チェーン法人コード，直納対象チェーン店舗コード，納入先チェーン組織コード	
	(3)		設計変更前にチェーン DC を参照していた三つのエンティティタイプ	それぞれに対応する設計変更後の参照先エンティティタイプ
		①	納入商品最終ロット	納入先
		②	受注	受注先
		③	出荷指示	納入先

採点講評

　問 2 では，中堅市販薬メーカの製品物流業務を題材に，現状と問題解決のために変更した概念データモデルと関係スキーマ，設計変更後の参照先エンティティタイプについて出題した。全体として正答率は高かった。

　設問 1 では，全体的に正答率は高かったものの，出荷指示梱包明細と梱包実績のリレーションシップ及び対応する外部キーの正答率が低かった。業務がどのように連鎖しているか，業務の連鎖を外部キーとしてどのように実現しているかを注意深く読み取ってほしい。

　設問 2 では，(1)の正答率は高かったが，(3)については不十分な解答が散見された。設計変更後の参照先エンティティタイプの役割を注意深く読み取り，影響するトランザクションのエンティティタイプを見極めてほしい。

　全体的に，状況記述を丁寧に読み取れているものの，マスタとトランザクション間のリレーションシップや求められる属性の理解が不十分だったと思われる。注意深く検討する習慣を身に付けてほしい。また，概念データモデリングの対象領域全体を把握するために，全体のデータモデルを記述することが重要である。日常業務での実践の積み重ねを期待したい。

令和 4 年度秋期試験
問題と解答・解説編

問題を解き，**解答・解説**でポイントを確認してください

令和4年度 秋期
プロジェクトマネージャ試験
データベーススペシャリスト試験
エンベデッドシステムスペシャリスト試験
システム監査技術者試験
情報処理安全確保支援士試験
午前I 問題【共通】

試験時間	9:30 ～ 10:20 （50分）

注意事項

1. 試験開始及び終了は，監督員の時計が基準です。監督員の指示に従ってください。試験時間中は，退室できません。
2. 試験開始の合図があるまで，問題冊子を開いて中を見てはいけません。
3. <u>答案用紙への受験番号などの記入は，試験開始の合図があってから始めてください。</u>
4. 問題は，次の表に従って解答してください。

問題番号	問1 ～ 問30
選択方法	全問必須

5. 答案用紙の記入に当たっては，次の指示に従ってください。
   (1) 答案用紙は光学式読取り装置で読み取った上で採点しますので，B 又は HB の黒鉛筆で答案用紙の<u>マークの記入方法</u>のとおりマークしてください。マークの濃度がうすいなど，<u>マークの記入方法</u>のとおり正しくマークされていない場合は，読み取れないことがあります。特にシャープペンシルを使用する際には，マークの濃度に十分注意してください。訂正の場合は，あとが残らないように消しゴムできれいに消し，消しくずを残さないでください。
   (2) <u>受験番号欄に受験番号</u>を，<u>生年月日欄に受験票の生年月日</u>を記入及びマークしてください。答案用紙の<u>マークの記入方法</u>のとおりマークされていない場合は，採点されないことがあります。生年月日欄については，受験票の生年月日を訂正した場合でも，訂正前の生年月日を記入及びマークしてください。
   (3) 解答は，次の例題にならって，解答欄に一つだけマークしてください。答案用紙の<u>マークの記入方法</u>のとおりマークされていない場合は，採点されません。

〔例題〕　秋期の情報処理技術者試験・情報処理安全確保支援士試験が実施される月はどれか。

　ア 8　　　イ 9　　　ウ 10　　　エ 11

　　　正しい答えは "ウ 10" ですから，次のようにマークしてください。

例題	⑦ ⑦ ● ⑦

注意事項は問題冊子の裏表紙に続きます。
こちら側から裏返して，必ず読んでください。

6. **問題に関する質問にはお答えできません**。文意どおり解釈してください。

7. 問題冊子の余白などは，適宜利用して構いません。ただし，問題冊子を切り離して利用することはできません。

8. 試験時間中，机上に置けるものは，次のものに限ります。

   なお，会場での貸出しは行っていません。

   受験票，黒鉛筆及びシャープペンシル（B 又は HB），鉛筆削り，消しゴム，定規，時計（時計型ウェアラブル端末は除く。アラームなど時計以外の機能は使用不可），ハンカチ，ポケットティッシュ，目薬

   これら以外は机上に置けません。使用もできません。

9. 試験終了後，この問題冊子は持ち帰ることができます。

10. 答案用紙は，いかなる場合でも提出してください。回収時に提出しない場合は，採点されません。

11. 試験時間中にトイレへ行きたくなったり，気分が悪くなったりした場合は，手を挙げて監督員に合図してください。

12. 午前Ⅱの試験開始は <u>10:50</u> ですので，<u>10:30</u> までに着席してください。

試験問題に記載されている会社名又は製品名は，それぞれ各社又は各組織の商標又は登録商標です。

なお，試験問題では，^{TM} 及び ® を明記していません。

問題文中で共通に使用される表記ルール

各問題文中に注記がない限り，次の表記ルールが適用されているものとする。

〔論理回路〕

図記号	説明
	論理積素子（AND）
	否定論理積素子（NAND）
	論理和素子（OR）
	否定論理和素子（NOR）
	排他的論理和素子（XOR）
	論理一致素子
	バッファ
	論理否定素子（NOT）
	スリーステートバッファ
	素子や回路の入力部又は出力部に示される○印は，論理状態の反転又は否定を表す。

問1　A, B, C, D を論理変数とするとき，次のカルノー図と等価な論理式はどれか。ここで，・は論理積，＋は論理和，$\overline{X}$ は X の否定を表す。

CD＼AB	00	01	11	10
00	1	0	0	1
01	0	1	1	0
11	0	1	1	0
10	0	0	0	0

ア　$A \cdot B \cdot \overline{C} \cdot D + \overline{B} \cdot \overline{D}$

イ　$\overline{A} \cdot \overline{B} \cdot \overline{C} \cdot \overline{D} + B \cdot D$

ウ　$A \cdot B \cdot D + \overline{B} \cdot \overline{D}$

エ　$\overline{A} \cdot \overline{B} \cdot \overline{D} + B \cdot D$

問2　AI における過学習の説明として，最も適切なものはどれか。

ア　ある領域で学習した学習済みモデルを，別の領域に再利用することによって，効率的に学習させる。

イ　学習に使った訓練データに対しては精度が高い結果となる一方で，未知のデータに対しては精度が下がる。

ウ　期待している結果とは掛け離れている場合に，結果側から逆方向に学習させて，その差を少なくする。

エ　膨大な訓練データを学習させても効果が得られない場合に，学習目標として成功と判断するための報酬を与えることによって，何が成功か分かるようにする。

問3 自然数をキーとするデータを，ハッシュ表を用いて管理する。キー x のハッシュ関数 h(x) を

    $h(x) = x \bmod n$

とすると，任意のキー a と b が衝突する条件はどれか。ここで，n はハッシュ表の大きさであり，x mod n は x を n で割った余りを表す。

ア　a＋b が n の倍数　　　　　　　　イ　a－b が n の倍数

ウ　n が a＋b の倍数　　　　　　　　エ　n が a－b の倍数

問4 L1，L2 と 2 段のキャッシュをもつプロセッサにおいて，あるプログラムを実行したとき，L1 キャッシュのヒット率が 0.95，L2 キャッシュのヒット率が 0.6 であった。このキャッシュシステムのヒット率は幾らか。ここで L1 キャッシュにあるデータは全て L2 キャッシュにもあるものとする。

ア　0.57　　　　　　イ　0.6　　　　　　ウ　0.95　　　　　　エ　0.98

問5 コンテナ型仮想化の説明として，適切なものはどれか。

ア　物理サーバと物理サーバの仮想環境とが OS を共有するので，物理サーバか物理サーバの仮想環境のどちらかに OS をもてばよい。

イ　物理サーバにホスト OS をもたず，物理サーバにインストールした仮想化ソフトウェアによって，個別のゲスト OS をもった仮想サーバを動作させる。

ウ　物理サーバのホスト OS と仮想化ソフトウェアによって，プログラムの実行環境を仮想化するので，仮想サーバに個別のゲスト OS をもたない。

エ　物理サーバのホスト OS にインストールした仮想化ソフトウェアによって，個別のゲスト OS をもった仮想サーバを動作させる。

問6 二つのタスクが共用する二つの資源を排他的に使用するとき，デッドロックが発生するおそれがある。このデッドロックの発生を防ぐ方法はどれか。

ア 一方のタスクの優先度を高くする。

イ 資源獲得の順序を両方のタスクで同じにする。

ウ 資源獲得の順序を両方のタスクで逆にする。

エ 両方のタスクの優先度を同じにする。

問7 入力 X と Y の値が同じときにだけ，出力 Z に 1 を出力する回路はどれか。

ア
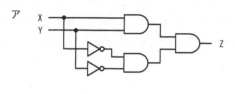

イ
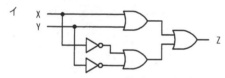

ウ
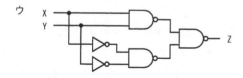

エ
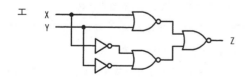

問8　顧客に，A～Zの英大文字 26 種類を用いた顧客コードを割り当てたい。現在の顧客総数は 8,000 人であって，毎年，前年対比で 2 割ずつ顧客が増えていくものとする。3 年後まで全顧客にコードを割り当てられるようにするためには，顧客コードは少なくとも何桁必要か。

ア　3　　　　　　　イ　4　　　　　　　ウ　5　　　　　　　エ　6

問9　チェックポイントを取得する DBMS において，図のような時間経過でシステム障害が発生した。前進復帰（ロールフォワード）によって障害回復できるトランザクションだけを全て挙げたものはどれか。

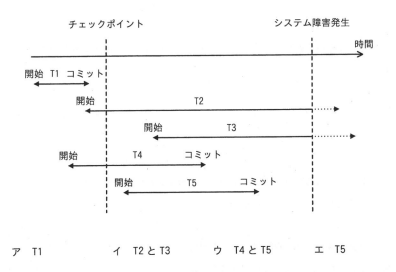

ア　T1　　　　　　イ　T2 と T3　　　　ウ　T4 と T5　　　　エ　T5

問10　ACID 特性の四つの性質に含まれないものはどれか。

ア　一貫性　　　　イ　可用性　　　　ウ　原子性　　　　エ　耐久性

問11　IP アドレスの自動設定をするために DHCP サーバが設置された LAN 環境の説明のうち，適切なものはどれか。

　　ア　DHCP による自動設定を行う PC では，IP アドレスは自動設定できるが，サブネットマスクやデフォルトゲートウェイアドレスは自動設定できない。

　　イ　DHCP による自動設定を行う PC と，IP アドレスが固定の PC を混在させることはできない。

　　ウ　DHCP による自動設定を行う PC に，DHCP サーバのアドレスを設定しておく必要はない。

　　エ　一度 IP アドレスを割り当てられた PC は，その後電源が切られた期間があっても必ず同じ IP アドレスを割り当てられる。

問12　デジタル証明書が失効しているかどうかをオンラインで確認するためのプロトコルはどれか。

　　ア　CHAP　　　　　　イ　LDAP　　　　　　ウ　OCSP　　　　　　エ　SNMP

問13　JIS Q 31000:2019（リスクマネジメント－指針）におけるリスクアセスメントを構成するプロセスの組合せはどれか。

　　ア　リスク特定，リスク評価，リスク受容
　　イ　リスク特定，リスク分析，リスク評価
　　ウ　リスク分析，リスク対応，リスク受容
　　エ　リスク分析，リスク評価，リスク対応

問14　WAF による防御が有効な攻撃として，最も適切なものはどれか。

　　ア　DNS サーバに対する DNS キャッシュポイズニング

　　イ　REST API サービスに対する API の脆弱性を狙った攻撃

　　ウ　SMTP サーバの第三者不正中継の脆弱性を悪用したフィッシングメールの配信

　　エ　電子メールサービスに対する電子メール爆弾

問15　家庭内で，PC を無線 LAN ルータを介してインターネットに接続するとき，期待できるセキュリティ上の効果の記述のうち，適切なものはどれか。

　　ア　IP マスカレード機能による，インターネットからの侵入に対する防止効果

　　イ　PPPoE 機能による，経路上の盗聴に対する防止効果

　　ウ　WPA 機能による，不正な Web サイトへの接続に対する防止効果

　　エ　WPS 機能による，インターネットからのマルウェア感染に対する防止効果

問16　仕様書やソースコードといった成果物について，作成者を含めた複数人で，記述されたシステムやソフトウェアの振る舞いを机上でシミュレートして，問題点を発見する手法はどれか。

　　ア　ウォークスルー　　　　　　　　　イ　サンドイッチテスト

　　ウ　トップダウンテスト　　　　　　　エ　並行シミュレーション

問17　スクラムのスプリントにおいて，(1)～(3)のプラクティスを採用して開発を行い，スプリントレビューの後に KPT 手法でスプリントレトロスペクティブを行った。"KPT" の "T" に該当する例はどれか。

〔プラクティス〕
　(1) ペアプログラミングでコードを作成する。
　(2) スタンドアップミーティングを行う。
　(3) テスト駆動開発で開発を進める。

ア　開発したプログラムは欠陥が少なかったので，今後もペアプログラミングを継続する。

イ　スタンドアップミーティングにメンバー全員が集まらないことが多かった。

ウ　次のスプリントからは，スタンドアップミーティングにタイムキーパーを置き，終了5分前を知らせるようにする。

エ　テストコードの作成に見積り以上の時間が掛かった。

問18　図は，実施する三つのアクティビティについて，プレシデンスダイアグラム法を用いて，依存関係及び必要な作業日数を示したものである。全ての作業を完了するための所要日数は最少で何日か。

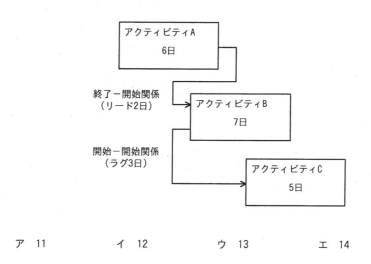

ア　11　　　　　イ　12　　　　　ウ　13　　　　　エ　14

問19　あるシステム導入プロジェクトで，調達候補のパッケージ製品を多基準意思決定分析の加重総和法を用いて評価する。製品 A ～ 製品 D のうち，総合評価が最も高い製品はどれか。ここで，評価点数の値が大きいほど，製品の評価は高い。

〔各製品の評価〕

評価項目	評価項目の重み	製品の評価点数			
		製品A	製品B	製品C	製品D
機能要件の充足度合い	5	7	8	9	9
非機能要件の充足度合い	1	9	10	4	7
導入費用の安さ	4	8	5	7	6

ア　製品 A　　　　イ　製品 B　　　　ウ　製品 C　　　　エ　製品 D

問20　サービスマネジメントにおける問題管理の目的はどれか。

　　ア　インシデントの解決を，合意したサービスレベル目標の時間枠内に達成すること
　　　　を確実にする。
　　イ　インシデントの未知の根本原因を特定し，インシデントの発生又は再発を防ぐ。
　　ウ　合意した目標の中で，合意したサービス継続のコミットメントを果たすことを確
　　　　実にする。
　　エ　変更の影響を評価し，リスクを最小とするようにして実施し，レビューすること
　　　　を確実にする。

問21　JIS Q 27001:2014（情報セキュリティマネジメントシステム－要求事項）に基づい
　　　て ISMS 内部監査を行った結果として判明した状況のうち，監査人が，指摘事項とし
　　　て監査報告書に記載すべきものはどれか。

　　ア　USB メモリの使用を，定められた手順に従って許可していた。
　　イ　個人情報の誤廃棄事故を主務官庁などに，規定されたとおりに報告していた。
　　ウ　マルウェアスキャンでスパイウェアが検知され，駆除されていた。
　　エ　リスクアセスメントを実施した後に，リスク受容基準を決めていた。

問22　システム監査における“監査手続”として，最も適切なものはどれか。

　　ア　監査計画の立案や監査業務の進捗管理を行うための手順
　　イ　監査結果を受けて，監査報告書に監査人の結論や指摘事項を記述する手順
　　ウ　監査項目について，十分かつ適切な証拠を入手するための手順
　　エ　監査テーマに合わせて，監査チームを編成する手順

問23　BCP の説明はどれか。

ア　企業の戦略を実現するために，財務，顧客，内部ビジネスプロセス，学習と成長
　　という四つの視点から戦略を検討したもの

イ　企業の目標を達成するために，業務内容や業務の流れを可視化し，一定のサイク
　　ルをもって継続的に業務プロセスを改善するもの

ウ　業務効率の向上，業務コストの削減を目的に，業務プロセスを対象としてアウト
　　ソースを実施するもの

エ　事業の中断・阻害に対応し，事業を復旧し，再開し，あらかじめ定められたレベ
　　ルに回復するように組織を導く手順を文書化したもの

問24　投資効果を正味現在価値法で評価するとき，最も投資効果が大きい（又は最も損失
　　が小さい）シナリオはどれか。ここで，期間は 3 年間，割引率は 5％とし，各シナリ
　　オのキャッシュフローは表のとおりとする。

単位　万円

シナリオ	投資額	回収額		
		1 年目	2 年目	3 年目
A	220	40	80	120
B	220	120	80	40
C	220	80	80	80
投資をしない	0	0	0	0

ア　A　　　　　　イ　B　　　　　　ウ　C　　　　　　エ　投資をしない

問25 組込み機器のハードウェアの製造を外部に委託する場合のコンティンジェンシープランの記述として，適切なものはどれか。

ア 実績のある外注先の利用によって，リスクの発生確率を低減する。

イ 製造品質が担保されていることを確認できるように委託先と契約する。

ウ 複数の会社の見積りを比較検討して，委託先を選定する。

エ 部品調達のリスクが顕在化したときに備えて，対処するための計画を策定する。

問26 コンジョイント分析の説明はどれか。

ア 顧客ごとの売上高，利益額などを高い順に並べ，自社のビジネスの中心をなしている顧客を分析する手法

イ 商品がもつ価格，デザイン，使いやすさなど，購入者が重視している複数の属性の組合せを分析する手法

ウ 同一世代は年齢を重ねても，時代が変化しても，共通の行動や意識を示すことに注目した，消費者の行動を分析する手法

エ ブランドがもつ複数のイメージ項目を散布図にプロットし，それぞれのブランドのポジショニングを分析する手法

問27 APIエコノミーの事例として，適切なものはどれか。

ア 既存の学内データベースの API を活用できる EAI（Enterprise Application Integration）ツールを使い，大学業務システムを短期間で再構築することによって経費を削減できた。

イ 自社で開発した音声合成システムの利用を促進するために，自部門で開発した API を自社内の他の部署に提供した。

ウ 不動産会社が自社で保持する顧客データを BI（Business Intelligence）ツールの API を使い可視化することによって，商圏における売上規模を分析できるようになった。

エ ホテル事業者が，他社が公開しているタクシー配車アプリの API を自社のアプリに組み込み，サービスを提供した。

問28 サイバーフィジカルシステム（CPS）の説明として，適切なものはどれか。

ア 1台のサーバ上で複数の OS を動かし，複数のサーバとして運用する仕組み

イ 仮想世界を現実かのように体感させる技術であり，人間の複数の感覚を同時に刺激することによって，仮想世界への没入感を与える技術のこと

ウ 現実世界のデータを収集し，仮想世界で分析・加工して，現実世界側にリアルタイムにフィードバックすることによって，付加価値を創造する仕組み

エ 電子データだけでやり取りされる通貨であり，法定通貨のように国家による強制通用力をもたず，主にインターネット上での取引などに用いられるもの

問29 引き出された多くの事実やアイディアを，類似するものでグルーピングしていく収束技法はどれか。

ア NM法　　　　　　　　　　　イ ゴードン法
ウ 親和図法　　　　　　　　　　エ ブレーンストーミング

問30　A社は顧客管理システムの開発を，情報システム子会社であるB社に委託し，B社は要件定義を行った上で，ソフトウェア設計・プログラミング・ソフトウェアテストまでを，協力会社であるC社に委託した。C社では自社の社員Dにその作業を担当させた。このとき，開発したプログラムの著作権はどこに帰属するか。ここで，関係者の間には，著作権の帰属に関する特段の取決めはないものとする。

　　　ア　A社　　　　　イ　B社　　　　　ウ　C社　　　　　エ　社員D

令和4年度　秋期
データベーススペシャリスト試験
午前II　問題

| 試験時間 | 10:50 ～ 11:30 （40分） |

注意事項

1. 試験開始及び終了は，監督員の時計が基準です。監督員の指示に従ってください。試験時間中は，退室できません。

2. 試験開始の合図があるまで，問題冊子を開いて中を見てはいけません。

3. **答案用紙への受験番号などの記入は，試験開始の合図があってから始めてください。**

4. 問題は，次の表に従って解答してください。

問題番号	問1 ～ 問25
選択方法	全問必須

5. 答案用紙の記入に当たっては，次の指示に従ってください。

   (1) 答案用紙は光学式読取り装置で読み取った上で採点しますので，B 又は HB の黒鉛筆で答案用紙の<u>マークの記入方法</u>のとおりマークしてください。マークの濃度がうすいなど，<u>マークの記入方法</u>のとおり正しくマークされていない場合は，読み取れないことがあります。特にシャープペンシルを使用する際には，マークの濃度に十分注意してください。訂正の場合は，あとが残らないように消しゴムできれいに消し，消しくずを残さないでください。

   (2) <u>受験番号欄</u>に受験番号を，<u>生年月日欄</u>に受験票の生年月日を記入及びマークしてください。答案用紙のマークの記入方法のとおりマークされていない場合は，採点されないことがあります。生年月日欄については，受験票の生年月日を訂正した場合でも，訂正前の生年月日を記入及びマークしてください。

   (3) <u>解答</u>は，次の例題にならって，<u>解答欄</u>に一つだけマークしてください。答案用紙の<u>マークの記入方法</u>のとおりマークされていない場合は，採点されません。

   〔例題〕　秋期の情報処理技術者試験が実施される月はどれか。

   　　　　ア　8　　　　イ　9　　　　ウ　10　　　　エ　11

   　　　　正しい答えは"ウ　10"ですから，次のようにマークしてください。

注意事項は問題冊子の裏表紙に続きます。
こちら側から裏返して，必ず読んでください。

6. **問題に関する質問にはお答えできません。**文意どおり解釈してください。

7. 問題冊子の余白などは，適宜利用して構いません。ただし，問題冊子を切り離して利用することはできません。

8. 試験時間中，机上に置けるものは，次のものに限ります。

   なお，会場での貸出しは行っていません。

   受験票，黒鉛筆及びシャープペンシル（B 又は HB），鉛筆削り，消しゴム，定規，時計（時計型ウェアラブル端末は除く。アラームなど時計以外の機能は使用不可），ハンカチ，ポケットティッシュ，目薬

   これら以外は机上に置けません。使用もできません。

9. 試験終了後，この問題冊子は持ち帰ることができます。

10. 答案用紙は，いかなる場合でも提出してください。回収時に提出しない場合は，採点されません。

11. 試験時間中にトイレへ行きたくなったり，気分が悪くなったりした場合は，手を挙げて監督員に合図してください。

12. 午後Ⅰの試験開始は 12:30 ですので，12:10 までに着席してください。

問 1　BASE 特性を満たし，次の特徴をもつ NoSQL データベースシステムに関する記述の
　　　うち，適切なものはどれか。

〔NoSQL データベースシステムの特徴〕
　　・ネットワーク上に分散した複数のノードから構成される。
　　・一つのノードでデータを更新した後，他の全てのノードにその更新を反映する。

　　ア　クライアントからの更新要求を 2 相コミットによって全てのノードに反映する。
　　イ　データの更新結果は，システムに障害がなければ，いつかは全てのノードに反映
　　　　される。
　　ウ　同一の主キーの値による同時の参照要求に対し，全てのノードは同じ結果を返す。
　　エ　ノード間のネットワークが分断されると，クライアントからの処理要求を受け付
　　　　けなくなる。

問2　社員と年との対応関係を UML のクラス図で記述する。二つのクラス間の関連が次の条件を満たす場合，a，b に入れる多重度の適切な組合せはどれか。ここで，"年"クラスのインスタンスは毎年存在する。

〔条件〕
　(1) 全ての社員は入社年を特定できる。
　(2) 年によっては社員が入社しないこともある。

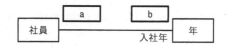

	a	b
ア	0..*	0..1
イ	0..*	1
ウ	1..*	0..1
エ	1..*	1

問3　関係 R (A，B，C，D，E) において，関数従属性 A → B，A → C，{C，D} → E が成立する。最初に属性集合 {A，B} に対して，これらの関数従属性によって関数的に決定される属性をこの属性集合に加える。この操作を繰り返して得られる属性集合（属性集合の閉包）はどれか。

ア　{A, B, C}　　　　　　　　　イ　{A, B, C, D}
ウ　{A, B, C, D, E}　　　　　　エ　{A, B, E}

問4 関係 R（A，B，C，D，E）に対し，関数従属の集合 W＝｛A→｛B，C｝，｛A，D｝→E，
　　｛A，C，D｝→E，B→C，C→B｝がある。関数従属の集合 X，Y，Z のうち，W から冗長
　　な関数従属をなくしたものはどれか。

　　X＝｛A→B，B→C，C→B，｛A，D｝→E｝
　　Y＝｛A→C，B→C，C→B，｛A，D｝→E｝
　　Z＝｛A→B，C→B，｛A，C，D｝→E｝

　　ア　X だけ　　　イ　X と Y　　　　ウ　Y と Z　　　　エ　Z だけ

問5 第2正規形である関係 R が，第3正規形でもあるための条件として，適切なものは
　　どれか。

　　ア　いかなる部分従属性も成立しない。

　　イ　推移的関数従属性が存在しない。

　　ウ　属性の定義域が原子定義域である。

　　エ　任意の関数従属 A → B に関して，B は非キー属性である。

問6 "文書"表，"社員"表から結果を得る SQL 文の a に入れる字句はどれか。

文書

文書 ID	作成者 ID	承認者 ID
1	100	200
2	100	300
3	200	400
4	500	400

社員

社員 ID	氏名
100	山田太郎
200	山本花子
300	川上一郎
400	渡辺良子

〔結果〕

文書 ID	作成者 ID	作成者氏名	承認者 ID	承認者氏名
1	100	山田太郎	200	山本花子
2	100	山田太郎	300	川上一郎
3	200	山本花子	400	渡辺良子
4	500	NULL	400	渡辺良子

〔SQL 文〕

SELECT 文書 ID, 作成者 ID, A.氏名 AS 作成者氏名,
　　　　承認者 ID, B.氏名 AS 承認者氏名　FROM ☐ a

ア　文書 LEFT OUTER JOIN 社員 A ON 文書.作成者 ID = A.社員 ID
　　　　　LEFT OUTER JOIN 社員 B ON 文書.承認者 ID = B.社員 ID

イ　文書 RIGHT OUTER JOIN 社員 A ON 文書.作成者 ID = A.社員 ID
　　　　　RIGHT OUTER JOIN 社員 B ON 文書.承認者 ID = B.社員 ID

ウ　文書, 社員 A, 社員 B
　　　　　LEFT OUTER JOIN 社員 A ON 文書.作成者 ID = A.社員 ID
　　　　　LEFT OUTER JOIN 社員 B ON 文書.承認者 ID = B.社員 ID

エ　文書, 社員 A, 社員 B
　　　　　WHERE 文書.作成者 ID = A.社員 ID AND 文書.承認者 ID = B.社員 ID

問7 "商品"表と"商品別売上実績"表に対して，SQL文を実行して得られる売上平均金額はどれか。

商品

商品コード	商品名	商品ランク
S001	PPP	A
S002	QQQ	A
S003	RRR	A
S004	SSS	B
S005	TTT	C
S006	UUU	C

商品別売上実績

商品コード	売上合計金額
S001	50
S003	250
S004	350
S006	450

〔SQL 文〕

```
SELECT AVG(売上合計金額) AS 売上平均金額
    FROM 商品 LEFT OUTER JOIN 商品別売上実績
        ON 商品.商品コード = 商品別売上実績.商品コード
    WHERE 商品ランク = 'A'
    GROUP BY 商品ランク
```

ア 100　　　　イ 150　　　　ウ 225　　　　エ 275

問8 "社員"表に対して，SQL 文を実行して得られる結果はどれか。ここで，実線の下
線は主キーを表し，表中の NULL は値が存在しないことを表す。

社員

社員コード	上司	社員名
S001	NULL	A
S002	S001	B
S003	S001	C
S004	S003	D
S005	NULL	E
S006	S005	F
S007	S006	G

〔SQL 文〕

SELECT 社員コード FROM 社員 X
　　WHERE NOT EXISTS
　　　　(SELECT * FROM 社員 Y WHERE X.社員コード = Y.上司)

ア

社員コード
S001
S003
S005
S006

イ

社員コード
S001
S005

ウ

社員コード
S002
S004
S007

エ

社員コード
S003
S006

問9　SQL文1とSQL文2を実行した結果が同一になるために，表Rが満たすべき必要十分な条件はどれか。

〔SQL文1〕

SELECT * FROM R UNION SELECT * FROM R

〔SQL文2〕

SELECT * FROM R

ア　値にNULLをもつ行は存在しない。

イ　行数が0である。

ウ　重複する行は存在しない。

エ　列数が1である。

問10　和両立である関係RとSがある。R∩Sと等しいものはどれか。ここで，－は差演算，∩は共通集合演算を表す。

ア　(R－S)－(S－R)　　　　　　イ　R－(R－S)

ウ　R－(S－R)　　　　　　　　　エ　S－(R－S)

問11　関係R，Sの等結合演算は，どの演算によって表すことができるか。

ア　共通　　　　　　　　　　　　イ　差

ウ　直積と射影と差　　　　　　　エ　直積と選択

問12　"社員"表から，男女それぞれの最年長社員を除く全ての社員を取り出す SQL 文とするために，a に入れる字句はどれか。ここで，"社員"表の構造は次のとおりであり，実線の下線は主キーを表す。

　　　　社員（<u>社員番号</u>，社員名，性別，生年月日）

〔SQL 文〕
SELECT 社員番号, 社員名 FROM 社員 AS S1
　　　　　　WHERE 生年月日 ＞（　　a　　）

ア　SELECT MIN(生年月日) FROM 社員 AS S2
　　　　　　　　　　　　　　GROUP BY S2.性別

イ　SELECT MIN(生年月日) FROM 社員 AS S2
　　　　　　　　　　　　　　WHERE S1.生年月日 ＞ S2.生年月日
　　　　　　　　　　　　　　OR S1.性別 = S2.性別

ウ　SELECT MIN(生年月日) FROM 社員 AS S2
　　　　　　　　　　　　　　WHERE S1.性別 = S2.性別

エ　SELECT MIN(生年月日) FROM 社員
　　　　　　　　　　　　　　GROUP BY S2.性別

問13　複数のバッチ処理を並行して動かすとき，デッドロックの発生をできるだけ回避したい。バッチ処理の設計ガイドラインのうち，適切なものはどれか。

ア　参照するレコードにも，専有ロックを掛けるように設計する。
イ　大量データに同じ処理を行うバッチ処理は，まとめて一つのトランザクションとして処理するように設計する。
ウ　トランザクション開始直後に，必要なレコード全てに専有ロックを掛ける。ロックに失敗したレコードには，しばらく待って再度ロックを掛けるように設計する。
エ　複数レコードを更新するときにロックを掛ける順番を決めておき，全てのバッチ処理がこれに従って処理するように設計する。

問14 トランザクション T_1 がある行 X を読んだ後，別のトランザクション T_2 が行 X の値を更新してコミットし，再び T_1 が行 X を読むと，以前読んだ値と異なる値が得られた。この現象を回避する SQL の隔離性水準のうち，最も水準の低いものはどれか。

ア　READ COMMITTED　　　　　イ　READ UNCOMMITTED

ウ　REPEATABLE READ　　　　　エ　SERIALIZABLE

問15 トランザクションの ACID 特性のうち，原子性（atomicity）の記述として，適切なものはどれか。

ア　データベースの内容が矛盾のない状態であること

イ　トランザクションが正常終了すると，障害が発生しても更新結果はデータベースから消失しないこと

ウ　トランザクションの処理が全て実行されるか，全く実行されないかのいずれかで終了すること

エ　複数のトランザクションを同時に実行した場合と，順番に実行した場合の処理結果が一致すること

問16 ビッグデータの処理に使用される CEP（複合イベント処理）に関する記述として，適切なものはどれか。

ア　多次元データベースを構築することによって，集計及び分析を行う方式である。

イ　データ更新時に更新前のデータを保持することによって，同時実行制御を行う方式である。

ウ　分散データベースシステムにおけるトランザクションを実現する方式である。

エ　連続して発生するデータに対し，あらかじめ規定した条件に合致する場合に実行される処理を実装する方式である。

問17　機械学習を用いたビッグデータ分析において使用される Jupyter Lab の説明はどれか。

　ア　定期的に実行するタスクを制御するための，ワークフローを管理するツールである。
　イ　データ分析を行う際に使用する，対話型の開発環境である。
　ウ　並列分散処理を行うバッチシステムである。
　エ　マスターノードをもたない分散データベースシステムである。

問18　データレイクの特徴はどれか。

　ア　大量のデータを分析し，単なる検索だけでは分からない隠れた規則や相関関係を見つけ出す。
　イ　データウェアハウスに格納されたデータから特定の用途に必要なデータだけを取り出し，構築する。
　ウ　データウェアハウスやデータマートからデータを取り出し，多次元分析を行う。
　エ　必要に応じて加工するために，データを発生したままの形で格納して蓄積する。

問19　NIST が制定した，AES における鍵長の条件はどれか。

　ア　128 ビット，192 ビット，256 ビットから選択する。
　イ　256 ビット未満で任意に指定する。
　ウ　暗号化処理単位のブロック長よりも 32 ビット長くする。
　エ　暗号化処理単位のブロック長よりも 32 ビット短くする。

問20 DLP (Data Loss Prevention) の機能はどれか。

ア 特定の重要情報が漏えいしたことを想定して，重要情報の機密性の高さに基づいた被害額を事前に算出する。

イ 特定の重要情報を監視して，利用者によるコピー，送信などの挙動を検知し，ブロックする。

ウ 特定の重要情報を利用者が誤って削除したときのために，バックアップデータを取得し，外部記憶媒体などに保管する。

エ 特定の重要情報を利用者が削除したときに，重要情報が完全に削除されたことを示す消去証明書を発行する。

問21 PC からサーバに対し，IPv6 を利用した通信を行う場合，ネットワーク層で暗号化を行うときに利用するものはどれか。

ア IPsec イ PPP ウ SSH エ TLS

問22 ストレージ技術におけるシンプロビジョニングの説明として，適切なものはどれか。

ア 同じデータを複数台のハードディスクに書き込み，冗長化する。

イ 一つのハードディスクを，OS をインストールする領域とデータを保存する領域とに分割する。

ウ ファイバチャネルなどを用いてストレージをネットワーク化する。

エ 利用者の要求に対して仮想ボリュームを提供し，物理ディスクは実際の使用量に応じて割り当てる。

問23　分散処理システムに関する記述のうち，アクセス透過性を説明したものはどれか。

ア　遠隔地にある資源を，遠隔地での処理方式を知らなくても，手元にある資源と同じ操作で利用できる。

イ　システムの運用及び管理をそれぞれの組織で個別に行うことによって，その組織の実態に合ったサービスを提供することができる。

ウ　集中して処理せずに，データの発生場所やサービスの要求場所で処理することによって，通信コストを削減できる。

エ　対等な関係のコンピュータが複数あるので，一部が故障しても他のコンピュータによる処理が可能となり，システム全体の信頼性を向上させることができる。

問24　ソフトウェアの保守性を定量評価する指標として，適切なものはどれか。

ア　（運用期間中に発生した不具合件数）÷（プログラムの規模）

イ　（適正規模の基準を満たすプログラムの数）÷（プログラムの総数）

ウ　（テスト実施済みの分岐の数）÷（プログラムの総分岐数）

エ　（プログラムの推定総エラー数）－（摘出エラー数）

問25　ドキュメンテーションジェネレーターの説明として，適切なものはどれか。

ア　HTML，CSS などのリソースを読み込んで，画面などに描画又は表示するソフトウェアである。

イ　ソースコード中にある，フォーマットに従って記述したコメント文などから，プログラムのドキュメントを生成するソフトウェアである。

ウ　動的に Web ページを生成するために，文書のテンプレートと埋込み入力データを合成して出力するソフトウェアである。

エ　文書構造がマーク付けされたテキストファイルを読み込んで，印刷可能なドキュメントを組版するソフトウェアである。

令和4年度　秋期
データベーススペシャリスト試験
午後Ⅰ　問題

試験時間	12:30 〜 14:00（1時間30分）

注意事項

1.　試験開始及び終了は，監督員の時計が基準です。監督員の指示に従ってください。

2.　試験開始の合図があるまで，問題冊子を開いて中を見てはいけません。

3.　<u>答案用紙への受験番号などの記入は，試験開始の合図があってから始めてください。</u>

4.　問題は，次の表に従って解答してください。

問題番号	問1 〜 問3
選択方法	2問選択

5.　答案用紙の記入に当たっては，次の指示に従ってください。

（1）B 又は HB の黒鉛筆又はシャープペンシルを使用してください。

（2）<u>受験番号欄に受験番号</u>を，<u>生年月日欄に受験票の生年月日</u>を記入してください。正しく記入されていない場合は，採点されないことがあります。生年月日欄については，受験票の生年月日を訂正した場合でも，訂正前の生年月日を記入してください。

（3）<u>選択した問題</u>については，次の例に従って，<u>選択欄</u>の<u>問題番号</u>を<u>○印</u>で囲んでください。○印がない場合は，採点されません。3問とも○印で囲んだ場合は，はじめの2問について採点します。

（4）解答は，問題番号ごとに指定された枠内に記入してください。

（5）解答は，丁寧な字ではっきりと書いてください。読みにくい場合は，減点の対象になります。

〔問1，問3を選択した場合の例〕

注意事項は問題冊子の裏表紙に続きます。
こちら側から裏返して，必ず読んでください。

6. 退室可能時間中に退室する場合は，手を挙げて監督員に合図し，答案用紙が回収されてから静かに退室してください。

退室可能時間	13:10 ～ 13:50

7. **問題に関する質問にはお答えできません。**文意どおり解釈してください。

8. 問題冊子の余白などは，適宜利用して構いません。ただし，問題冊子を切り離して利用することはできません。

9. 試験時間中，机上に置けるものは，次のものに限ります。

   なお，会場での貸出しは行っていません。

   受験票，黒鉛筆及びシャープペンシル（B 又は HB），鉛筆削り，消しゴム，定規，時計（時計型ウェアラブル端末は除く。アラームなど時計以外の機能は使用不可），ハンカチ，ポケットティッシュ，目薬

   これら以外は机上に置けません。使用もできません。

10. 試験終了後，この問題冊子は持ち帰ることができます。

11. 答案用紙は，いかなる場合でも提出してください。回収時に提出しない場合は，採点されません。

12. 試験時間中にトイレへ行きたくなったり，気分が悪くなったりした場合は，手を挙げて監督員に合図してください。

13. 午後 II の試験開始は 14:30 ですので，14:10 までに着席してください。

問題文中で共通に使用される表記ルール

概念データモデル，関係スキーマ，関係データベースのテーブル（表）構造の表記ルールを次に示す。各問題文中に注記がない限り，この表記ルールが適用されているものとする。

1．概念データモデルの表記ルール

（1）エンティティタイプとリレーションシップの表記ルールを，図１に示す。

① エンティティタイプは，長方形で表し，長方形の中にエンティティタイプ名を記入する。

② リレーションシップは，エンティティタイプ間に引かれた線で表す。

　　"１対１"のリレーションシップを表す線は，矢を付けない。

　　"１対多"のリレーションシップを表す線は，"多"側の端に矢を付ける。

　　"多対多"のリレーションシップを表す線は，両端に矢を付ける。

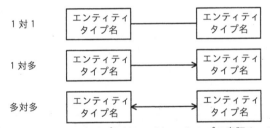

図１　エンティティタイプとリレーションシップの表記ルール

（2）リレーションシップを表す線で結ばれたエンティティタイプ間において，対応関係にゼロを含むか否かを区別して表現する場合の表記ルールを，図２に示す。

① 一方のエンティティタイプのインスタンスから見て，他方のエンティティタイプに対応するインスタンスが存在しないことがある場合は，リレーションシップを表す線の対応先側に"○"を付ける。

② 一方のエンティティタイプのインスタンスから見て，他方のエンティティタイプに対応するインスタンスが必ず存在する場合は，リレーションシップを表す線の対応先側に"●"を付ける。

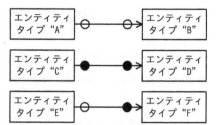

"A" から見た "B" も，"B" から見た "A" も，インスタンスが存在しないことがある場合

"C" から見た "D" も，"D" から見た "C" も，インスタンスが必ず存在する場合

"E" から見た "F" は必ずインスタンスが存在するが，"F" から見た "E" はインスタンスが存在しないことがある場合

図2　対応関係にゼロを含むか否かを区別して表現する場合の表記ルール

(3)　スーパータイプとサブタイプの間のリレーションシップの表記ルールを，図3に示す。

①　サブタイプの切り口の単位に "△" を記入し，スーパータイプから "△" に1本の線を引く。

②　一つのスーパータイプにサブタイプの切り口が複数ある場合は，切り口の単位ごとに "△" を記入し，スーパータイプからそれぞれの "△" に別の線を引く。

③　切り口を表す "△" から，その切り口で分類されるサブタイプのそれぞれに線を引く。

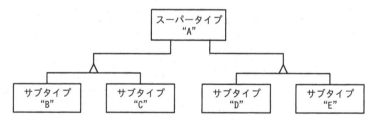

スーパータイプ "A" に二つの切り口があり，それぞれの切り口にサブタイプ "B" と "C" 及び "D" と "E" がある例

図3　スーパータイプとサブタイプの間のリレーションシップの表記ルール

(4)　エンティティタイプの属性の表記ルールを，図4に示す。

①　エンティティタイプの長方形内を上下2段に分割し，上段にエンティティタイプ名，下段に属性名の並びを記入する。[1]

②　主キーを表す場合は，主キーを構成する属性名又は属性名の組に実線の下線を付ける。

③　外部キーを表す場合は，外部キーを構成する属性名又は属性名の組に破線の下線を付ける。ただし，主キーを構成する属性の組の一部が外部キーを構成する場合は，

破線の下線を付けない。

```
┌─────────────────────────┐
│   エンティティタイプ名      │
├─────────────────────────┤
│  属性名1，属性名2，…      │
│        …，属性名 n        │
└─────────────────────────┘
```

図4　エンティティタイプの属性の表記ルール

2. 関係スキーマの表記ルール及び関係データベースのテーブル（表）構造の表記ルール
(1) 関係スキーマの表記ルールを，図5に示す。

関係名（属性名1，属性名2，属性名3，…，属性名 n）

図5　関係スキーマの表記ルール

① 関係を，関係名とその右側の括弧でくくった属性名の並びで表す。[1] これを関係スキーマと呼ぶ。
② 主キーを表す場合は，主キーを構成する属性名又は属性名の組に実線の下線を付ける。
③ 外部キーを表す場合は，外部キーを構成する属性名又は属性名の組に破線の下線を付ける。ただし，主キーを構成する属性の組の一部が外部キーを構成する場合は，破線の下線を付けない。

(2) 関係データベースのテーブル（表）構造の表記ルールを，図6に示す。

テーブル名（列名1，列名2，列名3，…，列名 n）

図6　関係データベースのテーブル（表）構造の表記ルール

関係データベースのテーブル（表）構造の表記ルールは，(1)の①〜③で"関係名"を"テーブル名"に，"属性名"を"列名"に置き換えたものである。

注 [1]　属性名と属性名の間は"，"で区切る。

問1　アフターサービス業務に関する次の記述を読んで，設問に答えよ。

　　住宅設備メーカーの A 社は，アフターサービス業務（以下，AS 業務という）のシステム再構築で，業務分析を行って概念データモデルと関係スキーマを設計した。

〔現状業務の分析結果〕

1. 社内外の組織，人的資源の特性

   (1) カスタマーセンター（以下，CC という）は，A 社に一つだけある組織である。

   (2) CC の要員であるカスタマー係（以下，CC 要員という）は，社員番号で識別し，氏名をもつ。

   (3) ビジネスパートナー（以下，BP という）は，A 社の協業先企業で，BP コードで識別し，BP 名，所在地をもつ。AS 業務の範囲の BP には，販売パートナー（以下，SLP という）と点検修理パートナー（以下，ASP という）がある。

   　① SLP は，販売店，工務店など，A 社の製品をエンドユーザー（以下，EU という）に販売，設置をする企業であり，後述する問合せの登録を行う。SLP は SLP フラグで分類し，業種と前年販売高をもつ。

   　② ASP は，点検修理の委託先企業で，全国を数百のサービス地域に分け，サービス地域の幾つかごとに 1 社と契約している。ASP は ASP フラグで分類し，後述するカスタマーエンジニア（以下，CE という）の人数である CE 数をもつ。

   (4) CE は，ASP に所属する技術者で，ASP ごとの CE 番号であらかじめ登録している。氏名をもつ。

   (5) EU は，製品の利用者で，EU 番号で識別し，氏名，住所，住所から定まるサービス地域，電話番号，更新年月日をもつ。

2. 製品などのもの，点検修理項目の特性

   (1) 製品は，A 社が製造販売する製品で，製品コードで識別し，製品名をもつ。

   (2) 製品シリーズは，製品の上位の分類で，床暖房パネル，乾燥機などがある。製品シリーズコードで識別し，製品シリーズ名をもつ。

   (3) 登録製品には，販売した製品を利用する EU を登録する。

   　① 登録製品は，製品製造番号で識別する。登録製品には，製品コード，利用者の EU 番号，登録製品の更新年月日を記録している。

② 登録製品の利用者は，集合住宅での入退居や住宅の売買で変わり得るので，把握の都度，利用している EU を登録又は更新する。

(4) 点検修理項目は，出張による点検修理で発生し得る CE の作業項目で，メンテナンスコード（以下，MT コードという）で識別し，点検修理項目名をもつ。動作確認，分解点検，ユニット交換などがある。

3. 問合せの登録

(1) 製品使用者の使用上の不具合や違和感が A 社に対する問合せとなる。

(2) 問合せは，製品使用者から直接又は SLP 経由で CC に入る。

(3) 問合せの媒体は，Web 上の問合せフォームか電話による通話である。いずれであるか媒体区分で分類する。

(4) 一つの問合せは，問合せフォームから入る1件の問合せ文又は1回の通話で，問合せ番号で識別し，問合せ年月日時刻，問合せ内容のほかに，製品使用者への連絡のための情報として，お名前と電話番号を記録する。この段階での連絡のための情報は，登録されている EU のものとは関連付けない。

(5) 製品使用者が直接入れる問合せは通話と問合せフォームの両方があり得るが，SLP 経由の場合は問合せフォームからに限定している。

(6) 入った Web 問合せに対して CC 要員が製品使用者に電話をかける。その Web 問合せが SLP 経由だった場合，製品使用者にどの SLP から受け継いだかを伝えるために，Web 問合せに経由した SLP の BP コードを記録している。

(7) 通話は，成立しなくても1回の通話としている。通話が成立しないケースは，受信の場合は CC 要員の応答前に切れるケース，発信の場合は相手が話し中又は応答がないケースである。通話の成立は通話成立フラグで分類する。

(8) 通話の場合，通話した CC 要員の社員番号，通話時間，受信か発信かの受発区分，音声データである通話音声を記録している。

(9) 問合せは，製品使用者が勘違いしていたり他社製品であったりすることもあり，この場合の問合せは，後述する案件化をすることなく終わる。

4. 問合せの案件化

(1) 問合せに対して，回答のために CC から電話をかける必要又は点検修理の必要があれば，問合せを案件化し，案件番号を発番して案件を登録する。

(2) 案件は，対象製品が登録済みの登録製品に合致すればその登録製品と，合致

しなければ新たな登録製品を登録して関連付ける。その際，EU が未登録又は更新が必要であれば，EU の登録又は更新も併せて行う。

(3) 案件には，案件の登録年月日と更新年月日，EU に対する回答内容，案件の完結を判断するための完結フラグをもつ。

(4) 案件化した問合せ及びその後の問合せは案件に従属させる。

5. 出張の手配

(1) 案件に対して，どのような内容で点検修理を要するか決まると出張手配を行う。

(2) 出張手配は，案件に対して 1 回行い，EU に了解を得て出張年月日と出張時間帯を決める。

6. 出張の実施

(1) 手配された出張を実施すると，実施年月日と実施時間帯，担当した CE，解決したか判断するための解決フラグを記録する。

(2) また，点検修理の内訳を AS 実施記録として，実施した MT コード，実施金額を記録する。

〔修正改善要望の分析結果〕

1. ユニット及び要管理機能部品の追加

(1) ユニットは，部品の集合で，ユニットコードで識別し，ユニット名，ユニット概要，製造開始時期，製造終了時期をもつ。熱交換器，水流制御器などがある。

① 製品の故障は，いずれかのユニットで発生する。

② 製品シリーズごとに，用いているユニットを登録する。

(2) 機能部品は，主要な部品で，機能部品番号で識別し，機能部品名，後述する要管理内容，製造開始時期，製造終了時期をもつ。ポンプや液晶板などがある。

① 機能部品は，複数ユニット間で共通化を進めている。

② 機能部品に起因する故障の頻発を予見した場合，その機能部品を要管理機能部品として要管理内容を登録し，組み込んでいるユニットと関連付ける。

2. FAQ 及びキーワードの整備

(1) 既出の問合せ内容と回答内容の組を FAQ として登録することで，新たな問合せに対して FAQ を確認して迅速に正しい回答ができるようにする。

① FAQ は，FAQ 番号で識別し，問合せ内容，回答内容，点検修理の必要性を分類する要点検修理フラグ，発生度ランクをもつ。

② FAQ は，点検修理が必要となる要点検修理 FAQ とその必要のないその他の FAQ に分類し，要点検修理フラグで分類する。

③ 要点検修理 FAQ には，対象のユニットが何か設定するとともに，対応する点検修理項目を関連付けておく。

④ FAQ には，問合せ内容の解釈によって類似の FAQ が複数存在し得るので，類似する FAQ を関連 FAQ として関連付け，関連度合いを A～C の 3 段階に分けて関連度ランクとして設定する。

(2) FAQ 中に存在するキーワード（以下，KW という）をあらかじめ登録し，FAQ とその中で用いられる KW を関連付ける。KW は KW そのもので識別し，補足説明をもつ。

(3) 案件で EU への回答に適用した FAQ は，案件適用 FAQ として案件に関連付け，可能性の高い FAQ の順に可能性順位を記録する。

〔概念データモデルと関係スキーマの設計〕

1. 概念データモデル及び関係スキーマの設計方針

   (1) 概念データモデル及び関係スキーマの設計は，まず現状業務について実施し，その後に修正改善要望に関する部分を実施する。

   (2) 関係スキーマは第 3 正規形にし，多対多のリレーションシップは用いない。

   (3) 概念データモデルでは，リレーションシップについて，対応関係にゼロを含むか否かを表す"○"又は"●"は記述しない。

   (4) サブタイプが存在する場合，他のエンティティタイプとのリレーションシップは，スーパータイプ又はいずれかのサブタイプの適切な方との間に設定する。

   (5) スーパータイプに相当する関係スキーマには，必ずサブタイプを分類する属性を明示する。

   (6) 同一のエンティティタイプ間に異なる役割をもつ複数のリレーションシップが存在する場合，役割の数だけリレーションシップを表す線を引く。

2. 〔現状業務の分析結果〕に基づく設計

   現状の概念データモデルを図 1 に，現状の関係スキーマを図 2 に示す。

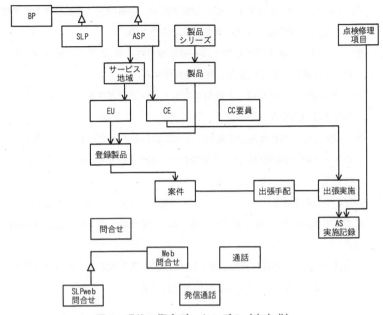

図1　現状の概念データモデル（未完成）

CC 要員（社員番号, 社員氏名）
BP（BP コード, BP 名, 所在地, SLP フラグ, ASP フラグ）
SLP（BP コード, 業種, 前年販売高）
ASP（BP コード, CE 数）
CE（BP コード, CE 番号, CE 氏名）
サービス地域（サービス地域コード, 拠点名, 所在地, BP コード）
EU（EU 番号, 氏名, 住所, サービス地域コード, 電話番号, 更新年月日）
製品シリーズ（製品シリーズコード, 製品シリーズ名）
製品（製品コード, 製品名, 製品シリーズコード）
登録製品（製品製造番号, 製品コード, EU 番号, 更新年月日）
点検修理項目（MT コード, 点検修理項目名）
問合せ（問合せ番号, ［　　ア　　］）
Web 問合せ（問合せ番号, ［　　イ　　］）
SLPweb 問合せ（問合せ番号, ［　　ウ　　］）
通話（問合せ番号, ［　エ　］）
発信通話（問合せ番号, ［　オ　］）
案件（案件番号, 製品製造番号, 登録年月日, 更新年月日, 回答内容, 完結フラグ）
出張手配（案件番号, ［　カ　］）
出張実施（案件番号, 実施年月日, 実施時間帯, 担当 BP コード, 担当 CE 番号, 解決フラグ）
AS 実施記録（案件番号, 実施 MT コード, 実施金額）

図2　現状の関係スキーマ（未完成）

3. 〔修正改善要望の分析結果〕に関する設計

修正改善要望に関する概念データモデルを図3に，修正改善要望に関する関係ス
キーマを図4に示す。

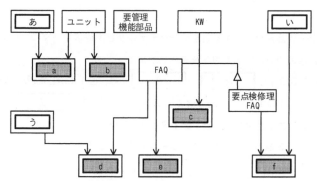

注記　設問の都合上，網掛け部分は表示していない。

図3　修正改善要望に関する概念データモデル（未完成）

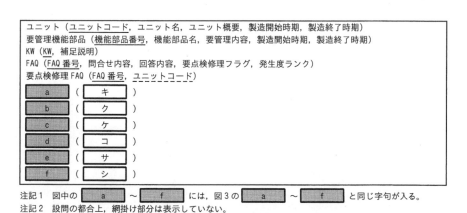

注記1　図中の　a　～　f　には，図3の　a　～　f　と同じ字句が入る。
注記2　設問の都合上，網掛け部分は表示していない。

図4　修正改善要望に関する関係スキーマ（未完成）

解答に当たっては，巻頭の表記ルールに従うこと。また，エンティティタイプ
名，関係名，属性名は，それぞれ意味を識別できる適切な名称とすること。関係
スキーマに入れる属性名を答える場合，主キーを表す下線，外部キーを表す破線
の下線についても答えること。

設問1　現状の概念データモデル及び関係スキーマについて答えよ。

　　(1) 図1中の欠落しているリレーションシップを補って図を完成させよ。

　　(2) 図2中の　　ア　　～　　カ　　に入れる一つ又は複数の適切な属性名を
　　　補って関係スキーマを完成させよ。

設問2　修正改善要望に関する概念データモデル及び関係スキーマについて答えよ。

　　(1) 次の問いに答えて図3を完成させよ。

　　　(a) 図3中の　　あ　　～　　う　　には，図1に示した現状の概念データモ
　　　　デル中のエンティティタイプ名のいずれかが入る。　　あ　　～　　う　
　　　　に入れる適切なエンティティタイプ名を答えよ。

　　　(b) 図3中の欠落しているリレーションシップを補え。

　　(2) 図4中の　　キ　　～　　シ　　に入れる一つ又は複数の適切な属性名を
　　　補って関係スキーマを完成させよ。

問2　データベースの実装に関する次の記述を読んで，設問に答えよ。

　専門商社のB社では，見積業務で利用するシステム（以下，見積システムという）
の，マスター保守に伴う調査業務を改善中である。また，見積システムのパブリッ
ククラウドへの移行を計画している。

〔パブリッククラウドが提供するサービスの主な仕様〕
1.　オブジェクトストレージ
　　オブジェクトストレージには，任意のファイルを保存することができる。RDBMS
　とは独立して稼働し，RDBMSの障害時にも影響を受けずに，ファイルにアクセスす
　ることができる。
2.　RDBMS
　　PaaSとして提供されるRDBMSは，インスタンスごとに割り当てられた仮想マシ
　ンで稼働する。
　(1) ログ
　　　ログはログファイルに記録する。ログファイルの切替え時に，切替え前に使
　　用していたログファイル（以下，アーカイブログという）を，オブジェクトス
　　トレージに保存する。ログ切替えの時間間隔は，任意に設定することができる。
　(2) バックアップ
　　① データベース全体のフルバックアップを，オブジェクトストレージに保存
　　　する。バックアップは，データベースを停止して，オフラインで取得する。
　　　バックアップを取るタイミングは，任意に設定することができる。
　　② オブジェクトストレージに保存したフルバックアップとアーカイブログを
　　　使って，データベースを回復することができる。
　(3) レプリケーション
　　　ログを使って，RDBMSのデータをほかのRDBMSに複製する。複製元のテーブル
　　に対する変更操作（挿入・更新・削除）を複製先のテーブルに自動的に反映す
　　る。
　　　レプリケーションには，同期型と非同期型がある。
　　① 同期型では，複製先でログをディスクに出力した後，複製元のトランザク

ションがコミットされる。

② 非同期型では，複製先へのログの到達を待たずに，複製元のトランザクションがコミットされる。

(4) トリガー

テーブルに対する変更操作（挿入・更新・削除）を契機に，あらかじめ定義した処理を実行する。

① 実行タイミングを定義することができる。BEFORE トリガーは，テーブルに対する変更操作の前に実行され，更新中又は挿入中の値を実際の反映前に修正することができる。AFTER トリガーは，変更操作の後に実行され，ほかのテーブルに対する変更操作を行うことができる。

② トリガーを実行する契機となった変更操作を行う前と後の行を参照することができる。参照するには，操作前と操作後の行に対する相関名をそれぞれ定義し，相関名で列名を修飾する。

〔見積システムの概要〕

1. テーブル

主なテーブルのテーブル構造を図1に示す。

```
仕入先（仕入先コード，会社名，…）
社員（社員コード，社員名，…）
商品（商品コード，メーカー名，商品名，モデル名，定価，更新日）
見積依頼（見積依頼番号，仕入先コード，社員コード，見積依頼日）
見積依頼明細（見積依頼番号，明細番号，商品コード，数量）
見積回答（見積依頼番号，仕入先コード，社員コード，見積回答日）
見積回答明細（見積依頼番号，明細番号，商品コード，数量，仕入単価，モデル名，定価）
```

図1　主なテーブルのテーブル構造（一部省略）

2. 仕入先への見積依頼業務

(1) B 社の社員は，顧客からの引き合いを受けて，仕入先への見積依頼を入力する。見積依頼番号を採番し，"見積依頼"，"見積依頼明細" テーブルに見積依頼の内容を登録する。

(2) 仕入先に見積りを依頼し，回答を受け取る。

(3) 仕入先からの回答を入力する。対応する見積依頼の見積依頼番号を参照し，"見積回答"，"見積回答明細"テーブルに見積回答の内容を登録する。商品のモデル名，定価が変更されたことが分かることがある。この場合，当該商品は，"見積回答明細"テーブルに変更後の内容を登録する。ただし，"商品"テーブルへの反映は後日行う。

〔"商品"テーブルの履歴管理〕

モデル名又は定価のいずれかが変更されたが，変更が"商品"テーブルへ反映されていない商品を調べるため，図２に示すSQL文を定期的に実行している。

```
SELECT A.モデル名 AS 新モデル名, C.モデル名 AS 旧モデル名, A.定価 AS 新定価, C.定価 AS
    旧定価
FROM 見積回答明細 A INNER JOIN 見積回答 B ON A.見積依頼番号 = B.見積依頼番号
INNER JOIN 商品 C ON A.    a    = C.    a
WHERE B.見積回答日 > C.更新日
    AND (A.モデル名 <> C.モデル名    b    A.定価 <> C.定価)
```

図２　商品の変更を調べるSQL文（未完成）

1. "商品"テーブルの設計変更

"商品"テーブルを更新すると，過去の属性情報は失われてしまう。そこで，商品属性情報の変更を履歴として保存するために，"商品"テーブルの設計変更を行うことにした。ただし，既存のアプリケーションプログラムには，極力影響を与えないようにする必要がある。表１に示す２案を検討した結果，案２を採用した。

表１　"商品"テーブルの設計変更案

	変更後のテーブル構造
案1	商品（商品コード，メーカー名，商品名，モデル名，定価，更新日，適用開始日，適用終了日）
案2	商品（商品コード，メーカー名，商品名，モデル名，定価，更新日，適用開始日，適用終了日） 商品履歴（商品コード，メーカー名，商品名，モデル名，定価，更新日，適用開始日，適用終了日）

注記1　"商品履歴"テーブルの主キーは表示していない。
注記2　適用開始日は，その行の適用が開始される日，適用終了日は，その行の適用が終了される日。適用終了日が未定の場合はNULLが設定される。

案2の実装に当たり，"商品"テーブルへの列の追加，"商品履歴"テーブルの作成，及び主キーの追加を表2のSQL1に示すSQL文で行った。

また，同一の適用開始日に同一の商品を複数回更新することはない前提で，"商品"テーブルの更新時に行う追加の処理を，表2のSQL2に示すトリガーで実装した。

表2　"商品"テーブルを変更するSQL文及びトリガーを定義するSQL文（未完成）

SQL	SQL文（上段：目的，下段：SQL文）
SQL1	"商品"テーブルへ適用開始日列，適用終了日列を追加する。 "商品履歴"テーブルを作成し，主キーを追加する。 ALTER TABLE 商品 ADD COLUMN 適用開始日 DATE DEFAULT CURRENT_DATE NOT NULL; ALTER TABLE 商品 ADD COLUMN 適用終了日 DATE; CREATE TABLE 商品履歴 LIKE 商品; ALTER TABLE 商品履歴 ADD PRIMARY KEY(　　c　　,　　d　　);
SQL2	次のトリガーを定義する。 ・"商品"テーブルの更新時に，適用開始日がNULLの場合，現在日付に更新する。 ・"商品"テーブルの更新時に，対象行の更新前の行を"商品履歴"テーブルに挿入する。このとき，挿入行の適用終了日には，更新後の行の適用開始日の前日を設定する。 CREATE TRIGGER トリガー1　　e　　UPDATE ON 商品 　REFERENCING OLD AS OLD1 NEW AS NEW1 FOR EACH ROW 　SET NEW1.適用開始日 = COALESCE(NEW1.適用開始日, CURRENT_DATE); CREATE TRIGGER トリガー2　　f　　UPDATE ON 商品 　REFERENCING OLD AS OLD2 NEW AS NEW2 FOR EACH ROW 　INSERT INTO 商品履歴 　VALUES (OLD2.商品コード, OLD2.メーカー名, OLD2.商品名, OLD2.モデル名, 　　OLD2.定価, OLD2.更新日,　　g　　.適用開始日, 　　ADD_DAYS(　　h　　.適用開始日, -1));

注記1　CREATE TABLE A LIKE Bは，テーブルBを基にして同じ列構成のテーブルAを定義する。
注記2　OLD1, OLD2, NEW1, NEW2は，トリガーを実行する契機となったテーブルに対する変更操作が行われた行を参照する相関名を表す。OLD1及びOLD2は変更前，NEW1及びNEW2は変更後の行を参照する。
注記3　ADD_DAYS(引数1, 引数2)は，引数1（日付型）から引数2（整数型）日後の日付を返すユーザー定義関数である。ただし，引数1がNULLの場合はNULLを返す。

2.　データ移行

"見積回答"，"見積回答明細"テーブルから"商品"，"商品履歴"テーブルへデータを移行するため，商品のモデル名又は定価のいずれかが変更されたことの履歴を，図3のSQL文で調べた。"見積回答"，"見積回答明細"テーブルの内容を表3，表4に示す。SQL文の結果を表5に示す。

表 5 の内容を基に，"商品"テーブルを更新，又は"商品履歴"テーブルへ挿入することでデータを移行した。移行前の"商品"テーブルの状態によらず，変更があった全商品を更新した。また，表 2 の SQL2 に示すトリガーは未定義の状態で行った。

```
WITH Q1 AS (SELECT A.商品コード, A.モデル名, A.定価, B.見積回答日,
  LAG(A.モデル名) OVER (PARTITION BY A.商品コード ORDER BY B.見積回答日) AS 前行モデル名,
  LAG(A.定価) OVER (PARTITION BY A.商品コード ORDER BY B.見積回答日) AS 前行定価
  FROM 見積回答明細 A INNER JOIN 見積回答 B ON A.見積依頼番号 = B.見積依頼番号),
Q2 AS (SELECT Q1.* FROM Q1 WHERE Q1.前行定価 IS NULL
  OR Q1.モデル名 <> Q1.前行モデル名 [  b  ] Q1.定価 <> Q1.前行定価)
SELECT ROW_NUMBER() OVER (ORDER BY Q2.商品コード, Q2.見積回答日) AS 行番号,
  Q2.商品コード, Q2.定価, Q2.モデル名, Q2.見積回答日 AS 適用開始日,
  ADD_DAYS(LEAD(Q2.見積回答日)
    OVER (PARTITION BY Q2.商品コード ORDER BY Q2.見積回答日), -1) AS 適用終了日
FROM Q2 ORDER BY Q2.商品コード, 適用開始日;
```

注記 1 ADD_DAYS(引数1, 引数2)は，引数1（日付型）から引数2（整数型）日後の日付を返すユーザー定義関数である。ただし，引数1が NULL の場合は NULL を返す。
注記 2 図中の [b] には，図2の [b] と同じ字句が入る。
注記 3 LAG 関数は，ウィンドウ区画内で順序付けられた各行に対して，現在行の1行前の行の列の値を返す。1行前の行がない場合は NULL を返す。
注記 4 LEAD 関数は，ウィンドウ区画内で順序付けられた各行に対して，現在行の1行後の行の列の値を返す。1行後の行がない場合は NULL を返す。

図 3 商品の変更履歴を調べる SQL 文（未完成）

表 3 "見積回答"テーブルの内容

見積依頼番号	仕入先コード	社員コード	見積回答日
2019000101	A001	AB490656	2019-04-01
2020001201	A001	AH000032	2020-09-01
2022000201	B002	AA000232	2022-05-01
2022001201	A001	AH000657	2022-09-01

表 4 "見積回答明細"テーブルの内容

見積依頼番号	明細番号	商品コード	数量	仕入単価	モデル名	定価
2019000101	1	1	1	800	M1	1000
2019000101	2	2	1	1750	M2	2000
2019000101	3	3	1	2600	M3	3000
2020001201	1	1	1	800	M1-1	1000
2022000201	1	2	1	1800	M2-1	2000
2022001201	1	1	1	900	M1-2	1100

表5　SQL 文の結果（未完成）

行番号	商品コード	定価	モデル名	適用開始日	適用終了日
1	1	1000	M1	2019-04-01	
2	1	1000	M1-1	2020-09-01	i
3	1	1100	M1-2	j	k
4	2	2000	M2	2019-04-01	
5	2	2000	M2-1	2022-05-01	
6	3	3000	M3	2019-04-01	

注記　網掛け部分は表示していない。

〔基盤設計〕

1. RPO, RTO の見積り

　　見積システムをパブリッククラウドに移行した場合の，RDBMS のディスク障害時の RPO 及び RTO を，次のように見積もった。

　(1) 利用するパブリッククラウドの仕様に基づいて，データベースのフルバックアップは 1 日に 1 回取得し，ログの切替えは 5 分に 1 回行い，回復時にはオブジェクトストレージに保存したフルバックアップとアーカイブログを使って回復する，という前提で見積もる。

　(2) RPO は，障害発生時に失われる　　ア　　に依存するので，最大　　イ　　分とみなせる。

　(3) RTO のうち，データベースの回復に掛かる時間は，フルバックアップからのリストア時間と，ログを適用するのに掛かる時間の合計である。

　(4) フルバックアップからのリストア時間は，データベース容量が 180 G バイト，リストア時のディスク転送速度を 100 M バイト／秒と仮定すると　　ウ　　秒である。ここで，1 G バイトは 10^9 バイト，1 M バイトは 10^6 バイトとする。

　(5) ログを適用する期間が最大になるのは，フルバックアップ取得後の経過時間が最大になる 24 時間である。ログが毎秒 10 ページ出力されると仮定すると，適用するログの量は最大　　エ　　ページである。ログを適用するのに掛かる時間は，バッファヒット率を 0 ％，同期入出力時間がページ当たり 2 ミリ秒と仮定すると最大　　オ　　秒である。

2. 参照専用インスタンス

　　商品の変更履歴を調べるために実行する SQL 文の負荷が大きく，見積システムへ

の影響が懸念された。そこで，影響を最小化するために，参照専用インスタンスを本番インスタンスとは別に作成し，調査は参照専用インスタンスで行うことにした。また，全テーブルについて，本番インスタンスから参照専用インスタンスへ，非同期型のレプリケーションを行うことにした。

3. 参照専用インスタンスへのフェイルオーバーによる業務継続

　RPO及びRTOを短くするために，本番インスタンスが障害になった場合，参照専用インスタンスにフェイルオーバーして，参照専用インスタンスを使用して業務を継続できるかを検討した。検討の結果，非同期型のレプリケーションを行う前提だと，参照専用インスタンスでは，本番インスタンスでコミット済みの変更が失われる可能性があることが分かった。

設問1　〔"商品"テーブルの履歴管理〕について答えよ。

(1) 図2中の　a　，　b　に入れる適切な字句を答えよ。

(2) "商品"テーブルの設計変更について，表1中の案1を採用した場合，ほかのどのテーブルの，どの制約を変更する必要があるか。テーブル名と制約を全て答えよ。

(3) 表2中の　c　～　h　に入れる適切な字句を答えよ。

(4) 表5中の　i　～　k　に入れる適切な字句を答えよ。

(5) 表5のうち，"商品"テーブルへの更新行，"商品履歴"テーブルへの挿入行に当たる行を，それぞれ行番号で全て答えよ。

設問2　〔基盤設計〕について答えよ。

(1) 本文中の　ア　～　オ　に入れる適切な字句又は数値を答えよ。

(2) "2. 参照専用インスタンス"について，参照専用インスタンスへのレプリケーションを非同期型にすると，見積システムへの影響を最小化できるのはなぜか。レプリケーションの仕様に基づいて，30字以内で答えよ。

(3) "3. 参照専用インスタンスへのフェイルオーバーによる業務継続"について，参照専用インスタンスでは，本番インスタンスでコミット済みの変更が失われる可能性がある。どのような場合か。レプリケーションの仕様に基づいて，30字以内で答えよ。

問3　データベースの実装と性能に関する次の記述を読んで，設問に答えよ。

　　事務用品を関東地方で販売する C 社は，販売管理システム（以下，システムという）に RDBMS を用いている。

〔RDBMS の仕様〕
　1.　表領域
　　(1) テーブル及び索引のストレージ上の物理的な格納場所を，表領域という。
　　(2) RDBMS とストレージとの間の入出力単位を，ページという。同じページに，異なるテーブルの行が格納されることはない。
　2.　再編成，行の挿入
　　(1) テーブルを再編成することで，行を主キー順に物理的に並び替えることができる。また，再編成するとき，テーブルに空き領域の割合（既定値は 30%）を指定した場合，各ページ中に空き領域を予約することができる。
　　(2) INSERT 文で行を挿入するとき，RDBMS は，主キー値の並びの中で，挿入行のキー値に近い行が格納されているページを探し，空き領域があればそのページに，なければ表領域の最後のページに格納する。最後のページに空き領域がなければ，新しいページを表領域の最後に追加し，格納する。

〔業務の概要〕
　1.　顧客，商品，倉庫
　　(1) 顧客は，C 社の代理店，量販店などで，顧客コードで識別する。顧客には C 社から商品を届ける複数の発送先があり，顧客コードと発送先番号で識別する。
　　(2) 商品は，商品コードで識別する。
　　(3) 倉庫は，1 か所である。倉庫には複数の棚があり，一連の棚番号で識別する。商品の容積及び売行きによって，一つの棚に複数種類の商品を保管することも，同じ商品を複数の棚に保管することもある。
　2.　注文の入力，注文登録，在庫引当，出庫指示，出庫の業務の流れ
　　(1) 顧客は，C 社が用意した画面から注文を希望納品日，発送先ごとに入力し，C 社の EDI システムに蓄える。注文は，単調に増加する注文番号で識別する。注文

する商品の入力順は自由で，入力後に商品の削除も同じ商品の追加もできる。

(2) C社は，毎日定刻（9時と14時）に注文を締める。EDIシステムに蓄えた注文をバッチ処理でシステムに登録後，在庫を引き当てる。

(3) 出庫指示書は，当日が希望納品日である注文ごとに作成し，倉庫の出庫担当者（以下，ピッカーという）を決めて，作業開始の予定時刻までにピッカーの携帯端末に送信する。携帯端末は，棚及び商品のバーコードをスキャンする都度，システム中のオンラインプログラムに電文を送信する。

(4) 出庫は，ピッカーが出庫指示書の指示に基づいて1件の注文ごとに行う。

　① 棚の通路の入口で，携帯端末から出庫開始時刻を伝える電文を送信する。

　② 棚番号の順に進みながら，指示された棚から指示された商品を出庫する。

　③ 商品を出庫する都度，携帯端末で棚及び商品のバーコードをスキャンし，商品を台車に積む。ただし，一つの棚から商品を同時に出庫できるのは1人だけである。また，順路は1方向であるが，通路は追い越しができる。

　④ 台車に積んだ全ての商品を，指定された段ボール箱に入れて梱包する。

　⑤ 別の携帯端末で印刷したラベルを箱に貼り，ラベルのバーコードをスキャンした後，梱包した箱を出荷担当者に渡すことで1件の注文の出庫が完了する。

〔システムの主なテーブル〕

　システムの主なテーブルのテーブル構造を図1に，主な列の意味・制約を表1に示す。主キーにはテーブル構造に記載した列の並び順で主索引が定義されている。

```
顧客（顧客コード，顧客名，…）
顧客発送先（顧客コード，発送先番号，発送先名，発送先住所，…）
商品（商品コード，商品名，販売単価，注文単位，商品容積，…）
在庫（商品コード，実在庫数，引当済数，引当可能数，基準在庫数，…）
棚（棚番号，倉庫内位置，棚容積，…）
棚別在庫（棚番号，商品コード，棚別実在庫数，出庫指示済数，出庫指示可能数，…）
ピッカー（ピッカーID，ピッカー氏名，…）
注文（注文番号，顧客コード，注文日，締め時刻，希望納品日，発送先番号，…）
注文明細（注文番号，注文明細番号，商品コード，注文数，注文額，注文状態，…）
出庫（出庫番号，注文番号，ピッカーID，出庫日，出庫開始時刻，…）
出庫指示（出庫番号，棚番号，商品コード，注文番号，注文明細番号，出庫数，出庫時刻，…）
```

図1　テーブル構造（一部省略）

表1　主な列の意味・制約（一部省略）

列名	意味・制約
棚番号	1以上の整数：棚の並び順を表す一連の番号
注文状態	0：未引当，1：引当済，2：出庫指示済，3：出庫済，4：梱包済，5：出荷済，…
出庫時刻	棚から商品を取り出し，商品のバーコードをスキャンしたときの時刻

〔システムの注文に関する主な処理〕

　　注文登録，在庫引当，出庫指示の各処理をバッチジョブで順に実行する。出庫実績処理は，携帯端末から電文を受信するオンラインプログラムで実行する。バッチ及びオンラインの処理のプログラムの主な内容を，表2に示す。

表2　処理のプログラムの主な内容

処理		プログラムの内容
バッチ	注文登録	・顧客が入力したとおりに注文及び商品を，それぞれ"注文"及び"注文明細"に登録し，注文ごとにコミットする。
	在庫引当	・注文状態が未引当の"注文明細"を主キー順に読み込み，その順で"在庫"を更新し，"注文明細"の注文状態を引当済に更新して注文ごとにコミットする。
	出庫指示	・当日が希望納品日である注文の出庫に，当日に出勤したピッカーを割り当てる。 ・注文状態が引当済の"注文明細"を主キー順に読み込む。 ・ピッカーの順路が1方向となる出庫指示を"出庫指示"に登録する。 ・"出庫指示"を主キー順に読み込み，その順で"棚別在庫"を更新し，"注文明細"の注文状態を出庫指示済に更新する。 ・注文ごとにコミットし，出庫指示書をピッカーの携帯端末に送信する。
オンライン	出庫実績	・出庫開始を伝える電文を携帯端末から受信すると，当該注文について，"出庫"の出庫開始時刻を出庫を開始した時刻に更新する。 ・棚及び商品のバーコードの電文を携帯端末から受信すると，当該商品について，"棚別在庫"，"在庫"を更新し，また"出庫指示"の出庫時刻を棚から出庫した時刻に，"注文明細"の注文状態を出庫済に更新してコミットする。 ・商品を梱包した箱のラベルのバーコードの電文を携帯端末から受信すると，"注文明細"の注文状態を梱包済に更新し，コミットする。

注記1　二重引用符で囲んだ名前は，テーブル名を表す。
注記2　いずれの処理も，ISOLATIONレベルはREAD COMMITTEDで実行する。

〔ピーク日の状況と対策会議〕

　　注文量が特に増えたピーク日に，朝のバッチ処理が遅延し，出庫作業も遅延する事態が発生した。そこで，関係者が緊急に招集されて会議を開き，次のように情報を収集し，対策を検討した。

1. システム資源の性能に関する基本情報

次の情報から特定のシステム資源に致命的なボトルネックはないと判断した。

(1) ページングは起きておらず，CPU使用率は25％程度であった。

(2) バッファヒット率は95％以上で高く，ストレージの入出力処理能力（IOPS，帯域幅）には十分に余裕があった。

(3) ロック待ちによる大きな遅延は起きていなかった。

2. 再編成の要否

アクセスが多かったのは"注文明細"テーブルであった。この1年ほど行の削除は行われず，再編成も行っていないことから，時間が掛かる行の削除を行わず，直ちに再編成だけを行うことが提案されたが，この提案を採用しなかった。なぜならば，当該テーブルへの行の挿入では予約された空き領域が使われないこと，かつ空き領域の割合が既定値だったことで，割り当てたストレージが満杯になるリスクがあると考えられたからである。

3. バッチ処理のジョブの多重化

バッチ処理のスループット向上のために，ジョブを注文番号の範囲で分割し，多重で実行することが提案されたが，デッドロックが起きるリスクがあると考えられた。そこで，どの処理とどの処理との間で，どのテーブルでデッドロックが起きるリスクがあるか，表3のように整理し，対策を検討した。

表3 デッドロックが起きるリスク（未完成）

ケース	処理名	処理名	テーブル名	リスクの有無	リスクの有無の判断理由
1	在庫引当	在庫引当	在庫	ある	a
2	出庫指示	出庫指示	棚別在庫	ない	b
3	在庫引当	出庫指示	注文明細	ない	c

注記 ケース3は，ジョブの進み具合によって異なる処理のジョブが同時に実行される場合を表す。

4. 出庫作業の遅延原因の分析

出庫作業の現場の声を聞いたところ，特定の棚にピッカーが集中し，棚の前で待ちが発生したらしいことが分かった。そこで，棚の前での待ち時間と棚から商品を取り出す時間の和である出庫間隔時間を分析した。出庫間隔時間は，ピッカーが出庫指示書の1番目の商品を出庫する場合では当該注文の出庫開始時刻からの

時間，2番目以降の商品の出庫の場合では一つ前の商品の出庫時刻からの時間である。出庫間隔時間が長かった棚と商品が何かを調べた SQL 文の例を表4に，このときの棚と商品の配置，及びピッカーの順路を図2に示す。

表4　SQL 文の例（未完成）

SQL 文（上段：目的，下段：構文）
ホスト変数 h に指定した出庫日について，出庫間隔時間の合計が長かった棚番号と商品コードの組合せを，出庫間隔時間の合計が長い順に調べる。
WITH TEMP(出庫番号, ピッカーID, 棚番号, 商品コード, 出庫時刻, 出庫間隔時間) AS (SELECT A.出庫番号, A.ピッカーID, B.棚番号, B.商品コード, B.出庫時刻, B.出庫時刻 - 　COALESCE(LAG(B.出庫時刻) OVER (PARTITION BY ［　x　］ ORDER BY B.出庫時刻), 　　　　A.出庫開始時刻) AS 出庫間隔時間 FROM 出庫 A JOIN 出庫指示 B ON A.出庫番号 = B.出庫番号 AND 出庫日 = CAST(:h AS DATE)) SELECT 棚番号, 商品コード, SUM(出庫間隔時間) AS 出庫間隔時間合計 FROM TEMP GROUP BY 棚番号, 商品コード ORDER BY 出庫間隔時間合計 DESC

注記　ここでの LAG 関数は，ウィンドウ区画内で出庫時刻順に順序付けられた各行に対して，現在行の1行前の出庫時刻を返し，1行前の行がないならば，NULL を返す。

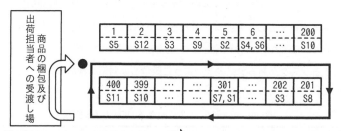

凡例　●通路入口　➡出庫作業の順路　⮌商品の梱包及び受渡し場を通る順路
注記　太枠は一つの棚を表し，枠内の上段は棚番号，下段はその棚に保管した商品の商品コードを表す。

図2　棚と商品の配置，及びピッカーの順路（一部省略）

　表4中の ［　x　］ に，B.出庫番号, A.ピッカーID, B.棚番号のいずれか一つを指定することが考えられた。分析の目的が，特定の棚の前で長い待ちが発生していたことを実証することだった場合，［　x　］に［　あ　］を指定すると，棚の前での待ち時間を含むが，商品の梱包及び出荷担当者への受渡しに掛かった時間が含まれてしまう。［　い　］を指定すると，棚の前での待ち時間が含まれないので，分析の目的を達成できない。

分析の結果，棚3番の売行きの良い商品 S3（商品コード）の出庫で長い待ちが発生したことが分かった。そこで，<u>出庫作業の順路の方向を変えない条件で，多くのピッカーが同じ棚（ここでは，棚3番）に集中しないように出庫指示を作成する対策</u>が提案された。しかし，この対策を適用すると，表3中のケース2でデッドロックが起きるリスクがあると予想した。

例えば，あるピッカーに，1番目に棚3番の商品 S3 を出庫し，2番目に棚6番の商品 S6 を出庫する指示を作成するとき，別のピッカーには，1番目に棚 [　う　] の商品 [　え　] を出庫し，2番目に棚 [　お　] の商品 [　か　] を出庫する指示を同時に作成する場合である。

設問1　"2. 再編成の要否"について答えよ。

  (1) 注文登録処理が"注文明細"テーブルに行を挿入するとき，再編成で予約した空き領域が使われないのはなぜか。行の挿入順に着目し，理由を RDBMS の仕様に基づいて，40字以内で答えよ。

  (2) 行の削除を行わず，直ちに再編成だけを行うと，ストレージが満杯になるリスクがあるのはなぜか。前回の再編成の時期及び空き領域の割合に着目し，理由を RDBMS の仕様に基づいて，40字以内で答えよ。

設問2　"3. バッチ処理のジョブの多重化"について答えよ。

  (1) 表3中の [　a　] ～ [　c　] に入れる適切な理由を，それぞれ30字以内で答えよ。ここで，在庫は適正に管理され，欠品はないものとする。

  (2) 表3中のケース1のリスクを回避するために，注文登録処理又は在庫引当処理のいずれかのプログラムを変更したい。どちらかの処理を選び，選んだ処理の処理名を答え，プログラムの変更内容を具体的に30字以内で答えよ。ただし，コミット単位と ISOLATION レベルを変更しないこと。

設問3　"4. 出庫作業の遅延原因の分析"について答えよ。

  (1) 本文中の [　あ　] ～ [　か　] に入れる適切な字句を答えよ。

  (2) 下線の対策を適用した場合，表3中のケース2で起きると予想したデッドロックを回避するために，出庫指示処理のプログラムをどのように変更すべきか。具体的に40字以内で答えよ。ただし，コミット単位と ISOLATION レベルを変更しないこと。

令和4年度　秋期
データベーススペシャリスト試験
午後II　問題

試験時間	14:30 ～ 16:30（2時間）

注意事項

1. 試験開始及び終了は，監督員の時計が基準です。監督員の指示に従ってください。

2. 試験開始の合図があるまで，問題冊子を開いて中を見てはいけません。

3. <u>答案用紙への受験番号などの記入は，試験開始の合図があってから始めてください。</u>

4. 問題は，次の表に従って解答してください。

問題番号	問1，問2
選択方法	1問選択

5. 答案用紙の記入に当たっては，次の指示に従ってください。

   (1) B又はHBの黒鉛筆又はシャープペンシルを使用してください。

   (2) 受験番号欄に受験番号を，<u>生年月日欄</u>に受験票の生年月日を記入してください。
   正しく記入されていない場合は，採点されないことがあります。生年月日欄につい
   ては，受験票の生年月日を訂正した場合でも，訂正前の生年月日を記入してくださ
   い。

   (3) <u>選択した問題</u>については，次の例に従って，<u>選択欄</u>の<u>問題番号</u>を〇印で囲んで
   ください。〇印がない場合は，採点されま
   せん。2問とも〇印で囲んだ場合は，はじ
   めの1問について採点します。

   〔問2を選択した場合の例〕

   (4) 解答は，問題番号ごとに指定された枠内
   に記入してください。

   (5) 解答は，丁寧な字ではっきりと書いてく
   ださい。読みにくい場合は，減点の対象に
   なります。

注意事項は問題冊子の裏表紙に続きます。
こちら側から裏返して，必ず読んでください。

6. 退室可能時間中に退室する場合は，手を挙げて監督員に合図し，答案用紙が回収されてから静かに退室してください。

| 退室可能時間 | 15:10 ～ 16:20 |

7. **問題に関する質問にはお答えできません。** 文意どおり解釈してください。

8. 問題冊子の余白などは，適宜利用して構いません。ただし，問題冊子を切り離して利用することはできません。

9. 試験時間中，机上に置けるものは，次のものに限ります。

   なお，会場での貸出しは行っていません。

   受験票，黒鉛筆及びシャープペンシル（B 又は HB），鉛筆削り，消しゴム，定規，時計（時計型ウェアラブル端末は除く。アラームなど時計以外の機能は使用不可），ハンカチ，ポケットティッシュ，目薬

   これら以外は机上に置けません。使用もできません。

10. 試験終了後，この問題冊子は持ち帰ることができます。

11. 答案用紙は，いかなる場合でも提出してください。回収時に提出しない場合は，採点されません。

12. 試験時間中にトイレへ行きたくなったり，気分が悪くなったりした場合は，手を挙げて監督員に合図してください。

問題文中で共通に使用される表記ルール

概念データモデル,関係スキーマ,関係データベースのテーブル(表)構造の表記ルールを次に示す。各問題文中に注記がない限り,この表記ルールが適用されているものとする。

1. 概念データモデルの表記ルール

(1) エンティティタイプとリレーションシップの表記ルールを,図1に示す。

① エンティティタイプは,長方形で表し,長方形の中にエンティティタイプ名を記入する。

② リレーションシップは,エンティティタイプ間に引かれた線で表す。

"1対1"のリレーションシップを表す線は,矢を付けない。

"1対多"のリレーションシップを表す線は,"多"側の端に矢を付ける。

"多対多"のリレーションシップを表す線は,両端に矢を付ける。

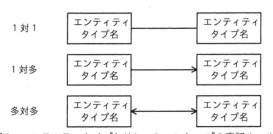

図1 エンティティタイプとリレーションシップの表記ルール

(2) リレーションシップを表す線で結ばれたエンティティタイプ間において,対応関係にゼロを含むか否かを区別して表現する場合の表記ルールを,図2に示す。

① 一方のエンティティタイプのインスタンスから見て,他方のエンティティタイプに対応するインスタンスが存在しないことがある場合は,リレーションシップを表す線の対応先側に"○"を付ける。

② 一方のエンティティタイプのインスタンスから見て,他方のエンティティタイプに対応するインスタンスが必ず存在する場合は,リレーションシップを表す線の対応先側に"●"を付ける。

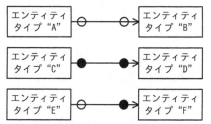

"A"から見た"B"も，"B"から見た"A"も，インスタンスが存在しないことがある場合

"C"から見た"D"も，"D"から見た"C"も，インスタンスが必ず存在する場合

"E"から見た"F"は必ずインスタンスが存在するが，"F"から見た"E"はインスタンスが存在しないことがある場合

図2　対応関係にゼロを含むか否かを区別して表現する場合の表記ルール

(3)　スーパータイプとサブタイプの間のリレーションシップの表記ルールを，図3に示す。

①　サブタイプの切り口の単位に"△"を記入し，スーパータイプから"△"に1本の線を引く。

②　一つのスーパータイプにサブタイプの切り口が複数ある場合は，切り口の単位ごとに"△"を記入し，スーパータイプからそれぞれの"△"に別の線を引く。

③　切り口を表す"△"から，その切り口で分類されるサブタイプのそれぞれに線を引く。

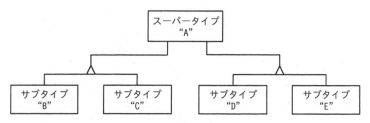

スーパータイプ"A"に二つの切り口があり，それぞれの切り口にサブタイプ"B"と"C"及び"D"と"E"がある例

図3　スーパータイプとサブタイプの間のリレーションシップの表記ルール

(4)　エンティティタイプの属性の表記ルールを，図4に示す。

①　エンティティタイプの長方形内を上下2段に分割し，上段にエンティティタイプ名，下段に属性名の並びを記入する。[1]

②　主キーを表す場合は，主キーを構成する属性名又は属性名の組に実線の下線を付ける。

③　外部キーを表す場合は，外部キーを構成する属性名又は属性名の組に破線の下線を付ける。ただし，主キーを構成する属性の組の一部が外部キーを構成する場合は，

破線の下線を付けない。

```
┌─────────────────────────┐
│   エンティティタイプ名      │
├─────────────────────────┤
│ 属性名 1, 属性名 2, …      │
│      …, 属性名 n          │
└─────────────────────────┘
```

図4　エンティティタイプの属性の表記ルール

2. 関係スキーマの表記ルール及び関係データベースのテーブル（表）構造の表記ルール

(1) 関係スキーマの表記ルールを，図 5 に示す。

関係名（属性名 1, 属性名 2, 属性名 3, …, 属性名 n）

図5　関係スキーマの表記ルール

① 関係を，関係名とその右側の括弧でくくった属性名の並びで表す。[1] これを関係スキーマと呼ぶ。

② 主キーを表す場合は，主キーを構成する属性名又は属性名の組に実線の下線を付ける。

③ 外部キーを表す場合は，外部キーを構成する属性名又は属性名の組に破線の下線を付ける。ただし，主キーを構成する属性の組の一部が外部キーを構成する場合は，破線の下線を付けない。

(2) 関係データベースのテーブル（表）構造の表記ルールを，図 6 に示す。

テーブル名（列名 1, 列名 2, 列名 3, …, 列名 n）

図6　関係データベースのテーブル（表）構造の表記ルール

関係データベースのテーブル（表）構造の表記ルールは，(1)の ① ～ ③ で"関係名"を"テーブル名"に，"属性名"を"列名"に置き換えたものである。

注 [1] 属性名と属性名の間は","で区切る。

問1　データベースの実装・運用に関する次の記述を読んで，設問に答えよ。

　　D 社は，全国でホテル，貸別荘などの施設を運営しており，予約管理，チェックイン及びチェックアウトに関する業務に，5 年前に構築した宿泊管理システムを使用している。データベーススペシャリストの B さんは，企画部門からマーケティング用の分析データ（以下，分析データという）の提供依頼を受けてその収集に着手した。

〔分析データ収集〕
1.　分析データ提供依頼
　　企画部門からの分析データ提供依頼の例を表 1 に示す。表 1 中の指定期間には分析対象とする期間の開始年月日及び終了年月日を指定する。

表1　分析データ提供依頼の例

依頼番号	依頼内容
依頼1	施設ごとにリピート率を抽出してほしい。リピート率は，累計新規会員数に対する指定期間内のリピート会員数の割合（百分率）である。累計新規会員数は指定期間終了年月日以前に宿泊したことのある会員の総数，リピート会員数は過去 1 回以上宿泊し，かつ，指定期間内に 2 回目以降の宿泊をしたことのある会員数である。リピート会員がいない施設のリピート率はゼロにする。
依頼2	会員を指定期間内の請求金額の合計値を基に上位から 5 等分に分類したデータを抽出してほしい。
依頼3	客室の標準単価と客室稼働率との関係を調べるために，施設コード，標準単価及び客室稼働率を抽出してほしい。客室稼働率は，指定期間内の予約可能な客室数に対する同期間内の予約中又は宿泊済の客室数の割合（百分率）である。

2.　宿泊管理業務の概要
　　宿泊管理システムの概念データモデルを図 1 に，関係スキーマを図 2 に，主な属性の意味・制約を表 2 に示す。宿泊管理システムでは，図 2 中の関係 “予約”，“会員予約” 及び “非会員予約” を概念データモデル上のスーパータイプである “予約” にまとめて一つのテーブルとして実装している。
　　B さんは，宿泊管理業務への理解を深めるために，図 1，図 2，表 2 を参照して，表 3 の業務ルール整理表を作成した。表 3 では，B さんが想定する業務ルールの例が，図 1，図 2，表 2 に反映されている業務ルールと一致しているか否かを判定し，

一致欄に“○”（一致）又は“×”（不一致）を記入する。エンティティタイプ欄には，判定時に参照する一つ又は複数のエンティティタイプ名を記入する。リレーションシップを表す線及び対応関係にゼロを含むか否かの区別によって適否を判定する場合には，リレーションシップの両端のエンティティタイプを参照する。

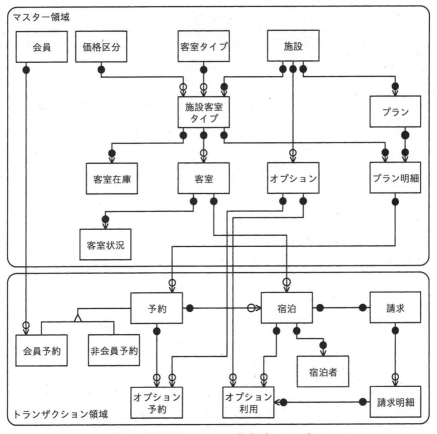

図１　宿泊管理システムの概念データモデル

施設（施設コード, 施設区分, 施設名, 住所, 電話番号, …）
客室タイプ（客室タイプコード, 客室タイプ名, 定員, 階数, 部屋数, 間取り, 面積,
　　　　　ペット同伴可否, 備考, …）
価格区分（価格区分コード, 価格区分名, 標準単価, 価格設定規則）
施設客室タイプ（施設コード, 客室タイプコード, 価格区分コード）
客室（施設コード, 客室タイプコード, 客室番号, 禁煙喫煙区分, 客室状態, 備考）
客室状況（施設コード, 客室番号, 年月日, 予約可否）
客室在庫（施設コード, 客室タイプコード, 禁煙喫煙区分, 年月日, 予約可能数, 割当済数）
プラン（施設コード, プランコード, プラン名, チェックイン時刻, チェックアウト時刻,
　　　　開始年月日, 終了年月日, 朝食有無, 夕食有無, 禁煙喫煙区分, 備考）
プラン明細（施設コード, プランコード, 客室タイプコード, 利用料金, 連泊割引率）
会員（会員番号, 氏名, カナ氏名, メールアドレス, 電話番号, 生年月日, 住所, …）
オプション（施設コード, オプション番号, オプション名, 単価, …）
予約（施設コード, 予約番号, プランコード, 客室タイプコード, 予約状態, 会員予約区分,
　　　当日予約フラグ, 利用開始年月日, 泊数, 人数, 客室数, キャンセル年月日, …）
　会員予約（施設コード, 予約番号, 会員番号）
　非会員予約（施設コード, 予約番号, 氏名, カナ氏名, メールアドレス, 電話番号, 住所）
オプション予約（施設コード, 予約番号, オプション予約明細番号, オプション番号,
　　　　　　　利用数, …）
宿泊（施設コード, 宿泊番号, 客室番号, 予約番号, 人数, チェックイン年月日,
　　　チェックアウト年月日）
宿泊者（施設コード, 宿泊番号, 明細番号, 氏名, カナ氏名, 住所, 電話番号, 前泊地,
　　　　後泊地）
オプション利用（施設コード, 宿泊番号, オプション利用番号, オプション番号, 利用数,
　　　　　　　　請求番号, 請求明細番号）
請求（請求番号, 施設コード, 宿泊番号, 宿泊料金, オプション利用料金, 請求合計金額）
請求明細（請求番号, 請求明細番号, 請求金額）

図2　宿泊管理システムの関係スキーマ（一部省略）

表2　主な属性の意味・制約

属性名	意味・制約
施設コード	施設を識別するコード（3桁の半角英数字）
施設区分	'H'（ホテル），'R'（貸別荘）
客室タイプコード	ホテルはシングル，ツインなど，貸別荘はテラスハウス，グランピングなど客室の構造，定員などによる分類である。
標準単価，価格設定規則	標準単価は，各施設が利用料金を決める際に基準となる金額，価格設定規則は，その際に従うべきルールの記述である。
予約可否	'Y'（予約可），'N'（修繕中）
予約可能数，割当済数	予約可能数は，客室状況の予約可否が'Y'の客室数で，手動で設定することもある。割当済数は，予約に割り当てられた客室数の合計である。
予約状態	'1'（予約中），'2'（宿泊済），'9'（キャンセル済）
会員予約区分	'1'（会員予約），'2'（非会員予約）
オプション番号	施設ごとに有償で提供する設備，物品，サービスを識別する番号である。
客室状態	'1'（準備中），'2'（チェックイン可），'3'（チェックイン済），'4'（チェックアウト）

表3　業務ルール整理表（未完成）

項番	業務ルールの例	エンティティタイプ	一致
1	施設ごと客室タイプごとに価格区分を設定し，価格区分ごとに標準単価を決めている。客室は施設ごとに一意な客室番号で識別する。	施設，客室タイプ，価格区分，施設客室タイプ，客室	○
2	全施設共通のプランがある。	プラン	a
3	会員は，予約時に登録済の会員番号を提示すれば氏名，住所などの提示を省略できる。	会員，会員予約	b
4	同一会員が，施設，プラン，客室タイプ，利用開始年月日が全て同じ複数の予約を取ることはできない。	会員，予約	c
5	予約のない宿泊は受け付けていない。飛び込みの場合でも当日の予約手続を行った上で宿泊を受け付ける。	予約，宿泊	d
6	連泊の予約を受け付ける場合に，連泊中には同じ客室になるように在庫の割当てを行うことができる。	予約	e
7	予約の際にはプラン及び客室タイプを必ず指定する。一つの予約で同じ客室タイプの複数の客室を予約できる。	ア	f
8	宿泊時には1名以上の宿泊者に関する情報を記録しなければならない。	イ	○

3.　問合せの設計

　　Bさんは，表1の依頼1～依頼3の分析データ抽出に用いる問合せの処理概要及

び SQL 文をそれぞれ表 4～表 6 に整理した。hv1, hv2 はそれぞれ指定期間の開始年月日，終了年月日を表すホスト変数である。問合せ名によって，ほかの問合せの結果行を参照できるものとする。

表 4　依頼 1 の分析データ抽出に用いる問合せ（未完成）

問合せ名	処理概要（上段）と SQL 文（下段）
R1	チェックイン年月日が指定期間の終了日以前の宿泊がある会員数を数えて施設ごとに累計新規会員数を求める。 SELECT A.施設コード, 　ウ　 AS 累計新規会員数 FROM 宿泊 A INNER JOIN 予約 B ON A.施設コード = B.施設コード AND A.予約番号 = B.予約番号 WHERE B.会員予約区分 = '1' AND A.チェックイン年月日 <= CAST(:hv2 AS DATE) GROUP BY A.施設コード
R2	チェックイン年月日が指定期間内の宿泊があり，指定期間にかかわらずその宿泊よりも前の宿泊がある会員数を数えて施設ごとにリピート会員数を求める。 SELECT A.施設コード, 　ウ　 AS リピート会員数 FROM 宿泊 A INNER JOIN 予約 B ON A.施設コード = B.施設コード AND A.予約番号 = B.予約番号 WHERE B.会員予約区分 = '1' AND A.チェックイン年月日 BETWEEN CAST(:hv1 AS DATE) AND CAST(:hv2 AS DATE) AND 　エ　 (SELECT * FROM 宿泊 C 　INNER JOIN 予約 D ON C.施設コード = D.施設コード AND C.予約番号 = D.予約番号 　　WHERE A.施設コード= C.施設コード AND 　オ　 AND 　カ　) GROUP BY A.施設コード
R3	R1, R2 から施設ごとのリピート率を求める。 SELECT R1.施設コード, 100 * 　キ　 AS リピート率 FROM R1 LEFT JOIN R2 ON R1.施設コード = R2.施設コード

表 5　依頼 2 の分析データ抽出に用いる問合せ

問合せ名	処理概要（上段）と SQL 文（下段）
T1	会員別に指定期間内の請求金額を集計する。 SELECT C.会員番号, SUM(A.請求合計金額) AS 合計利用金額 FROM 請求 A INNER JOIN 宿泊 B ON A.施設コード = B.施設コード AND A.宿泊番号 = B.宿泊番号 INNER JOIN 予約 C ON B.施設コード = C.施設コード AND B.予約番号 = C.予約番号 WHERE B.チェックイン年月日 BETWEEN CAST(:hv1 AS DATE) AND CAST(:hv2 AS DATE) 　AND C.会員予約区分 = '1' GROUP BY C.会員番号
T2	T1 から会員を 5 等分に分類して会員ごとに階級番号を求める。 SELECT 会員番号, NTILE(5) OVER (ORDER BY 合計利用金額 DESC) AS 階級番号 FROM T1

表6 依頼3の分析データ抽出に用いる問合せ

問合せ名	処理概要(上段)とSQL文(下段)
S1	予約から利用開始年月日が指定期間内に含まれる予約中又は宿泊済の行を選択し,施設コード,価格区分コードごとに客室数を集計して累計稼働客室数を求める。

	``
	SELECT A.施設コード, B.価格区分コード, SUM(A.客室数) AS 累計稼働客室数
	FROM 予約 A
	INNER JOIN 施設客室タイプ B
	  ON A.施設コード = B.施設コード AND A.客室タイプコード = B.客室タイプコード
	WHERE A.利用開始年月日 BETWEEN CAST(:hv1 AS DATE) AND CAST(:hv2 AS DATE)
	  AND A.予約状態 <> '9'
	GROUP BY A.施設コード, B.価格区分コード
	``

S2	客室状況から年月日が指定期間内に含まれる予約可能な客室の行を選択し,施設コード,価格区分コードごとに行数を数えて累計予約可能客室数を求める。

	``
	SELECT A.施設コード, C.価格区分コード, COUNT(A.客室番号) AS 累計予約可能客室数
	FROM 客室状況 A
	INNER JOIN 客室 B ON A.施設コード = B.施設コード AND A.客室番号 = B.客室番号
	INNER JOIN 施設客室タイプ C ON B.施設コード = C.施設コード
	  AND B.客室タイプコード = C.客室タイプコード
	WHERE A.予約可否 = 'Y'
	  AND A.年月日 BETWEEN CAST(:hv1 AS DATE) AND CAST(:hv2 AS DATE)
	GROUP BY A.施設コード, C.価格区分コード
	``

S3	S1, S2及び価格区分から施設コード,価格区分コードごとに標準単価,客室稼働率を求める。
	``` SELECT A.施設コード, A.価格区分コード, C.標準単価, 100 * COALESCE(B.累計稼働客室数,0) / A.累計予約可能客室数 AS 客室稼働率 FROM S2 A LEFT JOIN S1 B ON A.施設コード = B.施設コード AND A.価格区分コード = B.価格区分コード INNER JOIN 価格区分 C ON A.価格区分コード = C.価格区分コード ```

4. 問合せの試験

 Bさんは,各SQL文の実行によって期待どおりの結果が得られることを確認する試験を実施した。Bさんが作成した,表5のT2の試験で使用するT1のデータを表7に,T2の試験の予想値を表8に示す。

表7 T2 の試験で使用する T1 のデータ

会員番号	合計利用金額
100	50,000
101	42,000
102	5,000
103	46,000
104	25,000
105	8,000
106	5,000
107	12,000
108	17,000
109	38,000

表8 T2 の試験の予想値（未完成）

会員番号	階級番号
100	1
101	
102	
103	
104	
105	
106	
107	
108	
109	

5. 問合せの実行

B さんは，実データを用いて，2022-09-01 から 2022-09-30 を指定期間として表
4～表 6 の SQL 文を実行して結果を確認したところ，表 6 の結果行を反映した図 3
の標準単価と客室稼働率の関係（散布図）に客室稼働率 100%を超える異常値が見
られた。

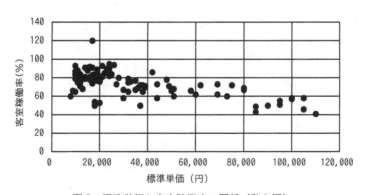

図3 標準単価と客室稼働率の関係（散布図）

〔異常値の調査・対応〕

1. 異常値発生原因の調査手順

B さんは，次の(1)～(3)の手順で調査を行った。

(1) ①S3 の SQL 文を変更して再度問合せを実行し，異常値を示している施設コード，価格区分コードの組だけを求める。

(2) (1)で求めた施設コード，価格区分コードについて，S1，S2 の SQL 文を変更して，施設コード，価格区分コード，客室タイプコードごとの累計稼働客室数，累計予約可能客室数をそれぞれ求める。

(3) (2)の結果から累計稼働客室数，累計予約可能客室数のいずれかに異常が認められたら，その集計に関連するテーブルの行を抽出する。

2. 異常値発生原因の調査結果

調査手順の(1)から施設コード '103'，価格区分コード 'C4' を，調査手順の(2)から表 9，表 10 を得た。調査手順の(3)では，累計予約可能客室数に異常があると判断して表 11〜14 を得た。

表 9　(2)の S1 で得た結果行

施設コード	価格区分コード	客室タイプコード	累計稼働客室数
103	C4	71	5
103	C4	72	10
103	C4	73	14
103	C4	74	7

表 10　(2)で得た S2 の結果行

施設コード	価格区分コード	客室タイプコード	累計予約可能客室数
103	C4	71	30

表 11　(3)で得た "客室状況" テーブルの行（一部省略）

施設コード	客室番号	年月日	予約可否
103	1050	2022-09-01	Y
103	1050	2022-09-02	Y
⋮	⋮	⋮	⋮
103	1050	2022-09-30	Y

表 12　(3)で得た "客室" テーブルの行（一部省略）

施設コード	客室タイプコード	客室番号	…
103	71	1050	…

表13 (3)で得た"施設客室タイプ"テーブルの行

施設コード	客室タイプコード	価格区分コード
103	71	C4
103	72	C4
103	73	C4
103	74	C4

表14 (3)で得た"客室タイプ"テーブルの行（一部省略）

客室タイプコード	客室タイプ名	定員	…
71	貸会議室タイプA 9時〜11時	25	…
72	貸会議室タイプA 11時〜13時	25	…
73	貸会議室タイプA 13時〜15時	25	…
74	貸会議室タイプA 15時〜17時	25	…

3. 異常値発生原因の推測

　　Bさんは，調査結果を基に，施設コード‘103’の施設で異常値が発生する状況を次のように推測した。

・客室を会議室として時間帯に区切って貸し出している。

・客室タイプに貸会議室のタイプと時間帯とを組み合わせて登録している。一つの客室（貸会議室）には時間帯に区切った複数の客室タイプがあり，客室と客室タイプとの間に事実上多対多のリレーションシップが発生している。

・②これをS2のSQL文によって集計した結果，累計予約可能客室数が実際よりも小さくなり，客室稼働率が不正になった。

4. 施設へのヒアリング

　　該当施設の管理者にヒアリングを行い，異常値の発生原因は推測どおりであることを確認した。さらに，貸会議室の運用について次の説明を受けた。

・客室の一部を改装し，会議室として時間貸しする業務を試験的に開始した。

・貸会議室は，9時〜11時，11時〜13時，13時〜15時のように1日を幾つかの連続する時間帯に区切って貸し出している。

・貸会議室ごとに，定員，価格区分を決めている。定員，価格区分は変更することがある。

・宿泊管理システムの客室タイプに時間帯を区切って登録し，客室タイプごとに

予約可能数を設定している。さらに，貸会議室利用を宿泊として登録することで，宿泊管理システムを利用して，貸会議室の在庫管理，予約，施設利用，及び請求の手続を行っている。

・貸会議室は全て禁煙である。

・１回の予約で受け付ける貸会議室は１室だけである。

・音響設備，プロジェクターなどのオプションの予約，利用を受け付けている。

・一つの貸会議室の複数時間帯の予約を受けることもある。現在は時間帯ごとに異なる予約を登録している。貸会議室の業務を拡大する予定なので，１回の予約で登録できるようにしてほしい。

5.　対応の検討

（1）分析データ抽出への対応

　　Ｂさんは，③表6中のS2の処理概要及びSQL文を変更することで，異常値を回避して施設ごとの客室稼働率を求めることにした。

（2）異常値発生原因の調査で判明した問題への対応

　　Ｂさんは，異常値発生原因の調査で，④このまま貸会議室の業務に宿泊管理システムを利用すると，貸会議室の定員変更時にデータの不整合が発生する，宿泊登録時に無駄な作業が発生する，などの問題があることが分かったので，宿泊管理システムを変更する方がよいと判断した。

〔RDBMSの主な仕様〕

宿泊管理システムで利用するRDBMSの主な仕様は次のとおりである。

1.　テーブル定義

テーブル定義には，テーブル名を変更する機能がある。

2.　トリガー機能

テーブルに対する変更操作（挿入，更新，削除）を契機に，あらかじめ定義した処理を実行する。

（1）実行タイミング（変更操作の前又は後。前者をBEFOREトリガー，後者をAFTERトリガーという），列値による実行条件を定義することができる。

（2）トリガー内では，変更操作を行う前の行，変更操作を行った後の行のそれぞれに相関名を指定することで，行の旧値，新値を参照することができる。

(3) ある AFTER トリガーの処理実行が，ほかの AFTER トリガーの処理実行の契機となることがある。この場合，後続の AFTER トリガーは連鎖して処理実行する。

〔宿泊管理システムの変更〕

1. 概念データモデルの変更

　　B さんは，施設へのヒアリング結果を基に，宿泊管理業務の概念データモデルに，貸会議室の予約業務を追加することにした。B さんが作成した貸会議室予約業務追加後のトランザクション領域の概念データモデルを図4に示す。図4では，マスター領域のエンティティタイプとのリレーションシップを省略している。

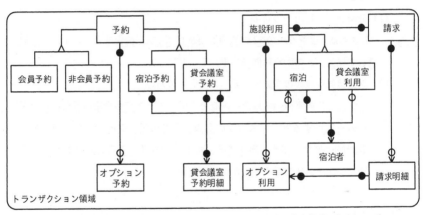

図4　貸会議室予約業務追加後のトランザクション領域の概念データモデル

2. テーブル構造の変更

　　B さんは，施設へのヒアリングで聴取した要望に対応しつつ，現行のテーブル構造は変更せずに，貸会議室の予約，利用を管理するためのテーブルを追加することにして図5の追加するテーブルのテーブル構造を設計した。

図5　追加するテーブルのテーブル構造（未完成）

3. テーブル名の変更

　　図4の概念データモデルでは，エンティティタイプ“宿泊”及び“貸会議室利用”は，エンティティタイプ“施設利用”のサブタイプである。現行の“宿泊”テーブルはエンティティタイプ“施設利用”を実装したものだが，概念データモデル上サブタイプのエンティティタイプ名をテーブル名に用いることによる誤解を防ぐために，“宿泊”テーブルは“施設利用”に名称を変更することにした。

　　D社では，アプリケーションプログラム（以下，AP という）の継続的な改善を実施しており，AP のアクセスを停止することなく AP のリリースを行う仕組みを備えている。

　　貸会議室予約機能のリリースに合わせてテーブル名の変更を行いたいが，“宿泊”テーブルには多くの AP で行の挿入，更新を行っていて，これら全ての AP の改定，試験を行うとリリース時期が遅くなる。そこで，一定の移行期間を設け，移行期間中は新旧両方のテーブル名を利用できるようにデータベースを実装し，必要な全ての AP の改定後に移行期間を終了して“宿泊”テーブルを廃止することにした。

　　実装に当たって，更新可能なビューを利用した更新可能ビュー方式，トリガーを利用したトリガー同期方式の2案を検討し，移行期間前，移行期間中，移行期間後の手順を表 15 に，表 15 中の手順[b2]，[b4]のトリガーの処理内容を表 16 に整理した。

表15　更新可能ビュー方式，トリガー同期方式の手順

実施時期	更新可能ビュー方式の手順	トリガー同期方式の手順
移行期間前	[a1] 更新可能な "施設利用" ビューを作成する。	[b1] "施設利用" テーブルを新規作成する。 [b2] "宿泊" テーブルの変更を "施設利用" テーブルに反映するトリガーを作成する。 [b3] "宿泊" テーブルから，施設コード，宿泊番号順に，"施設利用" テーブルに存在しない行を一定件数ごとにコミットしながら複写する。 [b4] "施設利用" テーブルの変更を "宿泊" テーブルに反映するトリガーを作成する。
移行期間中	なし	なし
移行期間後	[c1] "施設利用" ビューを削除する。 [c2] "宿泊" テーブルを "施設利用" テーブルに名称を変更する。	[d1] 作成したトリガーを削除する。 [d2] "宿泊" テーブルを削除する。

注記1　[ ]で囲んだ英数字は，手順番号を表す。
注記2　手順内で発生するトランザクションの ISOLATION レベルは，READ COMMITTED である。

表16　表15中の手順[b2]，[b4]のトリガーの処理内容（未完成）

手順	変更操作	処理内容
[b2]	INSERT	"宿泊" テーブルの追加行のキー値で "施設利用" テーブルを検索し，該当行がない場合に "施設利用" テーブルに同じ行を挿入する。
	UPDATE	"宿泊" テーブルの変更行のキー値で "施設利用" テーブルを検索し，該当行があり，かつ，□ コ □ 場合に，"施設利用" テーブルの該当行を更新する。
[b4]	INSERT	"施設利用" テーブルの追加行のキー値で "宿泊" テーブルを検索し，該当行がない場合に "宿泊" テーブルに同じ行を挿入する。
	UPDATE	"施設利用" テーブルの変更行のキー値で "宿泊" テーブルを検索し，該当行があり，かつ，▨▨▨▨▨ 場合に，"宿泊" テーブルの該当行を更新する。

注記　網掛け部分は表示していない。

設問1　〔分析データ収集〕について答えよ。

(1) 表3中の □ a □ ～ □ f □ に入れる "○"，"×" を答えよ。また，表3中の □ ア □ ，□ イ □ に入れる一つ又は複数の適切なエンティティタイプ名を答えよ。

(2) 表4中の □ ウ □ ～ □ キ □ に入れる適切な字句を答えよ。

(3) 表8中の太枠内に適切な数値を入れ，表を完成させよ。

設問2 〔異常値の調査・対応〕について答えよ。

(1) 本文中の下線①で，調査のために表6中のS3をどのように変更したらよい
か。変更内容を50字以内で具体的に答えよ。

(2) 本文中の下線②で，累計予約可能客室数が実際よりも小さくなった理由を
50字以内で具体的に答えよ。

(3) 本文中の下線③で，表6中のS2において，"客室状況"テーブルに替えてほ
かのテーブルから累計予約可能客室数を求めることにした。そのテーブル名
を答えよ。

(4) 本文中の下線④について，(a)どのようなデータの不整合が発生するか，
(b)どのような無駄な作業が発生するか，それぞれ40字以内で具体的に答えよ。

設問3 〔宿泊管理システムの変更〕について答えよ。

(1) 図5中の ク ， ケ に入れる一つ又は複数の列名を答えよ。
なお， ク ， ケ に入れる列が主キーを構成する場合，主キー
を表す実線の下線を付けること。

(2) 表15中の更新可能ビュー方式の手順の実施に際して，APのアクセスを停止
する必要がある。APのアクセスを停止するのはどの手順の前か。表15中の手
順番号を答えよ。また，APのアクセスを停止する理由を40字以内で具体的に
答えよ。

(3) 表15中のトリガー同期方式において，APのアクセスを停止せずにリリース
を行う場合，表15中の手順では"宿泊"テーブルと"施設利用"テーブルと
が同期した状態となるが，手順[b2]，[b3]の順序を逆転させると，差異が発
生する場合がある。それはどのような場合か。50字以内で具体的に答えよ。

(4) 表16中の コ の条件がないと問題が発生する。どのような問題が発
生するか。20字以内で具体的に答えよ。また，この問題を回避するために
コ に入れる適切な条件を30字以内で具体的に答えよ。

問2 フェリー会社の乗船予約システムのデータベース設計に関する次の記述を読んで，
設問に答えよ。

X社は，複数航路でフェリーを運航している。乗船予約システムを構築してから時
間が経過していることから，改めて現行業務を分析し，更に新規要件を洗い出し，
乗船予約システムを再構築することになった。予約，乗船手続，下船手続などに関
する業務について，概念データモデルとテーブル構造を設計した。

〔現行業務の分析結果〕

1. フェリーの概要

   (1) フェリー

   ① 12隻のフェリーを運航している。フェリーはフェリー番号で識別している。

   ② 一つの設計図で複数のフェリーを造っている。同じ設計図から造られたフ
      ェリーを同じ船型のフェリーと呼ぶ。同じ船型であれば，外見だけでなく，
      船内施設，宿泊区画などの構成も同じとなる。船型は船型番号で識別してい
      る。

   ③ 現在，三つの船型があり，船型ごとに4隻のフェリーがある。

   ④ フェリーが乗船客のほかに積載できるのは，次のとおりである。

      ・乗用車・トラック・バス（以下，車両という）

      ・ペット持込み用のペットケージ

      ・自転車・原動機付自転車・自動二輪車（以下，二輪車という）

   ⑤ どれだけの車両を積載できるかは，車両の長さが基準となる。船型ごとに
      積載可能車両長合計を決めており，積載する車両の車両長の合計が，積載可
      能車両長合計を超えない範囲であれば積載可能となる。

   ⑥ ペットケージ，二輪車については，船型ごとに積載可能数をそれぞれ決め
      ている。

   (2) 宿泊区画

   ① 宿泊区画とは，乗客の宿泊のための販売単位であり，大部屋に設置された
      ベッド（定員1名）と個室（定員1名から4名まで）とがある。

   ② 宿泊区画には一意な宿泊区画番号を付与している。宿泊区画番号には，個

室の場合は個室番号，ベッドの場合はベッド番号を用いる。

(3) 等級

① 宿泊区画は等級に分かれており，等級を等級コードで識別している。個室の等級には，ロイヤルスイート，スイート，デラックス，レディースデラックスなどがあり，大部屋の等級には，ステート，ツーリストなどがある。

② 船型ごとに存在する等級が異なる。例えば，ある船型にはロイヤルスイートが存在しないということがある。

③ 一部の等級のエリアは，後述するカードキーをタッチしないとドアが開かず立ち入ることができない。

④ 同じ等級でも船型ごとに定員，面積が異なる場合がある。

(4) 航路

① 出発港から幾つかの経由港を経て到着港までを航路と呼ぶ。ただし，経由港のない航路もある。Ａ港とＢ港との間を運航している場合，Ａ港発Ｂ港行とＢ港発Ａ港行とは別の航路となる。航路ごとに航路番号を決めている。

② 航路ごとに配船する船型を決めている。

③ 航路ごとに航路明細として出発港，経由港，到着港，標準入港時刻，標準出港時刻を決めている。港は港コードで識別している。航路明細の例を表１に示す。

表１ 航路明細の例

航路番号	航路名	港コード	港名	寄港順	港区分	標準入港時刻	標準出港時刻
01	Ｃ港発Ｆ港行	003	Ｃ港	1	出発港		当日 17:00
01	Ｃ港発Ｆ港行	004	Ｄ港	2	経由港	当日 19:00	当日 21:00
01	Ｃ港発Ｆ港行	005	Ｅ港	3	経由港	翌日 14:00	翌日 18:00
01	Ｃ港発Ｆ港行	006	Ｆ港	4	到着港	翌々日 10:00	
02	Ｆ港発Ｃ港行	006	Ｆ港	1	出発港		当日 18:00
02	Ｆ港発Ｃ港行	005	Ｅ港	2	経由港	翌日 10:00	翌日 14:00
02	Ｆ港発Ｃ港行	004	Ｄ港	3	経由港	翌々日 07:00	翌々日 09:00
02	Ｆ港発Ｃ港行	003	Ｃ港	4	到着港	翌々日 11:00	

(5) 運航スケジュール

① 航路について，出発年月日ごとに配船するフェリーを決める。ある航路に

おいて，同日に複数のフェリーが出発することはない。運航スケジュールの例を表2に示す。

表2　運航スケジュールの例

航路番号	航路名	出発年月日	フェリー名
01	C港発F港行	2022-03-14	○○丸
02	F港発C港行	2022-03-14	△△丸
02	F港発C港行	2022-03-16	○○丸
01	C港発F港行	2022-03-16	△△丸
01	C港発F港行	2022-03-18	○○丸

② 出発港，経由港，到着港にいつ入出港するかの運航スケジュール明細を決める。同じ航路でも出発年月日によって出発港，経由港，到着港の入港日時及び出港日時が，標準入港時刻及び標準出港時刻と異なる場合がある。運航スケジュール明細の例を表3に示す。

表3　運航スケジュール明細の例

航路番号	航路名	出発年月日	港コード	港名	入港日時	出港日時
01	C港発F港行	2022-03-14	003	C港		2022-03-14 17:30
01	C港発F港行	2022-03-14	004	D港	2022-03-14 19:00	2022-03-14 21:00
01	C港発F港行	2022-03-14	005	E港	2022-03-15 14:30	2022-03-15 18:30
01	C港発F港行	2022-03-14	006	F港	2022-03-16 10:00	
02	F港発C港行	2022-03-14	006	F港		2022-03-14 18:00
02	F港発C港行	2022-03-14	005	E港	2022-03-15 09:30	2022-03-15 13:30
02	F港発C港行	2022-03-14	004	D港	2022-03-16 07:00	2022-03-16 09:00
02	F港発C港行	2022-03-14	003	C港	2022-03-16 11:00	
01	C港発F港行	2022-03-16	003	C港		2022-03-16 17:45
01	C港発F港行	2022-03-16	004	D港	2022-03-16 19:15	2022-03-16 21:15
⋮	⋮	⋮	⋮	⋮	⋮	⋮

(6) 販売区間

　　航路内の販売可能な乗船港と下船港との組合せを販売区間と呼ぶ。宿泊を伴わない区間は販売区間とならない。C港とF港の間を運航し，D港，E港を経由する航路の場合，C港〜E港，C港〜F港，D港〜E港，D港〜F港，E港〜F港が販売区間となり得る。販売区間は販売区間名をもち，航路番号，乗船港コード，

下船港コードで識別する。

(7) 運賃

① 販売区間ごとに乗船客，車両，ペットケージ，二輪車の運賃表がある。

② 乗船客の運賃は，等級ごとに大人運賃を決めている。小人運賃は大人運賃の半額としている。中学生以上には大人運賃，小学生には小人運賃を適用する。小学生未満の乳幼児は，大人1名につき1名分が無料となり，2人目以降は小人運賃となる。

③ 車両の運賃は，車両の長さの範囲（4m未満，4m以上5m未満など）ごとに決めている。

④ ペットの運賃は，ペットケージ1個ごとに決めている。

⑤ 二輪車の1台当たりの運賃は，自転車・原動機付自転車・自動二輪車の種類ごとに決めている。

⑥ 等級に，車両の長さの範囲，ペットケージ，二輪車の種類を併せて運賃種類と呼び，運賃種類コードで識別している。運賃種類コードのうち，乗船客の運賃を表すものは等級コードである。

⑦ 乗船客，車両及び二輪車については，通常期運賃とは別に繁忙期運賃を設定している。

⑧ 復路の乗船年月日が往路の乗船年月日から30日以内であれば往復割引を適用し，復路は10%割引としている。

⑨ 運賃表は燃油の価格変動に伴い，数か月ごとに見直す。運賃表の運用開始日を決めている。

(8) 船内施設

フェリーの船内には，レストラン，ショップなどの施設があり，フェリーごとの施設コードで識別している。

(9) 船内商品

船内施設で提供する商品として，レストランでの飲食メニュー，ショップでのお土産品・雑貨品などがある。これらは，全フェリー共通の商品コードで識別している。

2. 予約業務

(1) 予約登録

① 予約は，予約受付順の予約番号で一意に識別している。予約登録は，航路と販売区間を指定した上で次のように行う。

・宿泊区画：個室の場合は1部屋，大部屋の場合は同じ等級の6人まで

・車両：1台まで

・ペットケージ，二輪車：数に制限無し

② 往復予約の場合は，往路と復路とは別の予約番号を振り，復路の予約に往路予約番号をもたせる。

③ 航路，乗船港，下船港，乗船年月日，等級，大人人数，小人人数，乳幼児人数，車両の有無（有りの場合は車両の長さ），ペットケージ，二輪車の数を登録する。併せて乗船予定者全員の氏名，性別，生年月日，住所，大人運賃・小人運賃・無料のいずれかを表す適用運賃区分を予約客として登録する。

④ 予約内容の変更は受け付けていない。

(2) 予約キャンセル

① 予約キャンセルは，出港時刻までであれば，予約番号ごとに可能である。ただし，乗船年月日の6日前以降のキャンセルは，キャンセル料が発生する。乗船年月日までの日数によってキャンセル期間区分を決め，キャンセル料率を変えている。出港後はキャンセルできず，全額請求する。往復で予約している場合，往路復路それぞれの乗船年月日に対してキャンセル料を算出する。

② 天候不良などによる欠航の場合，翌日以降の運航に振り替えるか，キャンセルするかを，予約客に選択してもらう。キャンセルの場合，キャンセル料は請求せず，全額を返金する。

③ 往復予約の往路が天候不良などで欠航になったときの復路をキャンセルする場合，キャンセル料は請求せず，全額を返金する。

(3) 在庫の把握

① 個室については利用可能個室残数を，大部屋については利用可能ベッド残数を等級別在庫としてそれぞれ記録している。出発港，経由港を出港する時点での等級ごとの残数を記録する。予約受付時又は予約無しでの乗船時に，個

室であれば利用可能個室残数を，大部屋であれば利用可能ベッド残数を更新（利用分を減算）する。

② 車両については積載可能車両残長を，ペットケージについては積載可能ペットケージ残数を，二輪車については積載可能二輪車残数をそれぞれ記録する。出発港，経由港を出港する時点の残長・残数を記録する。予約受付時又は予約無しでの乗船時に，車両であれば積載可能車両残長を，ペットケージであれば積載可能ペットケージ残数を，二輪車であれば積載可能二輪車残数を更新（積載分を減算）する。

③ 上述の残長・残数について，乗船港と下船港との間に経由港がある場合には乗船港を出港する時点の残長・残数だけではなく，経由港を出港する時点の残長・残数も更新する。Ｃ港を出港し，Ｄ港，Ｅ港を経由し，Ｆ港に到着する航路で，Ｃ港で乗船し，Ｆ港で下船する場合，Ｃ港を出港する時点の残長・残数だけではなく，Ｄ港，Ｅ港を出港する時点の残長・残数も更新する。

④ 予約キャンセル時には，予約登録時と逆に更新（キャンセル分を加算）する。

3. 入金業務

(1) 運賃の支払には，乗船前の支払と乗船当日の乗船窓口での支払とがある。

(2) 乗船前の支払方法には，クレジットカード決済と現金振込みとがある。支払が完了すると乗船前支払フラグを'支払済'にする。

(3) 乗船当日の乗船窓口での支払方法には，クレジットカード決済と現金払とがある。

4. 顧客管理業務

(1) リピーターを確保する目的で顧客管理を行っており，希望する顧客には，氏名，性別，生年月日，住所，電話番号，メールアドレスを登録してもらい，顧客番号が記載された顧客カードを渡す。

(2) 顧客は，顧客カードに記載された顧客番号を伝えることで，予約時及び乗船時に氏名，性別などを記入する必要がなくなる。

5. 乗船手続（チェックイン）

(1) 乗船当日に乗船窓口において，予約有りの場合は予約の単位に，予約無しの場合は乗船する個人又はグループ単位に乗船客の乗船手続をする。乗船手続では運航スケジュールごとの乗船番号を発番する。

(2) 予約有りの乗船手続

① 乗船窓口の担当者が予約を確認する。予約が確認できたら，予約の記録を乗船の記録に引き継ぐ。

② 予約時に申請した予約客に変更がある場合には，変更後の内容を乗船客として記録する。

③ 運賃が未払の場合は，運賃を請求する。

(3) 予約無しの乗船手続

① 乗船窓口の担当者が，乗船客の航路，乗船港，下船港，乗船年月日，等級，大人人数，小人人数，乳幼児人数，車両の有無，ペットケージ，二輪車の数を確認する。これらは予約の記録ではなく，乗船の記録とする。

② 次に乗船客を確認する。氏名，性別，生年月日，住所，適用運賃区分を乗船客の記録とする。顧客登録している場合，顧客番号を提示してもらうことで，氏名，性別などを確認する必要がなくなる。

③ 運賃を請求する。

(4) 予約の有無にかかわらず，乗船手続時に乗船窓口の担当者が個室又はベッドを決定する。宿泊区画状態区分が乗船の全区間を通して‘チェックイン可’の個室又はベッドを割り当てる。

(5) 乗船手続時に個室・大部屋の解錠ができるカードキーを手渡す。カードキーは乗船客ごとに作成する。カードキーには，航路番号，出発年月日，乗船客番号，宿泊区画番号を登録する。

(6) 乗船手続終了後，乗船ステータス及び宿泊区画状態区分を‘チェックイン’に変更する。

6. 船内売上

(1) 乗船中に乗船客が船内商品を購入する場合の支払方法には，クレジットカード決済，現金払がある。

(2) 乗船客が購入した船内商品及び個数・金額を船内売上明細に，購入ごとの合計金額を船内売上に記録する。

7. 下船手続（チェックアウト）

下船口で乗船客から受領したカードキーを読み取り，乗船ステータス及び宿泊区画状態区分を‘チェックアウト’にする。

〔概念データモデルとテーブル構造〕

　現行業務の分析結果に基づいて，概念データモデルとテーブル構造を設計した。テーブル構造は，概念データモデルでサブタイプとしたエンティティタイプを，スーパータイプのエンティティタイプにまとめた。現行業務の概念データモデルを図 1 に，現行業務のテーブル構造を図 2 に示す。

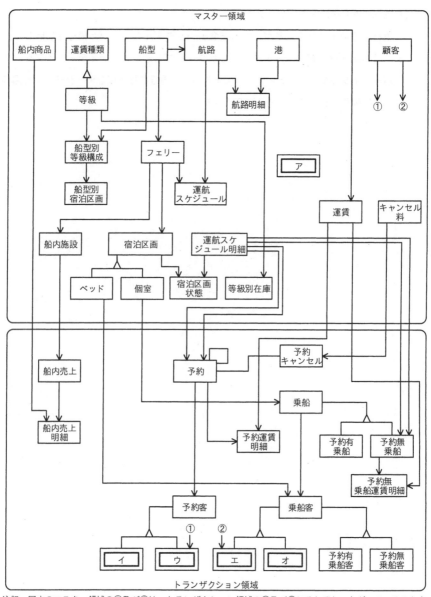

注記　図中のマスター領域の①及び②は，トランザクション領域の①及び②にそれぞれつながっていることを示す。

図1　現行業務の概念データモデル（未完成）

午後Ⅱ問題

港（港コード，港名）

航路（航路番号，航路名，船型番号）

航路明細（航路番号，港コード，寄港順，港区分，標準入港時刻，標準出港時刻）

船型（船型番号，乗船客数，全長，積載可能車両長合計，積載可能ペットケージ数，積載可能二輪車数）

フェリー（フェリー番号，フェリー名，船型番号）

運航スケジュール（航路番号，出発年月日，フェリー番号）

運航スケジュール明細（航路番号，出発年月日，港コード，入港日時，出港日時，積載可能車両残長，
　　　　　　　　　　積載可能ペットケージ残数，積載可能二輪車残数）

等級別在庫（航路番号，出発年月日，港コード，等級コード，利用可能個室残数，利用可能ベッド残数）

宿泊区画状態（航路番号，出発年月日，港コード，宿泊区画番号，宿泊区画状態区分，フェリー番号）

運賃種類（運賃種類コード，等級フラグ，運賃種類名，個室大部屋区分）

船型別等級構成（船型番号，等級コード，個室数，ベッド数，定員，面積，立ち入り区分）

船型別宿泊区画（船型番号，宿泊区画番号，等級コード）

宿泊区画（フェリー番号，宿泊区画番号）

船内商品（商品コード，商品名，単価）

船内施設（フェリー番号，施設コード，施設名）

| ア | （ | カ | ） |

運賃（航路番号，乗船港コード，下船港コード，運賃種類コード，運用開始日，通常期運賃，繁忙期運賃）

キャンセル料（キャンセル期間区分，キャンセル料率）

顧客（顧客番号，氏名，性別，生年月日，住所，電話番号，メールアドレス）

予約（予約番号，予約年月日時刻，往復区分，乗船年月日，航路番号，出発年月日，乗船港コード，
　　　下船港コード，大人人数，小人人数，乳幼児人数，ペットケージ数，二輪車数，車両全長，
　　　請求金額，乗船前支払フラグ，支払方法区分，往路予約番号）

予約キャンセル（予約番号，キャンセル年月日，キャンセル期間区分，キャンセル料）

予約運賃明細（予約番号，予約運賃明細番号，航路番号，乗船港コード，下船港コード，運賃種類コード，
　　　　　　運用開始日，運賃金額）

予約客（予約番号，予約客番号，顧客登録有無区分，氏名，性別，生年月日，住所，適用運賃区分，
　　　　顧客番号）

乗船（航路番号，出発年月日，乗船番号，乗船当日支払フラグ，支払方法区分，フェリー番号，
　　　乗船時個室宿泊区画番号，予約有無区分，予約番号，往復区分，乗船年月日，乗船港コード，
　　　下船港コード，大人人数，小人人数，乳幼児人数，ペットケージ数，二輪車数，車両全長）

予約無乗船運賃明細（航路番号，出発年月日，乗船番号，乗船運賃明細番号，乗船港コード，
　　　　　　　　　下船港コード，運賃種類コード，運用開始日，運賃金額）

乗船客（航路番号，出発年月日，乗船客番号，乗船番号，フェリー番号，乗船時大部屋宿泊区画番号，
　　　　顧客登録有無区分，氏名，性別，生年月日，住所，適用運賃区分，顧客番号，予約有無区分，
　　　　予約番号，予約客番号，乗船ステータス）

船内売上（フェリー番号，売上番号，施設コード，合計金額，支払方法区分）

船内売上明細（フェリー番号，売上番号，売上明細番号，商品コード，個数，金額）

注記　図中の　ア　には，図1の　ア　と同じ字句が入る。

図2　現行業務のテーブル構造（未完成）

〔新規要件〕

1．予約業務

（1）航路の出発港から到着港まで全て乗船する予約に限り，個室又はベッドを指

定できるようにする。乗船手続（チェックイン）までならば，指定した個室又はベッドを変更することもできるようにする。

(2) 1回の予約で複数個室又は大部屋に7人以上の予約ができるようにする。

(3) キャンセル待ちをできるようにする。キャンセル待ちは，通常の予約と同様に航路，乗船年月日，乗船港，下船港，等級，人数などを指定する。出港までにキャンセルが発生した場合，キャンセル待ちを仮予約に変更し，予約希望者に確認の上，本予約に変更する。複数のキャンセル待ちがある場合は，キャンセル待ちの予約番号順かつ条件に合致するものを優先する。

2. 下船手続（下船時精算）

(1) レストラン及びショップでの船内精算の際にカードキーを提示すると，その場で都度支払うのではなく，下船時に乗船客ごとに一括して支払うことができるようにする。この場合，下船時にフロントで精算する。下船時の一括支払方法としては，クレジットカード決済，現金払がある。下船時精算額を記録する。

(2) 下船時にフロントで精算する場合，乗船客の家族が持つ複数のカードキーをまとめて精算することができるようにする。精算合計金額を記録する。

解答に当たっては，巻頭の表記ルールに従うこと。ただし，エンティティタイプ間の対応関係にゼロを含むか否かの表記は必要ない。

なお，エンティティタイプ間のリレーションシップとして"多対多"のリレーションシップを用いないこと。エンティティタイプ名は，意味を識別できる適切な名称とすること。また，識別可能なサブタイプが存在する場合，他のエンティティタイプとのリレーションシップは，スーパータイプ又はサブタイプのいずれか適切な方との間に記述せよ。同一のエンティティタイプ間に異なる役割をもつ複数のリレーションシップが存在する場合，役割の数だけリレーションシップを表す線を記述せよ。また，テーブル構造は第3正規形の条件を満たしていること。列名は意味を識別できる適切な名称とすること。

設問1 現行業務の概念データモデルとテーブル構造について答えよ。

(1) 図1中のマスター領域は，エンティティタイプ及びリレーションシップが未完成である。　ア　に入れる適切なエンティティタイプ名を答えよ。ま

た，欠落しているリレーションシップを補い，図を完成させよ。

なお，マスター領域のエンティティタイプとトランザクション領域のエンティティタイプ間のリレーションシップは不要である。

(2) 図1中のトランザクション領域は，サブタイプ及びリレーションシップが未完成である。┌─ イ ─┐ ～ ┌─ オ ─┐ に入れる適切なサブタイプ名を答えよ。また，欠落しているリレーションシップを2本補い，図を完成させよ。

なお，マスター領域のエンティティタイプとトランザクション領域のエンティティタイプ間のリレーションシップは不要である。

(3) 図2中の ┌─ カ ─┐ に入れる一つ又は複数の適切な列名を答えよ。主キーを表す実線の下線，外部キーを表す破線の下線についても答えること。

設問2　現行業務の業務処理及び制約について答えよ。

(1) 出港時に乗船客が予約有りで乗船した場合には更新の必要がないが，予約無しで乗船した場合には行の更新が必要となるテーブルがある。

(a) 車両・ペットケージ・二輪車を伴わない場合について，そのテーブル名及び更新する可能性のある列名を，図2中から選び，全て答えよ。

(b) 表1～表3の例において，ある乗船客1名が出発年月日 '2022-03-14'，航路番号 '01'（C港発F港行），販売区間 'C港～F港'，等級コード 'DX'（デラックスの等級コード）を乗船した場合，(a)で答えたテーブルの主キーの列名及び列値，並びに変更する列名及び変更内容を答えて，次の表を完成させよ。

なお，表は全て埋まるとは限らない。

主キー	列名				
	列値				
変更する列名					
変更内容					

(2) 車両・ペットケージ・二輪車有りの予約の場合に挿入行に対して必要とな

る制約条件を表4にまとめた。表4中の a ， b に入れる適切な字句を答えよ。

表4 予約時の制約条件（未完成）

制約番号	チェック契機	制約条件
1	車両有りの予約時	予約しようとしている航路，乗船港，下船港，乗船年月日に該当する"運航スケジュール明細"テーブルの全ての行の a が"予約"テーブルの b であること
2	ペットケージ有りの予約時	予約しようとしている航路，乗船港，下船港，乗船年月日に該当する"運航スケジュール明細"テーブルの全ての行の ▓▓▓ が"予約"テーブルの ▓▓▓ であること
3	二輪車有りの予約時	予約しようとしている航路，乗船港，下船港，乗船年月日に該当する"運航スケジュール明細"テーブルの全ての行の ▓▓▓ が"予約"テーブルの ▓▓▓ であること

注記 網掛け部分は表示していない。

(3) 顧客都合で往復予約をキャンセルした場合，往路だけにキャンセル料が発生する場合がある。そのときの条件を50字以内で具体的に答えよ。

設問3 〔新規要件〕について答えよ。

(1) "1. 予約業務"の(1)を実現する方法として，図2中の二つのテーブルに列を追加する案を考えた。該当するテーブル名及び追加する列名をそれぞれ答えよ。

(2) "1. 予約業務"の(2)を実現する方法として，現行と同じ単位（個室であれば1部屋，大部屋であれば同じ等級の6人まで）に分けて複数の予約とし，予約客には複数の予約の中から代表の予約番号だけを提示して代表の予約番号以外を意識させないようにすることにした。このために，図2中の一つのテーブルに列を追加する案を考えた。該当するテーブル名及び追加する列名を答えよ。

(3) "1. 予約業務"の(3)を実現する方法について答えよ。

(a) 図2中の"予約"テーブルに列を追加する案を考えた。追加する列の役割を25字以内で答えよ。

(b) 予約のキャンセルが発生した場合に，キャンセル待ちから仮予約への変更処理を起動するトリガーを定義する。トリガーを定義する図2中のテーブ

ル名を答えよ。また，トリガーの実行契機を答えよ。

(4) "2. 下船手続（下船時精算）"の(1)を実現する方法として，図2中の二つ
のテーブルに列を追加する案を考えた。該当するテーブル名及び追加する列
名をそれぞれ答えよ。

(5) "2. 下船手続（下船時精算）"の(2)を実現する方法として，"まとめ精算"
テーブルを追加する。"まとめ精算"テーブルは，運航スケジュールごとのま
とめ精算番号で一意に識別することとする。"まとめ精算"テーブルの構造を
答えよ。主キーを表す実線の下線，外部キーを表す破線の下線についても答
えること。

また，図2中の一つのテーブルに列を追加する。該当するテーブル名及び追
加する列名を答えよ。

●令和4年度秋期
午前I問題 解答・解説

問1 エ　　　　　　　　　　　　　　　　　カルノー図と等価な論理式（R4秋・高度 午前I問1）

　　カルノー図と等価な論理式を導くためには，図の値が"1"になっている部分に着目する。まず，図中の中央部分で1になっている4か所に着目する。この部分では，A，Cの値は"0"，"1"の両方をとるが，B，Dの値はともに"1"しかとらない。よって，この部分はAとCの値にかかわらず，BとDが1であれば結果が1になるということを示している。そして，このことから論理式の一部としてB・Dを得る。次に，図中の1行目で1になっている2か所に着目すると，Cの値は"0"，"1"の両方をとるが，A，B，Dの値はいずれも"0"である。よって，この部分は，Cの値にかかわらず，A，B，Dの値が"0"であれば結果が1になるということを示しており，論理式の一部である$\overline{A}\cdot\overline{B}\cdot\overline{D}$を得る。

　　この二つのケースは，それぞれ問題のカルノー図の一部分を示すものなので，全体としては，この二つの論理式の和になる。したがって，等価な論理式は（エ）の$\overline{A}\cdot\overline{B}\cdot\overline{D}+B\cdot D$である。

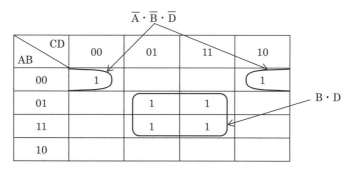

問2 イ　　　　　　　　　　　　　　　　　AIにおける過学習の説明（R4秋・高度 午前I問2）

　　AIにおける過学習は，過剰学習，過適合（オーバーフィッティング）とも呼ばれる。AIでは，大量のデータからルールやパターンを発見して，知識を獲得することを「学習」という。学習に使う訓練データに重点をおいた「学習」を過剰に行うと，その訓練データから得られた知識を用いる推定は非常に精度が高い結果となるが，訓練データとは異なる分野や条件下のデータ，すなわち未知のデータに対しては，推定を行うために用いる知識が乏しいために精度が下がることがあ

る。この現象を過学習という。したがって，（イ）が最も適切である。

　過学習の現象を防ぐには，多分野や様々な条件下でのデータを取得して，偏りの少ない訓練データを用いた「学習」を行うことが前提であるが，正則化（複雑になったモデルをシンプルなモデルにする），交差検証（幾つかのグループに分けたデータからそれぞれ得られるモデルについて，同じ傾向をもつかどうかをチェックする）といった手法を用いることも有効である。

ア：転移学習に関する記述である。
ウ：誤差逆伝播法に関する記述である。
エ：強化学習に関する記述である。

問3　イ　　　　ハッシュ表によるデータの衝突条件（R4秋・高度 午前I問3）

　異なるキー値からハッシュ関数で求められる値（ハッシュ値という）が等しいとき，衝突が起きたという。つまり，キーaとbが衝突する条件とは，キーaとbのハッシュ値が等しくなることであり，そのハッシュ値をrとすれば，

　　$a \bmod n = b \bmod n = r$　となる。

　このとき，aをnで割ったときの商をp，bをnで割ったときの商をqとすると（p，qは整数），次の式①，②が成り立つ。

　　$a = n \times p + r$　……①
　　$b = n \times q + r$　……②

　二つの式から①－②を求めてrを消す。

　　$a - b = n \times (p - q)$

　この式において，p，qは整数だから$p-q$も整数となり，$a-b$はnの$(p-q)$倍，つまり，nの倍数であることが分かる。したがって，衝突が起きるときの条件としては，（イ）の「$a-b$がnの倍数」が正しい。

問4　エ　　　　2段のキャッシュをもつキャッシュシステムのヒット率（R4秋・高度 午前I問4）

　L1，L2と2段のキャッシュメモリからなるキャッシュシステムにおけるヒット率について考える。「L1キャッシュにあるデータは全てL2キャッシュにもある」ということから，L1キャッシュを1次キャッシュ，L2キャッシュを2次キャッシュととらえることができ，主な記憶装置の関係は図のようになる。

図　記憶装置の関係

2 段のキャッシュシステムのヒット率は，①1 段目の L1 キャッシュでヒットする場合，②L1 キャッシュでヒットせずに 2 段目の L2 キャッシュでヒットする場合を考える必要がある。よって，キャッシュシステムとしてのヒット率は，①のヒット率と②のヒット率の和となる。

① 1 段目の L1 キャッシュのヒット率　0.95
② L1 キャッシュでヒットせず（1－0.95）に，2 段目の L2 キャッシュでヒット（0.6）する場合のヒット率

$$(1-0.95) \times 0.6 = 0.05 \times 0.6$$
$$= 0.03$$

したがって，キャッシュシステムとしてのヒット率（①＋②）は 0.95＋0.03＝0.98 となり，（エ）が正解である。

問5　ウ　　　　　　　　　　　コンテナ型仮想化の説明（R4 秋・高度 午前 I 問 5）

午前 I 解答

コンテナ型仮想化は，システムの仮想化技術の一つである。コンテナ型仮想化では，アプリケーションプログラムの実行に必要なライブラリなどのプログラムの実行環境をコンテナと呼ばれる単位にまとめ，ホスト OS と仮想化ソフトウェアによって，このコンテナを仮想化して，独立性を保ちながら複数動作させる。また，コンテナ型仮想化では，コンテナごとに個別のゲスト OS をもたない。したがって，（ウ）が正解である。

前述のようにコンテナ型仮想化の特徴は，コンテナごとのゲスト OS をもたないことで，このメリットとしては，少ないシステム資源で構築が可能であり，オーバヘッドが少ないといった点が挙げられる。一方，デメリットとしては，ホスト OS と異なる OS 上でしか動作しないプログラムを実行することができない点が挙げられる。

主な仮想化方式には，コンテナ型，ハイパバイザ型，ホスト型の三つがあり，それぞれの構成を図に示す。

図　システムの仮想化技術

ア：コンテナ型仮想化では，仮想環境であるコンテナが物理サーバの OS を利用
するので，共有するという見方ができないこともないが，OS は物理サーバ上
で動作し，仮想環境（コンテナ）には必要としないので，どちらかにもてばよ
いわけではない。

イ：ホスト OS をもたないということから，ハイパバイザ型仮想化の説明である。
物理サーバに対する OS 機能をもつとともに，仮想化ソフトウェアでもあるハ
イパバイザ（hypervisor）上に仮想サーバを生成し，ゲスト OS と呼ばれる OS
による仮想サーバを構築する方式で，サーバの OS と異なるゲスト OS を稼働
させることができる。仮想サーバごとにゲスト OS を動かすために，コンテナ
型仮想化に比べて，多くのシステム資源を必要とする。なお，ハイパバイザ型
の仮想サーバは，仮想マシン（VM）と呼ばれることが多い。また，hypervisor
は，supervisor と呼ばれていた OS に対して，super よりさらに上という意味
で命名されたとされる。

エ：ホスト型仮想化の説明である。仮想サーバの構築がしやすい反面，物理サー
バのハードウェアへアクセスする場合，ホスト OS を経由しなければならない
のでオーバヘッドが発生する。物理サーバの OS 上で仮想化ソフトウェアを動
作させる点がハイパバイザ型と違い，ゲスト OS をもつ点がコンテナ型と違う。

問6　イ　　　　　　　　　　　デッドロックの発生を防ぐ方法（R4 秋·高度 午前 I 問 6）

　デッドロックとは，例えば，二つのタスク（A，B）が共用する二つの資源（α，
β）の両方にアクセスしなければならない条件下で，A が $\alpha \rightarrow \beta$，B が $\beta \rightarrow \alpha$ の
順にアクセスしようとして，お互いに他方が既に獲得した資源の解放を待ち合わ
せる状態となり，処理が進まなくなってしまう現象である。

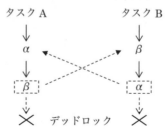

　この場合，資源獲得の順序を同じにすると，デッドロックは発生しなくなる。
したがって，（イ）が正解である。しかし，一般に資源獲得の順序をあらゆる場合
（エラー処理などを含む）で同じにするのは容易ではないので，デッドロックの
発生を完全に防ぐことは困難である。

ア：優先度が高くても先に資源を獲得していないと待ち状態になるので，デッド
ロックが発生する可能性がある。

ウ：資源獲得の順序を両方のタスクで逆にすると，資源獲得の順序は同じにならないので，デッドロックが発生する可能性がある。

エ：（ア）で述べたように，デッドロックの発生は優先度と無関係である。

問7　ウ

論理回路（R4 秋・高度 午前 I 問 7）

実際にそれぞれの回路で，入力 X，Y と出力値である Z をトレースした結果を次に示す。この中で X と Y の値が同じときにだけ Z が 1 になるのは，（ウ）である。

	ア	イ	ウ	エ
X：0，Y：0	0	1	1	0
X：1，Y：0	0	1	0	1
X：0，Y：1	0	1	0	1
X：1，Y：1	0	1	1	0

実際には，各回路について，検証をする上で全てのパターンを列挙する必要はなく，条件に合わない時点で次の回路の検証に移ればトレースにそれほど時間のかかる問題ではない。例えば，「X：0，Y：0」によって，正解の候補を（イ），（ウ）に絞ることができ，「X：1，Y：0」によって，（ウ）が正解であることが分かる。

問8　ア

顧客コードの桁数計算（R4 秋・高度 午前 I 問 8）

英大文字 A〜Z の 26 種類を使って顧客コードを作成することを試しに考えてみると，1 桁では A，B，…，Z の 26 種類が表現できる。2 桁では AA，AB，…，AZ，BA，BB，…，BZ，…，ZA，ZB，…，ZZ となり $26 \times 26 = 26^2 = 676$ 種類表現できる。同じように考えて，3 桁では AAA，AAB，…，AAZ，ABA，ABB，…，ABZ，…，ZZA，ZZB，…，ZZZ となり $26^3 = 17,576$ 種類表現できる。

現在の顧客総数が 8,000 人で，新規顧客が毎年 2 割ずつ増えていくとして，1 年後には $8,000 \times 1.2$ 人，2 年後には，$(8,000 \times 1.2) \times 1.2$ 人，3 年後には，$((8,000 \times 1.2) \times 1.2) \times 1.2$ 人 $= 13,824$ 人になる。

英大文字 A〜Z を使って表現できる顧客コードの種類は，3 桁で 17,576 種類なので，3 年後の顧客数 13,824 人は 3 桁で表現できることになる。したがって，（ア）が正解である。

問9　ウ

DBMS による障害回復の原則は，「障害発生までにコミットされているトランザクションの処理結果は保証し，コミットが未済のトランザクションについては開始前の状態に戻す」なので，この原則に従って各トランザクションについて考える。

チェックポイント以降，システム障害発生までにコミットが完了したトランザクション T4，T5 は，更新後ログは取られているが，次のチェックポイントが発生していないので，更新データが DB へ書き出されていない状態にある。このような場合，更新後ログを用いた前進復帰（ロールフォワード）で更新結果を DB へ反映することで障害回復ができるので，（ウ）が正しい。

T1 はチェックポイント時に DB への実更新が完了しているので，何もする必要がない。

T2 は，チェックポイント時に DB へ更新データが書き出されているがコミットされていないので，更新前ログを用いて後退復帰（ロールバック）する。

T3 は DB への実更新が行われていないので，ログ及びバッファ上の更新データを破棄するだけでよく，前進復帰による障害回復を行う必要はない。

問10　イ

ACID 特性とは，トランザクション処理に求められる原子性（atomicity），一貫性（consistency），独立性（isolation；隔離性とも呼ぶ），耐久性（durability）の四つの特性の頭文字を並べたものである。したがって，ACID 特性に**含まれないもの**は，（イ）の可用性であり，（イ）が正解である。

ACID 特性に含まれる四つの特性は，それぞれ次のとおりである。

・原子性……トランザクションの処理結果は，全ての更新処理が完全に行われた状態か，全く処理しなかった状態かのいずれかであることを保証する特性。
・一貫性……トランザクションの処理の状態にかかわらず，データベースの内容に矛盾がないことを保証する特性。例えば，銀行の A 口座から B 口座にお金を振り込むトランザクションがあるとき，処理の途中では，A 口座のレコードの残高を減算したにもかかわらず，B 口座のレコードの残高を加算していないというようなデータベースの内容が矛盾した（不完全な）状態が生じるが，このような状態を他のトランザクションから見られないように制御する。
・独立性……複数のトランザクションを同時に実行させた場合と，一つずつ順番に実行させた場合とで処理結果が一致していることを保証する特性。ただし，順番に実行させた場合には，実行順によって処理結果が異なることがあるが，そのどれかに一致していればよい。
・耐久性……トランザクションの実行終了後は，障害が発生しても更新結果が損なわれることがないことを保証する特性。

なお，可用性（availability）とは，システムなどが正常に稼働している状態や，そのための能力のことで，信頼性（reliability）と保守性（serviceability）を加えた RAS，さらに，完全性（integrity）と機密性（security）を加えた RASIS という信頼性評価指標に含まれる。

問 11　ウ　　　　DHCP サーバが設置された LAN 環境（R4 秋・高度 午前 I 問 11）

DHCP（Dynamic Host Configuration Protocol）とは，インターネットなどのネットワークに接続するパソコン（PC）などに，IP アドレスを自動的に割り当てるプロトコルであり，IP アドレスに関するネットワーク設定を手動で行う必要はない。DHCP サーバには，ストックしてある IP アドレスを，要求があった PC などに配布する役割がある。次の図は PC が IP アドレスを取得するまでの流れである。

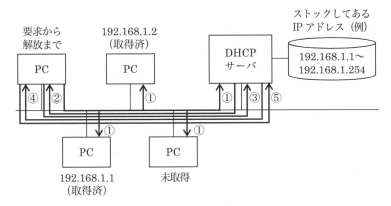

手順①：IP アドレスを取得したい PC が，UDP プロトコルのパケットをブロードキャストする（全ノード向けの 255.255.255.255 アドレス宛に送信）。(DHCP Discover)

手順②：DHCP サーバだけがその要求を受け取り，設定情報（例：192.168.1.3）を要求のあった PC 宛に返信する。(DHCP Offer)

手順③：返信が要求した PC にとって問題がない場合，その旨を DHCP サーバに返信する。(DHCP Request)

手順④：DHCP サーバは了解の旨を要求した PC に改めて返信する。(DHCP ACK)

手順⑤：PC をシャットダウンするときなど，取得した IP アドレスを使用しなくなった際は効率的に使いまわしができるよう，IP アドレスを解放する旨を PC から DHCP サーバに伝える。(DHCP Release)

このフローのとおり，PC には DHCP サーバのアドレスを設定しておく必要は

ない。したがって，（ウ）が正解である。なお，DHCP によって IP アドレスを設定する PC は，最初は IP アドレスが割り当てられていないために，宛先に DHCP のアドレスを設定しても通信はできない。

ア：サブネットマスクやデフォルトゲートウェイアドレスは，オプションによって自動設定が可能である。

イ：IP アドレスが固定された PC はこの仕組みを適用しないだけで，混在は可能である。

エ：電源が切られる際は使用していた IP アドレスを解放するのが一般的な運用であり，必ず同じ IP アドレスが割り当てられるとは限らない。

問 12　ウ　　　　　　　デジタル証明書の失効確認をするプロトコル（R4 秋・高度 午前 I 問 12）

デジタル証明書が失効しているかどうかをオンラインで確認するためのプロトコルは OCSP（Online Certificate Status Protocol）である。したがって，（ウ）が正しい。なお，"Certificate" とは証明書という意味である。

デジタル証明書の状態を確認するためには，CRL（Certificate Revocation List；証明書失効リスト）をダウンロードする方法があるが，CRL のファイルサイズが大きくなると確認に時間がかかるという問題があった。OCSP では，対象のデジタル証明書に限定して状態を問い合わせることができるので，リアルタイムに確認を行うことができる。

ア：CHAP（Challenge Handshake Authentication Protocol）は，PPP（Point to Point Protocol）を使用する通信において，チャレンジレスポンス方式によってユーザを認証するためのプロトコルである。

イ：LDAP（Lightweight Directory Access Protocol）は，ディレクトリサービスにアクセスするためのプロトコルである。ディレクトリサービスとは，ユーザやコンピュータに関する属性情報を検索するサービスで，Linux 向けの OpenLDAP や Windows 向けの Active Directory などがある。

エ：SNMP（Simple Network Management Protocol）は，ネットワーク上の機器の監視や管理を行うためのプロトコルである。

問 13　イ　　　　　　　リスクアセスメントを構成するプロセスの組合せ（R4 秋・高度 午前 I 問 13）

JIS Q 31000：2019（リスクマネジメント－指針）では，リスクアセスメントを「リスク特定，リスク分析及びリスク評価を網羅するプロセス全体を指す」としており，一般に，次の順番でアセスメントを行う。

・リスク特定：リスクを洗い出し，それぞれのリスクの内容を整理する。

・リスク分析：各リスクの特質や発生確率，影響度を数値化する。

・リスク評価：各リスクに対して，対応の要否を決定する。

したがって，（イ）が正解である。なお，リスクアセスメントの結果を受けて，

リスクに対処するための選択肢を選定し，実行するリスク対応では，リスク低減，リスク回避，リスク共有（移転）といった選択肢の中から対応方針を決定して，実行する。

問 14　イ　　　　　　　　WAF による防御が有効な攻撃（R4 秋·高度 午前 I 問 14）

　WAF（Web Application Firewall）は，Web アプリケーションの脆弱性を悪用する攻撃を防御するために，HTTP メッセージの内容を検査して攻撃を検知，遮断するファイアウォールである。また，REST API サービスとは，Web サービスの機能を外部から利用するための API（Application Programming Interface）を公開している Web サービスである。REST（REpresentational State Transfer）API は，HTTP を利用する Web API の一つで，HTTP の GET，POST，PUT，DELETE のいずれかのメソッドを使用する，セッション管理を行わない（ステートレス）などの特徴をもつ。そして，Web アプリケーションの脆弱性を狙った攻撃に対する防御と同様に，REST API サービスに対する，OS コマンドインジェクションや SQL インジェクションのような API の脆弱性を狙った攻撃に対しては，WAF による防御が有効である。したがって，（イ）が正しい。

　その他は，次のような攻撃で，Web アプリケーションの脆弱性を悪用するものでないので，WAF による防御が有効とはいえない。

ア：キャッシュ DNS サーバの設定に起因する脆弱性を悪用する攻撃

ウ：SMTP サーバの設定に起因するオープンリレー脆弱性を悪用する攻撃

エ：大量の電子メールを送り付ける DoS 攻撃（Denial of Service 攻撃；サービス妨害攻撃）

問 15　ア　　　　　　　　家庭内 LAN 環境のセキュリティ（R4 秋·高度 午前 I 問 15）

　IP マスカレード（NAPT；Network Address Port Translation ともいう）とは，内部ネットワークにある複数の PC などがもつ IP アドレスを，ルータやファイアウォールがもつ一つのグローバル IP アドレスに変換して通信を行うための仕組みである。例えば，家庭内で，PC を無線 LAN とブロードバンドルータを介してインターネットに接続する場合，PC がもつ IP アドレスは，IP マスカレード機能によって，全てブロードバンドルータがもつ IP アドレスに変換される。このため，インターネット側に見える IP アドレスは，ブロードバンドルータがもつ IP アドレスだけに限定され，家庭内にある PC の IP アドレスはインターネット側には知られない。つまり，インターネットからは PC の IP アドレスが分からないので，PC への不正侵入を基本的に防止できる。したがって，（ア）が正解である。

イ：PPPoE は，PPP（Point to Point Protocol）を，Ethernet 上で利用するためのプロトコルであり，経路上の盗聴を防止するための機能はもっていない。

ウ：WPA（Wi-Fi Protected Access）は無線 LAN の暗号化方式であり，不正な

Web サイトへの接続を防止する機能はない。不正な Web サイトへの接続を防止するには，URL フィルタリングによって制限をかける必要がある。

エ：WPS（Wi-Fi Protected Setup）は，無線 LAN 設定を簡素化するための標準規格であり，マルウェア感染を防止する機能はない。

問 16　ア　成果物の振る舞いを机上でシミュレートして問題点を発見する手法（R4 秋-高度 午前 I 問 16）

　ウォークスルーは，レビュー手法の一つで，仕様書やソースコードといった成果物について，作成者を含めた複数人で，記述されたシステムやソフトウェアの振る舞いを机上でシミュレートして，問題点を発見する。したがって，（ア）が正しい。ウォークスルーは，通常，システムやソフトウェアの一連の処理手順に沿って，作成者が他の参加者（レビューア）に成果物の説明を行い，参加者が問題点を指摘するという形式で行われる。

　その他は次のとおりであり，ウォークスルーのようなレビュー手法ではない。

イ，ウ：トップダウンテスト（ウ）は，ソフトウェアの結合テストの手法の一つで，上位のモジュールから順に下位のモジュールに向かって結合を進める。逆に，下位モジュールから順にテストを行うのがボトムアップテストである。そして，サンドイッチテスト（イ）は，上位，下位の双方向から，テストを進める結合テスト手法である。なお，これらのテストで用いる，上位モジュールの代替モジュールをドライバ，下位のモジュールの代替モジュールをスタブと呼ぶ。

エ：並行シミュレーションは，システム監査技法の一つで，監査対象及び監査用の二つのプログラムの実行結果を比較することによって，監査対象のプログラムの処理の正確性を確認する。

問 17　ウ　KPT 手法で行ったスプリントレトロスペクティブの事例（R4 秋-高度 午前 I 問 17）

　スプリント（sprint）とは，アジャイル開発手法の一つであるスクラムにおいて，繰り返して実施する短期間の開発サイクルのことである。スプリントレビューは，スプリントの成果物の実際の動作をステークホルダに見せて，フィードバックを受けるイベントである。また，スプリントレトロスペクティブは，スプリントの活動を振り返るイベントで，スプリントの最後に実施される。スプリントレトロスペクティブの方法の一つである KPT 手法では，次の三つの観点から振返りを行って，チームのメンバで共有する。

　　・K（Keep）…次のスプリントでも継続させたい良かったこと
　　・P（Problem）…うまくいかなかったことや発生した問題点
　　・T（Try）…次のスプリントで取り組むべき改善案

　（ウ）の「次のスプリントからは，スタンドアップミーティングにタイムキーパーを置き，終了 5 分前を知らせるようにする」は，次のスプリントで取り組む

べき改善案なので，"KPT" の "T" に該当する。したがって，（ウ）が正しい。

その他は次のとおりである。

ア："KPT" の "K" に該当する。

イ，エ："KPT" の "P" に該当する。

問 18　イ　　プレシデンスダイアグラム法における作業完了日数（R4 秋・高度 午前 I 問 18）

プレシデンスダイアグラム法（Precedence Diagramming Method）とは，プロジェクトのアクティビティ（作業）の依存関係に注目し，論理的順序関係を図式化したものである。プレシデンスダイアグラム法では，アクティビティを四角形のノードで表記し，作業の実施順序や依存関係を矢印で表現する。

この方式で実施順序を設定する場合，先行作業と後続作業の開始と終了の関係として，次の 4 タイプが指定できる。

・終了－開始関係（Finish to Start；FS 関係）

　　先行作業が終了したら，後続作業を開始する

・開始－開始関係（Start to Start；SS 関係）

　　先行作業が開始したら，後続作業を開始する

・終了－終了関係（Finish to Finish；FF 関係）

　　先行作業が終了したら，後続作業を終了する

・開始－終了関係（Start to Finish；SF 関係）

　　先行作業が開始したら，後続作業を終了する

アクティビティ A とアクティビティ B は「終了－開始関係（FS）」なので，先行している A が完了するまで，後続の B が開始できない。ここで，後続作業の開始を早められる時間の「リード」が 2 日あるので，B の最早開始日は，A が完了する 6 日から 2 日を引いた 4 日となり，B の作業日数は 7 日なので，4＋7＝11 日で B の作業は完了する。

次に，アクティビティ B とアクティビティ C は「開始－開始関係（SS）」なので，先行している B が開始すると，後続の C も開始できる。しかし，後続作業の開始を遅らせる時間の「ラグ」が 3 日あるので，C の開始を 3 日遅らせることになる。よって，C の最早開始日は，B の最早開始日の 4 日に 3 日足した 7 日となり，C の作業日数は 5 日なので，7＋5＝12 日で C は完了する。このとき，B の作業も完了している。

よって，全ての作業を完了するための所要日数は，最少で 12 日となり，（イ）が正解である。

問 19　ウ　　多基準意思決定分析の加重総和法を用いた製品の評価（R4 秋・高度 午前 I 問 19）

多基準意思決定分析の加重総和法とは，評価項目ごとの評価点数に評価項目の重みを乗じた点数の総和を求めて総合評価点数を計算する方法である。製品 A～

Dの総合評価点数は次の計算式で求められる。

製品Aの総合評価点数＝5×7＋1×9＋4×8＝35＋9＋32＝76
製品Bの総合評価点数＝5×8＋1×10＋4×5＝40＋10＋20＝70
製品Cの総合評価点数＝5×9＋1×4＋4×7＝45＋4＋28＝77
製品Dの総合評価点数＝5×9＋1×7＋4×6＝45＋7＋24＝76

「評価点数の値が大きいほど，製品の評価は高い」ということから，総合評価点数が最も高い製品は，製品Cである。したがって，（ウ）が正解である。

問20　イ

サービスマネジメントにおける問題管理の目的は，システムダウンなどのインシデント発生後に未知の根本原因を究明し，恒久的な抜本的対策を施して，インシデントの発生や再発を防止することである。したがって，（イ）が正解である。

なお，JIS Q 20000-1:2020（サービスマネジメントシステム要求事項）の「8.6.3 問題管理」では，問題について次のことを実施しなければならないとしている。

a) 記録し，分類する。
b) 優先度付けをする。
c) 必要であれば，エスカレーションする。
d) 可能であれば，解決する。
e) 終了する。

ア：インシデント管理の説明である。
ウ：サービス継続管理の説明である。
エ：変更管理の説明である。

問21　エ

JIS Q 27001:2014（情報セキュリティマネジメントシステム－要求事項）は，情報セキュリティマネジメントシステム（ISMS）を確立し，実施し，維持し，継続的に改善するための要求事項を提供するために作成されたものである。

リスクアセスメントの実施について，この規格の「6.1.2 情報セキュリティリスクアセスメント」では，次の事項を行うプロセスを定め，適用しなければならないとしている（ここでは概要を記載）。

a) 次を含む情報セキュリティのリスク基準を確立し，維持する。
 1) リスク受容基準
 2) 情報セキュリティリスクアセスメントを実施するための基準
b) 繰り返し実施した情報セキュリティリスクアセスメントが，一貫性及び妥当性があり，かつ，比較可能な結果を生み出すことを確実にする。
c) 次によって情報セキュリティリスクを特定する。
d) 次によって情報セキュリティリスクを分析する。

e) 次によって情報セキュリティリスクを評価する。

リスク受容基準はリスクアセスメントを実施する前に決めておくべきもので，「リスクアセスメントを実施した後に，リスク受容基準を決めていた」ことは，順序が逆で不適切であり，監査人が指摘事項として監査報告書に記載すべきものである。したがって，（エ）が正解である。

その他，（ア）「USB メモリの使用を，定められた手順に従って許可していた」，（イ）「個人情報の誤廃棄事故を主務官庁などに，規定されたとおりに報告していた」，（ウ）「マルウェアスキャンでスパイウェアが検知され，駆除されていた」は，全て ISMS で実施すべき正しい行動であり，監査報告書に指摘事項として記載すべき内容ではない。

問 22　ウ

システム監査は，監査対象に合わせて監査計画を立案し，その計画に基づく予備調査，本調査，そして，調査結果に対する評価を結論として報告するという手順で行われる。これらの手順のうち，一般に監査と呼ばれる活動は，予備調査，本調査の部分であり，これらの調査は，監査対象に対する評価を行うための根拠となる証拠を入手するために行われる。また，システム監査基準（平成 30 年）には「システム監査人は，システム監査を行う場合，適切かつ慎重に監査手続を実施し，監査の結論を裏付けるための監査証拠を入手しなければならない」と記述されている（【基準 8】監査証拠の入手と評価）。したがって，監査手続としては，（ウ）の「監査項目について，十分かつ適切な証拠を入手するための手順」が適切である。

監査手続の具体的な方法には，ドキュメントレビュー，インタビュー，チェックリストなど様々なものがあり，監査計画立案時にそれぞれの監査項目に合った適切な方法が選択される。

問 23　エ

企業活動における BCP（Business Continuity Plan；事業継続計画）は，災害や事故などが発生した場合にも，可能な範囲で事業の継続ができるように，事前に策定された計画のことであり，事業の中断・阻害に対応し，あらかじめ定められたレベルに回復するように組織を導く手順を文書化しておくものである。したがって，（エ）が正解である。

なお，情報システムでは，BCP と似たコンティンジェンシープラン（緊急事態計画）が以前から知られているが，コンティンジェンシープランの方は，緊急事態が発生した後の行動計画であり，BCP は普段からの対策を含めて事業の継続やそのための復旧に重点を置いたものである。

また，事業継続に当たっては，BCP の立案だけではなく，実際の運用や訓練，

そして，その見直しと改善という一連のプロセスが必要となるが，こうした一連のプロセスを継続的に管理，改善することを BCM（Business Continuity Management；事業継続管理）と呼ぶ。

ア：バランススコアカード（Balanced Score Card）による企業戦略検討の説明である。

イ：BPM（Business Process Management）と呼ばれる経営手法の説明である。

ウ：BPO（Business Process Outsourcing）の説明であり，業務効率の向上などを目的に，企業がコアビジネス以外の業務の一部又は全部を，外部の専門業者に委託することである。

問24　イ　正味現在価値法による投資効果の評価（R4秋・高度 午前Ⅰ問24）

現在の 100 万円を，年利 3％で 1 年間運用すると 103 万円になり，現時点で得られる 100 万円と 1 年後に得られる 100 万円とは，価値が異なることになる。逆に年利 3％で 1 年間運用した結果が 100 万円になるとすると，これに対する現在の価値は，

$$100 万円／(1+0.03)≒97 万円$$

と求めることができ，1 年後の 100 万円は現在の 97 万円に相当することが分かる。このように，現在の価値に換算して考えると，将来の回収額は額面が同じなら回収が先になるほどその価値は低くなると考えてよい。一般に，投資額に対して一定期間の回収額が大きいほど，投資効果も大きいといえる。

この問題のシナリオでは A，B，C とも同じ投資額であり，それぞれ 3 年間で 240 万円の回収額なので，3 年間の合計では同じ投資効果のように見える。しかし，2 年間で見ると，シナリオ A は 120 万円，B は 200 万円，C は 160 万円となり，シナリオ B が最も大きい。さらに，1 年間で見ると，シナリオ A は 40 万円，B は 120 万円，C は 80 万円となり，この場合もシナリオ B が最も大きい。したがって，最も投資効果が大きいシナリオは B となり，（イ）が正解である。

なお，現在価値とは，将来得られる価値を，現在の価値に換算した値のことである。将来の価値から現在の価値へ換算するときの利率に相当する値を，割引率という。1 年間の割引率が r であるとき，n 年後の回収額 CF に対する現在価値 DCF は，$DCF=CF／(1+r)^n$　という式で計算できる。

この問題では割引率が 5％となっており，例えば，シナリオ A における 1 年目の回収額 40 万円の現在価値は，$40／(1+0.05)≒38.1$（万円）と求められる。

現在価値に換算した将来の回収額の合計から投資金額を減じた結果が，大きければ大きいほど投資効果があるといえる。参考までに，問題の各シナリオについて，現在価値に換算した回収額，回収額の合計，投資金額と回収額合計との差異を計算した結果は，次のとおりである。

単位　万円

シナリオ	投資額	現在価値換算の回収額			回収額合計	回収額－投資額
		1 年目	2 年目	3 年目		
A	220	38.1	72.6	103.7	214.4	－5.6
B	220	114.3	72.6	34.6	221.5	1.5
C	220	76.2	72.6	69.1	217.9	－2.1
投資をしない	0	0.0	0.0	0.0	0.0	0.0

問 25　エ　ハードウェア製造の外部委託に対するコンティンジェンシープラン (R4 秋・高度 午前 I 問 25)

コンティンジェンシープラン（Contingency Plan）とは，不測の事態が起こった際に対処するために策定した事前の計画である。「部品調達のリスクが顕在化したとき」というのは，不測の事態であり，これに対処するための計画を策定することは，コンティンジェンシープランを記述したものであるといえる。したがって，（エ）が正解である。

ア：リスクマネジメントに関する記述である。

イ：品質管理に関する記述である。

ウ：コスト管理に関する記述である。

問 26　イ　コンジョイント分析の説明 (R4 秋・高度 午前 I 問 26)

コンジョイント分析（conjoint analysis；結合分析）とは，マーケティングで用いられる分析手法である。顧客（購入者）は，一般に商品やサービスの選択に際して，単に一つの属性で決めているのではなく，複数の評価属性項目を組み合わせて評価をしていることが多い。コンジョイント分析では，顧客が重視する複数の属性の組合せが，どのように選択に影響を与えているのかを分析する。評価項目ごとに単独で，「どれが良いか」と質問すれば，評価項目ごとの回答者の希望が明確にできる。しかし，どの評価項目を回答者が重視しているのか，どのような組合せを欲しているのかなどは分からない。回答者に対して複数の評価項目（例；色，材質，価格）について，具体的な値の組合せを提示し，回答者には，提示された組合せに対して順位付けをさせる。順位付けされた結果を統計的な手法によって分析すると，回答者が希望する商品を選択する場合に，どの評価項目（例；価格）を重要視しているか，また，例えば，価格と性能についてどのような組合せが最も好まれるか，といったことなどが明らかにできる。したがって，（イ）が正解である。

ア：ABC 分析の説明である。

ウ：コーホート分析（cohort analysis；同世代分析）の説明である。コーホートとは本来「同一性をもつ仲間」の意味だが，人口学においては同年度生まれの集団を指す。

エ：コレスポンデンス分析（correspondence analysis；対応分析）の説明である。多変量のデータを集計して統計的な解析を行う多変量解析の一つである。

問27　エ

　APIエコノミーとは，インターネットを介して様々な企業が提供する機能（API；Application Programming Interface）をつなげることでAPIによる経済圏を形成していく考え方である。例えば，他社が公開しているタクシー配車アプリのAPIをホテル事業者のアプリに組み込み，サービス提供することはAPIエコノミーに当たる。これによって付加価値の高いサービスを提供できるだけでなく，自社のシステムだけでは獲得できなかった利用者を獲得できるようになるなどの経済的効果も見込める。よって，（エ）が正解である。

ア，イ，ウ：いずれも組織内でAPIを利用する事例となっており，APIによる経済圏の形成を行っていないため誤りである。

各選択肢に登場する用語の解説は次のとおりである。

ア：EAI（Enterprise Application Integration）ツールとは，組織内のシステムを連携・統合して利用するためのツールである。

イ：音声合成システムとは，文字情報をインプットして，人工的に音声読上げデータを作成するシステムである。

ウ：BI（Business Intelligence）ツールとは，企業内で保持するデータを収集・保存・分析・可視化するツールの総称である。

問28　ウ

　CPS（サイバーフィジカルシステム）とは，サイバー空間（コンピュータ上で再現した仮想空間）を使いフィジカル（現実）で起こり得る事象を再現するシステムのことである。IoTの普及などによって，現実世界で起こる様々な事象のデータを集めやすくなってきており，これらのデータをCPS上で分析・加工して，現実世界側にフィードバックすることで，付加価値を創造することができるようになる。したがって，（ウ）が正解である。

ア：サーバの仮想化のことである。1台の物理サーバ上に，複数の仮想サーバを構築し運用することができるようになっている。物理サーバのOSと仮想サーバのOSが異なっていても動作可能であることが多く，クラウド上のサーバもほとんどの場合，仮想サーバで動作している。

イ：VR（Virtual Reality；仮想現実）のことである。VRゴーグルやヘッドセット，コントローラを組み合わせることで，視覚・聴覚・触覚を刺激し，仮想世界での没入感を与えるようなデバイスが増えてきている。

エ：ビットコインやイーサリアムなどに代表される仮想通貨のことである。日本やその他諸外国が発行する通貨や紙幣のような法定通貨ではないものの，イン

ターネット上でやり取りできる財産的な価値である。

問 29 ウ　　　類似する事実やアイディアをグルーピングしていく収束技法 (R4 秋·高度 午前 I 問 29)

　ブレーンストーミングやその他思考の発散方法で引き出された多くの事実やアイディアの親和性を見つけ類似するものでグルーピングしていく収束技法は親和図法である。したがって，（ウ）が正解である。

ア：NM 法とは，中山正和氏が考案した発想技法であり，そのイニシャルから名付けられたものである。NM 法では，世の中にある一見関係はないが類似性のあるものから，その本質的な要素を見いだし解決したいテーマに適用する方法である。

イ：ゴードン法とは，NM 法や後述のブレーンストーミングを組み合わせたようなアイディア発想技法である。会議の進行役だけが課題を知っている状態で，会議の参加者にはその機能だけを提示し，自由に討議してもらい，その後課題を明かし討議した内容を組み合わせて解決策を見いだす方法である。

エ：ブレーンストーミングとは，アイディアの発想技法の一つである。複数人が集まり自由に意見を出し合うことで新しいアイディアを生み出す方法であり，批判厳禁，質より量を重視する，他者のアイディアから着想を得たアイディアを歓迎するなどのルールがある。

問 30 ウ　　　　　　作業委託における著作権の帰属 (R4 秋·高度 午前 I 問 30)

　システム開発を委託した場合の著作権の帰属先について問われている。システム開発を含む業務委託に伴う著作活動については，著作権の帰属に関する特段の取決めがない限り，実際に委託を受けて開発を行った側に著作権が帰属する。また，法人に雇用される社員が法人の業務として実施したシステム開発を含む著作活動については，その法人と当該社員との間に著作権の帰属に関する特段の取決めがない限り，その著作権は法人に帰属することになる。この問題では，A 社における顧客管理システムの開発を B 社に委託し，また，ソフトウェア設計・プログラミング・ソフトウェアテストを C 社に再委託していることから，実際にプログラミングを行うのは C 社である。著作権の帰属に関する特段の取決めはないため，著作権は C 社に帰属する。したがって，（ウ）が正解である。

午前Ⅱ問題 解答・解説

問1 イ BASE 特性を満たす NoSQL データベースシステム（R4 秋·DB 午前Ⅱ問 1）

BASE 特性とは，次の三つの特性のことである。

- BA（Basically Available）：基本的にいつでも利用可能である。
- S（Soft-state）：常に整合性を保つ必要はない。
- E（Eventual consistency）：結果的に整合性は保証される。

ア：「2 相コミットによって全てのノードに反映する」とは，全てのノードで整合性を保証することである。つまり，BASE 特性の S を満たさない。また，〔NoSQL データベースシステムの特徴〕のうち，「一つのノードでデータを更新した後，他の全てのノードにその更新を反映する」を満たしていないため，不適切である。

イ：BASE 特性及び〔NoSQL データベースシステムの特徴〕を満たしているため，正しい。

ウ：BASE 特性の S と E によって，「同時の参照要求に対し，全てのノードは同じ結果を返す」とは限らないので，不適切である。

エ：BASE 特性のうち，BA を満たしていないため，不適切である。

したがって，（イ）が適切である。

問2 イ UML のクラス図の多重度（R4 秋·DB 午前Ⅱ問 2）

〔条件〕(1)「全ての社員は入社年を特定できる」から，社員には一つの入社年が必ず対応するので，空欄 b の多重度は，「最小数..最大数＝1..1」となる。

〔条件〕(2)「年によっては社員が入社しないこともある」から，年には，必ずしも社員は対応しないが，通常は複数の社員が対応するので，空欄 a の多重度は，「最小数..最大数＝0..＊」となる。

UML のクラス図の多重度表記は，「最小数..最大数」の形で記述するが，最小数が 0 の場合は，その関連には該当するインスタンスがない場合もあるということを示す。また，UML のクラス図の多重度表記では，1..1 は，1 と表記することになっている。したがって，（イ）が適切な組合せである。

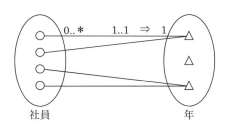

問3　ア　　　　　　　　　　　　　　　　　　　　属性集合の閉包の導出（R4秋·DB 午前Ⅱ問3）

　属性集合 {A，B} に，関数従属性①A→B，②A→C，③ {C，D} →E を順に適用すると次のようになる。

① 属性集合に A が存在するため，関数従属性①によって B が導出される。ただし，属性集合にもともと B が存在するため，属性集合に変更はない。

② 属性集合に A が存在するため，関数従属性②によって C が導出される。これによって，属性集合は {A，B，C} となる。

③ 属性集合に D が存在せず，他の関数従属性によって D を導出することもできないため，関数従属性③は適用されない。

　したがって，（ア）が正解である。なお，関数従属性の推論則（反射則，推移則，増加則）を使って，ある関数従属性の集合から求められる関数従属性の集合を"関数従属性の閉包"という。問題文にもあるように，ある属性集合に関数的に決定される属性を加える操作を繰り返して得られる属性集合を"属性集合の閉包"という。

イ：属性 D は属性 {A，B} から関数的に決定されない（D に向かう矢印はない）。

ウ，エ：属性 D が関数的に決定されないので，属性 E も関数的に決定されない。

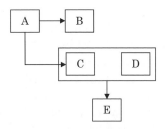

図　関数従属性図

　ある属性 a が決まると，他の属性 b が一意に決まるような関係を関数従属（性）という。関数従属は a→b と表し，属性 a を決定項，属性 b を従属項という。また，属性 a や属性 b は複数の属性の集合であってもよく，その場合は {a1, a2}→b や a→ {b1, b2} のように表す。a→ {b1, b2} は，a→b1, a→b2 を意味する。

　関数従属が複数あって，ある関数従属 f1 から他の関数従属 f2 を導出できる場合，f2 は冗長な関数従属となる。例えば，f1= {{a, b} →d} と f2= {{a, b, c} →d} という二つの関数従属があった場合を考える。f1 の決定項は f2 の決定項の一部（部分集合という）であり，f2 は属性 c がなかったとしても属性 d との関数従属が成立する。よって，f2 は f1 から導出できる関数従属であり，冗長な関数従属といえる。

　これを踏まえて，問題の関数従属の集合 W について考える。

① 　A→ {B, C}
　関数従属④，⑤より，A→B→C 又は A→C→B が成立する。そのため，A→B 又は A→C のいずれかの関数従属があれば，関数従属④又は⑤と組み合わせて導出できる関数従属であり，冗長な関数従属である。

② 　{A, D} →E
　他の関数従属から導出ができないため，冗長な関数従属ではない。

③ 　{A, C, D} →E
　関数従属②の決定項に属性 C を加えた関数従属であり，関数従属②から導出ができるため，冗長な関数従属である。

④ 　B→C
　他の関数従属から導出ができないため，冗長な関数従属ではない。

⑤ 　C→B
　他の関数従属から導出ができないため，冗長な関数従属ではない。

　したがって，関数従属の集合 W から冗長な関数従属をなくした関数従属の集合は，{A→B, B→C, C→B, {A, D} →E}（関数従属の集合 X）又は {A→C, B→C, C→B, {A, D} →E}（関数従属の集合 Y）であり，（イ）が正解である。なお，上記③の {A, C, D} →E は，上記②の {A, D} →E よりも冗長であることがすぐに分かるので，Z は除外してもよく，答えは（ア）か（イ）に絞られる。さらに，B と C は入れ替えても {A, C, D} →E 以外は同じ関数従属の集合となり，X と Y の一方だけということはあり得ないと判断してもよいだろう。

問5　イ

　　正規形の定義は次のとおりであり，（イ）の「推移的関数従属性が存在しない」が適切である。なお，（ア）と（イ）の冒頭には，「非キー属性の候補キーに対して」という記述が省略されており，解答を間違えているということではないが，正確性に欠けているといえる。
① 第 1 正規形……属性の値として繰返しなどの集合をもたない関係
② 第 2 正規形……第 1 正規形であり，かつ全ての非キー属性がどの候補キーに対しても完全関数従属する関係
③ 第 3 正規形……第 2 正規形であり，かつ全ての非キー属性がどの候補キーにも推移的関数従属しない関係
ア：第 2 正規形であるための条件の一部である。
ウ：原子定義域とは，一つの属性には一つの値しか入れられないという第 1 正規形であるための条件である。
エ：自明な関数従属性を除けば，ボイス・コッド正規形の条件である。

問6　ア

　　〔結果〕を見ると，"文書"表の作成者 ID に紐付く作成者氏名，承認者 ID に紐付く承認者氏名を抽出した表であることが分かる。作成者 ID，承認者 ID に紐付く氏名は"社員"表を参照すればよいと考えられ，"文書"表と"社員"表を結合することで〔結果〕が得られることが分かる。
　　さらに〔結果〕をよく見ると，文書 ID＝4 の作成者氏名が NULL となっている。これは，作成者 ID＝500 に該当する社員が"社員"表に存在しないためである。SELECT 文において，WHERE 作成者 ID＝社員 ID のような形で結合した場合，結合した二つの表の両方に存在する行だけが結果として抽出される（内結合）。一方，〔結果〕のように結合した二つの表の片方にだけ存在する行も全て抽出したい場合は，外結合を用いる必要がある。外結合には，結合する二つの表のどちらを抽出するかによって，左外結合，右外結合，完全外結合がある。

表A

ID	data1
1	aaa
3	bbb
7	ccc

表B

ID	data2
1	xxx
2	yyy
3	zzz

外結合の種類

種類	概要	SQL	結果
左外結合	表Aに存在する行だけを抽出し、表Bにデータが存在しない場合はNULLとする。	SELECT A.ID, data1, data2 FROM A LEFT OUTER JOIN B ON A.ID = B.ID	A.ID / data1 / data2 : 1 aaa xxx / 3 bbb zzz / 7 ccc NULL
右外結合	表Bに存在する行だけを抽出し、表Aにデータが存在しない場合はNULLとする。	SELECT A.ID, data1, data2 FROM A RIGHT OUTER JOIN B ON A.ID = B.ID	A.ID / data1 / data2 : 1 aaa xxx / NULL NULL yyy / 3 bbb zzz
完全外結合	表A, Bのいずれかに存在する行を全て抽出し、データが存在しない場合はNULLとする。	SELECT A.ID, data1, data2 FROM A FULL OUTER JOIN B ON A.ID = B.ID	A.ID / data1 / data2 : 1 aaa xxx / NULL NULL yyy / 3 bbb zzz / 7 ccc NULL

問題では上図の表Aに当たる"文書"表に存在する全ての行が〔結果〕に抽出されているため左外結合であり、LEFT OUTER JOIN を用いる。LEFT OUTER JOIN を用いた選択肢は（ア）又は（ウ）であるが、（ウ）は"社員"表Bとの左外結合となるため、（ア）が正解である。

なお、（イ）は右外結合、（エ）は内結合のため、いずれも文書ID＝4が抽出できない。

問7　イ

SQL文を実行して得られる売上平均金額（R4秋·DB 午前Ⅱ問7）

設問のSQL文は、"商品"表と"商品別売上実績"表とを、商品コードで左外結合した表から、商品ランクがAの商品の売上平均金額を求めるものである。

SQL文に沿って、当該売上平均金額の算出過程を説明する。

FROM句の中で、"商品"表と"商品別売上実績"表とを、商品コードで左外結合した表を作成することとしているので、結合後の表は次のようになる。

商品.商品コード	商品名	商品ランク	商品別売上実績.商品コード	売上合計金額
S001	PPP	A	S001	50
S002	QQQ	A		
S003	RRR	A	S003	250
S004	SSS	B	S004	350
S005	TTT	C		
S006	UUU	C	S006	450

WHERE句によって，上記結合後の表に対して，商品ランクがAのレコードを抽出するので，WHERE句の実行後には次のレコードが残る。

商品.商品コード	商品名	商品ランク	商品別売上実績.商品コード	売上合計金額
S001	PPP	A	S001	50
S002	QQQ	A		
S003	RRR	A	S003	250

上記の表に対して，SELECT句＋GROUP BY句で，商品ランク別の売上合計金額の平均値を，売上平均金額として算出することとしているので，売上平均金額は次のとおりに算出される。なお，AVG集合関数は，NULLを無視するので，対象となるレコード件数は2件である。

売上平均金額＝売上合計金額の合計（50＋250）÷レコード件数（2件）＝150

したがって，（イ）が正解である。

問8 ウ　　　　　　　　　　SQL文を実行して得られる結果（R4秋·DB 午前II問8）

問題のSQL文は，NOT EXISTS述語を使用し，副問合せの中で主（上位の）問合せの相関名Xを参照しているので，相関副問合せである。NOT EXISTSであるから，副問合せの結果が1件でもあれば偽となる。具体的に，この相関問合せは"社員"表の中で，上司の立場にない社員を選んでいることになる。"社員"表で，上司の列にない社員は，S002，S004，S007の3件である。したがって，（ウ）が正解である。

```
SELECT 社員コード FROM 社員 X
    WHERE NOT EXISTS  ←───┤ 副問合せの結果が 1 件でもあれば，偽 │
        (SELECT * FROM 社員 Y WHERE X.社員コード = Y.上司)
                          ↑
        ┌─────────────────────────────────────────┐
        │ X.社員コードで，主問合せの 1 件 1 件の結果を │
        │ 受け取りながら，WHERE 句の条件判定を行う。   │
        └─────────────────────────────────────────┘
```

問 9　ウ　　　　　　SQL 実行結果が同じになるための必要十分な条件（R4 秋-DB 午前 II 問 9）

　〔SQL 文 1〕で使われている UNION 演算子は，次の構文で，SELECT 文 1
と SELECT 文 2 の和集合を得ることができる。和集合とは，SELECT 文 1 の結
果と SELECT 文 2 の結果を合わせた集合である。なお，UNION 演算子による演
算結果は，重複が排除されユニークな集合となることに注意が必要である。重複
を排除しない場合は，ALL を付ける。一方，〔SQL 文 2〕で使われている SELECT
文単独では，SELECT は ALL が既定値であり，重複を排除するには，DISTINCT
を付ける。UNION と SELECT では既定値が逆であることに注意したい。

　　　構文：SELECT 文 1 UNION SELECT 文 2
　　　（注）SELECT 文 1 と SELECT 文 2 の結果は，列数とデータ型が一致し
　　　　　　ている必要がある。このことを関係演算では和両立という。

　〔SQL 文 1〕は，UNION 演算子を使用して表 R 同士の和集合を抽出している。
ただし，UNION だけのため，重複行が排除される。一方，〔SQL 文 2〕は，表 R
の全ての行を抽出している。一見，結果はいずれも表 R と同じになるように思え
るが，もともと表 R に重複行があった場合は〔SQL 文 1〕では排除されてしまう
ため，表 R よりも少ない行数が抽出される。よって，〔SQL 文 1〕の結果＝〔SQL
文 2〕の結果となるためには，表 R に重複する行が存在してはならない。これを
満たす選択肢は（ウ）であるが，「行数が 0 である」場合も重複する行は存在し
ないため，（イ）もこの条件を満たしている。

　「必要十分な条件」とは，二つの命題 A と B があるとき "A ならば B" と "B
ならば A" の両方が成り立つ条件である。まず，「〔SQL 文 1〕の結果＝〔SQL 文
2〕の結果」ならば「行数が 0 である」が成立するかを考えると，必ずしも行数
が 0 であるとは言えず成立しない。一方，「〔SQL 文 1〕の結果＝〔SQL 文 2〕の
結果」ならば「重複する行は存在しない」が成立するかを考えると，〔SQL 文 1〕
が UNION 演算子で重複行が排除されているため必ず成立する。したがって，「重
複する行は存在しない」は必要十分な条件であり，（ウ）が正解である。

　なお，「値に NULL をもつ行は存在しない」，「列数が 1 である」はいずれも〔SQL
文 1〕や〔SQL 文 2〕の結果に影響しないため，（ア）及び（エ）は必要十分な条
件ではない。

問10 イ 和両立の関係RとSで共通集合R∩Sと等しいもの (R4秋·DB 午前II問10)

　和両立とは，関係RとSの次数（属性の数）が同じであることを意味する。その場合，R∩Sは，関係RとSの両方に含まれるタプルからなる関係を得ることであり，共通（積）集合演算という。

　次のベン図に示すように，R∩SはRからR−Sを差し引いた（差演算）ものであることが分かる。R∩S=R−(R−S)となり，（イ）が正解である。

　R∩SとS∩Rは同じであるからS−(S−R)でも正しいが，選択肢にはない。

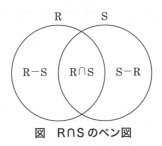

図　R∩Sのベン図

問11 エ 等結合演算を表す演算 (R4秋·DB 午前II問11)

　関係R，Sの等結合演算は，関係RとSの直積演算の結果に対して，選択演算を施すことと等価である。したがって，（エ）が正解である。なお，次の図のように，R×Sの選択演算の結果は属性Yが重複している等結合であるが，片方を射影演算で取り除いたものを自然結合という。

関係R

X	Y
a	1
b	2

関係S

Y	Z
1	甲
2	乙

→ 直積演算 →

R×S（直積）

X	Y	Y	Z
a	1	1	甲
a	1	2	乙
b	2	1	甲
b	2	2	乙

↓ 選択演算

R×Sの選択（等結合）

X	Y	Y	Z
a	1	1	甲
b	2	2	乙

参考までに，結合演算について次にまとめておく。

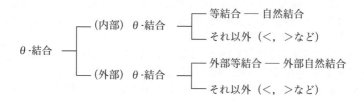

　問題の SQL 文は，「"社員"表から，男女それぞれの最年長社員を除く全ての社員を取り出す」ものであり，空欄 a には，そのための選択条件（副問合せ）が入る。なお，生年月日によって選択しているが，最年長社員の生年月日は，最小であることに注意する。したがって，空欄 a の部分には，該当する性別の社員の中で最年長社員の生年月日が求められるようにすればよい。また，空欄 a の直前には">"が指定され，値の大小比較が行われるので，空欄 a の値は一つでなくてはいけない。このことを念頭に置いて，選択肢の内容を見ていこう。

　まず，（ア），（エ）である。いずれも GROUP BY 句によるグループ化を行っているが，男女それぞれの社員がいるので，その結果として求められる"MIN(生年月日)"も，男女それぞれの値，つまり，二つの値をとる必要があるので，適切ではない。また，（エ）については，"S2"という一時名を用いているが，これは定義されていないので，文法的に誤りである。

　残りの（イ），（ウ）では，"S1.性別=S2.性別"の部分は共通している。そして，"S1"は主問合せ（外）側だけに定義されているので，相関副問合せである。これによって，主問合せ側で取り出した行の性別と一致する性別をもつ行，つまり，主問合せ側で取り出した行と同性の行だけが取り出されるので，それらの行を集計して，生年月日の最小値（MIN(生年月日)）を求めれば，その値は，該当する性別の社員の中で最年長社員の生年月日となる。しかし，（イ）にある生年月日の比較条件（S1.生年月日 > S2.生年月日）は，主問合せ側で取り出された行の社員より年長の社員だけを取り出すものであるが，続く性別の条件と"OR"で結ばれており，異性の年長者も集計対象となってしまうので不適切である。したがって，（ウ）が正解である。

問 13 エ

　複数のトランザクションが並列で実行される環境において，二つのトランザクションがお互いの専有ロック解除を待つ状態になり，どちらのトランザクションも完了できなくなることをデッドロックという。デッドロックを完全に回避することは難しいが，全てのトランザクションが同じ順序でデータにアクセスするようにアプリケーション規則などで決めていれば，デッドロックの発生確率を小さくできる。したがって，適切な設計ガイドラインは（エ）となる。

　なお，デッドロックが発生する例としては，専有ロック同士だけではなく，共有ロックと専有ロックのデッドロックが発生することもあり得る。

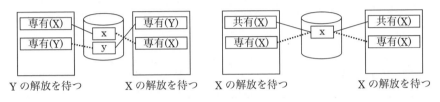

図　デットロックが発生する例

ア：「参照するレコードにも，専有ロックを掛けるように設計する」と，更新時だけでなく参照時にもデッドロックが発生することになり，デッドロックの発生確率が上がってしまう。

イ：大量データに同じ処理を行うバッチ処理をできるだけ一つのトランザクションにまとめると，一つのトランザクション内で操作するデータ数が増えて大量の専有ロックが発生するため，複数のトランザクションになる場合，デッドロックが発生する可能性が増えてしまう。このような場合にデッドロックの発生を少なくするには，一つのトランザクションをできるだけ短くするのが効果的である。

ウ：デッドロックは，ロックを掛けるタイミングではなくロックを掛ける順序によって発生する問題であるため，「トランザクション開始直後に，必要なレコード全てに専有ロックを掛ける」ということでもデッドロックは回避できない。

午前Ⅱ解答

トランザクションを並列で処理する場合は，両方が同じデータを参照することで，表 A のような不都合が発生する。

表 A　トランザクションの並列処理で発生する不都合

	問題	説明
①	ダーティリード (Dirty Read)	他のトランザクションが編集中のデータを読み込んでしまう事象
②	アンリピータブルリード (Non-repeatable Read)	同じデータを複数回読み込むトランザクションにおいて，データ読込みとデータ読込みの間で他のトランザクションによってデータが変更され，1 回目と 2 回目の読込みデータが異なってしまう事象
③	ファントム (Phantom)	データ検索を複数回行うトランザクションにおいて，検索と検索の間で他のトランザクションによってデータが追加，削除され，1 回目と 2 回目の検索結果が異なってしまう事象

並列するトランザクション間で同じデータを操作する際に，操作可能な範囲を隔離性水準という。隔離性水準と各水準で発生する不都合を，表 B に示す。なお，No. が小さいものほど水準が低い隔離性水準である。

表 B　隔離性水準の不都合の発生有無

No.	隔離性水準	説明	①	②	③
1	READ UNCOMMITTED	読み取るデータが他のトランザクションで編集しているかどうかにかかわらず，データの読込みを行う。	×	×	×
2	READ COMMITTED	読み取るデータが他のトランザクションで編集している場合はコミットされるまで待って，データの読込みを行う。	○	×	×
3	REPEATABLE READ	読み取るデータを他のトランザクションで変更できないようにした上で，データの読込みを行う。	○	○	×
4	SERIALIZABLE	同時実行するトランザクションを，直列で実行した場合と同じ結果になるように実行する。	○	○	○

○：発生しない　×：発生する

問題文で説明されている現象は，②の不都合（Non-repeatable Read）である。この不都合が解消できる隔離性水準は，REPEATABLE READ 又は SERIALIZABLE である。問題文で「最も水準の低いもの」と指定されているため，REPEATABLE READ が該当する。したがって，（ウ）が正解である。

問 15 ウ　　　　　　　ACID 特性の原子性の説明 (R4 秋-DB 午前 II 問 15)

　トランザクションの結果は，利用者にとって意味のある一貫性をもったものでなければならない。それを保証する条件として，ACID 特性がある。ACID 特性とは，A（Atomicity；原子性），C（Consistency；一貫性），I（Isolation；隔離性），D（Durability；耐久性）のことである。原子性の記述に該当するのは（ウ）であり，トランザクション処理の結果が中途半端な状態であってはならない性質に関するものである。したがって，（ウ）が適切である。

ア：一貫性（C；Consistency）に対応する。

イ：耐久性（D；Durability）に対応する。

エ：隔離性（I；Isolation）に対応する。

問 16 エ　　　ビッグデータの処理に使用される CEP（複合イベント処理）(R4 秋-DB 午前 II 問 16)

　CEP（Complex Event Processing；複合イベント処理）は，生成されるデータをリアルタイムに処理するための技術である。リアルタイムに発生するデータをメモリ上に展開し，あらかじめ用意したデータの処理条件に合致する場合に，分析のシナリオに従い処理を実行するもので，（エ）が適切である。なお，CEP とは別の用語として，このような処理を少し広義な意味で（データ）ストリーム処理という場合もある。

　ビッグデータを蓄積する前にリアルタイムに処理する方式が CEP あるいはストリーム処理である。一方，ビッグデータを蓄積した後，分析処理を行う場合もある。その場合，ビッグデータは蓄積したデータを用途別に有効活用が可能な状態に処理する必要がある。ビッグデータを処理する基本の流れとしては「蓄積 → 加工 → 集計 → 分析」の順に行われるが，加工の処理に最も時間を要するため生成した情報を迅速に活用することが難しい。従来から，データをハードディスクに蓄積し，時間を掛けて加工，分析を行うことで特定の用途に向けたデータベースとしては，データウェアハウスがある。

ア：ビッグデータや基幹（業務）系処理後のデータなどを多次元データベース（ファクトテーブルと次元テーブル）に格納することによって分析処理を実施する多次元分析（方式）に関する記述である。この多次元性をもった集約データを格納する特別なデータベースを OLAP（OnLine Analytical Processing）データベースという場合もある。

イ：ログを用いる同時実行制御方式のうちの障害回復処理方式に関する記述である。参考までに，ログを用いない障害回復処理方式としては，シャドウページ方式がある。この場合，データベースの更新はページ単位で行われるが，ログを取得する代わりに，更新されたページはディスク内に別のページを確保してそこに書き込む。新たに確保するページをカレントページ，更新前のページをシャドウページという。処理は単純ではあるが，コミットのたびにシャドウペ

ージを捨てることからディスク上に不連続な空きページが増えるという欠点も
ある。

ウ：分散データベースシステムにおけるトランザクションを実現する2相コミッ
ト方式に関する記述である。全てのプロセスでコミットが可能かを判定する第
1相では，コミットできないプロセスがあるとロールバックを行う。全てのプ
ロセスがコミットを承諾すると第2相でコミットを実行する。

問17 イ

Jupyter Lab（ジュピター・ラボ）は，ブラウザ上でプログラムの記述と実行
を対話的に開発することができる開発環境である。従来の開発環境でもプログラ
ムの記述と実行は可能であったが，ブラウザ上で動作する点と1行ごとに記述と
実行を対話的に進めることができる点が特長である。Python などの言語で使用
することで，実行結果のグラフを確認しながらプログラムが記述できるため，ビ
ッグデータ分析に役立つ開発環境といえる。したがって，（イ）が正解である。

ア：ワークフロー管理ツールに関する説明であり，Jupyter Lab の説明として適
切ではない。例えば，オープンソースでは Apache Airflow などのことと推測さ
れる。

イ：Jupyter Lab は対話型の開発環境であるため，Jupyter Lab の説明として適
切である。

ウ：並列分散処理のバッチシステムに関する説明であり，Jupyter Lab の説明と
して適切ではない。例えば，オープンソースでは Apache Hadoop，Apache
Spark などのビッグデータ分析のフレームワーク（実行環境）のことと推測さ
れる。

エ：分散データベースシステムに関する説明であり，Jupyter Lab の説明として
適切ではない。

問18 エ

データレイクとは，流れ込む川の水を貯える湖のイメージで，膨大なデータの
貯蔵場所という意味である。貯蔵されるデータには，テキスト，数値，画像など
様々な形式のものがあるが，加工せずにそのままの形式や構造で格納し，分析な
どに利用する段階で，利用目的に合わせて加工する。したがって，（エ）が正解で
ある。

なお，データをそのままの形式で格納し，分析などに利用する段階でデータ構
造などを定めたスキーマを定義することをスキーマオンリードと呼び，多種多様
な分析のニーズに対応することが可能である。一方，データレイクと同様に，ビ
ッグデータのデータの貯蔵場所として挙げられるデータウェアハウスは，あらか
じめスキーマを定義してからデータを格納するスキーマオンライトである。デー

タが構造化されているため，データレイクに比べてデータ容量が抑えられ，処理の高速化を図ることができ，定型的な分析に向いているといえる。

ア：データマイニングに関する記述である。

イ：データウェアハウスから，特定の用途に必要なデータだけを取り出したものは，データマートである。

ウ：OLAP（OnLine Analytical Processing）とも呼ばれるが，多次元分析の記述である。

問19　ア　　　　　　　　　　　　　AESにおける鍵長の条件（R4秋-DB 午前Ⅱ問19）

　AES（Advanced Encryption Standard）は，NIST（National Institute of Standards and Technology；米国国立標準技術研究所）がDESの後継となる標準暗号方式として公募，選定した共通鍵暗号方式である。鍵長は，128，192，256ビットの中から選択する。したがって，（ア）が正解である。

　AESの基となったRijndael（ラインダール）は，ブロック長と鍵長が可変だったが，AESではブロック長が固定で，鍵長は3種類になった。

イ：鍵長は3種類で任意には指定できない。

ウ，エ：ブロック暗号方式の暗号化処理単位は，基本的にブロック長単位で行うので，ブロック長より長くしたり，短くしたりすることはない。

問20　イ　　　　　　　　　　DLP（Data Loss Prevention）の機能（R4秋-DB 午前Ⅱ問20）

　DLP（Data Loss Prevention）とは，機密情報や重要情報を保護するためのセキュリティシステムである。従来の情報漏えい対策は，利用者に着目して管理・監視しているのに対し，情報自体を管理・監視する手法を採用している点が特徴である。

　DLPでは，情報に含まれるキーワードやフィンガープリントと呼ばれる情報の特徴を見て保護すべき対象かどうかを判別し，情報の参照や持出し，変更などの行為を監視することができる。DLPを導入することで，適切なアクセス権をもった利用者による不正などを監視することが可能となる。したがって，DLPの機能としては（イ）が正解である。

ア：リスクアセスメントにおける損失の算定に関する記述であり，適切ではない。

イ：DLPに関する記述であり，適切である。DLPは重要情報への操作を検知し，アラームの発呼や操作ブロックが可能となる。

ウ：重要情報の喪失リスクを回避するためのバックアップ対策に関する記述であり，適切ではない。

エ：DLPには重要情報の削除時に消去証明書を発行する機能はないため，適切ではない。

午前Ⅱ解答

問 21　ア

IPv4 でも IPv6 でもネットワーク層でデータの暗号化を行うためには，IPsec（IP Security Protocol）が利用される。したがって，（ア）が正解である。なお，IPv4 では，IPsec と組み合わせて利用する必要があったが，IPv6 では，IPv6 自体に IPsec 機能が組み込まれているので，IPv4 のように別プロトコルとして利用する必要はない。

その他の用語の意味は，次のとおりである。

イ：PPP（Point-to-Point Protocol）……OSI 基本参照モデルのデータリンク層に位置し，2 地点間を 1 対 1 で接続する場合に用いられるプロトコルである。リンク確立や，相手認証，IP アドレスの配布手順などをもつ。

ウ：SSH（Secure Shell）……リモートから遠隔操作を行うプロトコルのうち，暗号化や認証機能といったセキュリティ機能をもつプロトコルである。一方，TELNET は暗号化などのセキュリティ機能をもっていない。

エ：TLS（Transport Layer Security）……暗号化や改ざん検出，通信相手の認証などの機能をもつトランスポート層に位置するセキュリティプロトコルである。TCP を利用するアプリケーションプロトコルに適用され，HTTPS（HTTP over TLS），FTPS（FTP over TLS），SMTPS（SMTP over TLS）などと呼ばれている。

問 22　エ

ストレージ技術におけるシンプロビジョニング（thin provisioning）とは，サーバやアプリケーションに仮想ストレージを割り当てることで，実際に用意した物理ディスクより大きな容量の仮想ボリュームを割り当てる技術である。

ストレージの導入に当たって，数年後を見越した容量を準備しても，運用開始時は使用率が低く，無駄が多くなる。シンプロビジョニングによる仮想ストレージでは，実際に必要な容量の物理ディスク（SSD も含む）で運用を開始し，必要になった時点で物理ディスクを追加して容量を増やすことができる。そして，利用者（サーバやアプリケーション）に対しては，物理ディスクの容量を意識させずに，数年後を見越した容量の仮想ボリューム（論理ディスク）の提供が可能となる。したがって，（エ）が適切である。

ア：RAID1（ミラーディスク方式）の説明である。一つのディスクに障害が発生しても，もう一方のディスクの内容で処理を継続できる。

イ：一つのハードディスクを複数の領域に分割することを，パーティション（partition；区画）分割という。ハードディスクを複数のパーティションに分割することで，他の領域（パーティション）の影響を受けにくくなる。例えば，大きなデータを保存して，ディスクの空きがなくなり，OS やプログラムが動かなくなる事態を防ぐことができる。一方，領域サイズの設定を誤ると，使用

率に無駄が生じてしまうこともある。

ウ：ファイバチャネル（fibre channel）とは，長距離間の高速なデータ転送を実現しているデータ転送方式で，サーバとストレージを高速接続する SAN（Storage Area Network）で用いられている。

問 23　ア　　分散処理システムにおけるアクセス透過性（R4 秋-DB 午前Ⅱ問 23）

分散処理システムのアクセス透過性とは，分散処理システムの物理的なネットワークやサーバなどの構成，処理方式に関係なく，利用者が，同じ資源に対して，同じ方法でアクセスできることをいう。したがって，「遠隔地にある資源を，遠隔地での処理方式を知らなくても，手元にある資源と同じ操作で利用できる」とする（ア）が正解である。

イ：分散処理システムは，ホストコンピュータで全ての処理を行っていた集中処理システムに対して，複数のコンピュータに処理や機能を分散して配置するシステム構成のことであり，システムの運用や管理を担当する組織の実態とは特に関係ない。

ウ：ネットワーク経由のデータアクセスや，サービス提供に伴う通信が不要となるため正しい記述であるが，アクセス透過性に関する記述ではない。

エ：複数のコンピュータが対等な関係で処理を分散して行う，水平（負荷）分散に関する正しい記述ではあるが，アクセス透過性に関する記述ではない。

問 24　イ　　ソフトウェアの保守性を定量評価する指標（R4 秋-DB 午前Ⅱ問 24）

ソフトウェアの品質特性における保守性は，「JIS X 0129-1 ソフトウェア製品の品質－第 1 部：品質モデル」において「修正のしやすさに関するソフトウェア製品の能力」と定義されている。よって，修正がしやすいほどソフトウェアの保守性が高いと評価されることになる。例えば，コード規約に準じたプログラムや，規模が適度なプログラム，設計ドキュメントやコメントがしっかりしているプログラムなどは可読性も高く修正がしやすいため，保守性の高いソフトウェアといえる。

ア：ソフトウェアに残存している不具合の規模はソフトウェアの信頼性に関する指標であり，ソフトウェアの保守性を定量評価する指標として適切ではない。

イ：ソフトウェアを構成する各プログラムが適正規模に分割されている度合は，ソフトウェアの修正のしやすさにつながるため，ソフトウェアの保守性を定量評価する指標として適切であり，正解である。

ウ：テストの進捗や網羅性を示す指標であり，ソフトウェアの保守性を定量評価する指標として適切ではない。

エ：推定総エラー数と摘出エラー数の差は，残存する不具合を推定する信頼性に関する指標である。よって，ソフトウェアの保守性を定量評価する指標として

適切ではない。

問 25　イ　

　ドキュメンテーションジェネレーターは，プログラム中のあらかじめ定められた規約に準じたコメントから設計者，保守・運用者，利用者向けのドキュメントを生成するツールである。ドキュメンテーションジェネレーターを使用するメリットは，統一されたフォーマットのドキュメントを素早く作成できることである。

ア：HTML，CSS などのリソースを読み込んで表示するソフトウェアは，ブラウザなどの実行環境であり，ドキュメンテーションジェネレーターの説明として適切ではない。

イ：コメント文などからプログラムのドキュメントを生成するソフトウェアは，ドキュメンテーションジェネレーターの説明として適切である。

ウ：CGI（Common Gateway Interface）や ASP（Active Server Pages）などの入力内容に応じて Web ページを生成するソフトウェアの説明であり，ドキュメンテーションジェネレーターの説明として適切ではない。

エ：DTP（Desk Top Publishing）に関する説明であり，ドキュメンテーションジェネレーターの説明として適切ではない。

●令和 4 年度秋期
午後 I 問題 解答・解説

問1　アフターサービス業務　　　　　　　　　　(R4 秋·DB 午後 I 問 1)

【解答例】

[設問 1]　(1)　(概念データモデル) 太線・太矢線が解答となる。

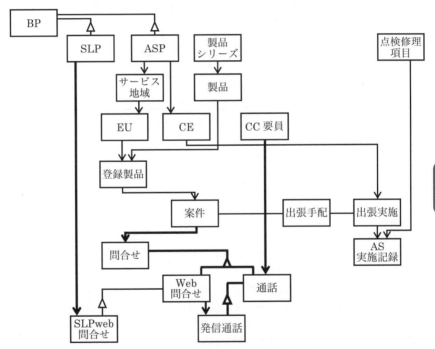

(2)　ア：問合せ年月日時刻，問合せ内容，連絡先お名前，連絡先電話番号，媒体区分，案件番号

　　　イ：SLP 製品使用者入力区分

　　　ウ：SLPBP コード

　　　エ：通話社員番号，通話時間，通話成立フラグ，通話音声，受発区分

　　　オ：発信元 web 問合せ番号

　　　カ：出張年月日，出張時間帯

［設問2］　（1）（a）　あ：製品シリーズ
　　　　　　　　　　い：点検修理項目
　　　　　　　　　　う：案件
　　　　　　　（b）　（概念データモデル）太矢線が解答となる。

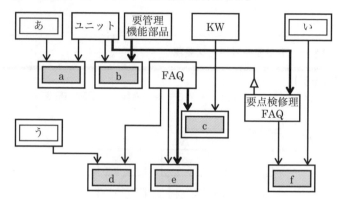

　　　　（2）　キ：製品シリーズコード, ユニットコード
　　　　　　　　ク：ユニットコード, 機能部品番号
　　　　　　　　ケ：FAQ 番号, KW
　　　　　　　　コ：案件番号, FAQ 番号, 可能性順位
　　　　　　　　サ：FAQ 番号, 関連 FAQ 番号, 関連度ランク
　　　　　　　　シ：FAQ 番号, MT コード

【解説】
　住宅設備メーカーのアフターサービス業務のデータベース設計の問題である。設問
1 と設問 2 の両方に概念データモデルへのリレーションシップの記入, 関係スキーマ
の属性名を解答させる問題があり, データベーススペシャリストの試験としてはオー
ソドックスなデータベース設計を中心とした問題となっている。しかし, 問題文中に
ある概念データモデルと関係スキーマの設計方針に記載されているルールに則って解
答する必要があり, 特に設問 2 のリレーションシップの記入に関してはこのルールに
気付かずに解答してしまう受験者もいたのではないだろうか。なお, 設問 2 にはエン
ティティタイプ名を解答させる問題もあるが, こちらも頻出の形式である。
　属性名の解答に関しては複数の属性を解答する必要があり, 完答が求められるため,
一つの属性を解答する問題に比べて難易度は高めであり, 問題文を総合的に読み解き
属性名を解答するのに手間がかかる問題だったといえるだろう。

［設問1］
（1）図 1 のリレーションシップは未完成である。必要なリレーションシップを全て記
　　入し, 図を完成させる。

　〔現状業務の分析結果〕の記述と図 2 を参考にしながら，リレーションシップを記入していく。図 2 の関係スキーマに関しては，設問 1(2)の解説を確認してほしい。
①　"SLP" と "SLPweb 問合せ" の間
　　SLP は A 社の製品を EU に販売，設置する BP であり，Web 問合せが SLP 経由だった場合に Web 問合せがどの SLP 経由の問合せだったのかを記録しており，問合せも複数あることは問題文からも明らかである。よって，"SLP" と "SLPWeb 問合せ" の間には 1 対多のリレーションシップが存在する。これは，設問 1(2)の空欄ウ（外部キーの SLPBP コード）の解説に対応する。
②　"CC 要員" と "通話" の間
　　一人の社員が複数の通話を担当していることは問題文からも明らかである。また，設問 1(2)の空欄エの解説から"通話"には，外部キーとして通話社員番号（通話した CC 要員の社員番号）をもっている。よって，"CC 要員" と "通話" の間には 1 対多のリレーションシップが存在する。
③　"案件" と "問合せ" の間
　　〔現状業務の分析結果〕4.(4)に「案件化した問合せ及びその後の問合せは案件に従属させる」とあり，案件には複数の問合せが従属することから，"案件" と "問合せ" の間には 1 対多のリレーションシップが存在する。これは，設問 1(2)の空欄ア（外部キーの案件番号）の解説に対応する。
④　"問合せ" と "Web 問合せ" 及び "通話" の間
　　"Web 問合せ" と "通話" は，共通の主キーである問合せ番号をもっている。これは "問合せ" の主キーである。〔現状業務の分析結果〕3.(3)に「問合せの媒体は，Web 上の問合せフォームか電話による通話である」とある。また，設問 1(2)の空欄アの解説にもあるが，"問合せ" に媒体区分（Web 問合せ／通話）をもっている。よって，排他的なスーパータイプとサブタイプの間のリレーションシップが存在する。
⑤　"Web 問合せ" と "発信通話" の間
　　〔現状業務の分析結果〕3.(6)に「入った Web 問合せに対して CC 要員が製品使用者に電話をかける」とあり，Web 問合せに対して発信通話を行っていることが分かる。発信通話については，(7)に「通話は，成立しなくても 1 回の通話としている」や「発信の場合は相手が話し中又は応答がないケースである」とあり，複数の発信通話が行われる可能性があることから，"Web 問合せ" と "発信通話" の間には 1 対多のリレーションシップが存在する。これは，設問 1(2)の空欄オ（外部キーの Web 問合せ番号）の解説に対応する。
⑥　"通話" と "発信通話" の間
　　"通話" と "発信通話" のリレーションシップについては，非常に読解が難しいところがある。"発信通話" の主キーは問合せ番号である。ここだけに着目すると，"発信通話" は "問合せ" のサブタイプと判断してしまいがちであるが，図 1 の "Web 問合せ" と "SLPweb 問合せ" のリレーションシップがヒントとなる。これは，"Web 問合せ" のうち SLP 製品使用者入力区分が切り口となり，SLP

経由の場合にだけ“SLPweb問合せ”が記録されるスーパータイプとサブタイプの間のリレーションシップが存在しているということである。“発信通話”は“通話”の受発区分が切り口となり，発信の場合だけ記録されると考えるとよい。よって，“通話”と“発信通話”にはスーパータイプとサブタイプの間のリレーションシップが存在する。

以上が図1に欠落しているリレーションシップである。図1に記載済みのリレーションシップについては，図2の関係スキーマや問題文を読んで，完備されていることを確認するとよい。

(2) 図2中の　　ア　　～　　カ　　に入れる適切な属性名を答える。主キーを構成する属性の場合は実線の下線を，外部キーを構成する属性の場合は破線の下線を付ける。なお，属性名は複数となることがある点に注意が必要である。

・空欄ア：問合せに関する記述は，主に〔現状業務の分析結果〕3.にある。まず，(4)の冒頭に着目すると「一つの問合せは，問合せフォームから入る1件の問合せ文又は1回の通話で，問合せ番号で識別し」とあり，(3)に「問合せの媒体は，Web上の問合せフォームか電話による通話である。いずれであるか媒体区分で分類する」とあることから，“問合せ”には媒体区分という属性をもつことが分かる。次に，(4)の続きを見ると，「問合せ年月日時刻，問合せ内容のほかに，製品使用者への連絡のための情報として，お名前と電話番号を記録する」とあることから，問合せ年月日時刻，問合せ内容，お名前，電話番号の四つの属性ももつことが分かる。なお，問題文の最後に「(中略)属性名は，それぞれ意味を識別できる適切な名称とすること」とあるため，お名前と電話番号については解答例のように連絡先の情報であることを補い，連絡先お名前と連絡先電話番号という属性名とするとよい。さらに，(4)の続きを見ると，「この段階での連絡のための情報は，登録されているEUのものとは関連付けない」とあることから，EUに関する属性はもたない。3.の記述から類推される属性は以上であるが，4.(4)に「案件化した問合せ及びその後の問合せは案件に従属させる」という記述があり，“案件”と“問合せ”には従属関係が必要であることが分かる。案件化した問合せの場合にだけ保持する外部キーとして案件番号も問合せの属性にもたせる必要があり，破線の下線を付ける。これらをまとめると次のようになる。

　　　　　問合せ（問合せ番号，ア：問合せ年月日時刻，問合せ内容，連絡先
　　　　　　　　　お名前，連絡先電話番号，媒体区分，案件番号）

・空欄イ，ウ：Web問合せに関する記述は，〔現状業務の分析結果〕3.(6)にある。(6)の冒頭にある「入ったWeb問合せに対してCC要員が製品使用者に電話をかける」の部分は，後述の通話に関する属性であり，Web問合せの属性とはならない。(6)の続きを見ると，「そのWeb問合せがSLP経由だった場合，(中略)Web問合せに経由したSLPのBPコードを記録している」とあり，Web問合せにはSLP経由の場合とSLP経由ではない場合が存在し，SLP経

由の場合には SLP の BP コードを記録していることが分かる。"Web 問合せ" は，SLP 経由なのか SLP 経由ではないかを分類するための属性である SLP 経由区分のような属性をもつ。ここでは，解答例に合わせて SLP 製品使用者入力区分と表記しているが，解答例のとおりでなくても SLP 経由なのか否かを分類できる属性名であれば問題ないと思われる。図 1 にあるように，"Web 問合せ" と "SLPweb 問合せ" は，スーパータイプとサブタイプの間のリレーションシップがあることからも，この区分が必要であることが分かる。サブタイプである "SLPweb 問合せ" は，SLP の BP コードを記録することから SLPBP コードの属性をもつ。なお，SLPBP コードは "SLP" の主キーである BP コードを外部参照するため，外部キーの破線の下線を付ける。したがって，空欄イと空欄ウは次のようになる。

　　　Web 問合せ（問合せ番号, ┃イ：SLP 製品使用者入力区分┃ ）

　　　SLPweb 問合せ（問合せ番号, ┃ウ：SLPBP コード┃ ）

・空欄エ：通話に関する記述は，〔現状業務の分析結果〕3.の(7)と(8)にある。(7)に「通話は，成立しなくても 1 回の通話としている。（中略）通話の成立は通話成立フラグで分類する」とあることから，通話成立フラグという属性名をもつことが分かる。次に，(8)に「通話の場合，通話した CC 要員の社員番号，通話時間，受信か発信かの受発区分，音声データである通話音声を記録している」とあることから，通話した CC 要員の社員番号（ここでは解答例に合わせて通話社員番号とする），通話時間，受発区分，通話音声の属性をもつことが分かる。なお，通話社員番号は CC 要員の主キーである社員番号を外部参照するため，外部キーの破線の下線を付ける。

　　　通話（問合せ番号, ┃エ：通話社員番号, 通話時間, 通話成立フラグ,
　　　通話音声, 受発区分┃ ）

・空欄オ：発信通話に関する記述は，〔現状業務の分析結果〕3.(6)に「入った Web 問合せに対して CC 要員が製品使用者に電話をかける」とある。つまり，電話をかける契機は Web 問合せであり，発信通話をする契機となった Web 問合せ番号を記録する必要がある。よって，発信通話は，発信通話をする契機となった Web 問合せ番号（ここでは解答例に合わせて発信元 web 問合せ番号とする）の属性をもつことが分かる。なお，発信元 web 問合せ番号は，Web 問合せの主キーである問合せ番号を外部参照するため，外部キーの破線の下線を付ける。

　　　発信通話（問合せ番号, ┃オ：発信元 web 問合せ番号┃ ）

・空欄カ：出張手配に関する記述は，〔現状業務の分析結果〕5.にある。出張手配は，案件に対して点検修理が決定された場合に行うことになっており，案件に対して 1 回行うことになっている。よって，案件に対して 1 又は 0 のリレーションシップが存在し，図 1 には対応関係にゼロを含むか否かを表す "○" 又は "●" の記述はないが，対応関係は 1 対 1 又は 0 となっている。出張手配

の属性については，(2)に「出張年月日と出張時間帯を決める」とあるため，出張年月日と出張時間帯の属性をもつことが分かる。なお，「EU に了解を得て」という記述はあるが，"案件"と"EU"のリレーションシップは"案件"の製品製造番号から"登録製品"をたどり，"登録製品"の EU 番号から"EU"をたどることができるため，"出張手配"には"EU"に関する属性は不要である。

　　　　　出張手配（案件番号，｜カ：出張年月日，出張時間帯｜）

［設問 2］

(1)(a) 図 3 のエンティティタイプ名の一部は設問の都合上表示されておらず，〔修正改善要望の分析結果〕の記述から，網掛け部分を類推し，｜　あ　｜～｜　う　｜に入れる適切なエンティティタイプ名を答える。エンティティタイプの網掛けが多いため，トップダウン的な分析が必要である。

　　網掛けとなっている空欄 a～f も合わせて類推する必要があるため，〔修正改善要望の分析結果〕の記述と図 3 に既に記載されているエンティティタイプから，どのようなエンティティタイプが存在するのかを考える。

　　〔修正改善要望の分析結果〕1.について見てみる。ユニットは，部品の集合で，機能部品で構成されており，(2)①に「機能部品は，複数ユニット間で共通化を進めている」とあることから，"ユニット"と"機能部品"の間には多対多のリレーションシップが存在することが分かる。また，(1)②に「製品シリーズごとに，用いているユニットを登録する」とあることから，"製品シリーズ"と"ユニット"の間にも多対多のリレーションシップが存在することが分かる。"要管理機能部品"というエンティティタイプは存在することから，"製品シリーズ"というエンティティタイプも必要そうであることが分かる。また，多対多のリレーションシップは用いないと設計方針にあることから，それぞれ連関エンティティタイプが必要である。つまり，｜　a　｜は"製品シリーズ"と"ユニット"間の連関エンティティタイプ，｜　b　｜は"要管理機能部品"と"ユニット"間の連関エンティティタイプだと類推できる。ここで，空欄あが「製品シリーズ」であることが分かる。また，"要管理機能部品"と｜　b　｜の間には 1 対多のリレーションシップが必要である。

　　〔修正改善要望の分析結果〕2.について見てみる。FAQ に関する属性は，(1)①と図 4 に記述がある。(1)②に「FAQ は，点検修理が必要となる要点検修理 FAQ とその必要のないその他の FAQ に分類し，要点検修理フラグで分類する」とあることから，"FAQ"のサブタイプとして"要点検修理 FAQ"が存在することは，図 3 と図 4 の記載のとおりである。(1)③に「要点検修理 FAQ には，対象のユニットが何か設定するとともに，対応する点検修理項目を関連付けておく」とあることから，"ユニット"と"要点検修理 FAQ"の間には 1 対多のリレーションシップがあることが分かる。これは，図 4 の"要点検修理 FAQ"のユニットコード

が外部キーとなっていることからも分かる。ユニットに対して要点検修理 FAQ が複数存在することも自明であろう。 f については，ユニットに関するエンティティタイプではなく，点検修理項目に関連するエンティティタイプであると類推できる。点検修理項目については，図 2 に関係スキーマが記載されており，MT コードが主キーとなっている。"要点検修理 FAQ" と "点検修理項目" は多対多のリレーションシップが存在するため， f は "要点検修理 FAQ" と "点検修理項目" の多対多のリレーションシップを解消するための連関エンティティタイプだと類推できる。ここで，空欄いが「点検修理項目」であることが分かる。さらに，2.の続きを見ると，(1)④に類似の FAQ を関連付けるエンティティタイプが存在し，FAQ 番号，関連 FAQ 番号，関連度ランクの属性をもつことが分かる。2.(2)には KW と FAQ を関連付けるエンティティタイプが必要そうであることが記述されている。"KW" と "FAQ" が多対多のリレーションシップをもつことは問題文から自明であり，"KW" と "FAQ" の多対多のリレーションシップを解消するための連関エンティティタイプが必要そうである。"KW" から 1 対多となるエンティティタイプが c であることから c がその連関エンティティタイプであると類推できる。また，"FAQ" と c の間には 1 対多のリレーションシップが必要である。最後に，(3)には「案件で EU への回答に適用した FAQ は，案件適用 FAQ として案件に関連付け，可能性の高い FAQ の順に可能性順位を記録する」とあり，"案件" と "FAQ" も多対多のリレーションシップをもつことは容易に想定でき，この多対多のリレーションシップを解消するための連関エンティティタイプが d であることも類推できる。ここで，空欄うが「案件」であることが分かる。最後に，類似の FAQ を関連付けるエンティティタイプが残っており，これが e であると整理できる。

これらから， あ ～ う のエンティティタイプ名と a ～ f のエンティティタイプ名をまとめると，

- あ ：製品シリーズ
- い ：点検修理項目
- う ：案件
- a ：製品シリーズユニット（"製品シリーズ" と "ユニット" 間の連関エンティティタイプ）
- b ：要管理機能部品ユニット（"要管理機能部品" と "ユニット" 間の連関エンティティタイプ）
- c ：FAQKW（"FAQ" と "KW" 間の連関エンティティタイプ）
- d ：案件適用 FAQ（"案件" と "適用した FAQ" 間の連関エンティティタイプ）
- e ：関連 FAQ（"FAQ" と "関連する FAQ" 間の連関エンティティタイプ）
- f ：点検修理項目要点検修理 FAQ（"点検修理項目" と "要点検修理 FAQ" 間の連関エンティティタイプ）

(1)(b) 図3のリレーションシップは未完成である。必要なリレーションシップを全て記入し，図を完成させる。

(1)(a)にリレーションシップに関する解説を合わせて記載しているので確認してほしい。また，図4と矛盾がないことを(2)の解説で確認してほしい。

ここでは，特に注意が必要な"FAQ"と ［ e ］ (関連 FAQ) 間のリレーションシップについて解説する。［ e ］ (関連 FAQ) は，FAQ 番号と関連 FAQ 番号の属性をもつ，これらはどちらも"FAQ"の主キーである FAQ 番号を外部参照しており，"FAQ"に対して"関連 FAQ"は複数存在し，その逆も同じであることから，どちらも1対多のリレーションシップが存在する。図3中では，"FAQ"と ［ e ］ (関連 FAQ) には1本のリレーションシップしか記載されていないが，〔概念データモデルと関係スキーマの設計〕1.(6)に「同一のエンティティタイプ間に異なる役割をもつ複数のリレーションシップが存在する場合，役割の数だけリレーションシップを表す線を引く」とある。そのため，2本のリレーションシップの記載が必要であり，"FAQ"と ［ e ］ (関連 FAQ) の間に1対多のリレーションシップを1本追加する必要がある。

(2) 図4中の ［ キ ］ ～ ［ シ ］ に入れる適切な属性名を答える。主キーを構成する属性の場合は実線の下線を，外部キーを構成する属性の場合は破線の下線を付ける。なお，属性名は複数となることがある点に注意が必要である。

・空欄キ："製品シリーズ"と"ユニット"間の連関エンティティタイプである。それぞれの主キーを外部参照するが，この関係スキーマの主キーはこれら二つの製品シリーズコードとユニットコードの組であることから，主キーを表す実線の下線を付ける。

  ［ a ］ (［ キ：製品シリーズコード, ユニットコード ］)

・空欄ク："要管理機能部品"と"ユニット"間の連関エンティティタイプである。それぞれの主キーを外部参照するが，この関係スキーマの主キーはこれら二つの機能部品番号とユニットコードの組であることから，主キーを表す実線の下線を付ける。

  ［ b ］ (［ ク：ユニットコード, 機能部品番号 ］)

・空欄ケ："FAQ"と"KW"間の連関エンティティタイプである。それぞれの主キーを外部参照するが，この関係スキーマの主キーはこれら二つの FAQ 番号と KW の組であることから，主キーを表す実線の下線を付ける。

  ［ c ］ (［ ケ：FAQ 番号, KW ］)

・空欄コ："案件"と"適用した FAQ"間の連関エンティティタイプである。これは問題文中に案件適用 FAQ と表現されているものであり，(1)(a)の解説にも記載しているが，可能性順位という属性をもつ。連関エンティティタイプのため，それぞれの主キーを外部参照するが，この関係スキーマの主キーはこれら二つの案件番号と FAQ 番号の組であることから，これら二つの属性には主キーを表す実線の下線を付ける。

| d | （ コ：案件番号，FAQ番号，可能性順位 ） |

・空欄サ："FAQ"と"関連するFAQ"間の連関エンティティタイプである。〔修正改善要望の分析結果〕2.(1)④に，「関連度合いをA〜Cの3段階に分けて関連度ランクとして設定する」とあるため，関連度ランクという属性をもつ。連関エンティティタイプのため，それぞれの主キーを外部参照するが，この関係スキーマの主キーはこれら二つのFAQ番号と関連FAQ番号の組であることから，これら二つの属性には主キーを表す実線の下線を付ける。

| e | （ サ：FAQ番号，関連FAQ番号，関連度ランク ） |

・空欄シ："点検修理項目"と"要点検修理 FAQ"間の連関エンティティタイプである。それぞれの主キーを外部参照するが，この関係スキーマの主キーはこれら二つのFAQ番号とMTコードの組であることから，主キーを表す実線の下線を付ける。

| f | （ シ：FAQ番号，MTコード ） |

【解答例】

[設問1]　(1)　a：商品コード　　　b：OR

　　　　　(2)　テーブル名：見積依頼明細，見積回答明細
　　　　　　　　制約：外部キー制約

　　　　　(3)　c：商品コード　　　　d：適用開始日　　　e：BEFORE
　　　　　　　　f：AFTER　　　　　　g：OLD2　　　　　　h：NEW2
　　　　　　　　※空欄 c, d は順不同

　　　　　(4)　i：2022-08-31　　j：2022-09-01　　k：NULL

　　　　　(5)　商品：3, 5, 6　　　商品履歴：1, 2, 4

[設問2]　(1)　ア：ログの量　　イ：5（分）　　　ウ：1,800（秒）
　　　　　　　　エ：864,000（ページ）　　　オ：1,728（秒）

　　　　　(2)　・非同期型では複製先へのログの到達を待たないから
　　　　　　　　・同期型では複製先でのログのディスク出力を待つから

　　　　　(3)　・複製元の変更操作が複製先で未反映だった場合
　　　　　　　　・複製元と複製先の間の通信が切断されていた場合
　　　　　　　　・複製先のインスタンスが停止していた場合

【解説】

　問題文に記載されたパブリッククラウドにおけるオブジェクトストレージや PaaS で提供される RDBMS の仕様を読み取り，既存業務で使用しているシステムの設計変更やパブリッククラウドへ移行する際の影響について答える問題である。設問1は，穴埋め問題を中心に SQL や設計変更時のテーブルや制約への影響について，設問2では，PaaS として提供される RDBMS の仕様を基に，RPO（Recovery Point Objective）や RTO（Recovery Time Objective）の見積りや採用するレプリケーションの機能による影響について出題された。設問1の SQL に関しては，トリガーの仕様などを交えた基本的な仕様が問われている。なお，SQL の解答に当たっては，注記にある SQL の仕様をしっかりと読み取ることに留意したい。設問2では，計算問題はあるものの，レプリケーションなど一般的な知識で解答できるため，データベースの実装の問題としては普通かやや易のレベルといえるだろう。なお，ここ数年，SQL のウィンドウ関数（LAG 関数，LEAD 関数）も普通に出題されるようになった。注記があるので特に難しくはないが，個々の関数の機能は別にしても基本的な機能は知っておく必要ある。

[設問1]

　〔"商品"テーブルの履歴管理〕について考える問題である。

(1)　〔見積システムの概要〕2.(3)に「商品のモデル名，定価が変更されたことが分かることがある」とある。これを踏まえ，図2中の　　a　　，　　b　　に入れ

る適切な字句を答える。

- 空欄 a：〔見積システムの概要〕2.(3)に「対応する見積依頼の見積依頼番号を参照
し，"見積回答"，"見積回答明細" テーブルに見積回答の内容を登録する」
とある。この説明から，仕入先からの回答があった際には，見積依頼時に採
番される見積依頼番号をキーとして，"見積回答"，"見積回答明細" テーブ
ルに見積回答の内容を登録することが分かる。また，図 1 を見ると，"見積
依頼明細" テーブルのテーブル構成として，"商品コード" が外部キーとし
て定義されていることが分かる。つまり，商品の変更があったことを調べる
ためには，"見積回答明細"，"見積回答" テーブルを "見積依頼番号" で内
結合した上で，"商品" テーブルと "商品コード" で内結合する必要がある。
したがって，空欄 a には「商品コード」が入る。
- 空欄 b：図 2 は，モデル名又は定価のいずれかが変更されたことを調べる SQL で
ある。したがって，空欄 b には，「OR」が入る。

(2) "商品" テーブルへの設計変更案として，案 1 を採用した場合に影響があるテー
ブル名と制約を答える。表 1 を見ると，案 1 は，"商品" テーブルへ "適用開始日"
と "適用終了日" を追加し，"商品コード" と "適用開始日" を主キーとしたテーブ
ル構造となっている。つまり，商品の変更があるごとに "商品コード" と "適用開
始日" を主キーとしてレコードを追加することで，商品の変更を履歴情報として管
理する案である。"商品" テーブルの主キーが変更となるため，"商品コード" を外
部キーとして参照しているテーブルに影響がある。したがって，影響があるテーブ
ル名は「見積依頼明細，見積回答明細」となり，影響がある制約は「外部キー制約」
となる。もちろん，「参照（整合性）制約」でもよい。

(3) 表 2 中の ［ c ］〜［ h ］ に入れる適切な字句を答える。なお，"商品"
テーブルの設計変更案として，案 2 が採用された理由は，〔"商品" テーブルの履歴
管理〕1.に「ただし，既存のアプリケーションプログラムには，極力影響を与えな
いようにする必要がある」とあり，案 1 を採用した場合，前述のとおり "商品" テー
ブルの主キーが変更となることで，既存のアプリケーションプラグラムに影響が
あるためと考えられる。

- 空欄 c，d：SQL1 に記載された目的を見ると，「"商品履歴" テーブルを作成し，
主キーを追加する」とある。また，〔"商品" テーブルの履歴管理〕1.に「同
一の適用開始日に同一の商品を複数回更新することはない前提」とある。し
たがって，空欄 c，d には「商品コード」と「適用開始日」が入る。
- 空欄 e：SQL2 の目的にある「"商品" テーブルの更新時に，適用開始日が NULL
の場合，現在日付に更新する」について考える。これに該当するのは，
COALESCE 句がある SQL2 の最初の SQL 文である。この SQL 文を見ると，
「REFERENCING OLD AS OLD1 NEW AS NEW1 FOR EACH ROW」とあり，表 2
の注記 2 の内容から，OLD1 は変更前，NEW1 は変更後の行を参照する相関
名であることが分かる。また，更新する値は「SET NEW1.適用開始日 =
COALESCE(NEW1.適用開始日, CURRENT_DATE)」とあり，テーブルに対する

変更操作の前に実行される必要がある。〔パブリッククラウドが提供するサービスの主な仕様〕2.(4)①には，「BEFORE トリガーは，テーブルに対する変更操作の前に実行され，更新中又は挿入中の値を**実際の反映前に修正することができる**」とある。したがって，テーブルに対する変更操作の契機を示す空欄 e には「BEFORE」が入る。

・空欄 f〜h：SQL2 の目的にある「"商品"テーブルの更新時に，対象行の更新前の行を"商品履歴"テーブルに挿入する。このとき，挿入行の適用終了日には，更新後の行の適用開始日の前日を設定する」について考える。この目的を達成するためには，変更前の値を修正する必要はない。したがって，テーブルに対する変更操作の契機を示す空欄 f には「AFTER」が入る。次に，〔パブリッククラウドが提供するサービスの主な仕様〕2.(4)②を見ると，「参照するには，操作前と操作後の行に対する相関名をそれぞれ定義し，**相関名で列名を修飾する**」とある。また，SQL2 の目的には「挿入行の適用終了日には，更新後の行の適用開始日の前日を設定する」とあることから，表1の注記2の内容を踏まえ，空欄 g には「OLD2」，空欄 h には「NEW2」が入る。

(4) 図3を使用し，表3及び表4を基に，表5中の　　i　　〜　　k　　に入れる適切な字句を答える。図3を見ると，WITH 句を使用して二つの副問合せに Q1 と Q2 という名前を定義した上で，表5の内容を検索する SQL となっている。ここで，表3と表4の内容を基にした Q1 と Q2 の内容を次に示す。

【Q1 の内容】

A.商品コード	A.モデル名	A.定価	B.見積回答日	前行モデル名	前行定価
1	M1	1000	2019-04-01	NULL	NULL
2	M2	2000	2019-04-01	NULL	NULL
3	M3	3000	2019-04-01	NULL	NULL
1	M1-1	1000	2020-09-01	M1	1000
2	M2-1	2000	2022-05-01	M2	2000
1	M1-2	1100	2022-09-01	M1-1	1000

【Q2 の内容】

A.商品コード	A.モデル名	A.定価	B.見積回答日	前行モデル名	前行定価
1	M1	1000	2019-04-01	NULL	NULL
2	M2	2000	2019-04-01	NULL	NULL
3	M3	3000	2019-04-01	NULL	NULL
1	M1-1	1000	2020-09-01	M1	1000
2	M2-1	2000	2022-05-01	M2	2000
1	M1-2	1100	2022-09-01	M1-1	1000

A：見積回答明細，B：見積回答

なお，Q1 と Q2 の内容は同じであるが，検索目的が異なるため，どちらの SQL も必要であることに留意したい。具体的には，Q1 の SQL では現在行の 1 行前の情報を含めて検索するのに対して，Q2 の SQL ではモデル名又は定価が変更になった行を検索することを目的としている。

この内容を踏まえ，「SELECT ROW_NUMBER() OVER ～」の実行結果を次に示す。

行番号	Q2.商品コード	Q2.定価	Q2.モデル名	適用開始日	適用終了日
1	1	1000	M1	2019-04-01	2020-08-31
2	1	1000	M1-1	2020-09-01	2022-08-31
3	1	1100	M1-2	2022-09-01	NULL
4	2	2000	M2	2019-04-01	2022-04-30
5	2	2000	M2-1	2022-05-01	NULL
6	3	3000	M3	2019-04-01	NULL

したがって，空欄 i には「2022-08-31」，空欄 j には「2022-09-01」，空欄 k には「NULL」が入る。

(5) "商品" テーブルの設計変更案の案 2 を実装するに当たり，トリガー実装前のデータ移行に関する問題である。まず，"商品" テーブルへの更新行について考える。案 2 が実装される前の "商品" テーブルの内容は，"商品コード" を主キーとして各商品が登録されている状態であり，この商品ごとの行を現在有効な行として管理すればよい。表 5 に示された内容のうち，行番号 3, 5, 6 がそれに該当する。次に，"商品履歴" テーブルへの挿入行について考える。SQL2 にあるトリガーの内容から，"商品履歴" テーブルへ挿入される行は，モデル名又は定価のいずれかの変更に伴い "商品" テーブルが更新された行である。表 5 に示された内容のうち，行番号 1, 2, 4 がそれに該当する。したがって，"商品" テーブルへの更新行に当たる行番号は「3, 5, 6」，"商品履歴" テーブルへの挿入行に当たる行の行番号は「1, 2, 4」と解答すればよい。

[設問 2]

[基盤設計] について考える問題である。

(1) RPO 及び RTO の見積り関して，| ア |～| オ |に入れる適切な字句を答える。なお，RPO の日本語訳は「目標復旧時点」であり，障害が発生した際のどの時点まで復元するかを定めた目標値である。また，RTO の日本語訳は「目標復旧時間」であり，システムの復旧までに掛かる時間の目標値である。

・空欄ア，イ：[パブリッククラウドが提供するサービスの主な仕様] 2.(1)を見ると，「ログはログファイルに記録する。ログファイルの切替え時に，切替え前に使用していたログファイル（以下，アーカイブログという）を，オブジェクトストレージに保存する」とあり，(2)②を見ると，「オブジェクトスト

レージに保存したフルバックアップとアーカイブログを使って，データベースを回復することができる」とある。このことから，障害発生時の復旧には，オブジェクトストレージに保存したフルバックアップとアーカイブログを使用することが分かる。つまり，どの時点まで復旧するかを表す RPO は，障害発生時に失われた**ログの量**に依存することになる。フルバックアップは1 回／日にオブジェクトストレージに保存されていることから，障害発生時に失われる可能性があるログはアーカイブログとなる。アーカイブログは，〔基盤設計〕1.(1)の記載から，5 分に 1 回の間隔で切替えが発生し，オブジェクトストレージに保存されるということが分かる。つまり，障害発生時に失われるログの量は，障害発生時の切替え前に使用していたアーカイブログとなり，最大で 5 分のアーカイブログがオブジェクトストレージに保存されない可能性がある。したがって，空欄アには「ログの量」，空欄イには「5（分）」が入る。

・空欄ウ：フルバックアップからのリストア時間を答える。データベース容量が180G バイト，ディスク転送速度が 100M バイト／秒の仮定から，次のように計算する。

$$(180 \times 10^9 \text{ バイト}) \div (100 \times 10^6 \text{ バイト／秒}) = 1,800 \text{ 秒}$$

したがって，空欄ウには「1,800（秒）」が入る。

・空欄エ，オ：フルバックアップは 1 日に 1 回取得されることから，ログを適用する期間の最大は 24 時間である。ログが毎秒 10 ページ出力されるとの仮定から，適用するログの最大量は次のように計算する。

$$24 \text{ 時間} \times 60 \text{ 分／時間} \times 60 \text{ 秒／分} \times 10 \text{ ページ／秒} = 864,000 \text{ ページ}$$

次に，バッファヒット率が 0％ということは，必ずページにアクセスするということである。また，同期入出力時間がページ当たり 2 ミリ秒との仮定から，ログを適用するのに掛かる時間は次のように計算する。

$$864,000 \text{ ページ} \times 2 \text{ ミリ秒／ページ} = 1,728 \text{ 秒}$$

(単位が秒であることに留意する)

したがって，空欄エには「864,000（ページ）」，空欄オには「1,728（秒）」が入る。

(2) レプリケーションの仕様については，〔パブリッククラウドが提供するサービスの主な仕様〕2.(3)①と②に記載があり，「同期型では，複製先でログをディスクに出力した後，複製元のトランザクションがコミットされる」や「非同期型では，複製先へのログの到達を待たずに，複製元のトランザクションがコミットされる」とある。このため，同期型のレプリケーションでは，複製先でのログの出力を待つことによって，複製元でのトランザクションが長くなり，本番インスタンスを使用する見積システムへの影響が大きくなる。一方で，非同期型のレプリケーションでは，複製先へのログの到達を待たないため，複製元でのトランザクションは短くなり，見積システムへの影響は同期型のレプリケーションに比べて小さい。したがって，解答としては，次の内容などを答えるとよい。

・「非同期型では複製先へのログの到達を待たないから」
・「同期型では複製先でのログのディスク出力を待つから」
(3) 前述のとおり，〔パブリッククラウドが提供するサービスの主な仕様〕2.(3)②の
記載から，変更操作が複製先で未反映だった場合や，複製先へログが到達しなかっ
た場合，複製元でコミット済みの変更が失われ，複製元との整合性が取れなくなる
可能性がある。複製先へログが到達しない要因としては，物理的な要素が考えられ，
具体的には，複製元と複製先の間の通信が切断されている場合や複製先のインスタ
ンスが停止している場合に，複製先へログが到達しないことになる。したがって，
解答としては，次の内容などを答えるとよい。
・「複製元の変更操作が複製先で未反映だった場合」
・「複製元と複製先の間の通信が切断されていた場合」
・「複製先のインスタンスが停止していた場合」

【解答例】

［設問1］　(1)　・主キーが単調に増加する番号なので過去の注文番号の近くに行を
　　　　　　　　　挿入しないから
　　　　　　　　・主キーの昇順に行を挿入するとき，表領域の最後のページに格納
　　　　　　　　　を続けるから
　　　　　　(2)　再編成後に追加した各ページで既定の空き領域分のページが増え
　　　　　　　　るから

［設問2］　(1)　a：異なる商品の“在庫”を逆順で更新することがあり得るから
　　　　　　　　b：“棚別在庫”を常に主キーの順で更新しているから
　　　　　　　　c：異なるジョブが同じ注文の明細行を更新することはないから
　　　　　　(2)　処理名：注文登録
　　　　　　　　変更内容：・“注文明細”に行を商品コードの順に登録する。
　　　　　　　　　　　　　　・商品コードの順に注文明細番号を付与する。
　　　　　　　　（又は，処理名：在庫引当
　　　　　　　　　　　　　　変更内容：“在庫”の行を商品コードの順に更新する。）

［設問3］　(1)　あ：A.ピッカーID　　　い：B.棚番号　　　う：6番
　　　　　　　　え：S6　　　　　　　　お：3番　　　　　　か：S3
　　　　　　(2)　・“出庫指示”の読込み順を出庫番号，商品コード，棚番号の順に
　　　　　　　　　変更する。
　　　　　　　　・“棚別在庫”の行を商品コード，棚番号の順に更新する。

【解説】

　事務用品の販売管理システムに関するデータベースの実装と性能がテーマとなって
いる。設問1は，RDBMS の仕様に基づいて再編成を行ったときのテーブルの状態に
ついての問題である。設問2は，バッチ処理のジョブの多重化を行ったときにデッド
ロックが発生する場合やデッドロックの解消が問題となっている。設問3は，出庫作
業の遅延原因の分析についての問題である。設問2のデッドロックが発生する場合や
解消方法は，問題としてよく出題されるテーマである。設問3は，業務内容を理解し
ていないと迷う可能性がある。難易度は普通レベルである。

　なお，本問は〔RDBMS の仕様〕に，従来はあった ISOLAION レベルの説明とと
もに行単位のロックの説明がないようである。デッドロックの発生を問題にしている
ので，あった方がよいのではないだろうか。表2の注記2に，「ISOLATION レベル
は READ COMMITTED」という記述はあるが, ISOLATION レベルとロック単位（粒
度）は無関係のはずである。

［設問1］
(1)　注文登録処理が“注文明細”テーブルに行を挿入するとき，再編成で予約した空

き領域が使われない理由を答える問題である。RDBMSの仕様に基づいて答えるため，まずRDBMSの仕様を確認する。〔RDBMSの仕様〕2.(2)に「INSERT文で行を挿入するとき，RDBMSは，主キー値の並びの中で，挿入行のキー値に近い行が格納されているページを探し，空き領域があればそのページに，なければ表領域の最後のページに格納する。最後のページに空き領域がなければ，新しいページを表領域の最後に追加し，格納する」とある。

　次に，"注文明細"テーブルの主キーを確認すると，図1から，注文番号と注文明細番号であることが分かる。また，注文番号の与え方は，〔業務の概要〕2.(1)に「注文は，単調に増加する注文番号で識別する」と示されている。注文明細番号も，列の名前から注文番号ごとに商品が追加されていくと番号が増加する値だと推測できる。"注文明細"テーブルにINSERTを行うと，注文番号や注文明細番号は連番で与えられているため，挿入行のキー値に近い行が格納されているページは常に最後のページである。そのため，ページの途中に行が挿入されることはない。したがって，解答は「主キーが単調に増加する番号なので過去の注文番号の近くに行を挿入しないから」又は「主キーの昇順に行を挿入するとき，表領域の最後のページに格納を続けるから」などとなる。

(2) 行の削除を行わず，直ちに再編成だけを行うと，ストレージが満杯になるリスクがある理由を答える問題である。

　〔ピーク日の状況と対策会議〕2.に「この1年ほど行の削除は行われず，再編成も行っていない」とあり，また，「空き領域の割合が既定値だった」ともある。さらに，〔RDBMSの仕様〕2.(1)に「再編成するとき，テーブルに空き領域の割合（既定値は30％）を指定した場合，各ページ中に空き領域を予約することができる」とある。現在，挿入される行はページの最後に挿入される。そして，ページの空き領域がなくなると，新しいページを最後に追加して格納していく。つまり，1年ほど再編成をしていない場合は，途中ページの空き領域がほとんどない状態である。この状態で再編成を行うと，再編成のために追加されたページは空き領域の30％を確保されることになり，空き領域を確保するためストレージの使用量が増える。したがって，解答は「再編成後に追加した各ページで既定の空き領域分のページが増えるから」などとなる。

〔設問2〕
(1) 表3中のデッドロックの「リスクの有無の判断理由」について，それぞれ答える問題である。
・空欄a：在庫引当処理について，"在庫"テーブルを更新する処理について考える。表3ではリスクの有無が「ある」になっているため，デッドロックが発生する理由を解答する。在庫引当処理の説明は，表2の在庫引当において「注文状態が未引当の"注文明細"を主キー順に読み込み，その順で"在庫"を更新し」とある。"在庫"の主キーは商品コードであり，"注文明細"の商品コードはランダムな順番である。これは，〔業務の概要〕2.(1)に「注文する商

品の入力順は自由で，入力後に商品の削除も同じ商品の追加もできる」とあることからも分かる。“注文明細”を多重化した場合，例えば「ジョブ 1 は商品 S1 を更新した後に，商品 S2 を更新する。ジョブ 2 は商品 S2 を更新した後に，商品 S1 を更新する」というジョブを同時実行するケースがあり得る。この場合，ジョブ 1 が商品 S1 をロックして，ジョブ 2 が商品 S2 をロックする。次にジョブ 1 が商品 S2 をロックするときに待ち状態になり，ジョブ 2 が商品 S1 をロックするときに待ち状態が発生してデッドロックが発生する。したがって，解答は「異なる商品の“在庫”を逆順で更新することがあり得るから」などとなる。

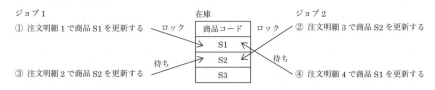

ジョブ 1
① 注文明細 1 で商品 S1 を更新する　ロック

在庫
商品コード
S1
S2
S3

ジョブ 2
ロック　② 注文明細 3 で商品 S2 を更新する

③ 注文明細 2 で商品 S2 を更新する　待ち

待ち　④ 注文明細 4 で商品 S1 を更新する

・空欄 b：出庫指示処理について，“棚別在庫”を更新する処理について考える。表 3 ではリスクの有無が「ない」になっているため，デッドロックが発生しない理由を解答する。表 2 の出庫指示の説明では「“出庫指示”を主キー順に読み込み，その順で“棚別在庫”を更新し」とある。“出庫指示”の主キーは出庫番号，棚番号，商品コードであり，“棚別在庫”の主キーは棚番号，商品コードである。出庫指示で処理を多重化したとしても，出庫番号，棚番号，商品コードで“出庫指示”のデータが並べられており，“棚別在庫”の主キー順と同じとなることから行が同時に更新されることはない。したがって，解答は「“棚別在庫”を常に主キーの順で更新しているから」などとなる。

・空欄 c：在庫引当処理と出庫指示処理を同時に実行する場合について考える。表 3 ではリスクの有無が「ない」になっているため，デッドロックが発生しない理由を解答する。対象となるのは“注文明細”であり，在庫引当では「注文状態が未引当の“注文明細”を主キー順に読み込み，その順で“在庫”を更新し，“注文明細”の注文状態を引当済に更新して注文ごとにコミットする」の処理が該当する。また，出庫指示では「注文状態が引当済の“注文明細”を主キー順に読み込む」や「“注文明細”の注文状態を出庫指示済に更新する」の処理が該当する。在庫引当では，注文状態が未引当の“注文明細”が対象であり，出庫指示では，注文状態が引当済の“注文明細”が対象であるため，対象とするテーブルから同一行を同時に更新することはない。したがって，解答は「異なるジョブが同じ注文の明細行を更新することはないから」などとなる。

(2) 表 3 中のケース 1 のリスクを回避するために，注文登録処理又は在庫引当処理のいずれかを選んで，変更内容を答える問題である。ケース 1 のデッドロックが発生

する原因は，(1)の空欄 a で説明したとおり，"注文明細"の商品コードはランダムな順番で出現するためである。よって，デッドロックを回避するためには，"在庫"の主キーである商品コードの順番で更新を行えばジョブを多重で実行した場合でも，デッドロックが発生しない。

まず，注文登録処理を変更する場合を考えてみる。表2の注文登録には「顧客が入力したとおりに注文及び商品を，それぞれ"注文"及び"注文明細"に登録し，注文ごとにコミットする」とあるため，登録する順番をあらかじめ商品コードの順に登録するか，商品コードの順に注文明細番号を付与するという変更が考えられる。したがって，解答は「"注文明細"に行を商品コードの順に登録する」もしくは「商品コードの順に注文明細番号を付与する」などとなる。

次に，在庫引当処理を変更する場合を考えてみる。表2の在庫引当には「注文状態が未引当の"注文明細"を主キー順に読み込み，その順で"在庫"を更新し」とあるため，"注文明細"を主キー順ではなく，商品コード順に並び替えてから更新する。したがって，解答は「"在庫"の行を商品コードの順に更新する」などとなる。

[設問3]

(1) 本文中の ［ あ ］ ～ ［ か ］ に入れる適切な字句を答える問題である。

表4のSQL文の「B.出庫時刻 - COALESCE(LAG(B.出庫時刻) OVER (PARTITION BY ［ x ］ ORDER BY B.出庫時刻), A.出庫開始時刻) AS 出庫間隔時間」部分は出庫間隔時間を求めている。出庫間隔時間の求め方は，[ピーク日の状況と対策会議] 4.に「出庫間隔時間は，ピッカーが出庫指示書の1番目の商品を出庫する場合では当該注文の出庫開始時刻からの時間，2番目以降の商品の出庫の場合では一つ前の商品の出庫時刻からの時間である」という記述がある。つまり，出庫間隔時間は，現在の商品の出庫時刻から一つ前の商品の出庫時刻を引いた時間である。SQL文の「COALESCE(LAG(B.出庫時刻) OVER (PARTITION BY ［ x ］ ORDER BY B.出庫時刻), A.出庫開始時刻)」は，一つ前の商品の出庫時刻を表すことが分かる。COALESCE 関数は，第一引数が NULL のときに第二引数にある式に置き換わり，ここでの第二引数は A.出庫開始時刻である。これは，1番目の商品を出庫する場合に前の商品を出庫する時刻が存在しないため，A.出庫開始時刻に置き換えているということである。「LAG(B.出庫時刻) OVER (PARTITION BY ［ x ］ ORDER BY B.出庫時刻)」は，一つ前の出庫時刻が存在する場合の計算式である。これは，注記にもあるとおり，「ウィンドウ区画内で出庫時刻順に順序付けられた各行に対して，現在行の1行前の出庫時刻を返し，1行前の行がないならば，NULL を返す」というものである。ウィンドウ区画内とは「OVER (PARTITION BY ［ x ］ ORDER BY B.出庫時刻)」の部分であり，PARTITION BY ［ x ］ では x で指定された列でグループ化を行い，その中で B.出庫時刻の昇順で並べ替えを行っている。空欄 x の候補になる列が B.出庫番号，A.ピッカーID，B.棚番号のいずれかであると，図2に続く問題文にある。

・空欄あ：空欄 x が A.ピッカーID のときを考えてみる。A というピッカーが棚3

番から出庫して，次に棚 5 番から出庫していくときは，前の棚から次の棚に行き，出庫するまでの時間間隔が分かるため，棚の前での待ち時間が分かる。しかし，ピッカーは複数の出庫指示書を繰り返し実行するため，1 回の出庫指示書が終了すると，商品の梱包及び出荷担当者への受渡し場に行ってから，次の出庫指示書の出庫を行う。そのため，商品の梱包及び出荷担当者への受渡しに掛かった時間が含まれてしまう。空欄あの説明に「棚の前での待ち時間を含むが，商品の梱包及び出荷担当者への受渡しに掛かった時間が含まれてしまう」とあるので，空欄あには「A.ピッカーID」が入る。

・空欄い：空欄 x が B.棚番号のときは，棚番号ごとの前の出庫時刻から計算される。例えば，棚 3 番で A というピッカーが 10:00 に出庫した後に，B というピッカーが 10:01 に出庫した場合には，棚ごとに出庫の間隔は分かるが，棚の前での待ち時間までは分からない。空欄いの説明に「棚の前での待ち時間が含まれないので，分析の目的を達成できない」とあるので，空欄いは「B.棚番号」となる。

・空欄う～か：本文中に「表 3 中のケース 2 でデッドロックが起きるリスクがあると予想した」とある。ケース 2 は出庫指示において，“棚別在庫”を更新する場合である。その後の本文中に「あるピッカーに，1 番目に棚 3 番の商品 S3 を出庫し，2 番目に棚 6 番の商品 S6 を出庫する指示を作成するとき」とあるので，この逆の順序でピッカーに指示を出したときにデッドロックが発生する。

具体的には，出庫指示のジョブ 1 は“棚別在庫”を棚 3 番の商品 S3 の行をロックする。その後，出庫指示のジョブ 2 は“棚別在庫”を棚 6 番の商品 S6 の行をロックする。そして，ジョブ 1 は“棚別在庫”を棚 6 番の商品 S6 の行をロックしようとするが待ち状態になる。次に，ジョブ 2 は“棚別在庫”を棚 3 番の商品 S3 の行をロックしようとするが待ち状態になる。これでデッドロックが発生する。

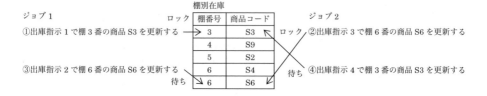

したがって，空欄うは「6 番」，空欄えは「S6」，空欄おは「3 番」，空欄かは「S3」となる。

(2) 表 3 中のケース 2 で起きると予想したデッドロックを回避するために，出庫指示処理のプログラムをどのように変更すべきかを答える問題である。デッドロックが発生するのは，(1)で説明したとおり，“出庫指示”に登録されている順番で“棚別在庫”を更新していく場合である。そのため，“出庫指示”の読み込む順を出庫番

号，商品コード，棚番号の順に変更すればデッドロックは発生しない。

　次図で説明すると，ジョブ1の出庫指示1は"棚別在庫"を棚3番の商品S3の行をロックする。その後，ジョブ2の出庫指示2は"棚別在庫"を棚6番の商品S6の行をロックする。そして，ジョブ1の出庫指示3は，出庫指示1の処理が終わってから，"棚別在庫"を棚3番の商品S3の行をロックする。次に，ジョブ2の出庫指示4は，出庫指示2の処理が終わってから，"棚別在庫"を棚6番の商品S6の行をロックする。お互いが待ち状態になることはないので，デッドロックにはならない。

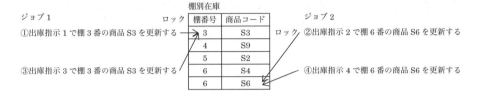

したがって，解答は「"出庫指示"の読込み順を出庫番号，商品コード，棚番号の順に変更する」もしくは「"棚別在庫"の行を商品コード，棚番号の順に更新する」などとなる。

午後Ⅰ問題　ＩＰＡ発表の解答例

問1

出題趣旨
概念データモデリングでは，データベースの物理的な設計とは異なり，実装上の制約に左右されずに実務の視点に基づいて，対象領域から管理対象を正しく見極め，モデル化する必要がある。概念データモデリングでは，業務内容などの実世界の情報を総合的に理解・整理し，その結果を概念データモデル及び関係スキーマに反映する能力が求められる。 　本問では，住宅設備メーカーのアフターサービス業務を題材として，与えられた状況から概念データモデリングを行う能力を問うものである。具体的には，①トップダウンにエンティティタイプ及びリレーションシップを見抜く能力，②ボトムアップにエンティティタイプ及び関係スキーマを分析する能力，③設計変更による概念データモデル及び関係スキーマの適切な変更を行う能力を問う。

設問		解答例・解答の要点
設問1	(1)	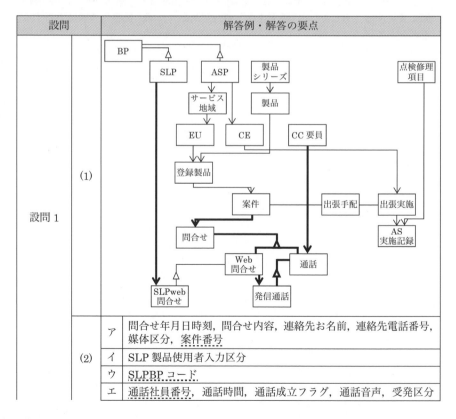
	(2) ア	問合せ年月日時刻，問合せ内容，連絡先お名前，連絡先電話番号，媒体区分，案件番号
	イ	SLP製品使用者入力区分
	ウ	SLPBPコード
	エ	通話社員番号，通話時間，通話成立フラグ，通話音声，受発区分

設問 1	(2)	オ	発信元 web 問合せ番号
		カ	出張年月日, 出張時間帯

設問 2	(1)	(a)	あ	製品シリーズ
			い	点検修理項目
			う	案件

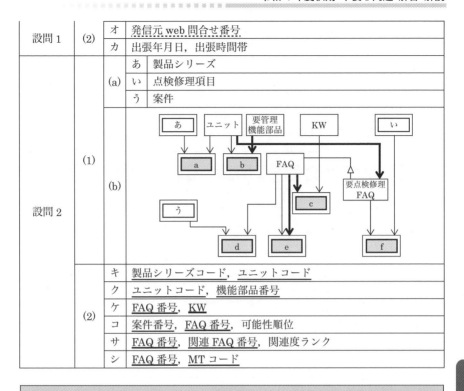

設問 2	(2)	キ	<u>製品シリーズコード</u>, <u>ユニットコード</u>
		ク	<u>ユニットコード</u>, 機能部品番号
		ケ	<u>FAQ 番号</u>, <u>KW</u>
		コ	<u>案件番号</u>, <u>FAQ 番号</u>, 可能性順位
		サ	<u>FAQ 番号</u>, 関連 FAQ 番号, 関連度ランク
		シ	<u>FAQ 番号</u>, <u>MT コード</u>

採点講評

　問 1 では, 住宅設備メーカーのアフターサービス業務を題材に, 概念データモデルと関係スキーマについて出題した。全体として正答率は平均的であった。

　設問 1 では, (2)の正答率が低かった。サブタイプが存在する場合には, どのような場合にそのサブタイプに該当するかを表す識別子の役割を担う属性が必要になる。このような属性の存在に注意して関係スキーマを設計してほしい。また, 概念データモデル及び関係スキーマにおけるトランザクションの設計では, そのトランザクションがどのような状態にあるかまで注意深く読み取って必要な外部キーを設計してほしい。

　設問 2 では, 同じエンティティタイプ間の関連について, リレーションシップと外部キーの正答率が低かった。マスター間の関連を設定する必要のあるエンティティタイプとそのリレーションシップについて, 異なるマスターとの間だけでなく, 同じマスターとの間のケースもあることを注意深く読み取ってほしい。

問2

出題趣旨
近年，パブリッククラウドの普及に伴い，既存の業務システムをクラウド環境へ移行することがある。また，その際，既存アプリケーションプログラムに極力影響を与えずに，何らかの業務改善が期待されることが多い。 　本問では，見積業務システムのマスター保守業務及びクラウド環境への移行を題材として，マスターテーブルの設計変更，トリガーの実装，列の値の変更を前提としたマスターデータの移行についての理解を問う。また，クラウド環境の RDBMS 基盤設計でディスク障害を考慮した，RPO/RTO の見積り，レプリケーションの考慮点についての理解を問う。

設問			解答例・解答の要点	
設問1	(1)	a	商品コード	
		b	OR	
	(2)	テーブル名	見積依頼明細，見積回答明細	
		制約	外部キー制約	
	(3)	c	商品コード	順不同
		d	適用開始日	
		e	BEFORE	
		f	AFTER	
		g	OLD2	
		h	NEW2	
	(4)	i	2022-08-31	
		j	2022-09-01	
		k	NULL	
	(5)	商品	3，5，6	
		商品履歴	1，2，4	
設問2	(1)	ア	ログの量	
		イ	5	
		ウ	1,800	
		エ	864,000	
		オ	1,728	
	(2)	・非同期型では複製先へのログの到達を待たないから ・同期型では複製先でのログのディスク出力を待つから		
	(3)	・複製元の変更操作が複製先で未反映だった場合 ・複製元と複製先の間の通信が切断されていた場合 ・複製先のインスタンスが停止していた場合		

問 2 では，専門商社における見積業務を題材に，マスターテーブルの変更履歴を保存するための設計変更，RPO 及び RTO の見積り，並びにトリガー，データ移行及びレプリケーションの考慮点について出題した。全体として正答率は平均的であった。

設問 1 は，(5)の正答率がやや低かった。"商品"テーブルへの更新行，"商品履歴"テーブルへの挿入行を重複して解答している誤答が散見された。設問の状況に基づいて，商品テーブルには最新の状態，商品履歴テーブルには過去の状態を保存する設計であることを読み取ってほしい。

設問 2 は，全体として正答率は平均的であった。レプリケーションは，データベースの可用性及び拡張性を確保する目的で広く用いられている。同期型と非同期型それぞれの特徴をよく理解し，要件に応じて適切に使い分ける技術を身に付けてほしい。

問3

出題趣旨

システムが安定稼働している本番環境でも，予測し難い性能の低下が見られることがあり，現場の運用部門は，早急に，しかし慎重にリスクを考慮した対策を講じることが求められる。

本問では，販売管理システムの倉庫管理業務を題材として，RDBMS に時折見受けられる性能低下の問題について，初期対応の考え方，原因究明のためのデータ分析に有用なウィンドウ関数を用いた SQL 設計への理解，起こり得るリスクを予測して提案された対策の採否を決定する能力を問う。

設問			解答例・解答の要点		
設問 1	(1)		・主キーが単調に増加する番号なので過去の注文番号の近くに行を挿入しないから ・主キーの昇順に行を挿入するとき，表領域の最後のページに格納を続けるから		
	(2)		再編成後に追加した各ページで既定の空き領域分のページが増えるから		
設問 2	(1)	a	異なる商品の"在庫"を逆順で更新することがあり得るから		
		b	"棚別在庫"を常に主キーの順で更新しているから		
		c	異なるジョブが同じ注文の明細行を更新することはないから		
	(2)	**処理名**	注文登録		在庫引当
		変更内容	・"注文明細"に行を商品コードの順に登録する。 ・商品コードの順に注文明細番号を付与する。	又は	"在庫"の行を商品コードの順に更新する。
設問 3	(1)	あ	A.ピッカーID		
		い	B.棚番号		
		う	6番		
		え	S6		
		お	3番		
		か	S3		

午後 I 解答

設問 3	(2)	・"出庫指示"の読込み順を出庫番号，商品コード，棚番号の順に変更する。 ・"棚別在庫"の行を商品コード，棚番号の順に更新する。

採点講評

　問 3 では，販売管理システムを題材に，データベースの実装と性能について出題した。全体として正答率は平均的であった。

　設問 1 では，(1)に比べて(2)の正答率が低かった。再編成を行う場合，空き領域を予約する必要があるとは限らず，緊急時であればあるほど，起こり得るリスクを慎重に予測することを心掛けてほしい。

　設問 2 では，(1)c の正答率が低かった。バッチジョブの多重化は，スループットを向上させる常とう手段であるが，更新処理を伴う場合，ロック競合のリスクがある。しかし，ジョブを注文番号の範囲で分割し，多重で実行することに着目すれば，注文番号が異なる"注文明細"テーブルの行でジョブ同士がロック競合を起こすことはないと分かるはずである。マスター・在庫領域のテーブルとトランザクション系のテーブルとでは，ロック競合のリスクに違いがあることをよく理解してほしい。

　設問 3 では，(1)あ，いの正答率が低かった。ウィンドウ区画の B.出庫番号，A.ピッカーID，又は B.棚番号のそれぞれについて，どのような並びの出庫時刻が得られるかを考えることで，正答を得ることができる。ウィンドウ関数は，時系列データを多角的かつ柔軟に分析するのに役立つので，是非，習得してほしい。

●令和4年度秋期

午後Ⅱ問題 解答・解説

問1	データベースの実装・運用	(R4秋·DB 午後Ⅱ問1)

【解答例】

[設問1] (1) a：×　　b：○　　c：×　　d：○　　e：×　　f：○

　　　　　　ア：プラン明細，予約　　イ：宿泊，宿泊者

　　　　(2) ウ：COUNT(DISTINCT B.会員番号)

　　　　　　　　（又は，COUNT(DISTINCT 会員番号)）

　　　　　　エ：EXISTS

　　　　　　オ：B.会員番号 = D.会員番号

　　　　　　カ：A.チェックイン年月日 > C.チェックイン年月日

　　　　　　キ：COALESCE(リピート会員数, 0) / 累計新規会員数

　　　　　　※空欄オ，カは順不同

　　　　(3)

会員番号	階級番号
100	1
101	2
102	5
103	1
104	3
105	4
106	5
107	4
108	3
109	2

[設問2] (1) ・累計稼働客室数が累計予約可能客室数よりも大きい行を選択する
　　　　　　　条件のWHERE句を追加する。

　　　　　　・客室稼働率が100%よりも大きい行を選択する条件をWHERE句
　　　　　　　に追加する。

　　　　(2) ・時間帯に区切った客室タイプのうち，客室に対応しないものが累
　　　　　　　計予約可能客室数に含まれないから

　　　　　　・客室タイプ72〜74に対応する客室数が累計予約可能客室数にカ
　　　　　　　ウントされないから

　　　　(3) 客室在庫

(4) (a) 同じ貸会議室の異なる客室タイプの定員に異なる値が設定される。
        (b) 宿泊者がないにもかかわらず, 1 名以上の宿泊者を記録しなければならない。

[設問3]　(1)　ク：<u>施設コード</u>, <u>客室タイプコード</u>, <u>年月日</u>, <u>時間帯コード</u>, 予約可能数, 割当済数

　　　　　ケ：<u>施設コード</u>, <u>予約番号</u>, <u>時間帯コード</u>

　　　　(2)　手順番号：c1
　　　　　理由：新 AP が"施設利用"テーブルにアクセスすると異常終了するから

　　　　(3)　"施設利用"テーブルへのデータの複写が済んだ"宿泊"テーブルの行への更新が発生した場合

　　　　(4)　問題：処理の無限ループが発生する。
　　　　　コ："宿泊"テーブルの行の旧値と新値が一致しない。

【解説】

　ホテル, 貸別荘の宿泊管理システムにおけるデータベースの実装・運用に関する問題である。設問 1 は, データベース設計に業務ルールが反映されているかを判定する問題や, 分析用 SQL に関する問題である。設問 2 は, 異常値の調査・対応についてその原因を具体的に解答させる問題である。設問 3 は, 宿泊管理システムの変更についてデータ移行の方法に対する具体策が問われている。SQL 文が長いため読み解くのに少々時間が掛かるが, SQL 文の目的が記述されているので, 難易度が高いわけではない。SQL 文にウィンドウ関数が出てきており, 今後の傾向としてウィンドウ関数の出題は増えていくと思われる。

[設問1]
(1) 表 3 において, 業務ルールと一致しているかどうかを判定していく。
　・空欄 a：「全施設共通のプランがある」が業務ルールと一致するかを判定する。図 1 の概念データモデルから"施設"と"プラン"の関連が 1 対多であることが分かる。全施設共通のプランとなると, 全ての施設に対してプランが一つとなり, "施設"から見て"プラン"は, 多対 1 の関連になってしまう。また, 図 2 の関係スキーマを確認すると, "プラン"の主キーは施設コード, プランコードである。全施設共通のプランを登録するには, 施設コードとプランコードを全て同じ値として登録しなければならなくなり, 値が重複してしまうため登録ができない。したがって, 空欄 a には「×」が入る。
　・空欄 b：「会員は, 予約時に登録済の会員番号を提示すれば氏名, 住所などの提示を省略できる」が業務ルールと一致するかを判定する。図 2 を確認すると, "会員予約"の属性には「氏名, 住所」などを登録する項目がない。"会員"の属性には氏名や住所などがあり, 事前に氏名や住所などを登録しているこ

とが分かる。したがって，会員は予約時に氏名，住所などを省略できるので，空欄 b には「○」が入る。

- 空欄 c：「同一会員が，施設，プラン，客室タイプ，利用開始年月日が全て同じ複数の予約を取ることはできない」が業務ルールと一致するかを判定する。図2を確認すると，"予約"の主キーは施設コード，予約番号であり，プランコード，客室タイプコード，会員番号（サブタイプを含めて）は外部キーである。また，利用開始年月日も主キー属性ではないため，同一会員で，施設，プラン，客室タイプ，利用開始年月日が全て同じ複数の予約を取ることができる。したがって，空欄 c には「×」が入る。

- 空欄 d：「予約のない宿泊は受け付けていない。飛び込みの場合でも当日の予約手続を行った上で宿泊を受け付ける」が業務ルールと一致するかを判定する。図1を確認すると，"予約"と"宿泊"には"予約"側に●付の関連があり，"宿泊"が存在するときに，"予約"も必ず存在する必要がある。したがって，予約がなければ宿泊ができないことが分かるので，空欄 d には「○」が入る。

- 空欄 e：「連泊の予約を受け付ける場合に，連泊中には同じ客室になるように在庫の割当てを行うことができる」が業務ルールと一致するかを判定する。図1を確認すると，"予約"と"宿泊"には"宿泊"側に○付の関連があり，"予約"が存在しても，"宿泊"が存在しないことがある。また，図2から"予約"には，客室番号の属性がないが，"宿泊"には客室番号の属性がある。このことから，"予約"を登録した時点で客室は決まっておらず，"宿泊"するときに客室が決まることが分かる。したがって，空欄 e には「×」が入る。

- 空欄 f：「予約の際にはプラン及び客室タイプを必ず指定する。一つの予約で同じ客室タイプの複数の客室を予約できる」が業務ルールと一致するかを判定する。図1の概念データモデルを確認すると，"予約"と"プラン明細"には"プラン明細"側に●付の関連があり，予約を行う際に"プラン明細"が存在しなければならない。また，"プラン明細"と"プラン"及び"プラン明細"と"施設客室タイプ"にも●付の関連があり，"プラン明細"に対して"プラン"と"施設客室タイプ"が必ず存在しなければならない。よって，「予約の際にはプラン及び客室タイプを必ず指定する」は正しい。また，図2の"予約"には客室数という属性があるため，「一つの予約で同じ客室タイプの複数の客室を予約できる」という記述も正しいことが分かる。したがって，空欄 f には「○」が入る。

- 空欄ア：表3の項番7のエンティティタイプを解答する問題である。業務ルールの例には「予約の際にはプラン及び客室タイプを必ず指定する」とある。図1を確認すると，"予約"と"プラン明細"には関連があり，図2を確認すると，"プラン明細"の属性には施設コードとプランコード，客室タイプコードがある。したがって，エンティティタイプは「プラン明細，予約」となる。

- 空欄イ：表3の項番8のエンティティタイプを解答する問題である。業務ルールの例には「宿泊時には1名以上の宿泊者に関する情報を記録しなければなら

ない」とある。図 1 を確認すると，"宿泊"と"宿泊者"には●付の関連があり，"宿泊"が存在するときに"宿泊者"も 1 名以上存在しなければならないことが分かる。したがって，エンティティタイプは「宿泊，宿泊者」となる。

(2) 表 4 の SQL 文について空欄を埋める問題である。

　R1 の処理概要（上段）は，「チェックイン年月日が指定期間の終了日以前の宿泊がある会員数を数えて施設ごとに累計新規会員数を求める」である。累計新規会員数の説明は，表 1 の依頼 1 に「指定期間終了年月日以前に宿泊したことのある会員の総数」とある。R1 の SQL 文は"宿泊"と"予約"を内結合しており，GROUP BY句で施設コードを指定して，施設ごとに会員数の合計を求めている。

・空欄ウ：累計新規会員数を求める方法を解答する。施設コードをグループ化して施設ごとの会員数合計を求めるため，COUNT（会員数）となることが分かる。ただし，予約には同じ会員が複数回予約しており，重複する会員番号を排除するため，DISTINCT が必要になる。したがって，空欄ウには「COUNT(DISTINCT B.会員番号)」が入る。なお，会員番号は"予約"にしかないため，「COUNT(DISTINCT 会員番号)」でも可である。

　R2 の処理概要（上段）は，「チェックイン年月日が指定期間内の宿泊があり，指定期間にかかわらずその宿泊よりも前の宿泊がある会員数を数えて施設ごとにリピート会員数を求める」である。SQL 文（下段）の空欄エの直後の括弧内で SELECT文が出てくることから副問合せを行っていることが分かる。主問合せの部分では，"予約"と"宿泊"を内結合して，「チェックイン年月日が指定期間内の宿泊がある」データを抽出している。副問合せの部分では，"予約"と"宿泊"を内結合して，「指定期間にかかわらずその宿泊よりも前の宿泊がある会員」を抽出している。チェックイン年月日が指定期間内の宿泊があり，かつ副問合せの条件を満たしていれば真となり，そのデータを抽出する。これを主問合せの全ての行で実行した結果を施設コードでグループ化して，会員数を集計する。

主問合せ

施設コード	チェックイン年月日	会員番号
103	2022-09-01	100
103	2022-09-01	101
⋮	⋮	⋮
103	2022-08-01	100

一致

副問合せ

施設コード	チェックイン年月日	会員番号
103	2022-09-01	100
103	2022-09-01	101
⋮	⋮	⋮
103	2022-08-01	100

主問合せ

副問合せの条件に一致するものが存在しなければ偽となる。

施設コード	チェックイン年月日	会員番号
103	2022-09-01	100
103	2022-09-01	101
⋮	⋮	⋮
103	2022-08-01	100

副問合せ

施設コード	チェックイン年月日	会員番号
103	2022-09-01	100
103	2022-09-01	101
⋮	⋮	⋮
103	2022-08-01	100

一致するものがない

・空欄オ，カ：副問合せの条件を指定する問題である。条件は同一会員で，宿泊よりも前の宿泊がある会員を抽出する必要がある。まず主問合せの行と同じ会員番号である必要があるので，「B.会員番号 = D.会員番号」が必要である。「宿泊よりも前の宿泊がある」という条件は，主問合せのチェックイン年月日が副問合せのチェックイン年月日より以前の行が存在するという条件となる。そのため，「A.チェックイン年月日 > C.チェックイン年月日」となる。空欄オと空欄カには「B.会員番号 = D.会員番号」と「A.チェックイン年月日 > C.チェックイン年月日」が入る。空欄オと空欄カは順不同である。

・空欄エ：主問合せは，1 行ずつ副問合せの条件に一致するものが存在すれば，その行を抽出する。主問合せの行が副問合せの条件に一致する行を検査するには，「EXISTS」を使用する。

R3 の処理概要（上段）は，「R1，R2 から施設ごとのリピート率を求める」である。

・空欄キ：リピート率を求める計算式を解答する。リピート率は，表1の依頼1にある「リピート率は，累計新規会員数に対する指定期間内のリピート会員数の割合（百分率）」で求めることができる。したがって，計算式は，「リピート会員数 / 累計新規会員数」となる。また，表1の依頼1に「リピート会員がいない施設のリピート率はゼロにする」という条件がある。R3 の SQL 文では「R1 LEFT JOIN R2 ON R1.施設コード = R2.施設コード」として左外結合を行っており，リピート会員がいない施設のリピート会員数は NULL となる。NULL を 0 に置き換えるためには COALESCE 関数を使用する。COALESCE 関数は，第 1 引数で指定して式の値が NULL でなければ，その値を使用して，値が NULL のときには第 2 引数で使用した値を使用する。したがって，空欄キには「COALESCE(リピート会員数, 0) / 累計新規会員数」が入る。

午後Ⅱ解答

(3) 表8中の太枠内に適切な数値を入れ，表を完成させる問題である。表8は表5の
T2の試験を行うため，表7のT1のデータから予想されるT2の結果を表したもの
である。表5のT1では「会員別に指定期間内の請求金額を集計する」を行い，T2
で「T1から会員を5等分に分類して会員ごとに階級番号を求める」処理を行って
いる。T2ではウィンドウ関数を使用しているが，「5等分に分類して会員ごとに階
級番号を求める」という説明があるので，「NTILE(5) OVER (ORDER BY 合計利用金
額 DESC)」の意味が分からなくても，集計の仕方は分かるだろう。

まず，表7のT1のデータを合計利用金額の降順に並べ替える。それが，次の表
となる。

会員番号	合計利用金額
100	50,000
103	46,000
101	42,000
109	38,000
104	25,000
108	17,000
107	12,000
105	8,000
102	5,000
106	5,000

これを5等分して階級番号を付けると，次のようになる。

会員番号	合計利用金額	階級番号
100	50,000	1
103	46,000	1
101	42,000	2
109	38,000	2
104	25,000	3
108	17,000	3
107	12,000	4
105	8,000	4
102	5,000	5
106	5,000	5

これを会員番号の順番に並べ替えると，次のようになる。

会員番号	合計利用金額	階級番号
100	50,000	1
101	42,000	2
102	5,000	5
103	46,000	1
104	25,000	3
105	8,000	4
106	5,000	5
107	12,000	4
108	17,000	3
109	38,000	2

　ちなみにウィンドウ関数は，分析関数とも呼ばれ，行のグループ全体に対して集計値を計算する関数である。グループに対して単一の集計値を返す集計関数とは違い，分析関数は入力行のグループに対して分析関数を計算することで，行ごとに単一の値を返す。「OVER (ORDER BY 合計利用金額 DESC)」を指定すると，合計利用金額の降順に並べ替えを行う。「NTILE(5)」は，合計利用金額の降順に並べ替えを行った結果からデータを 5 等分して順位を付けていく関数である。結果は解答例のとおりとなる。近年，ウィンドウ関数はよく出題される傾向にあり，問題文に詳しい関数の説明の記述がないので，あらかじめ理解を深めておく必要があるだろう。

[設問 2]
(1)　下線①で，調査のために表 6 中の S3 をどのように変更したらよいかを解答する問題である。下線①は「S3 の SQL 文を変更して再度問合せを実行し，異常値を示している施設コード，価格区分コードの組だけを求める」とあるので，S3 の SQL 文の内容について見ていく。S3 の処理概要は，表 6 に「S1，S2 及び価格区分から施設コード，価格区分コードごとに標準単価，客室稼働率を求める」とある。S3 は WHERE 句で特に条件を指定していないため，全ての行の客室稼働率が表示される。下線①の「異常値を示している施設コード，価格区分コードの組だけを求める」ためには，WHERE 句で異常値となる行だけを取り出す条件を指定すればよい。異常値は，〔分析データ収集〕5.に「客室稼働率 100％を超える異常値が見られた」とあることから，客室稼働率 100％を超えるものであることが分かる。つまり，WHERE 句で客室稼働率 100％を超える条件を指定すればよい。したがって，解答は「累計稼働客室数が累計予約可能客室数よりも大きい行を選択する条件のWHERE 句を追加する」もしくは「客室稼働率が 100％よりも大きい行を選択する条件を WHERE 句に追加する」などとなる。

(2) 下線②で，累計予約可能客室数が実際よりも小さくなった理由を解答する問題である。下線②は「これを S2 の SQL 文によって集計した結果，累計予約可能客室数が実際よりも小さくなり，客室稼働率が不正になった」とある。S2 の処理概要は，表6に「客室状況から年月日が指定期間内に含まれる予約可能な客室の行を選択し，施設コード，価格区分コードごとに行数を数えて累計予約可能客室数を求める」とある。S2 の SQL 文では，"客室状況"と"客室"及び"施設客室タイプ"を内結合している。具体例で考えると，表11の"客室状況"テーブルと表12の"客室"テーブル，及び表13の"施設客室タイプ"テーブルの三つを結合した結果は次のようになる。

施設コード	客室番号	年月日	予約可否	客室タイプコード	価格区分コード
103	1050	2022-09-01	Y	71	C4
103	1050	2022-09-02	Y	71	C4
⋮	⋮	⋮	⋮	⋮	⋮
103	1050	2022-09-30	Y	71	C4

なぜこのような結果になるかといえば，"客室"テーブルの主キーは，施設コードと客室番号であり，施設コードと客室番号が重複する行を挿入することができないためである。つまり，施設コードと客室番号が同じで，客室タイプコードが異なる行は登録することができない。そのため，"客室"には客室タイプコードが71の行だけが登録されるである。

施設コード	客室タイプコード	客室番号
103	71	1050
103	72	1050

重複するので登録できない。

この結合結果は，客室タイプコードが71しか含まれておらず，他の時間帯の72～74の客室タイプコードが反映されていない。そのため，累計予約可能客数が実際よりも小さくなったのである。したがって，解答は「時間帯に区切った客室タイプのうち，客室に対応しないものが累計予約可能客室数に含まれないから」もしくは「客室タイプ72～74に対応する客室数が累計予約可能客室数にカウントされないから」などとなる。

(3) 下線③で，表6中の S2 において，"客室状況"テーブルに替えてほかのテーブルから累計予約可能客室数を求めることにしたときのテーブル名を解答する問題である。(2)の解説のとおり，表11の"客室状況"テーブルと表12の"客室"テーブルを結合すると，客室タイプコードが71だけとなり，客室タイプコードの72～74が存在しても"客室"には反映されないためである。それでは，施設コード，客室タイプコードで重複しないテーブルを探すと，"客室在庫"が該当する。"客室在庫"テーブルは主キーが施設コード，客室タイプコード，禁煙喫煙区分，年月日であり，

施設コード，客室タイプコードで異なる組合せの値を登録することができる。さらに，予約可能数を属性としてもつため，S2で累計予約可能客室数を求めることができる。したがって，解答は「客室在庫」となる。

(4) 下線④について，(a)は貸会議室の定員変更時にどのようなデータの不整合が発生するか，(b)は宿泊登録時にどのような無駄な作業が発生するかを解答する。

(a) 現在，定員の属性は"客室タイプ"テーブルにあるが，貸会議室は時間帯コードによって，客室タイプコードを分けて登録している。もし，客室タイプコード71の客室タイプの定員が変更になっても，同一の貸会議室の客室タイプコード72の定員は元のままである（表14から，客室タイプコード71と客室タイプコード72は時間帯コードが異なるだけで同じ貸会議室である）。したがって，解答は「同じ貸会議室の異なる客室タイプの定員に異なる値が設定される」などとなる。

(b) 〔異常値の調査・対応〕4.に「貸会議室利用を宿泊として登録することで，宿泊管理システムを利用して，貸会議室の在庫管理，予約，施設利用，及び請求の手続を行っている」とある。図1を見ると，"請求"を行うためには，"宿泊"の登録が必要である。また，"宿泊"が存在するときに対応する1名以上の"宿泊者"も存在しなければならない。（"宿泊者"側に●付の関連があるため）"宿泊者"は，貸会議室業務には特に必要がないデータであるが，システムの都合上必ず登録しなければならなくなる。したがって，解答は「宿泊者がないにもかかわらず，1名以上の宿泊者を記録しなければならない」などとなる。

〔設問3〕

(1) 〔宿泊管理システムの変更〕2.において，貸会議室の予約，利用を管理するためのテーブルの属性を解答する問題である。テーブルは三つあり，"貸出時間帯"，"貸会議室在庫"，"貸会議室予約明細"である。この中で，"貸会議室在庫"と"貸会議室予約明細"の属性を答える。

・空欄ク："貸会議室在庫"の属性を解答する。現行のテーブルで"貸会議室在庫"と属性が近いテーブルは"客室在庫"である。"客室在庫"の属性は「施設コード，客室タイプコード，禁煙喫煙区分，年月日，予約可能数，割当済数」である。まず，施設コードと客室タイプコードで施設の客室タイプを特定することができる。〔異常値の調査・対応〕4.に「貸会議室ごとに，定員，価格区分を決めている」とあるので，施設コードと客室タイプが特定できれば，"施設客室タイプ"から価格区分コードを参照することができる。また，客室タイプコードが特定できれば，"客室タイプ"から定員を参照することができる。"客室在庫"の属性には禁煙喫煙区分があるが，同じく4.に「貸会議室は全て禁煙である」とあるので，禁煙喫煙区分は必要ない。さらに，「貸会議室は，9時〜11時，11時〜13時，13時〜15時のように1日を幾つかの連続する時間帯に区切って貸し出している」とあるため，新規に追加した"貸出時間帯"の時間帯コードが必要となる。そして，「宿泊管理システムの客室

タイプに時間帯を区切って登録し、客室タイプごとに予約可能数を設定している」とあるため、予約可能数が必要となる。割当て済みの会議室数を知る必要があるので、割当済数も必要となる。次に、主キーとなる属性を考えてみる。「貸会議室は、9時〜11時、11時〜13時、13時〜15時のように1日を幾つかの連続する時間帯に区切って貸し出している」とあるため、施設コード、客室タイプコード、年月日、時間帯コードが主キーとなる。したがって、空欄クには「施設コード、客室タイプコード、年月日、時間帯コード、予約可能数、割当済数」が入る。

- 空欄ケ："貸会議室予約明細"の属性を解答する。図4から"貸会議室予約明細"は、"貸会議室予約"と関連があり、一つの"貸会議室予約"に対して複数の"貸会議室予約明細"をもつことが分かる。"貸会議室予約"は"予約"のサブタイプであるため、主キーの属性は同じである。したがって、"貸会議室予約"の主キー属性は施設コード、予約番号である。"貸会議室予約明細"は"貸会議室予約"と関連があるため、外部キーとして"貸会議室予約"の主キー属性が必要となる。よって、"貸会議室予約明細"には施設コード、予約番号が必要となる。また、〔異常値の調査・対応〕4.に「一つの貸会議室の複数時間帯の予約を受けることもある。現在は時間帯ごとに異なる予約を登録している」とあるため、貸会議室の予約を特定するためには時間帯コードが必要となる。主キーも施設コード、予約番号、時間帯コードとなる。したがって、空欄ケには「施設コード、予約番号、時間帯コード」が入る。

(2) 表15中の更新可能ビュー方式の手順の実施に際して、APのアクセスを停止する必要があるため、どの手順の前で停止するのか。そして、APのアクセスを停止する理由を解答する問題である。"宿泊"から"施設利用"に名称を変更するため、更新可能ビュー方式は"宿泊"テーブルを基にした"施設利用"ビューを作成して、ビューを使用して移行期間中は更新を行う。移行期間後は、"施設利用"ビューを削除して、"宿泊"テーブルから"施設利用"テーブルに名称を変更する。

　　APが稼働しているときは、"施設利用"ビューに対して参照や更新が行われる可能性がある。そのため、APが稼働中に"施設利用"テーブルを削除することや、"宿泊"テーブルの名称を変更することはできない。そのため、APを停止するのは移行期間後の[c1]前となる。もし、APが稼働して[c1]後にテーブルにアクセスしようとしてもテーブル名が存在せずAP側でエラーとなってしまう。理由としては「新APが"施設利用"テーブルにアクセスすると異常終了するから」などとなる。

(3) 表15中のトリガー同期方式において、手順[b2]、[b3]の順序を逆転させると、差異が発生する場合を解答する問題である。表15中のトリガー同期方式の手順で[b2]、[b3]を逆にすると、まず"宿泊"テーブルから"施設利用"テーブルに、差分のデータが複写される。その後、"宿泊"テーブルの変更があれば"施設利用"テーブルに反映するトリガーを作成している。〔宿泊管理システムの変更〕3.に「APのアクセスを停止することなくAPのリリースを行う仕組みを備えている」とあるので、APのアクセスは停止しないという条件である。もし、[b3]の全ての複写が終

了した後に，まだ[b2]のトリガーが設定される前の時点で，"宿泊"テーブルの変更が起きた後に，変更が起きたデータは"施設利用"テーブルに反映されない。そのため，データの差異が発生する。したがって，解答は「"施設利用"テーブルへのデータの複写が済んだ"宿泊"テーブルの行への更新が発生した場合」などとなる。

(4) 表 16 中の空欄コの条件がないと，どのような問題が発生するかを具体的に答え，また問題を回避するための条件を答える。表 16 は[b2]，[b4]のトリガー処理の内容を記している。表 16 中の空欄コの条件がない場合を考えてみる。まず"宿泊"テーブルの変更が起きたときに，[b2]UPDATE の「"宿泊"テーブルの変更行のキー値で"施設利用"テーブルを検索し，該当行があり，かつ， コ 場合に，"施設利用"テーブルの該当行を更新する」が実行される。次に，"施設利用"テーブルが変更されたため，[b4]UPDATE の「"施設利用"テーブルの変更行のキー値で"宿泊"テーブルを検索し，該当行があり，かつ，   場合に，"宿泊"テーブルの該当行を更新する」が実行される。そして，"宿泊"テーブルが変更されたため，[b2]UPDATE がまた実行される。これが永久に繰り返される。これは，〔RDBMSの主な仕様〕2.(3)の「ある AFTER トリガーの処理実行が，ほかの AFTER トリガーの処理実行の契機となることがある。この場合，後続の AFTER トリガーは連鎖して処理実行する」という記述からも推測ができるだろう。したがって，問題は「処理の無限ループが発生する」などとなる。

　処理の無限ループを回避するために，空欄コに入れる条件を考える。行の変更を行うときは，行の値が変更されたときだけ更新を行うように指定すればよく，行の値が旧値と新値で同じときはトリガーを実行しないようにする。また，〔RDBMSの主な仕様〕2.(2)に「トリガー内では，変更操作を行う前の行，変更操作を行った後の行のそれぞれに相関名を指定することで，行の旧値，新値を参照することができる」とあるので，旧値と新値を比較することが可能である。したがって，空欄コには「"宿泊"テーブルの行の旧値と新値が一致しない」が入る。

【解答例】

[設問1]　　(1)　ア：販売区間

リレーションシップの太矢線が解答となる。

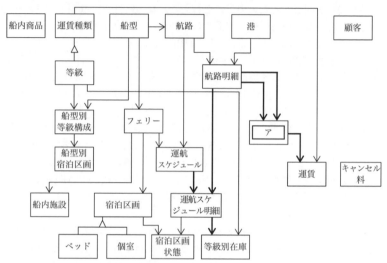

(2)　イ：顧客登録無予約客
　　ウ：顧客登録有予約客
　　エ：顧客登録有乗船客
　　オ：顧客登録無乗船客

リレーションシップの太線が解答となる。

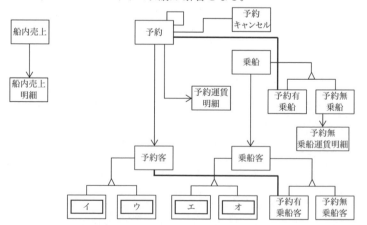

(3) カ：航路番号，乗船港コード，下船港コード，販売区間名

［設問 2 ］ (1) (a) テーブル名：等級別在庫
　　　　　　　　列名：利用可能個室残数，利用可能ベッド残数

(b)

主キー	列名	航路番号	出発年月日	港コード	等級コード
	列値	01	2022-03-14	003	DX
		01	2022-03-14	004	DX
		01	2022-03-14	005	DX
変更する列名		利用可能個室残数			
変更内容		1 減算する。			

(2) a：積載可能車両残長　　　b：車両全長以上

(3) ・キャンセル日が往路乗船年月日の 6 日前以降，かつ，復路乗船年
　　　月日の 6 日前よりも前の場合
　　・キャンセル日が往路乗船年月日の 6 日前以降，かつ，復路乗船年
　　　月日の 7 日前以前の場合
　　・キャンセル日が往路乗船年月日の 6 日前以降，かつ，復路乗船年
　　　月日の 6 日前以降でない場合

［設問 3 ］ (1) ①テーブル名：予約
　　　　　　　　列名：個室宿泊区画番号
　　　　　　　②テーブル名：予約客
　　　　　　　　列名：大部屋宿泊区画番号
　　　　　　　※①と②は順不同

(2) テーブル名：予約
　　　列名：代表予約番号

(3) (a) キャンセル待ちと仮予約と本予約とを区分する。
　　　(b) テーブル名：予約キャンセル　　実行契機：行の挿入後

(4) ①テーブル名：船内売上
　　　　列名：航路番号，出発年月日，乗船客番号
　　　②テーブル名：乗船客
　　　　列名：下船時精算額，下船時一括支払方法区分
　　　※①と②は順不同

(5) まとめ精算（航路番号，出発年月日，まとめ精算番号，精算合計金
　　　額）
　　　テーブル名：乗船客
　　　列名：まとめ精算番号

【解説】

フェリー会社の乗船予約システムのデータベース設計に関する問題である。設問 1 は，概念データモデルとテーブル構造についてマスター領域とトランザクション領域のエンティティタイプ名及びリレーションシップを解答する問題である。設問 2 は，現行業務の業務処理及び制約についての問題である。設問 3 は，〔新規要件〕を満たすためのテーブルや列名の追加についての問題である。業務内容も分かりやすく，設問は問題文をよく読んでいけば解答できる問題ばかりである。難易度は例年に比べやや易しい。なお，これまで問 2 は概念データモデリングの問題で「概念データモデルと関係スキーマ」の設計となっていたが，この問題は「概念データモデルとテーブル構造」の設計となっており，平成 25 年度春期までの問 1（データベース設計）の問題に相当する。一部にトリガーの実行契機に関する設問もあり，明らかに実装よりである。

〔設問 1〕

(1) 図 1 中のマスター領域の ┃　ア　┃ にあるエンティティタイプ名を解答する。また，欠落しているリレーションシップを補い，図を完成させる問題である。

・空欄ア：マスター領域に足りないエンティティタイプ名を解答する。これは，〔現行業務の分析結果〕の文を読みながら，図 1 の概念データモデルと突き合わせて，足りないエンティティタイプを抽出していけばよい。1.(6)に「航路内の販売可能な乗船港と下船港との組合せを販売区間と呼ぶ」という定義があるが，これは図 1 には出てきていない。また，「販売区間は販売区間名をもち，航路番号，乗船港コード，下船港コードで識別する」とあるが，図 2 のテーブル構造を見ると，これらの列をもつテーブルは存在しない。したがって，空欄アには「販売区間」が入る。

① "運航スケジュール"と"運航スケジュール明細"の間（のリレーションシップ）

〔現行業務の分析結果〕1.(5)②に「出発港，経由港，到着港にいつ入出港するかの運航スケジュール明細を決める」とある。また，図 2 で，"運航スケジュール明細"に"運航スケジュール"の主キー列である航路番号，出発年月日をもつことからも関連があることが分かる。表 3 を見ると，航路番号と出発年月日が繰り返し出現することから，一つの運航スケジュールに複数の運航スケジュール明細がある。さらに，一つの運航スケジュール明細は一つの運航スケジュールに対応する。したがって，"運航スケジュール"と"運航スケジュール明細"は 1 対多のリレーションシップ（以下，1 対多又は 1 対 1 と略記）となる。

② "運航スケジュール明細"と"等級別在庫"の間

〔現行業務の分析結果〕2.(3)①に「個室については利用可能個室残数を，大部屋については利用可能ベッド残数を等級別在庫としてそれぞれ記録している。出発港，経由港を出港する時点での等級ごとの残数を記録する」とある。出発港と経由港を識別しているのは運航スケジュール明細である。また，図 2 で，"等級

別在庫”は“運航スケジュール明細”の主キー列である航路番号，出発年月日，港コードをもつことからも関連があることが分かる。

　「等級別在庫としてそれぞれ記録している」という記述のとおり，在庫は等級別に記録しているため，一つの運航スケジュール明細に対して等級別在庫は複数となる。さらに，一つの等級別在庫は一つの運航スケジュール明細に対応する。これは，図2の“等級別在庫”の主キー列が航路番号，出発年月日，港コード，等級コードとなっていることからも分かる。したがって，“運航スケジュール明細”と“等級別在庫”は1対多となる。

③　“航路明細”と“運航スケジュール明細”の間

　〔現行業務の分析結果〕1.(4)③に「航路ごとに航路明細として出発港，経由港，到着港，標準入港時刻，標準出港時刻を決めている。港は港コードで識別している」とある。また，(5)①に「航路について，出発年月日ごとに配船するフェリーを決める」とある。さらに，図2の“運航スケジュール明細”は，“航路明細”の主キー列である航路番号，港コードをもつことからも“航路明細”と“運航スケジュール明細”には関連があることが分かる。表3を見ると，一つの運航スケジュール明細に対して複数の航路番号と港コードの組合せが出現する（1行目と9行目は同じ航路番号と港コード）。運航スケジュールは，航路に対して出発年月日ごとに複数の航路を記録しているため，一つの航路明細に対して複数の運航スケジュール明細がある。また，一つの運航スケジュール明細は一つの航路明細に対応するため，“航路明細”と“運航スケジュール明細”は1対多となる。

④　“航路明細”と“販売区間（空欄ア）”の間

　〔現行業務の分析結果〕1.(6)に「航路内の販売可能な乗船港と下船港との組合せを販売区間と呼ぶ」とある。また，「販売区間は販売区間名をもち，航路番号，乗船港コード，下船港コードで識別する」とある。航路番号と港コードの属性で識別できるのは航路明細であるため，“航路明細”と“販売区間”には関連がある。さらに，一つの航路明細に対して，販売区間の航路番号，乗船港コードが対応し，一つの航路明細に対して，販売区間の航路番号，下船港コードが対応するため，“航路明細”と“販売区間”には二つの関連がある。

　次に，多重度を考えてみる。一つの航路明細に対して複数の販売区間がある。これは，1.(6)の「C港とF港の間を運航し，D港，E港を経由する航路の場合，C港～E港，C港～F港，D港～E港，D港～F港，E港～F港が販売区間となり得る」という説明から，乗船と下船の組合せで複数の販売区間があることが分かる。また，一つの販売区間には航路番号と乗船港コードと下船港コードがあるので，乗船と下船でそれぞれに航路明細が対応する。したがって，“航路明細”と“販売区間”は1対多となる。

⑤　“販売区間（空欄ア）”と“運賃”の間

　〔現行業務の分析結果〕1.(7)①に「販売区間ごとに乗船客，車両，ペットケージ，二輪車の運賃表がある」とある。また，図2で，“運賃”は，販売区間の主キー列である航路番号，乗船港コード，下船港コードをもつ（(3)の解説参照）こ

とからも，“販売区間”と“運賃”は関連があることが分かる。一つの販売区間には，乗船客，車両，ペットケージ，二輪車などの運賃種類ごとに複数の運賃が存在する。さらに，一つの運賃は一つの販売区間に対応する。したがって，“販売区間”と“運賃”は1対多となる。

(2) 図1中のトランザクション領域のサブタイプ名を解答し，リレーションシップを補い，図を完成させる問題である。

・空欄イ，ウ：予約客のサブタイプ名を解答する問題である。図1を見ると，空欄ウは“顧客”と関連がある。また，〔現行業務の分析結果〕4.(2)に「顧客は，顧客カードに記載された顧客番号を伝えることで，予約時及び乗船時に氏名，性別などを記入する必要がなくなる」とあるため，予約客は顧客登録有の予約と顧客登録無の予約に分かれている。空欄イは，“顧客”との関連がないため「顧客登録無予約客」となり，空欄ウは，“顧客”との関連があるため「顧客登録有予約客」となる。

・空欄エ，オ：乗船客のサブタイプ名を解答する問題である。図1を見ると，空欄エは“顧客”と関連がある。また，〔現行業務の分析結果〕4.(2)に「顧客は，顧客カードに記載された顧客番号を伝えることで，予約時及び乗船時に氏名，性別などを記入する必要がなくなる」とあるため，乗船客は顧客登録有の乗船と顧客登録無の乗船に分かれている。空欄エは，“顧客”との関連があるため「顧客登録有乗船客」となり，空欄オは，“顧客”との関連がないため「顧客登録無乗船客」となる。

① “予約”と“予約有乗船”の間（のリレーションシップ）

〔現行業務の分析結果〕5.(2)①に「乗船窓口の担当者が予約を確認する。予約が確認できたら，予約の記録を乗船の記録に引き継ぐ」とあるので“予約”と“予約有乗船”には関連がある。5.(1)に「乗船当日に乗船窓口において，予約有りの場合は予約の単位に，予約無しの場合は乗船する個人又はグループ単位に乗船客の乗船手続をする」とある。つまり，一つの予約は一つの乗船に対応するということである。したがって，“予約”と“予約有乗船”は1対1となる。

② “予約客”と“予約有乗船客”の間

〔現行業務の分析結果〕5.(2)②に「予約時に申請した予約客に変更がある場合には，変更後の内容を乗船客として記録する」とある。“予約客”と“予約有乗船客”には関連がある。また，一つの予約客の変更は，一つの乗船客への変更として記録するため，“予約客”と“予約有乗船客”は1対1となる。

(3) 図2中の ┃　　カ　　┃ に入れる適切な列名を解答する問題である。

(1)より空欄アは「販売区間」であることが分かった。〔現行業務の分析結果〕1.(6)に「販売区間は販売区間名をもち，航路番号，乗船港コード，下船港コードで識別する」とある。主キー列は航路番号，乗船港コード，下船港コードとなり，非キー列は販売区間名となる。したがって，解答は「航路番号，乗船港コード，下船港コード，販売区間名」となる。

［設問 2］

(1) 出港時に乗船客が予約有りで乗船した場合には更新の必要がないが，予約無しで
乗船した場合には行の更新が必要となるテーブルについて解答する問題である。

　(a) 車両・ペットケージ・二輪車を伴わない場合について，そのテーブル名と更新
　　する可能性のある列名を解答する。〔現行業務の分析結果〕2.(3)①に「予約受付
　　時又は予約無しでの乗船時に，個室であれば利用可能個室残数を，大部屋であれ
　　ば利用可能ベッド残数を更新（利用分を減算）する」とある。したがって，テー
　　ブル名は「等級別在庫」となり，列名は「利用可能個室残数，利用可能ベッド残
　　数」となる。

　(b) 表 1～表 3 の例において，ある乗船客 1 名が出発年月日 ‘2022-03-14’，航路
　　番号 ‘01’（C 港発 F 港行），販売区間 ‘C 港～F 港’，等級コード ‘DX’（デラ
　　ックスの等級コード）を乗船した場合，(a)で答えたテーブルの主キーの列名及び
　　列値，並びに変更する列名及び変更内容を答える問題である。(a)のテーブル名は
　　「等級別在庫」である。“等級別在庫”テーブルの主キー列は図 2 より航路番号，
　　出発年月日，港コード，等級コードである。乗船するのは C 港から F 港までだが，
　　等級別在庫は，〔現行業務の分析結果〕2.(3)①に「出発港，経由港を出港する時
　　点での等級ごとの残数を記録する」とあるので，記録するのは C 港から E 港まで
　　である。販売区間である ‘C 港～E 港’ を表 1 又は表 3 からそれぞれ港コードに
　　置き換えると次のようになる。

列名	航路番号	出発年月日	港コード	等級コード
主キー 列値	01	2022-03-14	003	DX
	01	2022-03-14	004	DX
	01	2022-03-14	005	DX

　　〔現行業務の分析結果〕1.(3)①より，デラックスは個室の等級にしかないため，
　　変更する列名は「利用可能個室残数」となる。変更内容は，利用分だけ個室残数
　　が減るため「1 減算する」となる。

(2) 車両・ペットケージ・二輪車有りの予約の場合に挿入行に対して必要となる制約条
件について，表 4 の車両有りの予約時の制約条件である　　a　　と　　b　　
を解答する問題である。

　・空欄 a，b：車両を乗せるためには乗船区間の積載可能車両残長が，車両の全長以
　　下である必要がある。制約条件に「予約しようとしている航路，乗船港，下
　　船港，乗船年月日に該当する“運航スケジュール明細”テーブルの全ての行」
　　とあり，“運航スケジュール明細”テーブルには積載可能車両残長があるため，
　　空欄 a には「積載可能車両残長」が入る。また，“予約”テーブルには車両
　　全長があるため，空欄 b には「車両全長以上」が入る。

(3) 顧客都合で往復予約をキャンセルした場合，往路だけにキャンセル料が発生する

場合の条件を答える問題である。

〔現行業務の分析結果〕2.(2)①に「乗船年月日の6日前以降のキャンセルは，キャンセル料が発生する」とあり，さらに「往復で予約している場合，往路復路それぞれの乗船年月日に対してキャンセル料を算出する」とある。往路だけにキャンセル料が発生するのは，往路の乗船年月日が6日前以降のキャンセルであり，復路の乗船年月日が6日前以前のキャンセルだった場合である。具体的な日時で往路だけにキャンセル料が発生する場合を次に示す。

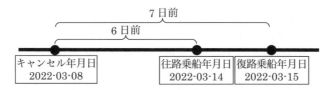

したがって，解答は「キャンセル日が往路乗船年月日の6日前以降，かつ，復路乗船年月日の6日前よりも前の場合」もしくは「キャンセル日が往路乗船年月日の6日前以降，かつ，復路乗船年月日の7日前以前の場合」又は「キャンセル日が往路乗船年月日の6日前以降，かつ，復路乗船年月日の6日前以降でない場合」などとなる。解答例は三つ示されているが，どれも内容は同じである。

〔設問3〕

(1) "1. 予約業務"の(1)を実現する方法として，図2中の二つのテーブルに列を追加する案における，該当するテーブル名及び追加する列名を解答する問題である。
〔新規要件〕1.(1)に「航路の出発港から到着港まで全て乗船する予約に限り，個室又はベッドを指定できるようにする」とある。まず，個室又はベッドを指定するためには，個室又はベッドを指定する番号が必要となる。これは，〔現行業務の分析結果〕1.(2)②に「宿泊区画には一意な宿泊区画番号を付与している。宿泊区画番号には，個室の場合は個室番号，ベッドの場合はベッド番号を用いる」とあるため，予約時に宿泊区画番号が必要となる。また，〔現行業務の分析結果〕2.(1)①に「宿泊区画：個室の場合は1部屋，大部屋の場合は同じ等級の6人まで」とあるので，個室の場合は，"予約"テーブルに宿泊区画番号を個室宿泊区画番号として記録すればよい。大部屋の場合は，予約客ごとに宿泊区画番号が必要であるため，"予約客"テーブルに宿泊区画番号を大部屋宿泊区画番号として記録する（"1. 予約業務"の(1)を実現する方法として考えており，"1. 予約業務"の(2)の実現方法については設問3の(2)で考えている）。

(2) 予約客には複数の予約の中から代表の予約番号だけを提示して代表の予約番号以外を意識させないようにした場合，該当するテーブル名と追加する列名を解答する問題である。"1. 予約業務"の(2)の条件は「1回の予約で複数個室又は大部屋に7人以上の予約ができるようにする」である。現在は，1回の予約で一つの個室となっていることから，複数の個室を予約をするために，複数の予約を要する。複数

の予約の中から代表の予約番号だけを提示して代表の予約番号以外を意識させない
ようにするためには，複数の予約の中から代表の予約であることを識別する代表予
約番号が必要となる。したがって，テーブル名は「予約」となり，追加する列名は
「代表予約番号」となる。

(3) "1. 予約業務"の(3)を実現する方法についての問題である。〔新規要件〕1.(3)
の条件は「キャンセル待ちをできるようにする。キャンセル待ちは，通常の予約と
同様に航路，乗船年月日，乗船港，下船港，等級，人数などを指定する。出港まで
にキャンセルが発生した場合，キャンセル待ちを仮予約に変更し，予約希望者に確
認の上，本予約に変更する。複数のキャンセル待ちがある場合は，キャンセル待ち
の予約番号順かつ条件に合致するものを優先する」である。

(a) 図２中の"予約"テーブルに追加する列の役割を答える。「キャンセル待ちは，
通常の予約と同様に航路，乗船年月日，乗船港，下船港，等級，人数などを指定
する」とあるので，キャンセル待ちは予約と同様に"予約"テーブルに記録する
ことになる。また，キャンセル待ちの状態を「キャンセル待ち」，「仮予約」，「本
予約」と記録する列が必要になる。したがって，解答は「キャンセル待ちと仮予
約と本予約とを区分する」などとなる。

(b) キャンセル待ちから仮予約への変更処理を起動するトリガーを定義するテー
ブル名を解答する。また，トリガーの実行契機を解答する。キャンセル待ちから
仮予約への変更をするときは，出航までにキャンセルが発生した場合である。キ
ャンセルが発生すると，キャンセル料を請求する場合があるため，"予約キャンセ
ル"テーブルに行が挿入される。したがって，トリガーを定義するテーブル名は
「予約キャンセル」，トリガーの実行契機は「行の挿入後」となる。

(4) "2. 下船手続（下船時精算）"の(1)を実現する方法として，列を追加するテー
ブル名と追加する列名を二つ解答する。〔新規要件〕2.(1)の条件は「レストラン及
びショップでの船内精算の際にカードキーを提示すると，その場で都度支払うので
はなく，下船時に乗船客ごとに一括して支払うことができるようにする。この場合，
下船時にフロントで精算する。下船時の一括支払方法としては，クレジットカード
決済，現金払がある。下船時精算額を記録する」である。レストラン及びショップ
での船内精算の金額を求めるためには，"船内売上"テーブルのデータが必要となる。
これは，〔現行業務の分析結果〕6.(2)の「乗船客が購入した船内商品及び個数・金
額を船内売上明細に，購入ごとの合計金額を船内売上に記録する」という記述から
も分かる。また，図２から"船内売上"テーブルに合計金額の列があることからも
分かるだろう。現在，"船内売上"テーブルには乗船客を識別する列がないため，誰
が購入したのかが分からない。乗船客ごとに一括して支払うため，"船内売上"と"乗
船客"の関連を作る。そのためには，"船内売上"テーブルに"乗船客"の主キー列
を外部キーとして追加する必要がある。"乗船客"の主キー列は航路番号，出発年月
日，乗船客番号である。したがって，一つ目は，テーブル名が「船内売上」，追加す
る列名が「航路番号，出発年月日，乗船客番号」である。

次に，一括支払方法と下船時精算額を記録するテーブルが必要となる。一括支払

方法を明確に記録するとは記述されていないが，文章の流れから一括支払方法も記録するものと推測する。支払は，〔新規要件〕2.(1)に「下船時に乗船客ごとに一括して支払うことができるようにする」とあるので，列は"乗船客"テーブルに追加する。したがって，二つ目は，テーブル名が「乗船客」，追加する列名が「下船時精算額，下船時一括支払方法区分」である。

(5) "2. 下船手続（下船時精算）"の(2)を実現する方法として，"まとめ精算"テーブルの構造を解答する問題である。〔新規要件〕2.(2)の条件は「下船時にフロントで精算する場合，乗船客の家族が持つ複数のカードキーをまとめて精算することができるようにする。精算合計金額を記録する」である。"まとめ精算"テーブルの主キー列は，設問文に「運航スケジュールごとのまとめ精算番号で一意に識別することとする」とあるので，運航スケジュールの主キー列である，航路番号，出発年月日と，まとめ精算番号となる。また，精算合計金額を記録するため，精算合計金額の列が必要となる。したがって，"まとめ精算"テーブルの構造は「まとめ精算（航路番号，出発年月日，まとめ精算番号，精算合計金額）」となる。

次に，列を追加するテーブル名と追加する列名を考える。精算合計金額を求めるためには，家族ごとに乗船客の下船時精算額を合計する必要がある。そのため，"乗船客"と"まとめ精算"の関連を作る必要がある。家族複数に対して一つの"まとめ精算"を作成するため，複数の"乗船客"に対して一つの"まとめ精算"となる。そのため，"まとめ精算"の主キー列を"乗船客"テーブルに外部キーとしてもたせる必要がある。"乗船客"テーブルには既に航路番号と出発年月日があるため，追加で必要な列はまとめ精算番号である。したがって，テーブル名は「乗船客」であり，追加する列名は「まとめ精算番号」となる。

まとめ精算（<u>航路番号</u>，<u>出発年月日</u>，<u>まとめ精算番号</u>，精算合計金額）
乗船客（<u>航路番号</u>，<u>出発年月日</u>，乗船客番号，…<u>まとめ精算番号</u>）

●令和 4 年度秋期
午後Ⅱ問題　ＩＰＡ発表の解答例

問 1

出題趣旨
長年運用を続けたデータベースは，開発時の論理モデルから逸脱したデータをテーブル構造の変更なしに格納していることがある。 　本問では，宿泊施設の予約業務における分析データ抽出を題材として，データ設計後の論理モデルを理解・検証する能力，問合せを設計・試験する能力，データの異常を調査し修正する能力，継続的な改善をデータベース領域で実践する能力を問う。

設問			解答例・解答の要点	
設問 1	(1)	a	×	
		b	○	
		c	×	
		d	○	
		e	×	
		f	○	
		ア	プラン明細，予約	
		イ	宿泊，宿泊者	
	(2)	ウ	COUNT(DISTINCT B.会員番号) 又は COUNT(DISTINCT 会員番号)	
		エ	EXISTS	
		オ	B.会員番号 = D.会員番号	順不同
		カ	A.チェックイン年月日 > C.チェックイン年月日	
		キ	COALESCE(リピート会員数, 0) / 累計新規会員数	
	(3)		会員番号 / 階級番号（表）	

会員番号	階級番号
100	1
101	**2**
102	**5**
103	**1**
104	**3**
105	**4**
106	**5**
107	**4**
108	**3**
109	**2**

設問2	(1)		・累計稼働客室数が累計予約可能客室数よりも大きい行を選択する条件の WHERE 句を追加する。 ・客室稼働率が100%よりも大きい行を選択する条件を WHERE 句に追加する。
	(2)		・時間帯に区切った客室タイプのうち，客室に対応しないものが累計予約可能客室数に含まれないから ・客室タイプ 72～74 に対応する客室数が累計予約可能客室数にカウントされないから
	(3)		客室在庫
	(4)	(a)	同じ貸会議室の異なる客室タイプの定員に異なる値が設定される。
		(b)	宿泊者がないにもかかわらず，1 名以上の宿泊者を記録しなければならない。
設問3	(1)	ク	施設コード，客室タイプコード，<u>年月日</u>，<u>時間帯コード</u>，予約可能数，割当済数
		ケ	施設コード，<u>予約番号</u>，<u>時間帯コード</u>
	(2)	**手順番号**	c1
		理由	新 AP が"施設利用"テーブルにアクセスすると異常終了するから
	(3)		"施設利用"テーブルへのデータの複写が済んだ"宿泊"テーブルの行への更新が発生した場合
	(4)	**問題**	処理の無限ループが発生する。
		コ	"宿泊"テーブルの行の旧値と新値が一致しない。

問 2

出題趣旨

　データベースを構築してから時間が経過すると，開発時の業務要件に加えて，新規の業務要件が発生する。

　本問では，フェリー会社の乗船予約システムの再構築におけるデータベース設計を題材として，現行の業務要件に基づく概念データモデルを読み取る能力，現行業務での更新対象となるテーブル及び制約条件を見抜く能力，新規業務要件を基に概念データモデルとテーブル構造を見直す能力を問う。

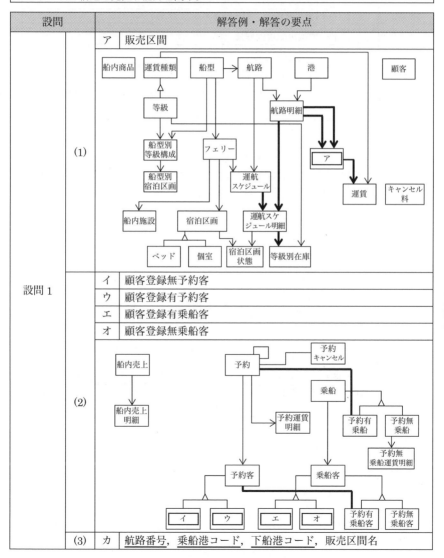

設問		解答例・解答の要点
設問 1	(1)	ア　販売区間
	(2)	イ　顧客登録無予約客 ウ　顧客登録有予約客 エ　顧客登録有乗船客 オ　顧客登録無乗船客
	(3)	カ　<u>航路番号</u>，<u>乗船港コード</u>，<u>下船港コード</u>，販売区間名

<table>
<tr><td rowspan="8">設問 2</td><td rowspan="6">(1)</td><td rowspan="2">(a)</td><td colspan="2">テーブル名</td><td colspan="4">等級別在庫</td></tr>
<tr><td colspan="2">列名</td><td colspan="4">利用可能個室残数，利用可能ベッド残数</td></tr>
<tr><td rowspan="4">(b)</td><td rowspan="4">主キー</td><td>列名</td><td>航路番号</td><td>出発年月日</td><td>港コード</td><td>等級コード</td></tr>
<tr><td rowspan="3">列値</td><td>01</td><td>2022-03-14</td><td>003</td><td>DX</td></tr>
<tr><td>01</td><td>2022-03-14</td><td>004</td><td>DX</td></tr>
<tr><td>01</td><td>2022-03-14</td><td>005</td><td>DX</td></tr>
</table>

	(b)	変更する列名	利用可能個室残数
		変更内容	1 減算する。

<table>
<tr><td rowspan="13">設問 2</td><td rowspan="8">(1)</td><td rowspan="2">(a)</td><td colspan="2">テーブル名</td><td colspan="4">等級別在庫</td></tr>
<tr><td colspan="2">列名</td><td colspan="4">利用可能個室残数，利用可能ベッド残数</td></tr>
<tr><td rowspan="6">(b)</td><td rowspan="4">主キー</td><td>列名</td><td>航路番号</td><td>出発年月日</td><td>港コード</td><td>等級コード</td></tr>
<tr><td rowspan="3">列値</td><td>01</td><td>2022-03-14</td><td>003</td><td>DX</td></tr>
<tr><td>01</td><td>2022-03-14</td><td>004</td><td>DX</td></tr>
<tr><td>01</td><td>2022-03-14</td><td>005</td><td>DX</td></tr>
<tr><td colspan="2">変更する列名</td><td colspan="4">利用可能個室残数</td></tr>
<tr><td colspan="2">変更内容</td><td colspan="4">1 減算する。</td></tr>
<tr><td rowspan="2">(2)</td><td colspan="3">a</td><td colspan="3">積載可能車両残長</td></tr>
<tr><td colspan="3">b</td><td colspan="3">車両全長以上</td></tr>
<tr><td rowspan="3">(3)</td><td colspan="6">・キャンセル日が往路乗船年月日の 6 日前以降，かつ，復路乗船年月日の 6 日前よりも前の場合</td></tr>
<tr><td colspan="6">・キャンセル日が往路乗船年月日の 6 日前以降，かつ，復路乗船年月日の 7 日前以前の場合</td></tr>
<tr><td colspan="6">・キャンセル日が往路乗船年月日の 6 日前以降，かつ，復路乗船年月日の 6 日前以降でない場合</td></tr>
</table>

<table>
<tr><td rowspan="13">設問 3</td><td rowspan="4">(1)</td><td rowspan="2">①</td><td>テーブル名</td><td>予約</td><td rowspan="4">①と②は順不同</td></tr>
<tr><td>列名</td><td>個室宿泊区画番号</td></tr>
<tr><td rowspan="2">②</td><td>テーブル名</td><td>予約客</td></tr>
<tr><td>列名</td><td>大部屋宿泊区画番号</td></tr>
<tr><td rowspan="2">(2)</td><td colspan="2">テーブル名</td><td colspan="2">予約</td></tr>
<tr><td colspan="2">列名</td><td colspan="2">代表予約番号</td></tr>
<tr><td rowspan="3">(3)</td><td colspan="2">(a)</td><td colspan="2">キャンセル待ちと仮予約と本予約とを区分する。</td></tr>
<tr><td rowspan="2">(b)</td><td>テーブル名</td><td colspan="2">予約キャンセル</td></tr>
<tr><td>実行契機</td><td colspan="2">行の挿入後</td></tr>
<tr><td rowspan="4">(4)</td><td rowspan="2">①</td><td>テーブル名</td><td>船内売上</td><td rowspan="4">①と②は順不同</td></tr>
<tr><td>列名</td><td>航路番号，出発年月日，乗船客番号</td></tr>
<tr><td rowspan="2">②</td><td>テーブル名</td><td>乗船客</td></tr>
<tr><td>列名</td><td>下船時精算額，下船時一括支払方法区分</td></tr>
</table>

	(5)	まとめ精算（航路番号，<u>出発年月日</u>，<u>まとめ精算番号</u>，精算合計金額）		
		テーブル名	乗船客	
		列名	まとめ精算番号	

採点講評

　問 2 では，フェリー会社の乗船予約システムの再構築を題材に，現行業務の概念データモデルとテーブル構造，更新対象となるテーブル及び制約条件，新規要件を反映した概念データモデルとテーブル構造について出題した。全体として正答率は平均的であった。

　設問 1 では，(1)の航路明細とア（販売区間）とのリレーションシップ，(2)の 2 本のリレーションシップの正答率が低かった。同一のエンティティタイプ間に異なる役割をもつ複数のリレーションシップが存在するかどうか，スーパータイプとサブタイプが存在する場合にスーパータイプとサブタイプのいずれとの間にリレーションシップが存在するかを注意深く読み取ってほしい。

　設問 2 では，(1)(b)の正答率が低かった。変更対象となる行を 4 行とした解答が散見された。等級別在庫テーブルには到着港の行が存在しないことを現行業務から注意深く読み取ってほしい。

　設問 3 では，(4)，(5)の正答率が低かった。新規要件を注意深く読み取り，変更・追加するテーブル構造を見極めてほしい。例えば(5)は，既存テーブルの行を集計したテーブルを追加し，既存テーブルに外部キーを追加する方法を求めたものである。これは，実務でもよくあることであり，是非知っておいてもらいたい。

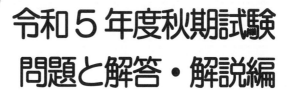

令和5年度秋期試験
問題と解答・解説編

問題を解き，**解答・解説**でポイントを確認してください

令和5年度 秋期
プロジェクトマネージャ試験
データベーススペシャリスト試験
エンベデッドシステムスペシャリスト試験
システム監査技術者試験
情報処理安全確保支援士試験
午前Ⅰ 問題【共通】

試験時間	9:30 ～ 10:20 （50分）

注意事項

1. 試験開始及び終了は，監督員の時計が基準です。監督員の指示に従ってください。試験時間中は，退室できません。

2. 試験開始の合図があるまで，問題冊子を開いて中を見てはいけません。

3. 答案用紙への受験番号などの記入は，試験開始の合図があってから始めてください。

4. 問題は，次の表に従って解答してください。

問題番号	問1 ～ 問30
選択方法	全問必須

5. 答案用紙の記入に当たっては，次の指示に従ってください。

   (1) 答案用紙は光学式読取り装置で読み取った上で採点しますので，B 又は HB の黒鉛筆で答案用紙のマークの記入方法のとおりマークしてください。マークの濃度がうすいなど，マークの記入方法のとおり正しくマークされていない場合は，読み取れないことがあります。特にシャープペンシルを使用する際には，マークの濃度に十分注意してください。訂正の場合は，あとが残らないように消しゴムできれいに消し，消しくずを残さないでください。

   (2) 受験番号欄に受験番号を，生年月日欄に受験票の生年月日を記入及びマークしてください。答案用紙のマークの記入方法のとおりマークされていない場合は，採点されないことがあります。生年月日欄については，受験票の生年月日を訂正した場合でも，訂正前の生年月日を記入及びマークしてください。

   (3) 解答は，次の例題にならって，解答欄に一つだけマークしてください。答案用紙のマークの記入方法のとおりマークされていない場合は，採点されません。

   〔例題〕 秋期の情報処理技術者試験・情報処理安全確保支援士試験が実施される月はどれか。

   　　ア 8　　　　イ 9　　　　ウ 10　　　　エ 11

   　　正しい答えは "ウ 10" ですから，次のようにマークしてください。

例題	⑦ ⑦ ● ⑦

注意事項は問題冊子の裏表紙に続きます。
こちら側から裏返して，必ず読んでください。

6. <u>**問題に関する質問にはお答えできません。**</u>文意どおり解釈してください。

7. 問題冊子の余白などは，適宜利用して構いません。ただし，問題冊子を切り離して利用することはできません。

8. 試験時間中，机上に置けるものは，次のものに限ります。

  なお，会場での貸出しは行っていません。

  受験票，黒鉛筆及びシャープペンシル（B 又は HB），鉛筆削り，消しゴム，定規，時計（時計型ウェアラブル端末は除く。アラームなど時計以外の機能は使用不可），ハンカチ，ポケットティッシュ，目薬

  これら以外は机上に置けません。使用もできません。

9. 試験終了後，この問題冊子は持ち帰ることができます。

10. 答案用紙は，いかなる場合でも提出してください。回収時に提出しない場合は，採点されません。

11. 試験時間中にトイレへ行きたくなったり，気分が悪くなったりした場合は，手を挙げて監督員に合図してください。

12. 午前Ⅱの試験開始は <u>10:50</u> ですので，<u>10:30</u> までに着席してください。

試験問題に記載されている会社名又は製品名は，それぞれ各社又は各組織の商標又は登録商標です。

なお，試験問題では，™ 及び ® を明記していません。

問題文中で共通に使用される表記ルール

各問題文中に注記がない限り，次の表記ルールが適用されているものとする。

1．論理回路

図記号	説明
	論理積素子（AND）
	否定論理積素子（NAND）
	論理和素子（OR）
	否定論理和素子（NOR）
	排他的論理和素子（XOR）
	論理一致素子
	バッファ
	論理否定素子（NOT）
	スリーステートバッファ
	素子や回路の入力部又は出力部に示される○印は，論理状態の反転又は否定を表す。

2. 回路記号

図記号	説明
—◇W◇—	抵抗（R）
—‖—	コンデンサ（C）
—▷⊢—	ダイオード（D）
⎬ ⎬	トランジスタ（Tr）
〒	接地
▷	演算増幅器

問1　逆ポーランド表記法（後置記法）で表現されている式 ABCD － × ＋において，A＝16，B＝8，C＝4，D＝2 のときの演算結果はどれか。逆ポーランド表記法による式 AB ＋は，中置記法による式 A ＋ B と同一である。

ア　32　　　　　　　イ　46　　　　　　　ウ　48　　　　　　　エ　94

問2　図のように16ビットのデータを4×4の正方形状に並べ，行と列にパリティビットを付加することによって何ビットまでの誤りを訂正できるか。ここで，図の網掛け部分はパリティビットを表す。

1	0	0	0	1
0	1	1	0	0
0	0	1	0	1
1	1	0	1	1
0	0	0	1	

ア　1　　　　　　　イ　2　　　　　　　ウ　3　　　　　　　エ　4

問3　あるデータ列を整列したら状態 0 から順に状態 1, 2, ・・・, N へと推移した。整列に使ったアルゴリズムはどれか。

　　　　状態 0　3, 5, 9, 6, 1, 2
　　　　状態 1　3, 5, 6, 1, 2, 9
　　　　状態 2　3, 5, 1, 2, 6, 9
　　　　　　　　　・
　　　　　　　　　・
　　　　状態 N　1, 2, 3, 5, 6, 9

ア　クイックソート　　　　　　　　イ　挿入ソート
ウ　バブルソート　　　　　　　　　エ　ヒープソート

問4　パイプラインの性能を向上させるための技法の一つで，分岐条件の結果が決定する前に，分岐先を予測して命令を実行するものはどれか。

ア　アウトオブオーダー実行　　　　イ　遅延分岐
ウ　投機実行　　　　　　　　　　　エ　レジスタリネーミング

問5　IaC (Infrastructure as Code) に関する記述として，最も適切なものはどれか。

ア　インフラストラクチャの自律的なシステム運用を実現するために，インシデントへの対応手順をコードに定義すること
イ　各種開発支援ツールを利用するために，ツールの連携手順をコードに定義すること
ウ　継続的インテグレーションを実現するために，アプリケーションの生成手順や試験の手順をコードに定義すること
エ　ソフトウェアによる自動実行を可能にするために，システムの構成や状態をコードに定義すること

問6　プリエンプティブな優先度ベースのスケジューリングで実行する二つの周期タスク A 及び B がある。タスク B が周期内に処理を完了できるタスク A 及び B の最大実行時間及び周期の組合せはどれか。ここで，タスク A の方がタスク B より優先度が高く，かつ，タスク A と B の共有資源はなく，タスク切替え時間は考慮しないものとする。また，時間及び周期の単位はミリ秒とする。

ア

	タスクの最大実行時間	タスクの周期
タスクA	2	4
タスクB	3	8

イ

	タスクの最大実行時間	タスクの周期
タスクA	3	6
タスクB	4	9

ウ

	タスクの最大実行時間	タスクの周期
タスクA	3	5
タスクB	5	13

エ

	タスクの最大実行時間	タスクの周期
タスクA	4	6
タスクB	5	15

問7 真理値表に示す3入力多数決回路はどれか。

入力			出力
A	B	C	Y
0	0	0	0
0	0	1	0
0	1	0	0
0	1	1	1
1	0	0	0
1	0	1	1
1	1	0	1
1	1	1	1

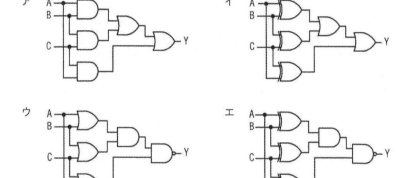

問8 バーチャルリアリティに関する記述のうち，レンダリングの説明はどれか。

ア ウェアラブルカメラ，慣性センサーなどを用いて非言語情報を認識する処理

イ 仮想世界の情報をディスプレイに描画可能な形式の画像に変換する処理

ウ 視覚的に現実世界と仮想世界を融合させるために，それぞれの世界の中に定義された3次元座標を一致させる処理

エ 時間経過とともに生じる物の移動などの変化について，モデル化したものを物理法則などに当てはめて変化させる処理

問9 DBMS をシステム障害発生後に再立上げするとき，ロールフォワードすべきトランザクションとロールバックすべきトランザクションの組合せとして，適切なものはどれか。ここで，トランザクションの中で実行される処理内容は次のとおりとする。

トランザクション	データベースに対する Read 回数 と Write 回数
T1, T2	Read 10, Write 20
T3, T4	Read 100
T5, T6	Read 20, Write 10

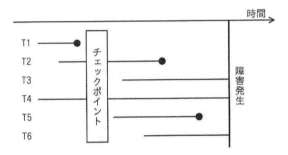

——————— はコミットされていないトランザクションを示す。
———————● はコミットされたトランザクションを示す。

	ロールフォワード	ロールバック
ア	T2, T5	T6
イ	T2, T5	T3, T6
ウ	T1, T2, T5	T6
エ	T1, T2, T5	T3, T6

問10　サブネットマスクが 255.255.252.0 のとき，IP アドレス 172.30.123.45 のホスト
　　　が属するサブネットワークのアドレスはどれか。

　　　ア　172.30.3.0　　　イ　172.30.120.0　　ウ　172.30.123.0　　エ　172.30.252.0

問11　IPv4 ネットワークにおけるマルチキャストの使用例に関する記述として，適切な
　　　ものはどれか。

　　　ア　LAN に初めて接続する PC が，DHCP プロトコルを使用して，自分自身に割り当て
　　　　　られる IP アドレスを取得する際に使用する。
　　　イ　ネットワーク機器が，ARP プロトコルを使用して，宛先 IP アドレスから MAC ア
　　　　　ドレスを得るためのリクエストを送信する際に使用する。
　　　ウ　メーリングリストの利用者が，SMTP プロトコルを使用して，メンバー全員に対
　　　　　し，同一内容の電子メールを一斉送信する際に使用する。
　　　エ　ルータが RIP-2 プロトコルを使用して，隣接するルータのグループに，経路の更
　　　　　新情報を送信する際に使用する。

問12　パスワードクラック手法の一種である，レインボーテーブル攻撃に該当するものは
　　　どれか。

　　　ア　何らかの方法で事前に利用者 ID と平文のパスワードのリストを入手しておき，
　　　　　複数のシステム間で使い回されている利用者 ID とパスワードの組みを狙って，ロ
　　　　　グインを試行する。
　　　イ　パスワードに成り得る文字列の全てを用いて，総当たりでログインを試行する。
　　　ウ　平文のパスワードとハッシュ値をチェーンによって管理するテーブルを準備して
　　　　　おき，それを用いて，不正に入手したハッシュ値からパスワードを解読する。
　　　エ　利用者の誕生日，電話番号などの個人情報を言葉巧みに聞き出して，パスワード
　　　　　を類推する。

問13　自社の中継用メールサーバで，接続元 IP アドレス，電子メールの送信者のメール
　　　アドレスのドメイン名，及び電子メールの受信者のメールアドレスのドメイン名から
　　　成るログを取得するとき，外部ネットワークからの第三者中継と判断できるログはど
　　　れか。ここで，AAA.168.1.5 と AAA.168.1.10 は自社のグローバル IP アドレスとし，
　　　BBB.45.67.89 と BBB.45.67.90 は社外のグローバル IP アドレスとする。a.b.c は自社
　　　のドメイン名とし，a.b.d と a.b.e は他社のドメイン名とする。また，IP アドレスと
　　　ドメイン名は詐称されていないものとする。

	接続元 IP アドレス	電子メールの送信者の メールアドレスの ドメイン名	電子メールの受信者の メールアドレスの ドメイン名
ア	AAA.168.1.5	a.b.c	a.b.d
イ	AAA.168.1.10	a.b.c	a.b.c
ウ	BBB.45.67.89	a.b.d	a.b.e
エ	BBB.45.67.90	a.b.d	a.b.c

問14　JPCERTコーディネーションセンター"CSIRTガイド（2021年11月30日）"では，CSIRTを機能とサービス対象によって六つに分類しており，その一つにコーディネーションセンターがある。コーディネーションセンターの機能とサービス対象の組合せとして，適切なものはどれか。

	機能	サービス対象
ア	インシデント対応の中で，CSIRT間の情報連携，調整を行う。	他のCSIRT
イ	インシデントの傾向分析やマルウェアの解析，攻撃の痕跡の分析を行い，必要に応じて注意を喚起する。	関係組織，国又は地域
ウ	自社製品の脆弱性に対応し，パッチ作成や注意喚起を行う。	自社製品の利用者
エ	組織内CSIRTの機能の一部又は全部をサービスプロバイダとして，有償で請け負う。	顧客

問15　DKIM（DomainKeys Identified Mail）に関する記述のうち，適切なものはどれか。

　　ア　送信側のメールサーバで電子メールにデジタル署名を付与し，受信側のメールサーバでそのデジタル署名を検証して送信元ドメインの認証を行う。

　　イ　送信者が電子メールを送信するとき，送信側のメールサーバは，送信者が正規の利用者かどうかの認証を利用者IDとパスワードによって行う。

　　ウ　送信元ドメイン認証に失敗した際の電子メールの処理方法を記載したポリシーをDNSサーバに登録し，電子メールの認証結果を監視する。

　　エ　電子メールの送信元ドメインでメール送信に使うメールサーバのIPアドレスをDNSサーバに登録しておき，受信側で送信元ドメインのDNSサーバに登録されているIPアドレスと電子メールの送信元メールサーバのIPアドレスとを照合する。

問16　アプリケーションソフトウェアの開発環境上で，用意された部品やテンプレートを GUI による操作で組み合わせたり，必要に応じて一部の処理のソースコードを記述したりして，ソフトウェアを開発する手法はどれか。

　　ア　継続的インテグレーション　　　　イ　ノーコード開発
　　ウ　プロトタイピング　　　　　　　　エ　ローコード開発

問17　組込みシステムのソフトウェア開発に使われる IDE の説明として，適切なものはどれか。

　　ア　エディター，コンパイラ，リンカ，デバッガなどが一体となったツール
　　イ　専用のハードウェアインタフェースで CPU の情報を取得する装置
　　ウ　ターゲット CPU を搭載した評価ボードなどの実行環境
　　エ　タスクスケジューリングの仕組みなどを提供するソフトウェア

問18　PMBOK ガイド 第 7 版によれば，プロジェクト・スコープ記述書に記述する項目はどれか。

　　ア　WBS　　　　　　　　　　　　　イ　コスト見積額
　　ウ　ステークホルダー分類　　　　　　エ　プロジェクトの除外事項

問19 プロジェクトのスケジュールを短縮したい。当初の計画は図1のとおりである。作業 E を作業 E1，E2，E3 に分けて，図2のとおりに計画を変更すると，スケジュールは全体で何日短縮できるか。

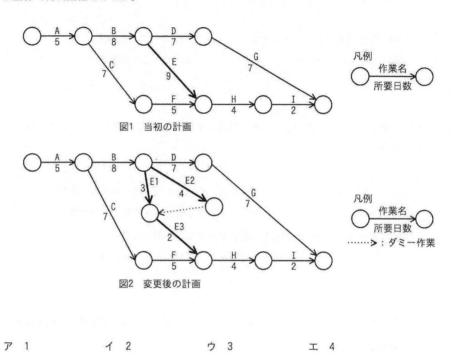

図1 当初の計画

図2 変更後の計画

ア 1 　　　　　イ 2 　　　　　ウ 3 　　　　　エ 4

問20　Y 社は，受注管理システムを運用し，顧客に受注管理サービスを提供している。日数が 30 日，月曜日の回数が 4 回である月において，サービス提供条件を達成するために許容されるサービスの停止時間は最大何時間か。ここで，サービスの停止時間は，小数第 1 位を切り捨てるものとする。

〔サービス提供条件〕
　・サービスは，計画停止時間を除いて，毎日 0 時から 24 時まで提供する。
　・計画停止は，毎週月曜日の 0 時から 6 時まで実施する。
　・サービスの可用性は 99%以上とする。

　ア　0　　　　　　　　イ　6　　　　　　　　ウ　7　　　　　　　　エ　13

問21　フルバックアップ方式と差分バックアップ方式とを用いた運用に関する記述のうち，適切なものはどれか。

　ア　障害からの復旧時に差分バックアップのデータだけ処理すればよいので，フルバックアップ方式に比べ，差分バックアップ方式は復旧時間が短い。
　イ　フルバックアップのデータで復元した後に，差分バックアップのデータを反映させて復旧する。
　ウ　フルバックアップ方式と差分バックアップ方式とを併用して運用することはできない。
　エ　フルバックアップ方式に比べ，差分バックアップ方式はバックアップに要する時間が長い。

問22 販売管理システムにおいて，起票された受注伝票の入力が，漏れなく，かつ，重複することなく実施されていることを確かめる監査手続として，適切なものはどれか。

ア 受注データから値引取引データなどの例外取引データを抽出し，承認の記録を確かめる。

イ 受注伝票の入力時に論理チェック及びフォーマットチェックが行われているか，テストデータ法で確かめる。

ウ 販売管理システムから出力したプルーフリストと受注伝票との照合が行われているか，プルーフリストと受注伝票上の照合印を確かめる。

エ 並行シミュレーション法を用いて，受注伝票を処理するプログラムの論理の正確性を確かめる。

問23 バックキャスティングの説明として，適切なものはどれか。

ア システム開発において，先にプロジェクト要員を確定し，リソースの範囲内で優先すべき機能から順次提供する開発手法

イ 前提として認識すべき制約を受け入れた上で未来のありたい姿を描き，予想される課題や可能性を洗い出し解決策を検討することによって，ありたい姿に近づける思考方法

ウ 組織において，下位から上位への発議を受け付けて経営の意思決定に反映するマネジメント手法

エ 投資戦略の有効性を検証する際に，過去のデータを用いてどの程度の利益が期待できるかをシミュレーションする手法

問24 SOA を説明したものはどれか。

ア 企業改革において既存の組織やビジネスルールを抜本的に見直し，業務フロー，
管理機構及び情報システムを再構築する手法のこと

イ 企業の経営資源を有効に活用して経営の効率を向上させるために，基幹業務を部
門ごとではなく統合的に管理するための業務システムのこと

ウ 発注者と IT アウトソーシングサービス提供者との間で，サービスの品質につい
て合意した文書のこと

エ ビジネスプロセスの構成要素とそれを支援する IT 基盤を，ソフトウェア部品で
あるサービスとして提供するシステムアーキテクチャのこと

問25 半導体メーカーが行っているファウンドリーサービスの説明として，適切なものは
どれか。

ア 商号や商標の使用権とともに，一定地域内での商品の独占販売権を与える。

イ 自社で半導体製品の企画，設計から製造までを一貫して行い，それを自社ブラン
ドで販売する。

ウ 製造設備をもたず，半導体製品の企画，設計及び開発を専門に行う。

エ 他社からの製造委託を受けて，半導体製品の製造を行う。

問26 市場を消費者特性でセグメント化する際に，基準となる変数を，地理的変数，人口
統計的変数，心理的変数，行動的変数に分類するとき，人口統計的変数に分類される
ものはどれか。

ア 社交性などの性格　　　　　　　　イ 職業

ウ 人口密度　　　　　　　　　　　　エ 製品の使用割合

問27　オープンイノベーションの説明として，適切なものはどれか。

 ア　外部の企業に製品開発の一部を任せることで，短期間で市場へ製品を投入する。

 イ　顧客に提供する製品やサービスを自社で開発することで，新たな価値を創出する。

 ウ　自社と外部組織の技術やアイディアなどを組み合わせることで創出した価値を，
  さらに外部組織へ提供する。

 エ　自社の業務の工程を見直すことで，生産性向上とコスト削減を実現する。

問28　スマートファクトリーで使用される AI を用いたマシンビジョンの目的として，適
 切なものはどれか。

 ア　作業者が装着した VR ゴーグルに作業プロセスを表示することによって，作業効
  率を向上させる。

 イ　従来の人間の目視検査を自動化し，検査効率を向上させる。

 ウ　需要予測を目的として，クラウドに蓄積した入出荷データを用いて機械学習を行
  い，生産数の最適化を行う。

 エ　設計変更内容を，AI を用いて吟味して，製造現場に正確に伝達する。

問29　発生した故障について，発生要因ごとの件数の記録を基に，故障発生件数で上位を
 占める主な要因を明確に表現するのに適している図法はどれか。

 ア　特性要因図　　　　　　　　　イ　パレート図
 ウ　マトリックス図　　　　　　　エ　連関図

問30　匿名加工情報取扱事業者が，適正な匿名加工を行った匿名加工情報を第三者提供する際の義務として，個人情報保護法に規定されているものはどれか。

　　ア　第三者に提供される匿名加工情報に含まれる個人に関する情報の項目及び提供方法を公表しなければならない。

　　イ　第三者へ提供した場合は，速やかに個人情報保護委員会へ提供した内容を報告しなければならない。

　　ウ　第三者への提供の手段は，ハードコピーなどの物理的な媒体を用いることに限られる。

　　エ　匿名加工情報であっても，第三者提供を行う際には事前に本人の承諾が必要である。

令和5年度　秋期
データベーススペシャリスト試験
午前Ⅱ　問題

| 試験時間 | 10:50 ～ 11:30 （40分） |

注意事項

1. 試験開始及び終了は，監督員の時計が基準です。監督員の指示に従ってください。
   試験時間中は，退室できません。
2. 試験開始の合図があるまで，問題冊子を開いて中を見てはいけません。
3. 答案用紙への受験番号などの記入は，試験開始の合図があってから始めてください。
4. 問題は，次の表に従って解答してください。

問題番号	問1 ～ 問25
選択方法	全問必須

5. 答案用紙の記入に当たっては，次の指示に従ってください。

   (1) 答案用紙は光学式読取り装置で読み取った上で採点しますので，B 又は HB の黒
   鉛筆で答案用紙のマークの記入方法のとおりマークしてください。マークの濃度
   がうすいなど，マークの記入方法のとおり正しくマークされていない場合は，読
   み取れないことがあります。特にシャープペンシルを使用する際には，マークの濃
   度に十分注意してください。訂正の場合は，あとが残らないように消しゴムできれ
   いに消し，消しくずを残さないでください。

   (2) 受験番号欄に受験番号を，生年月日欄に受験票の生年月日を記入及びマークし
   てください。答案用紙のマークの記入方法のとおりマークされていない場合は，
   採点されないことがあります。生年月日欄については，受験票の生年月日を訂正し
   た場合でも，訂正前の生年月日を記入及びマークしてください。

   (3) 解答は，次の例題にならって，解答欄に一つだけマークしてください。答案用
   紙のマークの記入方法のとおりマークされていない場合は，採点されません。

   〔例題〕　秋期の情報処理技術者試験が実施される月はどれか。

   　　　　ア　8　　　　イ　9　　　　ウ　10　　　　エ　11

   　　　正しい答えは "ウ　10" ですから，次のようにマークしてください。

   | 例題 | ⑦ ⑦ ● ⑦ |

注意事項は問題冊子の裏表紙に続きます。
こちら側から裏返して，必ず読んでください。

6. 問題に関する質問にはお答えできません。文意どおり解釈してください。

7. 問題冊子の余白などは，適宜利用して構いません。ただし，問題冊子を切り離して利用することはできません。

8. 試験時間中，机上に置けるものは，次のものに限ります。

   なお，会場での貸出しは行っていません。

   受験票，黒鉛筆及びシャープペンシル（B 又は HB），鉛筆削り，消しゴム，定規，時計（時計型ウェアラブル端末は除く。アラームなど時計以外の機能は使用不可），ハンカチ，ポケットティッシュ，目薬

   これら以外は机上に置けません。使用もできません。

9. 試験終了後，この問題冊子は持ち帰ることができます。

10. 答案用紙は，いかなる場合でも提出してください。回収時に提出しない場合は，採点されません。

11. 試験時間中にトイレへ行きたくなったり，気分が悪くなったりした場合は，手を挙げて監督員に合図してください。

12. 午後Ⅰの試験開始は 12:30 ですので，12:10 までに着席してください。

試験問題に記載されている会社名又は製品名は，それぞれ各社又は各組織の商標又は登録商標です。

なお，試験問題では，™ 及び ® を明記していません。

問 1　CAP 定理に関する記述として，適切なものはどれか。

ア　システムの可用性は基本的に高く，サービスは利用可能であるが，整合性については厳密ではない。しかし，最終的には整合性が取れた状態となる。

イ　トランザクション処理は，データの整合性を保証するので，実行結果が矛盾した状態になることはない。

ウ　複数のトランザクションを並列に処理したときの実行結果と，直列で逐次処理したときの実行結果は一致する。

エ　分散システムにおいて，整合性，可用性，分断耐性の三つを同時に満たすことはできない。

問 2　大文字のアルファベットで始まる膨大な数のデータを，規則に従って複数のノードに割り当てる。このようにあらかじめ定めた規則に従って，複数のノードにデータを分散して割り当てる方法はどれか。

[規則]

・データの先頭文字が A～G の場合はノード 1 に格納する。

・データの先頭文字が H～N の場合はノード 2 に格納する。

・データの先頭文字が O～Z の場合はノード 3 に格納する。

ア　2 相コミットプロトコル　　　　　イ　コンシステントハッシング

ウ　シャーディング　　　　　　　　　エ　レプリケーション

問3　概念データモデルの説明として，最も適切なものはどれか。

　　ア　階層モデル，ネットワークモデル，関係モデルがある。
　　イ　業務プロセスを抽象化して表現したものである。
　　ウ　集中型 DBMS を導入するか，分散型 DBMS を導入するかによって内容が変わる。
　　エ　対象世界の情報構造を抽象化して表現したものである。

問4　B^+木インデックスが定義されている候補キーを利用して，1 件のデータを検索するとき，データ総件数 X に対する B^+木インデックスを格納するノードへのアクセス回数のオーダーはどれか。

　　ア　$\sqrt{X}$　　　　　イ　$\log X$　　　　ウ　X　　　　　エ　X!

問5　従業員番号と氏名と使用できるプログラム言語を管理するために，“従業員”表及び“プログラム言語”表を設計する。“プログラム言語を 2 種類以上使用できる従業員がいる。プログラム言語を全く使用できない従業員もいる。”という状況を管理する“プログラム言語”表の設計として，適切なものはどれか。ここで，実線の下線は主キーを表す。

　〔従業員表〕
　　従業員（従業員番号，氏名）

　　ア　プログラム言語（氏名，プログラム言語）
　　イ　プログラム言語（従業員番号，プログラム言語）
　　ウ　プログラム言語（従業員番号，プログラム言語）
　　エ　プログラム言語（従業員番号，プログラム言語）

問6　関係モデルにおいて，情報無損失分解ができ，かつ，関数従属性保存が成り立つ変換が必ず存在するものはどれか。ここで，情報無損失分解とは自然結合によって元の関係が復元できる分解をいう。

　　ア　第2正規形から第3正規形への変換
　　イ　第3正規形からボイス・コッド正規形への変換
　　ウ　非正規形から第1正規形への変換
　　エ　ボイス・コッド正規形から第4正規形への変換

問7　便名に対して，客室乗務員名の集合及び搭乗者名の集合が決まる関係"フライト"がある。関係"フライト"に関する説明のうち，適切なものはどれか。ここで，便名，客室乗務員名，搭乗者名の組が主キーになっているものとする。

フライト

便名	客室乗務員名	搭乗者名
BD501	東京建一	大阪一郎
BD501	東京建一	京都花子
BD501	横浜涼子	大阪一郎
BD501	横浜涼子	京都花子
BD702	東京建一	大阪一郎
BD702	東京建一	神戸順子
BD702	千葉建二	大阪一郎
BD702	千葉建二	神戸順子

　　ア　関係"フライト"は，更新時異状が発生することはない。
　　イ　関係"フライト"は，自明でない関数従属が存在する。
　　ウ　関係"フライト"は，情報無損失分解が可能である。
　　エ　関係"フライト"は，ボイス・コッド正規形の条件は満たしていない。

問8　次の表を，第3正規形まで正規化を行った場合，少なくとも幾つの表に分割される
　　　か。ここで，顧客の1回の注文に対して1枚の受注伝票が作られ，顧客は1回の注文
　　　で一つ以上の商品を注文できるものとする。

受注番号	顧客コード	顧客名	受注日	商品コード	商品名	単価	受注数	受注金額
1055	A7053	鈴木電気	2023-07-01	T035	テレビA	85,000	10	850,000
1055	A7053	鈴木電気	2023-07-01	K083	無線スピーカーA	23,000	5	115,000
1055	A7053	鈴木電気	2023-07-01	S172	Blu-ray プレイヤーB	78,000	3	234,000
2030	B7060	中村商会	2023-07-03	T050	テレビB	90,000	3	270,000
2030	B7060	中村商会	2023-07-03	S172	Blu-ray プレイヤーB	78,000	10	780,000
3025	C9025	佐藤電気	2023-07-03	T035	テレビA	85,000	3	255,000
3025	C9025	佐藤電気	2023-07-03	K085	無線スピーカーB	25,000	2	50,000
3025	C9025	佐藤電気	2023-07-03	S171	Blu-ray プレイヤーA	50,000	8	400,000
3090	B7060	中村商会	2023-07-04	T050	テレビB	90,000	1	90,000
3090	B7060	中村商会	2023-07-04	T035	テレビA	85,000	2	170,000

　　ア　2　　　　　　　イ　3　　　　　　ウ　4　　　　　　エ　5

問 9　"成績"表から，クラスごとに得点の高い順に個人を順位付けした結果を求める
SQL 文の，a に入れる字句はどれか。

成績

氏名	クラス	得点
情報太郎	A	80
情報次郎	A	63
情報花子	B	70
情報桜子	B	92
情報三郎	A	78

〔結果〕

氏名	クラス	得点	順位
情報太郎	A	80	1
情報三郎	A	78	2
情報次郎	A	63	3
情報桜子	B	92	1
情報花子	B	70	2

〔SQL 文〕

SELECT 氏名，クラス，得点，
　　　　　a　　() OVER (PARTITION BY クラス ORDER BY 得点 DESC) 順位
FROM 成績

ア　CUME_DIST　　イ　MAX　　ウ　PERCENT_RANK　　エ　RANK

問10　表Aと表Bから，どちらか一方にだけ含まれるIDを得るSQL文のaに入れる字句はどれか。

A			B
ID			ID
100			200
200			400
300			600
400			800

〔SQL文〕

```
SELECT COALESCE(A.ID, B.ID)
    FROM A      a      B ON A.ID = B.ID
    WHERE A.ID IS NULL OR B.ID IS NULL
```

ア　FULL OUTER JOIN　　　　　イ　INNER JOIN

ウ　LEFT OUTER JOIN　　　　　エ　RIGHT OUTER JOIN

問11　関係 R と関係 S において，R÷S の関係演算結果として，適切なものはどれか。こ
こで，÷ は商演算を表す。

R

店	商品
A	a
A	b
B	a
B	b
B	c
C	c
D	c
D	d
E	d
E	e

S

商品
a
b
c

ア

店
A
A
B
B
B
C
D

イ

店
A
B
C
D

ウ

店
B

エ

店
E

問12　2相ロック方式を用いたトランザクションの同時実行制御に関する記述のうち，適
　　　切なものはどれか。

　　　ア　全てのトランザクションが直列に制御され，デッドロックが発生することはない。
　　　イ　トランザクションのコミット順序は，トランザクション開始の時刻順となるよう
　　　　　に制御される。
　　　ウ　トランザクションは，自身が獲得したロックを全て解除した後にだけ，コミット
　　　　　操作を実行できる。
　　　エ　トランザクションは，必要な全てのロックを獲得した後にだけ，ロックを解除で
　　　　　きる。

問13　"部品"表のメーカーコード列に対し，B⁺木インデックスを作成した。これによ
　　　って，"部品"表の検索の性能改善が最も期待できる操作はどれか。ここで，部品及
　　　びメーカーのデータ件数は十分に多く，"部品"表に存在するメーカーコード列の値
　　　の種類は十分な数があり，かつ，均一に分散しているものとする。また，"部品"表
　　　のごく少数の行には，メーカーコード列に NULL が設定されている。実線の下線は主
　　　キーを，破線の下線は外部キーを表す。

　　　　部品（部品コード，部品名，メーカーコード）
　　　　メーカー（メーカーコード，メーカー名，住所）

　　　ア　メーカーコードの値が 1001 以外の部品を検索する。
　　　イ　メーカーコードの値が 1001 でも 4001 でもない部品を検索する。
　　　ウ　メーカーコードの値が 4001 以上，4003 以下の部品を検索する。
　　　エ　メーカーコードの値が NULL 以外の部品を検索する。

問14　データベースの REDO のべき等（idempotent）の説明として，適切なものはどれか。

　　ア　REDO による障害回復の時間を短縮するために，あるルールに従って整合性の取れたデータを記録媒体に適宜反映すること

　　イ　REDO を繰返し実行しても，正常終了するときには 1 回実行したときと同じデータの状態になること

　　ウ　事前に取得していたバックアップデータを記録媒体に復旧し，そのデータに対して REDO を実行すること

　　エ　トランザクションをコミットする前に REDO に必要な情報を書き出し，データの更新はその後で行うこと

問15　a～c それぞれの障害に対して，DBMS はロールフォワード又はロールバックを行い回復を図る。適切な回復手法の組合せはどれか。

　　a　デッドロックによるトランザクション障害
　　b　ハードウェアの誤動作によるシステム障害
　　c　データベースの記録媒体が使用不可能となる媒体障害

	a	b	c
ア	ロールバック	ロールフォワード又はロールバック	ロールバック
イ	ロールバック	ロールフォワード又はロールバック	ロールフォワード
ウ	ロールフォワード	ロールバック	ロールフォワード又はロールバック
エ	ロールフォワード又はロールバック	ロールフォワード	ロールバック

問16 トランザクションの隔離性水準を高めたとき，不整合なデータを読み込むトランザクション数と，単位時間に処理できるトランザクション数の傾向として，適切な組合せはどれか。

	不整合なデータを読み込む トランザクション数	単位時間に処理できる トランザクション数
ア	増える	増える
イ	増える	減る
ウ	減る	増える
エ	減る	減る

問17 二つのトランザクション T1 と T2 を並列に実行した結果が，T1 の完了後に T2 を実行した結果，又は T2 の完了後に T1 を実行した結果と等しい場合，このトランザクションスケジュールの性質を何と呼ぶか。

ア 一貫性　　　　イ 原子性　　　　ウ 耐久性　　　　エ 直列化可能性

問18 ブロックチェーンのデータ構造の特徴として，適切なものはどれか。

ア 検索のための中間ノードと，実データへのポインタを格納する葉ノードをインデックスとしてもつ。

イ 時刻印を付与された複数のバージョンから成るデータをスナップショットとしてもつ。

ウ 実データから作成したビットマップをインデックスとしてもつ。

エ 直前のトランザクションデータの正当性を検証するためのハッシュ値をもつ。

問19 DRDoS (Distributed Reflection Denial of Service) 攻撃に該当するものはどれか。

ア 攻撃対象の Web サーバ 1 台に対して，多数の PC から一斉にリクエストを送ってサーバのリソースを枯渇させる攻撃と，大量の DNS クエリの送信によってネットワークの帯域を消費する攻撃を同時に行う。

イ 攻撃対象の Web サイトのログインパスワードを解読するために，ブルートフォースによるログイン試行を，多数のスマートフォン，IoT 機器などから成るボットネットを踏み台にして一斉に行う。

ウ 攻撃対象のサーバに大量のレスポンスが同時に送り付けられるようにするために，多数のオープンリゾルバに対して，送信元 IP アドレスを攻撃対象のサーバの IP アドレスに偽装した名前解決のリクエストを一斉に送信する。

エ 攻撃対象の組織内の多数の端末をマルウェアに感染させ，当該マルウェアを遠隔操作することによってデータの改ざんやファイルの消去を一斉に行う。

問20 インシデントハンドリングの順序のうち，JPCERT コーディネーションセンター"インシデントハンドリングマニュアル (2021 年 11 月 30 日)"に照らして，適切なものはどれか。

ア インシデントレスポンス（対応） → 検知／連絡受付 → トリアージ
イ インシデントレスポンス（対応） → トリアージ → 検知／連絡受付
ウ 検知／連絡受付 → インシデントレスポンス（対応） → トリアージ
エ 検知／連絡受付 → トリアージ → インシデントレスポンス（対応）

問21 情報セキュリティにおけるエクスプロイトコードに該当するものはどれか。

　　ア　同じセキュリティ機能をもつ製品に乗り換える場合に，CSV 形式など他の製品に
　　　　取り込むことができる形式でファイルを出力するプログラム
　　イ　コンピュータに接続されたハードディスクなどの外部記憶装置，その中に保存さ
　　　　れている暗号化されたファイルなどを閲覧，管理するソフトウェア
　　ウ　セキュリティ製品を設計する際の早い段階から実際に動作する試作品を作成し，
　　　　それに対する利用者の反応を見ながら徐々に完成に近づける開発手法
　　エ　ソフトウェアやハードウェアの脆弱性を検査又は攻撃するために作成されたプロ
　　　　グラム

問22 データからパリティを生成し，データとパリティを 4 台以上のハードディスクに分
　　散して書き込むことによって，2 台までのハードディスクが故障してもデータを復旧で
　　きる RAID レベルはどれか。

　　ア　RAID0　　　　　イ　RAID1　　　　　ウ　RAID5　　　　　エ　RAID6

問23 キャパシティプランニングの目的の一つに関する記述のうち，最も適切なものはど
　　れか。

　　ア　応答時間に最も影響があるボトルネックだけに着目して，適切な変更を行うこと
　　　　によって，そのボトルネックの影響を低減又は排除することである。
　　イ　システムの現在の応答時間を調査して，長期的に監視することによって，将来を
　　　　含めて応答時間を維持することである。
　　ウ　ソフトウェアとハードウェアをチューニングして，現状の処理能力を最大限に引
　　　　き出して，スループットを向上させることである。
　　エ　パフォーマンスの問題はリソースの過剰使用によって発生するので，特定のリソ
　　　　ースの有効利用を向上させることである。

問24　データ中心アプローチの特徴はどれか。

　　ア　クラス概念，多態，継承の特徴を生かして抽象化し，実体の関連を表現する。

　　イ　対象システムの要求を，システムがもっている機能間のデータの流れに着目して
　　　　捉える。

　　ウ　対象世界の実体を並列に動作するプロセスとみなし，プロセスはデータを通信し
　　　　合うものとしてモデル化する。

　　エ　対象とする世界をシステムが扱うデータに着目して捉え，扱うデータを実体関連
　　　　モデルで整理する。

問25　ステージング環境の説明として，適切なものはどれか。

　　ア　開発者がプログラムを変更するたびに，サーバにプログラムを直接デプロイして
　　　　動作を確認し，デバッグするための環境

　　イ　システムのベータ版を広く一般の利用者に公開してテストを実施してもらうこと
　　　　によって，問題点やバグを報告してもらう環境

　　ウ　保護するネットワークと外部ネットワークとの間に境界ネットワーク（DMZ）を
　　　　設置して，セキュリティを高めたネットワーク環境

　　エ　本運用システムとほぼ同じ構成のシステムを用意して，システムリリース前の最
　　　　終テストを行う環境

令和5年度 秋期
データベーススペシャリスト試験
午後Ⅰ 問題

試験時間	12:30 ～ 14:00（1時間30分）

注意事項

1. 試験開始及び終了は，監督員の時計が基準です。監督員の指示に従ってください。

2. 試験開始の合図があるまで，問題冊子を開いて中を見てはいけません。

3. 答案用紙への受験番号などの記入は，試験開始の合図があってから始めてください。

4. 問題は，次の表に従って解答してください。

問題番号	問1～ 問3
選択方法	2問選択

5. 答案用紙の記入に当たっては，次の指示に従ってください。

　(1) B又はHBの黒鉛筆又はシャープペンシルを使用してください。

　(2) 受験番号欄に受験番号を，生年月日欄に受験票の生年月日を記入してください。
　　正しく記入されていない場合は，採点されないことがあります。生年月日欄につい
　　ては，受験票の生年月日を訂正した場合でも，訂正前の生年月日を記入してくださ
　　い。

　(3) 選択した問題については，次の例に従って，選択欄の問題番号を○印で囲んで
　　ください。○印がない場合は，採点されま
　　せん。3問とも○印で囲んだ場合は，はじ
　　めの2問について採点します。

〔問1，問3を選択した場合の例〕

　(4) 解答は，問題番号ごとに指定された枠内
　　に記入してください。

　(5) 解答は，丁寧な字ではっきりと書いてく
　　ださい。読みにくい場合は，減点の対象に
　　なります。

**注意事項は問題冊子の裏表紙に続きます。
こちら側から裏返して，必ず読んでください。**

6. 退室可能時間中に退室する場合は，手を挙げて監督員に合図し，答案用紙が回収されてから静かに退室してください。

退室可能時間	13:10 ～ 13:50

7. 問題に関する質問にはお答えできません。文意どおり解釈してください。

8. 問題冊子の余白などは，適宜利用して構いません。ただし，問題冊子を切り離して利用することはできません。

9. 試験時間中，机上に置けるものは，次のものに限ります。

  なお，会場での貸出しは行っていません。

  受験票，黒鉛筆及びシャープペンシル（B 又は HB），鉛筆削り，消しゴム，定規，時計（時計型ウェアラブル端末は除く。アラームなど時計以外の機能は使用不可），ハンカチ，ポケットティッシュ，目薬

  これら以外は机上に置けません。使用もできません。

10. 試験終了後，この問題冊子は持ち帰ることができます。

11. 答案用紙は，いかなる場合でも提出してください。回収時に提出しない場合は，採点されません。

12. 試験時間中にトイレへ行きたくなったり，気分が悪くなったりした場合は，手を挙げて監督員に合図してください。

13. 午後Ⅱの試験開始は 14:30 ですので，14:10 までに着席してください。

問題文中で共通に使用される表記ルール

　概念データモデル，関係スキーマ，関係データベースのテーブル（表）構造の表記ルール
を次に示す。各問題文中に注記がない限り，この表記ルールが適用されているものとする。

1. 概念データモデルの表記ルール

　(1) エンティティタイプとリレーションシップの表記ルールを，図1に示す。

　　① 　エンティティタイプは，長方形で表し，長方形の中にエンティティタイプ名を記
　　　入する。

　　② 　リレーションシップは，エンティティタイプ間に引かれた線で表す。

　　　　“1対1”のリレーションシップを表す線は，矢を付けない。

　　　　“1対多”のリレーションシップを表す線は，“多”側の端に矢を付ける。

　　　　“多対多”のリレーションシップを表す線は，両端に矢を付ける。

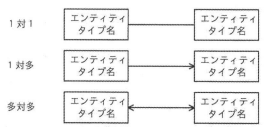

図1　エンティティタイプとリレーションシップの表記ルール

　(2) リレーションシップを表す線で結ばれたエンティティタイプ間において，対応関係
　　にゼロを含むか否かを区別して表現する場合の表記ルールを，図2に示す。

　　① 　一方のエンティティタイプのインスタンスから見て，他方のエンティティタイプ
　　　に対応するインスタンスが存在しないことがある場合は，リレーションシップを表
　　　す線の対応先側に“○”を付ける。

　　② 　一方のエンティティタイプのインスタンスから見て，他方のエンティティタイプ
　　　に対応するインスタンスが必ず存在する場合は，リレーションシップを表す線の対
　　　応先側に“●”を付ける。

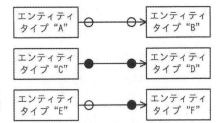

"A" から見た "B" も, "B" から見た "A" も,
インスタンスが存在しないことがある場合

"C" から見た "D" も, "D" から見た "C" も,
インスタンスが必ず存在する場合

"E" から見た "F" は必ずインスタンスが存在す
るが, "F" から見た "E" はインスタンスが存在
しないことがある場合

図2　対応関係にゼロを含むか否かを区別して表現する場合の表記ルール

(3)　スーパータイプとサブタイプの間のリレーションシップの表記ルールを, 図3に示す。

　①　サブタイプの切り口の単位に "△" を記入し, スーパータイプから "△" に1本
　　の線を引く。

　②　一つのスーパータイプにサブタイプの切り口が複数ある場合は, 切り口の単位ご
　　とに "△" を記入し, スーパータイプからそれぞれの "△" に別の線を引く。

　③　切り口を表す "△" から, その切り口で分類されるサブタイプのそれぞれに線を
　　引く。

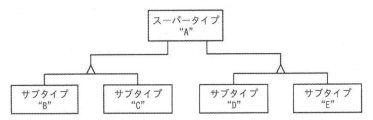

スーパータイプ "A" に二つの切り口があり, それぞれの切り口にサブタイプ "B"
と "C" 及び "D" と "E" がある例

図3　スーパータイプとサブタイプの間のリレーションシップの表記ルール

(4) エンティティタイプの属性の表記ルールを, 図4に示す。

　①　エンティティタイプの長方形内を上下2段に分割し, 上段にエンティティタイプ
　　名, 下段に属性名の並びを記入する。[1]

　②　主キーを表す場合は, 主キーを構成する属性名又は属性名の組に実線の下線を付
　　ける。

　③　外部キーを表す場合は, 外部キーを構成する属性名又は属性名の組に破線の下線
　　を付ける。ただし, 主キーを構成する属性の組の一部が外部キーを構成する場合は,

破線の下線を付けない。

```
┌─────────────────────────┐
│     エンティティタイプ名      │
├─────────────────────────┤
│  属性名1, 属性名2, …      │
│      …, 属性名 n         │
└─────────────────────────┘
```

図4　エンティティタイプの属性の表記ルール

2. 関係スキーマの表記ルール及び関係データベースのテーブル（表）構造の表記ルール
(1) 関係スキーマの表記ルールを，図5に示す。

関係名（属性名1, 属性名2, 属性名3, …, 属性名 n）

図5　関係スキーマの表記ルール

① 関係を，関係名とその右側の括弧でくくった属性名の並びで表す。[1]　これを関係スキーマと呼ぶ。

② 主キーを表す場合は，主キーを構成する属性名又は属性名の組に実線の下線を付ける。

③ 外部キーを表す場合は，外部キーを構成する属性名又は属性名の組に破線の下線を付ける。ただし，主キーを構成する属性の組の一部が外部キーを構成する場合は，破線の下線を付けない。

(2) 関係データベースのテーブル（表）構造の表記ルールを，図6に示す。

テーブル名（列名1, 列名2, 列名3, …, 列名 n）

図6　関係データベースのテーブル（表）構造の表記ルール

関係データベースのテーブル（表）構造の表記ルールは，(1)の①～③で"関係名"を"テーブル名"に，"属性名"を"列名"に置き換えたものである。

注[1]　属性名と属性名の間は","で区切る。

問1　電子機器の製造受託会社における調達システムの概念データモデリングに関する
　　　次の記述を読んで，設問に答えよ。

　　　基板上に電子部品を実装した電子機器の製造受託会社であるA社は，自動車や家電
　　などの製品開発を行う得意先から電子機器の試作品の製造を受託し，電子部品の調
　　達と試作品の製造を行う。今回，調達システムの概念データモデル及び関係スキー
　　マを再設計した。

〔現行業務〕
　1.　組織
　　　(1)　組織は，組織コードで識別し，組織名をもつ。組織名は重複しない。
　　　(2)　組織は，階層構造であり，いずれか一つの上位組織に属する。
　2.　役職
　　　役職は，役職コードで識別し，役職名をもつ。役職名は重複しない。
　3.　社員
　　　(1)　社員は，社員コードで識別し，氏名をもつ。同姓同名の社員は存在し得る。
　　　(2)　社員は，いずれかの組織に所属し，複数の組織に所属し得る。
　　　(3)　一部の社員は，各組織において役職に就く。同一組織で複数の役職には就か
　　　　　ない。
　　　(4)　社員には，所属組織ごとに，業務内容の報告先となる社員が高々1名決まっ
　　　　　ている。
　4.　得意先と仕入先
　　　(1)　製造受託の依頼元を得意先，電子部品の調達先を仕入先と呼ぶ。
　　　(2)　得意先と仕入先とを併せて取引先と呼ぶ。取引先は，取引先コードを用いて
　　　　　識別し，取引先名と住所をもつ。
　　　(3)　取引先が，得意先と仕入先のどちらに該当するかは，取引先区分で分類して
　　　　　いる。得意先と仕入先の両方に該当する取引先は存在しない。
　　　(4)　仕入先は，電子部品を扱う商社である。A社は，仕入先と調達条件（単価，
　　　　　ロットサイズ，納入可能年月日）を交渉して調達する。仕入先ごとに昨年度調
　　　　　達金額をもつ。

(5) 得意先は，昨年度受注金額をもつ。

5. 品目

(1) 試作品を構成する電子部品を品目と呼び，電子部品メーカー（以下，メーカーという）が製造している。

① 品目は，メーカーが付与するメーカー型式番号で識別する。メーカー型式番号は，メーカー間で重複しない。

② メーカー各社が発行する電子部品カタログでメーカー型式番号を調べると，電子部品の仕様や電気的特性は記載されているが，単価やロットサイズは記載されていない。

(2) 品目は，メーカーが付けたブランドのいずれか一つに属する。

① ブランドは，ブランドコードで識別し，ブランド名をもつ。

② 仕入先は，幾つものブランドを扱っており，同じブランドを異なる仕入先から調達することができる。仕入先ごとに，どのブランドを取り扱っているかを登録している。

(3) 品目は，品目のグループである品目分類のいずれか一つに属する。品目分類は，品目分類コードで識別し，品目分類名をもつ。

6. 試作案件登録

(1) 得意先にとって試作とは，量産前の設計検証，機能比較を目的に，製品用途ごとに，性能や機能が異なる複数のモデルを準備することをいう。得意先からモデルごとの設計図面，品目構成，及び製造台数の提示を受け，試作案件として次を登録する。

① 試作案件

・試作案件は，試作案件番号で識別し，試作案件名，得意先，製品用途，試作案件登録年月日をもつ。

② モデル

・モデルごとに，モデル名，設計図面番号，製造台数，得意先希望納入年月日をもつ。モデルは，試作案件番号とモデル名で識別する。

③ モデル構成品目

・モデルで使用する品目ごとに，モデル 1 台当たりの所要数量をもつ。

④ 試作案件品目

午後Ⅰ問題

- ・試作案件で使用する品目ごとの合計所要数量をもつ。
- ・通常，品目の調達はＡ社が行うが，得意先から無償で支給されることがある。この数量を得意先支給数量としてもつ。
- ・合計所要数量から得意先支給数量を減じた必要調達数量をもつ。

7. 見積依頼から見積回答入手まで

(1) 品目を調達する際は，当該品目のブランドを扱う複数の仕入先に見積依頼を行う。

① 見積依頼には，見積依頼番号を付与し，見積依頼年月日を記録する。また，どの試作案件に対する見積依頼かが分かるようにしておく。

② 仕入先に対しては，見積依頼がどの得意先の試作案件によるのか明かすことはできないが，得意先が不適切な品目を選定していた場合に，仕入先からの助言を得るために，製品用途を提示する。

③ 品目ごとに見積依頼明細番号を付与し，必要調達数量，希望納入年月日を提示する。

④ 仕入先に対して，見積回答時には対応する見積依頼番号，見積依頼明細番号の記載を依頼する。

(2) 仕入先から見積回答を入手する。見積回答が複数に分かれることはない。

① 入手した見積回答には，見積依頼番号，見積有効期限，見積回答年月日，仕入先が付与した見積回答番号が記載されている。見積回答番号は，仕入先間で重複し得る。

② 見積回答の明細には，見積依頼明細番号，メーカー型式番号，調達条件，仕入先が付与した見積回答明細番号が記載されている。回答されない品目もある。見積回答明細番号は，仕入先間で重複し得る。

③ 見積回答の明細には，見積依頼とは別の複数の品目が提案として返ってくることがある。その場合，その品目の提案理由が記載されている。

④ 見積回答の明細には，一つの品目に対して複数の調達条件が返ってくることがある。例えば，ロットサイズが1,000個の品目に対して，見積依頼の必要調達数量が300個の場合，仕入先から，ロットサイズ 1,000個で単価 0.5円，ロットサイズ1個で単価2円，という2通りの見積回答の明細が返ってくる。

8. 発注から入荷まで

（1）　仕入先からの見積回答を受けて，得意先と相談の上，品目ごとに妥当な調達
　　条件を一つだけ選定する。

　　①　選定した調達条件に対応する見積回答明細を発注明細に記録し，発注ロッ
　　　ト数，指定納入年月日を決める。

　　②　同時期に同じ仕入先に発注する発注明細は，試作案件が異なっても，1 回の
　　　発注に束ねる。

　　③　発注ごとに発注番号を付与し，発注年月日と発注合計金額を記録する。

（2）　発注に基づいて，仕入先から品目を入荷する。

　　①　入荷ごとに入荷番号を付与し，入荷年月日を記録する。

　　②　入荷の品目ごとに入荷明細番号を発行する。1 件の発注明細に対して，入荷
　　　が分かれることはない。

　　③　入荷番号と入荷明細番号が書かれたシールを品目の外装に貼って，製造担
　　　当へ引き渡す。

〔利用者の要望〕

1.　品目分類の階層化

　　品目分類を大分類，中分類，小分類のような階層的な構造にしたい。当面は 3 階
　層でよいが，将来的には階層を増やす可能性がある。

2.　仕入先からの分納

　　一部の仕入先から 1 件の発注明細に対する納品を分けたいという分納要望が出て
　きた。分納要望に応えつつ，未だ納入されていない数量である発注残ロット数も
　記録するようにしたい。

〔現行業務の概念データモデルと関係スキーマの設計〕

　　現行業務の概念データモデルを図 1 に，関係スキーマを図 2 に示す。

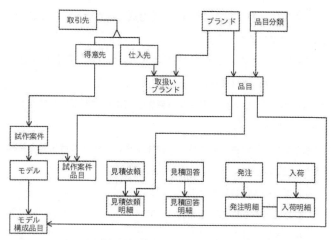

図1　現行業務の概念データモデル（未完成）

社員所属（社員コード，社員氏名，社員所属組織コード，社員所属組織名，社員所属上位組織コード，
　　　　社員所属上位組織名，社員役職コード，社員役職名，報告先社員コード，報告先社員氏名）
取引先（取引先コード，取引先名称，取引先区分，住所）
　得意先（取引先コード，昨年度受注金額）
　仕入先（取引先コード，昨年度調達金額）
ブランド（ブランドコード，ブランド名）
品目分類（品目分類コード，品目分類名）
品目（メーカー型式番号，ブランドコード，品目分類コード）
取扱いブランド（取引先コード，ブランドコード）
試作案件（試作案件番号，試作案件名，取引先コード，製品用途，試作案件登録年月日）
モデル（モデル名，　　　a　　，製造台数，得意先希望納入年月日，設計図面番号）
モデル構成品目（モデル名，　　a　　，メーカー型式番号，1台当たりの所要数量）
試作案件品目（試作案件番号，メーカー型式番号，合計所要数量，　　b　　）
見積依頼（見積依頼番号，見積依頼年月日，　　c　　）
見積依頼明細（見積依頼番号，見積依頼明細番号，メーカー型式番号，必要調達数量，希望納入年月日）
見積回答（見積依頼番号，見積回答番号，見積有効期限，見積回答年月日）
見積回答明細（見積回答明細番号，見積依頼明細番号，単価，納入可能年月日，　　d　　）
発注（発注番号，発注年月日，発注合計金額）
発注明細（発注番号，発注明細番号，指定納入年月日，　　e　　）
入荷（入荷番号，入荷年月日）
入荷明細（入荷番号，入荷明細番号，発注番号，発注明細番号）

図2　現行業務の関係スキーマ（未完成）

　　解答に当たっては，巻頭の表記ルールに従うこと。ただし，エンティティタイプ
間の対応関係にゼロを含むか否かの表記は必要ない。エンティティタイプ間のリレ
ーションシップとして“多対多”のリレーションシップを用いないこと。属性名は，

意味を識別できる適切な名称とすること。関係スキーマに入れる属性を答える場合，主キーを表す下線，外部キーを表す破線の下線についても答えること。

設問1　図2中の関係"社員所属"について答えよ。

(1)　関係"社員所属"の候補キーを全て挙げよ。なお，候補キーが複数の属性から構成される場合は，{ } で括ること。

(2)　関係"社員所属"は，次のどの正規形に該当するか。該当するものを，○で囲んで示せ。また，その根拠を，具体的な属性名を挙げて60字以内で答えよ。第3正規形でない場合は，第3正規形に分解した関係スキーマを示せ。ここで，分解後の関係の関係名には，本文中の用語を用いること。

非正規形　・　第1正規形　・　第2正規形　・　第3正規形

設問2　現行業務の概念データモデル及び関係スキーマについて答えよ。

(1)　図1中の欠落しているリレーションシップを補って図を完成させよ。なお，図1に表示されていないエンティティタイプは考慮しなくてよい。

(2)　図2中の　　a　　～　　e　　に入れる一つ又は複数の適切な属性名を補って関係スキーマを完成させよ。

設問3　〔利用者の要望〕への対応について答えよ。

(1)　"1. 品目分類の階層化"に対応できるよう，次の変更を行う。

(a)　図1の概念データモデルでリレーションシップを追加又は変更する。該当するエンティティタイプ名を挙げ，どのように追加又は変更すべきかを，30字以内で答えよ。

(b)　図2の関係スキーマにおいて，ある関係に一つの属性を追加する。属性を追加する関係名及び追加する属性名を答えよ。

(2)　"2. 仕入先からの分納"に対応できるよう，次の変更を行う。

(a)　図1の概念データモデルでリレーションシップを追加又は変更する。該当するエンティティタイプ名を挙げ，どのように追加又は変更すべきかを，45字以内で答えよ。

(b)　図2の関係スキーマにおいて，ある二つの関係に一つずつ属性を追加する。属性を追加する関係名及び追加する属性名をそれぞれ答えよ。

問2　ホテルの予約システムの概念データモデリングに関する次の記述を読んで，設問に答えよ。

ホテルを運営する X 社は，予約システムの再構築に当たり，現状業務の分析及び新規要件の洗い出しを行い，概念データモデル及び関係スキーマを設計した。

〔現状業務の分析結果〕

1.　ホテル

（1）　全国各地に 10 のホテルを運営している。ホテルはホテルコードで識別する。

（2）　客室はホテルごとに客室番号で識別する。

（3）　客室ごとに客室タイプを設定する。客室タイプはホテル共通であり，客室タイプコードで識別する。客室タイプにはシングル，ツインなどがある。

（4）　館内施設として，レストラン，ショップ，プールなどがある。

2.　会員

利用頻度が高い客向けの会員制度があり，会員は会員番号で識別する。会員には会員番号が記載された会員証を送付する。

3.　旅行会社

X 社のホテルの宿泊予約を取り扱う複数の旅行会社があり，旅行会社コードで識別する。

4.　予約

（1）　自社サイト予約と旅行会社予約があり，予約区分で分類する。

（2）　自社サイト予約では，客は X 社の予約サイトから予約する。旅行会社予約では，客は旅行会社を通じて予約する。旅行会社の予約システムから X 社の予約システムに予約情報が連携され，どの旅行会社での予約かが記録される。

（3）　1 回の予約で，客は宿泊するホテル，客室タイプ，泊数，客室数，宿泊人数，チェックイン予定年月日を指定する。予約は予約番号で識別する。

（4）　宿泊時期，予約状況を踏まえて，予約システムで決定した 1 室当たりの宿泊料金を記録する。

（5）　客が会員の場合，会員番号を記録する。会員でない場合は，予約者の氏名と住所を記録する。

5. 宿泊

　客室ごとのチェックインからチェックアウトまでを宿泊と呼び，ホテル共通の宿泊番号で識別する。

6. チェックイン

　フロントで宿泊の手続を行う。

(1) 予約有の場合には該当する予約を検索し，客室を決め，宿泊を記録する。泊数，宿泊人数，宿泊料金は，予約から転記する。泊数，宿泊人数，宿泊料金が予約時から変更になる場合には，変更後の内容を記録する。

(2) 予約無の場合には泊数，宿泊人数，宿泊料金を確認し，客室を決め，宿泊を記録する。

(3) 宿泊者が会員の場合，会員番号を記録する。ただし，予約有の場合で宿泊者が予約者と同じ場合，予約の会員番号を宿泊に転記する。

(4) 一つの客室に複数の会員が宿泊する場合であっても記録できるのは，代表者 1 人の会員番号だけである。

(5) 宿泊ごとに宿泊者全員の氏名，住所を記録する。

(6) 客室のカードキーを宿泊客に渡し，チェックイン年月日時刻を記録する。

7. チェックアウト

　フロントで客室のカードキーを返却してもらう。チェックアウト年月日時刻を記録する。

8. 精算

(1) 通常，チェックアウト時に宿泊料金を精算するが，客が希望すれば，予約時又はチェックイン時に宿泊料金を前払いすることもできる。

(2) 宿泊客が館内施設を利用した場合，その場で料金を支払わずにチェックアウト時にまとめて支払うことができる。館内施設の利用料金は予約システムとは別の館内施設精算システムから予約システムに連携される。

9. 会員特典

　会員特典として，割引券を発行する。券面には割引券を識別する割引券番号と発行先の会員番号を記載する。割引券には宿泊割引券と館内施設割引券があり，割引券区分で分類する。1 枚につき，1 回だけ利用できる。割引券の状態には未利用，利用済，有効期限切れによる失効があり，割引券ステータスで分類する。

(1) 宿泊割引券

  ① 会員の宿泊に対して，次回以降の宿泊料金に充当できる宿泊割引券を発行し，郵送する。1 回の宿泊で割引券を 1 枚発行し，泊数に応じて割引金額を変える。旅行会社予約による宿泊は発行対象外となる。発行対象の宿泊かどうかを割引券発行区分で分類する。

  ② 予約時の前払いで利用する場合，宿泊割引券番号を記録する。1 回の予約で 1 枚を会員本人の予約だけに利用できる。

  ③ ホテルでのチェックイン時の前払い，チェックアウト時の精算で利用する場合，宿泊割引券番号を記録する。1 回の宿泊で 1 枚を会員本人の宿泊だけに利用できる。

(2) 館内施設割引券

  ① 館内施設割引券を発行し，定期的に送付している会員向けのダイレクトメールに同封する。館内施設の利用料金に充当できる。チェックアウト時の精算だけで利用できる。

  ② チェックアウト時の精算で利用する場合，館内施設割引券番号を記録する。1 回の宿泊で 1 枚を会員本人の宿泊だけに利用できる。宿泊割引券との併用が可能である。

〔新規要件〕

  会員特典として宿泊時にポイントを付与し，次回以降の宿泊時の精算などに利用できるポイント制を導入する。ポイント制は次のように運用する。

(1) 会員ランクにはゴールド，シルバー，ブロンズがあり，それぞれの必要累計泊数及びポイント付与率を決める。ポイント付与率は上位の会員ランクほど高くする。

(2) 毎月末に過去 1 年間の累計泊数に応じて会員の会員ランクを決める。

(3) チェックアウト日の翌日午前 0 時に宿泊料金にポイント付与率を乗じたポイントを付与する。この場合のポイントの有効期限年月日は付与日から 1 年後である。

(4) 宿泊料金に応じたポイントとは別に，個別にポイントを付与することがある。この場合のポイントの有効期限年月日は 1 年後に限らず，任意に指定できる。

(5) ポイントを付与した際に，有効期限年月日及び付与したポイント数を未利用ポ

イント数の初期値として記録する。

(6) ポイントは宿泊料金，館内施設の利用料金の支払に充当でき，これを支払充当と呼ぶ。支払充当では，支払充当区分（予約時，チェックイン時，チェックアウト時のいずれか），ポイントを利用した予約の予約番号又は宿泊の宿泊番号を記録する。

(7) ポイントは商品と交換することもでき，これを商品交換と呼ぶ。商品ごとに交換に必要なポイント数を決める。ホテルのフロントで交換することができる。交換時に商品と個数を記録する。

(8) 支払充当，商品交換でポイントが利用される都度，その時点で有効期限の近い未利用ポイント数から利用されたポイント数を減じて，消し込んでいく。

(9) 未利用のまま有効期限を過ぎたポイントは失効し，未利用ポイント数を 0 とする。失効の 1 か月前と失効後に会員に電子メールで連絡する。失効前メール送付日時と失効後メール送付日時を記録する。

(10) ポイントの付与，支払充当，商品交換及び失効が発生する都度，ポイントの増減区分，増減数及び増減時刻をポイント増減として記録する。具体例を表 1 に示す。

表1 ポイント増減の具体例

2023 年 3 月 31 日現在

会員番号	増減連番	ポイント増減区分	ポイント増減数	ポイント増減時刻	有効期限年月日	未利用ポイント数	商品コード	商品名	個数
70001	0001	付与	3,000	2022-01-22 00:00	2023-01-21	0	—	—	—
70001	0002	付与	2,000	2022-01-25 00:00	2022-07-24	0	—	—	—
70001	0003	支払充当	-3,000	2022-04-25 18:05	—	—	—	—	—
70001	0004	商品交換	-1,500	2022-10-25 16:49	—	—	1101	タオル	3
70001	0005	失効	-500	2023-01-22 00:00	—	—	—	—	—
70002	0001	付与	3,000	2022-06-14 00:00	2023-06-13	1,000	—	—	—
70002	0002	支払充当	-2,000	2022-10-14 17:01	—	—	—	—	—

注記　“—” は空値であることを示す。

〔概念データモデルと関係スキーマの設計〕

1. 概念データモデル及び関係スキーマの設計方針

    (1) 概念データモデル及び関係スキーマの設計は，まず現状業務について実施し，その後に新規要件に関する部分を実施する。

    (2) 関係スキーマは第 3 正規形にし，多対多のリレーションシップは用いない。

(3) 概念データモデルでは，リレーションシップについて，対応関係にゼロを含むか否かを表す "○" 又は "●" は記述しない。

(4) サブタイプが存在する場合，他のエンティティタイプとのリレーションシップは，スーパータイプ又はいずれかのサブタイプの適切な方との間に設定する。

2. 〔現状業務の分析結果〕に基づく設計

現状の概念データモデルを図1に，関係スキーマを図2に示す。

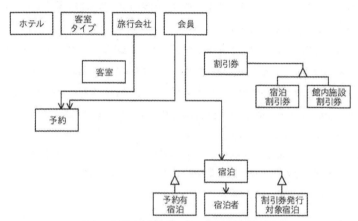

図1　現状の概念データモデル（未完成）

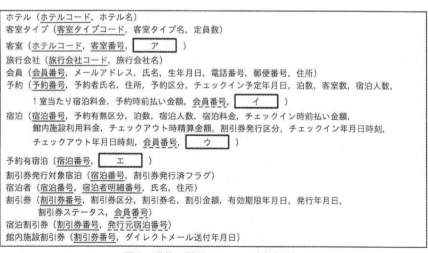

図2　現状の関係スキーマ（未完成）

3.　〔新規要件〕に関する設計

新規要件に関する概念データモデルを図３に，関係スキーマを図４に示す。

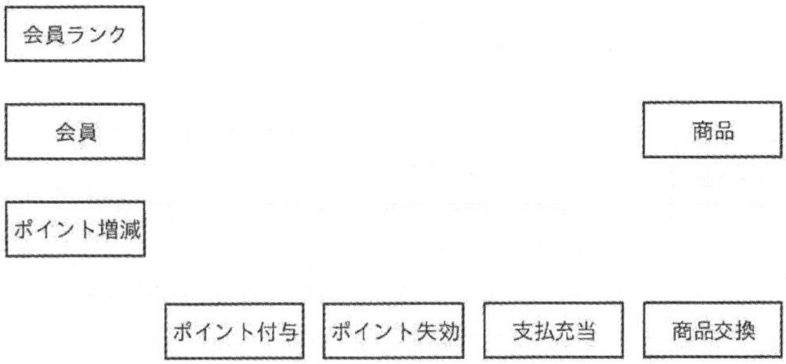

図３　新規要件に関する概念データモデル（未完成）

会員（会員番号，メールアドレス，氏名，生年月日，電話番号，郵便番号，住所，会員ランクコード，過去１年累計泊数）
会員ランク（会員ランクコード，会員ランク名，［　オ　］）
商品（商品コード，［　カ　］）
ポイント増減（会員番号，ポイント増減連番，［　キ　］）
ポイント付与（会員番号，ポイント増減連番，失効前メール送付日時，［　ク　］）
ポイント失効（会員番号，ポイント増減連番，［　ケ　］）
支払充当（会員番号，ポイント増減連番，予約番号，宿泊番号，［　コ　］）
商品交換（会員番号，ポイント増減連番，［　サ　］）

図４　新規要件に関する関係スキーマ（未完成）

解答に当たっては，巻頭の表記ルールに従うこと。また，エンティティタイプ名，関係名，属性名は，それぞれ意味を識別できる適切な名称とすること。関係スキーマに入れる属性名を答える場合，主キーを表す下線，外部キーを表す破線の下線についても答えること。

設問１　現状の概念データモデル及び関係スキーマについて答えよ。

(1)　図１中の欠落しているリレーションシップを補って図を完成させよ。

(2)　図２中の［　ア　］～［　エ　］に入れる一つ又は複数の適切な属性名を補って関係スキーマを完成させよ。

設問2　現状の業務処理及び制約について答えよ。

(1) 割引券発行区分の値が発行対象となる宿泊の条件を表 2 にまとめた。予約有の場合は番号1と2，予約無の場合は番号3の条件を満たしている必要がある。表2中の　　a　　～　　d　　に入れる適切な字句を答えよ。

表 2　割引券発行区分の値が発行対象となる宿泊の条件

番号	予約有無	条件
1	予約有	該当する　　a　　の　　b　　に値が入っていること
2		該当する予約の　　c　　の値が　　d　　であること
3	予約無	該当する宿泊の　　b　　に値が入っていること

(2) 予約時に割引券を利用する場合の制約条件を表3にまとめた。番号1～3全ての条件を満たしている必要がある。表 3 中の　　e　　～　　j　　に入れる適切な字句を答えよ。

表 3　予約時に割引券を利用する場合の制約条件

番号	制約条件
1	該当する割引券の　　e　　の値が　　f　　であること
2	該当する割引券の　　g　　の値が　　h　　であること
3	該当する割引券の　　i　　の値と該当する予約の　　j　　の値が一致していること

設問3　新規要件に関する概念データモデル及び関係スキーマについて答えよ。

(1) 図 3 中の欠落しているリレーションシップを補って図を完成させよ。なお，図3にないエンティティタイプとのリレーションシップは不要とする。

(2) 図 4 中の　　オ　　～　　サ　　に入れる一つ又は複数の適切な属性名を補って関係スキーマを完成させよ。

(3) ポイント利用時の消込みにおいて，関係"ポイント付与"の会員番号が一致するインスタンスに対する次の条件について，表 1 の用語を用いてそれぞれ 20 字以内で具体的に答えよ。

(a) 消込みの対象とするインスタンスを選択する条件

(b) (a)で選択したインスタンスに対して消込みを行う順序付けの条件

問3　農業用機器メーカーによる観測データ分析システムの SQL 設計，性能，運用に関す
　　る次の記述を読んで，設問に答えよ。

　　ハウス栽培農家向けの農業用機器を製造・販売する B 社は，農家の DX を支援する
目的で，RDBMS を用いたハウス栽培のための観測データ分析システム（以下，分析シ
ステムという）を構築することになり，運用部門の C さんが実装を担当した。

〔業務の概要〕
1.　顧客，圃場，農事日付
　（1）　顧客は，ハウス栽培を行う農家であり，顧客 ID で識別する。
　（2）　圃場は，農家が農作物を育てる場所の単位で，圃場 ID で識別する。圃場には
　　　　一つの農業用ハウス（以下，ハウスという）が設置され，トマト，イチゴなど
　　　　の農作物が1種類栽培される。
　（3）　圃場の日出時刻と日没時刻は，圃場の経度，緯度，標高によって日ごとに変
　　　　わるが，あらかじめ計算で求めることができる。
　（4）　日出時刻から翌日の日出時刻の 1 分前までとする日付を，農事日付という。
　　　　農家は，農事日付に基づいて作業を行うことがある。
2.　制御機器・センサー機器，統合機器，観測データ，積算温度
　（1）　圃場のハウスには，ハウスの天窓の開閉，カーテン，暖房，潅水などを制御
　　　　する制御機器，及び温度（気温），湿度，水温，地温，日照時間，炭酸ガス濃
　　　　度などを計測するセンサー機器が設置される。
　（2）　顧客は，圃場の一角に設置した B 社の統合環境制御機器（以下，統合機器と
　　　　いう）を用いて，ハウス内の各機器を監視し，操作する。もし統合機器が何か
　　　　異常を検知すれば，顧客のスマートフォンにその異常を直ちに通知する。
　（3）　統合機器は，各機器の設定値と各センサー機器が毎分計測した値を併せて記
　　　　録した 1 件のレコードを，B 社の分析システムに送り，蓄積する。分析シス
　　　　テムは，蓄積されたレコードを観測データとして分析しやすい形式に変換し，計
　　　　測された日付ごと時分ごと圃場ごとに1行を“観測”テーブルに登録する。
　（4）　農家が重視する積算温度は，1 日の平均温度をある期間にわたって合計した
　　　　もので，生育の進展を示す指標として利用される。例えば，トマトが開花して

から完熟するまでに必要な積算温度は，1,000～1,100℃といわれている。

(5) 分析システムの目標は，対象にする圃場を現状の 100 圃場から段階的に増やし，将来 1,000 圃場で最長 5 年間の観測データを分析できることである。

〔分析システムの主なテーブル〕

　C さんが設計した主なテーブル構造を図 1 に，主な列の意味・制約を表 1 に示す。
また，"観測" テーブルの主な列統計，索引定義，制約，表領域の設定を表 2 に示す。

```
顧客 (顧客 ID, 顧客名, 連絡先情報, …)
圃場 (圃場 ID, 圃場名, 顧客 ID, 緯度, 経度, 標高, …)
圃場カレンダ (標準日付, 圃場 ID, 日出時刻, 日没時刻, 日出方位角, 日没方位角)
観測 (観測日付, 観測時分, 圃場 ID, 農事日付, 分平均温度, 分日照時間, 機器設定情報, …)
```

図 1　テーブル構造（一部省略）

表 1　主な列の意味・制約

列名	意味・制約
標準日付	1 日の区切りを，0 時 0 分 0 秒から 23 時 59 分 59 秒までとする日付
観測日付, 観測時分	圃場内の各種センサーが計測したときの標準日付と時分。時分は，0 時 0 分から 23 時 59 分までの 1 分単位
農事日付	1 日の区切りを，圃場の日出時刻から翌日の日出時刻の 1 分前までとする日付
分平均温度	ハウス内の温度（気温）の 1 分間の平均値

表 2　"観測" テーブルの主な列統計，索引定義，制約，表領域の設定（一部省略）

列名		列値個数	主索引 （列の定義順）	副次索引 （列の定義順）	表領域の設定
観測日付			1		表領域のページ長： 4,000 バイト
観測時分		1,440	2		
圃場 ID		1,000	3	1	ページ当たり行数： 4 行／ページ
農事日付				2	
…		…			
制約	外部キー制約	FOREIGN KEY（観測日付, 圃場 ID）REFERENCES 圃場カレンダ（標準日付, 圃場 ID）ON DELETE CASCADE			

注記　網掛け部分は表示していない。

〔RDBMS の主な仕様〕

1. 行の挿入・削除，再編成

(1) 行を挿入するとき，表領域の最後のページに行を格納する。最後のページに空き領域がなければ，新しいページを表領域の最後に追加し，行を格納する。

(2) 最後のページを除き，行を削除してできた領域は，行の挿入に使われない。

(3) 再編成では，削除されていない全行をファイルにアンロードした後，初期化した表領域にその全行を再ロードし，併せて索引を再作成する。

2. 区分化

(1) テーブルごとに一つ又は複数の列を区分キーとし，区分キーの値に基づいて表領域を物理的に分割することを，区分化という。

(2) 区分方法には次の2種類がある。

・レンジ区分　：区分キーの値の範囲によって行を区分に分配する。

・ハッシュ区分：区分キーの値に基づき，RDBMS が生成するハッシュ値によって行を一定数の区分に分配する。区分数を変更する場合，全行を再分配する。

(3) レンジ区分では，区分キーの値の範囲が既存の区分と重複しなければ区分を追加でき，任意の区分を切り離すこともできる。区分の追加，切離しのとき，区分内の行のログがログファイルに記録されることはない。

(4) 区分ごとに物理的に分割される索引（以下，分割索引という）を定義できる。区分を追加したとき，当該区分に分割索引が追加され，また，区分を切り離したとき，当該区分の分割索引も切り離される。

〔観測データの分析〕

1. 観測データの分析

分析システムは，農家の要望に応じて様々な観点から観測データを分析し，その結果を農家のスマートフォンに表示する予定である。C さんが設計した観測データを分析する SQL 文の例を表3の SQL1 に，結果行の一部を後述する図2に示す。

表3　観測データを分析する SQL 文の例（未完成）

SQL	SQL 文の構文（上段：目的，下段：構文）
SQL1	圃場ごと農事日付ごとに1日の平均温度と行数を調べる。 WITH R（圃場 ID，農事日付，日平均温度，行数）AS（ 　SELECT ___a___ ，COUNT(*) FROM 観測 GROUP BY ___b___ ） SELECT * FROM R

2. SQL 文の改良

顧客に表 3 の SQL1 の日平均温度を折れ線グラフにして見せたところ，知りたいのは日々の温度の細かい変動ではなく，変動の傾向であると言われた。そこで C さんは，折れ線グラフを滑らかにするため，表 4 の SQL2 のように改良した。SQL2 が利用した表 3 の SQL1 の結果行の一部を図 2 に，SQL2 の結果行を図 3 に示す。

表 4 改良した SQL 文

SQL	SQL 文の構文（上段：目的，下段：構文）
SQL2	指定した圃場と農事日付の期間について，日ごとの日平均温度の変動傾向を調べる。 WITH R (圃場ID, 農事日付, 日平均温度, 行数) AS (　　　　　　　) SELECT 農事日付, AVG(日平均温度) OVER (ORDER BY 農事日付 　ROWS BETWEEN 2 PRECEDING AND CURRENT ROW) AS X FROM R WHERE 圃場ID = :h1 AND 農事日付 BETWEEN :h2 AND :h3

注記 1 ホスト変数の h1 には圃場 ID を，h2 には期間の開始日（2023-02-01）を，h3 には終了日（2023-02-10）を設定する。
注記 2 網掛け部分は，表 3 の SQL1 の R を求める問合せと同じなので表示していない。

圃場 ID	農事日付	日平均温度	…
○○	2023-02-01	9.0	…
○○	2023-02-02	14.0	…
○○	2023-02-03	10.0	…
○○	2023-02-04	12.0	…
○○	2023-02-05	20.0	…
○○	2023-02-06	10.0	…
○○	2023-02-07	15.0	…
○○	2023-02-08	14.0	…
○○	2023-02-09	19.0	…
○○	2023-02-10	18.0	…

注記 日平均温度は，小数第 1 位まで表示した。

図 2 SQL1 の結果行の一部

農事日付	X
2023-02-01	
2023-02-02	
2023-02-03	11.0
2023-02-04	12.0
2023-02-05	c
2023-02-06	14.0
2023-02-07	d
2023-02-08	13.0
2023-02-09	e
2023-02-10	17.0

注記 1 X は，小数第 1 位まで表示した。
注記 2 網掛け部分は表示していない。

図 3 SQL2 の結果行（未完成）

3. 積算温度を調べる SQL 文

農家は，栽培している農作物の出荷時期を予測するために積算温度を利用する。

C さんが設計した積算温度を調べる SQL 文を，表 5 の SQL3 に示す。

表 5　積算温度を調べる SQL 文（未完成）

SQL	SQL 文の構文（上段：目的，下段：構文）
SQL3	指定した農事日付の期間について，圃場ごと農事日付ごとの積算温度を調べる。 WITH R(圃場ID, 農事日付, 日平均温度, 行数) AS (⬚) SELECT 圃場ID, 農事日付, SUM(⬚ f ⬚) OVER (PARTITION BY ⬚ g ⬚ ORDER BY ⬚ h ⬚ ROWS BETWEEN UNBOUNDED PRECEDING AND CURRENT ROW) AS 積算温度 FROM R WHERE 農事日付 BETWEEN :h1 AND :h2

注記 1　ホスト変数の h1 と h2 には積算温度を調べる期間の開始日と終了日を設定する。
注記 2　網掛け部分は，表 3 の SQL1 の R を求める問合せと同じなので表示していない。

〔"観測"テーブルの区分化〕

1.　物理設計の変更

　　C さんは，大容量になる"観測"テーブルの性能と運用に懸念をもったので，次のようにテーブルの物理設計を変更し，性能見積りと年末処理の見直しを行った。

　(1)　表領域のページ長を大きくすることで 1 ページに格納できる行数を増やす。

　(2)　圃場 ID ごとに農事日付の 1 月 1 日から 12 月 31 日の値の範囲を年度として，その年度を区分キーとするレンジ区分によって区分化する。

　(3)　新たな圃場を追加する都度，当該圃場に対してそのときの年度の区分を 1 個追加する。

2.　性能見積り

　　表 5 の SQL3 について，表 2 に示した副次索引から 100 日間の観測データ 144,000 行を読み込むことを仮定した場合の読込みに必要な表領域のページ数を，区分化前と区分化後のそれぞれに分けて見積もり，表 6 に整理して比較した。

表 6　区分化前と区分化後の読込みに必要な表領域のページ数の比較（未完成）

比較項目	区分化前	区分化後
ページ当たりの行数（ページ長）	4 行（4,000 バイト）	16 行（16,000 バイト）
読込み行数	144,000 行	144,000 行
読込みページ数	144,000 ページ	⬚ ア ⬚ ページ

3. 年末処理の見直し

5 年以上前の不要な行を効率よく削除し，表領域を有効に利用するための年末処理の主な手順を，区分化前と区分化後のそれぞれについて検討し，表7に整理した。

表7　区分化前と区分化後の年末処理の主な手順の比較（未完成）

	区分化前	区分化後
期限	特になし	元日の日出時刻
手順	1. "圃場カレンダ"に翌年の行を追加する。 2. ［　イ　］ 3. "圃場カレンダ"を再編成する。 4. ［　ウ　］	1. "圃場カレンダ"に翌年の行を追加する。 2. "観測"に翌年度の区分を追加する。 3. ［　エ　］ 4. ［　オ　］ 5. ［　カ　］

注記　二重引用符で囲んだ名前は，テーブル名を表す。

設問1　〔観測データの分析〕について答えよ。

(1) 表3中の ［　a　］，［　b　］ に入れる適切な字句を答えよ。

(2) SQL1 の結果について，1 日の行数は，1,440 行とは限らない。その理由を 30 字以内で答えよ。ただし，何らかの不具合によって分析システムにレコードが送られない事象は考慮しなくてよい。

(3) 図3中の ［　c　］ ～ ［　e　］ に入れる適切な数値を答えよ。

(4) 表5中の ［　f　］ ～ ［　h　］ に入れる適切な字句を答えよ。

設問2　〔"観測"テーブルの区分化〕について答えよ。

(1) C さんは，区分方法としてハッシュ区分を採用しなかった。その理由を 35 字以内で答えよ。

(2) 表6中の ［　ア　］ に入れる適切な数値を答えよ。

(3) 区分化前では，副次索引から 1 行を読み込むごとに，なぜ表領域の 1 ページを読み込む必要があるか。その理由を 30 字以内で答えよ。ただし，副次索引の索引ページの読込みについては考慮しなくてよい。

(4) 区分化後の年末処理の期限は，なぜ 12 月 31 日の 24 時ではなく元日の日出時刻なのか。その理由を 35 字以内で答えよ。

(5) 表7中の ［　イ　］ ～ ［　カ　］ に入れる手順を，それぞれ次の①～⑤

の中から一つ選べ。①〜⑤が全て使われるとは限らない。ただし,バックアップの取得と索引の保守については考慮しなくてよい。

①　"圃場カレンダ"から古い行を削除する。

②　"圃場カレンダ"を再編成する。

③　"観測"から古い行を削除する。

④　"観測"を再編成する。

⑤　"観測"から古い区分を切り離す。

令和5年度　秋期
データベーススペシャリスト試験
午後II　問題

試験時間	14:30 ～ 16:30 （2時間）

注意事項

1. 試験開始及び終了は，監督員の時計が基準です。監督員の指示に従ってください。

2. 試験開始の合図があるまで，問題冊子を開いて中を見てはいけません。

3. 答案用紙への受験番号などの記入は，試験開始の合図があってから始めてください。

4. 問題は，次の表に従って解答してください。

問題番号	問1，問2
選択方法	1問選択

5. 答案用紙の記入に当たっては，次の指示に従ってください。

　(1) B 又は HB の黒鉛筆又はシャープペンシルを使用してください。

　(2) 受験番号欄に受験番号を，生年月日欄に受験票の生年月日を記入してください。正しく記入されていない場合は，採点されないことがあります。生年月日欄については，受験票の生年月日を訂正した場合でも，訂正前の生年月日を記入してください。

　(3) 選択した問題については，次の例に従って，選択欄の問題番号を〇印で囲んでください。〇印がない場合は，採点されません。2問とも〇印で囲んだ場合は，はじめの1問について採点します。

　(4) 解答は，問題番号ごとに指定された枠内に記入してください。

　(5) 解答は，丁寧な字ではっきりと書いてください。読みにくい場合は，減点の対象になります。

〔問2を選択した場合の例〕

注意事項は問題冊子の裏表紙に続きます。
こちら側から裏返して，必ず読んでください。

6. 退室可能時間中に退室する場合は，手を挙げて監督員に合図し，答案用紙が回収されてから静かに退室してください。

退室可能時間	15:10 ～ 16:20

7. <u>**問題に関する質問にはお答えできません。**</u>文意どおり解釈してください。

8. 問題冊子の余白などは，適宜利用して構いません。ただし，問題冊子を切り離して利用することはできません。

9. 試験時間中，机上に置けるものは，次のものに限ります。

なお，会場での貸出しは行っていません。

受験票，黒鉛筆及びシャープペンシル（B 又は HB），鉛筆削り，消しゴム，定規，時計（時計型ウェアラブル端末は除く。アラームなど時計以外の機能は使用不可），ハンカチ，ポケットティッシュ，目薬

これら以外は机上に置けません。使用もできません。

10. 試験終了後，この問題冊子は持ち帰ることができます。

11. 答案用紙は，いかなる場合でも提出してください。回収時に提出しない場合は，採点されません。

12. 試験時間中にトイレへ行きたくなったり，気分が悪くなったりした場合は，手を挙げて監督員に合図してください。

問題文中で共通に使用される表記ルール

　概念データモデル，関係スキーマ，関係データベースのテーブル（表）構造の表記ルールを次に示す。各問題文中に注記がない限り，この表記ルールが適用されているものとする。

1. 概念データモデルの表記ルール

　(1) エンティティタイプとリレーションシップの表記ルールを，図1に示す。

　　① エンティティタイプは，長方形で表し，長方形の中にエンティティタイプ名を記入する。

　　② リレーションシップは，エンティティタイプ間に引かれた線で表す。

　　　　"1対1"のリレーションシップを表す線は，矢を付けない。

　　　　"1対多"のリレーションシップを表す線は，"多"側の端に矢を付ける。

　　　　"多対多"のリレーションシップを表す線は，両端に矢を付ける。

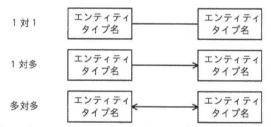

図1　エンティティタイプとリレーションシップの表記ルール

　(2) リレーションシップを表す線で結ばれたエンティティタイプ間において，対応関係にゼロを含むか否かを区別して表現する場合の表記ルールを，図2に示す。

　　① 一方のエンティティタイプのインスタンスから見て，他方のエンティティタイプに対応するインスタンスが存在しないことがある場合は，リレーションシップを表す線の対応先側に"○"を付ける。

　　② 一方のエンティティタイプのインスタンスから見て，他方のエンティティタイプに対応するインスタンスが必ず存在する場合は，リレーションシップを表す線の対応先側に"●"を付ける。

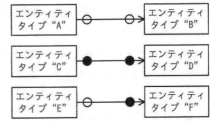

"A" から見た "B" も，"B" から見た "A" も，インスタンスが存在しないことがある場合

"C" から見た "D" も，"D" から見た "C" も，インスタンスが必ず存在する場合

"E" から見た "F" は必ずインスタンスが存在するが，"F" から見た "E" はインスタンスが存在しないことがある場合

図2 対応関係にゼロを含むか否かを区別して表現する場合の表記ルール

(3) スーパータイプとサブタイプの間のリレーションシップの表記ルールを，図3に示す。

① サブタイプの切り口の単位に "△" を記入し，スーパータイプから "△" に1本の線を引く。

② 一つのスーパータイプにサブタイプの切り口が複数ある場合は，切り口の単位ごとに "△" を記入し，スーパータイプからそれぞれの "△" に別の線を引く。

③ 切り口を表す "△" から，その切り口で分類されるサブタイプのそれぞれに線を引く。

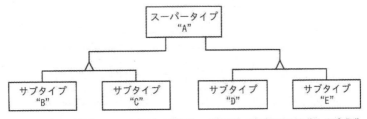

スーパータイプ "A" に二つの切り口があり，それぞれの切り口にサブタイプ "B" と "C" 及び "D" と "E" がある例

図3 スーパータイプとサブタイプの間のリレーションシップの表記ルール

(4) エンティティタイプの属性の表記ルールを，図4に示す。

① エンティティタイプの長方形内を上下2段に分割し，上段にエンティティタイプ名，下段に属性名の並びを記入する。[1]

② 主キーを表す場合は，主キーを構成する属性名又は属性名の組に実線の下線を付ける。

③ 外部キーを表す場合は，外部キーを構成する属性名又は属性名の組に破線の下線を付ける。ただし，主キーを構成する属性の組の一部が外部キーを構成する場合は，

破線の下線を付けない。

```
┌─────────────────────────┐
│    エンティティタイプ名    │
├─────────────────────────┤
│  属性名 1，属性名 2，…    │
│      …，属性名 n         │
└─────────────────────────┘
```

図 4　エンティティタイプの属性の表記ルール

2. 関係スキーマの表記ルール及び関係データベースのテーブル（表）構造の表記ルール

（1）関係スキーマの表記ルールを，図 5 に示す。

関係名（属性名 1，属性名 2，属性名 3，…，属性名 n）

図 5　関係スキーマの表記ルール

① 関係を，関係名とその右側の括弧でくくった属性名の並びで表す。[1]　これを関係スキーマと呼ぶ。

② 主キーを表す場合は，主キーを構成する属性名又は属性名の組に実線の下線を付ける。

③ 外部キーを表す場合は，外部キーを構成する属性名又は属性名の組に破線の下線を付ける。ただし，主キーを構成する属性の組の一部が外部キーを構成する場合は，破線の下線を付けない。

（2）関係データベースのテーブル（表）構造の表記ルールを，図 6 に示す。

テーブル名（列名 1，列名 2，列名 3，…，列名 n）

図 6　関係データベースのテーブル（表）構造の表記ルール

関係データベースのテーブル（表）構造の表記ルールは，（1）の ① ～ ③ で "関係名" を "テーブル名" に，"属性名" を "列名" に置き換えたものである。

注 [1]　属性名と属性名の間は "，" で区切る。

問1 　生活用品メーカーの在庫管理システムのデータベース実装・運用に関する次の記述を読んで，設問に答えよ。

　　D 社は，日用品，園芸用品，電化製品などのホームセンター向け商品を製造販売しており，販売物流の拠点では自社で構築した在庫管理システムを使用している。データベーススペシャリストの E さんは，マーケティング，経営分析などに使用するデータ（以下，分析データという）の提供依頼を受けてその収集に着手した。

〔分析データの提供依頼〕
　　分析データ提供依頼の例を表 1 に示す。

表1　分析データ提供依頼の例

依頼番号	依頼内容
依頼1	商品の出荷量の傾向を把握するため，出荷数量を基にした Z チャートを作成して可視化したい。Z チャートは，物流拠点，商品，年月を指定して指定年月と指定年月の 11 か月前までを合わせた 12 か月を表示範囲とした，商品の月間出荷数量，累計出荷数量，移動累計出荷数量の三つの折れ線グラフである。累計出荷数量は，グラフの表示範囲の最初の年月から各年月までの月間出荷数量の累計である。移動累計出荷数量は，各年月と各年月の 11 か月前までを合わせた 12 か月の月間出荷数量を累計したものである。
依頼2	出庫作業における移動距離を短縮して効率化を図るため，出庫の頻度を識別できるヒートマップを作成して可視化したい。ヒートマップは，物流拠点の棚のレイアウト図上に，各棚の出庫頻度区分を色分けしたものである。出庫頻度区分は，指定した物流拠点及び期間において，棚別に集計した出庫回数が多い順に順位付けを行い，上位 20%を‘高’，上位 50%から‘高’を除いたものを‘中’，それ以外を‘低’としたものである。
依頼3	年月別の在庫回転率を時系列に抽出してほしい。在庫回転率は，数量，金額を基に算出し，算出の根拠となった数値も参照したい。また，月末前でもその時点で最新の情報を 1 日に複数回参照できるようにしてほしい。

〔在庫管理業務の概要〕
　　在庫管理業務の概念データモデルを図 1 に，主な属性の意味・制約を表 2 に示す。在庫管理システムでは，図 1 の概念データモデル中のサブタイプをスーパータイプのエンティティタイプにまとめた上で，エンティティタイプをテーブルとして実装している。E さんは，在庫管理業務への理解を深めるために，図 1，表 2 を参照して，

表3の業務ルール整理表を作成した。表3では，項番ごとに，幾つかのエンティティタイプを対象に，業務ルールを列記した①～④が，概念データモデルに合致するか否かを判定し，合致する業務ルールの番号を全て記入している。

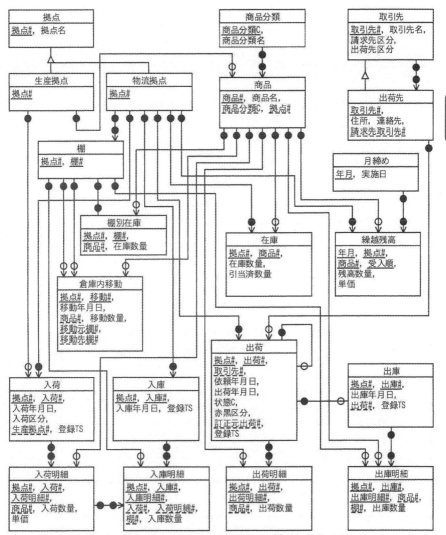

注記 属性名の"#"は番号，"C"はコード，"TS"はタイムスタンプを略した記号である。

図1 在庫管理業務の概念データモデル

表2　主な属性の意味・制約

属性名	意味・制約
拠点#, 棚#	拠点#は拠点を識別する番号，棚#は拠点内の棚を識別する番号
請求先区分, 出荷先区分	請求先区分は取引先が請求先か否か，出荷先区分は取引先が出荷先か否かの区分で，一つの取引先が両方に該当することもある。
単価	生産拠点で製造原価を基に定めた商品の原単価である。
状態C	出荷の状態を'出荷依頼済'，'出庫指示済'，'出荷済'，'納品済'，'出荷依頼キャンセル済'，'取消済'，'訂正済'などで区分する。
赤黒区分, 訂正元出荷#	出荷の訂正は，赤黒処理によって行う。赤黒処理では，出荷数量を全てマイナスにした取消伝票（以下，赤伝という）及び訂正後の出荷数量を記した訂正伝票（以下，黒伝という）を作成する。赤黒区分は，赤伝，黒伝の区分であり，訂正元出荷#は，訂正の元になった出荷の出荷#である。赤伝及び黒伝の出荷数量，赤黒区分，訂正元出荷#，登録TS以外の属性には，訂正元と同じ値を設定する。
登録TS	入荷，入庫，出荷，出庫の登録TSには，時刻印を設定する。

表3　業務ルール整理表（未完成）

項番	エンティティタイプ名	業務ルール	合致する業務ルール
1	生産拠点, 商品, 商品分類	① 　　a ② 一つの生産拠点では一つの商品だけを生産する。 ③ 商品はいずれか一つの商品分類に分類される。 ④ 商品分類は階層構造をもつ。	①，③
2	物流拠点, 商品, 在庫	① 在庫を記録するのは物流拠点だけである。 ② 全拠点を集計した商品別在庫の記録をもつ。 ③ 各拠点では全商品について在庫の記録を作成する。 ④ 拠点ごと商品ごとに在庫数量，引当済数量を記録する。	b
3	商品, 棚, 棚別在庫	① 一つの棚に複数の商品を保管する。 ② 同じ商品を複数の棚に保管することがある。 ③ 同じ棚#を異なる拠点の棚に割り当てることがある。 ④ 各棚には保管する商品があらかじめ決まっている。	c
4	取引先, 出荷先, 出荷	① 取引先に該当するのは出荷先だけである。 ② 請求先には出荷先が一つ決まっている。 ③ 出荷先には請求先が一つ決まっている。 ④ 請求先と出荷先とが同じになることはない。	d
5	入荷, 入荷明細, 入庫, 入庫明細	① 入荷#ごとに一つの入庫#を記録する。 ② 入庫は入庫の実施単位に拠点#，入庫#で識別する。 ③ 入荷した商品を入庫せずに出荷することもある。 ④ 入荷明細を棚に分けて入庫明細に記録する。	e
6	出荷, 出荷明細, 出庫, 出庫明細	① 出庫は出荷と同じ単位で行う。 ② 出荷明細には出庫明細との対応を記録する。 ③ 出荷に対応する出庫を記録しない場合がある。 ④ 商品ごとの出庫数量は出荷数量と異なる場合がある。	f

〔問合せの検討〕

Eさんは，依頼1に対応するために図2のZチャートの例を依頼元から入手し，Zチャートを作成するための問合せの内容を，表4に整理した。表4中のT1は月間出荷数量，T2は移動累計出荷数量，T3は累計出荷数量を求める問合せである。

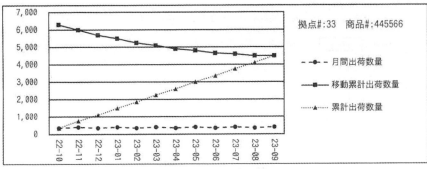

図2 Zチャートの例

表4 依頼1の問合せの検討（未完成）

問合せ名	列名又は演算	テーブル名又は問合せ名	選択又は結合の内容
T1	年月＝[出荷年月日の年月を抽出]，月間出荷数量＝[年月でグループ化した各グループ内の出荷数量の合計]	出荷，出荷明細	① 出荷明細から指定した商品の行を選択 ② 出荷から指定した拠点，かつ，出荷年月日の年月が，指定年月の ア か月前の年月以上かつ指定年月以下の範囲の行を選択 ③ ①と②の結果行を拠点#，出荷#それぞれが等しい条件で内結合
T2	年月，月間出荷数量，移動累計出荷数量＝[選択行を年月の昇順で順序付けし，行ごとに現在の行を起点として， イ から ウ までの範囲にある各行の月間出荷数量の合計]	T1	全行を選択
T3	年月，月間出荷数量，移動累計出荷数量，累計出荷数量＝[選択行を年月の昇順で順序付けし，行ごとに現在の行を起点として， エ から オ までの範囲にある各行の月間出荷数量の合計]	T2	年月が，指定年月の カ か月前の年月以上かつ指定年月以下の範囲の行を選択

注記1　行ごとに問合せを記述し問合せ名を付ける。問合せ名によって問合せ結果行を参照できる。
注記2　列名又は演算には，テーブルから射影する列名又は演算によって求まる項目を“項目名＝[演算の内容]”の形式で記述する。
注記3　テーブル名又は問合せ名には，参照するテーブル名又は問合せ名を記入する。
注記4　選択又は結合の内容には，テーブル名又は問合せ名ごとの選択条件，結合の具体的な方法と結合条件を記入する。

依頼 2 について図 3 の SQL 文の検討を行い，実装した SQL 文を実行して図 4 のヒートマップの例を作成した。

```
WITH S1 AS (
  SELECT S.拠点#, SM.棚#
  FROM 出庫 S
    INNER JOIN 出庫明細 SM ON S.拠点# = SM.拠点# AND S.出庫# = SM.出庫#
  WHERE S.拠点# = :hv1 AND S.出庫年月日 BETWEEN :hv2 AND :hv3
), S2 AS (
  SELECT   キ   AS 出庫回数
  FROM 棚 T
    LEFT JOIN S1 ON S1.拠点# = T.拠点# AND S1.棚# = T.棚#
  WHERE T.拠点# = :hv1
     ク
), S3 AS (
  SELECT 棚#, RANK() OVER (   ケ   ) AS 出庫回数順位
  FROM S2
)
SELECT 棚#,
  CASE
    WHEN (100 *    コ    OVER() ) <= 20 THEN '高'
    WHEN (100 *    コ    OVER() ) <= 50 THEN '中'
    ELSE '低'
  END AS 出庫頻度区分
FROM S3
```
注記　ホスト変数 hv1～hv3 には，指定された拠点#，出庫年月日の開始日及び終了日がそれぞれ設定
　　　される。

図 3　依頼 2 の問合せを実装した SQL 文（未完成）

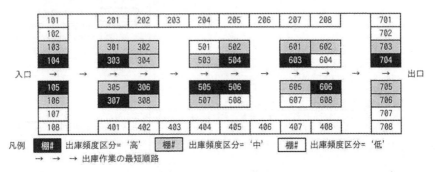

図 4　ヒートマップの例

〔依頼3への対応〕

　Eさんは，在庫回転率及びその根拠となる数値（以下，計数という）の算出方法を確認した上で，分析データを作成する仕組みを検討することにした。

1. 計数の算出方法確認

　　在庫管理業務では，次のように，年月，拠点，商品ごとに計数を算出している。

　　・月締めを行う。月締めは対象月の翌月の第5営業日までに実施する。

　　・月締めまでの間は，前月分の出荷であっても訂正できる。

　　・月末時点の在庫を，先入先出法によって評価し，在庫金額を確定する。在庫金額算出に際して，商品有高表及び残高集計表を作成する。商品有高表の例を表5に，残高集計表の例を表6に示す。

　（1）　商品有高表

　　・前月末時点の残高を繰り越して受入欄に記入する。残高は，入荷ごとに記録するので，複数入荷分の残高があれば入荷の古い順に繰り越す。

　　・受入，払出の都度，収支を反映した残高を記入する。例えば，表5中の行2の残高には行1の受入を反映した残高を転記し，行3の残高には行2の受入を反映した残高を記入している。

　　・当月中の入荷を受入欄に，出荷を払出欄に記入する。入荷の入荷年月日，出荷の出荷年月日を受払日付とし，受払日付順及び入出荷の登録順に記入する。

　　・出荷による払出は，入荷の古い順に残高を引き落とし，複数入荷分の残高を引き落とす場合は，残高ごとに行を分ける。入出荷による変更後の在庫を入荷の古い順に残高欄に記入する。

　　・赤伝は，受払日付に発生日ではなく，訂正元出荷と同じ受払日付でマイナスの払出を記入する。

　　・月末時点の残高を入荷の古い順に払出欄に記入して次月に繰り越す。

　（2）　残高集計表

　　　年月，拠点，商品ごとに，商品有高表を集計・計算して月初残高，当月受入，当月払出，月末残高，在庫回転率の数量，金額をそれぞれ次のように求める。

　　・月初残高は，前月繰越による受入の数量，金額を集計する。

　　・当月受入は，当月中の入荷による受入の数量，金額を集計する。

　　・月末残高は，次月繰越による払出の数量，金額を集計する。

- 当月払出は，"月初残高 ＋ 当月受入 － 月末残高"によって，数量，金額をそれぞれ求める。
- 在庫回転率は，"当月払出 ÷ （（月初残高 ＋ 月末残高） ÷ 2）"によって，数量，金額をそれぞれ求める。

表5　商品有高表の例（未完成）

年月:2023-09　拠点#:33　商品#:112233　出力日:2023-10-02　　　　　　　　単価, 金額の単位 円

行	受払日付	摘要区分	受入			払出			残高（在庫）		
			数量	単価	金額	数量	単価	金額	数量	単価	金額
1	09-01	前月繰越	100	80	8,000				100	80	8,000
2	09-01	前月繰越	300	85	25,500				100	80	8,000
3									300	85	25,500
4	09-04	出荷				30	80	2,400	70	80	5,600
5									300	85	25,500
6	09-07	出荷				70	80	5,600	300	85	25,500
7						40	85	3,400	260	85	22,100
8	09-12	入荷	150	90	13,500				260	85	22,100
9									150	90	13,500
10	09-17	出荷				50	85	4,250	g	h	
11									150	90	13,500
12	09-17	赤伝				▲50	85	▲4,250	i	j	
13									k	l	
14	09-17	黒伝				260	85	22,100			
15						40	90	3,600			
16	09-19	入荷	300	95	28,500				110	90	9,900
17									300	95	28,500
18	09-24	出荷				60	90	5,400	50	90	4,500
19									300	95	28,500
20	09-30	次月繰越				50	90	4,500	300	95	28,500
21	09-30	次月繰越				300	95	28,500	0	—	0

注記　網掛け部分は表示していない。"▲"は負数を表す。"—"は空値を表す。

表6　残高集計表の例（一部省略）

年月	拠点#	商品#	数量					金額				
			月初残高	当月受入	当月払出	月末残高	在庫回転率	月初残高	当月受入	当月払出	月末残高	在庫回転率
2023-09	33	112233	400	450	500	350	1.33	33,500	42,000	42,500	33,000	1.28
⋮	⋮	⋮	⋮	⋮	⋮	⋮	⋮	⋮	⋮	⋮	⋮	⋮

2. 計数を格納するテーブル設計

　E さんは，鮮度の高い分析データを提供するために，商品有高表及び残高集計表の計数をテーブルに格納することにして図5のテーブルを設計した。

(1) "受払明細"テーブル

　・商品有高表の受入，払出のどちらかに数量，単価，金額の記載のある行を格納する。

　・受払#には，年月，拠点#，商品#ごとに，商品有高表中の受入又は払出の数量に記載のある行を対象に1から始まる連番を設定する。一つの出荷が複数の残高から払い出される場合には，払出の行を分け，それぞれに受払#を振る。

　・摘要区分には，'前月繰越'，'出荷'，'入荷'，'赤伝'，'黒伝'，'次月繰越'のいずれかを設定する。

(2) "受払残高"テーブル

　・受払明細ごとに，受払による収支を反映した後の残高数量を，基になる受入ごとに記録する。残高の基になった受入（前月繰越又は入荷）の受払#，単価を，受払残高の基受払#，単価に設定する。

(3) "残高集計"テーブル

　・受払明細及び受払残高の対象行を"残高集計表"の作成要領に従って集計・計算して"残高集計"テーブルの行を作成する。

```
受払明細（年月，拠点#，商品#，受払#，受払年月日，摘要区分，数量，単価）
受払残高（年月，拠点#，商品#，受払#，基受払#，残高数量，単価）
残高集計（年月，拠点#，商品#，月初残高数量，当月受入数量，当月払出数量，月末残高数量，
　　　　　月初残高金額，当月受入金額，当月払出金額，月末残高金額）
```

図5　計数を格納するテーブルのテーブル構造

3. 計数を格納する処理

　E さんは，入荷又は出荷の登録ごとに行う一連の更新処理（以下，入出荷処理という）に合わせて，図5中のテーブルに入出荷を反映した最新のデータを格納する処理（以下，計数格納処理という）を行うことを考えた。

(1) 計数格納処理の概要

　① 入出荷の明細ごとに，"受払明細"テーブルに赤伝，黒伝を含む新規受払の

行を作成する。赤伝，黒伝の発生時には，同じ年月，拠点#，商品#で，その受払よりも先の行を全て削除した上で，入出荷の明細から行を再作成する。これを洗替えという。

② ①によって変更が必要になる“受払残高”テーブルの行を全て削除した上で，再作成する。

③ 変更対象の計数を集計して“残高集計”テーブルの行を追加又は更新する。

④ 計数は，計数格納処理の開始時点で登録済の入出荷だけを反映した状態にする。

(2) 計数格納処理の処理方式検討

E さんは，計数格納処理の実装に当たって，次の二つの処理方式案を検討し，表 7 の比較表を作成した。

案 1: 入出荷処理と同期して行う方式。同一トランザクション内で入出荷処理及び計数格納処理を実行する。

案 2: 入出荷処理と非同期に行う方式。入出荷処理で，登録された入出荷のキー値（拠点#，入荷#，出荷#）を連携用のワークテーブル（以下，連携 WT という）に溜めておき，一定時間おきに計数格納処理を実行する。

・入出荷処理では，トランザクション内で一連の更新処理を行い，最後に連携 WT に行を追加してトランザクションを終了する。

・計数格納処理では，実行ごとに次のように処理する。

(a) 連携 WT 全体をロックし，連携 WT の全行を処理用のワークテーブル（以下，処理 WT という）に追加後，連携 WT の全行を削除してコミットする。

(b) 処理 WT，入荷，入荷明細，出荷，及び出荷明細から必要な情報を取得し，年月，拠点#，商品#の同じ行ごとに，まとめて次のように処理する。

・赤伝，黒伝がなければ，登録 TS の順に受払を作成する。

・赤伝，黒伝があれば，洗替えの起点となる行を 1 行選択し，その行に対応する受払を作成する。そして，起点となる行を基に，入荷，入荷明細，出荷，出荷明細から対象となる行を入荷年月日又は出荷年月日，登録 TS の順に取得して洗替えを行う。

(c) 処理 WT の全行を削除してコミットする。

表7 処理方式案の比較表

評価項目	案1	案2
分析データの鮮度	○常に最新	△一定時間ごとに最新
全体的な処理時間	△入出荷処理の処理時間増加	○変わらない
計数格納処理エラーの影響	△入出荷処理に影響あり	○入出荷処理に影響なし

注記 "○"は一方の案が他方の案よりも優れていることを，"△"は劣っていることを表す。

表7を基に，処理方式案を次のように判断した。

(1) 分析データの鮮度については，どちらの案でも依頼3の要件を満たす。

(2) 入出荷処理への影響について，表5において，2023-10-03 に次のそれぞれの出荷の登録を仮定して，"受払明細"テーブルへの追加及び削除行数を調べることで，追加処理による遅延の大きさを推測した。

・09-26 の出荷数量 40 の出荷明細を追加入力すると，次月繰越の2行を削除，出荷1行及び新たな次月繰越1行の2行を追加することになる。

・09-04 の出荷を取り消す赤伝を追加すると，"受払明細"テーブルに合計で 11 行の削除，12 行の追加を行うことになる。

案1では，特に出荷の赤伝，黒伝から受払を作成する場合に，追加処理による入出荷処理の遅延が大きくなる。案2では，①連携 WT に溜まった入出荷情報をまとめて処理することで，計数格納処理における出荷の赤伝，黒伝の処理時間を案1よりも短縮できる。

(3) 案1では入出荷処理の性能及び計数格納処理エラーの業務への影響が大きいことから，案2を採用することにした。なお，導入に先立って，②計数格納処理が正しく動作することを検証することにした。

4. 分析データの検証

E さんは，計数格納処理を実行して得たデータを用いて，ある拠点，商品の過去 12 か月の在庫回転率を時系列に取得して表8を得た。一定の方法で，数量，金額それぞれの在庫回転率を母集団とする外れ値検定を行ったところ，2023-09 の金額の在庫回転率だけが外れ値と判定された。外れ値は，業務上の要因によって生じる場合もあれば，入力ミスなどによって生じる異常値の場合もある。

表8について，Eさんは次のように推論した。

① 数量と金額の在庫回転率は，ほぼ同じ傾向で推移するが，材料費の値上がりなどに起因して，製造原価が上昇する傾向にあるとき，金額による在庫回転率は ┌──m──┐ する傾向がある。

② 2023-09 の数量の在庫回転率は前月とほぼ同じ水準であるにもかかわらず，金額の在庫回転率が極端に低い値になっていることから，異常値であることが疑われる。

③ この推論を裏付けるには，"受払明細"テーブルから当該年月，拠点，商品の一致する行のうち，"摘要区分 ＝ ' ┌──n──┐ '"の行の ┌──o──┐ に不正な値がないかどうかを調べればよい。

表8　ある拠点，商品の在庫回転率（2022-10～2023-09）

在庫回転率	2022 年			2023 年								
	10 月	11 月	12 月	1 月	2 月	3 月	4 月	5 月	6 月	7 月	8 月	9 月
数量	0.86	0.84	0.87	0.93	0.88	0.86	0.94	0.97	0.85	0.76	0.93	0.88
金額	0.84	0.83	0.86	0.96	0.88	0.86	0.94	0.97	0.88	0.80	0.93	0.18

5. 概念データモデルの変更

　　図5のテーブルをエンティティタイプ，列名を属性名として，概念データモデルに追加する。Eさんは，追加するエンティティタイプ間及び図1中のエンティティタイプとの間のリレーションシップについて，追加するエンティティタイプの外部キーと参照先のエンティティタイプを表9の形式で整理した。

表9　追加するエンティティタイプの外部キーと参照先のエンティティタイプ（未完成）

追加エンティティタイプ名	外部キーの属性名	参照先エンティティタイプ名
受払明細	年月, 拠点#, 商品#	残高集計
受払残高	年月, 拠点#, 商品#, 受払#	受払明細
残高集計		

設問1　〔在庫管理業務の概要〕について答えよ。

(1)　表3中の　　a　　に入れる適切な業務ルールを，エンティティタイプ "生産拠点" と "商品" との間のリレーションシップに着目して25字以内で答えよ。

(2)　表3中の　b　～　f　に入れる適切な番号（①～④）を全て答えよ。

設問2　〔問合せの検討〕について答えよ。

(1)　図2において，累計出荷数量のグラフは始点から終点への直線の形状，移動累計出荷数量のグラフは右肩下がりの形状となっている。この二つのグラフから読み取れる商品の出荷量の傾向を，それぞれ30字以内で答えよ。

(2)　表4中の　ア　，　カ　に入れる適切な数値，及び　イ　～　オ　に入れる適切な字句を答えよ。ここで，　イ　～　オ　は次の字句から選択するものとし，nを含む字句を選択する場合は，演算及び選択の対象行が必要最小限の行数となるように，nを適切な数値に置き換えること。

　　最初の行，n行前の行，現在の行，n行後の行，最後の行

(3)　図3中の　キ　～　コ　に入れる適切な字句を答えよ。

(4)　図4において，二つの棚に配置されている商品を相互に入れ替えて効率化を図る場合，最も効果が高いと考えられる，入替えを行う棚の棚#の組を答えよ。

(5) (4)の対応を記録するために更新が必要となるテーブル名を二つ挙げ，そ
れぞれ行の挿入，行の更新のうち，該当する操作を〇で囲んで示せ。

テーブル名	操作	
	行の挿入 ・	行の更新
	行の挿入 ・	行の更新

設問3 〔依頼3への対応〕について答えよ。

(1) 表5中の [g] ～ [l] に入れる適切な数値を答えよ。

(2) 本文中の下線①では，どのように処理を行うべきか。次の(a)，(b)におけ
る対象行の選択条件を，列名を含めて，それぞれ35字以内で具体的に答えよ。

 (a) 処理 WT に，同じ年月，拠点#，商品#の赤伝，黒伝が複数ある場合に，
 洗替えの起点となる行を選択する条件

 (b) (a)の洗替えの起点となる行を基に，洗替えの対象となる入荷，入荷明
 細，出荷，出荷明細を取得するときに，計数格納処理の開始時点で登録
 済の入出荷だけを反映した状態にするために指定する条件。ただし，入
 荷年月日又は出荷年月日が，起点となる行の入荷年月日又は出荷年月日
 よりも大きい条件を除く。

(3) 本文中の下線②では，処理結果が正しいことをどのように確認したらよい
 か。確認方法の例を60字以内で具体的に答えよ。

(4) 本文中の [m] ～ [o] に入れる適切な字句を答えよ。

(5) 表9中の太枠内の空欄に適切な字句を入れて表を完成させよ。ただし，空
 欄は全て埋まるとは限らない。

問2　ドラッグストアチェーンの商品物流の概念データモデリングに関する次の記述を
読んで，設問に答えよ。

ドラッグストアチェーンのF社は，商品物流の業務改革を検討しており，システム
化のために概念データモデル及び関係スキーマを設計している。

〔業務改革を踏まえた商品物流業務〕

1.　社外及び社内の組織と組織に関連する資源

(1)　ビジネスパートナー（以下，BPという）

①　BPは仕入先である。仕入先には，商品の製造メーカー，流通業である商社
又は問屋がある。

②　BPは，BPコードで識別し，BP名をもつ。

(2)　配送地域

①　全国を，気候と交通網を基準にして幾つかの地域に分けている。

②　配送地域は，複数の郵便番号の指す地域を括ったものである。都道府県を
またぐ配送地域もある。

③　配送地域は配送地域コードで識別し，配送地域名，地域人口をもつ。

(3)　店舗

①　店舗は，全国に約1,500あり，店舗コードで識別し，店舗名，住所，連絡
先，店舗が属する配送地域などをもつ。

②　店舗の規模や立地によって販売の仕方が変わるので，床面積区分（大型か
中型か小型かのいずれか）と立地区分（商業立地かオフィス立地か住宅立地
かのいずれか）をもつ。

(4)　物流拠点

①　物流拠点は，拠点コードで識別し，拠点名，住所，連絡先をもつ。

②　物流拠点の機能には，在庫をもつ在庫型物流拠点（以下，DCという）の機
能と，積替えを行って店舗への配送を行う通過型物流拠点（以下，TCという）
の機能がある。

③　物流拠点によって，TCの機能だけをもつところと，DCとTCの両方の機能
をもつところがある。

午後Ⅱ問題

④ 物流拠点に，DC の機能があることは DC 機能フラグで，TC の機能があることは TC 機能フラグで分類する。

⑤ TC は，各店舗に複数の DC から多数の納入便の車両が到着する混乱を防止するために，DC から届いた荷を在庫にすることなく店舗への納入便に積み替える役割を果たす。

⑥ DC は配送地域におおむね 1 か所配置し，TC は配送地域に複数配置する。

⑦ DC には，倉庫床面積を記録している。

⑧ TC は，運営を外部に委託しているので，委託先物流業者名を記録している。

(5) 幹線ルートと支線ルート

① DC から TC への配送を行うルートを幹線ルート，TC から配送先の店舗を回って配送を行うルートを支線ルートという。

② 支線ルートは，TC ごとの支線ルートコードで識別している。また，支線ルートには，車両番号，配送先店舗とその配送順を定めている。支線ルートの配送先店舗は 8 店舗前後にしている。支線ルート間で店舗の重複はない。

2. 商品に関連する資源

(1) 商品カテゴリー

① 商品カテゴリーには，部門，ライン，クラスの 3 階層木構造のカテゴリーレベルがある。商品カテゴリーはその総称である。

② 部門には，医薬品，化粧品，家庭用雑貨，食品がある。

③ 例えば医薬品の部門のラインには，感冒薬，胃腸薬，絆創膏などがある。

④ 例えば感冒薬のラインのクラスには，総合感冒薬，漢方風邪薬，鼻炎治療薬などがある。

⑤ 商品カテゴリーは，カテゴリーコードで識別し，カテゴリーレベル，カテゴリー名，上位のどの部門又はラインに属するかを表す上位のカテゴリーコードを設定している。

(2) アイテム

① アイテムは，色やサイズ，梱包の入り数が違っても同じものだと認識できる商品を括る単位である。例えば缶ビールや栄養ドリンクでは，バラと 6 缶パックや 10 本パックは異なる商品であるが，アイテムは同じである。

② アイテムによって属する商品は複数の場合だけでなく一つの場合もある。

③ アイテムは，アイテムコードで識別し，アイテム名をもつ。

④ アイテムには，調達先の BP，温度帯（常温，冷蔵，冷凍のいずれか），属するクラスを設定している。また，同じアイテムを別の BP から調達することはない。

⑤ BP から，全ての DC に納入してもらうアイテムもあるが，多くのアイテムは一部の DC だけに納入してもらう。

⑥ F 社が自社で保管・輸送できるのは常温のアイテムだけであり，冷凍又は冷蔵の保管・輸送が必要なアイテムは BP から店舗に直納してもらう。これを直納品と呼び，直納品フラグで分類する。直納品に該当するアイテムには直納注意事項をもつ。

(3) 商品

① 商品は，BP が付与した JAN コードで識別する。

② 商品は，商品名，標準売価，色記述，サイズ記述，材質記述，荷姿記述，入り数，取扱注意事項をもつ。

3. 業務の方法・方式

(1) 物流網（物流拠点及び店舗の経路）

① 物流網は，効率を高めることを優先するので，DC から TC，TC から店舗は，木構造を基本に設計している。ただし，全ての DC が全てのアイテムをもつわけではないので，DC から TC の構造には例外としてたすき掛け（TC から見て木構造の上位に位置する DC 以外の DC からの経路）が存在している。

② DC では，保有するアイテムが何かを定めている。

③ 直納品を除いて，店舗に配送を行う TC は1か所に決めている。

④ DC から TC，TC から店舗についての配送リードタイム（以下，リードタイムを LT という）を，整数の日数で定めている。DC から TC の配送 LT を幹線LT と呼び，TC から店舗への配送 LT を支線 LT と呼ぶ。

⑤ 幹線 LT は，1日を数え始めとする LT で，ほとんどの場合は1日であるが，2日を要することもある。例えば九州にある DC にしかない商品を，全国販売のために全国の TC へ配送する場合，東北以北の TC へは1日では届かないケースが存在する。

⑥ TC に対してどの DC から配送するかは，TC が必要とする商品の在庫が同じ

配送地域の DC にあればその DC からとし, なければ在庫をもつ他の DC からたすき掛けとする。ただし, 全体のたすき掛けは最少になるようにする。

⑦ 支線 LT は, 0 日を数え始めとする LT で, ほとんどの店舗への配送が積替えの当日中に行うことができるように配置しているので, 当日中に配送できる店舗への支線 LT は 0 日である。ただし, 離島にある店舗の中には 0 日では配送できない場合もある。

⑧ 店舗は, 次を定めている。
 ・どの商品を品揃え(ぞろ)するか。
 ・直納品を除く DC 補充品 (DC から配送を受ける商品) について, どの DC の在庫から補充するか。

(2) 補充のやり方

① 店舗又は DC は, 商品の在庫数が発注点を下回ったら, 定めておいたロットサイズ (以下, ロットサイズを LS という) で要求をかける。ここで, DC が行う要求は発注であり, 店舗が行う要求は補充要求である。

② 店舗への DC からの補充のために, 商品ごとに全店舗一律の補充 LS を定めている。

③ DC では, DC ごと商品ごとに, 在庫数を把握し, 発注点在庫数, DC 納入 LT, DC 発注 LS を定めている。

④ 店舗では, 品揃えの商品ごとの在庫数を把握し, 発注点在庫数を定めている。また, 直納品の場合, 加えて直納 LT と直納品発注 LS を定めている。

⑤ 店舗から補充要求を受けた DC は, 宛先を店舗にして, その店舗に配送を行う TC に向けて配送する。

(3) DC から店舗への具体的な配送方法

① ものの運び方
 ・配送は, 1 日 1 回バッチで実施する。
 ・DC は, 店舗からの補充要求ごとに商品を出庫し, 依頼元の店舗ごとに用意した折りたたみコンテナ (以下, コンテナという) に入れる。
 ・その日に出庫したコンテナを, 依頼元の店舗へ配送する TC に向かうその日の幹線ルートのトラックに積み, 出荷する。
 ・TC は, 幹線ルートのトラックが到着するごとに, 配送する店舗ごとに用意

したかご台車にコンテナを積み替える。かご台車には店舗コードと店舗名を記したラベルを付けている。

- TC は，全ての幹線ルートのトラックからかご台車への積替えを終えると，かご台車を支線ルートのトラックに積み込む。
- TC は，支線ルートのトラックを出発させる。
- 支線ルートのトラックは，順に店舗を回り，コンテナごと店舗に納入する。

② 指示書の作り方

- 店舗の補充要求は，商品の在庫数が発注点在庫数を割り込む都度，店舗コード，補充要求年月日時刻，JAN コードを記して発行する。
- DC の出庫指示書は，店舗から当該 DC に届いた補充要求を基に，配送指示番号をキーとして店舗ごと出庫指示年月日ごとに出力する。出庫指示書の明細には，配送指示明細番号を付与して店舗からの該当する補充要求を対応付けて，出庫する商品と出庫指示数を印字する。
- 出庫したら，出庫指示書の写しをコンテナに貼付する。
- DC からの幹線ルートの出荷指示書は，その日（出荷指示年月日）に積むべきコンテナの配送指示番号を明細にして行き先の TC ごとにまとめて出力する。
- TC の積替指示書は，積替指示番号をキーとしてその日の支線ルートごとに伝票を作る。積替指示書の明細は，配送先店舗ごとに作り，その内訳に店舗へ運ぶコンテナの配送指示番号を印字する。
- 店舗への配送指示書は，積替指示書の写しが，配送先店舗ごとに切り取れるようになっており，それを用いる。

(4) BP への発注，入荷の方法

① DC は，その日の出庫業務の完了後に，在庫数が発注点在庫数を割り込んだ商品について，発注番号をキーとして発注先の BP ごとに，当日を発注年月日に指定して DC 発注を行う。DC 発注の明細には，明細番号を付与して対象の JAN コードを記録する。

② 店舗は，直納品の在庫数が発注点在庫数を割り込むごとに直納品の発注を行い，直納品の発注では，店舗，補充要求の年月日時刻，対象の商品を記録する。

③　DC 及び店舗への BP からの入荷は，BP が同じタイミングで納入できるもの
がまとめて行われる。入荷では，入荷ごとに入荷番号を付与し，どの発注明
細又は直納品発注が対応付くかを記録し，併せて入荷年月日を記録する。

④　DC 及び店舗は，入荷した商品ごとに入庫番号を付与して入庫を行い，どの
発注明細又は直納品発注が対応付くかを記録する。

〔設計した概念データモデル及び関係スキーマ〕

1.　概念データモデル及び関係スキーマの設計方針

(1)　関係スキーマは第 3 正規形にし，多対多のリレーションシップは用いない。

(2)　リレーションシップが 1 対 1 の場合，意味的に後からインスタンスが発生す
る側に外部キー属性を配置する。

(3)　概念データモデルでは，リレーションシップについて，対応関係にゼロを含
むか否かを表す "○" 又は "●" は記述しない。

(4)　概念データモデルは，マスター及び在庫の領域と，トランザクションの領域
とを分けて作成し，マスターとトランザクションとの間のリレーションシップ
は記述しない。

(5)　実体の部分集合が認識できる場合，その部分集合の関係に固有の属性がある
ときは部分集合をサブタイプとして切り出す。

(6)　サブタイプが存在する場合，他のエンティティタイプとのリレーションシッ
プは，スーパータイプ又はいずれかのサブタイプの適切な方との間に設定する。

2.　設計した概念データモデル及び関係スキーマ

マスター及び在庫の領域の概念データモデルを図 1 に，トランザクションの領域
の概念データモデルを図 2 に，関係スキーマを図 3 に示す。

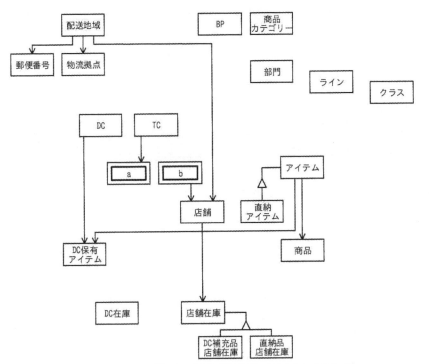

図1 マスター及び在庫の領域の概念データモデル（未完成）

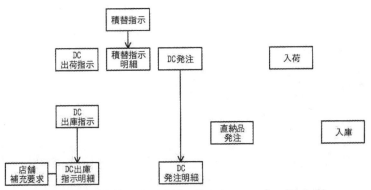

図2 トランザクションの領域の概念データモデル（未完成）

配送地域（<u>配送地域コード</u>，配送地域名，地域人口）

郵便番号（<u>郵便番号</u>，都道府県名，市区町村名，町名，　ア　）

物流拠点（<u>拠点コード</u>，拠点名，住所，連絡先，　イ　）

　DC（　ウ　）

　TC（　エ　）

　a　（　オ　）

　b　（　カ　）

店舗（<u>店舗コード</u>，店舗名，住所，連絡先，床面積区分，立地区分，<u>配送地域コード</u>，　キ　）

商品カテゴリー（<u>カテゴリーコード</u>，カテゴリー名，　ク　）

　部門（<u>部門カテゴリーコード</u>，売上比率）

　ライン（<u>ラインカテゴリーコード</u>，　ケ　）

　クラス（<u>クラスカテゴリーコード</u>，　コ　）

BP（<u>BP コード</u>，BP 名）

アイテム（<u>アイテムコード</u>，アイテム名，直納品フラグ，　サ　）

　直納アイテム（<u>直納アイテムコード</u>，直納注意事項）

商品（<u>JAN コード</u>，商品名，標準売価，色記述，サイズ記述，材質記述，荷姿記述，入り数，
　　　取扱注意事項，　シ　）

DC 保有アイテム（<u>DC 拠点コード</u>，<u>アイテムコード</u>）

DC 在庫（<u>DC 拠点コード</u>，　ス　）

店舗在庫（<u>店舗コード</u>，<u>JAN コード</u>，　セ　）

　DC 補充品店舗在庫（<u>店舗コード</u>，<u>DC 補充品 JAN コード</u>，　ソ　）

　　直納品店舗在庫（<u>店舗コード</u>，<u>直納品 JAN コード</u>，　タ　）

店舗補充要求（<u>店舗コード</u>，補充要求年月日時刻，DC 補充品 JAN コード）

DC 出庫指示（<u>配送指示番号</u>，　チ　）

DC 出庫指示明細（<u>配送指示番号</u>，<u>配送指示明細番号</u>，　ツ　）

DC 出荷指示（<u>出荷指示番号</u>，　テ　）

積替指示（<u>積替指示番号</u>，　ト　）

積替指示明細（<u>積替指示番号</u>，<u>配送先店舗コード</u>）

DC 発注（<u>発注番号</u>，　ナ　）

DC 発注明細（<u>発注番号</u>，<u>発注明細番号</u>，　ニ　）

直納品発注（　ヌ　）

入荷（<u>入荷番号</u>，　ネ　）

入庫（<u>入庫番号</u>，　ノ　）

注記　図中の　a　，　b　には，図1の　a　，　b　と同じ字句が入る。

図3　関係スキーマ（未完成）

　　　解答に当たっては，巻頭の表記ルールに従うこと。また，エンティティタイプ
名及び属性名は，それぞれ意味を識別できる適切な名称とすること。

設問　次の設問に答えよ。

(1)　図1中の ［　a　］，［　b　］ に入れる適切なエンティティタイプ名を
答えよ。

(2)　図1は，幾つかのリレーションシップが欠落している。欠落しているリレー
ションシップを補って図を完成させよ。

(3)　図2は，幾つかのリレーションシップが欠落している。欠落しているリレー
ションシップを補って図を完成させよ。

(4)　図3中の ［　ア　］ ～ ［　ノ　］ に入れる一つ又は複数の適切な属性名を
補って関係スキーマを完成させよ。また，主キーを表す実線の下線，外部キー
を表す破線の下線についても答えること。

●令和 5 年度秋期
午前 I 問題 解答・解説

問1　ア

　逆ポーランド表記法（後置記法）は，演算子を被演算子（演算する二つの値）の右側に記述する表記法である。例えば，中置記法の「A＋B」は，後置記法では「AB＋」のように表記する。問題のように式が連続している場合には，一般的な演算子の優先順によらず，次の様に演算子の出現順に計算していく。

$$ABCD-\times+ \Rightarrow AB2\times+ \Rightarrow A16+ \Rightarrow 32$$

$$C-D=2 \qquad B\times2=16 \qquad A+16=32$$

　したがって，演算結果は 32 となるため，（ア）が正解である。

問2　ア

　パリティビットは，データに対して付加する冗長ビットである。そして，この冗長ビットも含めて“1”の状態のビットの数を偶数（あるいは奇数）となるようにする。問題のような行列（垂直・水平）ではなく，一方向だけのパリティビットの場合，奇数個のビット誤りは検出できるが，誤り箇所は識別できない。また，偶数個のビット誤りでは検出もできない。

　では，問題のような行列の場合はどうなるかを，調べてみる。

〔正しい状態〕

1	0	0	0	1
0	1	1	0	0
0	0	1	0	1
1	1	0	1	1
0	0	0	1	

←── データ部分の“1”ビットが一つなので，パリティビットは 1 とし，全体として“1”のビットの数が偶数になるようにしている。

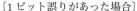

〔1ビット誤りがあった場合〕

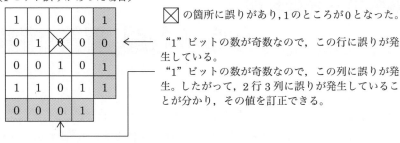

☒ の箇所に誤りがあり，1のところが0となった。

"1"ビットの数が奇数なので，この行に誤りが発生している。

"1"ビットの数が奇数なので，この列に誤りが発生。したがって，2行3列に誤りが発生していることが分かり，その値を訂正できる。

〔2ビットの誤りがあった場合〕

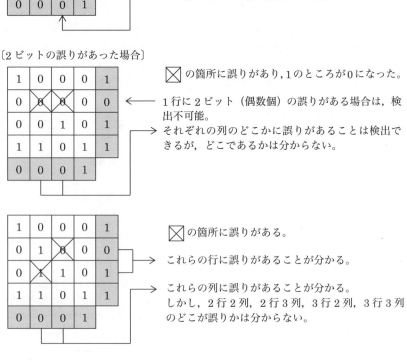

☒ の箇所に誤りがあり，1のところが0になった。

1行に2ビット（偶数個）の誤りがある場合は，検出不可能。

それぞれの列のどこかに誤りがあることは検出できるが，どこであるかは分からない。

☒ の箇所に誤りがある。

これらの行に誤りがあることが分かる。

これらの列に誤りがあることが分かる。
しかし，2行2列，2行3列，3行2列，3行3列のどこが誤りかは分からない。

　以上のように，1ビットの誤り検出と訂正は可能であるが，2ビットの誤り訂正は不可能である。よって，（ア）が正解である。なお，問題では「何ビットまでの誤りを訂正できるか」と問われているので，2ビットの誤り訂正ができないことが分かれば，3ビット以上を考える必要はない。

問3　ウ　　　　　　　　　　　整列に使ったアルゴリズム（R5秋-高度 午前 I 問3）

　データ列中の数字の位置の変化に注目する。状態0から状態1の推移を見ると，9が末尾に移動しているが，その他の数字の順序は変わらない。また，状態1から状態2を見ると，6が右に二つ移動しているが，その他の数字の順序は変わらない。これらの様子から，データ列を先頭（左端）から見ていき，隣り合う数字

の大小関係が正しくない場合は交換を行い，大小関係が正しくなるように末尾（右端）まで調べて整列を行っていることが分かる。このアルゴリズムで整列を行うのはバブルソートである。バブルとは泡のことで，泡がたっていく様子に似ていることからこの名称がついたとされる。したがって，（ウ）が正解である。

状態 0 から状態 N（この例では 4）へと推移する際に行われるデータの交換の様子を図に示す。

先頭から見る
→

状態 0	3,	5,	9,←→6,	1,	2	9 と 6 を交換
	3,	5,	6,	9,←→1,	2	9 と 1 を交換
	3,	5,	6,	1,	9,←→2	9 と 2 を交換→9 の位置が確定
状態 1	3,	5,	6,←→1,	2,	9	6 と 1 を交換
	3,	5,	1,	6,←→2,	9	6 と 2 を交換→6 の位置が確定
状態 2	3,	5←→1,	2,	6,	9	5 と 1 を交換
	3,	1,	5←→2,	6,	9	5 と 2 を交換→5 の位置が確定
状態 3	3,←→1,	2,	5,	6,	9	3 と 1 を交換
	1,	3←→2,	5,	6,	9	3 と 2 を交換→3 の位置が確定
	1,	2,	3,	5,	6, 9	1 と 2 は交換の必要がなく，1 と 2 の位置が確定
状態 4	1,	2,	3,	5,	6, 9	整列終了

図　状態 0 から状態 4 へと推移する際に行われるデータの交換の様子

同じデータ列に対して，（ア），（イ），（エ）のアルゴリズムで整列を行う様子を示す。
ア：クイックソートは，ソートの対象となるデータ列を基準に従って分割し，分割されたデータ列に対して同様の処理を繰り返してソートを行う方法である。グループの分け方や基準値の選び方には幾つか方法があり，次に整列の過程の一例を示す。

3,	5,	9,	6,	1,	2	基準値 3 より小さい数字と大きい数字に分ける。
1,	2,	3,	5,	9,	6	三つのグループに分割後，新たに基準値 1 と 5 を処理する。
1,	2,	3,	5,	9,	6	グループは五つになり，新たに基準値 9 を処理する。
1,	2,	3,	5,	6,	9	全てのデータが分割され，整列が終了する。

イ：挿入ソートは，数字を一つずつ取り出し，整列済のデータ列の適切な位置に挿入を行い，整列を進める方法である。

3, 5, 9, 6, 1, 2　③を整列済のデータ列（初めは 0 個）に挿入する。
3, 5, 9, 6, 1, 2　⑤を整列済のデータ列（3）の適切な位置に挿入する。
3, 5, 9, 6, 1, 2　⑨を整列済のデータ列（3,5）の適切な位置に挿入する。
3, 5, 9, 6, 1, 2　⑥を整列済のデータ列（3,5,9）の適切な位置に挿入する。
3, 5, 6, 9, 1, 2　①を整列済のデータ列（3,5,6,9）の適切な位置に挿入する。
1, 3, 5, 6, 9, 2　②を整列済のデータ列（1,3,5,6,9）の適切な位置に挿入する。
1, 2, 3, 5, 6, 9　整列終了

エ：ヒープソートは，データ列に対して，「親＞子」（又は「親＜子」）という関係（ヒープの性質）になるような 2 分木を構成し，そこから最大値（又は最小値）を取り出し，整列を進める方法である。例えば，データ列 3, 5, 9, 6, 1, 2 から木構造を作成し，「親＞子」を満たすように数字を交換し，最大値を取り出す例を示す。

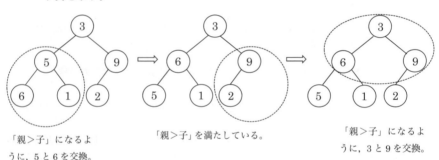

「親＞子」になるように，5 と 6 を交換。

「親＞子」を満たしている。

「親＞子」になるように，3 と 9 を交換。

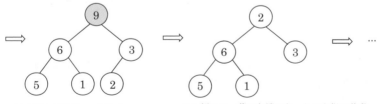

最大値 9 が決定。9 を除く残りのデータで木を再構成する。

この例では，葉の右端にあった 2 を根に移動。同様に「親＞子」になるように交換を行いながら，木を再構成していき，最大値（根）を除く。

問4　ウ　　　　　　　　　　　　パイプラインの性能を向上させる技法（R5 秋・高度 午前 I 問 4）

パイプラインは，命令の実行を幾つかのステージに分割して，複数の命令の異

なるステージを同時に実行することによって，CPU の性能を向上させる手法である。この手法を単純にとらえると，物理的に連続する順番で続く命令の先読みなど，命令実行のための準備をしておくということである。しかし，分岐命令が実行されると，せっかく行った続く命令の実行準備が無駄になってしまい，こうしたことがパイプラインによる性能向上を阻害する原因（ハザードと呼ばれる）となる。

　選択肢の内容は全て阻害要因の対策技法であり，これらのうち"分岐先を予測して命令を実行"する技法は，（ウ）の投機実行と呼ばれる。予想に基づく実行なので，無駄になることもあり，"投機"ということになる。なお，分岐先の予想は，過去の分岐履歴によって行われることが一般的である。

ア：パイプラインによる並列実行性能を向上させるために，プログラムの意味を変えない範囲で実際の命令の並び（オーダー）とは，違う順序で命令を実行する技法である。

イ：投機実行は，予想に反した分岐となった場合，投機的に実行した部分が無駄になるが，こうしたことのないように，分岐命令の直前にある命令など，どちらに分岐しても必ず実行する命令を，分岐スロットと呼ばれる分岐命令の直後の位置に移動させ，その命令を実行してから分岐させる技法。直後に移動した命令の実行を待ってから分岐するため，分岐が遅延することから，遅延分岐と呼ばれる。

エ：連続した命令中に同じレジスタが指定されている場合，前の命令がレジスタを使い終わるまで，次の命令の実行準備が待たされ，パイプラインによる並列処理が有効に機能しない。レジスタリネーミングとは，こうした命令間で，前の命令の実行結果（レジスタの値）を次の命令で利用するなどの関係がない場合に，命令中で指定されているのとは違ったレジスタを割り当てることによって，並列処理性能を向上させる技法である。

問5　エ　IaC に関する記述（R5 秋・高度 午前 I 問 5）

　IaC（Infrastructure as Code）は，システムの基盤を構成するハードウェア，ソフトウェア（OS も含む），ネットワーク，データベースなどのインフラストラクチャの管理・運用に必要なシステム構成や状態，及び構築や管理手順を，プログラムのようにコードとして記述して，ソフトウェアによる自動実行を可能にする手法である。したがって，（エ）が正解である。

　IaC を導入すると，自動化による人為的なミスの削減によって品質の向上が図られ，管理コストの削減も可能になるといったメリットがある。一方，導入時にコストや作業時間が発生するといったデメリットが挙げられる。

ア：インシデントは，「出来事，事件」といった意味の英単語で，「何らかの問題が発生して，事故（アクシデント）が起きる可能性がある状況」を指す。IaC はインシデントへの対応手順のコード化を目的とするものではないので，適切

ではない。

イ：IaC は，開発の局面で使用する各種開発支援ツールの連携手順をコードに定義するものではないので，適切ではない。

ウ：継続的インテグレーションとは，ソフトウェアの開発者が作成又は変更したコードを，定期的に中央のリポジトリに統合し，再構成してテストを行う手法で，バグの早期発見や完成までの時間短縮といったメリットがある。IaC は，継続的インテグレーションを実現するための手順をコードに定義する目的をもったものではないので，適切ではない。

問6　ア　　　　　　　　　　　　　タスクの最大実行時間と周期の組合せ（R5 秋・高度 午前 I 問 6）

プリエンプティブな優先度ベースのスケジューリングで実行する二つの周期タスク（一定間隔で実行される処理）A 及び B があるとき，タスク B が周期内に処理を完了できるタスク A 及び B の最大実行時間及び周期の正しい組合せを考える。ここで，プリエンプティブな優先度ベースのスケジューリングとは，プリエンプティブ（preemptive；先取り，横取り）の用語が意味するように，最も高い優先度をもつタスクから実行する方式において，現在実行中のタスクより優先度の高いタスクが実行可能になると，切替えが行われて優先度の高いタスクが実行される。そして，その実行が終了するまで切り替えられたタスクは実行可能状態で待機する。

ここで，問題を考える上で，重要な条件は次のとおりである。

① タスク A の方がタスク B より優先度が高い。

② タスク A と B の共有資源はない。

③ タスクの切替え時間は考慮しない。

④ 時間及び周期の単位はミリ秒とする。

これらの条件の下で，それぞれ実行を行った様子を示す。タスク A の方がタスク B より優先度が高いので，最初に実行されるのはタスク A である。様子を示した図のタスク内に示す分数は，例えば 2/3 であれば，タスクの最大実行時間 3 のうちの 2 の実行が終了していることを表す。したがって，実行の様子を示した図から，タスク B が周期内に処理を完了できるのは，（ア）となる。

ア：タスク A は周期の 4 ミリ秒内に処理を完了し，タスク B も周期の 8 ミリ秒内の 7 ミリ秒の時点で処理を完了できるので，正しい組合せである。

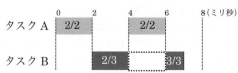

イ：タスクAは周期の6ミリ秒内に処理を完了できるが，タスクBは周期の9ミリ秒内で処理を完了できないので，この組合せは正しくない。

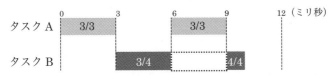

ウ：タスクAは周期の5ミリ秒内にその処理を完了できるが，タスクBは周期の13ミリ秒内で処理を完了できないので，この組合せは正しくない。

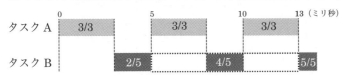

エ：タスクAは周期の6ミリ秒内にその処理を完了できるが，タスクBは周期の15ミリ秒内で処理を完了できないので，この組合せは正しくない。

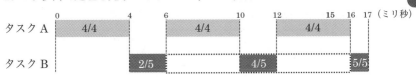

以上から，正しい組合せは（ア）だけなので，（ア）が正解である。

問7　ア　　　　　　　　3入力多数決回路の論理回路図（R5秋・高度 午前I問7）

　本問の選択肢にある ⊐◻⊃– は論理積（AND），⊐◻⊃o– は否定論理積（NAND），

⊐◻⊃– は論理和（OR），⊐◻⊃– は排他的論理和（XOR）の各素子を表す記号である。一方，問題の真理値表が示す3入力多数決回路は，三つの入力の中に二つ以上の1があれば，1を出力する。

　二つの入力P，Qに対して論理積P・Qをとり，その結果が1になったときは，P，Qの双方が1ということである。この性質を利用して，三つの入力A，B，Cのうち二つを組み合わせて論理積A・B，B・C，C・Aをとれば，二つの入力がともに1のものだけ結果が1になる。このA・B，B・C，C・Aのうち，1になるものが一つ以上ある場合に最終的な出力Yが1になるようにすれば，3入力多数決回路を実現することができる。そして，三つの入力のうち1になるものが一つ以上ある場合に1を出力するためには，三つの入力の論理和をとればよい。したがって，二つの入力がともに1であるときに1を出力するA・B，B・C，C・Aの論理和（A・B＋B・C＋C・A）をとればよいので，（ア）が正解である。

与えられた回路図の出力 Y について，論理積を"・"，論理和を"＋"，排他的論理和を"⊕"，否定を"ー"で表し，真理値表を作成すると次のようになる。作成された真理値表からも，（ア）が正解であることが分かる。

ア：Y＝A・B＋B・C＋C・A

入力			A・B	B・C	C・A	出力
A	B	C				Y
0	0	0	0	0	0	0
0	0	1	0	0	0	0
0	1	0	0	0	0	0
0	1	1	0	1	0	1
1	0	0	0	0	0	0
1	0	1	0	0	1	1
1	1	0	1	0	0	1
1	1	1	1	1	1	1

イ：Y＝A⊕B＋B⊕C＋C⊕A

入力			A⊕B	B⊕C	C⊕A	出力
A	B	C				Y
0	0	0	0	0	0	0
0	0	1	0	1	1	1
0	1	0	1	1	0	1
0	1	1	1	0	1	1
1	0	0	1	0	1	1
1	0	1	1	1	0	1
1	1	0	0	1	1	1
1	1	1	0	0	0	0

ウ：X＝（A＋B）・（B＋C）・（C＋A），Y=$\overline{X}$ とする。

入力			A＋B	B＋C	C＋A	X	出力
A	B	C					Y
0	0	0	0	0	0	0	1
0	0	1	0	1	1	0	1
0	1	0	1	1	0	0	1
0	1	1	1	1	1	1	0
1	0	0	1	0	1	0	1
1	0	1	1	1	1	1	0
1	1	0	1	1	1	1	0
1	1	1	1	1	1	1	0

エ：X＝（A⊕B）・（B⊕C）・（C⊕A），Y=$\overline{X}$ とする。

入力			A⊕B	B⊕C	C⊕A	X	出力
A	B	C					Y
0	0	0	0	0	0	0	1
0	0	1	0	1	1	0	1
0	1	0	1	1	0	0	1
0	1	1	1	0	1	0	1
1	0	0	1	0	1	0	1
1	0	1	1	1	0	0	1
1	1	0	0	1	1	0	1
1	1	1	0	0	0	0	1

問8　イ

バーチャルリアリティにおけるレンダリング（R5 秋・高度 午前 I 問 8）

バーチャルの世界（仮想世界）においても，実際の世界（現実世界）での体験と実質的に同じ体験ができるように，必要な情報を定められた形式でコンピュータに記録することを，バーチャルリアリティにおけるモデリングという。そして，モデリングした仮想世界の情報をディスプレイに描画可能な画像に変換する処理をレンダリングという。したがって，（イ）が正解である。仮想世界を体験している人が姿勢や向きを変えると，その動きに応じて画像を変えるために，レンダリングはリアルタイムに行う必要がある。なお，レンダリングとは，数値データをディスプレイに描画可能な画像に変換する処理のことで，バーチャルリアリティだけに限定されるものではない。

ア：モーションキャプチャシステムの説明である。例えば，人の細かい動きをウェアラブルカメラやセンサーで計測し，位置や姿勢の情報に変換することによ

って，仮想世界の登場人物の動きとして再現することができる。

ウ：レジストレーション技術の説明である。例えば，仮想世界の登場人物が現実
世界にある物体の背後に隠れるといった動きをする場面で使われる技術であ
る。

エ：シミュレーションの説明である。現実世界では時間経過とともに物の移動な
どの変化が起きるが，これらの変化は物理法則などの法則で定式化できる。仮
想世界のシミュレーションも，物理法則などを適用して現実世界と同様の変化
を再現しようというものである。

問9　ア　　　　　　　　　　障害発生後の DBMS 再立上げ時の復帰方法（R5 秋・高度　午前 I 問 9）

　データベースの障害が発生した場合，再立上げするときに，データの整合性が
とれた状態に復旧する必要がある。このために，ロールフォワード（前進復帰）
とロールバック（後退復帰）という方法が使用される。そして，システム障害時
の回復時間を短縮する目的で，チェックポイントを活用することが一般的である。
チェックポイントとは，データベースの更新性能を向上させるために，更新内容
を主記憶のバッファ上に記録しておき，周期的に一括して書き込む手法，及び，
そのタイミングのことであり，最新のチェックポイントまでは，データベースの
更新内容が確定されている。この性質を利用すると，システム障害時に障害発生
時刻から直近のチェックポイントまで戻れば，それ以前の更新はディスクへの書
込みが終了しているため，回復対象から除外できるからである。

　ロールフォワードでは，障害発生以前にコミットされたトランザクションに対
して，その処理を完了させるために，チェックポイント時点のデータベースの内
容に対して，ログファイルの更新後情報を使って，その後の更新内容を反映する。
問題の図のトランザクションでは，T2 と T5 が対象になる。一方，ロールバック
では，障害発生時にコミットされていないトランザクションに対し，ログファイ
ルの更新前情報を使って，データベースの内容をトランザクションの実行前の状
態に戻す。図のトランザクションでは，T3，T4，T6 が該当する。しかし，問題
の表からトランザクションの中で実行される処理内容を確認すると，T3 と T4 は
データベースに対して Read しか行っていない。つまり，データベースの内容を
更新していないので，ロールバックの対象にはならない。したがって，（ア）が適
切な組合せである。

　なお，T1 はチェックポイント前にコミットされているので，回復処理の対象に
はならない。

問10　イ　　　　　　　　　ホストが属するサブネットワークのアドレス（R5 秋・高度　午前 I 問 10）

　サブネットワークのアドレスは，IP アドレスとサブネットマスクの論理積をと
ることによって導くことができる。172.30.123.45 と 255.255.252.0 をそれぞれ

ビット表示すると，次のようになる。

ホストの IP アドレス 172.30.123.45： 10101100 00011110 01111011 00101101
サブネットマスク　　255.255.252.0： 11111111 11111111 11111100 00000000

　これらの論理積をとると，10101100 00011110 01111000 00000000 となり，
10 進表現では，172.30.120.0 になる。したがって，（イ）が正解である。

問 11　エ　　　　　　　　　　　　　マルチキャストの使用例（R5 秋・高度 午前 I 問 11）

　マルチキャストは，複数のノード（ネットワーク上にある通信機器）をグルー
プ化して，同じマルチキャストグループに所属するノードに対して同報通信する
方式で，1 対多の通信を実現する。また，RIP-2（Routing Information Protocol
version2）は，IPv4 ネットワークで用いられるルーティングプロトコルで，マル
チキャストを使用する。ルータは，宛先としてマルチキャスト IP アドレスの
224.0.0.9 を指定し，隣接するルータのグループに，経路の更新情報を送信する。
RIP-2 に対応するルータは，この更新情報のパケットを受信し，自身がもつ経路
情報を更新する。したがって，（エ）が正しい。なお，マルチキャスト IP アドレ
スは，クラス D の 224.0.0.0 ～ 239.255.255.255 の範囲を用いることが規定さ
れている。

　その他は，次のようにマルチキャストは使用されない。
ア：DHCP（Dynamic Host Configuration Protocol）による IP アドレス取得で
　　は，同一ネットワーク内の全てのノードへの通信を行うブロードキャストと，
　　1 対 1 の通信であるユニキャストを使用し，マルチキャストは使用しない。
イ：ARP（Address Resolution Protocol）による MAC アドレス取得のリクエス
　　トには，ブロードキャストを使用する。また，その応答（リプライ）は，ユニ
　　キャストを使用する。なお，ARP は IP と同じネットワーク層のプロトコルで
　　あり，イーサネットフレーム（MAC フレーム）でカプセル化されて LAN 上を
　　伝送される。
ウ：SMTP（Simple Mail Transfer Protocol）は，TCP（Transmission Control
　　Protocol）上で動作するプロトコルであり，ユニキャストだけを使用する。メ
　　ーリングリストにおいてメンバー全員に対して一斉送信するときには，各メン
　　バーと 1 対 1 の TCP コネクションを確立した上で，SMTP でメールをそれぞ
　　れに送信する。なお，SMTP に限らず，コネクション型の TCP を使用する応
　　用層プロトコルは，ユニキャストの通信だけを行う。マルチキャストやブロー
　　ドキャストの通信は，DHCP のようにコネクションレス型の UDP を用いる。

問 12　ウ　　　　　　　　　　レインボーテーブル攻撃に該当するもの（R5 秋・高度 午前 I 問 12）

　レインボーテーブル攻撃は，不正に入手したパスワードのハッシュ値から，平文

のパスワードをクラックする（解析する）手法の一種である。レインボーテーブルは，平文のパスワードとハッシュ値からなるブロックを順につないだ複数のチェーンによるテーブルである。レインボーテーブルを利用することによって，ハッシュ値を総当たりで探索する手法と比較して，少ない探索回数で効率的に平文のパスワードを特定することができる。したがって，レインボー攻撃に該当するのは，（ウ）である。

その他は，次の手法に関する記述である。

ア：パスワードリスト攻撃，あるいはリスト型攻撃と呼ばれる，不正ログイン攻撃の手法

イ：総当たり攻撃（ブルートフォース攻撃）と呼ばれる，不正ログイン攻撃の手法

エ：ソーシャルエンジニアリングと呼ばれる，パスワードの類推の手法

問 13　ウ　メールの第三者中継に該当するもの（R5秋·高度 午前Ⅰ問 13）

メールの第三者中継とは，外部ネットワークから受信したメールの宛先が，メールサーバの管理するドメインとは異なるドメイン名をもったメールアドレスであった場合に，その異なるドメインにあるメールサーバに対してメールを中継することをいう。

具体的には，接続元 IP アドレスが社外で，受信者のメールアドレスのドメイン名も社外であるメールが該当する。この条件で，表中の選択肢を確認していくと，接続元 IP アドレスが社外（BBB.45.67.89）で，かつ受信者のメールアドレスのドメイン名も他社（a.b.e）となっている（ウ）を見つけることができる。したがって，（ウ）が正しい。この問題では，IP アドレスとドメイン名は詐称されていないという条件があるので，送受信者のメールアドレスのドメイン名だけに着目しても正解を見つけることができる。

なお，（ア）は自社から他社，（イ）は自社から自社，（エ）は他社から自社へのメールなので，第三者中継には該当しない。

問 14　ア　コーディネーションセンターの機能とサービス対象の組合せ（R5秋·高度 午前Ⅰ問 14）

JPCERT コーディネーションセンターが公開している "CSIRT ガイド（2021年 11 月 30 日）" では，CSIRT（Computer Security Incident Response Team）を，機能とサービス対象によって六つに分類している。その内容を整理すると，次の表のようになる。したがって，コーディネーションセンターの機能とサービス対象の組合せとして，（ア）が適切である。

その他については，（イ）は分析センター，（ウ）はベンダーチーム，（エ）はインシデントレスポンスプロバイダーの機能とサービス対象の組合せである。

名称	機能	サービス対象
組織内 CSIRT	組織に関わるインシデントに対応する。	組織の従業員，システム，ネットワークなど
国際連携 CSIRT	国や地域を代表して，他の国や地域とのインシデント対応のための連絡窓口として活動する。	国や地域
コーディネーションセンター	インシデント対応において CSIRT 間の情報連携，調整を行う。	他の CSIRT
分析センター	インシデントの傾向分析やマルウェアの解析，侵入等の攻撃活動の痕跡の分析を行い，必要に応じて注意喚起を行う。	その CSIRT が属する組織又は国や地域
ベンダーチーム	自社製品の脆弱性に対応し，パッチの作成やアップデートの提供を行い，製品利用者への情報提供と注意喚起を行う。	自組織及び自社製品の利用者
インシデントレスポンスプロバイダー	組織内 CSIRT の機能又はその一部を，サービスプロバイダーとして有償で請け負う。	サービス提供契約を結んでいる顧客

問15　ア

DKIM（DomainKeys Identified Mail）は，送信側のメールサーバで電子メールにデジタル署名を付与し，受信側のメールサーバでそのデジタル署名を検証して送信元ドメインの認証を行う仕組みである。したがって，（ア）が正しい。なお，このデジタル署名の検証によって，署名を行ったドメイン名の真正性だけでなく，署名対象のヘッダー及び本文の完全性も確認することができる。DKIM では，次の①～③の手順で認証が行われる。

①送信側では，デジタル署名を検証するための公開鍵などを含む DKIM レコードを，DNS の TXT レコードに格納して，署名を行うドメインの権威 DNS サーバにあらかじめ登録する。

②送信側のメールサーバが，電子メールにデジタル署名を付与し，DKIM-Signature ヘッダーに格納して送信する。

③受信側のメールサーバが，DKIM-Signature ヘッダーで指定されているドメインの権威 DNS サーバから DKIM レコードを取得し，デジタル署名を検証する。

その他については，（イ）は POP before SMTP，（ウ）は DMARC（Domain-based Message Authentication, Reporting & Conformance），（エ）は SPF（Sender Policy Framework）に関する記述である。

　ローコード開発は，プログラムのコーディングをできるだけ行わずに，アプリケーションソフトウェアを開発する手法である。開発環境上で，用意された部品やテンプレートを GUI による操作で組み合わせたり，必要に応じて一部の処理のソースコードの変更や追加を行ったりする。したがって，（エ）が正しい。

　その他の手法は次のとおりである。

ア：継続的インテグレーション（CI；Continuous Integration）は，開発者がソースコードをリポジトリへコミットすると，ビルドとテストが自動実行されるというプロセスを高頻度で繰り返す，アジャイル開発の実践手法である。

イ：ノーコード開発は，プログラムのコーディングを全く行わずに，アプリケーションソフトウェアを開発する手法である。開発環境上で，用意された部品やテンプレートを GUI による操作で組み合わせるなどする。ローコード開発と比較して，より簡単に開発を行える一方，カスタマイズの自由度は低い，という特徴がある。

ウ：プロトタイピングは，プロトタイプ（試作品）を用いる開発手法である。例えば，設計工程において，簡易的に動作する入力画面のサンプルコードを作成し，ユーザーレビューによって設計の品質を高める。

　IDE（Integrated Development Environment；統合開発環境）は，エディター，コンパイラ，リンカ，デバッガなどが一体となった開発ツールで，ソフトウェア開発に必要なツールを一つの環境にまとめ，同じインタフェースで利用しやすくなるよう統合したものである。したがって，（ア）が正解である。

イ：デバッグに使われる JTAG（Joint Test Action Group）の説明である。JTAG を利用できるのは，バウンダリスキャンという動作に支障を与えない制御端子の機能をもつ CPU に限られるが，現在では多くの CPU に備わっている。

ウ：製品の試作段階で，擬似的な実機環境を提供する IC や部品などを搭載したボードの説明である。JTAG との接続も容易である。

エ：タスクスケジューリングの仕組みなどを提供するソフトウェアは，OS のタスクスケジューラーである。

　PMBOK®（Project Management Body Of Knowledge）とは，プロジェクトマネジメントに関する知識を体系的にまとめたものである。最新の PMBOK®ガイド第 7 版では，プロジェクト・スコープを「（前略）プロダクト，サービス，所産を生み出すために実行する作業」とし，プロジェクト・スコープ記述書につい

ては,「プロジェクトのスコープ,主要な成果物,除外事項を記述した文書」と説明している。したがって(エ)のプロジェクトの除外事項が正解である。

ア:WBS(Work Breakdown Structure)は,プロジェクト・スコープ記述書に記載されたスコープを階層的に要素分解し詳細化したものである。

イ:コスト見積額は,プロジェクトの計画における見積りの情報を基に求められる項目で,プロジェクトマネジメント計画書に記述する項目である。

ウ:ステークホルダー分類は,ステークホルダーに関する情報を含むステークホルダー登録簿に記述する項目である。

問 19 ア　　　　　　　計画変更によるスケジュール短縮日数(R5 秋·高度 午前 I 問 19)

図 1 の当初の計画で示された当初の作業スケジュールを,図 2 のように変更して実施した場合に短縮できる作業日数が問われている。当初の計画で所要日数 9 日の作業 E を,図 2 では作業 E1,E2,E3 の三つに分けて,E1 と E2 を並行して行い,両方の作業が終了してから E3 を実行するように計画を変更している。この結果,次の図のように 6 日で終えることができ,作業 E の部分の日数を 3 日短縮することができる。

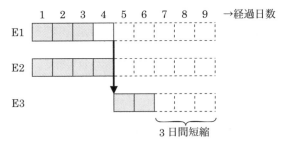

このように,一部の作業を 3 日短縮できることが分かったが,スケジュール全体でも 3 日短縮できるかどうか確認する必要がある。

まず,当初の計画の図 1 について全体の所要日数を求めると A→B→E→H→I が最も長く 28 日かかり,クリティカルパスとなる(A→C→F→H→I は 23 日,A→B→D→G は 27 日)。

変更後の計画の図 2 では,変更前に 9 日かかった作業 E が,作業 E1,E2,E3 に分けて 6 日で終えられるので,クリティカルパスが A→B→D→G に変わり,全体の所要日数も 27 日となる(A→C→F→H→I は 23 日,A→B→(E1,E2,E3)→H→I は 25 日)。これより,スケジュールは全体で 1 日短縮できることができるので,(ア)が正解である。

なお,この問題のように,順番に実行する予定の作業を並行して行うことで全体の所要日数を短縮する技法をファストトラッキングという。

　SLA（サービスレベルアグリーメント）などで示される可用性は，期間中の全サービス時間に対するサービス提供時間の比率であり，次の式で求められる。

$$可用性 = \frac{サービス提供時間}{全サービス時間} = \frac{全サービス時間 - サービスの停止時間}{全サービス時間}$$

　まず，全サービス時間を求める。計算対象となる月の日数が 30 日で，サービスは毎日 0 時から 24 時まで提供されるので，全体で 30×24（時間）となるが，計画停止を実施する月曜日が 4 回あり，この日は 0 時から 6 時までの 6 時間が計画停止となるので，全サービス時間は $30 \times 24 - 4 \times 6 = 720 - 24 = 696$（時間）となる。

　この条件でサービスの可用性が 99%（$=0.99$）以上になるサービスの停止時間を求めると，次の式が成り立つ。

$$0.99 \leqq \frac{696（時間）- サービスの停止時間}{696（時間）}$$

　この式の両辺に 696（時間）を掛けると，
　　0.99×696（時間）$\leqq 696$（時間）$-$　サービスの停止時間
　　サービスの停止時間 $\leqq 696$（時間）$- 0.99 \times 696$（時間）
　　（右辺）$= 696 \times（1 - 0.99）= 696 \times 0.01 = 6.96$（時間）
　　　　　　$\fallingdotseq 6$（時間）……小数第 1 位切捨て
　したがって，許容されるサービスの停止時間は最大 6 時間で，（イ）が正解となる。

　フルバックアップ方式はディスク全体の内容をテープなどに取得する方式で，差分バックアップ方式は直近のフルバックアップ以降に変更になった内容だけをテープなどに取得する方式である。障害から復旧するには，直近のフルバックアップのデータをディスクに復元（リストア）した後，変更内容の差分バックアップのデータを反映することになる。したがって，（イ）が適切な記述である。
ア：フルバックアップ方式での復旧は，フルバックアップの復元だけ行い，差分のデータ処理はない。一方，差分バックアップ方式は，フルバックアップの復元に加えて，変更になった差分のデータを反映する処理も必要なため，障害からの復旧時間は，フルバックアップ方式に比べて長い。
ウ：差分のデータだけでは復旧できないので，フルバックアップの取得が必須である。一般には，例えば，週末にフルバックアップを行い，それ以外の日は差分バックアップを行うといった運用となる。

エ：バックアップの対象となるデータ量はフルバックアップよりも差分バックアップの方が少なく，バックアップに要する時間も差分バックアップ方式の方が短い。

問 22　ウ　　起票された受注伝票に関する監査手続 (R5 秋·高度 午前 I 問 22)

「起票された受注伝票の入力が，漏れなく，かつ，重複することなく実施されていること」を確認するためには，販売管理システムからデータ内容をそのまま出力したプルーフリストと受注伝票との照合が実際に行われていることを確認する必要がある。そのためには，プルーフリストと受注伝票上で照合が行われたことを示す照合印の有無を確かめる必要があるので，（ウ）が監査手続として適切である。

ア：この記述は例外取引の妥当性を確認するための監査手続であり，受注伝票が漏れなく，重複することなく入力されていることを確かめるものではない。

イ，エ：テストデータ法と並行シミュレーション法は，システムが行うデータの処理が正しいことを確認するシステム監査技法であり，受注伝票が漏れなく，重複することなく入力されていることを確かめるものではない。

問 23　イ　　バックキャスティングの説明 (R5 秋·高度 午前 I 問 23)

バックキャスティングとは，未来のありたい姿を目標として設定し，現在に向かって遡る過程で予想される課題や解決策を検討することで，目標を達成するために現在から未来に向かってやるべきことを考える思考法である。したがって，（イ）が正解である。バックキャスティングの逆で，未来に向かって課題や解決策を検討する思考法をフォワードキャスティングと呼ぶ。

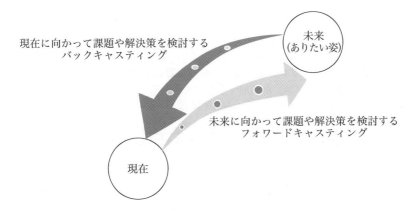

図　バックキャスティングとフォワードキャスティング

ア：アジャイル開発の説明である。事前に決めたプロジェクト要員の範囲内で，機能を優先順位付けし優先する機能から繰返し順次開発していく開発手法である。

ウ：ボトムアップの説明である。ボトム（下位）から上位に向かって意思伝達していく手法である。ボトムアップとは逆にトップ（上位）から下位に向かって意思伝達していく手法をトップダウンと呼ぶ。

エ：バックテストの説明である。バックテストは主に投資で使われる用語で，投資戦略を過去のデータに当てはめて，どの程度の利益が出るのかシミュレーションすることでその有効性を検証する手法である。

問24　エ
SOA の説明（R5 秋・高度 午前 I 問 24）

　SOA（Service Oriented Architecture）とは，ネットワーク上に公開されている"サービス"と呼ばれるソフトウェア部品を組み合せることで，企業などの情報システムを構築していこうとする考え方や，それを実現させるためのアーキテクチャのことであり，（エ）が正解である。

　なお，ビジネスプロセスとは，業務上の処理のことであり，コンポーネントウェアなどのソフトウェア部品を利用する他のシステム開発手法と比べて，部品の単位が業務処理（サービス）という，ある程度大きなまとまりであることが特徴とされている。

ア：BPR（Business Process Reengineering）の説明である。

イ：ERP（Enterprise Resource Planning）の説明である。

ウ：SLA（Service Level Agreement）の説明である。

問25　エ
ファウンドリーサービスの説明（R5 秋・高度 午前 I 問 25）

　ファウンドリーはいわゆる鋳物工場を指す言葉であるが，半導体メーカーにおいては半導体工場を指す。ファウンドリーサービスとは，半導体製品の製造を専門に行うサービスのことである。自社で製造設備をもたず半導体製品の企画や販売を専門に行うファブレス企業などからの製造委託を受けて半導体製品の製造を行う。したがって，（エ）が正解である。

　なお，ファウンドリーサービスを行う半導体メーカーやファブレス企業のように水平分業をする形態に対して，半導体製品の企画，設計，製造，販売などを全て自社で行う企業を垂直統合型デバイスメーカー（IDM；Integrated Device Manufacturer）と呼んでいる。

ア：ライセンスビジネスの説明である。

イ：垂直統合型デバイスメーカー；IDM（Integrated Device Manufacturer）の説明である。

ウ：ファブ（製造設備）レス企業の説明である。

問 26　イ　　人口統計的変数に分類される消費者特性（R5 秋・高度 午前 I 問 26）

　市場にあふれる顧客の数は多く，広範囲に分散しており，顧客のニーズも日々変化している。急速に変化する市場に対応するためには，効果的にマーケティングを行わなければならない。効果的な市場開拓を目的としたマーケティング手法の一つである STP マーケティングでは，年齢，性別，地域など，幾つかの条件を付けて市場全体をセグメントという単位に細分化し（セグメンテーション；Segmentation），自社の製品やサービスを踏まえ，ターゲットとなるセグメントを絞り込み（ターゲティング；Targeting），自社の製品やサービスをターゲットのニーズに適合させる（ポジショニング；Positioning）という三つのステップを踏む。

　セグメンテーション変数とは，市場を細分化する際に用いる基準であり，地理的変数（Geographic Variables），人口統計的変数（Demographic Variables），心理的変数（Psychographic Variables），行動的変数（Behavioral Variables）の四つに分類される。それぞれの変数の例は次のとおりである。

表　セグメンテーション変数の分類

名称	例
地理的変数	国，州，地域，郡，都市規模，人口密度など
人口統計的変数	年齢，性別，所得，職業，宗教，人種，国籍など
心理的変数	社会階層，パーソナリティ，ライフスタイル，性格など
行動的変数	購買契機，使用頻度，ロイヤルティ，使用者状態など

　職業は人口統計的変数となる。したがって，（イ）が正解である。
ア：社交性などの性格は，心理的変数である。
ウ：人口密度は，地理的変数である。
エ：製品の使用割合は，行動的変数である。

問 27　ウ　　オープンイノベーションの説明（R5 秋・高度 午前 I 問 27）

　オープンイノベーションとは，H.チェスブロウが提唱した概念で，企業内部と外部のアイディアを有機的に結合させ，価値創造することである。これは，主に自社が使用する特許を中心とした知的財産戦略が中心となるクローズドイノベーションと対比されるもので，自社と外部組織の技術やアイディアなどを組み合わせることで創出した価値を，更に外部組織へ提供する。したがって，（ウ）が正解である。
ア：「外部の企業に製品開発の一部を任せることで，短期間で市場へ製品を投入する」のは，OEM（Original Equipment Manufacturing）である。
イ：「顧客に提供する製品やサービスを自社で開発することで，新たな価値を創出

する」のは，クローズドイノベーションである。

エ：「自社の業務の工程を見直すことで，生産性向上とコスト削減を実現する」のは，プロセスイノベーションである。

問28　イ
AI を用いたマシンビジョンの目的（R5 秋·高度 午前 I 問 28）

スマートファクトリーで使用される AI を用いたマシンビジョンとは，産業機器に搭載されたカメラによって対象物を認識し，映し出された画像を処理し，処理結果に基づいて機器を動作させるシステムである。産業機器に人間の視覚をもたせ，AI が判別する機能を提供する。マシンビジョンは，カメラ，照明，ソフトウェアで構成され，従来，人間が実施していた目視検査を自動化し，検査効率を向上させることを目的とする。したがって，（イ）が正解である。

ア：VR ゴーグルは現実ではない空間を見せるもので，VR ゴーグルに作業プロセスを表示することは，作業効率を向上させることを目的とするものである。よって，記述はマシンビジョンの目的には該当しない。

ウ：クラウドに蓄積した入出荷データを用いて機械学習を行い，生産数の最適化を行うことは，需要予測を目的とするものである。よって，記述はマシンビジョンの目的には該当しない。

エ：設計変更内容を，AI を用いて吟味することは，製造現場に正確に伝達することを目的とするものである。よって，記述はマシンビジョンの目的には該当しない。

問29　イ
発生した故障の要因を表現するのに適した図法（R5 秋·高度 午前 I 問 29）

問題文の記述に適した図法は（イ）のパレート図である。パレート図は QC 七つ道具の一つで，量の累計を多いものから順番に表示して重点的対策の対象を明らかにする。まず，横軸に項目ごとの棒グラフを量の多い順に並べ，次に縦軸に項目累計表示も加えて，その累計を線で結び，100％に至るまで表示したものである。在庫管理の ABC 分析などにも使用される。

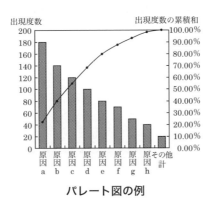

出現度数　　　　　　出現度数の累積和

パレート図の例

ア：特性要因図は，QC 七つ道具の一つで，問題としている対象の特性（結果）を分析するのに，要因を魚の骨に似た形で表現する方法である。

ウ：マトリックス図は新 QC 七つ道具の一つで，問題としている対象全体を二次元的な配置図（マトリックス）として表現する方法である。行と列にそれぞれ大きな項目要素の分類を配置し，それら項目間の関連性などを交点に記入して全体観を得る。

エ：連関図は新 QC 七つ道具の一つで，幾つもの問題点とそれらの要因との間に想定される因果関係を矢印でつないで表現する図である。原因と結果，目的と手段などが複雑に絡み合う問題の全体を，明らかにするために用いられる。

問 30　ア　　　匿名加工情報取扱事業者が第三者提供する際の義務（R5 秋・高度 午前 I 問 30）

　個人情報保護法第 2 条第 6 項によると，「匿名加工情報」とは，個人情報の区分に応じて規定に定める措置を講じて特定の個人を識別することができないように個人情報を加工して得られる個人に関する情報であって，当該個人情報を復元することができないようにしたものをいう。同法第 44 条によると，匿名加工情報取扱事業者は，匿名加工情報を第三者に提供するときは，個人情報保護委員会規則で定めるところにより，あらかじめ，第三者に提供される匿名加工情報に含まれる個人に関する情報の項目及びその提供の方法について公表するとともに，当該第三者に対して，当該提供に係る情報が匿名加工情報である旨を明示しなければならない。したがって，（ア）が正解である。

イ：個人情報保護法には，「第三者へ提供した場合は，速やかに個人情報保護委員会へ提出した内容を報告しなければならない」という規定はない。

ウ：個人情報保護法には，「第三者への提供手段は，ハードコピーなどの物理的な媒体を用いることに限られる」という規定はない。サーバに格納するという提供手段も認められる。

エ：個人情報保護法には，「匿名加工情報であっても，第三者提供を行う際には事前に本人の承諾が必要である」という規定はない。匿名加工情報を第三者提供を行う際に，事前に本人の承諾は不要である。

●令和 5 年度秋期
午前 II 問題 解答・解説

問1 エ CAP 定理（R5 秋・DB 午前 II 問 1）

　CAP 定理とは，分散コンピュータシステムを構成するノード間の情報複製において「一貫性（整合性）（Consistency）」，「可用性（Availability）」，「分断耐性（Partition tolerance）」の三つの保証のうち同時に満足できるのは二つまでであり，全てを同時に満足することはできないという定理である。したがって，（エ）が適切である。それぞれの保証の頭文字を取って CAP 定理と呼ばれるが，提唱したエリック・ブリュワー氏の名前を取ってブリュワーの定理ともいう。三つの保証の意味は，次のように定義されている。

・一貫性（整合性）：全てのノードのデータが常に最新化されており，データを参照する際は，どのノードに接続しても常に最新のデータを参照できること。トランザクション処理における ACID 特性の一貫性（トランザクション実行前後のデータに矛盾がない状態を保証すること）とは意味が異なる。このため，あえて CAP 定理の C を強い整合性と区別する場合もある。

・可用性：障害発生時であっても障害が発生していないノードが応答し，ユーザーがデータに必ずアクセスできること。

・分断耐性：ノード間で通信障害が発生した場合でも，分散コンピュータシステムが継続して動作すること。

　二つの保証の組合せによって，CA 型，CP 型，AP 型の三つのパターンに分類される。そもそも分散されていない単一の RDBMS は CA 型，2 相コミットメントを用いて一貫性を重視した分散データベースは CP 型，NoSQL などを使用した一貫性より性能を重視する分散データベースは AP 型である。

ア：NoSQL などで適用されている，結果整合性（eventual consistency）に関する説明である。

イ：トランザクション処理における，ACID 特性の一貫性（C）に関する説明である。

ウ：トランザクション処理における，直列化可能性に関する説明である。

問2 ウ 規則に従い複数のノードにデータを分散して割り当てる方法（R5 秋・DB 午前 II 問 2）

　分散データベースにおいて，データを複数のノードに割り当てる方法として，シャーディングとコンシステントハッシングがある。

　シャーディングは，データやデータのキー，又はそのハッシュ値をあらかじめ

午前 II 解答

定めた規則に従って割り当てるノードを決定する方法である。したがって，（ウ）が正解である。

　シャーディングには，割り当てるノードを単純に決定できるため分かりやすい反面，ノードの増減が発生した場合にほとんどのデータを割り当て直さなければならないという欠点がある。この欠点を解消した方法が，コンシステントハッシングである。

　コンシステントハッシングは，ノードの ID とデータやデータのキーのハッシュ値をリング状に並べ，リングを時計回りに進んだ際に最初に出会うノードにデータを割り当てる方法である。ノードの増減が発生した際は，増減されたノードとその手前のノードの間のデータだけが再配置されるため，シャーディングに比べて再割当てのコストが小さくできる。

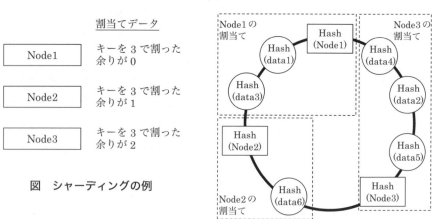

図　シャーディングの例

図　コンシステントハッシングの例

ア：2 相コミットプロトコルは，トランザクションの処理結果を分散されたデータベースに整合性を保ったまま格納（コミット）する方法である。

イ：コンシステントハッシングは，ノードの ID とデータのハッシュ値をリング状に並べて複数のノードにデータを割り当てる方法である。

エ：レプリケーションは，データベースのデータと別ノードのデータベースデータの更新同期をとる方法の一つである。

問3　エ　　　　　　　　　　　　　　　　概念データモデルの説明（R5 秋·DB　午前Ⅱ問 3）

　データモデルとは，ある表現規約に基づいて，使用目的に合わせて関連するデータ項目を記述したものであり，概念データモデル，論理データモデル，物理データモデル（物理データベース設計）に大別される。

　概念データモデルは，対象世界の情報構造を抽象化して表現したものであり，

全体を記述すること，DBMS に依存しない表現であることが特徴である。代表的な表現方法としては E-R モデルがある。したがって，（エ）が最も適切である。

ア：階層モデル，ネットワークモデル，関係モデルは，概念データモデルをコンピュータに実装するときに用いられる論理データモデルに相当する。

イ：業務プロセスを抽象化して表現したものは，データモデルに該当しない。

ウ：集中型や分散型の区別は，概念データモデルの段階ではなく，物理データモデルの段階である。

問4　イ　　　　　　　B⁺木インデックスのアクセス回数のオーダー（R5 秋-DB 午前 II 問 4）

探索木は，検索用の木（構造）で，探索木を利用した検索では，探索値とノードの値を比較しながら，適切な子ノードへ検索を進めていく。このため，検索のためのアクセス回数のオーダー（計算量）は，基本的に木の深さに比例する。そして，左右の部分木のバランスがとれた理想的な状態の 2 分探索木では，ノードの数を X としたときの木の深さは $\log_2 X$ なので，検索のための計算量も $\log_2 X$ になる。また，各ノードが n 個の子ノードをもつ n 分木の場合には，理想的な状態での木の深さは $\log_n X$ であり，検索のための計算量もこれに比例する。

計算量のオーダーを示す O 記法では，定数部分などは省略する決まりなので，$\log_2 X$，$\log_n X$ はいずれも $O(\log X)$ と表現される。本問で問われている B⁺木インデックス（詳細は後述）については，ノードに記録できるデータの件数などが示されてないが，n 分木の一つなので，検索のためのアクセス回数のオーダーは $\log X$ であり，（イ）が正解である。

検索に用いる木構造として 2 分探索木が代表的であるが，2 分探索木の場合，左右の木の深さのバランスがくずれて偏りが発生すると，最悪で要素数と同じ数，つまり，逐次探索と同じ計算量 $O(N)$ になってしまうという欠点がある。この欠点を解消するために左右の木の深さのバランスを取るようにした木をバランス木と呼び，2 分探索木をベースにした平衡（バランス）木の一つに AVL 木（Adelson-Velskii and Landis' tree）がある。そして，2 分木ではなく，多分木をベースにしたバランス木の代表が B 木であり，次の三つの制約条件を満たす。

(1)　根以外の節点には，n 個以上 2n 個以下のキー値が格納されている
(2)　各節点は，節点に格納されているキー値の数＋1 個の子をもつ
(3)　全ての葉までの深さ（レベル）が等しい

さらに，この B 木を改良し，データベースの索引として利用できるように，順次アクセスへ対応したものが B⁺木である。B⁺木は，索引部分とデータ格納部分を分けて，データを最下層のノードだけに格納し，最下層以上のノードにはキー値（索引）だけを格納するようにしている。また，最下層のデータが格納されるノードは，ノード間をポインタでつなぐことによって，データの順次アクセスができるよう工夫されている。

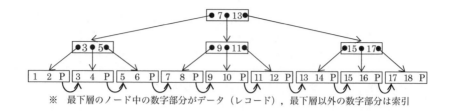

※ 最下層のノード中の数字部分がデータ（レコード），最下層以外の数字部分は索引

問5 エ　　　　　　　指定された状況を管理する表の設計（R5秋·DB 午前Ⅱ問5）

　DB 試験の問題としては初歩的であるが，繰返し項目（従業員のプログラム言語）がある場合の第1正規化の問題である。

ア："プログラム言語"表の主キーを氏名としているが，"従業員"表の主キーは従業員番号となっている。これは同姓同名の従業員がいた場合に，氏名が一意にならないことを考慮していると考えられる。よって，"プログラム言語"表の主キーとしても氏名は使用できず，この設計は誤りである。

イ："プログラム言語"表の主キーをプログラム言語としているが，この設計では一つのプログラム言語に対して一人の従業員しか登録できない。問題文に記載がないものの，一つのプログラム言語は複数の従業員が使用できると考えられるため，この設計は誤りである。

ウ："プログラム言語"表の主キーを従業員番号としているが，この設計では一人の従業員に一つのプログラム言語しか登録できない。問題文には，「プログラム言語を2種類以上使用できる従業員がいる」とあるため，この設計は誤りである。

エ："プログラム言語"表の主キーを従業員番号とプログラム言語の組合せとしている。この設計の場合，一人の従業員が異なる複数のプログラム言語を登録でき，また一つのプログラム言語は複数の従業員で登録が可能となる。また，「プログラム言語を全く使用できない従業員」はデータベースにデータを登録しないという形で表現でき，この設計は適切である。

　したがって，（エ）が適切である。

問6 ア　　　　　情報無損失分解かつ関数従属性保存が可能な正規化（R5秋·DB 午前Ⅱ問6）

　情報無損失分解が可能な正規化とは，問題文にもあるように自然結合によって元の関係が復元できる分解である。例えば，生徒（生徒名，郵便番号，住所県名）という関係では，生徒名→郵便番号，郵便番号→住所県名という推移的関数従属性があるため，生徒（生徒名，郵便番号）と住所（郵便番号，住所県名）という二つの関係に分解することができる。この分解した二つの関係は，郵便番号をキーとして自然結合すれば元の関係が復元できるため，情報無損失分解が可能な正

規化であるといえる。

　また，関数従属性保存が可能な正規化とは，元の関係において存在した関数従属性が，正規化によって分解した後でも必ず残っている分解である。前述の例では，分解後の二つの関係においても元の関係に存在した生徒名→郵便番号，郵便番号→住所県名という二つの関数従属性は残っているため，関数従属性保存が可能な正規化であるといえる。

　以上から，（ア）が正解[注]である。なお，第1正規形から第2正規形への変換についても，情報無損失分解ができ，かつ関数従属性保存が可能である。

イ：一般的に，第3正規形からボイス・コッド正規形（BCNF）への変換において，関数従属性保存が不可能なケースが存在する。

ウ：関数従属性保存とは無関係である。

エ：ボイス・コッド正規形から第4正規形への変換では，関数従属性保存が成り立たない場合がある。

（注）本問は過去何回か繰り返し出題されている問題であるが，2022年5月に次の記事によって出題内容に対して疑問があると指摘されている。正規化理論の詳細をさらに知りたい人は記事内容を実際に参照してほしいが，専門的で難しすぎる説明もあるため，ここでは，その趣旨を説明しておく。

（記事）SRA OSS Blog，増永教授のDB特論⑤「3NF分解と関数従属性保存」
https://www.sraoss.co.jp/tech-blog/db-special-lecture/masunaga-db-special-lecture-5/

（記事概要）

　「『リレーションの第2正規形から第3正規形への変換は必ず情報無損失分解かつ関数従属性保存である』ということが出題者の意図ではないかと推察されますが，本当にそうなのだろうか？」この疑問に対して，（ア）に反する例はいくらでも示せるとして，次の例を挙げている。

　関係スキーマ R (A, B, C, D) に所与の関数従属 $F=\{A{\to}B, B{\to}C, A{\to}D, D{\to}C\}$が指定されているとする。このとき，$R$ は2NFではあるが3NFではない。R の3NFへの情報無損失分解が関数従属性保存であるかどうかを検証する。なお，次図に本例題での所与の関数従属性図を示す。R (A, B, C, D) は推移的関数従属性 $B{\to}C$ があるから，$B{\to}C$ の部分を分解して R_1 (A, B, D)，R_2 (B, C) となる。R_1 と R_2 は推移的関数従属性がないから両方とも3NFである。ただし，$D{\to}C$ が失われているので，R (A, B, C, D) の一部の関数従属性は保存されていない。

　一方，先に推移的関数従属性 $D{\to}C$ に注目して R_1 (A, B, D)，R_2 (D, C) と分解した場合は $B{\to}C$ が失われる。$B{\to}C$ 又は $D{\to}C$ に注目して分解するのはどちらも第3正規形への変換であるが，関数従属性が失われている。ただ，$B{\to}C$，$D{\to}C$ のように被決定項が共通（この場合は C）の場合，別々の属性とみなして，分解すると当然であるが，関数従属性は失われない。このような便

法をさらに一般化した情報無損失分解であり，かつ関数従属性を保存した第 3
正規形への分解アルゴリズム（decomposition algorithm）が知られている。な
お，分解アルゴリズムのことを，個々の関数従属性から関係を組み立てるとい
う意味で合成アルゴリズム（synthesis algorithm）ともいう。

　以上から，この問題の正解「第 2 正規形から第 3 正規形への変換」を分解だ
けではなく，合成アルゴリズムを含む第 3 正規形への変換と解釈すれば正解は
あることになると思われる。

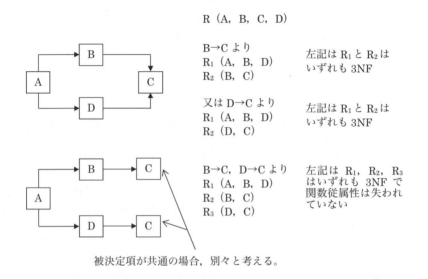

R（A，B，C，D）

B→C より
R₁（A，B，D）
R₂（B，C）

左記は R₁ と R₂ は
いずれも 3NF

又は D→C より
R₁（A，B，D）
R₂（D，C）

左記は R₁ と R₂ は
いずれも 3NF

B→C，D→C より
R₁（A，B，D）
R₂（B，C）
R₃（D，C）

左記は R₁，R₂，R₃
はいずれも 3NF で
関数従属性は失われ
ていない

被決定項が共通の場合，別々と考える。

問7　ウ　　指定された主キーをもつ関係 “フライト” に関する説明（R5 秋·DB 午前Ⅱ問 7）

　この問題のように，ある属性に対して属性の集合が決まる関係を多値従属性と
いう。関係 “フライト” には，便名と客室乗務員名，便名と搭乗者名の間にそれ
ぞれ多値従属性が存在しているが，便名，客室乗務員名，搭乗者名，{便名，客室
乗務員名}，{便名，搭乗者名}，{客室乗務員名，搭乗者名} のいずれかが決まっ
ても，他の属性が一意に決まらないため関数従属性は存在しない。そのため，関
係 “フライト” は，ボイス・コッド正規形の条件を満たしているが，第 4 正規形
の条件は満たしていない。

表　正規形の条件

正規形	条件
第 1 正規形	・全ての属性が単一のスカラ値である。
第 2 正規形	・第 1 正規形である。 ・全ての非キー属性が，候補キーに対して完全関数従属する（部分関数従属性がない）。
第 3 正規形	・第 2 正規形である。 ・全ての非キー属性が，候補キーに対して非推移的に関数従属する（推移的関数従属性がない）。
ボイス・コッド正規形	・第 3 正規形である。 ・全ての属性が，候補キーに対して完全関数従属する。
第 4 正規形	・ボイス・コッド正規形である。 ・多値従属性がない。

　多値従属性を複数もつ表では，更新時に不具合が発生する可能性がある。例えば，関係 "フライト" では客室乗務員名が変わると複数のレコードを更新しなければならず，更新漏れが発生すると多値従属性が失われてしまう。一方，このような場合は多値従属性を損なうことなく，第 4 正規形の関係に分解することができる（情報無損失分解が可能である）。関係 "フライト" を第 4 正規形に分解すると次表のようになり，二つの関係を便名で結合すれば元の関係を再現できる。

関係 "客室乗務員"

便名	客室乗務員名
BD501	東京建一
BD501	横浜涼子
BD702	東京建一
BD702	千葉建二

関係 "搭乗者"

便名	搭乗者名
BD501	大阪一郎
BD501	京都花子
BD702	大阪一郎
BD702	神戸順子

ア：一つの関係に複数の多値従属が存在する場合，更新時異状が発生する可能性があるため，この記述は誤りである。

イ：関係 "フライト" には，あらゆる関数従属が存在しないため，この記述は誤りである。

ウ：関係 "フライト" は，二つの第 4 正規形の関係に情報無損失分解できるため，この記述は正しい。

エ：関係 "フライト" には，関数従属が存在しないため，ボイス・コッド正規形の条件を満たしており，この記述は誤りである。

　したがって，（ウ）が正解である。

　問題に示された表を「受注」とし，それを第3正規形まで分割すると次のようになる（※下線部が主キー）。

　第1正規化（「受注」そのものが，既に第1正規形）

　　　①受注（<u>受注番号</u>，顧客コード，顧客名，受注日，<u>商品コード</u>，商品名，単価，受注数，受注金額）

　第2正規化（部分関数従属の {受注番号，商品コード} →顧客コード，商品名を別の表に分割）

　　　②受注（<u>受注番号</u>，顧客コード，顧客名，受注日）

　　　③受注明細（<u>受注番号</u>，<u>商品コード</u>，受注数，受注金額）

　　　④商品（<u>商品コード</u>，商品名，単価）

　第3正規化（推移的関数従属の顧客コード→顧客名を別の表に分割）

　　　⑤受注（<u>受注番号</u>，顧客コード，受注日）

　　　⑥顧客（<u>顧客コード</u>，顧客名）

　③，④はこのまま（ただし，③の受注金額は導出項目なので，通常は含めないが，この場合，含んでいても表の数には影響しない）。

　以上から，③，④，⑤，⑥の四つの第3正規形の表が得られるので，（ウ）が正解である。

　SQL文で出力結果に順位を付ける汎用ウィンドウ関数として，RANK関数がある。したがって，（エ）が正解である。

　〔構文〕
```
RANK() OVER ( [PARTITION BY 列名[, 列名・・・]]
 ORDER BY 列名[ASC/DESC] [, 列名[ASC/DESC]・・・] )
```

　PARTITION BY句は省略できるが，使用することで指定した列名ごとの順位付けができる。また，ORDER BY句を使用することで出力結果をソートすることができる。ASCを指定すると昇順，DESCを指定すると降順で結果がソートされるが，省略時はASCとなる。

ア：CUME_DIST関数は，累計分布を出力する関数であり，誤りである。構文はRANK関数と同じであり，PARTITION BY句で累計分布の集計項目を指定でき，ORDER BY句で結果をソートすることができる。

イ：MAX関数は，最大値を出力する関数であり，誤りである。

ウ：PARCENT_RANK関数は，順位を整数ではなく割合で出力する関数であり，誤りである。PARCENT_RANK関数も，RANK関数と同じ構文であり，

PARTITION BY 句で集計項目を指定でき，ORDER BY 句で結果をソートすることができる。

問10 ア　二つの表からどちらか一方にだけ含まれる ID を得る SQL 文（R5秋-DB 午前II問10）

　問題の〔SQL 文〕を見ると，まず出力結果には COALESCE 関数を使用している。COALESCE 関数は，第1引数に指定した値が NULL だった場合に，第2引数に指定した値を代わりに出力する関数である。問題の〔SQL 文〕では「COALESCE(A.ID, B.ID)」となっているため，A.ID が NULL だった場合は B.ID を出力するという使い方となっている。また，WHERE 句は「A.ID IS NULL OR B.ID IS NULL」となっており，出力結果から A.ID 又は B.ID が NULL の結果だけを抽出していることが分かる。これらのことから，SQL 文では表 A と表 B を結合し，表 A にしかない行と表 B にしかない行も含め全ての行を出力できる JOIN 句を指定する必要がある。

　FULL OUTER JOIN 句は，二つの表を結合し，どちらか一方にだけデータが存在する結果行も含め全ての結果行を出力することができる。したがって，（ア）が正解である。

イ：INNER JOIN 句は，内結合ともいい，両方の表に存在するデータだけが結果行として出力される。そのため，INNER JOIN 句を使用した場合は一方にしかないデータ行は出力されず，求める結果は得られない。

ウ：LEFT OUTER JOIN 句は，左外結合といい，LEFT OUTER JOIN 句の左側にある表にだけ存在するデータと両方の表に存在するデータが結果行として出力される。そのため，問題の場合は表 B にだけ存在するデータ行が出力されず，求める結果は得られない。

エ：RIGHT OUTER JOIN 句は，右外結合といい，RIGHT OUTER JOIN 句の右側にある表にだけ存在するデータと両方の表に存在するデータが結果行として出力される。そのため，問題の場合は表 A にだけ存在するデータ行が出力されず，求める結果は得られない。

FULL OUTER JOIN 結果

A.ID	B.ID
100	NULL
200	200
300	NULL
400	400
NULL	600
NULL	800

INNER JOIN 結果

A.ID	B.ID
100	NULL
200	200
300	NULL
400	400
NULL	600
NULL	800

LEFT OUTER JOIN 結果

A.ID	B.ID
100	NULL
200	200
300	NULL
400	400
NULL	600
NULL	800

RIGHT OUTER JOIN 結果

A.ID	B.ID
100	NULL
200	200
300	NULL
400	400
NULL	600
NULL	800

図　各 JOIN 句を使用した場合の出力結果（灰色は出力されない）

　R÷Sの関係演算（商演算）の定義から，R（店，商品）とS（商品）について，S（商品）の全ての行(a)，(b)，(c)が含まれるR（店）を求めるので，（ウ）が該当する。つまり，Rの特定列の中にSが部分集合として含まれているものを取り出すことになる。したがって，（ウ）が適切である。

　なお，商演算は射影，直積，差の三つの演算で表現することが可能である。まず，RからSの属性を除く射影を行い，この例では店だけにしてSと直積を取り，元のRとの差を取ることによって余りの部分を求める。その余りの部分に対してSの属性を除く射影を行って，RからSの部分を除く射影の部分との差を取る。これが商演算の結果である。R÷Sの割り算の意味は，R÷SのRの代わりにR′×Sを代入すると(R′×S)÷S＝R′となることによる。

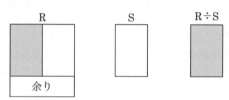

　2相（phase）ロックとは，（エ）のとおり，ロックが必要な資源について，全てのロックを獲得してから，アンロック（ロック解除）を行う方式である。トランザクションの直列化可能性を保証するために用いられる。直列化可能性とは，並行動作しているトランザクションが直列に動作した結果と同じ結果を得られることである。第1フェーズでまとめてロックを，第2フェーズでまとめてアンロックを行うところから2相ロック方式と名付けられた。したがって，（エ）が適切である。

ア：2相ロック方式を採用しても，全てのトランザクションが直列に制御されることはなく，デッドロックは避けられない。

イ：時刻印アルゴリズムについての記述である。2相ロック方式では，トランザクション開始の時刻順と，コミット順序に関係はない。

ウ：通常，ロックを解除するのは，コミット又はロールバックを実行してからである。

　参考までに，この問題は，明示的にロック／アンロックを掛ける場合に考慮が必要なことではあるが，現在ではSQLを用いることが多い。通常，現実のSQLは，明示的にロック／アンロックを使わず，SQLではトランザクションごとに決められる隔離性水準でロックの解除のタイミングが自動的に決まる。隔離性水準は，READ UNCOMMITTED（コミットされていないデータ読取り），READ

COMMITTED（コミットされたデータ読取り），REPEATABLE READ（反復可能なデータ読取り），SERIALIZABLE（直列化可能）の四つがあるが，隔離性水準が REPEATABLE READ，SERIALIZABLE のとき，ロック（共有ロック，専有ロックとも）はトランザクションのコミットまで解除されず，2 相ロック方式となる。なお，多くの DBMS では，並行処理性能を考慮して隔離性水準の既定値が READ COMMITTED になっており，共有ロックはコミット時点ではなく，途中の SQL（SELECT 文）の終了時点で解除され，2 相ロック方式とはならないので，直列化可能性を保証できない場合がある。

問 13　ウ　　B⁺木インデックスによる検索の性能改善（R5 秋·DB 午前Ⅱ問 13）

データベースにおけるインデックスとは，表の検索を効率的に行うために付与する索引のことである。問題文にある B⁺木インデックスは，代表的な木構造の一つである B 木を改良した構造を利用したもので，RDBMS やファイルシステムのインデックスに多く採用されている。B 木構造のようなルート（根）やブランチ（枝）ではなく，最下層のリーフ（葉）だけにデータへのポインタをもつことに加え，リーフ間をつなぐポインタをもっていることが特徴である。このことによって効率の良い順次走査ができ，範囲検索に効果を発揮する。

午前Ⅱ解答

B⁺木の状態

4001	4005	4010	
リーフへのポインタ	リーフへのポインタ		

3999	4000	4001			4002	4002	4003	4005
3999 のポインタ→10004	4000 のポインタ→10001	4001 のポインタ→10005		次リーフへのポインタ	4002 のポインタ	4002 のポインタ	4003 のポインタ→10003	4005 のポインタ

順次走査の効率が良い

「部品」表の物理状態

物理アドレス	部品コード	メーカーコード
10001	ABCD-1234	4000
10002	QWER-2468	1001
10003	UIOP-0987	4003
10004	ZXCV-4321	3999
10005	ABCD-1235	4001
10006	ASDF-1111	5010

一般に，インデックスは，多くのデータの中から，ごく限られた少数のデータ

を検索する場合に性能改善が期待できるが，ほとんど全てのデータを検索する全件検索に近いような場合の性能改善は期待できない。

　問題では，メーカーコードによる検索の性能改善の期待が問われている。条件を整理すると，「データ件数は十分に多く，"部品"表に存在するメーカーコード列の値の種類は十分な数があり，かつ，均一に分散している」，「"部品"表のごく少数の行には，メーカーコード列にNULLが設定されている」というものである。

　この条件を念頭に選択肢の内容を見ると，（ウ）だけが「メーカーコードの値が4001以上，4003以下」という限定された値による順次検索である。その他の選択肢は，限定された値を除く検索であり，結果的にはほとんどの値が対象となって全件検索に近くなる。このように少数の値による検索は，（ウ）だけであり，範囲検索でもあるので，B⁺木インデックスの特長が特に活かされる検索である。したがって，（ウ）が正解である。

　なお，その他の選択肢の操作のような全件検索に近い検索は，B⁺木インデックスに限らず，一般的にインデックスを利用した検索による性能改善は期待できない。

問 14　イ　データベースの REDO のべき等の説明（R5 秋-DB 午前 II 問 14）

　べき等（idempotent）とは，ある操作を1回だけ実行した場合と複数回実行した場合の結果が同じになることである。同じ操作を繰返し実行するようなケースで，毎回出力結果が異なると問題があるような場合，べき等性を保証するような機能や仕組みを設ける必要がある。

　REDOにおけるべき等とは，REDOを1回だけ実行した場合でも，複数回実行した場合でも，正常終了した結果が同一になることといえる。したがって，（イ）が適切である。

ア：チェックポイントによるバッファデータの媒体保存に関する記述であり，べき等に関する記述ではない。

ウ：REDOを使用したバックアップデータからの処理途中のトランザクション復旧手順に関する記述であり，べき等に関する記述ではない。媒体障害に対する復旧処理である。

エ：REDOを用いたロールフォワードを実現するための仕組みに関する記述であり，べき等に関する記述ではない。このような順番をWAL（Write Ahead Log）プロトコルという。

問 15　イ　障害に対する DBMS の適切な回復手法（R5 秋-DB 午前 II 問 15）

　a～cの障害に対する回復手法は，次のようになる。

a：トランザクション障害の場合は，ロールバック（後退復帰）する。

b：システム障害の場合は，コミットしているトランザクションはロールフォワ

ード（前進復帰）する。障害発生時にコミットしていないトランザクションはロールバックする。

c：媒体障害の場合は，定期的なバックアップコピー＋アーカイブログ＋更新後ログを用い，ロールフォワードする。

以上から，この組合せをもつ（イ）が正解である。

問16 エ　　トランザクションの隔離性水準を高めたときの傾向 (R5 秋-DB 午前Ⅱ問 16)

トランザクションの隔離性水準に関する問題である。

トランザクションを並列処理する場合，表 A のような不整合なデータを読み込む問題が発生する場合がある。DBMS では，並列するトランザクション間に競合する資源の隔離性水準を設定することができ，表 B のように隔離性水準を高くするほど不整合なデータを読み込むトランザクション数が減ることになる。一方，隔離性水準を高くするほど直列で処理した場合に近づくため，単位時間に処理できるトランザクション数も減ることになる。したがって，（エ）が正解である。なお，表 B の隔離性水準の定義で，隔離性水準を高めるとは，表 B の 1→2→3→4 にすることである。

表 A　トランザクションの並列処理で発生する問題

	問題	説明
①	ダーティリード （Dirty read；汚れのある読出し）	他のトランザクションが編集中のデータを読み込んでしまう事象である。
②	ノンリピータブルリード （Non-repeatable read；繰返し不可能読出し）	同じデータを複数回読み込むトランザクションにおいて，データ読込みとデータ読込みの間で他のトランザクションによってデータが変更され，1 回目と 2 回目の読込みデータが異なってしまう事象である。
③	ファントム （Phantom；幻）	データ検索を複数回行うトランザクションにおいて，検索と検索の間で他のトランザクションによってデータが追加，削除され，1 回目と 2 回目の検索結果が異なってしまう事象である。

	隔離性水準	隔離性	①	②	③	説明
1	READ UNCOMMITTED	低 ↑	発生する	発生する	発生する	読み取るデータが他のトランザクションで編集しているかどうかにかかわらず，データの読込みを行う。
2	READ COMMITTED		発生しない	発生する	発生する	読み取るデータが他のトランザクションで編集している場合は，コミットされるまで待って，データの読込みを行う。
3	REPEATABLE READ		発生しない	発生しない	発生する	読み取るデータを他のトランザクションで変更できないようにした上で，データの読込みを行う。
4	SERIALIZABLE	↓ 高	発生しない	発生しない	発生しない	同時実行するトランザクションを，直列で実行した場合と同じ結果になるように実行する。

注記　表 B の①〜③は，表 A の①〜③に対応している。

問17　エ
トランザクションスケジュールの性質（R5 秋·DB 午前Ⅱ問 17）

　トランザクションを並列に実行した結果が，2 通りの直列に実行した結果のどちらかと等しい場合，トランザクションスケジュールは（エ）の直列化可能性の性質をもつという。2 相ロックを守れば，直列化可能であることが知られている。実際の(標準)SQLでは，隔離性水準がREPEATABLE READ と SERIALIZABLEの場合，共有ロック，専有ロックともにコミットまで保持されるので 2 相ロックが守られている。

ア，イ，ウ：ともにトランザクションそのものの性質である ACID 特性の一つである。

問18　エ
ブロックチェーンのデータ構造の特徴（R5 秋·DB 午前Ⅱ問 18）

　ブロックチェーンは，ブロックと呼ばれるデータの塊を鎖のようにつなげて管理するデータ構造のデータを，複数のノードが同期を取りながら分散管理する仕組みである。改ざんされにくいデータ構造をもっていることや，高い耐障害性を兼ね備えていることから，仮想通貨に代表される膨大な取引情報の管理などに使用されることが多い。

　ブロックチェーンではブロックという単位でデータを管理し，管理するデータとその前のブロックのハッシュ値をもつデータ構造となっている。ブロック内に前のブロックのハッシュ値を保有しているため，データを途中で改ざんするにはその後の全てのブロックを変更する必要があることから，データの改ざんに強いデータ構造といえる。したがって，（エ）が適切である。

ア：木構造に関する記述であり，ブロックチェーンのデータ構造に関する記述で

はない。具体的には，関係データベースの索引構造の基本である B$^+$木のことである。

イ：タイムスタンプ（時刻印）によるバージョン管理に関する記述であり，ブロックチェーンのデータ構造に関する記述ではない。具体的には，多版同時実行制御（MVCC；Multi-Version Concurrency Control）に用いられる方法である。書込み前のデータをスナップショットと呼び，書込み処理中に読取りアクセスがあった場合にスナップショットを渡す。

ウ：データベースのビットマップインデックスに関する記述であり，ブロックチェーンのデータ構造に関する記述ではない。ビットマップインデックスは，種類の少ないデータ（例えば，性別区分など）の検索に向いている。

問 19　ウ　　　　　　　　　DRDoS 攻撃に該当するもの（R5 秋-DB 午前 II 問 19）

DRDoS（Distributed Reflection Denial of Service）攻撃は，DDoS（Distributed Denial of Service）攻撃の一種で，送信元 IP アドレスを攻撃対象の IP アドレスに偽装した名前解決のリクエストを様々なネットワークノードに送信することで，その大量のレスポンスによって攻撃対象をサービス停止に追い込む反射型の攻撃手法である。特に，DNS による DRDoS 攻撃は，DNS リフレクション攻撃と呼ばれている。したがって，（ウ）が正解である。

ア：DDoS 攻撃と DNS リフレクション攻撃の組合せに関する記述であり，DRDoS 攻撃に関する記述ではない。

イ：ボットネットを使用したブルートフォース攻撃によるパスワード解読に関する記述であり，DRDoS 攻撃に関する記述ではない。

エ：マルウェアによる攻撃に関する記述であり，DRDoS 攻撃に関する記述ではない。

問 20　エ　　　　　　　　　インシデントハンドリングの順序（R5 秋-DB 午前 II 問 20）

JPCERT コーディネーションセンターが作成したインシデントハンドリングマニュアルは，CSIRT（Computer Security Incident Response Team；組織内の情報セキュリティを専門に扱う機関）を構築するに当たって，整備すべきインシデント対応マニュアルの共通的な対応内容を整理したものである。マニュアルの対象は CSIRT が行うインシデント対応全般のうち，インシデントの発生から解決までの一連の処理（インシデントハンドリング）である。インシデントハンドリングマニュアルでは，インシデントハンドリングの手順を①検知／連絡受付，②トリアージ，③インシデントレスポンス（対応），④報告／情報公開と定めている。したがって，（エ）が適切である。

なお，インシデントハンドリングマニュアルでは，DDoS 攻撃やマルウェア感染などの一般的なセキュリティリスクに対するインシデントハンドリング上の留

意点も記載されている。

　エクスプロイト（exploit；脆弱性検証）コードとは，ソフトウェアやハードウェアの脆弱性を検証することを目的として，攻撃を再現させるためのコードである。このため，エクスプロイトコードに該当するものとしては，「ソフトウェアやハードウェアの脆弱性を検査又は攻撃するために作成されたプログラム」と記述された（エ）が正解である。なお，エクスプロイトコードは，脆弱性対策を行うために利用されるものであるが，攻撃者はそれを悪用して，新たな攻撃コードやマルウェアを作成するために使用する。exploit は「利用する」という意味で，「不当に利用する」という意味も含んでいる。

ア：エクスポート機能を提供するプログラムに関する記述である。

イ：通常ファイル及び暗号化ファイルの管理ソフトウェアに関する記述である。

ウ：開発手法の一つであるプロトタイピングに関する記述である。

　RAID（Redundant Arrays of Inexpensive Disks 又は Redundant Arrays of Independent Disks）は，複数台のハードディスクを 1 台のハードディスクのように運用し，ハードディスクの耐障害性（冗長性）や性能を向上させる仕組みである。主に使用される RAID レベルには，RAID0，RAID1，RAID5，RAID6 がある。

表 RAID レベルと概要

RAID	概要	最低ハードディスク数	耐障害性
0	ストライピングと呼ばれ,複数のハードディスクに同時にデータを分散して書き込むことで,ディスクアクセスを高速化できる仕組み	2 台	なし
1	ミラーリングと呼ばれ,複数のハードディスクに同じデータを書き込むことで,耐障害性を向上させる仕組み	2 台	1 台以上 正常なら 復旧可能
5	RAID0 と同様に複数のハードディスクに分散してデータを書き込みながら,パリティと呼ばれる書き込んだデータの誤り訂正データをデータとは別のハードディスクに分散配置することで,耐障害性を向上させる仕組み	3 台	1 台故障 まで 復旧可能
6	RAID5 のパリティを二つ作り,それぞれ別のハードディスクに分散配置することで,RAID5 よりさらに耐障害性を向上させた仕組み	4 台	2 台故障 まで 復旧可能

　問題文に「4 台以上のハードディスクに分散して書き込むことによって,2 台までのハードディスクが故障してもデータを復旧できる」とあるため,RAID レベルは RAID6 となり,(エ)が正解である。

問 23　イ　　　　　　　　　　　　　キャパシティプランニングの目的 (R5 秋-DB 午前 II 問 23)

　キャパシティプランニングとは,システムに求められるユーザーの要求や需要などを分析し,要求を満たすシステム資源や性能を見積もり,経済性や拡張性を考慮した上で最適なシステム構成を立案,構築することであり,主に新規のシステム開発や既存システムの変更の際に行われる。キャパシティプランニングを行う際には,現在の負荷状況やニーズを調査するだけではなく,将来の負荷量や利用形態を予測してサービス水準を維持できるようにシステム構成の立案を行う。したがって,(イ)が最も適切である。

　なお,(ア),(ウ),(エ)に共通するのは,そのとき発生している問題だけの対症療法的な解決策の説明となっている点である。キャパシティプランニングの目的は,現在の問題点を根本的に調査し,長期的な観察を行い,将来予測に見合うシステム構成を構築することである。

ア:現在発生しているボトルネックだけに着目して,その影響を低減又は排除することではなく,将来的にもサービス水準を保てるように対応する。

ウ:システムのチューニングを行い,スループットを向上させるだけではなく,

将来的にもサービス水準を維持できるように対応する。
エ：パフォーマンスの向上のために特定のリソースの有効利用を検討することは
重要であるが，キャパシティプランニングではピーク時の見積りを行い，特定
のリソースだけではなくリソース相互の関連も検討し，最適なシステム構成を
立案，構築していく。

問 24　エ

　　データ中心アプローチとは，システムが取り扱うデータに着目し，データを実
体関連モデル（Entity-Relationship モデル）などでモデル化し，モデル化された
データを基に処理を実装するシステム設計手法である。日本では DOA（Data
Oriented Approach）と略記する場合もあった。
　　データ中心アプローチでは，対象世界におけるデータは処理に比べて変化が少
ないものと考え，データと処理を分離することで業務の変更にデータが左右され
ず，少ないシステム変更で業務の変更に対応できる設計手法である。したがって，
（エ）が正解である。
ア：オブジェクト指向アプローチに関する記述であり，データ中心アプローチに
関する記述ではない。
イ：データフローダイアグラムによるシステム設計に関する記述であり，データ
中心アプローチに関する記述ではない。
ウ：プロセス計算による並列システムのモデリングに関する記述であり，データ
中心アプローチに関する記述ではない。

問 25　エ

　　ステージング環境とは，本運用システムとほぼ同じ構成のシステムを用意して，
システムリリース前の最終テストを行う環境のことをいう。したがって，（エ）が
適切である。
　　システム開発からリリースまでの基本的な流れは，開発環境でコーディングさ
れたソフトウェアの単体テストなどを行い，次に，検証環境でソフトウェアが設
計どおり機能するかといった動作を確認する。検証環境まで問題なく進んだらス
テージング環境に移り，システムリリース前の最終テストを行い，問題がなけれ
ば，本番環境で正式にリリースされるという流れになる。
ア：プログラムを変更するたびに，動作を確認するためのテストは，通常，開発
環境で行うべきことであり，（開発環境ではない）サーバに直接デプロイするも
のではない。
イ：ベータ版とは，ソフトウェアの正式版を発売する前に，利用者に広く試用し
てもらうために提供されるソフトウェアのことである。ステージング環境を説
明したものではない。

ウ：境界ネットワーク（DMZ）は，組織内のネットワーク環境などを保護するために設置されるものである。ステージング環境を説明したものではない。

| 問1 | 電子機器の製造受託会社での調達システムの概念データモデリング | (R5秋-DB 午後Ⅰ問1) |

【解答例】

[設問1]　(1)　{社員コード，社員所属組織コード}

　　　　　　　　{社員コード，社員所属組織名}

　　　　　(2)　(正規形) 第1正規形

　　　　　　　(根拠)

　　　　　　　・全ての属性が単一値をとり，候補キーの一部である"社員コード"に関数従属する"社員氏名"があるから

　　　　　　　・全ての属性が単一値をとり，候補キーの一部である"社員所属組織コード"に関数従属する"社員所属上位組織コード"があるから

　　　　　　　・全ての属性が単一値をとり，候補キーの一部である"社員所属組織名"に関数従属する"社員所属上位組織名"があるから

　　　　　　　(関係スキーマ)

　　　　　　　　社員 (<u>社員コード</u>, 社員氏名)

　　　　　　　　組織 (<u>組織コード</u>, 組織名, <u>上位組織コード</u>)

　　　　　　　　社員所属 (<u>社員コード</u>, <u>所属組織コード</u>, <u>役職コード</u>,
　　　　　　　　　　　　　　<u>報告先社員コード</u>)

　　　　　　　　役職 (<u>役職コード</u>, 役職名)

［設問 2］ （1）（概念データモデル）太線・太矢線が解答となる。

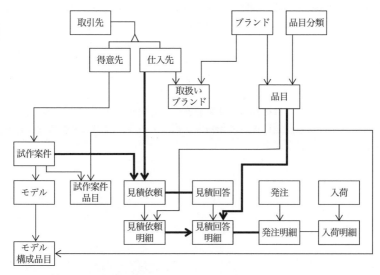

（2） a：試作案件番号
b：得意先支給数量，必要調達数量
c：取引先コード，試作案件番号
d：見積依頼番号，メーカー型式番号，ロットサイズ，提案理由
e：見積依頼番号，見積回答明細番号，発注ロット数

［設問 3］ （1）（a）・品目分類に自己参照型のリレーションシップを追加する。
・品目分類に再帰リレーションシップを追加する。
・品目分類から自分自身へ 1 対多のリレーションシップを追加する。

（b）（関係名）品目分類
（属性名）上位品目分類コード

（2）（a）発注明細と入荷明細との間のリレーションシップを，1 対 1 から 1 対多へ変更する。

（b）① （関係名）発注明細
（属性名）発注残ロット数
② （関係名）入荷明細
（属性名）入荷ロット数
※①と②は順不同

【解説】

　電子機器の製造受託会社の調達システムのデータベース設計の問題である。設問 1 は，関係 "社員所属" の候補キーとどの正規形に該当するかを解答する問題，設問 2 は，頻出の概念データモデルへのリレーションシップの記入，関係スキーマの属性名を解答する問題である。設問 3 は，〔利用者の要望〕に対応するための変更をどのように行うのかを解答する問題であり，データベーススペシャリストの試験としてはオーソドックスなデータベース設計を中心とした問題となっている。

　属性名の解答に関しては複数の属性を解答する必要があり，完答が求められるため，一つの属性を解答する問題に比べて難易度は高めであり，問題文を総合的に読み解いて属性名を解答する必要がある。

〔設問 1〕

　図 2 中の関係 "社員所属" に関する設問である。本文中にある "社員所属" に関する記述から候補キーや関数従属性を調べることで，どこまで正規化されているかを検討し，正規化されていなければ第 3 正規形まで正規化する設問となっている。

　"社員所属" に関連する本文の記述を洗い出し，その後関数従属図として表すと，(2)のどの正規形に該当するかも判断できる。"社員所属" に関する記述は，〔現行業務〕"1. 組織"，"2. 役職"，"3. 社員" の 3 か所である。特に注意が必要な記述は「組織名は重複しない」，「役職名は重複しない」，「同姓同名の社員は存在し得る」，「社員は，いずれかの組織に所属し，複数の組織に所属し得る」，「一部の社員は，各組織において役職に就く。同一組織で複数の役職には就かない」である。これらの記述を手掛かりに "社員所属" の関数従属図を図 A に示す。

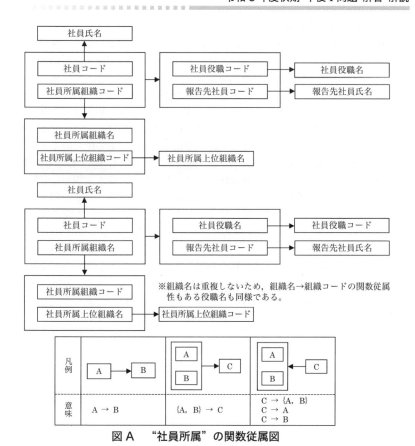

図 A　"社員所属"の関数従属図

(1) 関係"社員所属"の候補キーを挙げるのは，図 A で整理しているので容易である。候補キーは関係のタプルを一意に識別できる属性の組合せで極小のものである。図 A の上段は｛社員コード，社員所属組織コード｝を候補キーとしたものである。社員コードと社員所属組織コードのいずれか又は両方を決定項とする関数従属性がその他の属性にあるため，この組で関係のタプルを一意に識別できる。組織名は重複しないため，社員所属組織コード ⇄ 社員所属組織名であり，図 A の下段にあるように｛社員コード，社員所属組織名｝も候補キーとなり得る。これ以外の属性の組は極小のものではないため，この二つが候補キーとなる。

(2) 関係"社員所属"が，どの正規形に該当するかも，図 A で整理しているので容易に確認できる。どの正規形に該当するかの検討は非正規形から順に検討する。全ての属性が単一値を取る（繰返し項目が存在しない）ため，非正規形ではなく第 1 正規形の条件を満たしている。しかし，候補キーの一部に関数従属する非キー属性（部分関数従属性）が存在するため，第 2 正規形の条件を満たしていない。したがって，

「第1正規形」である。

　部分関数従属する非キー属性は，社員氏名，社員所属上位組織コードとなる。組織名は重複しないため，社員所属上位組織コードは社員所属上位組織名と置き換えることもできる。なお，社員所属組織コードと社員所属組織名は，候補キーの一部であり，非キー属性ではなく，第2正規形の条件である非キー属性の部分関数従属にはとりあえず関係しない。根拠としては，全ての属性が単一値をとり（繰返し項目が存在せず），候補キーの一部の属性に関数従属する属性があることを示せばよいため，解答例のようになる。ちなみに，関係スキーマである限り第1正規形であるから，「全ての属性が単一値をとり」を「関係スキーマであり」としても正解だろう。

　関係"社員所属"は第3正規形になっていないため，第3正規形に分解した関係スキーマを示す必要がある。第2正規化（部分関数従属性の排除），第3正規化（推移的関数従属性の排除）の手順に従って正規化を行う。なお，本問では，(1)の解答例のように，候補キーが二つあるので，どちらを主キーとして選択するかによって，第3正規化の分解結果は変わってくるが，{社員コード，社員所属組織コード}を主キーとするのが自然であり，IPAの解答例も同じ選択をしている。ただ，純粋に第3正規化するのであれば，どちらでも良いはずである。また，本問は社員を共通属性とする二つの候補キー{社員コード，社員所属組織コード}と{社員コード，社員所属組織名}があるが，このような場合，第3正規形とBCNF（ボイス・コッド正規形）に違いがあることが知られており，次の②は正確には第2正規化でなくBCNF化である。第2正規化も第3正規化も非キー属性に対する操作であることを認識する必要がある。

〈第2正規化〉

①　非キー属性の社員氏名は，候補キー{社員コード，社員所属組織コード}の一部である社員コードに関数従属する。社員コード→社員氏名の部分を分解する。"社員所属"の残る方の社員コードは外部キーである。関係名は社員とする。

　　　　　社員（<u>社員コード</u>，社員氏名）

　　　　　社員所属（<u>社員コード</u>，<u>社員所属組織コード</u>，<u>社員所属組織名</u>，
　　　　　　　　　社員所属上位組織コード，社員所属上位組織名，
　　　　　　　　　社員役職コード，社員役職名，報告先社員コード，
　　　　　　　　　報告先社員氏名）

②　ここは厳密には第2正規化ではないが，非キー属性ではない社員所属組織名は，主キー{社員コード，社員所属組織コード}の一部である社員所属組織コードに関数従属する。社員所属組織コード ⇄ 社員所属組織名の部分を分解する。"社員所属"の残る方の社員所属組織コードは外部キーであるが，主キーの一部でもある。

　　　　　社員（<u>社員コード</u>，社員氏名）

　　　　　所属（<u>社員所属組織コード</u>，社員所属組織名）

　　　　　社員所属（<u>社員コード</u>，<u>社員所属組織コード</u>，社員所属上位組織コード，
　　　　　　　　　社員所属上位組織名，社員役職コード，社員役職名，
　　　　　　　　　報告先社員コード，報告先社員氏名）

③　非キー属性の社員所属上位組織コードは，主キー｛社員コード，社員所属組織コード｝の一部である社員所属組織コードに関数従属する。社員所属組織コード→社員所属上位組織コードの部分を分解する。なお，社員所属上位組織コード ⇄ 社員所属上位組織名があり，多段の関数従属があるが，社員所属上位組織コード ⇄ 社員所属上位組織名の部分も含めてまとめて分解する。"社員所属"の残る方の社員所属組織コードは外部キーであるが，主キーの一部でもある。分解されるのは，社員所属組織コード→社員所属上位組織コード ⇄ 社員所属上位組織名に対応する（社員所属組織コード，社員所属上位組織コード，社員所属上位組織名）である。

　　　社員（社員コード，社員氏名）
　　　所属（社員所属組織コード，社員所属組織名）
　　　組織（社員所属組織コード，社員所属上位組織コード，
　　　　　　　社員所属上位組織名）
　　　社員所属（社員コード，社員所属組織コード，社員役職コード，
　　　　　　　社員役職名，報告先社員コード，報告先社員氏名）

　上記において，既にある"所属"と共通しているのは，組織コードと組織名の部分であり，統合して関係名を組織として属性名も汎用的なものに変えると次のようになる。

　　　社員（社員コード，社員氏名）
　　　組織（組織コード，組織名，上位組織コード）
　　　社員所属（社員コード，社員所属組織コード，社員役職コード，
　　　　　　　社員役職名，報告先社員コード，報告先社員氏名）

〈第 3 正規化〉

④　非キー属性の社員役職名は，社員役職コード経由で候補キーに推移的関数従属する。あるいは社員役職名 ⇄ 社員役職コードであるから，社員役職コードは，社員役職名経由で候補キーに推移的関数従属するといっても同じことである。よって，社員役職コード ⇄ 社員役職名の部分を分解する。関係名は役職として，属性名も汎用的なものに変える。さらに，非キー属性の報告先社員氏名は，報告先社員コード経由で候補キーに推移的関数従属する。報告先社員コード→報告先社員氏名の部分を分解するが，これは既に"社員"として分解されている。

　　　社員（社員コード，社員氏名）
　　　組織（組織コード，組織名，上位組織コード）
　　　役職（役職コード，役職名）
　　　社員所属（社員コード，社員所属組織コード，社員役職コード，
　　　　　　　報告先社員コード）

　これで全ての属性を網羅し，主キーに部分関数従属する属性や推移的関数従属をする属性がなくなるため，第 3 正規形になっている。

［設問2］
(1) 図1のリレーションシップは未完成である。必要なリレーションシップを全て記入し，図を完成させる。

〔現行業務〕の記述と図2を参考にしながら，リレーションシップを記入していく。図2の関係スキーマに関しては，設問2(2)の解説を確認してほしい。

① "試作案件"と"見積依頼"の間

7.(1)に「品目を調達する際は，当該品目のブランドを扱う複数の仕入先に見積依頼を行う」とあり，①に「どの試作案件に対する見積依頼かが分かるようにしておく」とあるように，試作案件に対して複数の見積依頼を行うことが分かる。したがって，"試作案件"と"見積依頼"の間には，1対多のリレーションシップを追加する。これは，設問2(2)の空欄c（外部キーの試作案件番号）の解説にも対応する。

② "仕入先"と"見積依頼"の間

4.(4)に「仕入先は，電子部品を扱う商社」とあり，7.(1)に「仕入先に見積依頼を行う」とあることから，仕入先に対して複数の見積依頼を行うことが分かる。したがって，"仕入先"と"見積依頼"の間には，1対多のリレーションシップを追加する。これは，設問2(2)の空欄c（外部キーの取引先コード）の解説にも対応する。

③ "見積依頼"と"見積回答"の間

7.(1)④に「仕入先に対して，見積回答時には対応する見積依頼番号，見積依頼明細番号の記載を依頼する」とあることから，"見積依頼"と"見積回答"の間には，リレーションシップが存在することが分かる。(2)に「仕入先から見積回答を入手する。見積回答が複数に分かれることはない」とあることから，見積依頼に対して見積回答は一つ以下となることが分かるため，"見積依頼"と"見積回答"の間には，1対1のリレーションシップを追加する。"見積回答"の主キーも，"見積依頼"の主キーも見積依頼番号であることからも1対1と考えるのが妥当である。

④ "見積依頼明細"と"見積回答明細"の間

7.(1)③に「品目ごとに見積依頼明細番号を付与し」とあり，(2)②に「見積回答の明細には，見積依頼明細番号，メーカー型式番号，調達条件，仕入先が付与した見積回答明細番号が記載されている」とある，また，(2)③と④では見積回答の明細に「別の複数の品目が提案として返ってくることがある」や「複数の調達条件が返ってくることがある」とあるため，見積依頼明細（品目）ごとに複数の見積回答明細があることが分かる。したがって，"見積依頼明細"と"見積回答明細"の間には，1対多のリレーションシップを追加する。これは，設問2(2)の空欄d（見積依頼番号（主キーであり外部キーの一部である））と図2の見積回答明細の見積依頼明細番号で見積依頼明細を参照していることにも対応する。

⑤ "品目"と"見積回答明細"の間

④の解説とも重複するが，7.(2)④に「一つの品目に対して複数の調達条件が返

ってくることがある」とあることから，“品目”と“見積回答明細”の間には，1
対多のリレーションシップを追加する。これは，設問 2(2)の空欄 d（外部キーの
メーカー型式番号）の解説に対応する。

⑥　“発注明細”と“見積回答明細”の間

このリレーションシップが本問で一番難しいところである。8.(1)に「仕入先か
らの見積回答を受けて，(中略)，品目ごとに妥当な調達条件を一つだけ選定する」
とあり，①に「選定した調達条件に対応する見積回答明細を発注明細に記録し」
とあることから，品目に対して見積回答明細の調達条件を一つ選定し，それを発
注明細に記録する。つまり，発注明細一つに対して見積回答明細が一つだけ対応
する（選定されなかった見積回答明細には発注明細は紐づかない）。したがって，
“発注明細”と“見積回答明細”の間には，1 対 1 のリレーションシップを追加
する。これは，設問 2(2)の空欄 e（外部キーの見積依頼番号，見積回答明細番号）
の解説に対応する。

図 2 の現状の関係スキーマから，この他のリレーションシップは既に記載されて
いるため，以上が図 1 に欠落しているリレーションシップである。図 1 に記載済み
のリレーションシップについては，図 2 の関係スキーマや本文を読んで妥当である
ことを確認するとよい。

(2)　図 2 中の　　a　　～　　e　　に入れる適切な属性名を答える。主キーを構
成する属性の場合は実線の下線を，外部キーを構成する属性の場合は破線の下線を
付ける。なお，属性名は複数となることがある点に注意が必要である。

・空欄 a：“モデル”と“モデル構成品目”に共通する属性である。モデルとモデル
構成品目に関する記述は，〔現行業務〕6.(1)②と③にある。まず，②に着目
すると，「モデルは，試作案件番号とモデル名で識別する」とあることから，
試作案件番号とモデル名の組が主キーとなることが分かる。また，「設計図面
番号，製造台数，得意先希望納入年月日をもつ」とあることから，“モデル”
に不足するのは主キーの一部である試作案件番号であることが分かる。次に，
③に着目すると，「モデルで使用する品目ごとに，モデル 1 台当たりの所要
数量をもつ」とあることから，モデルを識別する試作案件番号とモデル名，
これに加えて，“品目”の主キーであるメーカー型式番号の組が“モデル構成
品目”の主キーとなる。1 台当たりの所要数量も属性としてもつ，“モデル構
成品目”に不足するのは，主キーの一部である試作案件番号であり，“モデル”
で不足する属性と一致する。したがって，空欄 a は試作案件番号となり，“モ
デル”でも“モデル構成品目”でも主キーの一部であることから実線の下線
を付ける。これらをまとめると，次のようになる。

　　　　モデル（<u>モデル名</u>，<u>a：試作案件番号</u>，製造台数，
　　　　　　得意先希望納入年月日，設計図面番号）
　　　　モデル構成品目（<u>モデル名</u>，<u>a：試作案件番号</u>，<u>メーカー型式番号</u>，
　　　　　　1 台当たりの所要数量）

・空欄 b：“試作案件品目”に関する属性である。試作案件品目に関する記述は，〔現行業務〕6.(1)④に「試作案件で使用する品目ごとの合計所要数量をもつ」とあることから，“試作案件”の主キーである試作案件番号と，“品目”の主キーであるメーカー型式番号が“試作案件品目”の主キーとなり，合計所要数量を属性としてもつ。また，「得意先から無償で支給されることがある。この数量を得意先支給数量としてもつ」，「合計所要数量から得意先支給数量を減じた必要調達数量をもつ」とあるので，得意先支給数量と必要調達数量を属性としてもつ。図2には主キーの試作案件番号，メーカー型式番号と，非キー属性である合計所要数量が既にあることから，図2に不足する項目は得意先支給数量と必要調達数量である。これらをまとめると，次のようになる。

試作案件品目（試作案件番号，メーカー型式番号，合計所要数量，
b：得意先支給数量，必要調達数量 ）

・空欄 c：“見積依頼”に関する属性である。見積依頼に関する記述は，〔現行業務〕7.(1)及び(1)①にある。(1)①に「見積依頼には，見積依頼番号を付与し」とあることから，見積依頼番号が主キーとなりそうである。また，「見積依頼年月日を記録する」とあることから，見積依頼年月日を属性としてもつ。さらに，「どの試作案件に対する見積依頼かが分かるようにしておく」とあることから，“試作案件”の主キーである試作案件番号も必要であり，これは外部キーとなる。(1)に「当該品目のブランドを扱う複数の仕入先に見積依頼を行う」とあり，見積依頼を行う仕入先を識別するための属性が必要となることから，“仕入先”の主キーである取引先コードも必要であり，これは外部キーとなる。図2には主キーの見積依頼番号と非キー属性である見積依頼年月日が既にあることから，図2に不足する項目は外部キーとなる試作案件番号と取引先コードである。これらをまとめると，次のようになる。

見積依頼（見積依頼番号，見積依頼年月日，
c：取引先コード，試作案件番号 ）

・空欄 d：“見積回答明細”に関する属性である。見積回答明細に関する記述は，〔現行業務〕7.(2)②〜④にある。②に「見積回答の明細には，見積依頼明細番号，メーカー型式番号，調達条件，仕入先が付与した見積回答明細番号が記載されている」とある。ここで調達条件については，④に具体例が記載されており，ロットサイズと単価の組が調達条件であることが分かる。また，②の続きに「見積回答明細番号は，仕入先間で重複し得る」とあることから，見積回答明細番号単独では主キーとなり得ないことも分かる。③に「見積依頼とは別の複数の品目が提案として返ってくることがある。その場合，その品目の提案理由が記載されている」とあることから，提案理由をもつことも分かる。見積回答明細番号単独では主キーとなり得ないため，見積回答明細を識別するための属性がさらに必要である。図1を見ると，“見積回答明細”は“見積回答”と多対1のリレーションシップをもつことから，“見積回答”

の主キーである見積依頼番号と見積回答明細番号の組で主キーとすることができそうである。なお，見積依頼番号は空欄cで取引先コードをもつことから，仕入先を識別することもできる。図2には見積回答明細番号，見積依頼明細番号，単価，納入可能年月日が既にあることから，図2に不足する項目は見積依頼番号，メーカー型式番号，ロットサイズ，提案理由である。調達条件が文字列となっていることも想定できそうだが，④の具体例から調達条件は排除されると考えるのが妥当である。主キーは見積依頼番号と見積回答明細番号の組であり，見積依頼番号には主キーであることを示す実線の下線が必要である。メーカー型式番号は品目の主キーであることから，外部キーを表す破線の下線を付ける。これらをまとめると，次のようになる。

見積回答明細（見積回答明細番号，見積依頼明細番号，単価，
　納入可能年月日，　d：見積依頼番号，
　メーカー型式番号，ロットサイズ，提案理由　）

・空欄e："発注明細"に関する属性である。発注明細に関する記述は，〔現行業務〕8.(1)及び(1)①と②にある。(1)に「仕入先からの見積回答を受けて，（中略），品目ごとに妥当な調達条件を一つだけ選定する」とあり，①に「選定した調達条件に対応する見積回答明細を発注明細に記録し」とあることから，見積回答明細を外部参照することが分かる。つまり，"見積回答明細"の主キーである，見積依頼番号と見積回答明細番号をもつ。また，①の続きに「発注ロット数，指定納入年月日を決める」とあることから，これらの属性ももつ。さらに，②に「同時期に同じ仕入先に発注する発注明細は，試作案件が異なっても，1回の発注に束ねる」とあることと，図1に"発注"と"発注明細"に1対多のリレーションシップが存在することから，"発注"の主キーである発注番号ももつことが分かる。図2には，主キーの発注番号，発注明細番号（これは見積回答の調達条件を識別するための番号）と，指定納入年月日が既にあることから，図2に不足する項目は見積依頼番号，見積回答明細番号，発注ロット数である。見積依頼番号と見積回答明細番号は外部キーを表す破線の下線を付ける。これらをまとめると，次のようになる。

発注明細（発注番号，発注明細番号，指定納入年月日，
　e：見積依頼番号，見積回答明細番号，発注ロット数　）

［設問3］

　〔利用者の要望〕にある"1. 品目分類の階層化"と"2. 仕入先からの分納"に対応できるよう，図1の概念データモデル及び図2の関係スキーマを変更するという設問である。

(1) 1.には，「品目分類を大分類，中分類，小分類のような階層的な構造にしたい」とある。品目分類がこの3階層であれば，大分類，中分類，小分類という関係を追加するという方法が候補となるが，続きに「当面は3階層でよいが，将来的には階層

を増やす可能性がある」とあるため，大分類，中分類，小分類の関係では将来的に階層を増やす場合に，新たに関係を追加する必要があり，この要望の対応としては不適である。この場合，設問1(2)で第3正規形に分解した関係"組織"のように上位の品目分類を自己参照するような構造にするとよい。「ある関係に一つの属性を追加する」ともあるので，設問とも合致する。

(a) 対象の関係は品目分類であり，自己参照型のリレーションシップを追加するリレーションシップは図Bのようになる。このリレーションシップは，他の言い換えもあるため，解答例のようになる。

品目分類

図B　変更後の品目分類

(b) 品目分類に追加する属性は，図2の社員所属上位組織コードの表現に合わせて，上位品目分類コードなどとすればよい。なお，上位品目分類コードは，関係"品目分類"の品目分類コードを外部参照するため，破線の下線を付ける。

　　　　関係名：品目分類　　　　属性名：上位品目分類コード

(2) 2.には，「1件の発注明細に対する納品を分けたいという分納要望が出てきた」とある。現在は一つの発注明細に対して入荷明細は1対1のリレーションシップになっているので分納には対応していない。また，続きに「未だ納入されていない数量である発注残ロット数も記録するようにしたい」とある。現在は発注明細で発注したロット数は，全て1回で入荷する前提となっているため，発注残ロット数という概念が存在しない。

(a) 分納に対応するためには，現在の発注明細と入荷明細のリレーションシップを変更する必要がある。具体的には，発注明細に対して複数の入荷明細が紐づくようにすればよいため，解答例のように「発注明細と入荷明細との間のリレーションシップを，1対1から1対多へ変更する」などとすればよい。

(b) 設問文に「二つの関係に一つずつ属性を追加する」とあり，リレーションシップの変更を行う発注明細と入荷明細に追加すればよいことは容易に想定できる。分納するということなので，入荷明細には入荷ロット数が必要である。一方，発注明細には「発注残ロット数も記録するようにしたい」という要望を満たすため，発注残ロット数を追加すればよい。なお，発注残ロット数は，発注明細の発注ロット数から入荷明細の入荷ロット数の合計を差し引けば導出できるが，計算せずとも記録したいということだと考えられる。

　　　　①関係名：発注明細　　　　属性名：発注残ロット数
　　　　②関係名：入荷明細　　　　属性名：入荷ロット数
　　　　※①と②は順不同

問2　ホテルの予約システムの概念データモデリング　(R5秋-DB 午後Ⅰ問2)

【解答例】

[設問1]　(1)　太線，太矢線が解答となる。

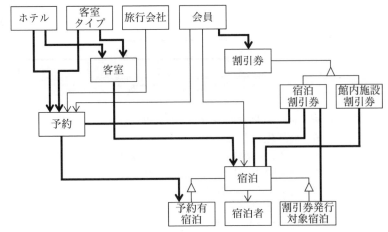

(2)　ア：客室タイプコード

　　　イ：ホテルコード，客室タイプコード，旅行会社コード，宿泊割引券番号

　　　ウ：ホテルコード，客室番号，宿泊割引券番号，館内施設割引券番号

　　　エ：予約番号

[設問2]　(1)　a：宿泊　　　b：会員番号　　　c：予約区分　　　d：自社サイト予約
　　　　　　　（又は，c：旅行会社コード　　　d：NULL）

(2)　e：割引券ステータス　　　f：未利用　　　g：割引券区分

　　　h：宿泊割引券（又は，e：割引券区分　　　f：宿泊割引券

　　　g：割引券ステータス　　　h：未利用）

　　　i：会員番号　　　j：会員番号

午後Ⅰ解答

R5-143

〔設問3〕　(1)　太線，太矢線が解答となる。

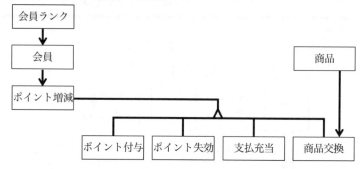

(2)　オ：必要累計泊数，ポイント付与率
　　　カ：商品名，ポイント数
　　　キ：ポイント増減区分，ポイント増減数，ポイント増減時刻
　　　ク：有効期限年月日，未利用ポイント数
　　　ケ：失効後メール送付日時
　　　コ：支払充当区分
　　　サ：商品コード，個数
(3)　(a)：未利用ポイント数が0より大きい。
　　　(b)：有効期限年月日が近い順

【解説】

　本文に記述された現状業務の分析結果から現状の概念データモデル及び関係スキーマを理解し，業務処理及び制約の条件を整理した上で，新規要件を反映する際の概念データモデルや関係スキーマへの影響を答えるホテルの予約システムの再構築に関する問題である。設問1では，リレーションシップの記入や現状の関係スキーマの属性名の記入，設問2では，現状の業務処理及び制約条件について，設問3では，新規要件を基にサブタイプに分割した概念データモデルの完成や関係スキーマの属性名の記入などが出題された。現状の分析結果や新規要件など読み取る量は多いものの，内容は難しいものではないため，時間に留意することで，難易度的には普通かやや易のレベルといえるだろう。なお，従来の問2は同時実行制御や性能設計などが分野であったが，本問は概念データモデリングの分野となった。

〔設問1〕
　〔現状業務の分析結果〕の記述を基に，概念データモデル及び関係スキーマについて考える問題である。
(1)　図1中の欠落しているリレーションシップを全て記入し，図を完成させる。図2の関係スキーマを参考に，〔現状業務の分析結果〕の記述に沿ってリレーションシップを記入していく。

① （"ホテル" と "客室タイプ"）と "客室" の間

　1.(2)に「客室はホテルごとに客室番号で識別する」とあるため，"客室" の主キーは ｛ホテルコード，客室番号｝ であることが分かり，"ホテル" に対して客室は複数あるから，"ホテル" と "客室" の間に，1 対多のリレーションシップを追加する。次に，1.(3)に「客室ごとに客室タイプを設定する。客室タイプはホテル共通であり，客室タイプコードで識別する」とあるため，"客室" は，"客室タイプ" の主キーである客室タイプコードを外部参照しており，"客室タイプ" と "客室" の間に，1 対多のリレーションシップを追加する。

② （"ホテル" と "客室タイプ"）と "予約" の間

　4.(3)に「1 回の予約で，客は宿泊するホテル，客室タイプ，（中略）を指定する」とあることから，"予約" は "ホテル" と "客室タイプ" の間に外部参照している関係があることが分かる。"ホテル" の主キーがホテルコードであり，"ホテル" に対して複数の "予約" があるため，"ホテル" と "予約" の間に，1 対多のリレーションシップを追加する。同様に，"客室タイプ" の主キーが客室タイプコードであり，"客室タイプ" に対して複数の "予約" があるため，"客室タイプ" と "予約" の間に，1 対多のリレーションシップを追加する。

③ "客室" と "宿泊" の間

　6.(1)に「予約有の場合には該当する予約を検索し，客室を決め，宿泊を記録する」とあり，6.(2)に「予約無の場合には泊数，宿泊人数，宿泊料金を確認し，客室を決め，宿泊を記録する」とあることから，予約有無にかかわらず，"客室" と "宿泊" の間に外部参照している関係があることが分かる。"客室" の主キーは ｛ホテルコード，客室番号｝ であり，"客室" に対して複数の "宿泊" が存在するため，"客室" と "宿泊" の間に，1 対多のリレーションシップを追加する。

④ "予約" と "予約有宿泊" の間

　6.(1)に「予約有の場合には該当する予約を検索し，客室を決め，宿泊を記録する」とあることから，"予約" と "予約有宿泊" の間に外部参照している関係があることが分かる。なお，4.(3)の記述から，予約時に指定するのは，「ホテル，客室タイプ，泊数，客室数，宿泊人数」であるのに対して，"宿泊" は 5. に記述のあるとおり，客室ごとに宿泊番号によって識別される。つまり，予約時に客室番号が決まることはなく，"予約" に対しては複数の "予約有宿泊" が存在することになるため，"予約" と "予約有宿泊" の間に，1 対多のリレーションシップを追加する。

⑤ "会員" と "割引券" の間

　9.に「会員特典として，割引券を発行する。券面には割引券を識別する割引券番号と発行先の会員番号を記載する」とあり，"割引券" から "会員" に対して外部参照する関係があることが分かる。また，9.(1)①に「会員の宿泊に対して，次回以降の宿泊料金に充当できる宿泊割引券を発行し，郵送する」とあることから，"会員" に対して複数の "割引券" を発行することができるということである。このため，"会員" と "割引券" の間に，1 対多のリレーションシップを追加

する。

⑥　"予約"と"宿泊割引券"の間

　　9.(1)②に「予約時の前払いで利用する場合，宿泊割引券番号を記録する。1回の予約で1枚を会員本人の予約だけに利用できる」とあり，予約時に1枚だけ宿泊割引券を利用できることから，"予約"と"宿泊割引券"の間に，1対1のリレーションシップを追加する。

⑦　"宿泊"と（"宿泊割引券"と"館内施設割引券"）の間

　　9.(1)③に「ホテルでのチェックイン時の前払い，チェックアウト時の精算で利用する場合，宿泊割引券番号を記録する。1回の宿泊で1枚を会員本人の宿泊だけに利用できる」とあることから，"宿泊"と"宿泊割引券"の間に外部参照の関係があることが分かる。また，1回の宿泊に対して，1枚しか利用できないため，"宿泊"と"宿泊割引券"の間に，1対1のリレーションシップを追加する。同様に，9.(2)②の記述から，"宿泊"と"館内施設割引券"の間にも外部参照の関係があることが分かる。また，1回の宿泊に対して，1枚しか利用できないため，"宿泊"と"館内施設割引券"の間にも，1対1のリレーションシップを追加する。

⑧　"宿泊割引券"と"割引券発行対象宿泊"の間

　　9.(1)①の「会員の宿泊に対して，次回以降の宿泊料金に充当できる宿泊割引券を発行し，郵送する」は，会員に対してだけ宿泊割引券が発行されるということであり，"割引券発行対象宿泊"の主キーが宿泊番号となっていることから，割引券を発行する宿泊かどうかは"割引券発行対象宿泊"で管理していることが分かる。また，図2を見ると，"宿泊割引券"の外部キーが発行元宿泊番号となっている。つまり，"宿泊割引券"と"割引券発行対象宿泊"の間に，1対1のリレーションシップを追加することで，第3正規形として会員だけへ発行する宿泊割引券の関係を管理することができる。

(2) 図2中の　　ア　　～　　エ　　に入れる一つ又は複数の適切な属性名を答える。主キーを構成する属性の場合は実線の下線を，外部キーを構成する属性の場合は破線の下線を付ける。

・空欄ア：客室に関する記述は，〔現状業務の分析結果〕1.(3)に「客室ごとに客室タイプを設定する。客室タイプはホテル共通であり，客室タイプコードで識別する」とあるので，"客室"には"客室タイプ"を参照する外部キーの「客室タイプコード」を追加する。したがって，空欄アには「客室タイプコード」が入る。

・空欄イ：予約に関する記述は，〔現状業務の分析結果〕4.(2)に「旅行会社の予約システムからX社の予約システムに予約情報が連携され，どの旅行会社での予約かが記録される」とあるので，"予約"には"旅行会社"を参照する外部キーの「旅行会社コード」を追加する必要がある。次に，4.(3)に「1回の予約で，客は宿泊するホテル，客室タイプ，泊数，客室数，宿泊人数，チェックイン予定年月日を指定する」とあるので，"予約"から"ホテル"と"客

室タイプ”を参照する外部キーの「ホテルコード」と「客室タイプコード」も追加する必要がある。最後に，9.(1)②に「予約時の前払いで利用する場合，宿泊割引券番号を記録する」とあるので，“予約”から“宿泊割引券”を参照する外部キーの「宿泊割引券番号」が必要となる。したがって，空欄イには「ホテルコード，<u>客室タイプコード</u>，<u>旅行会社コード</u>，<u>宿泊割引券番号</u>」が入る。

- 空欄ウ：宿泊に関する記述は，〔現状業務の分析結果〕5.に「客室ごとのチェックインからチェックアウトまでを宿泊と呼び，ホテル共通の宿泊番号で識別する」とあり，客室はホテルごとの客室番号によって識別されているため，“宿泊”には，“客室”を参照する外部キーの「ホテルコード」と「客室番号」を追加する必要がある。次に，9.(1)③に「ホテルでのチェックイン時の前払い，チェックアウト時の精算で利用する場合，宿泊割引券番号を記録する」とあるので，“宿泊”から“宿泊割引券”を参照する外部キーの「宿泊割引券番号」を追加する必要がある。最後に，9.(2)②に「チェックアウト時の精算で利用する場合，館内施設割引券番号を記録する」とあるので，“宿泊”から“館内施設割引券”を参照する外部キーの「館内施設割引券番号」が必要となる。したがって，空欄ウには，「<u>ホテルコード</u>，<u>客室番号</u>，<u>宿泊割引券番号</u>，<u>館内施設割引券番号</u>」が入る。

- 空欄エ：“予約有宿泊”は，“宿泊”をスーパータイプとする予約がある宿泊の場合のサブタイプである。また，予約有宿泊に関する記述は，〔現状業務の分析結果〕6.(1)に「予約有の場合には該当する予約を検索し，客室を決め，宿泊を記録する」とあるので，“予約有宿泊”には“予約”を参照する外部キーの「予約番号」を追加する。したがって，空欄エには「<u>予約番号</u>」が入る。

〔設問 2〕

〔現状業務の分析結果〕の記述を基に，現状の業務処理及び制約について考える問題である。

(1) 表 2 中の　　a　　～　　d　　に入れる適切な字句を答える。〔現状業務の分析結果〕の記述に沿って表 2 の条件を埋めていく。

- 空欄 a, b：予約有の場合に満たしている必要がある番号 1 と予約無の場合に満たしている必要がある番号 3 について考える。9.(1)①に「会員の宿泊に対して，次回以降の宿泊料金に充当できる宿泊割引券を発行し，郵送する」とあり，会員が宿泊した場合には，宿泊割引券が発行される。また，6.(3)には「宿泊者が会員の場合，会員番号を記録する」とあり，宿泊のチェックイン時に会員番号が記録されることが分かる。したがって，空欄 a には「宿泊」，空欄 b には「会員番号」が入る。

- 空欄 c, d：予約有の場合に満たしている必要がある番号 2 について考える。条件の内容から，「予約」に関する字句が入る。9.(1)①に「旅行会社予約による宿泊は発行対象外となる」とあるため，旅行会社予約の場合には宿泊割引券

午後 I 解答

は発行されず，自社サイト予約の場合に宿泊割引券が発行されるということである。また，4.(1)に「自社サイト予約と旅行会社予約があり，予約区分で分類する」とあり，予約区分が自社サイト予約のときに宿泊割引券を発行すればよい。したがって，空欄 c には「予約区分」，空欄 d には「自社サイト予約」が入る。

　〔別解〕（設問 1(1)の空欄イに「旅行会社コード」を解答していた場合）

　　4.(2)に「旅行会社の予約システムから X 社の予約システムに予約情報が連携され，どの旅行会社での予約かが記録される」とあり，旅行会社予約の場合には，"予約"の"旅行会社コード"に値が設定されるということである。つまり，宿泊割引券を発行する条件である自社サイト予約の場合には，"予約"の"旅行会社コード"に値が設定されないということである。したがって，空欄 c には「旅行会社コード」，空欄 d には「NULL」が入る。

(2) 表 3 中の　　　e　　　～　　j　　　に入れる適切な字句を答える。〔現状業務の分析結果〕の記述に沿って表 3 の制約条件を埋めていく。

・空欄 e，f：9.に「割引券の状態には未利用，利用済，有効期限切れによる失効があり，割引券ステータスで分類する」とあり，予約時に割引券を利用するためには，"割引券"の"割引券ステータス"が"未利用"であればよい。したがって，空欄 e には「割引券ステータス」，空欄 f には「未利用」が入る。

・空欄 g，h：9.に「割引券には宿泊割引券と館内施設割引券があり，割引券区分で分類する」とある。なお，9.(1)と(2)の記述から，予約時の前払いで利用できるのは宿泊割引券であり，館内施設割引券はチェックアウト時の精算だけで利用できるということが分かる。このため，予約時に割引券を利用するためには，"割引券"の"割引券区分"が"宿泊割引券"であればよい。したがって，空欄 g には「割引券区分」，空欄 h には「宿泊割引券」が入る。

※表 3 中の番号 1 と番号 2 に順序性はないため，「空欄 e と f」及び「空欄 g と h」の組合せが逆転していても正解である。

・空欄 i，j：9.に「券面には割引券を識別する割引券番号と発行先の会員番号を記載する」とあり，"割引券"にも外部キーとして"会員番号"があることから，割引券には発行先の会員番号が記録されることが分かる。また，4.(5)に「客が会員の場合，会員番号を記録する」とあり，"予約"にも外部キーとして会員番号があることから，予約時に会員番号が記録されることが分かる。このことから，予約時の会員番号と割引券に記録された会員番号が一致している場合に，予約時に割引券を利用できることになる。したがって，空欄 i には「会員番号」，空欄 j にも「会員番号」が入る。

　〔設問 3〕

　　〔新規要件〕の記述を基に，概念データモデル及び関係スキーマについて考える問題である。

(1) 図 3 中の欠落しているリレーションシップを全て記入し，図を完成させる。図 4

の関係スキーマを参考に,〔新規要件〕の記述に沿ってリレーションシップを記入して
いく。

① "会員ランク"と"会員"の間

　"会員"は,外部キーの会員ランクコードによって,"会員ランク"を外部参照
する。この参照関係から,"会員ランク"と"会員"の間に,1対多のリレーション
シップを追加する。

② "会員"と"ポイント増減"の間

　"ポイント増減"の主キー{会員番号,ポイント増減連番}には,"会員"の主
キーである会員番号が埋め込まれている。(10)に「ポイントの付与,支払充当,
商品交換及び失効が発生する都度,ポイントの増減区分,増減数及び増減時刻を
ポイント増減として記録する」とあり,具体例が表1に示されている。このこと
から,"会員"と"ポイント増減"の間に,1対多のリレーションシップを追加す
る。

③ "ポイント増減"と"ポイント付与","ポイント失効","支払充当"及び"商
品交換"の間

　"ポイント増減"の主キー{会員番号,ポイント増減連番}は,"ポイント付与",
"ポイント失効","支払充当"及び"商品交換"の主キーとなっている。(10)に
「ポイントの付与,支払充当,商品交換及び失効が発生する都度,ポイントの増
減区分,増減数及び増減時刻をポイント増減として記録する」とあり,ポイント
の増減区分に応じて,"ポイント付与","ポイント失効","支払充当"及び"商
品交換"に分類されることが分かる。このことから,スーパータイプの"ポイン
ト増減"と,サブタイプの"ポイント付与","ポイント失効","支払充当"及び
"商品交換"の間に,排他的なスーパータイプ/サブタイプ関係のリレーション
シップを追加する。

　なお,これは解説が前後するが,次の(2)の空欄キの一部にポイント区分があり,
区分コードがあるので排他的（△が一つ）と判断できる。ちなみに,区分コード
ではなく,フラグの場合は共存的（△が切り口ごとに一つ）なサブタイプと判断
できる。ただ,サブタイプの識別子（区分・フラグなど）は必ずしも必須ではな
いので,問題によってはない場合があるかもしれないことに注意したい。

④ "商品"と"商品交換"の間

　(7)に「ポイントは商品と交換することもでき,これを商品交換と呼ぶ。商品ご
とに交換に必要なポイント数を決める」とあり,商品交換時には必要なポイント
数を参照するということである。このことから,"商品"と"商品交換"との間
に外部参照している関係があり,"商品"と"商品交換"の間に,1対多のリレー
ションシップを追加する。

(2) 図4中の 　　オ　　 ～ 　　サ　　 に入れる一つ又は複数の適切な属性名を
答える。主キーを構成する属性の場合は実線の下線を,外部キーを構成する属性の
場合は破線の下線を付ける。

・空欄オ：会員ランクに関する記述は,〔新規要件〕(1)に,「会員ランクにはゴール

ド，シルバー，ブロンズがあり，それぞれの必要累計泊数及びポイント付与率を決める」とある。したがって，空欄オには「必要累計泊数，ポイント付与率」が入る。

・空欄カ：商品に関する記述は，〔新規要件〕(7)に「商品ごとに交換に必要なポイント数を決める」とあり，"商品"には交換に必要なポイント数が必要である。また，表1では，ポイント増減区分が"商品交換"のレコードで商品名の内容が示されていることから，"商品"には商品名も必要となる。したがって，空欄カには「商品名，ポイント数」が入る。

・空欄キ：ポイント増減に関する記述は，〔新規要件〕(10)に「ポイントの付与，支払充当，商品交換及び失効が発生する都度，ポイントの増減区分，増減数及び増減時刻をポイント増減として記録する」とある。したがって，空欄キには「ポイント増減区分，ポイント増減数，ポイント増減時刻」が入る。

・空欄ク：ポイント付与に関する記述は，〔新規要件〕(5)に「ポイントを付与した際に，有効期限年月日及び付与したポイント数を未利用ポイント数の初期値として記録する」とある。したがって，空欄クには「有効期限年月日，未利用ポイント数」が入る。

・空欄ケ：ポイント失効に関する記述は，〔新規要件〕(9)に「未利用のまま有効期限を過ぎたポイントは失効し，未利用ポイント数を0とする。失効の1か月前と失効後に会員に電子メールで連絡する。失効前メール送付日時と失効後メール送付日時を記録する」とあり，失効前メール送付日時は，ポイント付与の属性であることから，"ポイント失効"には失効後メール送付日時が属性としてあればよい。したがって，空欄ケには「失効後メール送付日時」が入る。

・空欄コ：支払充当に関する記述は，〔新規要件〕(6)に「ポイントは宿泊料金，館内施設の利用料金の支払に充当でき，これを支払充当と呼ぶ。支払充当では，支払充当区分（・・・・・），ポイントを利用した予約の予約番号又は宿泊の宿泊番号を記録する」とある。したがって，空欄コには「支払充当区分」が入る。

・空欄サ：設問3(1)④で解説したとおり，"商品交換"は，"商品"の主キーである商品コードを外部キーとして参照しており，〔新規要件〕(7)に「交換時に商品と個数を記録する」とある。したがって，空欄サには「商品コード，個数」が入る。

(3) ポイント利用時の消込みおいて，消込みの対象とするインスタンスを選択する条件や消込みを行う順序付けの条件について表1の用語を用いて答える。

(a) 消込みの対象とするインスタンスを選択する条件

　〔新規要件〕(5)に「ポイントを付与した際に，有効期限年月日及び付与したポイント数を未利用ポイント数の初期値として記録する」とあり，ポイント付与時には，未利用ポイント数に付与ポイント数と同じ値が記録されることが分かる。また，表1を見ると，会員番号が「70001」の会員は，付与されたポイントを支

払充当や商品交換及び失効によって全て利用した結果，ポイント増減区分が「付与」となっているレコードの未利用ポイント数が「0」となっている。一方で，会員番号が「70002」の会員は，付与されたポイントを支払充当によって一部利用した結果，ポイント増減区分が「付与」となっているレコードの未利用ポイント数が「1,000」となっており，利用の都度減算されていることが分かる。このことから，ポイント利用時に消込みの対象とするインスタンスを選択する条件は，未利用ポイント数が 0 より大きいインスタンスとなる。したがって，解答としては，「未利用ポイント数が 0 より大きい」などとなる。

(b) (a)で選択したインスタンスに対して消込みを行う順序付けの条件

〔新規要件〕(8)に「支払充当，商品交換でポイントが利用される都度，その時点で有効期限の近い未利用ポイント数から利用されたポイント数を減じて，消し込んでいく」とあり，消込み対象として選択したインスタンスの順序付けに当たっては，有効期限が近い順にインスタンスを選択する必要がある。したがって，解答としては，「有効期限年月日が近い順」などとなる。

【解答例】

[設問1]　(1)　a：圃場ID，農事日付，AVG(分平均温度)

　　　　　　　　b：圃場 ID，農事日付

　　　　　(2)　・日出時刻が日々異なり 1 日の分数が同じとは限らないから

　　　　　　　　・農事日付の 1 日は 1,440 分とは限らないから

　　　　　(3)　c：14.0　　d：15.0　　e：16.0

　　　　　(4)　f：日平均温度　　g：圃場 ID

　　　　　　　　h：農事日付（又は，圃場 ID，農事日付）

[設問2]　(1)　・区分を追加する都度，全体の行の再分配が必要になるから

　　　　　　　　・同じ圃場に異なる圃場の観測データが混在する可能性があるから

　　　　　　　　・レンジ区分でも区分の行数をほぼ同じにする利点が得られるから

　　　　　(2)　ア：9,000（ページ）

　　　　　(3)　同じ圃場の行は，1 ページに 1 行しか格納できないから

　　　　　(4)　元日の日出時刻までのデータは前日の農事日付に含まれるから

　　　　　(5)　イ：①　　ウ：④　　エ：⑤　　オ：①　　カ：②

【解説】

　農業用機器メーカーによる観測データ分析システムの SQL 設計，性能，運用に関する問題である。設問 1 は，SQL 文の穴埋めや SQL の実行結果について問われている。設問 2 は，区分化についての問題である。SQL 文ではウィンドウ関数の知識が問われているが，SQL には目的が書いてあるため，実行結果については想像しやすいだろう。区分化については，RDBMS に仕様の説明があるため，そこから解答を導くことができるが，経験がない場合は想像するのが難しいかもしれない。全体的な難易度は普通である。

[設問1]

(1) 表3中の　　a　　，　　b　　に入れる適切な字句を答える。

　　SQL1 の目的は「圃場ごと農事日付ごとに 1 日の平均温度と行数を調べる」である。SQL1 の構文を見ると，「WITH R」で圃場 ID ごと農事日付ごと日平均温度ごとの行数を取得する行を定義しており，「SELECT * FROM R」において R で定義された全ての行を取得している。

・空欄 a：SELECT 句で指定する列名を指定する問題である。「WITH R」で定義している列名が「圃場 ID，農事日付，日平均温度，行数」なので，空欄に入る列は，圃場 ID，農事日付，日平均温度であることが分かる（行数は COUNT(*)で既に求められている）。圃場 ID，農事日付は，観測テーブルに列が存在するが，日平均温度は存在しない。日平均温度は，分平均温度を圃場 ID 及び農事日付ごとに集計して平均値を求めなければならない。したがって，平均

を求める AVG（分平均温度）が必要になる。この SQL は GROUP BY 句があるため，GROUP BY 句で指定した列ごとに平均値を集計する。したがって，空欄 a には「圃場 ID，農事日付，AVG(分平均温度)」が入る。

・空欄 b：GROUP BY 句で指定する列名を答える問題である。SQL1 の目的にも「圃場ごと農事日付ごとに 1 日の平均温度と行数を調べる」とあるので，グループ化する単位は圃場 ID ごと農事日付ごとである。したがって，空欄 b には「圃場 ID，農事日付」が入る。

(2) SQL1 の結果について 1 日の行数が 1,440 行とは限らない理由を答える。

　〔業務の概要〕1.(4)に「日出時刻から翌日の日出時刻の 1 分前までとする日付を，農事日付という」とあり，農事日付は日出時刻から翌日の日出時刻までの時間で決まることが分かる。また，1.(3)に「圃場の日出時刻と日没時刻は，圃場の経度，緯度，標高によって日ごとに変わる」とあるため，日出時刻と日没時刻が日ごとに違うことも分かる。そのため，農事日付の 1 日の分数は日々異なり，同じにはならない。したがって，解答は「日出時刻が日々異なり 1 日の分数が同じとは限らないから」もしくは「農事日付の 1 日は 1,440 分とは限らないから」などとなる。

(3) 図 3 中の ┌─── c ───┐ ～ ┌─── e ───┐ に入れる適切な数値を答える。

　SQL2 の目的は「指定した圃場と農事日付の期間について，日ごとの日平均温度の変動傾向を調べる」である。ここでは，SELECT 句の「AVG(日平均温度) OVER (ORDER BY 農事日付 ROWS BETWEEN 2 PRECEDING AND CURRENT ROW)」について紐解いていくことにする。この場合，AVG 集合関数の後に OVER が付くと，AVG 集合関数はウィンドウ関数と呼ばれる。ウィンドウ関数には従来の集合関数と固有のウィンドウ関数（分析関数）がある。従来の（AVG）集合関数はグループ化されるごとに 1 行にまとめて集計を行うが，ウィンドウ関数は 1 行にまとめず，行ごとに集計結果を出力するのが特徴である。まず，OVER 句は，括弧内で集計範囲を指定することができる。括弧内の ORDER BY 句によって集計行の並替えを行う。今回は「ORDER BY 農事日付」となっているため，農事日付の昇順に並替えを行う。次に，「ROWS BETWEEN」によって，集計範囲の開始と終了を指定している。「2 PRECEDING AND CURRENT ROW」によって，集計の開始を二つ前の行から現在の行までと指定する。現在の行は各行ごとに変わっていくため，この集計は現在の行から二つ前の行までの範囲で日平均温度の平均値を求めている。つまり，この集計は農事日付の移動平均を求めている。詳しい集計方法は次図に示す。

圃場 ID	農事日付	日平均温度
○○	2023-02-01	9.0
○○	2023-02-02	14.0
○○	2023-02-03	10.0
○○	2023-02-04	12.0
○○	2023-02-05	20.0
○○	2023-02-06	10.0
○○	2023-02-07	15.0
○○	2023-02-08	14.0
○○	2023-02-09	19.0
○○	2023-02-10	18.0

農事日付	X
2023-02-01	
2023-02-02	
2023-02-03	11.0
2023-02-04	12.0
2023-02-05	14.0
2023-02-06	14.0
2023-02-07	15.0
2023-02-08	13.0
2023-02-09	16.0
2023-02-10	17.0

現在のデータから二つ前のデータまでの範囲で移動平均を求める。

・空欄 c：現在の行から二つ前の日平均温度の平均値を求めるため，農事日付が 2023-02-03 から 2023-02-05 までを集計すると，

$$(10.0＋12.0＋20.0) ÷3＝14.0$$

となるので，空欄 c には「14.0」が入る。

・空欄 d：農事日付が 2023-02-05 から 2023-02-07 までを集計すると，

$$(20.0＋10.0＋15.0) ÷3＝15.0$$

となるので，空欄 d には「15.0」が入る。

・空欄 e：農事日付が 2023-02-07 から 2023-02-09 までを集計すると，

$$(15.0＋14.0＋19.0) ÷3＝16.0$$

となるので，空欄 e には「16.0」が入る。

(4) 表 5 中の ┃ f ┃ ～ ┃ h ┃ に入れる適切な字句を答える。

SQL3 の目的は「指定した農事日付の期間について，圃場ごと農事日付ごとの積算温度を調べる」である。SQL2 と同じようにウィンドウ関数が使用されている。OVER 句の括弧で指定されている「PARTITION BY」は，集計区間を指定するものである。PARTITION BY 句に列名を指定すると，列値によってグループ化され，グループごとに集計を行う。「ORDER BY」は，指定した列で並替えを行う。今回は PARTITION BY 句があるため，PARTITION BY 句で指定したグループごとに並替えを行う。「ROWS BETWEEN UNBOUNDED PRECEDING AND CURRENT ROW」は，集計区間の開始と終了を指定するが，UNBOUNDED は並べ替えた行の先頭を表す。つまり，集計区間は，並べ替えた先頭の行から現在の行までの合計を求める。これは，目的にもある各行までの積算温度を集計することになる。

・空欄 f：SUM の括弧内を指定する。積算するのは日平均温度であるため，空欄 f には「日平均温度」が入る。

・空欄 g：PARTITION BY 句でグループ化の列を指定する。SQL2 と異なり，WHERE 句で圃場 ID を条件で指定していないため，圃場 ID でグループ化を行う必要がある。したがって，空欄 g には「圃場 ID」が入る。

・空欄 h：ORDER BY 句で並替えの列名を指定する。SQL3 は「圃場ごと農事日付
　ごとの積算温度を調べる」ため，PARTITION BY 句で圃場 ID ごとにグルー
　プ化して，農事日付ごとに並替えを行い，先頭の行から現在の行までの積算
　温度を求めている。したがって，空欄 h には「農事日付」もしくは「圃場 ID，
　農事日付」が入る。
　　詳しい集計方法は，次図のようになる。

圃場 ID	農事日付	日平均温度
○○	2023-02-01	9.0
○○	2023-02-02	14.0
○○	2023-02-03	10.0
○○	2023-02-04	12.0
○○	2023-02-05	20.0
○○	2023-02-06	10.0
○○	2023-02-07	15.0
○○	2023-02-08	14.0
○○	2023-02-09	19.0
○○	2023-02-10	18.0

農事日付	X
2023-02-01	9.0
2023-02-02	23.0
2023-02-03	33.0
2023-02-04	45.0
2023-02-05	65.0
2023-02-06	75.0
2023-02-07	90.0
2023-02-08	104.0
2023-02-09	123.0
2023-02-10	141.0

先頭のデータから現在のデータまでの範囲で積算を求める。

〔設問２〕
(1) 区分方法としてハッシュ区分を採用しなかった理由を答える。
　　〔RDBMS の主な仕様〕2.(2)の仕様は次のとおりとなっている。
　　「区分方法には次の２種類がある。
・レンジ区分　：区分キーの値の範囲によって行を区分に分配する。
・ハッシュ区分：区分キーの値に基づき，RDBMS が生成するハッシュ値によって
　　行を一定数の区分に分配する。区分数を変更する場合，全行を再分配する。」
　　ハッシュ区分の場合は，行を一定数に区分しており，区分数が追加されるごとに
全行を再分配することになる。そのため，再分配を行うとパフォーマンスに影響が出
ることが予想される。したがって，一つ目の解答は「区分を追加する都度，全体の
行の再分配が必要になるから」が考えられる。
　　二つ目の解答は，ハッシュ区分の場合，区分キーの値に基づき，ハッシュ値によ
って行を一定数で区分している。もし，圃場 ID ごと年度ごとを区分キーにしても，
一定数で区分する場合には，同じ圃場 ID の観測データでも区分が分散する可能性が
ある。SQL1 から SQL3 は圃場ごとに集計しているため，同じ圃場でも区分が異
なると集計のパフォーマンスが落ちることが予測される。したがって，二つ目の解
答は「同じ圃場に異なる圃場の観測データが混在する可能性があるから」となる。
　　三つ目の解答は，〔"観測"テーブルの区分化〕1.(2)に「圃場 ID ごとに農事日付
の１月１日から 12 月 31 日の値の範囲を年度として，その年度を区分キーとするレ
ンジ区分によって区分化する」とあるので，レンジ区分でも圃場 ID ごと年度ごと

に区分すれば，行はほぼ一定数になる。したがって，三つ目の解答は「レンジ区分でも区分の行数をほぼ同じにする利点が得られるから」となる。

前記三つの解答例のいずれかを解答すればよい。

(2) 表6中の　　　ア　　　に入れる適切な数値を答える。

区分化後のページ当たりの行数(ページ長)は16行であり，読込み行数は144,000行であるため，計算式は144,000行÷16行／ページ＝9,000ページとなる。したがって，空欄アには「9,000（ページ）」が入る。

(3) 区分化前で，副次索引から1行を読み込むごとに，表領域の1ページを読み込む必要がある理由を答える。

まず，"観測"テーブルに，どのような順番で行を追加されるのかを考える。これは，〔業務の概要〕2.(3)に「計測された日付ごと時分ごと圃場ごとに1行を"観測"テーブルに登録する」とある。つまり，"観測"テーブルの行は，日付ごと時分ごと圃場ごとに追加される。表2から，将来的に1,000圃場のデータを分析することを想定すると，1分間で1,000件のデータを取得する。区分化前のページ当たりの行数は4行であるため，同じページ内で同じ圃場のデータは存在しない。また，表2から，区分化前の"観測"テーブルの副次索引の列は，定義順に圃場ID，農事日付となっている。副次索引で検索を使用して検索を行う場合は，まず圃場IDで検索を行うことになる。同じ圃場は同じページには存在しないため，1行読むごとに1ページ読み込む必要がある。したがって，解答は「同じ圃場の行は，1ページに1行しか格納できないから」などとなる。

(4) 区分化後の年末処理の期限は，なぜ元日の日出時刻なのかの理由を答える。

〔"観測"テーブルの区分化〕1.(2)に「圃場IDごとに農事日付の1月1日から12月31日の値の範囲を年度として，その年度を区分キーとするレンジ区分によって区分化する」とあるため，農事日付の12月31日までが区分の区切りである。農事日付の決め方は，〔業務の概要〕1.(4)に「日出時刻から翌日の日出時刻の1分前までとする日付を，農事日付という」とある。農事日付の12月31日は，元日の日出時刻の1分前までを含んでいる。したがって，解答は「元日の日出時刻までのデータは前日の農事日付に含まれるから」などとなる。

(5) 表7の年末処理の主な手順における　　　イ　　　～　　　カ　　　に入れる手順を選ぶ。

・空欄イ，ウ：区分化前の年末処理の手順である。1.で"圃場カレンダ"に翌年の行を追加しており，3.で"圃場カレンダ"を再編成している。再編成についての記述は，〔RDBMSの主な仕様〕1.(2)に「最後のページを除き，行を削除してできた領域は，行の挿入に使われない」とあり，(3)に「再編成では，削除されていない全行をファイルにアンロードした後，初期化した表領域にその全行を再ロードし，併せて索引を再作成する」とある。再編成は，行が削除され断片化された領域を再度利用できるようするために行っている。そのため，2.で事前に"圃場カレンダ"から不要な行（古い行）を削除しておく必要がある。したがって，空欄イには「①」が入る。

 2.で"圃場カレンダ"から古い行を削除すると，表 2 にある外部キー制約によって該当する"観測"テーブルの行も削除される。これは，「ON DELETE CASCADE」の制約が設定されていると，参照先である"圃場カレンダ"テーブルの行が削除され，該当する"観測"テーブルの行も削除されるためである。2.で同時に"観測"テーブルの行も削除されているため，4.で最後に"観測"の再編成を行えばよい。したがって，空欄ウには「④」が入る。

・空欄エ～カ：区分化後の年末処理の手順である。1.で"圃場カレンダ"に翌年の行を追加し，2.で"観測"に翌年度の区分を追加している。残るは，"圃場カレンダ"の行の削除と再編成，"観測"の行の削除と再編成を行うことが考えられる。空欄イ，ウで解説したように，"圃場カレンダ"の行を削除すると，該当する"観測"の行も削除されるため，③の「"観測"から古い行を削除する」を行う必要はない。また，"観測"から削除される古い行は区分化されているため，区分化した表領域の行が全て削除される。そのため，表領域においてデータが断片化することはないため，④の「"観測"を再編成する」を行う必要もない。残った選択肢は①，②，⑤であるが，⑤の「"観測"から古い区分を切り離す」は，区分から切り離されると，切り離された区分は別なテーブルとして扱われる。つまり，切離しを行うと，"観測"テーブルから切り離された別なテーブルとして扱われる。これは，事実上"観測"から行が削除されたことと同じになる。区分の切離しを行うと，個々の行を削除しているわけではないので，高速でデータを削除できるという利点がある。切り離されたテーブルには行が存在しているため，バックアップを取得することもできる（本問ではバックアップの取得は考慮してなくてもよい）。

 順番であるが，①の「"圃場カレンダ"から古い行を削除する」を⑤よりも先に実行すると，"観測"から個々の行を削除していくため時間が掛かる。あらかじめ，⑤で"観測"を切り離してから，①で"圃場カレンダ"から古い行を削除した方が効率がよい。したがって，空欄エには「⑤」，空欄オには「①」，空欄カには「②」が入る。RDBMS の仕様には，区分の切離しが具体的にどのようになるのかを示していないため，実際に RDBMS で区分化機能を利用したことがない場合は想像しにくいかもしれない。

午後Ⅰ問題　ＩＰＡ発表の解答例

問1

出題趣旨
データベースの設計では，業務内容や業務で取り扱うデータなどの実世界の情報を総合的に理解し，データモデルに反映することが求められる。 　本問では，電子機器の製造受託会社における調達システムを題材として，関数従属性，正規化理論などの基礎知識を用いてデータモデルを分析する能力，業務要件をデータモデルに反映する能力，設計変更によるデータモデル及び関係スキーマの適切な変更を行う能力を問う。

設問			解答例・解答の要点
設問1	(1)		{社員コード，社員所属組織コード} {社員コード，社員所属組織名}
	(2)	正規形	非正規形 ・ (第1正規形) ・ 第2正規形 ・ 第3正規形
		根拠	・全ての属性が単一値をとり，候補キーの一部である"社員コード"に関数従属する"社員氏名"があるから ・全ての属性が単一値をとり，候補キーの一部である"社員所属組織コード"に関数従属する"社員所属上位組織コード"があるから ・全ての属性が単一値をとり，候補キーの一部である"社員所属組織名"に関数従属する"社員所属上位組織名"があるから
		関係スキーマ	社員（社員コード，社員氏名） 組織（組織コード，組織名，上位組織コード） 社員所属（社員コード，所属組織コード，役職コード， 　　　　　報告先社員コード） 役職（役職コード，役職名）

設問 2	(1)	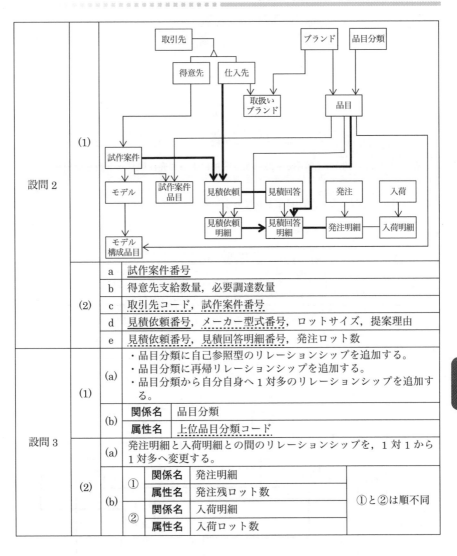			
	(2)	a	試作案件番号		
		b	得意先支給数量，必要調達数量		
		c	取引先コード，試作案件番号		
		d	見積依頼番号，メーカー型式番号，ロットサイズ，提案理由		
		e	見積依頼番号，見積回答明細番号，発注ロット数		
設問 3	(1)	(a)	・品目分類に自己参照型のリレーションシップを追加する。 ・品目分類に再帰リレーションシップを追加する。 ・品目分類から自分自身へ 1 対多のリレーションシップを追加する。		
		(b)	**関係名**	品目分類	
			属性名	上位品目分類コード	
	(2)	(a)	発注明細と入荷明細との間のリレーションシップを，1 対 1 から 1 対多へ変更する。		
		(b)	①	**関係名**	発注明細	①と②は順不同
				属性名	発注残ロット数	
			②	**関係名**	入荷明細	
				属性名	入荷ロット数	

問1では，電子機器の製造受託会社における調達システムを題材に，正規化理論に基づくデータモデル分析，業務要件に基づくデータベース設計について出題した。全体として正答率は平均的であった。

設問2では，(1)の正答率が低かった。"仕入先"から"見積依頼"，及び"品目"から"見積回答明細"への1対多のリレーションシップが記入できていない解答が散見された。状況記述や概念データモデル，関係スキーマから不足している情報を的確に分析し，解答するようにしてほしい。また，(2)dの正答率が低かった。主キー属性として見積依頼番号を記述できていない解答が目立った。見積回答明細番号は仕入先間で重複し得ることから，"見積回答明細"の主キーは，見積依頼番号との複合キーとなることを状況記述から読み取ってほしい。

設問3では，(2)(b)の正答率が低かった。分納によって発注残ロット数を導出するためには，入荷ロット数を新たに追加する必要がある。利用者の要望を受けてデータモデルを変更することは，実務でもよくあることである。利用者の要望に応えるために必要な情報は何か，不足はないか，日常業務でも常に考えてみてほしい。

問2

出題趣旨

システムの再構築では，現状業務の概念データモデリングを行い，現状のデータ構造を理解してから新規の概念データモデリングを行うことがある。この場合，現状業務と新規要件を正確に概念データモデルに反映することが求められる。

本問では，ホテルの予約システムの再構築を題材として，現状業務及び新規要件を概念データモデル，関係スキーマに反映する能力，業務処理及び制約の条件を整理する能力を問う。

設問		解答例・解答の要点
設問1	(1)	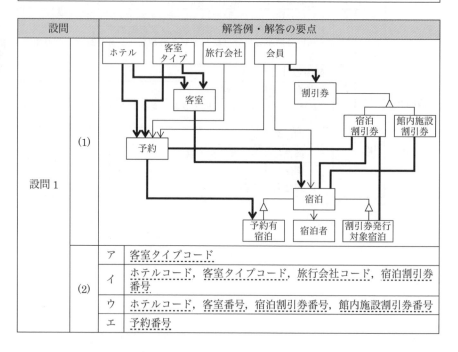
	(2) ア	客室タイプコード
	イ	ホテルコード，客室タイプコード，旅行会社コード，宿泊割引券番号
	ウ	ホテルコード，客室番号，宿泊割引券番号，館内施設割引券番号
	エ	予約番号

		a	宿泊		
設問 2	(1)	b	会員番号		
		c	予約区分	又は	旅行会社コード
		d	自社サイト予約		NULL
	(2)	e	割引券ステータス	又は	割引券区分
		f	未利用		宿泊割引券
		g	割引券区分		割引券ステータス
		h	宿泊割引券		未利用
		i	会員番号		
		j	会員番号		

設問 3	(1)	
	(2) オ	必要累計泊数, ポイント付与率
	カ	商品名, ポイント数
	キ	ポイント増減区分, ポイント増減数, ポイント増減時刻
	ク	有効期限年月日, 未利用ポイント数
	ケ	失効後メール送付日時
	コ	支払充当区分
	サ	商品コード, 個数
	(3) (a)	未利用ポイント数が 0 より大きい。
	(b)	有効期限年月日が近い順

午後 I 解答

採点講評

　問 2 では、ホテルの予約システムの再構築を題材に、概念データモデル及び関係スキーマ、並びに業務処理及び制約について出題した。全体として正答率は平均的であった。

　設問 1 では、(2)ウの正答率が低かった。宿泊割引券番号と館内施設割引券番号のどちらかだけを記述した解答が散見された。館内施設割引券が宿泊割引券と併用可能であることを、正確に状況記述から読み取ってほしい。

　設問 2 では、(1)a の正答率がやや低かった。a を、宿泊ではなく予約とした誤答が散見された。予約者と宿泊者は異なる場合があり、宿泊者が会員の場合に宿泊割引券が発行されることから正しい条件を導き出してほしい。

　設問 3 では、(2)ク～サの正答率がやや低かった。サブタイプの視点での関係スキーマの属性を整理することは実務でもよくあることであり、理解を深めてほしい。

問3

出題趣旨
近年，日本では農業構造の変化に対応するべく，持続可能かつ生産効率が高いスマート農業を実現するためにデジタル技術を活用する取組が進められている。データベーススペシャリストには，最終利用者である農家の要望を理解して，協業するデータ分析者又はデータサイエンティストに適切なデータを迅速かつ効率良く提供することが求められている。 　本問では，農業用ハウスの機器から送られる大量の観測データを，データベースに蓄積する観測データ分析データシステムを題材として，農作業の特徴を考慮して設計されたテーブル構造を理解した上で，農産物の生育状況を SQL のウィンドウ関数を利用して効果的に分析する能力，テーブルが大容量になることから表領域を適切に区分化して運用する能力，さらに，実装に不可欠な性能見積りを行う能力を問う。

設問			解答例・解答の要点
設問1	(1)	a	圃場ID，農事日付，AVG(分平均温度)
		b	圃場ID，農事日付
	(2)		・日出時刻が日々異なり1日の分数が同じとは限らないから ・農事日付の1日は1,440分とは限らないから
	(3)	c	14.0
		d	15.0
		e	16.0
	(4)	f	日平均温度
		g	圃場ID
		h	・農事日付 ・圃場ID，農事日付
設問2	(1)		・区分を追加する都度，全体の行の再分配が必要になるから ・同じ圃場に異なる圃場の観測データが混在する可能性があるから ・レンジ区分でも区分の行数をほぼ同じにする利点が得られるから
	(2)	ア	9,000
	(3)		同じ圃場の行は，1ページに1行しか格納できないから
	(4)		元日の日出時刻までのデータは前日の農事日付に含まれるから
	(5)	イ	①
		ウ	④
		エ	⑤
		オ	①
		カ	②

採点講評

　問 3 では，農業用ハウスのための観測データ分析データシステムを題材に，ウィンド
ウ関数を用いた SQL 設計，大容量のテーブルの区分化，及び性能見積りについて出題
した。全体として正答率は平均的であった。

　設問 1 では，(2)の正答率がやや低かった。〔業務の概要〕1.(4)及び表 1 において，農
事日付の 1 日の区切りが日出時刻であるという説明から，農事日付の 1 日が 1,440 分と
は限らない理由を正しく理解し，正答を導き出してほしい。また，(4)g の正答率がやや
低かった。g を，圃場 ID ではなく農事日付とする誤答が散見された。表 5 の SQL 文の
目的は，分析の対象が複数の圃場である場合，分析のウィンドウを圃場 ID で区画に分
け，そのウィンドウ区画ごとに当該圃場の日平均温度を農事日付順に集計して積算温度
を求めることである。SQL のウィンドウ関数は，試行錯誤が容易な強力なツールである
だけでなく，ウィンドウ区画の役割を理解して活用すれば，観測データを一層多角的に
分析ができるようになる。

　設問 2 では，(2)ア，(3)ともに正答率が低かった。圃場ごと年度ごとに区分化すること
で同じページ内に別の圃場の観測データが混ざらないことを読み取り，正答を導き出し
てほしい。ページ長を大きくしたことに加えて，区分化によって大きな改善効果を得て
いることに着目してほしい。

　大容量のテーブルでは，性能と運用の効率化のために表領域の区分化を設計すること
が多いので，その設計の妥当性を評価するために性能見積りを行う技術を，是非，身に
付けてほしい。

午後Ⅱ問題 解答・解説

問1	生活用品メーカーの在庫管理システムのデータベース 実装・運用

【解答例】

[設問1] (1) a：一つの商品は一つの生産拠点だけで生産する。
　　　　　　　　一つの生産拠点では複数の商品を生産する。

　　　　(2) b：①，④　　c：②，③　　d：③　　e：②，④　　f：①，③，④

[設問2] (1) 累計出荷数量：直近1年は毎月の出荷数量の増減がない。

　　　　　　移動累計出荷数量：・各月の出荷数量が前年同月比で全て減少して
　　　　　　　　　　　　　　　　　いる。

　　　　　　　　　　　　　　　・グラフ表示範囲の1年前の期間の出荷数量は
　　　　　　　　　　　　　　　　減少傾向だった。

　　　　(2) ア：22　　イ：11行前の行　　ウ：現在の行　　エ：最初の行

　　　　　　オ：現在の行　　カ：11

　　　　　　※空欄イ，ウ及び空欄エ，オはそれぞれ順不同

　　　　(3) キ：T.棚#, COUNT(S1.棚#)　　ク：GROUP BY T.棚#

　　　　　　ケ：ORDER BY 出庫回数 DESC

　　　　　　コ：出庫回数順位 / COUNT(*)

　　　　(4) 307（と）604（の組）

　　　　(5)

テーブル名	操作
棚別在庫	行の挿入　・　～行の更新～
倉庫内移動	～行の挿入～　・　行の更新

[設問3] (1) g：210　　h：85　　i：260　　j：85　　k：150　　l：90

　　　　(2) (a) ・入荷年月日又は出荷年月日，登録 TS の昇順に並べた先頭の
　　　　　　　　　行であること

　　　　　　　　・受払日付，登録順が最も古い入出荷であること

　　　　　　(b) ・登録 TS が処理 WT 内で最大の登録 TS 以下であること

　　　　　　　　・登録 TS が計数格納処理の開始日時以前であること

　　　　　　　　・拠点#，入荷#，出荷#が連携 WT に存在しないこと

　　　　(3) ・拠点#ごと，商品#ごとに入荷数量，出荷数量を集計した値が残高
　　　　　　　集計の当月受入数量，当月払出数量とそれぞれ一致する。

　　　　　　・該当月の入荷明細，出荷明細の行に対応する受払明細の行を突合

し，各々一行だけ対応する行が存在する。
・該当月の入荷，入荷明細，出荷，出荷明細を基に作成した商品有高表及び残高集計表の計数が計数格納処理の結果と一致する。

(4) m：下降　　n：入荷　　o：単価

(5)

追加エンティティタイプ名	外部キーの属性名	参照先エンティティタイプ名
受払明細	年月，拠点#，商品#	残高集計
受払残高	年月，拠点#，商品#，受払#	受払明細
	年月，拠点#，商品#，基受払#	受払明細
残高集計	拠点#	物流拠点
	商品#	商品

【解説】

　生活用品メーカーの在庫管理システムのデータベース実装・運用についての問題である。設問 1 は，概念データモデルから合致する業務ルールを検証していく問題である。設問 2 は，チャート傾向分析，SQL 文の穴埋めなどデータ分析がテーマとなっている。SQL 文について，ウィンドウ関数は毎年出題されるようになった。設問 3 は，商品有高表や残高集計表を求めるための計数格納処理についての問題である。過去の問題のようにデータベースの性能や物理設計に関する問題がなく，今までと全く傾向が異なる設問が多い。設問 1 や設問 2 の難易度は普通だが，設問 3 の計数格納処理を理解するのが少し難しいであろう。次年度以降の出題を見ないと分からないが，本問は平成 25 年度春期以前に部分的に戻った印象を受ける。

[設問 1]

(1) 表 3 中の　　a　　に入れる適切な業務ルールを答える。

　設問文には「"生産拠点"と"商品"との間のリレーションシップに着目して」とあるため，"生産拠点"と"商品"のリレーションシップを図 1 の概念データモデルから確認する。"生産拠点"と"商品"は 1 対多であり，"生産拠点"側に●が付いているため，一つの商品は必ず一つの生産拠点で生産されることが分かる。また，"生産拠点"では複数の"商品"が生産される。"商品"側に○が付いているのは，"生産拠点"では"商品"が一つも生産されていない場合があることを表している。このことから，表 3 の項番 1 の②も間違いであることが分かるだろう。したがって，解答は「一つの商品は一つの生産拠点だけで生産する」もしくは「一つの生産拠点では複数の商品を生産する」のどちらかを記述すればよい。

(2) 表 3 の業務ルールにおいて，合致する業務ルールの番号を答える。

　ほとんどが図 1 を確認すれば解答できる。項番ごとに業務ルールが正しいかどう

かを検証していく。

- 空欄 b：項番 2 の①〜④は次のとおりである。
    - ①：在庫数量は"棚別在庫"と"在庫"に存在するが，それ以外のエンティティタイプには存在していない。"棚別在庫"と"在庫"は，"物流拠点"とリレーションシップがあるため，①は正しい。
    - ②：全拠点を集計した商品別在庫の記録は，どのエンティティタイプにも存在しないため，②は誤りである。
    - ③："商品"と"棚別在庫"のリレーションシップは 1 対多であり，"棚別在庫"側に○が付いているため，商品に対応する棚別在庫が存在しないこともある。同様に，"商品"と"在庫"も 1 対多であり，"在庫"側に○が付いているため，商品に対応する在庫が存在しないこともある。したがって，③は誤りである。
    - ④："在庫"の主キーは，拠点#及び商品#である。そして，"在庫"の属性には，在庫数量と引当済数量をもつため，④は正しい。

    以上より，空欄 b には「①，④」が入る。

- 空欄 c：項番 3 の①〜④は次のとおりである。
    - ①："棚"と"棚別在庫"のリレーションシップを見ると，1 対 1 である。また，"棚別在庫"と"商品"は多対 1 である。つまり，一つの棚に一つの商品が保管され，一つの商品は複数の棚に保管されることを意味している。したがって，①は誤りである。
    - ②：①での解説のとおり，一つの商品は複数の棚に保管されるので，②は正しい。
    - ③："棚"の主キーは，拠点#と棚#である。これは，拠点ごとに同じ棚#が存在するため，拠点#と棚#の属性によって一意に定まる。したがって，③は正しい。
    - ④：「各棚には保管する商品があらかじめ決まっている」といった記述は，他に見当たらないため，④は誤りである。

    以上より，空欄 c には「②，③」が入る。

- 空欄 d：項番 4 の①〜④は次のとおりである。
    - ①："取引先"と"出荷先"は，切り口が一つの共存のスーパータイプとサブタイプの関係であり，さらに出荷先には取引先のサブセットである一つの請求先が必ずあり，請求先には一つ以上の出荷先が必ずあるという両側に●が付いた 1 対多である。次図に示すように通常，1 対多はスーパータイプとサブタイプの関係に含まれるが，この場合は"出荷先"が外部キーの請求先取引先によって請求先を限定的に参照している，すなわち両側に●が付いているので 1 対多のリレーションシップが必要である。また，サブタイプ識別子から判断して"取引先"には請求先区分と出荷先区分があり，請求先であるが，出荷先ではない取引先が存在する。したがって，取引先が全て出荷先ではないので，①は誤りである。

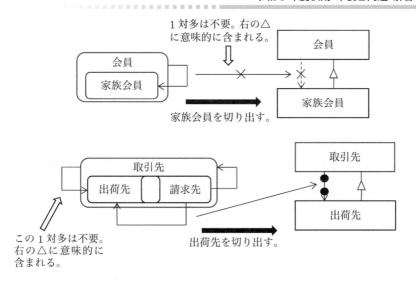

1 対多は不要。右の△
に意味的に含まれる。

家族会員を切り出す。

この 1 対多は不要。
右の△に意味的に
含まれる。

出荷先を切り出す。

②："取引先"と"出荷先"のリレーションシップは 1 対多である。一つの
取引先（請求先）に対して複数の出荷先があることを示している。したが
って，②は誤りである。

③："出荷先"には請求先取引先#の属性があり，リレーションシップでは"取
引先"側に●が付いている。一つの出荷先には一つの取引先があることが
分かる。したがって，③は正しい。

④：表 2 の請求先区分，出荷先区分に「一つの取引先が両方に該当すること
もある」とあるため，④は誤りである。

以上より，空欄 d には「③」が入る。

・空欄 e：項番 5 の①〜④は次のとおりである。

①："入荷明細"と"入庫明細"のリレーションシップは 1 対多である。一
つの入荷明細が複数の入庫明細に分割して入庫されるため，①は誤りであ
る。

②："入庫"の主キーは，拠点#と入庫#であるため，②は正しい。

③："入荷明細"と"入庫明細"のリレーションシップにおいて，"入庫明細"
側に●が付いているため，入荷明細に対応する入庫明細が必ず存在する。
つまり，入荷した商品は必ず入庫するので，③は誤りである。

④：①で解説したとおり，一つの入荷明細が複数の入庫明細に分割して入庫
される。"入庫明細"の属性に入荷#，入庫明細#，棚#があるため，入荷し
た商品を入庫時に棚に振り分けていることが分かる。したがって，④は正し
い。

以上より，空欄 e には「②，④」が入る。

・空欄 f：項番 6 の①〜④は次のとおりである。

①：“出荷”と“出庫”のリレーションシップは1対1であるため，①は正しい。

②：“出荷明細”と“出庫明細”のリレーションシップは存在しないため，②は誤りである。

③：“出荷”と“出庫”のリレーションシップは，“出庫”側に○が付いているため，③は正しい。

④：“出荷明細”と“出庫明細”のリレーションシップは存在しない。かつ，③で解説したとおり，出荷に対して出庫が存在しないときがある。そのため，出荷数量と出庫数量が一致する保証はない。したがって，④は正しい。

以上より，空欄fには「①，③，④」が入る。

[設問2]

(1) 累計出荷数量のグラフと移動累計出荷数量のグラフから商品の出荷量の傾向を答える。これらのチャートは図2に示されている。

・累計出荷数量：図2については，表1の依頼1に「累計出荷数量は，グラフの表示範囲の最初の年月から各年月までの月間出荷数量の累計である」という説明がある。図2の累計出荷数量を見ると，グラフは右肩上がりの直線となっており，傾きが一定である。また，月間出荷数量のグラフを見ても，月々の出荷数量は一定である。したがって，解答は「直近1年は毎月の出荷数量の増減がない」となる。

・移動累計出荷数量：表1の依頼1での移動累計出荷数量の説明は「各年月と各年月の11か月前までを合わせた12か月の月間出荷数量を累計したものである」である。図2の移動累計出荷数量を見ると，グラフは右肩下がりであるため，12か月間の月間出荷数量が減少傾向であることが分かる。また，減少傾向であるということは，前年の同月と比べて出荷数量が下がっていることを示している。したがって，解答は「各月の出荷数量が前年同月比で全て減少している」もしくは「グラフ表示範囲の1年前の期間の出荷数量は減少傾向だった」となる。

(2) 表4の空欄に入れる適切な数値，及び適切な字句を答える。表4は依頼1のZチャートで表示するために必要なデータを問合せする処理を行っている。

・空欄ア：問合せ名T1は，チャートを表示するために必要な月間出荷量を求める処理である。空欄アでは，出荷年月日の年月が，指定年月の何か月前のデータから必要なのかが問われている。表1の依頼1に「Zチャートは，物流拠点，商品，年月を指定して指定年月と指定年月の11か月前までを合わせた12か月を表示範囲とした」とあるため，月間出荷数量と累計出荷数量は12か月前のデータがあればよい。しかし，「移動累計出荷数量は，各年月と各年月の11か月前までを合わせた12か月の月間出荷数量を累計したものである」とある。具体的に考えると，23年09月が指定された場合は，最初の移動累計出荷数量は21年11月から22年10月までの累計出荷数量を求めなけ

ればならないので，必要なデータは 21 年 11 月から 23 年 09 月までとなる。
空欄アでは 23 年 09 月の前の月からの期間を聞かれているので答えは 22 か
月前となる。したがって，空欄アには「22」が入る。

・空欄イ，ウ：問合せ名 T2 は，移動累計出荷数量を求める処理である。例えば 23
年 09 月の移動累計出荷数量を求めるためには，22 年 10 月から 23 年 09 月
の月間出荷数量の合計を求める必要がある。23 年 09 月を現在の行とした場
合に 22 年 10 月は 11 行前の行となる。したがって，空欄イには「11 行前の
行」，空欄ウには「現在の行」が入る。なお，空欄イ，ウは順不同である。

・空欄エ〜カ：問合せ名 T3 は，累計出荷数量を求める処理である。これも具体的
に考えてみる。22 年 10 月の累計出荷数量を求めるためには，22 年 10 月だ
けの月間出荷数量が分かればよい。また，23 年 09 月の累計出荷数量を求め
るためには，22 年 10 月から 23 年 09 月までの月間出荷数量が必要になる。
必要な月間出荷数量は，指定した月の 11 か月までのデータからが必要であ
るため，空欄カには「11」が入る。また，累計出荷数量は，11 か月間の最初
の行から現在の行までが必要であるため，空欄エには「最初の行」，空欄オ
には「現在の行」が入る。なお，空欄エ，オは順不同である。最初に空欄カ
が 11 か月間である条件が指定できないと，空欄エと空欄オが埋めにくいだ
ろう。

(3) 図 3 の SQL 文についての穴埋めである。

図 3 は依頼 2 の内容を求める SQL 文である。依頼 2 の内容は「出庫の頻度を識
別できるヒートマップを作成して可視化したい」というものであり，「ヒートマップ
は，物流拠点の棚のレイアウト図上に，各棚の出庫頻度区分を色分けしたもの」と
ある。また，出庫頻度区分を求める条件は「指定した物流拠点及び期間において，
棚別に集計した出庫回数が多い順に順位付けを行い，上位 20%を‘高’，上位 50%
から‘高’を除いたものを‘中’，それ以外を‘低’としたものである」となってい
る。

図 3 の SQL 文を見ると，S1，S2，S3 と定義されており，段階的に紐解いていく
とよいだろう。

まず，S1 では出庫と出庫明細を内結合しており，WHERE 句で必要な拠点と期
間を指定して該当する拠点#と棚#を求めている。

次に，S2 では棚と S1 を左外結合しており，SELECT 句に「AS 出庫回数」と
あることから，棚別の出庫回数を求めていることが推測できる。左外結合している
のは，出庫がない棚も含めるため，棚テーブルの行が全て出力するようにしている。

そして，S3 では SELECT 句で「AS 出庫回数順位」となっていることから，RANK
関数を使用して出庫回数順位を求めていることが分かる。

最後に，SELECT 文で CASE 式を使用して，‘高’，‘中’，‘低’の区分に分けて
いる。

・空欄キ：S2 において SELECT 句で列名を指定する穴埋めである。S2 は S3 で使
用されているため，S3 で必要な列名を洗い出しておく。S3 で棚#を指定して

いるため，S2 でも棚#が必要になる。また，「AS 出庫回数」となっていることから，出庫回数を導出する関数が必要になる。出庫回数は棚別に出庫した回数を求める必要がある。S1 で求めた行は出庫明細ごとに 1 行となっており，出庫回数は棚ごと出庫明細の行を数えることで求めることができる。したがって，空欄キには「T.棚#，COUNT(S1.棚#)」が入る。棚#の列は T と S1 の両方に存在するため，表の別名が必要となる。

- ・空欄ク：出庫回数は棚別に出庫した回数を求める必要がある。したがって，空欄クには「GROUP BY T.棚#」が入る。
- ・空欄ケ：出庫回数順位を求めるため OVER の括弧内を穴埋めする問題である。RANK 関数は，SQL の結果に対して順位を付けて返す関数である。ちなみに，RANK 関数は同順位に対して同じ番号を付けるようになっている。OVER の括弧内では PARTITION BY や ORDER BY を使用することができる。PARTITION BY ではランク付けするグループの基準を指定することができ，ORDER BY では順位付けするための基準となる列と並び順を指定することができる。今回は出庫回数の多い順となるため，空欄ケには「ORDER BY 出庫回数 DESC」が入る。なお，全行が順位の対象となるため，PARTITION BY は指定する必要がない。
- ・空欄コ：WHEN 句の条件を穴埋めする問題である。出庫頻度区分は「上位 20% を‘高’，上位 50%から‘高’を除いたものを‘中’，それ以外を‘低’としたもの」とある。‘高’の区分は「<= 20」という条件があるため，求めるのは‘高’区分の割合である。割合を求めるためには，出庫回数順位を全体の件数で割った結果に 100 を掛けたものとなる。したがって，空欄コには「出庫回数順位 / COUNT(*)」が入る。COUNT(*)の後に OVER()を付けると全行が集計の対象となる。OVER()を付けないで COUNT(*)だけでは 1 行にまとめてしまい，各行に対して計算を行うことができない。出庫回数順位のそれぞれの行で COUNT(*)の結果を使用したい場合はウィンドウ関数で集計する必要がある。

(4) 図 4 において，二つの棚に配置されている商品を相互に入れ替えて，最も効果が高いと考えられる棚#の組を答える。

　図 4 の通路を見ると，入口から出口まで一直線に進むのが一番効率のよいルート（出庫作業の最短順路）となる。一直線の通路にある棚で一番出庫頻度区分の低い棚が 604 である。そして，この直線通路に面していない棚で一番出庫頻度区分の高い棚が 307 である。そのため，307 と 604 の棚の商品を入れ替えると最も効果が高くなる。したがって，解答は「307（と）604（の組）」となる。

(5) (4)で実施する棚の商品の入替えを記録するため，更新が必要となるテーブル名を二つ挙げて，それぞれ行の挿入，又は行の更新のどちらが必要であるかを答える。

　棚にどの商品が置いてあるのかを記録しているエンティティタイプは図 1 から“棚別在庫”であることが分かる。“棚別在庫”には商品#の属性があるため，307 の商品#と 604 の商品#を入れ替えるためには「行の更新」が必要となる。

　また，図 1 から "倉庫内移動" というエンティティタイプを見ると，商品#，移動元棚#，移動先棚#という属性があり，商品を棚から別の棚に移動したときの履歴情報を保持していることが分かる。"倉庫内移動" は，商品の移動が発生するごとに情報を保持するための行を追加していく。そのため，"倉庫内移動" は「行の挿入」が必要である。

〔設問 3〕
(1)　表 5 中の　　　　g　　　～　　　　l　　　に入れる適切な数値を答える。
　〔依頼 3 への対応〕1.に「月末時点の在庫を，先入先出法によって評価し，在庫金額を確定する」とある。先入先出法は，先に入荷した商品から先に出荷していく評価方法である。
　表 5 の前月繰越時点では，@80×100 個の商品と@85×300 個の商品が存在していた（@は単価を表す）。これが 09-04 の時点で@80×30 個の払出があったので，在庫は@80×70 個と@85×300 個となる。次に，09-07 の時点で@80×70 個と@85×40 個の払出があったので，在庫は@85×260 個となる。さらに，09-12 の時点で@90×150 個の受入があったので，在庫は@85×260 個と@90×150 個となる。
・空欄 g，h：09-17（出荷）で@85×50 個の払出があったので，在庫は@85×210個と@90×150 個となる。したがって，空欄 g には「210」，空欄 h には「85」が入る。
・空欄 i～l：09-17（赤伝）で@85×▲50 個となっている。赤伝票は訂正伝票で 09-17（出荷）の行を取り消すために行われる。@85×50 個の商品が在庫に戻ることになるので，この時点の在庫は@85×210 個と@85×50 個を足して@85×260 個となる。また，@90×150 個の在庫はそのままである。したがって，空欄 i には「260」，空欄 j には「85」，空欄 k には「150」，空欄 l には「90」が入る。なお，〔依頼 3 への対応〕1.(1)に「入出荷による変更後の在庫を入荷の古い順に残高欄に記入する」とあるので，残高欄では@85×260 個を@90×150 個よりも上に書かなければならない。

(2)　計数格納処理とは，入荷及び出荷の更新処理（入出荷処理）と合わせて，図 5 のテーブルにデータを格納する処理のことである。〔依頼 3 への対応〕3.(1)①に「入出荷の明細ごとに，"受払明細" テーブルに赤伝，黒伝を含む新規受払の行を作成する。赤伝，黒伝の発生時には，同じ年月，拠点#，商品#で，その受払よりも先の行を全て削除した上で，入出荷の明細から行を再作成する。これを洗替えという」とある。受払よりも先の行を全て削除する理由は，先入先出法によって在庫の評価をするときに，赤伝，黒伝が発生すると，在庫金額が合わなくなってしまうためである。赤伝，黒伝は訂正元の受払となるデータのすぐ後に出てくるとは限らない。幾つかの受払が発生した後に赤伝，黒伝が発生する可能性があるため，そのままでは在庫金額が合わなくなってしまう。具体例を次図に示す。

年月	受払年月日	適用区分	数量	単価	
202309	2023-09-01	前月繰越	50	100	起点となる行
202309	2023-09-03	入荷	50	80	
202309	2023-09-05	出荷	30	100	
202309	2023-09-10	入荷	50	90	
202309	2023-09-15	出荷	20	100	計算が合わないため
202309	2023-09-15	出荷	30	80	洗替えを行う。
202309	2023-09-05	赤伝	30	100	

年月	受払年月日	適用区分	数量	単価	
202309	2023-09-01	前月繰越	50	100	起点となる行
202309	2023-09-03	入荷	50	80	
202309	2023-09-05	出荷	30	100	
202309	2023-09-05	赤伝	30	100	
202309	2023-09-10	入荷	50	90	
202309	2023-09-15	出荷	20	100	洗替えを
202309	2023-09-15	出荷	30	100	行った後

(a) 計数格納処理について，処理 WT に，同じ年月，拠点#，商品#の赤伝，黒伝が複数ある場合に，洗替えの起点となる行を選択する条件を答える。

　　洗替えは，「同じ年月，拠点#，商品#で，その受払よりも先の行を全て削除した上で，入出荷の明細から行を再作成する」とあるので，計数格納処理において，年月，拠点#，商品#ごとに最初に登録する行が起点となる行である。したがって，解答は「入荷年月日又は出荷年月日，登録 TS の昇順に並べた先頭の行であること」もしくは「受払日付，登録順が最も古い入出荷であること」などとなる。

(b) 計数格納処理の開始時点で登録済の入出荷だけを反映した状態にするために指定する条件を答える。

　　〔依頼 3 への対応〕3.(2)の案 2 に「登録された入出荷のキー値（拠点#，入荷#，出荷#）を連携用のワークテーブル（以下，連携 WT という）に溜めておき，一定時間おきに計数格納処理を実行する」とあるので，入出荷処理が行われるたびに連携 WT には処理すべきデータが溜まるようになっている。そして，案 2 の(a)に「連携 WT の全行を処理用のワークテーブル（以下，処理 WT という）に追加後，連携 WT の全行を削除してコミットする」とある。このことから，今回処理すべき入出荷データのキー値が処理 WT に格納されていることとなる。しかし，入出荷処理と計数格納処理は非同期で行われるため，計数格納処理を実行中に入出荷処理を行うと，新たな入出荷の行が登録される。洗替えを行うためには，起点となる行から入荷，入荷明細及び出荷，出荷明細の行を取得しなければならないが，どこまでの入出荷データを取得すべきか条件を考えなければならない。この条件は様々な解答が考えられる。

一つ目は，処理 WT 内のキー値から最大の登録 TS である入荷及び出荷を取得し，取得した最大登録 TS 以下の入出荷データを登録済みとする方法である。この解答は「登録 TS が処理 WT 内で最大の登録 TS 以下であること」となる。

二つ目は，計数格納処理を開始した日時以前の入出荷データを登録済みとする方法である。この解答は「登録 TS が計数格納処理の開始日時以前であること」となる。

三つ目は，案 2 の「入出荷処理では，トランザクション内で一連の更新処理を行い，最後に連携 WT に行を追加してトランザクションを終了する」という記述，及び案 2 の(a)の「連携 WT の全行を処理用のワークテーブル（以下，処理 WT という）に追加後，連携 WT の全行を削除してコミットする」という記述から考える。計数格納処理を実行中に，入出荷処理が実行される可能性があるが，連携 WT にデータが存在しないときは，新たな入出荷データが登録されていないことを意味する。そのため，連携 WT にデータがない時点での入出荷データは全て登録済みにする。この解答は「拠点#，入荷#，出荷#が連携 WT に存在しないこと」となる。

(3) 案 2 を採用する上で，計数格納処理が正しく動作し，処理結果が正しいことを検証する方法を答える。本問はどのような観点で処理結果を確認すべきかということが記述されていないので，様々な解答が考えられるだろう。

一つ目の観点は，残高集計表の数量が正しいかどうかである。入荷及び出荷のデータから集計した入荷数量及び出荷数量と，計数格納処理によって出力された残高集計の受入数量，当月払出数量が一致するかどうかである。このケースの解答は「拠点#ごと，商品#ごとに入荷数量，出荷数量を集計した値が残高集計の当月受入数量，当月払出数量とそれぞれ一致する」となる。

二つ目の観点は，受払明細のデータが入荷及び出荷のデータから正しく登録されているかである。案 2 では洗替えを行うための起点となる行や登録済み入出荷データだけを選択する条件があるため，それらが正しく機能して正しいデータが受払明細に登録されているかを確認する。このケースの解答は「該当月の入荷明細，出荷明細の行に対応する受払明細の行を突合し，各々一行だけ対応する行が存在する」となる。

三つ目の観点は，該当月の入出荷データから商品有高表と残高集計表を作成し，その結果が計数格納処理の結果と一致するかどうかである。このケースの解答は「該当月の入荷，入荷明細，出荷，出荷明細を基に作成した商品有高表及び残高集計表の計数が計数格納処理の結果と一致する」となる。

IPA の解答例としては前記の三つが示されているが，他の観点でも正解となっているケースはあるだろう。

(4) 本文中の m ～ o に入れる適切な字句を答える。

・空欄 m：製造原価が上昇する傾向にあるとき，金額による在庫回転率は上昇する傾向があるのか下降する傾向があるのかを答える。在庫回転率は，在庫がどれだけ早く販売又は使用されているかを示す指標である。金額による在庫回

転率は，在庫の総価値（例えば，販売価格や製造原価）に基づいて計算される。製造原価の上昇は，在庫の総価値を増加させる。その結果，同じ数量の在庫でもその価値が高くなる。そのため，金額による在庫回転率（つまり，価値に基づく回転率）は下降する傾向がある。これは，同じ数量の在庫でもその価値が高くなったため，その価値を回収するのにより長い時間が必要となるからである。したがって，空欄 m には「下降」が入る。

・空欄 n, o：2023-09 の金額の在庫回転率が異常値であることが疑われるため，"受払明細"テーブルにおいて，どの行の列に不正な値がないかを答える。数量の在庫回転率は異常値ではないが，金額の在庫回転率が異常値であることが疑われるのは，単価に異常な値が入っていることが原因として推測できる。単価の属性は"入荷明細"を登録するときに入力するので，摘要区分は入荷となる。出荷では先入先出法で自動的にどの単価の商品が払出されるのかが決まるので，入力ミスを行う可能性はない。また，赤伝，黒伝も訂正元の単価や入荷の単価を参照するため，入力ミスは起こらない。したがって，空欄 n には「入荷」，空欄 o には「単価」が入る。

(5) "受払残高"と"残高集計"の外部キーの属性名と参照先エンティティタイプ名を答える。

・受払残高：〔依頼 3 への対応〕2.(2)に「受払明細ごとに，受払による収支を反映した後の残高数量を，基になる受入ごとに記録する。残高の基になった受入（前月繰越又は入荷）の受払#，単価を，受払残高の基受払#，単価に設定する」とある。基受払#は入荷したときの受払#を参照しているため，"受払明細"との参照関係が必要となる。"受払明細"の主キーは「年月，拠点#，商品#，受払#」のため，外部キーは「年月，拠点#，商品#，基受払#」となり，参照先エンティティタイプ名は「受払明細」となる。

・残高集計：残高集計の外部キーの候補となるものには，年月，拠点#，商品#が挙げられる。年月は"月締め"エンティティタイプと関連がありそうであるが，残高集計はリアルタイムで集計を行っており，月締めされる前に集計を行っているため，"月締め"との関連はない。拠点#は参照先エンティティタイプ名として"物流拠点"が考えられる。商品ごとの在庫について集計しているので，生産拠点ではない（生産拠点では在庫をもたない）。商品#は参照先エンティティタイプ名として"商品"が考えられる。ここで，"在庫"の主キーが拠点#と商品#であり，参照先エンティティタイプ名として"在庫"も考えられるが，"残高集計"は集計した時点の拠点#と商品#で記録しており，"在庫"は現時点の拠点#と商品#を表している。拠点#と商品#の組合せが変更されると，"在庫"への参照先がなくなってしまう。そのため，"在庫"は参照先エンティティタイプにはならない。したがって，一つ目の参照先として，外部キーは「拠点#」，参照先エンティティタイプ名は「物流拠点」となり，二つ目の参照先として，外部キーは「商品#」，参照先エンティティタイプ名は「商品」となる。

問2	ドラッグストアチェーンの商品物流の概念データモデリング	(R5秋·DB 午後Ⅱ問2)

【解答例】

[設問]　(1) a：幹線ルート　　b：支線ルート

(2) リレーションシップの太線・太矢線部分が解答となる。

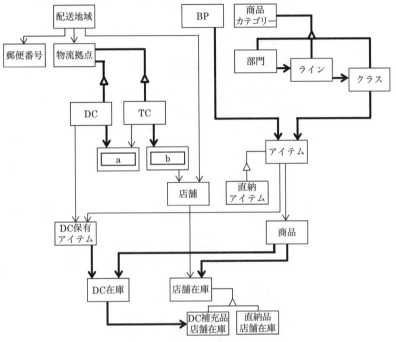

(3) リレーションシップの太線・太矢線が解答となる。

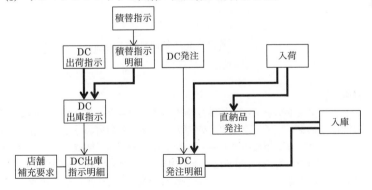

(4) ア：配送地域コード
　　イ：DC 機能フラグ，TC 機能フラグ，配送地域コード
　　ウ：DC 拠点コード，倉庫床面積
　　エ：TC 拠点コード，委託先物流業者名
　　オ：DC 拠点コード，TC 拠点コード，幹線 LT
　　カ：TC 拠点コード，支線ルートコード，車両番号
　　キ：支線 LT，TC 拠点コード，支線ルートコード，配送順
　　ク：カテゴリーレベル
　　ケ：部門カテゴリーコード
　　コ：ラインカテゴリーコード
　　サ：調達先 BP コード，クラスカテゴリーコード，温度帯
　　シ：アイテムコード，補充 LS
　　ス：JAN コード，在庫数，発注点在庫数，DC 納入 LT，DC 発注
　　　　LS
　　セ：在庫数，発注点在庫数
　　ソ：要求先 DC 拠点コード
　　タ：直納 LT，直納品発注 LS
　　チ：出庫指示年月日，配送先店舗コード，出荷指示番号，積替指示
　　　　番号
　　ツ：店舗コード，補充要求年月日時刻，DC 補充品 JAN コード
　　テ：出荷指示年月日，出荷元 DC 拠点コード，出荷先 TC 拠点コー
　　　　ド
　　ト：積替指示年月日，TC 拠点コード，支線ルートコード
　　ナ：発注 DC 拠点コード，発注年月日
　　ニ：DC 補充品 JAN コード，入荷番号
　　ヌ：店舗コード，補充要求年月日時刻，直納品 JAN コード，入荷
　　　　番号
　　ネ：入荷年月日
　　ノ：発注番号，発注明細番号，店舗コード，補充要求年月日時刻，
　　　　直納品 JAN コード

【解説】

　ドラッグストアチェーンの商品物流の概念データモデリングに関する問題である。
設問は，エンティティタイプの穴埋め，マスター領域のリレーションシップの記述，
トランザクション領域のリレーションシップの記述，関係スキーマの属性の穴埋めと
いった問題である。過去問題にもよく出題されている設問が一つの定番の問題である。
問題の分量や難易度も普通レベルである。DC から店舗への具体的な配送方法の説明
が若干難しいだろう。

[設問]

(1) 図1中のマスター領域の　 a 　,　 b 　に入れる適切なエンティティ
タイプ名を答える。これは,〔業務改革を踏まえた商品物流業務〕の本文を読みなが
ら,図1の概念データモデルと突き合わせて,足りないエンティティタイプを抽出
していけば分かるだろう。

　　1.(5)①に「DCからTCへの配送を行うルートを幹線ルート,TCから配送先の店
舗を回って配送を行うルートを支線ルートという」とあり,"幹線ルート"と"支線
ルート"は図1には出ていない。空欄aと空欄bのどちらかが"幹線ルート"で,
もう一方が"支線ルート"となる。空欄aにはTCから1対多のリレーションシッ
プがあり,空欄bから"店舗"に1対多のリレーションシップがある。幹線ルート
は,DCからTCへの配送への配送を行うルートであるから,どのDCからどのTC
へ配送するかの情報をもつ。また,支線ルートはTCから配送先の店舗を回って配
送を行うルートであるから,どのTCからどの店舗へ配送するかの情報をもつ。つ
まり,"店舗"とリレーションシップをもつのが"支線ルート"であるため,空欄b
には「支線ルート」が入り,空欄aには「幹線ルート」が入る。"DC"と"幹線ル
ート","TC"と"支線ルート"のリレーションシップが必要であるが,これは設問
(2)の③と④で解説する。

(2) 図1で欠落しているリレーションシップを補い,図を完成させる。〔業務改革を
踏まえた商品物流業務〕の本文と,図3の関係スキーマを突き合わせながら考える
とよいだろう。

　① "物流拠点"と"DC"及び"物流拠点"と"TC"間(のリレーションシップ)
　　　1.(4)②の「物流拠点の機能には,在庫をもつ在庫型物流拠点(以下,DCとい
　　う)の機能と,積替えを行って店舗への配送を行う通過型物流拠点(以下,TC
　　という)の機能がある」という記述から,"物流拠点"と"DC"及び"物流拠点"
　　と"TC"間にはスーパータイプとサブタイプのリレーションシップがあることが
　　分かる。また,③の「物流拠点によって,TCの機能だけをもつところと,DCと
　　TCの両方の機能をもつところがある」という記述から,共存的サブタイプであ
　　ることも分かる。共存的サブタイプの場合は,関係スキーマにフラグをもたせて,
　　個々のサブタイプを識別する。④の「物流拠点に,DCの機能があることはDC
　　機能フラグで,TCの機能があることはTC機能フラグで分類する」という記述
　　でも,共存的サブタイプの特徴を表している。ここでは,"DC"と"TC"という
　　切り口が二つあるので,それぞれに△が必要となる。図3の関係スキーマを見て
　　も,サブタイプになるエンティティタイプは字下げしているので分かりやすい。

　② "BP"と"アイテム"の間
　　　2.(2)④に「アイテムには,調達先のBP,温度帯(常温,冷蔵,冷凍のいずれ
　　か),属するクラスを設定している。また,同じアイテムを別のBPから調達する
　　ことはない」とあるため,"BP"と"アイテム"の間にはリレーションシップが
　　ある。多重度を考えると,一つの"BP"では複数のアイテムを扱い,一つの"ア
　　イテム"は上記の記述から一つの"BP"に定まる。したがって,"BP"と"アイ

午後II解答

テム”は 1 対多のリレーションシップとなる。

③　“DC”と“幹線ルート”（空欄 a）の間

　1.(5)①に「DC から TC への配送を行うルートを幹線ルート」という記述がある。幹線ルートは，どの DC からどの TC へ配送するかの情報をもつ。したがって，“DC”と“幹線ルート”の間にはリレーションシップがある。多重度を考えると，幹線ルートは DC と TC の組合せでできている。そのため，“幹線ルート”の一つのインスタンスは，一つの“DC”のインスタンスを特定できる。また，一つの“DC”インスタンスは，複数の幹線ルートの出発点となっている。したがって，“DC”と“幹線ルート”の間には 1 対多のリレーションシップがある。

④　“TC”と“支線ルート”（空欄 b）の間

　1.(5)①に「TC から配送先の店舗を回って配送を行うルートを支線ルートという」という記述がある。支線ルートは，どの TC からどの店舗を回って配送するかの情報をもつので，“TC”と“支線ルート”の間にはリレーションシップがある。多重度を考えると，1.(5)②に「支線ルートは，TC ごとの支線ルートコードで識別している」とあるので，支線ルートは TC 拠点コードと支線ルートコードの組合せでできている。そのため，“支線ルート”の一つのインスタンスは，一つの“TC”のインスタンスを特定できる。また，一つの“TC”のインスタンスは複数の支線ルートの出発点となっている。したがって，“TC”と“支線ルート”の間には 1 対多のリレーションシップがある。

⑤　“商品カテゴリー”と“部門”，“ライン”，“クラス”の間

　2.(1)①に「商品カテゴリーには，部門，ライン，クラスの 3 階層木構造のカテゴリーレベルがある。商品カテゴリーはその総称である」とあるため，“商品カテゴリー”と“部門”，“ライン”，“クラス”の間にはスーパータイプとサブタイプの関係がある。サブタイプのインスタンスは，他のサブタイプと共存することはないため，サブタイプは排他的である。△は一つに集約することができる。スーパータイプとサブタイプの関係は，図 3 の関係スキーマを見ても，サブタイプになるエンティティタイプは字下げしているので分かりやすい。

⑥　“部門”と“ライン”の間

　2.(1)②に「部門には，医薬品，化粧品，家庭用雑貨，食品がある」とあり，③に「例えば医薬品の部門のラインには，感冒薬，胃腸薬，絆創膏などがある」とある。つまり，“部門”と“ライン”の間には階層関係があるため，リレーションシップがある。多重度を考えると，本文の例にあるように上位のカテゴリーには複数の下位カテゴリーが存在する。また，⑤では「上位のどの部門又はラインに属するかを表す上位のカテゴリーコードを設定している」とある。上位のカテゴリーを設定するコードは一つしかないため，下位のカテゴリーは，必ず一つの上位カテゴリーに定まるようになる。したがって，“部門”と“ライン”の間には 1 対多のリレーションシップがある。

⑦　“ライン”と“クラス”の間

　2.(1)④に「例えば感冒薬のラインのクラスには，総合感冒薬，漢方風邪薬，鼻

炎治療薬などがある」とあるため，こちらも“部門”と“ライン”の間と同じように，1対多のリレーションシップがある。

⑧　“クラス”と“アイテム”の間

　　2.(2)④に「アイテムには，調達先のBP，温度帯（常温，冷蔵，冷凍のいずれか），属するクラスを設定している」とあるため，“クラス”と“アイテム”の間にはリレーションシップがある。多重度を考えると，アイテムは属するクラスを設定しているため，一つのアイテムは一つのクラスに属する。また，2.(2)①に「アイテムは，（中略）商品を括る単位である」とあるため，一つのクラスには複数のアイテムが存在する。したがって，“クラス”と“アイテム”の間には，1対多のリレーションシップがある。

⑨　“DC保有アイテム”と“DC在庫”の間

　　3.(1)②に「DCでは，保有するアイテムが何かを定めている」とあり，これを“DC保有アイテム”としている。また，3.(2)③に「DCでは，DCごと商品ごとに，在庫数を把握し，発注点在庫数，DC納入LT，DC発注LSを定めている」とある。「DCごと商品ごとに，在庫数を把握し」という部分が“DC在庫”のことを指している。「DCごと商品ごとに，在庫数を把握し」と書いてあるため，“DC”と“DC在庫”のリレーションシップを考えてしまうが，“DC保有アイテム”と“DC”には既にリレーションシップがあるため，“DC保有アイテム”と“DC在庫”にリレーションシップを引けば，“DC在庫”と“DC”にも推移的なリレーションシップがあることになる。多重度を考えると，“DC在庫”は，「DCごと商品ごとに，在庫数を把握し」とあり，DC保有アイテムは，DCで保有するアイテムの情報をもっている。DCと商品が特定できれば，一つのDC保有アイテムを特定できる（一つの商品は一つのアイテムに属しているため）。つまり，“DC在庫”の一つのインスタンスは，一つの“DC保有アイテム”のインスタンスを特定できる。また，一つのDCとアイテムの組合せは，複数のDCと商品の組合せに対応する（一つのアイテムは複数の商品があるため）。したがって，“DC保有アイテム”と“DC在庫”の間には1対多のリレーションシップがある。

⑩　“商品”と“DC在庫”の間

　　3.(2)③に「DCでは，DCごと商品ごとに，在庫数を把握し，発注点在庫数，DC納入LT，DC発注LSを定めている」とある。「DCごと商品ごとに，在庫数を把握し」という部分が“DC在庫”のことを指しているので，“商品”と“DC在庫”の間にはリレーションシップがある。多重度を考えると，“DC在庫”はDCごと商品ごとに，在庫数を把握しているので，“DC在庫”の一つのインスタンスは，一つの“商品”のインスタンスに定まる。また，一つの商品は複数のDCで在庫として管理されているので，“商品”と“DC在庫”の間には1対多のリレーションシップがある。

⑪　“商品”と“店舗在庫”の間

　　3.(2)④に「店舗では，品揃えの商品ごとの在庫数を把握し，発注点在庫数を定めている」とある。「品揃えの商品ごとの在庫数」が“店舗在庫”となるため，“商

品”と“店舗在庫”の間にはリレーションシップがある。多重度を考えると，品揃えの商品ごとの在庫数が店舗在庫であるため，“店舗在庫”の一つのインスタンスは，一つの“商品”のインスタンスに定まる。また，3.(1)⑧の「店舗は，次を定めている」という記述に続き，「どの商品を品揃えするか」とあるので，一つの商品は複数の店舗在庫で扱われる。したがって，“商品”と“店舗在庫”の間には1対多のリレーションシップがある。

⑫　“DC在庫”と“DC補充品店舗在庫”の間

　　3.(1)⑧に「直納品を除くDC補充品（DCから配送を受ける商品）について，どのDCの在庫から補充するか」とあるため，“DC在庫”と“DC補充品店舗在庫”の間にはリレーションシップがあることが分かる。多重度を考えると，DC在庫はDCごと商品ごとに，在庫数を把握している。一つのDC在庫は，複数の店舗から補充要求を受けることがあるので，多数のDC補充品店舗在庫に対応する。また，DC補充品は「どのDCの在庫から補充するか」を店舗が決めることができるとあるので，一つのDC補充品店舗在庫は一つのDC在庫に定まる。したがって，“DC在庫”と“DC補充品店舗在庫”の間には1対多のリレーションシップがある。

(3)　図2で欠落しているリレーションシップを補い，図を完成させる。〔業務改革を踏まえた商品物流業務〕の本文と，図3の関係スキーマを突き合わせながら考えるとよいだろう。

①　“DC出荷指示”と“DC出庫指示”の間（のリレーションシップ）

　　3.(3)②に「DCの出庫指示書は，店舗から当該DCに届いた補充要求を基に，配送指示番号をキーとして店舗ごと出庫指示年月日ごとに出力する」とあるため，“DC出庫指示”の主キーは配送指示番号である。これは，図3の関係スキーマからも空欄チ，ツが不定ではあるが，配送指示番号が主キーと判断できるだろう。また，「DCからの幹線ルートの出荷指示書は，その日（出荷指示年月日）に積むべきコンテナの配送指示番号を明細にして行き先のTCごとにまとめて出力する」ともある。つまり，「コンテナの配送指示番号を明細にして行き先のTCごとにまとめて」いるということは，DC出庫指示をDC出荷指示ごとにまとめているという意味になる。一つのDC出庫指示は一つのDC出荷指示に属しており，一つのDC出荷指示には複数のDC出庫指示があることが分かる。したがって，“DC出荷指示”と“DC出庫指示”の間には1対多のリレーションシップがある。

②　“積替指示明細”と“DC出庫指示”の間

　　(3)①で解説したとおり，DC出庫指示は，配送指示番号をキーとして店舗ごと出庫指示年月日ごとに出力している。また，3.(3)②に「出庫したら，出庫指示書の写しをコンテナに貼付する」とあるので，コンテナとDC出庫指示を関連付けしていることが分かる。さらに，「積替指示書の明細は，配送先店舗ごとに作り，その内訳に店舗へ運ぶコンテナの配送指示番号を印字する」ともある。よって，①の解説にもあるように「コンテナの配送指示番号を明細にして行き先のTCご

とにまとめて」とあり，"DC 出庫指示"には主キーの（コンテナの）配送指示番号があるが，"積載指示明細"にはコンテナの配送指示番号はないので，複数のコンテナの配送指示番号を得るためには"DC 出庫指示"とリレーションシップを付ける以外にない。

ちなみに，コンテナは 3.(3)①に「依頼元の店舗ごとに用意した折りたたみコンテナ（以下，コンテナという）に入れる」とあり，"積替指示明細"ごとに一つのコンテナと考えるかもしれないが，3.(1)⑥に「TC に対してどの DC から配送するかは，TC が必要とする商品の在庫が同じ配送地域の DC にあればその DC からとし，なければ在庫をもつ他の DC からたすき掛けとする」とあり，一つの"積替指示明細"で，複数 DC からのコンテナが対応することがある。したがって，"積替指示明細"と"DC 出庫指示"の間には 1 対多のリレーションシップがある。

DC から店舗への具体的な配送方法をまとめると，次図のようになる。

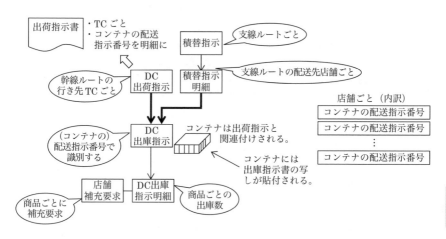

③　"入荷"と"DC 発注明細"及び"入荷"と"直納品発注"の間

3.(4)③に「DC 及び店舗への BP からの入荷は，BP が同じタイミングで納入できるものがまとめて行われる。入荷では，入荷ごとに入荷番号を付与し，どの発注明細又は直納品発注が対応付くかを記録し，併せて入荷年月日を記録する」とある。「どの発注明細又は直納品発注が対応付くかを記録し」とあるので，"入荷"と"DC 発注明細"及び"入荷"と"直納品発注"の間にはリレーションシップがある。多重度を考えると，「DC 及び店舗への BP からの入荷は，BP が同じタイミングで納入できるものがまとめて行われる」とあるので，一つの入荷で複数の DC 発注明細及び複数の直納品発注が対応する。また，一つの DC 発注明細及び一つの直納品発注は一つの入荷に特定されるので，"入荷"と"DC 発注明細"及び"入荷"と"直納品発注"の間にはそれぞれ 1 対多のリレーションシップがある。

④　"直納品発注"と"入庫"及び"DC 発注明細"と"入庫"の間

　　3.(4)④に「DC 及び店舗は，入荷した商品ごとに入庫番号を付与して入庫を行い，どの発注明細又は直納品発注が対応付くかを記録する」とある。入庫の単位は，入荷した商品ごとになる。また，3.(4)①及び②の記述から，DC 発注明細及び直納品発注は，商品の在庫数が発注点在庫数を割り込むごとに発注しているので，発注した商品ごとに記録される。したがって，"直納品発注"と"入庫"及び"DC 発注明細"と"入庫"の間にはそれぞれ 1 対 1 のリレーションシップがある。

(4)　図 3 の関係スキーマにおいて，属性名を補って関係スキーマを完成させる。〔業務改革を踏まえた商品物流業務〕の本文と，図 1 と図 2 を突き合わせながら解答していくとよいだろう。図 1 と図 2 の間のリレーションシップは省略されているので，図 1 と図 2 でリレーションシップがどこにあるのかを考えなければならない。

- 空欄ア：郵便番号に関する記述は，1.(2)②に「配送地域は，複数の郵便番号の指す地域を括ったものである。都道府県をまたぐ配送地域もある」とある。図 1 からも"配送地域"と"郵便番号"の間には 1 対多のリレーションシップがあることから，"配送地域"の主キーである配送地域コードを外部キーとしてもつ。したがって，空欄アには「配送地域コード」が入る。

- 空欄イ：物流拠点に関する記述は，1.(4)④に「物流拠点に，DC の機能があることは DC 機能フラグで，TC の機能があることは TC 機能フラグで分類する」とあるため，DC 機能フラグと TC 機能フラグが必要となる。また，1.(4)⑥に「DC は配送地域におおむね 1 か所配置し，TC は配送地域に複数配置する」とある。図 1 を見ても，"配送地域"と"物流拠点"の間には 1 対多のリレーションシップがある。"配送地域"の主キーである配送地域コードを外部キーとしてもつ。したがって，空欄イには「DC 機能フラグ，TC 機能フラグ，配送地域コード」が入る。

- 空欄ウ：DC は"物流拠点"のサブタイプであるため，スーパータイプの主キーである拠点コードが主キーとなる。これを DC 拠点コードという属性名にする。また，1.(4)⑦に「DC には，倉庫床面積を記録している」とあるので，倉庫床面積が必要となる。したがって，空欄ウには「DC 拠点コード，倉庫床面積」が入る。

- 空欄エ：TC は"物流拠点"のサブタイプであるため，スーパータイプの主キーである拠点コードが主キーとなる。これを TC 拠点コードという属性名にする。また，1.(4)⑧に「TC は，運営を外部に委託しているので，委託先物流業者名を記録している」とあるので，委託先物流業者名が必要となる。したがって，空欄エには「TC 拠点コード，委託先物流業者名」が入る。

- 空欄オ：空欄 a は設問(1)で「幹線ルート」だと特定した。幹線ルートに関する記述は，1.(5)①に「DC から TC への配送を行うルートを幹線ルート」とあるので，出発地の DC 拠点コードと配送先の TC 拠点コードをもつ必要がある。幹線ルートは，DC 拠点コードと TC 拠点コードの組合せでルートを特定す

るため，DC拠点コードとTC拠点コードが主キーとなる。さらに，3.(1)④に「DCからTCの配送LTを幹線LTと呼び」とあるため，幹線LTの属性が必要となる。したがって，空欄オには「DC拠点コード，TC拠点コード，幹線LT」が入る。

- 空欄カ：空欄bは設問(1)で「支線ルート」だと特定した。支線ルートに関する記述は，1.(5)②に「支線ルートは，TCごとの支線ルートコードで識別している。また，支線ルートには，車両番号，配送先店舗とその配送順を定めている」とある。つまり，主キーの属性はTC拠点コード，支線ルートコードとなる。その他の属性としては，車両番号が挙げられる。"支線ルート"の主キーはTC拠点コード，支線ルートコードであるため，どの店舗にどの順番で配送するかという情報をもつわけではない。これは，図1に"支線ルート"と"店舗"の間には1対多のリレーションシップがあるため，店舗ごとの配送順は"店舗"側にもたせることになる。したがって，空欄カには「TC拠点コード，支線ルートコード，車両番号」が入る。

- 空欄キ：図3にある属性は1.(3)に記述されているので，それ以外の属性を考えなければならない。空欄カでも解説したとおり，図1に"支線ルート"と"店舗"の間には1対多のリレーションシップがあるため，店舗ごとの配送順は"店舗"側にもたせることになる。そのため，支線ルートの主キーであるTC拠点コード，支線ルートコードを外部キーとしてもつ必要がある。また，1.(5)②に「支線ルートには，車両番号，配送先店舗とその配送順を定めている」とあるので，配送順が必要となる。さらに，3.(1)④に「TCから店舗への配送LTを支線LTと呼ぶ」とあるため，支線LTの属性が必要となる。したがって，空欄キには「支線LT，TC拠点コード，支線ルートコード，配送順」が入る。

- 空欄ク：商品カテゴリーに関する記述は，2.(1)⑤に「商品カテゴリーは，カテゴリーコードで識別し，カテゴリーレベル，カテゴリー名，上位のどの部門又はラインに属するかを表す上位のカテゴリーコードを設定している」とある。足りない属性はカテゴリーレベルである。したがって，空欄クには「カテゴリーレベル」が入る。

- 空欄ケ：2.(1)⑤に「上位のどの部門又はラインに属するかを表す上位のカテゴリーコードを設定している」とあるので，ラインの上位カテゴリーレベルである部門カテゴリーコードが必要となる。部門カテゴリーコードは，"部門"を参照しているため外部キーとなる。したがって，空欄ケには「部門カテゴリーコード」が入る。

- 空欄コ：2.(1)⑤に「上位のどの部門又はラインに属するかを表す上位のカテゴリーコードを設定している」とあるので，クラスの上位カテゴリーレベルであるラインカテゴリーコードが必要となる。ラインカテゴリーコードは，"ライン"を参照しているため外部キーとなる。したがって，空欄コには「ラインカテゴリーコード」が入る。

- 空欄サ：アイテムに関する記述は，2.(2)④に「アイテムには，調達先の BP，温度帯（常温，冷蔵，冷凍のいずれか），属するクラスを設定している。また，同じアイテムを別の BP から調達することはない」とある。したがって，調達先 BP コード，クラスカテゴリーコード，温度帯が必要になる。設問(2)の②から，"アイテム"と"BP"の間には多対 1 のリレーションシップがあるため，調達先 BP コードは外部キーとなる。設問(2)の⑧から，"アイテム"と"クラス"は多対 1 のリレーションシップがあるため，クラスカテゴリーコードは外部キーとなる。したがって，空欄サには「調達先 BP コード，クラスカテゴリーコード，温度帯」が入る。
- 空欄シ：2.(3)の記述にある属性は図 3 に記載されているので，それ以外の属性を解答する。図 1 から，アイテムと商品は 1 対多のリレーションシップがあるため，アイテムの主キーであるアイテムコードを外部キーとしてもつ。これは，2.(2)①の「アイテムは，（中略）商品を括る単位である」という記述からも分かるであろう。次に，3.(2)②に「店舗への DC からの補充のために，商品ごとに全店舗一律の補充 LS を定めている」とあることから，補充 LS が必要なことが分かる。したがって，空欄シには「アイテムコード，補充 LS」が入る。
- 空欄ス：DC 在庫に関する記述は，3.(2)③に「DC では，DC ごと商品ごとに，在庫数を把握し，発注点在庫数，DC 納入 LT，DC 発注 LS を定めている」とある。DC ごと商品ごとの在庫数を"DC 在庫"と呼んでいる。"DC 在庫"は DC ごと商品ごとに識別するので，主キーは DC 拠点コード，JAN コードとなる。その他に必要な属性は，在庫数，発注点在庫数，DC 納入 LT，DC 発注 LS がある。したがって，空欄スには「JAN コード，在庫数，発注点在庫数，DC 納入 LT，DC 発注 LS」が入る。
- 空欄セ：店舗在庫に関する記述は，3.(2)④に「店舗では，品揃えの商品ごとの在庫数を把握し，発注点在庫数を定めている」とある。店舗ごと品揃えの商品ごとの在庫数を"店舗在庫"と呼んでいる。主キーである店舗コード，JAN コードは既に記述があるので，空欄セには「在庫数，発注点在庫数」が入る。
- 空欄ソ：DC 補充品店舗在庫に関する記述は，3.(2)①に「店舗又は DC は，商品の在庫数が発注点を下回ったら，定めておいたロットサイズ（以下，ロットサイズを LS という）で要求をかける。ここで，DC が行う要求は発注であり，店舗が行う要求は補充要求である」とある。店舗が DC に対して行う補充要求によって管理される在庫数を"DC 補充品店舗在庫"と呼んでいる。"DC 補充品店舗在庫"の主キーはスーパークラスの"店舗在庫"と同じであるため，店舗コード，DC 補充品 JAN コードとなっている。"DC 補充品店舗在庫"は，どの DC からどの商品の補充を行うのかが決まっているため，"DC 在庫"と多対 1 のリレーションシップがある。これは，設問(2)の⑫でも解説している。そのため，"DC 在庫"の主キーである DC 拠点コード，JAN コードが外部キーとなる。既に JAN コードは記述があるので，空欄ソには

要求先 DC 拠点コードが外部キーとして入る。したがって、空欄ソには「要求先 DC 拠点コード」が入る。

・空欄タ："直納品店舗在庫"の主キーはスーパークラスの"店舗在庫"と同じであるため、店舗コード、直納品 JAN コードとなっている。3.(2)④に「また、直納品の場合、加えて直納 LT と直納品発注 LS を定めている」とあるため、空欄タには「直納 LT, 直納品発注 LS」が入る。

・空欄チ：DC 出庫指示に関する記述は、3.(3)②に「DC の出庫指示書は、店舗から当該 DC に届いた補充要求を基に、配送指示番号をキーとして店舗ごと出庫指示年月日ごとに出力する」とある。「配送指示番号をキーとして」とあるので、"DC 出庫指示"の主キーは配送指示番号になる。その他の属性としては、店舗ごと出庫指示年月日ごとであるから、店舗コード、出庫指示年月日が必要となる。さらに、設問(3)の②で解説したとおり、"DC 出庫指示"と"積替指示明細"の間には多対 1 のリレーションシップがある。そのため、"積替指示明細"の主キーである積替指示番号と配送先店舗コードが外部キーとして必要になる（"DC 出荷指示"の主キー属性については空欄テの解説を参照）。したがって、空欄チには「出庫指示年月日, 配送先店舗コード, 出荷指示番号, 積替指示番号」が入る。この解答は、"DC 出庫指示"と"積替指示明細"の間にはリレーションシップがあるという前提で解答しているため、"DC 出庫指示"と"積替指示明細"にはリレーションシップがあることを見つけられないと正解を導くのが難しくなってくる。

・空欄ツ：DC 出庫指示明細に関する記述は、3.(3)②に「出庫指示書の明細には、配送指示明細番号を付与して店舗からの該当する補充要求を対応付けて、出庫する商品と出庫指示数を印字する」とある。図 2 からも"店舗補充要求"と"DC 出庫指示明細"には 1 対 1 のリレーションシップがあるため、"店舗補充要求"の主キーである店舗コード、補充要求年月日時刻、DC 補充品 JAN コードを外部キーとしてもつ。"DC 出庫指示"と"DC 出庫指示明細"にも 1 対多のリレーションシップがあるが、"DC 出庫指示"の主キーである配送指示番号は、図 3 に記載済みである。したがって、空欄ツには「店舗コード, 補充要求年月日時刻, DC 補充品 JAN コード」が入る。

・空欄テ：DC 出荷指示に関する記述は、3.(3)②に「DC からの幹線ルートの出荷指示書は、その日（出荷指示年月日）に積むべきコンテナの配送指示番号を明細にして行き先の TC ごとにまとめて出力する」とある。足りない属性としては、出荷指示年月日である。また、"出荷指示"は"幹線ルート"と対応しているので多対 1 のリレーションシップをもつ（図 1 と図 2 の間のリレーションシップは記述しないことになっているので、図 2 には記述されていない）。そのため、"幹線ルート"の主キーである DC 拠点コードと TC 拠点コードを外部キーとしてもつ。したがって、空欄テには「出荷指示年月日, 出荷元 DC 拠点コード, 出荷先 TC 拠点コード」が入る。

・空欄ト：積替指示に関する記述は、3.(3)②に「TC の積替指示書は、積替指示番

号をキーとしてその日の支線ルートごとに伝票を作る」とある。積替指示番号をキーとして」とあるので，"積替指示"の主キーは積替指示番号となる。また，上記から，"積替指示"は"支線ルート"との多対 1 のリレーションシップがある（こちらも図 2 には記述されていない）。そのため，"支線ルート"の主キーである TC 拠点コード，支線ルートコードが外部キーとして必要になる。さらに，「その日の支線ルートごとに伝票を作る」の「その日」は，積替指示年月日を表すと考えられる。出荷指示書の説明には「その日（出荷指示年月日）」という記述があるが，積替指示書の説明には明確に示されていないので，これを解答するのは短い時間では難しいかもしれない。ただ，3.(1)④に「DC から TC，TC から店舗についての配送リードタイム（以下，リードタイムを LT という）を，整数の日数で定めている」とあり，出荷指示年月日と積替指示年月日が同じにならない場合があることは分かる。したがって，空欄トには「積替指示年月日，<u>TC 拠点コード，支線ルートコード</u>」が入る。

・空欄ナ：DC 発注に関する記述は，3.(4)①に「DC は，その日の出庫業務の完了後に，在庫数が発注点在庫数を割り込んだ商品について，発注番号をキーとして発注先の BP ごとに，当日を発注年月日に指定して DC 発注を行う」とある。「発注番号をキーとして」とあるので，"DC 発注"の主キーは発注番号であることが分かる。その他の属性としては，発注年月日と DC に対して発注するための DC 拠点コードが必要となる。DC 拠点コードが必要なため，"DC"と"DC 発注"の間には 1 対多のリレーションシップがある（こちらも図 2 には記述されていない）。"DC"の主キーである DC 拠点コードは外部キーとなる。したがって，空欄ナには「<u>発注 DC 拠点コード，発注年月日</u>」が入る。

・空欄ニ：DC 発注明細に関する記述は，3.(4)①に「DC 発注の明細には，明細番号を付与して対象の JAN コードを記録する」とある。図 3 から，"DC 発注明細"の主キーは発注番号，発注番号明細と分かる。他に必要な属性は JANコードとなるが，"商品"と"DC 発注明細"の間には 1 対多のリレーションシップがあり，"商品"の主キーである JAN コードは外部キーとなる（こちらも図 2 には記述されていない）。また，設問(3)の③で"入荷"と"DC 発注明細"には 1 対多のリレーションシップがあるため，"入荷"の主キーである入荷番号は，外部キーとなる。したがって，空欄ニには「<u>DC 補充品 JANコード，入荷番号</u>」が入る。

・空欄ヌ：直納品発注に関する記述は，3.(4)②に「店舗は，直納品の在庫数が発注点在庫数を割り込むごとに直納品の発注を行い，直納品の発注では，店舗，補充要求の年月日時刻，対象の商品を記録する」とある。上記から，属性として店舗コード，補充要求年月日時刻，JAN コード（商品を識別するのはJAN コード）が必要となる。また，主キーを考えると，店舗ごと商品ごとに発注を行っており，同じ商品が何度も発注されることを考えると，主キーは

店舗コード，補充要求年月日時刻，JAN コードとなる。さらに，設問(3)の
③で"入荷"と"直納品発注"の間には 1 対多のリレーションシップがある
ため，"入荷"の主キーである入荷番号は，外部キーとなる。したがって，空
欄ヌには「店舗コード，補充要求年月日時刻，直納品 JAN コード，入荷番
号」が入る。

・空欄ネ：入荷に関する記述は，3.(4)③に「入荷では，入荷ごとに入荷番号を付与
し，どの発注明細又は直納品発注が対応付くかを記録し，併せて入荷年月日
を記録する」とある。上記から，"入荷"の主キーは入荷番号となり，その他
の属性としては，入荷年月日が必要となる。したがって，空欄ネには「入荷
年月日」が入る。

・空欄ノ：入庫に関する記述は，3.(4)④に「DC 及び店舗は，入荷した商品ごとに
入庫番号を付与して入庫を行い，どの発注明細又は直納品発注が対応付くか
を記録する」とある。上記から，"入庫"の主キーは入庫番号となる。また，
設問(3)の④から，"入庫"と"DC 発注明細"及び"入庫"と"直納品発注"
の間には 1 対 1 のリレーションシップがある。そのため，"DC 発注明細"の
主キーである発注番号，発注明細番号は外部キーとなる。同様に，"直納品発
注"の主キーである店舗コード，補充要求年月日時刻，直納品 JAN コード
も外部キーとなる。したがって，空欄ノには「発注番号，発注明細番号，店
舗コード，補充要求年月日時刻，直納品 JAN コード」が入る。

午後Ⅱ問題　ＩＰＡ発表の解答例

問1

出題趣旨
DX への取組では，KPI を設定し，その数値を見ながら継続的に活動することも多く，KPI の算出値には高い精度及び鮮度が要求される。データベーススペシャリストは，KPI となる項目の意味を理解した上で，データベース技術を適切に活用して，利用者に情報を提供することが求められる。 　本問では，生活用品メーカーの在庫管理業務を題材として，データベースの設計，実装，利用者サポートの分野において，①論理データモデルを理解する能力，②物理データモデルを設計する能力，③問合せを設計する能力，④データの意味，特性を説明する能力を問う。

設問			解答例・解答の要点	
設問1	(1)	a	・一つの商品は一つの生産拠点だけで生産する。 ・一つの生産拠点では複数の商品を生産する。	
	(2)	b	①，④	
		c	②，③	
		d	③	
		e	②，④	
		f	①，③，④	
設問2	(1)	累計出荷数量	直近1年は毎月の出荷数量の増減がない。	
		移動累計出荷数量	・各月の出荷数量が前年同月比で全て減少している。 ・グラフ表示範囲の1年前の期間の出荷数量は減少傾向だった。	
	(2)	ア	22	
		イ	11 行前の行	順不同
		ウ	現在の行	
		エ	最初の行	順不同
		オ	現在の行	
		カ	11	
	(3)	キ	T.棚#，COUNT(S1.棚#)	
		ク	GROUP BY T.棚#	
		ケ	ORDER BY 出庫回数 DESC	
		コ	出庫回数順位 / COUNT(*)	
	(4)	307　と　604　の組		

	(5)	テーブル名		操作	
		棚別在庫	行の挿入 ・	(行の更新)	
		倉庫内移動	(行の挿入) ・	行の更新	

設問 3	(1)	g	210
		h	85
		i	260
		j	85
		k	150
		l	90
	(2)	(a)	・入荷年月日又は出荷年月日，登録 TS の昇順に並べた先頭の行であること ・受払日付，登録順が最も古い入出荷であること
		(b)	・登録 TS が処理 WT 内で最大の登録 TS 以下であること ・登録 TS が計数格納処理の開始日時以前であること ・拠点#，入荷#，出荷#が連携 WT に存在しないこと
	(3)		・拠点#ごと，商品#ごとに入荷数量，出荷数量を集計した値が残高集計の当月受入数量，当月払出数量とそれぞれ一致する。 ・該当月の入荷明細，出荷明細の行に対応する受払明細の行を突合し，各々一行だけ対応する行が存在する。 ・該当月の入荷，入荷明細，出荷，出荷明細を基に作成した商品有高表及び残高集計表の計数が計数格納処理の結果と一致する。
	(4)	m	下降
		n	入荷
		o	単価

		追加エンティティタイプ名	外部キーの属性名	参照先エンティティタイプ名
	(5)	受払明細	年月，拠点#，商品#	残高集計
		受払残高	年月，拠点#，商品#，受払#	受払明細
			年月，拠点#，商品#，基受払#	受払明細
		残高集計	拠点#	物流拠点
			商品#	商品

問1では，生活用品メーカーの在庫管理システムを題材に，データベースの実装・運用について出題した。全体として正答率は平均的であった。

設問1では，(2)dの正答率がやや低かった。スーパータイプと排他的ではないサブタイプとのリレーションシップの特徴をよく理解し，もう一歩踏み込んで考えてほしい。

設問2では，(2)ア，(3)の正答率が低かった。(2)アでは，11と誤って解答した受験者が多かった。グラフの表示範囲の移動累計出荷数量のグラフを描くには，グラフの表示期間の最初の年月の11か月前の年月から指定年月までの計23か月分の月間出荷数量のデータが必要となる。グラフが表すデータの意味を正しく把握した上で設計に反映するよう心掛けてほしい。(3)では，集計，ソート，順位付けなどのヒートマップを作成する上で必要となる処理を正しく理解できていない解答が多かった。データをグラフなどで可視化する際にも役立つので，SQLの集計関数やウィンドウ関数の使い方を身に付けてほしい。

設問3では，(2)(b)，(3)，(5)の正答率が低かった。(2)(b)では，洗替えの際に計数格納処理開始後に登録された入出荷を除いて計数を求める必要がある点に着目していない解答が散見された。(3)では，計数格納処理の実行結果を正確に確認する方法を求めているのに対し，テストの実行方法，テストケースについての解答が散見された。(5)では，外部キーによる参照制約の有無に着目していない解答が散見された。この設問で問われている内容は，データベースを用いた処理方式の設計を行う際に必要とされることであり，是非知っておいてもらいたい。

問2

概念データモデリングでは，データベースの物理的な設計とは異なり，実装上の制約に左右されずに実務の視点に基づいて，対象領域から管理対象を正しく見極め，モデル化する必要がある。概念データモデリングでは，業務内容などの実世界の情報を総合的に理解・整理し，その結果を概念データモデルに反映する能力が求められる。

本問では，ドラッグストアチェーンの商品物流業務を題材として，与えられた状況から概念データモデリングを行う能力を問う。具体的には，①トップダウンにエンティティタイプ及びリレーションシップを分析する能力，②ボトムアップにエンティティタイプ及び関係スキーマを導き出す能力を問う。

設問		解答例・解答の要点
(1)	a	幹線ルート
	b	支線ルート

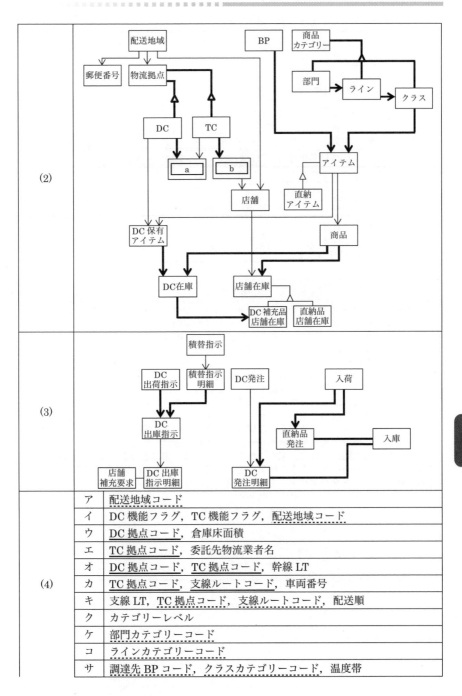

(4)		
ア	配送地域コード	
イ	DC 機能フラグ, TC 機能フラグ, 配送地域コード	
ウ	DC 拠点コード, 倉庫床面積	
エ	TC 拠点コード, 委託先物流業者名	
オ	DC 拠点コード, TC 拠点コード, 幹線 LT	
カ	TC 拠点コード, 支線ルートコード, 車両番号	
キ	支線 LT, TC 拠点コード, 支線ルートコード, 配送順	
ク	カテゴリーレベル	
ケ	部門カテゴリーコード	
コ	ラインカテゴリーコード	
サ	調達先 BP コード, クラスカテゴリーコード, 温度帯	

	シ	アイテムコード，補充 LS
	ス	JAN コード，在庫数，発注点在庫数，DC 納入 LT，DC 発注 LS
	セ	在庫数，発注点在庫数
	ソ	要求先 DC 拠点コード
	タ	直納 LT，直納品発注 LS
	チ	出庫指示年月日，配送先店舗コード，出荷指示番号，積替指示番号
	ツ	店舗コード，補充要求年月日時刻，DC 補充品 JAN コード
(4)	テ	出荷指示年月日，出荷元 DC 拠点コード，出荷先 TC 拠点コード
	ト	積替指示年月日，TC 拠点コード，支線ルートコード
	ナ	発注 DC 拠点コード，発注年月日
	ニ	DC 補充品 JAN コード，入荷番号
	ヌ	店舗コード，補充要求年月日時刻，直納品 JAN コード，入荷番号
	ネ	入荷年月日
	ノ	発注番号，発注明細番号，店舗コード，補充要求年月日時刻，直納品 JAN コード

出題分析

出題傾向を知ることで，効率的に学習を進めることができます

- 午前問題出題分析で試験の傾向を知
  ることができるので，学習する際の
  強い味方になります。

● データベーススペシャリスト試験

　令和3年度秋期，令和4年度秋期，令和5年度秋期に行われた高度午前Ⅰ（共通知識）試験，データベーススペシャリスト午前Ⅱ試験を分析し，問題番号順と，3回分を合わせた「午前の出題範囲」の出題範囲順にまとめた表を掲載します。

　データベーススペシャリスト試験を受験する際に，出題分析は重要な資料になります。

● _____

(1) 午前問題出題分析
　・問題番号順
　　　令和3年度秋期　高度午前Ⅰ（共通知識）試験
　　　令和3年度秋期　データベーススペシャリスト　午前Ⅱ試験
　　　令和4年度秋期　高度午前Ⅰ（共通知識）試験
　　　令和4年度秋期　データベーススペシャリスト　午前Ⅱ試験
　　　令和5年度秋期　高度午前Ⅰ（共通知識）試験
　　　令和5年度秋期　データベーススペシャリスト　午前Ⅱ試験
　・高度午前Ⅰ（共通知識）試験の出題範囲順
　　　（令和3年度秋期，令和4年度秋期，令和5年度秋期）
　・データベーススペシャリスト　午前Ⅱ試験の出題範囲順
　　　（令和3年度秋期，令和4年度秋期，令和5年度秋期）

(2) 午前の出題範囲

(3) 午後Ⅰ，午後Ⅱ問題　予想配点表

（1）午前問題出題分析

・問題番号順

令和3年度秋期 高度午前Ⅰ（共通知識）試験

問	問題タイトル	正解	分野	大	中	小	難易度
1	接線を求めることによる非線形方程式の近似解法	エ	T	1	1	2	3
2	パリティビットの付加で訂正できるビット数	ア	T	1	1	4	2
3	バブルソートの説明	ウ	T	1	2	2	3
4	16ビット整数の加算結果でオーバフローしないもの	エ	T	2	3	1	4
5	物理サーバの処理能力を調整するスケールインの説明	イ	T	2	4	2	3
6	仮想記憶システムにおいて処理能力が低下する現象	ア	T	2	5	1	2
7	半加算器の論理回路	ア	T	2	6	1	2
8	与えられた結果を求める関係演算	エ	T	3	9	3	2
9	データベースの障害回復処理	イ	T	3	9	4	3
10	ARP の説明	ア	T	3	10	3	2
11	ブロードキャストアドレスを計算する方法	エ	T	3	10	1	3
12	IoTセキュリティガイドラインにおける対策例	イ	T	3	11	2	4
13	否認防止に関する情報セキュリティの特性	ア	T	3	11	1	3
14	盗まれたクレジットカードの不正利用防止	ア	T	3	11	4	3
15	認証ヘッダと暗号ペイロードの二つのプロトコルを含むもの	ア	T	3	11	5	3
16	UML のアクティビティ図の説明	ア	T	4	12	3	3
17	アジャイル開発におけるバーンダウンチャート	ア	T	4	13	1	3
18	プレシデンスダイアグラムからアローダイアグラムへの書直し	イ	M	5	14	6	4
19	リスクの定量的分析で実施すること	イ	M	5	14	8	3
20	サービスマネジメントシステムにおける問題管理の活動	エ	M	6	15	2	3
21	バックアップの運用に必要な磁気テープの本数	ウ	M	6	15	4	3
22	コントロールを書面上又は実際に追跡するシステム監査技法	イ	M	6	16	1	3
23	業務プロセスの改善活動	ウ	S	7	17	2	2
24	テレワーク導入後5年間の効果	イ	S	7	17	4	3
25	RFI の説明	イ	S	7	18	3	3
26	バリューチェーンの説明	ア	S	8	19	1	3
27	リーンスタートアップの説明	エ	S	8	20	1	3
28	IoT技術のエッジコンピューティングの説明	ア	S	8	21	4	3
29	マクシミン原理に従って投資する株式	ア	S	9	22	2	3
30	特別条項を適用する36協定届の事例	ア	S	9	23	3	4

- 分野の「T」はテクノロジ系,「M」はマネジメント系,「S」はストラテジ系を表しています。
- 大,中,小は,「午前の出題範囲」に対応しています。(2)午前の出題範囲をご確認ください。

- 問題番号順

令和3年度秋期 データベーススペシャリスト 午前II試験

問	問題タイトル	正解	分野	大	中	小	難易度
1	CAP 定理	エ	T	3	9	5	4
2	UML で表記された組織のデータモデル案	エ	T	3	9	2	3
3	正規形の条件	ウ	T	3	9	2	3
4	四つの表の関係を表す E-R 図の説明	イ	T	3	9	2	3
5	第1正規形から第5正規形までの正規化	ウ	T	3	9	2	4
6	EXCEPT 演算子による実行結果	エ	T	3	9	3	3
7	トランザクションの隔離性水準	ア	T	3	9	4	4
8	SQL 文に入れる字句(外結合)	ア	T	3	9	4	4
9	属性が n 個ある関係の異なる射影の数	エ	T	3	9	3	4
10	CASE 式を用いた SQL 文	ウ	T	3	9	3	4
11	和両立である必要のないもの	ウ	T	3	9	4	4
12	トランザクションのコミット制御	イ	T	3	9	4	4
13	2相ロック方式を用いたトランザクションの同時実行制御	エ	T	3	9	4	3
14	RDBMS のロック	イ	T	3	9	4	4
15	入れ子ループ法における計算量	エ	T	3	9	4	4
16	多版同時実行制御(MVCC)の特徴	ウ	T	3	9	4	4
17	W3C で勧告されている Indexed Database API	ウ	T	3	9	5	4
18	Apache Spark の特徴	イ	T	3	9	5	4
19	インシデントハンドリングの順序	エ	T	3	11	2	4
20	ベイジアンフィルタの説明	エ	T	3	11	4	3
21	パケットフィルタリング型ファイアウォール	イ	T	3	11	5	3
22	ECC メモリでビット誤り検出と訂正で用いるもの	エ	T	2	3	3	2
23	必要な物理サーバ台数の計算	ア	T	2	4	2	3
24	ソフトウェアの使用性を向上させる施策	ア	T	4	12	4	3
25	マッシュアップの説明	エ	T	4	13	1	3

令和4年度秋期 高度午前Ⅰ（共通知識）試験

問	問 題 タ イ ト ル	正解	分野	大	中	小	難易度
1	カルノー図と等価な論理式	エ	T	1	1	1	3
2	AI における過学習の説明	イ	T	1	1	3	3
3	ハッシュ表によるデータの衝突条件	イ	T	1	2	2	2
4	2 段のキャッシュをもつキャッシュシステムのヒット率	エ	T	2	3	2	2
5	コンテナ型仮想化の説明	ウ	T	2	4	1	3
6	デッドロックの発生を防ぐ方法	イ	T	2	5	1	2
7	論理回路	ウ	T	2	6	1	2
8	顧客コードの桁数計算	ア	T	3	7	1	2
9	前進復帰で障害回復できるトランザクション	ウ	T	3	9	4	2
10	ACID 特性の四つの性質に含まれないもの	イ	T	3	9	4	3
11	DHCP サーバが設置された LAN 環境	ウ	T	3	10	5	3
12	デジタル証明書の失効確認をするプロトコル	ウ	T	3	11	5	3
13	リスクアセスメントを構成するプロセスの組合せ	イ	T	3	11	2	2
14	WAF による防御が有効な攻撃	イ	T	3	11	1	3
15	家庭内 LAN 環境のセキュリティ	ア	T	3	11	5	3
16	成果物の振る舞いを机上でシミュレートして問題点を発見する手法	ア	T	4	12	2	2
17	KPT 手法で行ったスプリントレトロスペクティブの事例	ウ	T	4	13	1	4
18	プレシデンスダイアグラム法における作業完了日数	イ	M	5	14	6	3
19	多基準意思決定分析の加重総和法を用いた製品の評価	ウ	M	5	14	10	2
20	問題管理プロセスの目的	イ	M	6	15	2	2
21	ISMS 内部監査で監査報告書に記載すべき指摘事項	エ	M	6	16	1	2
22	監査手続として適切なもの	ウ	M	6	16	1	3
23	BCP の説明	エ	S	7	17	1	2
24	正味現在価値法による投資効果の評価	イ	S	7	18	1	3
25	ハードウェア製造の外部委託に対するコンティンジェンシープラン	エ	S	7	18	3	3
26	コンジョイント分析の説明	イ	S	8	19	2	2
27	API エコノミーの事例	エ	S	8	20	1	3
28	サイバーフィジカルシステムの説明	ウ	S	8	21	1	3
29	類似する事実やアイディアをグルーピングしていく収束技法	ウ	S	9	22	2	2
30	作業委託における著作権の帰属	ウ	S	9	23	1	2

・問題番号順

令和 4 年度秋期 データベーススペシャリスト 午前 II 試験

問	問 題 タ イ ト ル	正解	分野	大	中	小	難易度
1	BASE 特性を満たす NoSQL データベースシステム	イ	T	3	9	5	4
2	UML のクラス図の多重度	イ	T	3	9	2	2
3	属性集合の閉包の導出	ア	T	3	9	2	4
4	関数従属の集合から冗長な関数従属をなくしたもの	イ	T	3	9	2	4
5	第 2 正規形の関係が第 3 正規形である条件	イ	T	3	9	2	3
6	表から結果を得る SQL 文に入れる字句	ア	T	3	9	3	4
7	SQL 文を実行して得られる売上平均金額	イ	T	3	9	3	3
8	SQL 文を実行して得られる結果	ウ	T	3	9	3	3
9	SQL 実行結果が同じになるための必要十分な条件	ウ	T	3	9	3	3
10	和両立の関係 R と S で共通集合 R∩S と等しいもの	イ	T	3	9	3	4
11	等結合演算を表す演算	エ	T	3	9	3	4
12	副問合せをする SQL 文に入れる字句	ウ	T	3	9	3	3
13	バッチ処理の設計ガイドライン	エ	T	3	9	4	4
14	SQL の隔離性水準のうち最も水準の低いもの	ウ	T	3	9	3	4
15	ACID 特性の原子性の説明	ウ	T	3	9	3	4
16	ビッグデータの処理に使用される CEP (複合イベント処理)	エ	T	3	9	5	4
17	ビッグデータ分析で使用される Jupyter Lab	イ	T	3	9	5	4
18	データレイクの特徴	エ	T	3	9	5	4
19	AES における鍵長の条件	ア	T	3	11	1	3
20	DLP (Data Loss Prevention) の機能	イ	T	3	11	4	4
21	ネットワーク層で暗号化を行うときに利用するもの	ア	T	3	11	5	4
22	ストレージ技術におけるシンプロビジョニング	エ	T	2	4	1	3
23	分散処理システムにおけるアクセス透過性	ア	T	2	4	1	3
24	ソフトウェアの保守性を定量評価する指標	イ	T	4	12	2	3
25	ドキュメンテーションジェネレーターの説明	イ	T	4	13	3	3

・問題番号順

令和5年度秋期 高度午前Ⅰ（共通知識）試験

問	問題タイトル	正解	分野	大	中	小	難易度
1	逆ポーランド表記法で表現されている式の計算	ア	T	1	2	7	2
2	パリティビットの付加で訂正できるビット数	ア	T	1	1	4	2
3	整列に使ったアルゴリズム	ウ	T	1	2	2	2
4	パイプラインの性能を向上させる技法	ウ	T	2	3	1	3
5	IaC に関する記述	エ	T	2	4	1	4
6	タスクの最大実行時間と周期の組合せ	ア	T	2	5	1	3
7	3入力多数決回路の論理回路図	ア	T	2	6	1	3
8	バーチャルリアリティにおけるレンダリング	イ	T	3	8	2	3
9	障害発生後の DBMS 再立上げ時の復帰方法	ア	T	3	9	4	3
10	ホストが属するサブネットワークのアドレス	イ	T	3	10	3	2
11	マルチキャストの使用例	エ	T	3	10	3	3
12	レインボーテーブル攻撃に該当するもの	ウ	T	3	11	1	3
13	メールの第三者中継に該当するもの	ウ	T	3	11	5	3
14	コーディネーションセンターの機能とサービス対象の組合せ	ア	T	3	11	2	4
15	DKIM に関する記述	ア	T	3	11	5	4
16	開発環境上でソフトウェアを開発する手法	エ	T	4	12	3	3
17	IDE の説明	ア	T	4	13	3	3
18	スコープ記述書に記述する項目（PMBOK®ガイド第7版）	エ	M	5	14	4	2
19	計画変更によるスケジュール短縮日数	ア	M	5	14	6	3
20	許容されるサービスの停止時間の計算	イ	M	6	15	3	3
21	フルバックアップ方式と差分バックアップ方式による運用	イ	M	6	15	4	2
22	起票された受注伝票に関する監査手続	ウ	M	6	16	1	2
23	バックキャスティングの説明	イ	S	7	17	1	3
24	SOA の説明	エ	S	7	17	3	2
25	ファウンドリーサービスの説明	エ	S	7	18	3	3
26	人口統計的変数に分類される消費者特性	イ	S	8	19	2	4
27	オープンイノベーションの説明	ウ	S	8	20	1	2
28	AI を用いたマシンビジョンの目的	イ	S	8	21	5	3
29	発生した故障の要因を表現するのに適した図法	イ	S	9	22	2	2
30	匿名加工情報取扱事業者が第三者提供する際の義務	ア	S	9	23	2	3

・問題番号順

令和 5 年度秋期 データベーススペシャリスト 午前 II 試験

問	問 題 タ イ ト ル	正解	分野	大	中	小	難易度
1	CAP 定理	エ	T	3	9	5	4
2	規則に従い複数のノードにデータを分散して割り当てる方法	ウ	T	3	9	2	4
3	概念データモデルの説明	エ	T	3	9	1	3
4	B⁺木インデックスのアクセス回数のオーダー	イ	T	3	9	2	4
5	指定された状況を管理する表の設計	エ	T	3	9	2	4
6	情報無損失分解かつ関数従属性保存が可能な正規化	ア	T	3	9	2	4
7	指定された主キーをもつ関係"フライト"に関する説明	ウ	T	3	9	2	4
8	第 3 正規形まで正規化した場合に分割される表の数	ウ	T	3	9	2	3
9	"成績"表から順位付けした結果を求めるウィンドウ関数	エ	T	3	9	3	4
10	二つの表からどちらか一方にだけ含まれる ID を得る SQL 文	ア	T	3	9	3	4
11	R÷S の関係演算結果	ウ	T	3	9	3	4
12	2 相ロック方式を用いたトランザクションの同時実行制御	エ	T	3	9	4	3
13	B⁺木インデックスによる検索の性能改善	ウ	T	3	9	4	4
14	データベースの REDO のべき等の説明	イ	T	3	9	4	4
15	障害に対する DBMS の適切な回復手法	イ	T	3	9	4	3
16	トランザクションの隔離性水準を高めたときの傾向	エ	T	3	9	4	4
17	トランザクションスケジュールの性質	エ	T	3	9	4	2
18	ブロックチェーンのデータ構造の特徴	エ	T	3	9	5	3
19	DRDoS 攻撃に該当するもの	ウ	T	3	11	1	4
20	インシデントハンドリングの順序	エ	T	3	11	2	4
21	エクスプロイトコードに該当するもの	エ	T	3	11	1	3
22	2 台故障してもデータを復旧できる RAID レベル	エ	T	2	4	1	3
23	キャパシティプランニングの目的	イ	T	2	4	2	3
24	データ中心アプローチの特徴	エ	T	4	12	2	3
25	ステージング環境の説明	エ	T	4	13	3	3

・高度午前 I （共通知識）試験の出題範囲順

令和 3 年度秋期，令和 4 年度秋期，令和 5 年度秋期

期	問	問 題 タ イ ト ル	正解	分野	大	中	小	難易度
R4 秋	1	カルノー図と等価な論理式	エ	T	1	1	1	3
R3 秋	1	接線を求めることによる非線形方程式の近似解法	エ	T	1	1	2	3
R4 秋	2	AI における過学習の説明	イ	T	1	1	3	3
R3 秋	2	パリティビットの付加で訂正できるビット数	ア	T	1	1	4	2
R5 秋	2	パリティビットの付加で訂正できるビット数	ア	T	1	1	4	2
R3 秋	3	バブルソートの説明	ウ	T	1	2	2	3
R4 秋	3	ハッシュ表によるデータの衝突条件	イ	T	1	2	2	2
R5 秋	3	整列に使ったアルゴリズム	ウ	T	1	2	2	2
R5 秋	1	逆ポーランド表記法で表現されている式の計算	ア	T	1	2	7	2
R3 秋	4	16 ビット整数の加算結果でオーバフローしないもの	エ	T	2	3	1	4
R5 秋	4	パイプラインの性能を向上させる技法	ウ	T	2	3	1	3
R4 秋	4	2 段のキャッシュをもつキャッシュシステムのヒット率	エ	T	2	3	2	2
R4 秋	5	コンテナ型仮想化の説明	ウ	T	2	4	1	3
R5 秋	5	IaC に関する記述	エ	T	2	4	1	4
R3 秋	5	物理サーバの処理能力を調整するスケールインの説明	イ	T	2	4	2	3
R3 秋	6	仮想記憶システムにおいて処理能力が低下する現象	ア	T	2	5	1	2
R4 秋	6	デッドロックの発生を防ぐ方法	イ	T	2	5	1	2
R5 秋	6	タスクの最大実行時間と周期の組合せ	ア	T	2	5	1	3
R3 秋	7	半加算器の論理回路	ア	T	2	6	1	3
R4 秋	7	論理回路	ウ	T	2	6	1	2
R5 秋	7	3 入力多数決回路の論理回路図	ア	T	2	6	1	3
R4 秋	8	顧客コードの桁数計算	ア	T	3	7	1	2
R5 秋	8	バーチャルリアリティにおけるレンダリング	イ	T	3	8	2	3
R3 秋	8	与えられた結果を求める関係演算	エ	T	3	9	3	2
R3 秋	9	データベースの障害回復処理	イ	T	3	9	4	3
R4 秋	9	前進復帰で障害回復できるトランザクション	ウ	T	3	9	4	3
R4 秋	10	ACID 特性の四つの性質に含まれないもの	イ	T	3	9	4	3
R5 秋	9	障害発生後の DBMS 再立上げ時の復帰方法	ア	T	3	9	4	3
R3 秋	11	ブロードキャストアドレスを計算する方法	エ	T	3	10	1	3
R3 秋	10	ARP の説明	ア	T	3	10	3	2

期	問	問 題 タ イ ト ル	正解	分野	大	中	小	難易度
R5 秋	10	ホストが属するサブネットワークのアドレス	イ	T	3	10	3	2
R5 秋	11	マルチキャストの使用例	エ	T	3	10	3	3
R4 秋	11	DHCP サバが設置された LAN 環境	ウ	T	3	10	5	3
R3 秋	13	否認防止に関する情報セキュリティの特性	ア	T	3	11	1	3
R4 秋	14	WAF による防御が有効な攻撃	イ	T	3	11	1	3
R5 秋	12	レインボーテーブル攻撃に該当するもの	ウ	T	3	11	1	3
R3 秋	12	IoT セキュリティガイドラインにおける対策例	イ	T	3	11	2	4
R4 秋	13	リスクアセスメントを構成するプロセスの組合せ	イ	T	3	11	2	2
R5 秋	14	コーディネーションセンターの機能とサービス対象の組合せ	ア	T	3	11	2	4
R3 秋	14	盗まれたクレジットカードの不正利用防止	ア	T	3	11	4	3
R3 秋	15	認証ヘッダと暗号ペイロードの二つのプロトコルを含むもの	ア	T	3	11	5	3
R4 秋	12	デジタル証明書の失効確認をするプロトコル	ウ	T	3	11	5	3
R4 秋	15	家庭内 LAN 環境のセキュリティ	ア	T	3	11	5	3
R5 秋	13	メールの第三者中継に該当するもの	ウ	T	3	11	5	3
R5 秋	15	DKIM に関する記述	ア	T	3	11	5	3
R4 秋	16	成果物の振る舞いを机上でシミュレートして問題点を発見する手法	ア	T	4	12	2	3
R3 秋	16	UML のアクティビティ図の説明	ア	T	4	12	3	3
R5 秋	16	開発環境上でソフトウェアを開発する手法	エ	T	4	12	3	3
R3 秋	17	アジャイル開発におけるバーンダウンチャート	ア	T	4	13	1	3
R4 秋	17	KPT 手法で行ったスプリントレトロスペクティブの事例	ウ	T	4	13	1	3
R5 秋	17	IDE の説明	ア	T	4	13	3	3
R5 秋	18	スコープ記述書に記述する項目 (PMBOK®ガイド第7版)	エ	M	5	14	4	3
R3 秋	18	プレシデンスダイアグラムからアローダイアグラムへの書直し	イ	M	5	14	6	4
R4 秋	18	プレシデンスダイアグラム法における作業完了日数	イ	M	5	14	6	3
R5 秋	19	計画変更によるスケジュール短縮日数	ア	M	5	14	6	3
R3 秋	19	リスクの定量的分析で実施すること	イ	M	5	14	8	3
R4 秋	19	多基準意思決定分析の加重総和法を用いた製品の評価	ウ	M	5	14	10	2
R3 秋	20	サービスマネジメントシステムにおける問題管理の活動	エ	M	6	15	2	3
R4 秋	20	問題管理プロセスの目的	イ	M	6	15	2	2
R5 秋	20	許容されるサービスの停止時間の計算	イ	M	6	15	3	3

期	問	問題タイトル	正解	分野	大	中	小	難易度
R3 秋	21	バックアップの運用に必要な磁気テープの本数	ウ	M	6	15	4	3
R5 秋	21	フルバックアップ方式と差分バックアップ方式による運用	イ	M	6	15	4	2
R3 秋	22	コントロールを書面上又は実際に追跡するシステム監査技法	イ	M	6	16	1	3
R4 秋	21	ISMS 内部監査で監査報告書に記載すべき指摘事項	エ	M	6	16	1	2
R4 秋	22	監査手続として適切なもの	ウ	M	6	16	1	3
R5 秋	22	起票された受注伝票に関する監査手続	ウ	M	6	16	1	2
R4 秋	23	BCP の説明	エ	S	7	17	1	2
R5 秋	23	バックキャスティングの説明	イ	S	7	17	1	3
R3 秋	23	業務プロセスの改善活動	ウ	S	7	17	2	2
R5 秋	24	SOA の説明	エ	S	7	17	3	2
R3 秋	24	テレワーク導入後 5 年間の効果	イ	S	7	17	4	3
R4 秋	24	正味現在価値法による投資効果の評価	イ	S	7	18	1	3
R3 秋	25	RFI の説明	イ	S	7	18	3	3
R4 秋	25	ハードウェア製造の外部委託に対するコンティンジェンシープラン	エ	S	7	18	3	3
R5 秋	25	ファウンドリーサービスの説明	エ	S	7	18	3	3
R3 秋	26	バリューチェーンの説明	ア	S	8	19	1	3
R4 秋	26	コンジョイント分析の説明	イ	S	8	19	2	3
R5 秋	26	人口統計的変数に分類される消費者特性	イ	S	8	19	2	4
R3 秋	27	リーンスタートアップの説明	エ	S	8	20	1	3
R4 秋	27	API エコノミーの事例	エ	S	8	20	1	3
R5 秋	27	オープンイノベーションの説明	ウ	S	8	20	1	2
R4 秋	28	サイバーフィジカルシステムの説明	ウ	S	8	21	1	3
R3 秋	28	IoT 技術のエッジコンピューティングの説明	ア	S	8	21	4	3
R5 秋	28	AI を用いたマシンビジョンの目的	イ	S	8	21	5	3
R3 秋	29	マクシミン原理に従って投資する株式	ア	S	9	22	2	3
R4 秋	29	類似する事実やアイディアをグルーピングしていく収束技法	ウ	S	9	22	2	2
R5 秋	29	発生した故障の要因を表現するのに適した図法	イ	S	9	22	2	2
R4 秋	30	作業委託における著作権の帰属	ウ	S	9	23	1	2
R5 秋	30	匿名加工情報取扱事業者が第三者提供する際の義務	ア	S	9	23	2	3
R3 秋	30	特別条項を適用する 36 協定届の事例	ア	S	9	23	3	4

・データベーススペシャリスト　午前Ⅱ試験の出題範囲順

令和 3 年度秋期，令和 4 年度秋期，令和 5 年度秋期

期	問	問 題 タ イ ト ル	正解	分野	大	中	小	難易度
R3 秋	22	ECC メモリでビット誤り検出と訂正で用いるもの	エ	T	2	3	2	2
R4 秋	22	ストレージ技術におけるシンプロビジョニング	エ	T	2	4	1	3
R4 秋	23	分散処理システムにおけるアクセス透過性	ア	T	2	4	1	3
R5 秋	22	2 台故障してもデータを復旧できる RAID レベル	エ	T	2	4	1	3
R3 秋	23	必要な物理サーバ台数の計算	ア	T	2	4	2	3
R5 秋	23	キャパシティプランニングの目的	イ	T	2	4	2	3
R5 秋	3	概念データモデルの説明	エ	T	3	9	1	2
R3 秋	2	UML で表記された組織のデータモデル案	エ	T	3	9	2	3
R3 秋	3	正規形の条件	ウ	T	3	9	2	3
R3 秋	4	四つの表の関係を表す E-R 図の説明	イ	T	3	9	2	3
R3 秋	5	第 1 正規形から第 5 正規形までの正規化	ウ	T	3	9	2	4
R4 秋	2	UML のクラス図の多重度	イ	T	3	9	2	2
R4 秋	3	属性集合の閉包の導出	ア	T	3	9	2	4
R4 秋	4	関数従属の集合から冗長な関数従属をなくしたもの	イ	T	3	9	2	4
R4 秋	5	第 2 正規形の関係が第 3 正規形である条件	イ	T	3	9	2	3
R5 秋	2	規則に従い複数のノードにデータを分散して割り当てる方法	ウ	T	3	9	2	4
R5 秋	4	B+木インデックスのアクセス回数のオーダー	イ	T	3	9	2	4
R5 秋	5	指定された状況を管理する表の設計	エ	T	3	9	2	4
R5 秋	6	情報無損失分解かつ関数従属性保存が可能な正規化	ア	T	3	9	2	4
R5 秋	7	指定された主キーをもつ関係 "フライト" に関する説明	ウ	T	3	9	2	4
R5 秋	8	第 3 正規形まで正規化した場合に分割される表の数	ウ	T	3	9	2	3
R3 秋	6	EXCEPT 演算子による実行結果	エ	T	3	9	3	3
R3 秋	8	SQL 文に入れる字句（外結合）	ア	T	3	9	3	3
R3 秋	9	属性が n 個ある関係の異なる射影の数	エ	T	3	9	3	3
R3 秋	10	CASE 式を用いた SQL 文	ウ	T	3	9	3	4

期	問	問題タイトル	正解	分野	大	中	小	難易度
R3秋	11	和両立である必要のないもの	ウ	T	3	9	3	4
R4秋	6	表から結果を得るSQL文に入れる字句	ア	T	3	9	3	4
R4秋	7	SQL文を実行して得られる売上平均金額	イ	T	3	9	3	3
R4秋	8	SQL文を実行して得られる結果	ウ	T	3	9	3	3
R4秋	9	SQL実行結果が同じになるための必要十分な条件	ウ	T	3	9	3	4
R4秋	10	和両立の関係RとSで共通集合R∩Sと等しいもの	イ	T	3	9	3	4
R4秋	11	等結合演算を表す演算	エ	T	3	9	3	4
R4秋	12	副問合せをするSQL文に入れる字句	ウ	T	3	9	3	3
R4秋	14	SQLの隔離性水準のうち最も水準の低いもの	ウ	T	3	9	3	4
R5秋	9	"成績"表から順位付けした結果を求めるウィンドウ関数	エ	T	3	9	3	4
R5秋	10	二つの表からどちらか一方にだけ含まれるIDを得るSQL文	ア	T	3	9	3	4
R5秋	11	R÷Sの関係演算結果	ウ	T	3	9	3	3
R3秋	7	トランザクションの隔離性水準	ア	T	3	9	4	4
R3秋	12	トランザクションのコミット制御	イ	T	3	9	4	4
R3秋	13	2相ロック方式を用いたトランザクションの同時実行制御	エ	T	3	9	4	3
R3秋	14	RDBMSのロック	イ	T	3	9	4	4
R3秋	15	入れ子ループ法における計算量	エ	T	3	9	4	4
R3秋	16	多版同時実行制御（MVCC）の特徴	ウ	T	3	9	4	4
R4秋	13	バッチ処理の設計ガイドライン	エ	T	3	9	4	4
R4秋	15	ACID特性の原子性の説明	ウ	T	3	9	4	3
R5秋	12	2相ロック方式を用いたトランザクションの同時実行制御	エ	T	3	9	4	3
R5秋	13	B$^+$木インデックスによる検索の性能改善	ウ	T	3	9	4	3
R5秋	14	データベースのREDOのべき等の説明	イ	T	3	9	4	3
R5秋	15	障害に対するDBMSの適切な回復手法	イ	T	3	9	4	3
R5秋	16	トランザクションの隔離性水準を高めたときの傾向	エ	T	3	9	4	4

期	問	問題タイトル	正解	分野	大	中	小	難易度
R5 秋	17	トランザクションスケジュールの性質	エ	T	3	9	4	2
R3 秋	1	CAP 定理	エ	T	3	9	5	4
R3 秋	17	W3C で勧告されている Indexed Database API	ウ	T	3	9	5	4
R3 秋	18	Apache Spark の特徴	イ	T	3	9	5	4
R4 秋	1	BASE 特性を満たす NoSQL データベースシステム	イ	T	3	9	5	4
R4 秋	16	ビッグデータの処理に使用される CEP（複合イベント処理)	エ	T	3	9	5	4
R4 秋	17	ビッグデータ分析で使用される Jupyter Lab	イ	T	3	9	5	4
R4 秋	18	データレイクの特徴	エ	T	3	9	5	3
R5 秋	1	CAP 定理	エ	T	3	9	5	4
R5 秋	18	ブロックチェーンのデータ構造の特徴	エ	T	3	9	5	3
R4 秋	19	AES における鍵長の条件	ア	T	3	11	1	4
R5 秋	19	DRDoS 攻撃に該当するもの	ウ	T	3	11	1	4
R5 秋	21	エクスプロイトコードに該当するもの	エ	T	3	11	1	4
R3 秋	19	インシデントハンドリングの順序	エ	T	3	11	2	4
R5 秋	20	インシデントハンドリングの順序	エ	T	3	11	2	4
R3 秋	20	ベイジアンフィルタの説明	エ	T	3	11	4	4
R4 秋	20	DLP（Data Loss Prevention）の機能	イ	T	3	11	4	4
R3 秋	21	パケットフィルタリング型ファイアウォール	イ	T	3	11	5	4
R4 秋	21	ネットワーク層で暗号化を行うときに利用するもの	ア	T	3	11	5	4
R4 秋	24	ソフトウェアの保守性を定量評価する指標	イ	T	4	12	2	4
R5 秋	24	データ中心アプローチの特徴	エ	T	4	12	2	4
R3 秋	24	ソフトウェアの使用性を向上させる施策	ア	T	4	12	4	4
R3 秋	25	マッシュアップの説明	エ	T	4	13	1	3
R4 秋	25	ドキュメンテーションジェネレーターの説明	イ	T	4	13	3	3
R5 秋	25	ステージング環境の説明	エ	T	4	13	3	3

（2）午前の出題範囲

IPA 発表の「午前の出題範囲」に準じています。

大分類	中分類	小分類	項 目 名
1	0	0	**基礎理論**
1	1	0	基礎理論
1	1	1	離散数学
1	1	2	応用数学
1	1	3	情報に関する理論
1	1	4	通信に関する理論
1	1	5	計測・制御に関する理論
1	2	0	アルゴリズムとプログラミング
1	2	1	データ構造
1	2	2	アルゴリズム
1	2	3	プログラミング
1	2	4	プログラム言語
1	2	5	その他の言語
2	0	0	**コンピュータシステム**
2	3	0	コンピュータ構成要素
2	3	1	プロセッサ
2	3	2	メモリ
2	3	3	バス
2	3	4	入出力デバイス
2	3	5	入出力装置
2	4	0	システム構成要素
2	4	1	システムの構成
2	4	2	システムの評価指標
2	5	0	ソフトウェア
2	5	1	オペレーティングシステム
2	5	2	ミドルウェア
2	5	3	ファイルシステム
2	5	4	開発ツール
2	5	5	オープンソースソフトウェア
2	6	0	ハードウェア
2	6	1	ハードウェア
3	0	0	**技術要素**
3	7	0	ユーザーインタフェース

大分類	中分類	小分類	項 目 名
3	7	1	ユーザーインタフェース技術
3	7	2	UX/UI デザイン
3	8	0	情報メディア
3	8	1	マルチメディア技術
3	8	2	マルチメディア応用
3	9	0	データベース
3	9	1	データベース方式
3	9	2	データベース設計
3	9	3	データ操作
3	9	4	トランザクション処理
3	9	5	データベース応用
3	10	0	ネットワーク
3	10	1	ネットワーク方式
3	10	2	データ通信と制御
3	10	3	通信プロトコル
3	10	4	ネットワーク管理
3	10	5	ネットワーク応用
3	11	0	セキュリティ
3	11	1	情報セキュリティ
3	11	2	情報セキュリティ管理
3	11	3	セキュリティ技術評価
3	11	4	情報セキュリティ対策
3	11	5	セキュリティ実装技術
4	0	0	**開発技術**
4	12	0	システム開発技術
4	12	1	システム要件定義・ソフトウェア要件定義
4	12	2	設計
4	12	3	実装・構築
4	12	4	統合・テスト
4	12	5	導入・受入れ支援
4	12	6	保守・廃棄
4	13	0	ソフトウェア開発管理技術
4	13	1	開発プロセス・手法
4	13	2	知的財産適用管理

大分類	中分類	小分類	項目名
4	13	3	開発環境管理
4	13	4	構成管理・変更管理
5	0	0	**プロジェクトマネジメント**
5	14	0	プロジェクトマネジメント
5	14	1	プロジェクトマネジメント
5	14	2	プロジェクトの統合
5	14	3	プロジェクトのステークホルダ
5	14	4	プロジェクトのスコープ
5	14	5	プロジェクトの資源
5	14	6	プロジェクトの時間
5	14	7	プロジェクトのコスト
5	14	8	プロジェクトのリスク
5	14	9	プロジェクトの品質
5	14	10	プロジェクトの調達
5	14	11	プロジェクトのコミュニケーション
6	0	0	**サービスマネジメント**
6	15	0	サービスマネジメント
6	15	1	サービスマネジメント
6	15	2	マネジメントシステムの計画及び運用
6	15	3	パフォーマンス評価及び改善
6	15	4	サービスの運用
6	15	5	ファシリティマネジメント
6	16	0	システム監査
6	16	1	システム監査
6	16	2	内部統制
7	0	0	**システム戦略**
7	17	0	システム戦略
7	17	1	情報システム戦略
7	17	2	業務プロセス
7	17	3	ソリューションビジネス

大分類	中分類	小分類	項目名
7	17	4	システム活用促進・評価
7	18	0	システム企画
7	18	1	システム化計画
7	18	2	要件定義
7	18	3	調達計画・実施
8	0	0	**経営戦略**
8	19	0	経営戦略マネジメント
8	19	1	経営戦略手法
8	19	2	マーケティング
8	19	3	ビジネス戦略と目標・評価
8	19	4	経営管理システム
8	20	0	技術戦略マネジメント
8	20	1	技術開発戦略の立案
8	20	2	技術開発計画
8	21	0	ビジネスインダストリ
8	21	1	ビジネスシステム
8	21	2	エンジニアリングシステム
8	21	3	e・ビジネス
8	21	4	民生機器
8	21	5	産業機器
9	0	0	**企業と法務**
9	22	0	企業活動
9	22	1	経営・組織論
9	22	2	業務分析・データ利活用
9	22	3	会計・財務
9	23	0	法務
9	23	1	知的財産権
9	23	2	セキュリティ関連法規
9	23	3	労働関連・取引関連法規
9	23	4	その他の法律・ガイドライン・技術者倫理
9	23	5	標準化関連

（3）午後Ⅰ，午後Ⅱ問題　予想配点表

IPAによって配点比率が公表されています。それに基づき，アイテックでは各設問の配点を予想し，配点表を作成しました。参考資料として利用してください。

■令和3年度秋期　午後Ⅰの問題（問1〜問3から2問選択）

問番号	設問	設問内容	小問数	小問点	配点	満点
問1	1	(1)a〜k	11	1.0	11.0	50.0
		(2)リレーションシップ	8	1.0	8.0	
	2	(1)候補キー	1	3.0	3.0	
		部分関数従属性	1	3.0	3.0	
		推移的関数従属性	1	3.0	3.0	
		(2)採用できない候補キー	1	3.0	3.0	
		理由	1	4.0	4.0	
		(3)正規形	1	2.0	2.0	
		関係スキーマ	1	5.0	5.0	
	3	(1)	1	4.0	4.0	
		(2)	1	4.0	4.0	
問2	1	(1)a〜h	8	2.0	16.0	50.0
		(2)加盟店	1	4.0	4.0	
		オーソリ履歴	1	4.0	4.0	
		(3)	1	4.0	4.0	
	2	(1)	1	4.0	4.0	
		(2)イ，ロ	2	2.0	4.0	
		(3)	1	4.0	4.0	
		(4)	1	3.0	3.0	
	3	(1)	1	4.0	4.0	
		(2)	1	3.0	3.0	
問3	1	(1)イ〜ホ	5	2.0	10.0	50.0
		(2)	1	3.0	3.0	
		(3)a〜e	5	2.0	10.0	
		(4)あ，い	2	2.0	4.0	
	2	(1)f〜j	5	2.0	10.0	
		(2)	1	3.0	3.0	
		(3)k〜o	5	2.0	10.0	
					合計	100.0

■令和 3 年度秋期　午後 II の問題（問 1，問 2 から 1 問選択）

問番号	設問	設問内容	小問数	小問点	配点	満点
問1	1	(1)ア〜オ	5	2.0	10.0	100.0
		(2)カ〜ク	3	2.0	6.0	
		(3)ケ	1	5.0	5.0	
		コ	1	6.0	6.0	
		(4)①，②	4	2.0	8.0	
	2	(1)理由	1	5.0	5.0	
		サ	1	3.0	3.0	
		(2)シ〜ソ	4	2.0	8.0	
	3	(1)(a)a〜f	6	1.0	6.0	
		(b)	1	5.0	5.0	
		(2)(a)	1	6.0	6.0	
		(b)g〜j	2	4.0	8.0	
		(3)手順 3　k, l	2	2.0	4.0	
		m	1	4.0	4.0	
		手順 4　n, o	2	2.0	4.0	
		p	1	4.0	4.0	
		手順 5　q, r	2	2.0	4.0	
		s	1	4.0	4.0	
問2	1	(1)ア	1	3.0	3.0	100.0
		リレーションシップ	11	1.0	11.0	
		(2)イ	1	3.0	3.0	
		リレーションシップ	12	1.0	12.0	
		(3)a〜f	6	2.0	12.0	
		(4)g〜v	16	2.0	32.0	
	2	(1)リレーションシップ	5	1.0	5.0	
		あ〜く	8	2.0	16.0	
		(3)	6	1.0	6.0	
					合計	100.0

■令和4年度秋期　午後Ⅰの問題（問1～問3から2問選択）

問番号	設問	設問内容	小問数	小問点	配点	満点
問1	1	(1)リレーションシップ	6	0.5	3.0	50.0
		(2)ア～カ	6	3.5	21.0	
	2	(1)(a)あ～う	3	2.0	6.0	
		(b)リレーションシップ	4	0.5	2.0	
		(2)キ～シ	6	3.0	18.0	
問2	1	(1)a，b	2	2.0	4.0	50.0
		(2)テーブル名	1	2.0	2.0	
		制約	1	2.0	2.0	
		(3)c～h	6	2.0	12.0	
		(4)i～k	3	2.0	6.0	
		(5)商品	1	3.0	3.0	
		商品履歴	1	3.0	3.0	
	2	(1)ア～オ	5	2.0	10.0	
		(2)	1	4.0	4.0	
		(3)	1	4.0	4.0	
問3	1	(1)	1	5.0	5.0	50.0
		(2)	1	5.0	5.0	
	2	(1)a～c	3	5.0	15.0	
		(2)処理名	1	3.0	3.0	
		変更内容	1	5.0	5.0	
	3	(1)あ～か	6	2.0	12.0	
		(2)	1	5.0	5.0	
					合計	100.0

■令和4年度秋期　午後Ⅱの問題（問1，問2から1問選択）

問番号	設問	設問内容	小問数	小問点	配点	満点
問1	1	(1)a〜f	6	1.0	6.0	100.0
		ア，イ	2	4.0	8.0	
		(2)ウ〜キ	5	4.0	20.0	
		(3)	9	1.0	9.0	
	2	(1)	1	6.0	6.0	
		(2)	1	6.0	6.0	
		(3)	1	2.0	2.0	
		(4)(a)	1	4.0	4.0	
		(b)	1	6.0	6.0	
	3	(1)ク，ケ	2	5.0	10.0	
		(2)手順番号	1	3.0	3.0	
		理由	1	6.0	6.0	
		(3)	1	6.0	6.0	
		(4)問題	1	4.0	4.0	
		コ	1	4.0	4.0	
問2	1	(1)ア	1	2.0	2.0	100.0
		リレーションシップ	6	1.0	6.0	
		(2)イ〜オ	4	2.0	8.0	
		リレーションシップ	2	1.0	2.0	
		(3)カ	1	3.0	3.0	
	2	(1)(a)テーブル名	1	3.0	3.0	
		列名	1	3.0	3.0	
		(b)	18	1.0	18.0	
		(2)a, b	2	2.0	4.0	
		(3)	1	5.0	5.0	
	3	(1)テーブル名	2	3.0	6.0	
		列名	2	3.0	6.0	
		(2)テーブル名	1	3.0	3.0	
		列名	1	3.0	3.0	
		(3)(a)	1	3.0	3.0	
		(b)テーブル名	1	2.0	2.0	
		実行契機	1	2.0	2.0	
		(4)テーブル名	2	3.0	6.0	
		列名	2	3.0	6.0	
		(5)まとめ精算	1	3.0	3.0	
		テーブル名	1	3.0	3.0	
		列名	1	3.0	3.0	
				合計		100.0

■令和 5 年度秋期　午後 I の問題（問 1～問 3 から 2 問選択）

問番号	設問	設問内容	小問数	小問点	配点	満点
問 1	1	(1)	1	3.0	3.0	50.0
		(2)正規形	1	2.0	2.0	
		根拠	1	5.0	5.0	
		関係スキーマ	1	4.0	4.0	
	2	(1)リレーションシップ	5	1.0	5.0	
		(2)a～e	5	3.0	15.0	
	3	(1)(a)	1	4.0	4.0	
		(b)関係名	1	2.0	2.0	
		属性名	1	2.0	2.0	
		(2)(a)	1	4.0	4.0	
		(b)①，②	2	2.0	4.0	
問 2	1	(1)リレーションシップ	11	1.0	11.0	50.0
		(2)ア～エ	4	2.0	8.0	
	2	(1)a～d	4	1.0	4.0	
		(2)e～j	6	1.0	6.0	
	3	(1)リレーションシップ	4	1.0	4.0	
		(2)オ～サ	7	1.0	7.0	
		(3)(a)，(b)	2	5.0	10.0	
問 3	1	(1)a，b	2	3.0	6.0	50.0
		(2)	1	5.0	5.0	
		(3)c～e	3	2.0	6.0	
		(4)f～h	3	2.0	6.0	
	2	(1)ア	1	5.0	5.0	
		(2)	1	2.0	2.0	
		(3)	1	5.0	5.0	
		(4)	1	5.0	5.0	
		(5)イ～カ	5	2.0	10.0	
					合計	100.0

■令和 5 年度秋期　午後 II の問題（問 1，問 2 から 1 問選択）

問番号	設問	設問内容	小問数	小問点	配点	満点
問1	1	(1)a	1	5.0	5.0	100.0
		(2)b～f	5	1.0	5.0	
	2	(1)累計出荷数量	1	5.0	5.0	
		移動累計出荷数量	1	5.0	5.0	
		(2)ア～カ	6	2.0	12.0	
		(3)キ～コ	4	3.0	12.0	
		(4)	2	2.0	4.0	
		(5)	2	4.0	8.0	
	3	(1)g～l	6	2.0	12.0	
		(2)(a)	1	6.0	6.0	
		(b)	1	6.0	6.0	
		(3)	1	8.0	8.0	
		(4)m～o	3	2.0	6.0	
		(5)	6	1.0	6.0	
問2		(1)a，b	2	3.0	6.0	100.0
		(2)リレーションシップ	13	1.0	13.0	
		(3)リレーションシップ	6	1.0	6.0	
		(4)ア～ノ	25	3.0	75.0	
					合計	100.0

総仕上げ問題集

第3部

実力診断テスト

★解答用紙と解答・解説はダウンロードコンテンツです。アクセス方法は P.10 をご覧ください。

午前Ⅰ（共通知識）の問題

注意事項

1．解答時間は，**50分**です（標準時間）。

2．答案用紙（マークシート）の右上の所定の欄に**受験者番号，氏名，団体名**及び**送付先コード**などが記載されています。答案用紙が自分のものであることを確認してください。

3．問1〜問30の問題は，**全問必須**です。

4．解答は，ア〜エの中から一つ選んでください。
　　次の例にならって，答案用紙の所定の欄に記入してください。
　　(例題)
　　　問1　日本の首都は次のうちどれか。
　　　　　ア　東　京　　　イ　大　阪　　　ウ　名古屋　　　エ　仙　台
　　正しい答えは「ア　東　京」ですから，答案用紙には，

　　　1　　　　　　　エ

　　のように，該当する欄を鉛筆で黒くマークしてください。

5．解答の記入に当たっては，次の点に注意してください。
　(1)　濃度B又はHBの鉛筆又はシャープペンシルを使用してください。
　(2)　解答を修正する場合や解答以外に印をつけた場合には，「消しゴム」であとが
　　残らないようにきれいに消してください。

6．電卓は使用できません。

7．問題冊子の余白などは，適宜利用して構いません。ただし，問題冊子を切り離して
　利用することはできません。

これらの指示に従わない場合には採点されませんので，注意してください。

指示があるまで開いてはいけません。

問1　集合 A, B, C に対して，$\overline{A} \cap \overline{B} \cup C$ が空集合であるとき，包含関係として適切なものはどれか。ここで，$\cup$ は和集合，$\cap$ は積集合，$\overline{X}$ は X の補集合，また，$X \subseteq Y$ は X が Y の部分集合であることを表す。

(822326)

ア　$(B \cap C) \subseteq A$　　　　　　　　イ　$(B \cap \overline{C}) \subseteq A$

ウ　$(\overline{B} \cap C) \subseteq A$　　　　　　　　エ　$(\overline{B} \cap \overline{C}) \subseteq A$

問2　誤り制御に用いられるハミング符号について，符号長 7 ビット，情報ビット数 4 ビットのハミング符号とし，情報ビット x1x2x3x4 に対して，

$$(\text{x1} + \text{x2} + \text{x3} + \text{p1}) \bmod 2 = 0$$
$$(\text{x1} + \text{x2} + \text{x4} + \text{p2}) \bmod 2 = 0$$
$$(\text{x2} + \text{x3} + \text{x4} + \text{p3}) \bmod 2 = 0$$

を満たす冗長ビット p1p2p3 を付加した符号語 x1x2x3x4p1p2p3 について考える。

　この方式で符号化されたハミング符号 1011101 には，1 ビットの誤りがある。誤りを訂正したハミング符号はどれか。

(823756)

ア　0011101　　　イ　1001101　　　ウ　1010101　　　エ　1111101

問3　次のような構造をもった線形リストにおいて，要素の個数が増えるとそれに応じて処理量も増えるものはどれか。

(713570)

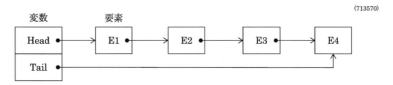

ア　最後尾の要素の削除

イ　最後尾への要素の追加

ウ　先頭の要素の削除

エ　先頭への要素の追加

問4　1次キャッシュ，2次キャッシュ，及びメインメモリから構成される主記憶をもつコンピュータがある。1次キャッシュ，2次キャッシュ，メインメモリからの平均読取り時間が，それぞれ50ナノ秒，100ナノ秒，1マイクロ秒であるとき，このコンピュータにおける主記憶からの平均読取り時間は，およそ何ナノ秒か。なお，キャッシュのヒット率は，1次キャッシュが90％，2次キャッシュが50％であるとする。

(830451)

ア　100　　　　　　　イ　145　　　　　　ウ　155　　　　　　エ　380

問5 A社のWebサイトでは，現状のピーク時間帯（11:00～12:00）にサーバが処理する
トランザクション数が 36,000 件あり，毎年，20%のトランザクション数の伸びが予
想されている。こうした状況から，Webサイトのサーバ機器を複数のCPUを搭載で
きる新機種へ更新することを計画しており，次の条件で新機種に求められる性能を見
積もるとき，サーバに搭載すべき最小のCPU数は幾つか。

〔見積りの条件〕
 ・ 3年後のピーク時間帯のトランザクション数の予想値を基に見積りを行う。
 ・ サーバが処理するトランザクションは各CPUに均等に割り振られる。
 ・ 各CPUが処理すべきTPS (Transaction Per Second) が4未満になるようにする。
 ・ OSのオーバーヘッドなどの処理は無視できる。
 ・ トランザクションはピーク時間帯の中で均等に発生する。

(823758)

ア 3　　　　　　　イ 4　　　　　　　ウ 5　　　　　　　エ 6

問6　図は，RTOS を用いたシステムにおいて，優先度の異なるタスク A，タスク B の動作を示したものである。両タスクは，共通の資源を RTOS が提供するセマフォ機能を用いて排他的に使用する。①〜④は，各タスクが RTOS のカーネルに対するセマフォ操作のために発行するシステムコールであり，矢印の位置が発行したタイミングを示す。②と③に入るセマフォ操作の組合せとして適切なものはどれか。

(823747)

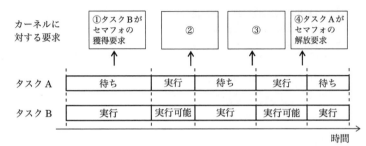

注記　タスク A の優先度は，タスク B の優先度よりも高い。

	②	③
ア	タスク A がセマフォの獲得要求	タスク B がセマフォの解放要求
イ	タスク A がセマフォの獲得要求	タスク B がセマフォの獲得要求
ウ	タスク B がセマフォの解放要求	タスク B がセマフォの解放要求
エ	タスク B がセマフォの解放要求	タスク B がセマフォの獲得要求

問7　0〜3V のアナログ電圧を出力する 8 ビットの D/A 変換器がある。データとして 2 進数で 0000 0000 を与えたときの出力電圧は 0V，1000 0000 を与えたときの出力電圧は 1.5V である。データとして 16 進数で E0 を与えたときの出力電圧は何 V か。

(823746)

ア　1.875　　　　　イ　2.25　　　　　ウ　2.625　　　　　エ　2.635

問8　"貸出記録"表を第3正規形に正規化したものはどれか。ここで，下線部は主キーを表す。なお，書籍の貸出に際して貸出番号が採番され，書籍5冊までの貸出を受けることができる。また，同一の書籍が複数存在することはないものとする。

(821025)

　　　貸出記録（<u>貸出番号</u>，<u>書籍番号</u>，貸出日，会員番号，書籍名，著者名）

ア　貸出（<u>貸出番号</u>，貸出日，会員番号）
　　貸出明細（<u>貸出番号</u>，<u>書籍番号</u>）
　　書籍（<u>書籍番号</u>，書籍名，著者名）

イ　貸出（<u>貸出番号</u>，貸出日，会員番号）
　　貸出明細（<u>貸出番号</u>，<u>書籍番号</u>，著者名）
　　書籍（<u>書籍番号</u>，書籍名）

ウ　貸出（<u>貸出番号</u>，会員番号）
　　貸出明細（<u>貸出番号</u>，<u>書籍番号</u>，貸出日）
　　書籍（<u>書籍番号</u>，書籍名，著者名）

エ　貸出（<u>貸出番号</u>，会員番号）
　　貸出明細（<u>貸出番号</u>，<u>書籍番号</u>，貸出日，書籍名，著者名）

問9　CAP定理は，分散システムに求められる三つの特性について，二つまでしか同時に満たすことができないとしている。この三つの特性の組合せとして，適切なものはどれか。

(823759)

ア　一貫性，可用性，信頼性　　　　　イ　一貫性，可用性，分断耐性
ウ　一貫性，信頼性，分断耐性　　　　エ　可用性，信頼性，分断耐性

問 10　イーサネットの L2 スイッチに関する記述として，適切なものはどれか。

(823748)

ア　経路制御テーブルを参照して，宛先の IP アドレスが示すネットワークに最も近い経路に向けてパケットを転送する。

イ　自動的な学習によって MAC アドレステーブルに登録された情報を参照して，フレームを特定のポートだけに中継する。

ウ　ソフトウェアや遠隔からの指示によって，ポート間の物理的な配線の接続や切断，切替えを行う。

エ　伝送路上の搬送波を検知して，搬送波がないときには，全てのポートからフレームを送出する。

問 11　ネットワークアドレスが 192.168.10.80，サブネットマスクが 255.255.255.240 のネットワークについて，適切なものはどれか。

(823760)

ア　CIDR 表記では，192.168.10.80/27 になる。

イ　内部の機器に対して，192.168.10.90 という IP アドレスを割り当てることができる。

ウ　内部の機器に対して，割り当てることができる IP アドレスは最大 30 個である。

エ　ホスト部は 28 ビットである。

問12 電子メールに添付されたワープロ文書ファイルなどを介して感染する Emotet に関する記述として，適切なものはどれか。

(823132)

　　ア　暗号化のための CPU 処理時間やエラーメッセージなどが解析され，内部の機密情報を窃取される。

　　イ　キーボードから入力されたキーストロークが記録され，パスワードなどの情報を窃取される。

　　ウ　不正なサイトに誘導され，偽の Web ページによって ID やパスワードなどが窃取される。

　　エ　メールアカウントやアドレス帳の情報が窃取され，感染を広げるなりすましメールが送信される。

問13 CSIRT の説明として，最も適切なものはどれか。

(823749)

　　ア　IP アドレスの割当て方針の決定や DNS ルートサーバの運用監視など，インターネットのリソース管理を世界規模で行う。

　　イ　社外秘情報のような，会社にとって重要な情報を扱うことが多いため，構成メンバーは社員だけに限定する必要がある。

　　ウ　情報セキュリティインシデントに関する報告を受け取り，技術的な支援，組織内の調整や統制によって，被害の最小化と迅速な復旧を実現する。

　　エ　情報セキュリティインシデントにつながる予兆の検知活動や，インシデント収束後の再発防止策の立案に重点を置いた活動を行う。

問 14　情報システムのセキュリティコントロールを予防, 検知, 復旧の三つに分けた場合, 予防に該当するものはどれか。

(771792)

ア　公開サーバへの IDS 導入
イ　データセンターのコンティンジェンシープラン策定
ウ　データのバックアップ
エ　データベースのアクセスコントロールリストの設定

問 15　複数のシステムやサービスの間で利用され, 認証や認可に関する情報を交換するための Web サービスの仕様はどれか。

(823750)

ア　DKIM　　　　　イ　SAML　　　　　ウ　SMTP-AUTH　　　エ　SPF

問 16　モジュールの独立性を, モジュール強度とモジュール結合度によって評価する。このときのモジュール強度及び, モジュール結合度に関する記述として, 適切なものはどれか。

(822470)

ア　モジュールの独立性を高めるためには, モジュール間の関連性に着目したモジュール強度を強くする。
イ　モジュールの独立性を高めるためには, モジュール間の関連性に着目したモジュール結合度を弱くする。
ウ　モジュールの独立性を高めるためには, モジュールを構成する命令（各行）の関連性に着目したモジュール強度を弱くする。
エ　モジュールの独立性を高めるためには, モジュールを構成する命令（各行）の関連性に着目したモジュール結合度を強くする。

問 17　アジャイル型の開発手法のうち，「コミュニケーション」，「シンプル」，「フィード
　　　バック」，「勇気」，「尊重」という五つの価値を原則としてソフトウェア開発を進めて
　　　いくものはどれか。

(823112)

　　　ア　エクストリームプログラミング　　　イ　スクラム
　　　ウ　フィーチャ駆動型開発　　　　　　　　エ　リーンソフトウェア開発

問 18　A〜C の三つのアクティビティからなる作業について，依存関係，作業日数をプレ
　　　シデンスダイアグラムによって表現すると図のようになった。この作業を完了させる
　　　ために必要な日数は最小で何日か。

(823762)

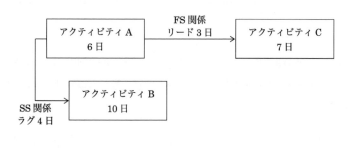

　　　ア　11 日　　　　　　　イ　13 日　　　　　　　ウ　14 日　　　　　　　エ　16 日

問 19　a～d のリスク対応と該当するリスク対応戦略の組合せとして，最も適切なものはどれか。

(823751)

a　水害が発生した場合に備え，水没を避けるために安全な高台にデータセンターを移設する。

b　大規模な災害の発生によるシステムの長時間停止に備えて，損害保険に加入する。

c　ノート PC を紛失した場合に備えて，指紋認証の機能と PC 内に保存するデータを暗号化するソフトを導入する。

d　不正アクセスがあっても Web サーバの被害にとどまるので，公開 Web サーバの LAN 上の配置は現状の DMZ のままとする。

	a	b	c	d
ア	リスク移転	リスク低減	リスク保有	リスク回避
イ	リスク回避	リスク移転	リスク低減	リスク保有
ウ	リスク低減	リスク保有	リスク回避	リスク移転
エ	リスク保有	リスク回避	リスク移転	リスク低減

問 20　IT サービスマネジメントにおけるインシデントの説明はどれか。

(822872)

ア　検出された不適合又は他の望ましくない状況の原因を除去する，又は再発の起こりやすさを低減させるための処置

イ　根本原因が特定されているか，又はサービスへの影響を低減若しくは除去する方法がある問題

ウ　サービスに対する計画外の中断，サービスの品質の低下，又は顧客若しくは利用者へのサービスにまだ影響していない事象

エ　資産の破壊，暴露，改ざん，無効化，盗用，又は認可されていないアクセス若しくは使用の試み

問 21 月曜日から土曜日までの週 6 日稼働するシステムにおいて，稼働日には毎回データベースのフルバックアップを取得している。このバックアップの運用を，フルバックアップの取得は毎週土曜日だけにし，月曜日から金曜日については，差分バックアップを取得するように変更する。この運用変更による処理時間の変化に関する記述として，適切なものはどれか。なお，データベースへのデータの追加・変更・削除は，ほぼ一定の少ない頻度で発生し，バックアップ及びリストアに要する時間は，対象のデータ量に比例するものとする。また，バックアップ及びリストアの処理時間については，週の中間に当たる**水曜日に行われることを想定**して考えるものとする。

(821798)

ア　データベースのバックアップ処理時間は変更前に比べて短くなるが，媒体障害からの復旧処理時間は長くなる。

イ　データベースのバックアップ処理時間は変更前に比べて長くなるが，媒体障害からの復旧処理時間は短くなる。

ウ　データベースのバックアップ処理時間，媒体障害からの復旧処理時間ともに，変更前に比べて長くなる。

エ　データベースのバックアップ処理時間，媒体障害からの復旧処理時間ともに，変更前に比べて短くなる。

問 22　システム運用のセキュリティに関して，"情報セキュリティ管理基準"に基づいて監査を実施した。指摘事項に該当するものどれか。

(822348)

ア　イベントを記録して証拠を作成するために，イベントログにはシステムへのアクセスの成功及び失敗した試みの記録を含めている。

イ　イベントを記録して証拠を作成するために，イベントログには侵入検知システムの作動及び停止を含めている。

ウ　認可されていないソフトウェアの使用を防止するために，アプリケーションのブラックリスト化を行っている。

エ　マルウェア検出のために，ネットワーク経由で入手した全てのファイルに対する使用前のスキャンを行っている。

問 23　エンタープライズアーキテクチャの四つのアーキテクチャとその成果物の例の組合せとして，適切なものはどれか。

(821308)

	ビジネスアーキテクチャ	データアーキテクチャ	アプリケーションアーキテクチャ	テクノロジアーキテクチャ
ア	UML クラス図	機能情報関連図 (DFD)	CRUD 分析図	ソフトウェア構成図
イ	機能情報関連図 (DFD)	実体関連図 (E-R 図)	情報システム関連図	ネットワーク構成図
ウ	業務流れ図 (WFA)	ソフトウェア構成図	機能構成図 (DMM)	実体関連図 (E-R 図)
エ	情報システム関連図	UML クラス図	機能情報関連図 (DFD)	ハードウェア構成図

問 24 サービスプロバイダにおけるサービスパイプラインの説明はどれか。

(822220)

ア　サービスプロバイダが，現時点で顧客に提供しているサービスの一覧

イ　サービスプロバイダが提供を予定している，計画あるいは準備段階のサービスの
　　一覧

ウ　サービスプロバイダと顧客の間で締結する，サービスレベルに関する合意書

エ　ユーザーが，サービスプロバイダに対してサービスの変更を提案あるいは要求す
　　るために作成する文書

問 25 要件定義に関する記述のうち，最も適切なものはどれか。

(821309)

ア　システムの再構築における要件定義の場合，現行システムと同じ機能については
　　「今と同じ」とだけ記述しておき，リバースエンジニアリングの手法を活用して設
　　計書を作成するとよい。

イ　要件定義工程の遅れが全体のシステム開発スケジュールに影響を与えないよう
　　に，ステークホルダの合意が得られない事項は継続検討として，スケジュール通り
　　に開発工程を進める。

ウ　要件定義の一部を外部のソフトウェア開発会社などに委託し，その支援を受けな
　　がら実施する場合であっても，要件定義工程で作成した成果物に対する責任は発注
　　者が負うべきである。

エ　要件定義の段階でシステムの性能や運用形態などが不明確であり，応答時間や障
　　害復旧時間などの目標の数値化は困難なので，その重要性や影響度などについて文
　　書化しておく。

問26　競争優位のための戦略を立案する，バリューチェーン分析に関する記述はどれか。

(821037)

ア　既存競合者同士の敵対関係，新規参入の脅威，代替製品・サービスの脅威，売り手の交渉力，買い手の支配力の五つを分析する。

イ　自社の製品やサービスといったプロダクトの位置付けを，市場成長率と相対的市場シェアの観点で分析する。

ウ　自社のビジネスプロセスを五つの主活動と四つの支援活動に分類して，各活動のコストと付加価値，強みと弱みを分析する。

エ　他社が容易にまねすることのできない，自社がもつノウハウや技術，プロセス，製品などの強みを分析する。

問27　技術開発における"死の谷"の説明として，適切なものはどれか。

(820533)

ア　売上と費用が等しくなり，利益も損失も出ない状況

イ　技術の進歩の過程で成熟期を迎えると進歩が停滞気味になる状況

ウ　工業製品の故障発生傾向で，安定期の偶発故障期間で故障率が低くなる状況

エ　資金の不足などによって研究開発を進めることができず，事業化に結び付けることが困難な状況

問28　PM理論では，P機能（Performance function）の大小と，M機能（Maintenance function）の大小によって，リーダーを次の四つのタイプに類型化している。メンバーからの信頼度は高いが，目標の達成が困難なリーダーは，どのタイプに類型化されるか。

(822479)

〔リーダーの類型〕
　・pm 型：P機能，M機能ともに小さい
　・pM 型：P機能は小さいが，M機能は大きい
　・PM 型：P機能とM機能がともに大きい
　・Pm 型：P機能は大きいが，M機能は小さい

　　ア　pm 型　　　　　　イ　pM 型　　　　　　ウ　PM 型　　　　　　エ　Pm 型

問29　製品Aを製造するためには，40万円の固定費と製品1個当たり300円の変動費が必要である。製品Aを1個700円で販売し，440万円の利益を確保するために必要な販売数量は幾つか。

(823754)

　　ア　4,800 個　　　　イ　10,000 個　　　　ウ　12,000 個　　　　エ　16,000 個

問30　ライセンス方式の一つである，クリエイティブコモンズライセンスに関する記述はどれか。

(821304)

　　ア　権利者が改変，営利目的利用，ライセンス継承の可否を指定する。
　　イ　制作者が著作物であるソフトウェアに対する全ての知的財産権を放棄する。
　　ウ　ソースコードの公開を原則に，利用者に使用，複製，改変，再配布の自由を認める。
　　エ　一つの著作物に複数のライセンスを設定し，利用者が選択する。

データベーススペシャリスト
午前IIの問題

注意事項

1．解答時間は，**40分**です（標準時間）。

2．答案用紙（マークシート）の右上の所定の欄に**受験者番号，氏名，団体名及び送付先コード**などが記載されています。答案用紙が自分のものであることを確認してください。

3．**問1〜問25**の問題は，**全問必須**です。

4．解答は，ア〜エの中から一つ選んでください。
次の例にならって，答案用紙の所定の欄に記入してください。
（例題）
　問1　日本の首都は次のうちどれか。
　　　ア　東　京　　　イ　大　阪　　　ウ　名古屋　　　エ　仙　台
正しい答えは「ア　東　京」ですから，答案用紙には，

　　1　　　**㋐**　　　㋑　　　㋒　　　㋓

のように，該当する欄を鉛筆で黒くマークしてください。

5．解答の記入に当たっては，次の点に注意してください。
　(1)　濃度B又はHBの鉛筆又はシャープペンシルを使用してください。
　(2)　解答を修正する場合や解答以外に印を付けた場合には，「消しゴム」であとが
　　　残らないようにきれいに消してください。

6．電卓は使用できません。

7．問題冊子の余白などは，適宜利用して構いません。ただし，問題冊子を切り離して
　利用することはできません。

これらの指示に従わない場合には採点されませんので，注意してください。

指示があるまで開いてはいけません。

問1　データベースの要件が次のようになっているとき，選定する DBMS として，適切
　　なものはどれか。

〔データベースの要件〕
　(1)　全国約 5,000 店舗から集まる大容量の構造化されたデータを取り扱う。
　(2)　データサイエンティストによる高度な分析，データ検索が必要な業務がある。
　(3)　データ収集と分析，検索がリアルタイムに行われるため，常にデータは最新で，
　　　一貫性を担保する必要がある。
　(4)　非オブジェクト指向プログラムからのアクセスが多い。

　　ア　NoSQL　　　　　　　　　　イ　オブジェクト指向データベース
　　ウ　関係データベース　　　　　　エ　データウェアハウス

問2　"部品構成"表に対して，次のトランザクションを実行した。このトランザクションの①で示す時点の実行結果はどれか。なお，トランザクションの制約モードは遅延（deferred）モードで実行されているとする。

(855705)

部品構成

部品番号	部品名	親部品番号
100	A	NULL
200	B	100
300	C	400
400	D	NULL

〔"部品構成"表の定義文〕
```
CREATE TABLE 部品構成 (
・・・(省略)
PRIMARY KEY (部品番号),
FOREIGN KEY (親部品番号) REFERENCES
部品構成 ON DELETE NO ACTION )
```

〔トランザクション〕
```
DELETE FROM 部品構成 WHERE
部品番号 = 100
DELETE FROM 部品構成 WHERE
部品番号 = 300
SELECT 部品番号 FROM 部品構成  ⇐  ①
COMMIT ;
```

ア　部品番号
　　　　100
　　　　200
　　　　300

イ　部品番号
　　　　100
　　　　200
　　　　400

ウ　部品番号
　　　　200
　　　　300
　　　　400

エ　部品番号
　　　　200
　　　　400

問3　関係 R (A, B, C, D, E) において，

　　　関数従属 {A, B} →C, {B, C} →D, {D} → {A, E}

が成立するとき，導けない関数従属はどれか。

(855583)

ア　{A, B} →E　　　　　　　　イ　{A, C} →D

ウ　{B, C} →A　　　　　　　　エ　{B, D} →C

問4 関係の正規化に関する記述のうち，適切なものはどれか。

(855301)

ア　関係に存在する全ての関数従属性の決定項が関係の候補キーである場合は，ボイス・コッド正規形である。

イ　関係を第4正規形に分解すると，結合従属性や関数従属性が失われる場合がある。

ウ　推移的関数従属性が排除された関係は，全てボイス・コッド正規形である。

エ　ボイス・コッド正規形であっても第3正規形でない関係も存在する。

問5　次に示す市町村の市町村講座を管理するE-R図において，冗長なリレーションシップがある。冗長なものはどれか。ただし，リレーションシップは主キー／外部キーの参照制約を表すものとする。

(855539)

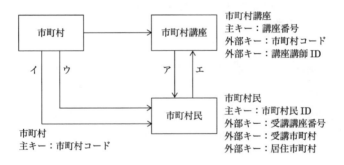

	主キー	外部キー
ア	講座番号	受講講座番号
イ	市町村コード	居住市町村
ウ	市町村コード	受講市町村
エ	市町村民 ID	講座講師 ID

問6　"学級"表と"部活"表に対する集合演算の結果が，同じになるものはどれか。

(855702)

学級

学級	氏名	性別
クラス1	情報 一郎	男
クラス1	処理 大輔	男
クラス2	試験 豪	男
クラス3	春秋 花子	女

部活

部活	氏名	性別
バスケ部	処理 大輔	男
バレー部	春秋 圭太	男
卓球部	技術 京子	女
水泳部	情報 一郎	男

1　SELECT 氏名, 性別 FROM 学級 WHERE 学級 = 'クラス1'
　　UNION
　　SELECT 氏名, 性別 FROM 部活 WHERE 部活 = 'バスケ部'

2　SELECT 氏名, 性別 FROM 学級 WHERE 学級 = 'クラス1'
　　UNION ALL
　　SELECT 氏名, 性別 FROM 部活 WHERE 部活 = 'バスケ部'

3　SELECT 氏名, 性別 FROM 学級 WHERE 学級 = 'クラス1'
　　EXCEPT
　　SELECT 氏名, 性別 FROM 部活 WHERE 部活 = '水泳部'

4　SELECT 氏名, 性別 FROM 学級 WHERE 学級 = 'クラス1'
　　INTERSECT
　　SELECT 氏名, 性別 FROM 部活 WHERE 部活 = 'バスケ部'

ア　1と2　　　イ　1と4　　　ウ　2と3　　　エ　3と4

問7　"売上実績"表に対して，次のウィンドウ関数を含む SQL 文を実行して売上額の移動平均額を求める。〔実行結果〕の a〜c に入れる値の適切な組合せはどれか。ここで，表の網掛け部分は値の非表示を表す。

(855706)

売上実績

店舗	年	月	売上額
100	20XX	1	0
100	20XX	2	100
100	20XX	3	200
100	20XX	4	300
100	20XX	5	400
100	20XX	6	500
100	20XX	7	600
100	20XX	8	700
100	20XX	9	800
100	20XX	10	900
100	20XX	11	1,000
100	20XX	12	1,100

〔実行結果〕

店舗	年	月	移動平均額
100	20XX	1	50
100	20XX	2	a
100	20XX	3	b
100	20XX	4	c
100	20XX	5	
100	20XX	6	
100	20XX	7	
100	20XX	8	
100	20XX	9	
100	20XX	10	
100	20XX	11	1,000
100	20XX	12	

（注）売上額，移動平均額は，単位を万円としている。

〔SQL 文〕

```
SELECT 店舗, 年, 月, AVG(売上額) OVER (PARTITION BY 店舗, 年
    ORDER BY 月 ASC
  ROWS BETWEEN 1 PRECEDING AND 1 FOLLOWING) AS 移動平均額
  FROM 売上実績
```

	a	b	c
ア	50	150	250
イ	100	200	300
ウ	150	250	350
エ	300	500	700

問8　外結合に関する次の記述のうち，最も適切なものはどれか。

(855398)

ア　完全外結合は，左外結合と右外結合の結果をマージした結果を得ることができる。

イ　外結合する二つのテーブルの結合キーが同じ列名の場合は，必ず結合キーの指定を省略できる。

ウ　外結合の結果は，同じテーブルの自然結合の結果よりもレコード数が少なくなる。

エ　外結合を使用することで，二つのテーブルの直積を得ることができる。

問9　"成績"表から，クラスごと，科目ごとの平均点を求める SQL 文とするために，a に入れる字句はどれか。ここで，実線の下線は主キーを表す。

(855586)

成績 (クラス, 出席番号, 科目, 得点)

〔SQL 文〕
SELECT クラス,
　　　　AVG(CASE WHEN 科目= '英語' [　a　] END) AS 英語,
　　　　AVG(CASE WHEN 科目= '数学' [　a　] END) AS 数学,
　　　　AVG(CASE WHEN 科目= '国語' [　a　] END) AS 国語
FROM 成績 GROUP BY クラス

〔結果の例〕

クラス	英語	数学	国語
A	77	65	55
B	51	80	42
C	64	55	79

ア　THEN 1 ELSE 0　　　　　　　　イ　THEN 1 ELSE NULL
ウ　THEN 得点 ELSE 0　　　　　　　エ　THEN 得点 ELSE NULL

問10　"会議"表に対して，次の SQL 文を実行した結果はどれか。

(855347)

```
SELECT 会議日, 会議番号, 会議名 FROM 会議
WHERE 会議日 IN
 (SELECT 会議日 FROM 会議
 GROUP BY 会議日
 HAVING COUNT(*) >= 2)
ORDER BY 会議日, 会議番号 DESC
```

会議

会議番号	会議名	会議日
1	A会議	2014-10-10
2	B会議	2014-10-10
2	B会議	2014-10-15
3	C会議	2014-10-16
3	C会議	2014-10-19
4	D会議	2014-10-19

ア

会議日	会議番号	会議名
2014-10-10	2	B会議
2014-10-10	1	A会議
2014-10-19	4	D会議
2014-10-19	3	C会議

イ

会議日	会議番号	会議名
2014-10-15	2	B会議
2014-10-16	3	C会議

ウ

会議日	会議番号	会議名
2014-10-16	3	C会議
2014-10-15	2	B会議

エ

会議日	会議番号	会議名
2014-10-19	3	C会議
2014-10-19	4	D会議
2014-10-10	1	A会議
2014-10-10	2	B会議

問11　データベースの設計において，データベースのデータブロックサイズを大きくした場合の説明として，適切なものはどれか。

(855701)

ア　インデックスを用いた検索効率が良くなる。

イ　画像データなどへのアクセス効率が良くなる。

ウ　データバッファのヒット率が常に高くなる。

エ　物理的に連続保存されているデータの読込みに不利である。

問12　SQLトランザクションの隔離性水準がREAD COMMITTEDであるとき，発生する可能性のある不具合として適切なものはどれか。

(855703)

ア　アンリピータブルリードとファントム

イ　ダーティリードとアンリピータブルリード

ウ　ダーティリードとアンリピータブルリードとファントム

エ　ダーティリードとファントム

問13　多版同時実行制御（MVCC）に関する記述として，適切なものはどれか。

(855707)

ア　データの新しい版を作成するタイミングは，トランザクションがデータを読み込むときである。

イ　データを更新するとき，自分より先発のトランザクションが更新したデータを自分より後発のトランザクションが読み込んでいるときは，このデータを更新することは許されない。

ウ　データを読み込むときは，自分より先発のトランザクションが更新したデータの中で一番古い版を読み込む。

エ　トランザクション処理を行うアプリケーションプログラム側は，データの版を意識してプログラミングする必要がある。

問14 関係データベースシステムの性能向上施策として，効果があるものはどれか。

(855708)

ア 順次アクセスする大きなデータベース（表）を，複数のストレージにパーティショニングした。

イ 長期の運用で，更新，追加によってオーバーフロー領域に配置されるデータが多くなってきたので，データベースの再構成を行った。

ウ 特定の列を集中的にランダムアクセスする傾向があるので，特定の列にインデックスの設定を行った。

エ トランザクションの並行実行性を高めるため，隔離性水準を READ COMMITTED から REPEATABLE READ に変更した。

問15 DBMS のチェックポイントに関する説明として，適切なものはどれか。

(855709)

ア 実行時間が長いアプリケーションプログラムが途中で停止しても，チェックポイントから引き続き処理を継続できるようにする。

イ 処理件数が大量の場合，一定処理件数ごとにコミットする場合に設定する。

ウ チェックポイントの目的は，システム障害時の回復時間を短縮することである。

エ 一つのトランザクション上に論理的なトランザクションを設定し，設定した範囲内でのロールバックが可能になるようにする。

問16　デッドロックの対策に関する記述として，適切なものはどれか。

(855542)

ア　2相ロック方式を採用することで，デッドロックを回避できる。

イ　デッドロックを検出した場合は，デッドロックを発生させた SQL 文を再実行することでデッドロックを解消することができる。

ウ　トランザクションの隔離性水準を高くすることで，デッドロックを回避できる。

エ　ロックの粒度を大きくすることで，デッドロックの発生確率を下げることができる。

問17　次のうち，ビッグデータの特徴を示す"三つの V"に含まれないものはどれか。

(855704)

ア　Variance（分散）　　　　　　イ　Variety（多様性）
ウ　Velocity（速度）　　　　　　エ　Volume（量）

問18　データベースシステムは，データベースとして蓄積されたデータに対して問合せなどを行う。一方，各種センサーや RFID などから発生する大量のデータを，蓄積することなくデータの流れとしてみなし，そのデータの問合せ・分析をリアルタイムに行う技術あるいはソフトウェアはどれか。

(855220)

ア　Hadoop　　　　　　　　　　イ　NoSQL
ウ　インメモリデータベース　　　エ　ストリームデータ処理

問 19　クライアントの Web 画面の入力フォームに入力された文字列を受け取り，入力内容の確認画面を表示する Web アプリケーションがある。この Web アプリケーションでは，入力内容に対して次の置換ルールによって文字の置換えを行った後，確認画面を組み立ててクライアントに送信する。Web 画面の入力フォームに，入力内容の一部として"<script>"で始まるスクリプトを含む文字列が入力された場合，Web アプリケーションからの応答である，確認画面を表示するクライアントの Web ブラウザの動作はどのようになるか。なお，入力されたスクリプトには文法的なエラーはなく，正常に動作するものとする。

(821440)

置換ルール

元の文字	置換後の文字列
<	&lt;
>	&gt;

ア　Web ブラウザの確認画面の一部に"<script>"で始まる文字列が表示され，入力されたスクリプトも実行されるが，途中で，文法エラーになり停止する。

イ　Web ブラウザの確認画面の一部に"<script>"で始まる文字列がそのまま表示され，入力されたスクリプトがそのまま実行される。

ウ　スクリプトは実行されず，Web ブラウザの画面の一部に"<script>"で始まる文字列が表示される。

エ　スクリプトは実行されず，Web ブラウザの画面の一部に"<script>"で始まる文字列が表示される。

問 20　暗号技術のうち，共通鍵暗号方式はどれか。

(875649)

ア　DSA
イ　RSA
ウ　楕円曲線暗号
エ　量子暗号（量子鍵配送）

問 21 オープンリダイレクトを悪用される被害の例はどれか。

(841019)

ア　DNS キャッシュサーバが，不正なリソースレコードをキャッシュする。

イ　正規サイトにアクセスしている利用者が，罠サイトへ誘導される。

ウ　プロキシサーバが，外部からのリクエストを中継する。

エ　メールサーバが，自ドメインと無関係の攻撃メールを転送する。

問22　3種類の命令群をもつコンピュータで，それぞれのクロックサイクル数（CPI；Cycles Per Instruction）と出現頻度が次の条件の場合，MIPS 値はおよそ幾らか。ここで，CPU の 1 クロックサイクル時間を 10 ナノ秒とする。

(729450)

命令群	CPI	出現頻度
A	6	40%
B	4	20%
C	8	40%

ア　6.7　　　　　　イ　12.3　　　　　　ウ　15.6　　　　　　エ　16.7

問23 サーバに接続した2台の端末と，この2台の端末に接続した大型ディスプレイで構成された図のようなデジタルサイネージシステムがある。サーバ，端末，大型ディスプレイのそれぞれの故障率を α，β，γ とするとき，このシステムが故障によって使えなくなる確率はどれか。ここで，端末は1台以上が稼働していればよく，大型ディスプレイはどちらかの端末が稼働していれば必要とする情報の表示が可能で，通信回線など他の部分の故障は発生しないものとする。

(875647)

ア　$1-(1-\alpha)(1-\beta^2)(1-\gamma)$　　　　イ　$1-(1-\alpha)(1-\beta)^2(1-\gamma)$

ウ　$(1-\alpha)(1-\beta^2)(1-\gamma)$　　　　エ　$(1-\alpha)(1-\beta)^2(1-\gamma)$

問24 マイクロサービスを導入するメリットとして，最も期待できるものはどれか。

(875592)

ア　ITサービスの稼働率の向上

イ　サービスデスクへの顧客満足度の向上

ウ　システム開発における手戻りの減少

エ　レグレッションテストの工数削減

問25　IPA が作成した「情報システム・モデル取引・契約書（アジャイル開発版）」において前提としたアジャイル開発の体制に関する記述として適切なものはどれか。

(875644)

ア　スクラムチームに社内の営業部門の責任者が含まれる。

イ　スクラムチームにプロダクトオーナーは含まれない。

ウ　スクラムマスターは，社外のユーザにヒアリングを行う。

エ　プロダクトオーナーは，社内の営業部門の責任者と調整・交渉する。

データベーススペシャリスト
午後Ⅰの問題

注意事項

1．解答時間は，**1時間30分**です（標準時間）。

2．答案用紙の受験者番号欄に，**受験番号，氏名**をていねいに記入してください。

3．**選択問題（問1〜問3）**のうち，**2問選択**して解答してください。選択した問題については，次の例に従って，答案用紙の問題選択欄の問題番号を〇印で囲んでください。
　〔問1，問2の2問を選択した場合の例〕

　　　〇印がない場合は，採点の対象になりません。3問とも〇印で囲まれている場合は，問1，問2について採点します。

4．答案用紙の備考欄は採点に使用しますので，記入しないでください。

5．答案用紙の解答欄に解答を記入する際には，問題番号をよく確かめてから記入してください。

6．解答は，はっきりした字できれいに記入してください。読みにくい場合は，減点の対象となりますので，注意してください。

7．概念データモデル，関係スキーマ，関係データベースのテーブル（表）構造の**表記ルール**は，この冊子の先頭を参照してください。

8．電卓は使用できません。

9．問題冊子の余白などは，適宜利用して構いません。ただし，問題冊子を切り離して利用することはできません。

これらの指示に従わない場合には採点されませんので，注意してください。

指示があるまで開いてはいけません。

© ㈱アイテック
https://www.itec.co.jp/

概念データモデル，関係スキーマ，関係データベースのテーブル（表）構造の表記ルールを次に示す。各問題文中に注記がない限り，この表記ルールが適用されているものとする。

1. 概念データモデルの表記ルール

(1) エンティティタイプとリレーションシップの表記ルールを，図 1 に示す。

  ① エンティティタイプは，長方形で表し，長方形の中にエンティティタイプ名を記入する。

  ② リレーションシップは，エンティティタイプ間に引かれた線で表す。

    "1 対 1"のリレーションシップを表す線は，矢を付けない。

    "1 対多"のリレーションシップを表す線は，"多"側の端に矢を付ける。

    "多対多"のリレーションシップを表す線は，両端に矢を付ける。

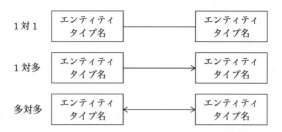

図 1　エンティティタイプとリレーションシップの表記ルール

(2) リレーションシップを表す線で結ばれたエンティティタイプ間において，対応関係にゼロを含むか否かを区別して表現する場合の表記ルールを，図 2 に示す。

  ① 一方のエンティティタイプのインスタンスから見て，他方のエンティティタイプに対応するインスタンスが存在しないことがある場合は，リレーションシップを表す線の対応先側に"○"を付ける。

  ② 一方のエンティティタイプのインスタンスから見て，他方のエンティティタイプに対応するインスタンスが必ず存在する場合は，リレーションシップを表す線の対応先側に"●"を付ける。

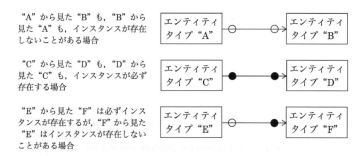

図2　対応関係にゼロを含むか否かを区別して表現する場合の表記ルール

(3)　スーパータイプとサブタイプの間のリレーションシップの表記ルールを，図3に示す。

①　サブタイプの切り口の単位に"△"を記入し，スーパータイプから"△"に1本の線を引く。

②　一つのスーパータイプにサブタイプの切り口が複数ある場合は，切り口の単位ごとに"△"を記入し，スーパータイプからそれぞれの"△"に別の線を引く。

③　切り口を表す"△"から，その切り口で分類されるサブタイプのそれぞれに線を引く。

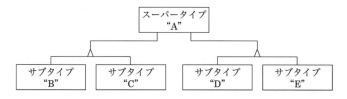

スーパータイプ"A"に二つの切り口があり，それぞれの切り口にサブタイプ"B"と"C"及び"D"と"E"がある例

図3　スーパータイプとサブタイプの間のリレーションシップの表記ルール

(4)　エンティティタイプの属性の表記ルールを，図4に示す。

①　エンティティタイプの長方形内を上下2段に分割し，上段にエンティティタイプ名，下段に属性名の並びを記入する。[1]

②　主キーを表す場合は，主キーを構成する属性名又は属性名の組に実線の下線を付ける。

③　外部キーを表す場合は，外部キーを構成する属性名又は属性名の組に破線の下線

を付ける。ただし，主キーを構成する属性の組の一部が外部キーを構成する場合は，破線の下線を付けない。

```
┌─────────────────────────┐
│  エンティティタイプ名        │
├─────────────────────────┤
│  属性名1，属性名2，…      │
│      …，属性名n          │
└─────────────────────────┘
```

図4　エンティティタイプの属性の表記ルール

2. 関係スキーマの表記ルール及び関係データベースのテーブル（表）構造の表記ルール
(1)　関係スキーマの表記ルールを，図5に示す。

関係名（属性名1，属性名2，属性名3，…，属性名n）

図5　関係スキーマの表記ルール

①　関係を，関係名とその右側の括弧でくくった属性名の並びで表す。[1] これを関係スキーマと呼ぶ。
②　主キーを表す場合は，主キーを構成する属性名又は属性名の組に実線の下線を付ける。
③　外部キーを表す場合は，外部キーを構成する属性名又は属性名の組に破線の下線を付ける。ただし，主キーを構成する属性の組の一部が外部キーを構成する場合は，破線の下線を付けない。
(2)　関係データベースのテーブル（表）構造の表記ルールを，図6に示す。

テーブル名（列名1，列名2，列名3，…，列名n）

図6　関係データベースのテーブル（表）構造の表記ルール

関係データベースのテーブル（表）構造の表記ルールは，(1)の①～③で"関係名"を"テーブル名"に，"属性名"を"列名"に置き換えたものである。

注 [1]　属性名と属性名の間は"，"で区切る。

問1　データベース設計に関する次の記述を読んで，設問に答えよ。

(855592)

　　R社は国内の日帰りバス旅行ツアーを提供する専門の旅行代理店であり，旅行ツアーを企画販売するため，旅行ツアー募集 Web サイトシステム（以下，Web サイトという）から参加者を募集している。R社は Web サイトの刷新を考えており，その設計を N 社に依頼した。N 社では業務要件を洗い出し，データベースの設計を行うことにした。

〔業務の概要〕

(1)　旅行ツアーの申込み

　　Web サイトの旅行ツアーに参加するために，顧客は会員登録を行わなければならない。会員登録を済ませた顧客は，Web サイトに掲載されている旅行ツアーに申し込むことができる。旅行ツアーに申し込むときは，複数の参加者を登録することができる。

(2)　従業員

　　R社の従業員は，従業員コードで識別することができる。旅行ツアーに関連する従業員は大きく二つに分かれる。一つは旅行ツアーの計画を立て，旅行ツアーの内容を具体的に作成する従業員である。もう一つは添乗員として旅行ツアーを案内する従業員である。旅行ツアーには，旅行ツアーを作成した従業員コードを作成者コードとして，添乗員を担当する従業員コードを添乗員コードとして登録する。ただし，添乗員が旅行ツアーを作成することがある。

(3)　旅行ツアーの計画と作成

　　旅行ツアーを計画，作成した従業員は，旅行ツアーを登録する。旅行ツアーには，ツアー名，最大参加人数，最少参加人数，作成者コード，一人当たりの料金などを登録する。旅行ツアーは，「北海道」「東北」「関東」「中部」「関西」「中国」「九州」「沖縄」の地域に分かれている。地域は，地域コードを主キーとして一意に識別する。

〔旅行ツアーの掲載業務〕

(1)　旅行ツアーの作成

　　旅行ツアーを作成するときに，ツアー名，最大参加人数，最少参加人数，作成者

コード，一人当たりの料金などを登録する。旅行ツアーは，ツアーコードを主キーとして一意に識別する。

(2) 旅行ツアー旅程の作成

　旅行ツアー旅程を作成するためには，旅行ツアーで見学する観光地を選んでいく。観光地は，観光地コードで一意に識別されており，観光地がない場合は新規で登録を行う。旅行ツアー旅程は，観光地として巡る順番を指定する。これをルートコードという。また，観光地ごとに到着予定時刻と出発予定時刻を指定する。一つの観光地は旅行ツアー旅程の中で，複数回登録されることがある。例えば，高速道路のサービスエリアは，行きと帰りで同じ観光地を登録することがある。

　旅行ツアー旅程の例を表1に示す。

表1　旅行ツアー旅程の例

旅行ツアー旅程名：伊豆温泉いちご狩りツアー			
ルートコード	観光地名	出発予定時刻	到着予定時刻
1	新宿バスターミナル	7:30	
2	東名海老名サービスエリア	9:45	9:30
3	伊豆修善寺温泉	13:00	11:00
4	いちご狩り	14:00	12:00
5	東名海老名サービスエリア	15:15	15:00
6	新宿バスターミナル		17:30

(3) 旅行ツアーの掲載

　従業員は，作成した旅行ツアーを基に，旅行のツアー日付と添乗員を決めて旅行ツアー日程を作成した上で，Webサイトに掲載する。このとき，旅行ツアー日程の申込み締切日を登録する。参加人数は，旅行ツアー日程の現在までの合計参加人数を記録する。旅行ツアーは，同一日に複数回実施されることはない。

(4) 旅行ツアーバスの手配

　旅行ツアーを掲載するためには，旅行ツアー日程ごとにバス会社にバスを手配しなければならない。バスを1台ずつ識別するためにバスコードが割り当てられている。バスのタイプには，大型バスや中型バス，小型バスなど複数のタイプがある。バスのタイプごとに原則乗車定員が決まっているので，旅行ツアー日程の参加人数によって手配するバスの台数が決まる。

(5) 旅行ツアー日程の中止

　　旅行ツアーには，最少参加人数が決められており，参加人数に満たない場合や台風などの災害が発生した場合など幾つかの理由で中止になることがある。中止となった場合は，関連するレコードを削除する。

〔旅行ツアーの申込み業務〕

(1) 新規会員登録

　　新規会員登録された顧客に，会員コードが割り振られる。会員は会員コードで識別される。

(2) 旅行ツアーの申込み

　　会員はWebサイトから旅行ツアー日程を検索して，希望する旅行ツアー日程に申し込む。旅行ツアーに参加するとき，家族や友人も参加する場合は，参加者を一人ずつ入力する。会員以外の参加者は，参加者コードが割り振られ，登録される。なお，会員は複数の旅行ツアー日程に申し込むことができる。

(3) 支払処理

　　旅行ツアー申込みごとに支払料金を登録する。支払料金は，一人当たりの料金に参加人数を掛けたものとなる。支払方法は，クレジットカード支払，銀行振込など複数あり，支払が完了したことを確認した上で，支払済みフラグを「支払済み」にして処理を完了する。

(4) 旅行ツアーの参加者変更

　　会員は旅行ツアー日程の締切日までに，参加人数の変更を行うことができる。

(5) 旅行ツアーのキャンセル

　　旅行ツアーの参加者変更と同様に，参加している旅行ツアー日程のキャンセルを行うことができる。

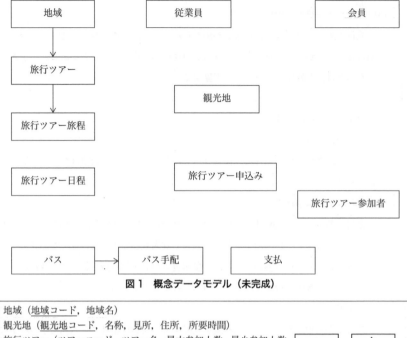

図1　概念データモデル（未完成）

```
地域（地域コード，地域名）
観光地（観光地コード，名称，見所，住所，所要時間）
旅行ツアー（ツアーコード，ツアー名，最大参加人数，最少参加人数，  a  ，  b  ，
          料金）
旅行ツアー旅程（  c  ，  d  ，  e  ，出発予定時刻，到着予定時刻）
旅行ツアー日程（  f  ，  g  ，  h  ，参加人数，締切日）
バス（バスコード，バスタイプ，バス会社名，乗車定員）
バス手配（  i  ，  j  ，  k  ，運転手名）
旅行ツアー参加者（会員コード，ツアーコード，ツアー日付，参加者コード，参加者名）
会員（会員コード，氏名，性別，メールアドレス，生年月日，登録年月日）
旅行ツアー申込み（  l  ，  m  ，  n  ，参加人数）
支払（  o  ，  p  ，  q  ，支払方法，支払済フラグ，支払料金）
従業員（従業員コード，従業員名，従業員区分）
```

図2　関係スキーマ（未完成）

〔エンティティライフサイクルの分析〕

旅行ツアーの掲載業務と旅行ツアー申込み業務のエンティティライフサイクルを分析するために，CRUD分析を行った。分析を行った結果は，次のとおりである。ただし，"会員"を除くマスター系エンティティタイプは，登録・追加は別途行われているものとする。

表2　旅行ツアーの掲載業務における CRUD 分析

エンティティ タイプ名 処理名	従業員	旅行ツアー	旅行ツアー日程	旅行ツアー旅程	旅行ツアー申込み	観光地	地域	バス	バス手配
旅行ツアー作成									
旅行ツアー旅程 作成		R		C		R			
旅行ツアー日程 作成	R	R	C						
旅行ツアーバス の手配		R						R	C
旅行ツアー日程 の中止		D		D					D

注記　C：追加，R：参照，U：変更，D：削除

表3　旅行ツアーの申込み業務における CRUD 分析

エンティティ タイプ名 処理名	会員	旅行ツアー参加者	旅行ツアー日程	旅行ツアー申込み	支払
新規会員登録	C				
旅行ツアーの申 込み	R	C	R	C	
支払処理	R			R	CU
旅行ツアーの参 加者変更	R				
旅行ツアーのキ ャンセル	R		U	D	D

注記　C：追加，R：参照，U：変更，D：削除

〔旅行ツアーの業務要件の変更〕

(1)　会員のポイント管理

　　　会員は旅行ツアーに申込み後，全ての日程が終了した場合に，1回の旅行ツアー
　　の申込みにつき 10 ポイントを付与する。ポイントは 100 ポイントで 1 回の旅行ツ

アーに申し込むことができる。なお，ポイントに関しては，旅行ツアー日程ごとに付与と利用の履歴を残すようにする。付与と利用は付与利用属性で管理するものとする。

(2) 従業員のサブタイプ分割

従業員のうち，旅行ツアーを作成する者については「旅行業務取扱管理者」の資格を有しているか，添乗員については「旅程管理主任者」の資格を有しているかを登録したい。また，添乗員は語学力が必要なため，TOEIC の点数も入力したい。そのため，従業員を“旅行ツアー作成者”と“添乗員”のサブタイプに分けることにした。

解答に当たっては，巻頭の表記ルールに従うこと。ただし，エンティティタイプ間の対応関係にゼロを含むか否かの表記は必要ない。また，関係スキーマの表記又は関係スキーマに入れる属性名を答える場合，主キーを表す実線の下線及び外部キーを表す破線の下線を明記すること。

なお，エンティティタイプ間のリレーションシップには“多対多”のリレーションシップを用いないこと。

設問1　図1の概念データモデル，図2の関係スキーマについて答えよ。

(1) 図1のリレーションシップは未完成である。必要なリレーションシップを全て記入し，図を完成させよ。

(2) 図2中の　　a　　〜　　q　　に入れる適切な属性名を答えよ。

設問2　〔エンティティライフサイクルの分析〕について答えよ。

(1) 表2，表3中の太枠内は未完成である。太枠内について，適切な CRUD 属性を入れて，それぞれ表を完成させよ。

(2) 旅行ツアー日程が中止になった場合は，旅行ツアー日程をすぐに削除するわけでなく，レコードを残したまま，旅行ツアーに参加された会員の方に代替となるツアーをメールで紹介しようと考えている。

① この処理を行うために属性を追加するエンティティタイプ名を答えよ。

② 「旅行ツアー日程の中止」の処理をどのように変更するか，45 字以内で答えよ。

設問3　〔旅行ツアーの業務要件の変更〕について答えよ。

　(1)　会員のポイント管理について，①，②に答えよ。

　　①　属性を追加するエンティティタイプ名と，その属性名を答えよ。

　　②　ポイントの付与利用の履歴を管理する"ポイント"の関係スキーマを示せ。な
お，関係スキーマは，第3正規形の条件を満たし，主キー及び外部キーを明記
すること。

　(2)　従業員のサブタイプ分割について，このサブタイプは排他的サブタイプと共存
的サブタイプのどちらであるか。また，その理由を，30字以内で答えよ。

問2 データベースでのトリガーの実装に関する次の記述を読んで，設問に答えよ。

(855710)

　パソコン周辺機器メーカのS社は，製品の入出庫，生産指示を行う在庫管理システムを構築している。

〔在庫管理業務の概要〕

(1) S社は家電量販店などと提携してパソコン周辺機器の製造販売をしている。パソコン周辺機器を製品と呼び，複数の提携先販売店から受注がある。一つの販売店から1回の受注で複数の製品を受注している。

(2) 製品は，組立工場で生産を行っている。製品は，製品番号で識別する。工場で組み立てられた製品は倉庫に保管される。倉庫内に存在する在庫を，実在庫と呼ぶ。このうち，出荷対象となったものを引当済在庫と呼ぶ。

(3) 受注処理では，"受注明細"テーブルに指定した製品について受注数量の出庫が引当可能かどうか判定し，出庫可能であれば"在庫"テーブルの引当済数量を更新する。その後，"受注明細"テーブルの処理状況を'引当済'にする。一つの受注で，全ての製品の在庫引当が完了したら，"受注"テーブルの受注状況を'引当完了'に更新する。在庫引当できない製品が存在した場合は，"在庫"テーブルの引当済数量の更新は行わず，"受注明細"テーブルの処理状況を'未引当'にする。製品が入庫されるのを待ち，'未引当'になっている製品の引当をもう一度実施する。受注は受注単位に1トランザクションで処理する。受注処理は販売店ごとに任意の契機で発生する。

(4) 生産数量は，製品ごとの実在庫数量から引当済数量を差し引いた値が，基準在庫数量を下回った都度，決められた数量（ロットサイズ）を生産する。生産数量は，引当済数量が更新されたときに決定している。生産数量が決まると，生産指示に生産数量などを記録し，"在庫"テーブルの生産指示フラグをオンにして，生産が開始される。

(5) 出庫では，受注で在庫引当が完了した製品を倉庫から搬出する。毎朝，"受注"テーブルの受注状況が'引当完了'のものを対象に実施する。それぞれの製品の出庫が完了したら，"在庫"テーブルの実在庫数量及び引当済数量を更新し，"受注"テーブルの受注状況を'出庫完了'に更新して，"出庫"テーブルに出庫の情報を

登録する。出庫は受注単位に1トランザクションで処理し，全ての製品をまとめて
出庫する。

(6)　入庫は“入庫”テーブルに入庫の情報を登録し，“在庫”テーブルの実在庫数量
を更新する。また，“生産指示”テーブルの生産状況を‘入庫完了’とし，“在庫”
テーブルの生産指示フラグをオフに更新する。入庫が完了した製品は，“受注明細”
テーブルの‘未引当’に対して再度，在庫引当処理を行う。入庫は生産された複数
の製品をまとめて，1トランザクションで処理する。

〔在庫管理システムのテーブル〕

在庫管理システムの主なテーブルのテーブル構造は，図1のとおりである。索引は，
主キーだけに定義している。

販売店（<u>販売店番号</u>，販売店名，住所，連絡先，…）
製品（<u>製品番号</u>，製品名，カテゴリ，製品仕様）
在庫（<u>製品番号</u>，実在庫数量，引当済数量，基準在庫数量，ロットサイズ，生産指示フラグ）
受注（<u>受注番号</u>，受注年月日，納期年月日，<u>販売店番号</u>，受注状況）
受注明細（<u>受注明細番号</u>，<u>受注番号</u>，製品番号，受注数量，処理状況）
生産指示（<u>生産番号</u>，生産年月日，<u>製品番号</u>，生産数量，生産状況）
出庫（<u>出庫番号</u>，<u>製品番号</u>，出庫年月日，出庫数量）
入庫（<u>入庫番号</u>，<u>製品番号</u>，入庫年月日，入庫数量）

図1　主なテーブルのテーブル構造

〔RDBMS の主な仕様〕

在庫管理システムに用いている RDBMS の主な仕様は，次のとおりである。

1.　ISOLATION レベル

選択できるトランザクションの ISOLATION レベルとその排他制御の内容は，表1
のとおりである。ただし，データ参照時に FOR UPDATE 句を指定すると，対象行に
専有ロックを掛け，トランザクション終了時に解放する。ロックは行単位で掛ける。
共有ロックを掛けている間は，他のトランザクションからの対象行の参照は可能であ
り，更新は共有ロックの解放待ちとなる。専有ロックを掛けている間は，他のトラン
ザクションからの対象行の参照，更新は専有ロックの解放待ちとなる。

表1　トランザクションの ISOLATION レベルとその排他制御の内容

ISOLATION レベル	排他制御の内容
READ COMMITTED	データ参照時に共有ロックを掛け，参照終了時に解放する。 データ更新時に専有ロックを掛け，トランザクション終了時に解放する。
REPEATABLE READ	データ参照時に共有ロックを掛け，トランザクション終了時に解放する。 データ更新時に専有ロックを掛け，トランザクション終了時に解放する。

　索引を使わずに，表探索で全ての行に順次アクセスする場合，検索条件に合致するか否かにかかわらず全行をロック対象とする。索引探索の場合，索引から読み込んだ行だけをロック対象とする。

2.　トリガー

　テーブルに対する変更操作（挿入・更新・削除）を契機に，あらかじめ定義した処理を実行する。

(1)　起動タイミング（テーブルに対する変更操作の前又は後。前者を BEFORE トリガー，後者を AFTER トリガーという）を定義することができる。

(2)　列値による実行条件を定義することができる。実行条件は「WHEN 条件文」で指定できる。

(3)　FOR EACH ROW を指定すると，影響を受ける行ごとにトリガーが起動する。FOR EACH STATEMENT を指定すると，SQL 文で1回だけトリガーが起動する。

(4)　トリガー内では，トリガーを起動する契機となった変更操作を行う前と後の行を参照することができる。挿入では操作後の行の内容を，更新では操作前と操作後の行の内容を，削除では操作前の行の内容を参照することができる。参照するには，操作前の相関名を OLD とし，操作後の相関名を NEW とする。

(5)　BEFORE トリガーの処理開始から終了までの同一トランザクション内では，全てのテーブルに対して変更操作を行うことはできない。

(6)　トリガー内で例外を発生させることによって，契機となった変更操作をエラーとして終了することができる。

〔トリガーでの入庫処理の設計〕

入庫処理に連動した在庫引当を実行させたいので，トリガーを利用するように処理を見直すことにした。トリガーでの入庫処理を図2に示す。

"入庫"テーブルへの行の　[　ア　]　に対して，AFTER トリガーを定義する。

AFTER トリガーでは，"入庫"テーブルに対して　[　ア　]　した行の，[　イ　]　列の値を検索条件に指定して，"在庫"テーブルの生産指示フラグを　[　ウ　]　に更新して，同じテーブルの　[　エ　]　列の値を更新する。そして，"受注明細"テーブルから，処理状況が '　[　オ　]　' の　[　カ　]　列の値を取り出す。該当する製品の"在庫"テーブルの　[　エ　]，[　キ　]　と"受注明細"テーブルの　[　カ　]　を比較して引当が可能であれば，"受注明細"テーブルの処理状況を '引当済' に更新する。そして，"在庫"テーブルの　[　キ　]　列の値を更新する。

図2　トリガーでの入庫処理（未完成）

〔トリガーでの生産指示の設計〕

受注処理の在庫引当時のために，発注の具体的な処理はストアドプロシージャで用意し，トリガーから呼び出すことにした。ストアドプロシージャでは，"生産指示"テーブルと"在庫"テーブルに変更操作を行う。トリガーでの在庫引当処理を図3に示す。

```
CREATE TRIGGER TR1 AFTER [  a  ] OF [  b  ] ON 在庫
      [      c      ]
[  d  ] ① (NEW.実在庫数量 - NEW.引当済数量 <= NEW.基準在庫数量)
BEGIN
   CALL PRODUCT (NEW.製品番号) ;
END
```

注記　CALL PRODUCT は，生産指示を行うストアドプロシージャの呼出しを表す。

図3　トリガーでの在庫引当処理（未完成）

設問1　〔トリガーでの入庫処理の設計〕について答えよ。

(1) 図2中の　[　ア　]　～　[　キ　]　に入れる適切な字句を答えよ。

(2) 図2のトリガーを実行するトランザクションの ISOLATION レベルについて答

えよ。

(a) 次の文章中の ┃ ク ┃ , ┃ ケ ┃ に入れる適切な字句を答えよ。

複数の入庫が同時に発生し，ISOLATION レベルが ┃ ク ┃ のときに，トリガーに起因して実在庫数量が不正になることがある。例えば，先行するトランザクションの AFTER トリガーで，ある製品の"在庫"テーブルの実在庫数量を参照する。そして，同時に後行のトランザクションが同じ製品の"在庫"テーブルの実在庫数量を参照する。トランザクション 1 が AFTER トリガーで引当処理を完了したときに実在庫数量が更新されるが，トランザクション 2 で参照した値が異なってしまうため実在庫数量が不正になる。この現象のことを ┃ ケ ┃ と呼んでいる。

(b) ISOLATION レベルを変更せずに，(a)の問題を発生させないためには，AFTER トリガーで行を参照する際に，どのような対策を施す必要があるか，20 字以内で答えよ。

設問2 〔トリガーでの生産指示の設計〕について答えよ。

(1) 図 3 中の ┃ a ┃ ～ ┃ d ┃ に入れる適切な字句を答えよ。

(2) 図 3 のトリガーでは，受注処理の在庫引当以外でもトリガーが起動し，生産指示が繰り返される。

(a) 受注処理の在庫引当以外でトリガーが起動する条件を 30 字以内で答えよ。

(b) 在庫引当以外でトリガーが起動しないために，図 3 のトリガーの下線①の部分に変更を加えることにした。下線①に入れる具体的な条件を 25 字以内で答えよ。

設問3 デッドロックについて答えよ。

(1) 次の文章中の ┃ e ┃ ～ ┃ g ┃ に入れる適切な字句を答えよ。

受注の在庫引当と入庫でデッドロックが発生することがある。デッドロックが発生する原因は，一つのトランザクション内で，" ┃ e ┃ "テーブルの複数の ┃ f ┃ 番号を，┃ g ┃ な順番で更新するためである。

(2) (1)のデッドロックの回避策を，トランザクション内の処理順序の観点から 40 字以内で具体的に答えよ。

問3　関係データベースの性能に関する次の記述を読んで，設問に答えよ。

(855594)

　D 社は ERP パッケージソフトウェアの開発，サポートを行う会社である。現在，ERP パッケージソフトウェア開発の規模をグローバルに拡大するため，買収した企業との統合を図ろうと考えている。そのため，グループ企業内のプロジェクトを管理する RDBMS を用いたシステムの統合を行い，運用を開始した。

〔RDBMS の主な仕様〕

　RDBMS の物理構造とアクセス経路に関する主な仕様は，次のとおりである。

1.　テーブルの行は，データページに格納される。異なるテーブルの行が，同じデータページに格納されることはない。また，1 行が異なるデータページに格納されることはない。

2.　索引にはユニーク索引と非ユニーク索引がある。ユニーク索引のキーは 1 行だけを指すのに対し，非ユニーク索引のキーは 1 行以上の行を指す。

3.　索引にはクラスタ索引と非クラスタ索引がある。キー値の順番と，キーが指す行の物理的な並びが一致している場合をクラスタ索引と呼び，ランダムな場合を非クラスタ索引と呼ぶ。

4.　SQL 文の実行ごとに，アクセス経路が決められる。

5.　各テーブルの定義情報，及び統計更新処理が収集する統計情報，例えば，各テーブルの行数及び列値の個数は，システムカタログに記録される。

6.　各テーブルの列値の個数は，統計更新処理時点の各列に存在する異なる値の個数である。

7.　アクセス経路は，各テーブルの統計情報及び索引定義情報に基づき，RDBMS のオプティマイザによって表探索又は索引探索のいずれかに決められる。

8.　表探索は，索引を使わずに先頭のデータページから全行を探索する。索引探索は，WHERE 句中の述語に適した索引によって行を絞り込んでから，データページ中の行を探索する。SQL 文の実行によって取得される行を結果行と呼ぶ。

9.　索引探索に使われる索引は，1 テーブル当たり 1 個である。索引探索に使える列は索引キーを構成する先頭の列として定義され，かつ，WHERE 句における述語の比較演算子は＝，＜，＞，＜＝，＞＝のいずれかでなければならない。また，GROUP

BY 句で指定された列でグループ化を行うとき，ORDER BY 句で指定された列で並べ替えを行うときにも該当する索引が使用される場合がある。

〔プロジェクト管理の概要〕

(1) プロジェクトリーダーの作業

① プロジェクトリーダーはプロジェクトとプロジェクト内の工程を登録する。工程は，プロジェクトごとに決められており，プロジェクト開始時にプロジェクト内の全ての工程を登録する。

② 工程内の作業を見積もり，タスクを登録する。タスクを登録するときに，工程，担当するメンバー，カテゴリ，優先度を決める。カテゴリは「通常」，「修正」，「レビュー」の三つに分かれている。優先度は 5 段階であり，5 が最も高く，1 が最も低い。タスクは複数の工程にまたがって実施されることはない。

③ プロジェクトが終了した時点で，プロジェクトの終了日付と，終了フラグを更新する。

④ プロジェクトリーダーは，複数のプロジェクトリーダーを兼任することがある。

(2) プロジェクトメンバーの作業

① プロジェクトのメンバーは，自分に割り当てられたタスクをプロジェクト管理システムで確認する。メンバーはタスクの内容から，タスク実行に掛かる期間を見積もって入力する。メンバーにタスクが割り当てられたときに，ステータスは「未着手」となっている。

② タスクに取り掛かるときは，ステータスを「実施中」にして，開始日を入力する。また，ステータスが実施中のときは進捗率を入力する。

③ タスクが完了したときは，ステータスを「完了」にして，終了日を入力する。

④ メンバーは複数のプロジェクト，複数のタスクに割り当てられることがある。

〔テーブルの構造〕

プロジェクト管理に使用する主なテーブルの構造を図 1 に，主な列の説明を表 1 に示す。

顧客（顧客番号, 顧客名, 顧客情報）
プロジェクト（プロジェクト番号, プロジェクト名, プロジェクト詳細, 終了日付, 終了フラグ,
　　　　　　顧客番号, プロジェクトリーダ）
工程（工程番号, 工程名, 工程開始日, 工程終了日, プロジェクト番号）
ステータス（ステータス番号, ステータス名）
カテゴリ（カテゴリ番号, カテゴリ名）
タスク（タスク番号, タスク名, タスク詳細, 工程番号, カテゴリ番号, ステータス番号,
　　　　優先度, 見積日数, 進捗率, タスク開始日, タスク終了日, メンバ番号）
従業員（従業員番号, 従業員名, 従業員情報）
メンバ（メンバ番号, プロジェクト番号, 従業員番号）

図1　主なテーブルの構造

表1　主な列の説明

列名	説明
顧客番号	顧客を一意に識別する番号。顧客を登録するときに付与する。
プロジェクト番号	プロジェクトを一意に識別する番号。プロジェクトを登録するときに付与する。
終了日付	プロジェクトが終了した日付を入力する。
終了フラグ	プロジェクトが終了したときに 'Y'を入力する。
プロジェクトリーダ	プロジェクトリーダとなる従業員番号を入力する。
工程番号	プロジェクトは幾つかの工程に分かれている。工程番号は, 工程を一意に識別する番号である。
ステータス番号	ステータスを一意に識別する番号である。 S1：未着手 S2：実施中 S3：完了
カテゴリ番号	カテゴリを一意に識別する番号である。
タスク番号	タスクは, 工程内で行う作業である。タスク番号はタスクを一意に識別する番号である。
優先度	タスクの優先度を表す。
見積日数	メンバが見積もったタスク実施に必要な日数。
タスク開始日	タスクを開始した日付を入れる。
タスク終了日	タスクが終了した日付を入れる。
メンバ番号	プロジェクトのメンバを一意に識別する番号。
従業員番号	従業員を一意に識別する番号。

　　現在, 終了したプロジェクトに対して"プロジェクト"テーブル, "工程"テーブル, "タスク"テーブル, "メンバー"テーブルのデータ保存期間を 90 日間として, 毎月の末日に統計更新処理を行い, その後に不要な行を別なテーブルに移した後にテーブルの再編成, 不要な行を削除する処理を行っている。これを移行処理と呼ぶ。2019

年9月末日に統計処理を行ったときに，システムカタログに記録された主なテーブル及び列の統計情報，並びに索引定義情報を表2に示す。

表2　主なテーブル及び列の統計情報，並びに索引定義情報（一部未完成）

テーブル名	行数	列名	列値の個数	索引1	索引2
顧客	150,000	顧客番号	150,000	1A	
プロジェクト	3,000	プロジェクト番号	3,000	1A	
		顧客番号	2,000		
		プロジェクトリーダ	1,000		1A
工程	15,000	工程番号	15,000	1A	
		プロジェクト番号	a		1A
ステータス	3	ステータス番号	3	1A	
タスク	3,000,000	タスク番号	3,000,000	1A	
		工程番号	b		2A
		カテゴリ番号	c		
		ステータス番号	3		1A
		メンバ番号	12,000		
カテゴリ	c	カテゴリ番号	c	1A	
従業員	15,000	従業員番号	15,000	1A	
メンバ	12,000	メンバ番号	12,000	1A	
		プロジェクト番号	3,000		1A
		従業員番号	10,000		2A

注記　索引1は，主索引である。各索引の欄の数字1, 2, 3は，索引キーを構成する列の索引キーに定義される順番で，Aは昇順を意味する。

〔プロジェクト実施中の業務〕

プロジェクトマネージャはプロジェクト実施中に次の作業を行う。

(1) 担当するプロジェクトにおいて，優先度が 3 以上のタスクの進捗を確認する（SQL1）。進捗が遅れている場合は，メンバーに状態を確認する。
(2) 担当するプロジェクトにおいて，工程内に完了していないタスクがあるかどうか確認する（SQL2）。工程内の全てのタスクが完了していれば，その工程を完了とする。
(3) 担当するプロジェクトにおいて，プロジェクト内に完了していないタスクがあるかどうかを確認する（SQL3）。プロジェクト内の全てのタスクが完了していれば，

　そのプロジェクトを完了とする。

　次に，(1)から(3)で実行される SQL の構文を表3に示す。

表3　プロジェクト実施中に実行される SQL の構文

SQL	SQL の構文
SQL1	SELECT タスク番号, タスク名, 進捗率 FROM タスク A INNER JOIN 工程 B ON A.工程番号 = B.工程番号 INNER JOIN プロジェクト C ON B.プロジェクト番号 = C.プロジェクト番号 WHERE 優先度 >= 3 AND プロジェクトリーダ = :hv2
SQL2	SELECT タスク番号, タスク名, タスク終了日 FROM タスク A INNER JOIN 工程 B ON A.工程番号 = B.工程番号 INNER JOIN プロジェクト C ON B.プロジェクト番号 = C.プロジェクト番号 WHERE B.工程番号 = :hv3 AND ステータス番号 <> 'S3' AND プロジェクトリーダ = :hv2
SQL3	SELECT タスク番号, タスク名, タスク終了日 FROM タスク A INNER JOIN 工程 B ON A.工程番号 = B.工程番号 INNER JOIN プロジェクト C ON B.プロジェクト番号 = C.プロジェクト番号 INNER JOIN メンバ D ON A.メンバ番号 = D.メンバ番号 WHERE ステータス番号 <> 'S3' AND プロジェクトリーダ = :hv2

注記　:hv1,:hv2,:hv3 は，それぞれホスト変数を表す。

　SQL1 の平均結果行数を推測する。プロジェクトリーダーは，平均して三つのプロジェクトを兼任している。現在，優先度3以上のタスクは，プロジェクトごとに平均して50%である。統計情報から一つのプロジェクトで平均　　d　　件の工程が存在する。また，一つの工程で平均　　e　　件のタスクが存在する。そのため，SQL1 の平均結果行数は，　　f　　件である。

〔移行処理〕

　月末に終了したプロジェクトに対して，"プロジェクト"テーブル，"工程"テーブル，"タスク"テーブル，"メンバー"テーブルを結合して，一つのテーブルにデータを移行する。データを移行するための SQL を図2に，"プロジェクト分析"テーブルに追加した索引を表4に示す。"プロジェクト分析"テーブルは主キーに索引3が設定されており，プロジェクトの分析を行うときに，主キーによる並べ替えが頻繁に行われる。

```
INSERT INTO プロジェクト分析(                    )
SELECT                    FROM タスク A INNER JOIN 工程 B
ON A.工程番号 = B.工程番号 INNER JOIN プロジェクト C
ON B.プロジェクト番号 = C.プロジェクト番号
INNER JOIN メンバ D ON A.メンバ番号 = D.メンバ番号
WHERE 終了日付 < DATEADD(CURRENT_DATE, -90) AND 終了フラグ = 'Y'
ORDER BY C.プロジェクト番号, B.工程番号
```

注記1 網掛け部分は，表示していない。
注記2 DATEADD（起算日，差分）は，起算日から差分までの日付を求める関数。

図2 データを移行するための SQL

表4 "プロジェクト分析"テーブルに追加した索引

索引	索引のキー編成
索引3	プロジェクト番号，工程番号，タスク番号
索引4	DATEDIFF（タスク終了日,タスク開始日）
索引5	カテゴリ番号，優先度，従業員番号

注記 DATEDIFF（引数1，引数2）は，引数1から引数2までの日数の差分を求める関数。

〔プロジェクトの分析〕

　　"プロジェクト分析"テーブルを使用して，プロジェクトの分析を行うため，次のような SQL 文を実行している。

SQL4	カテゴリごとのタスク件数を集計する。
SQL5	日数が掛かるタスクを日数の多い順に表示する。
SQL6	従業員ごとのタスク件数を集計する。
SQL7	プロジェクトごとに工数の集計を行う。工数の単位は人日である。
SQL8	特定のカテゴリ及び特定の優先度のタスク数を集計する。

表5　プロジェクト分析に実行される SQL の構文

SQL	SQL の構文
SQL4	SELECT カテゴリ番号, COUNT(*) FROM プロジェクト分析 GROUP BY カテゴリ番号
SQL5	SELECT タスク番号, タスク名, DATEDIFF（タスク終了日,タスク開始日）AS 日数 FROM プロジェクト分析 ORDER BY 日数 DESC
SQL6	SELECT 従業員番号, COUNT(*) FROM プロジェクト分析 GROUP BY 従業員番号
SQL7	SELECT プロジェクト番号, 工程番号 SUM(DATEDIFF（タスク終了日,タスク開始日）* 1) AS 工数 FROM プロジェクト分析 GROUP BY プロジェクト番号, 工程番号
SQL8	SELECT カテゴリ番号, 優先度, COUNT(*) FROM プロジェクト分析 WHERE カテゴリ番号 = :category AND 優先度 = :priority

注記　category と priority は，ホスト変数である。

　　　SQL4 については，　　g　　が使用される。

　　　SQL5 については，　　h　　が使用される。

　　　SQL6 については，索引 3 は使用されずに，表探索が実行される。

　　　SQL7 については，　　i　　が使用される。

　　　SQL8 については，索引 5 が使用される。現在，"プロジェクト分析"テーブルのカテゴリ番号による絞込み率は全体の 30%であり，優先度による絞込み率は全体の 20%である。

設問1　〔プロジェクト実施中の業務〕について答えよ。

　(1)　表 2 中の　　a　　～　　c　　に入れる適切な数値を答えよ。

　(2)　本文中の　　d　　～　　f　　に入れる適切な数値を答えよ。

　(3)　SQL3 は，実行に時間が掛かることが想定される。その理由を，15 字以内で答えよ。

設問2　〔移行処理〕について答えよ。

　(1)　索引 3 は，ユニーク索引又は非ユニーク索引のどちらとすべきか答えよ。また，その理由を，25 字以内で答えよ。

(2) 索引3から索引5の中で，クラスタ索引に設定する索引名を答えよ。また，その理由を，25字以内で答えよ。

設問3　〔プロジェクトの分析〕について答えよ。

(1) 本文中の　　g　　〜　　i　　に入れる適切な索引名を，表4の中から選び答えよ。

(2) SQL6では索引5は使用されずに，なぜ表探索が行われるのか。その理由を，30字以内で答えよ。

(3) SQL8では索引5を使用するが，性能を改善するための新しい索引を作成することにした。新しい索引のキー編成を記述せよ。索引で指定する列名は「,」で区切ること。

データベーススペシャリスト
午後IIの問題

注意事項

1．解答時間は，**2時間**です（標準時間）。

2．答案用紙の受験者番号欄に，**受験者番号，氏名**をていねいに記入してください。

3．**選択問題（問1，問2）**のうち，1問選択して解答してください。選択した問題については，次の例に従って，答案用紙の<u>問題選択欄の問題番号を〇印で囲んでください。</u>
〔問1を選択した場合の例〕

問題 番号				問題 番号		
①				2		

　　〇印がない場合は，採点の対象になりません。2問とも〇印で囲まれている場合は，問1について採点します。

4．答案用紙の備考欄は採点に使用しますので，記入しないでください。

5．答案用紙の解答欄に解答を記入する際には，問題番号をよく確かめてから記入してください。

6．解答は，はっきりした字できれいに記入してください。読みにくい場合は，減点の対象となりますので，注意してください。

7．概念データモデル，関係スキーマ，関係データベースのテーブル（表）構造の**表記ルール**は，この冊子の先頭を参照してください。

8．電卓は使用できません。

9．問題冊子の余白などは，適宜利用して構いません。ただし，問題冊子を切り離して利用することはできません。

　　これらの指示に従わない場合には採点されませんので，注意してください。

指示があるまで開いてはいけません。

© ㈱アイテック
https://www.itec.co.jp/

問題文中で共通に使用される表記ルール

概念データモデル，関係スキーマ，関係データベースのテーブル（表）構造の表記ルールを次に示す。各問題文中に注記がない限り，この表記ルールが適用されているものとする。

1. 概念データモデルの表記ルール

(1) エンティティタイプとリレーションシップの表記ルールを，図1に示す。

① エンティティタイプは，長方形で表し，長方形の中にエンティティタイプ名を記入する。

② リレーションシップは，エンティティタイプ間に引かれた線で表す。

"1対1"のリレーションシップを表す線は，矢を付けない。

"1対多"のリレーションシップを表す線は，"多"側の端に矢を付ける。

"多対多"のリレーションシップを表す線は，両端に矢を付ける。

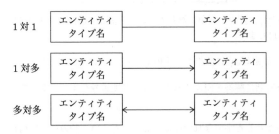

図1　エンティティタイプとリレーションシップの表記ルール

(2) リレーションシップを表す線で結ばれたエンティティタイプ間において，対応関係にゼロを含むか否かを区別して表現する場合の表記ルールを，図2に示す。

① 一方のエンティティタイプのインスタンスから見て，他方のエンティティタイプに対応するインスタンスが存在しないことがある場合は，リレーションシップを表す線の対応先側に"○"を付ける。

② 一方のエンティティタイプのインスタンスから見て，他方のエンティティタイプに対応するインスタンスが必ず存在する場合は，リレーションシップを表す線の対応先側に"●"を付ける。

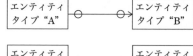

図2　対応関係にゼロを含むか否かを区別して表現する場合の表記ルール

(3)　スーパータイプとサブタイプの間のリレーションシップの表記ルールを，図3に示す。

①　サブタイプの切り口の単位に"△"を記入し，スーパータイプから"△"に1本の線を引く。

②　一つのスーパータイプにサブタイプの切り口が複数ある場合は，切り口の単位ごとに"△"を記入し，スーパータイプからそれぞれの"△"に別の線を引く。

③　切り口を表す"△"から，その切り口で分類されるサブタイプのそれぞれに線を引く。

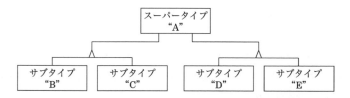

スーパータイプ"A"に二つの切り口があり，それぞれの切り
口にサブタイプ"B"と"C"及び"D"と"E"がある例

図3　スーパータイプとサブタイプの間のリレーションシップの表記ルール

(4)　エンティティタイプの属性の表記ルールを，図4に示す。

①　エンティティタイプの長方形内を上下2段に分割し，上段にエンティティタイプ名，下段に属性名の並びを記入する。[1]

②　主キーを表す場合は，主キーを構成する属性名又は属性名の組に実線の下線を付ける。

③　外部キーを表す場合は，外部キーを構成する属性名又は属性名の組に破線の下線

を付ける。ただし，主キーを構成する属性の組の一部が外部キーを構成する場合は，破線の下線を付けない。

エンティティタイプ名
属性名 1，属性名 2，…
…，属性名 n

図4　エンティティタイプの属性の表記ルール

2. 関係スキーマの表記ルール及び関係データベースのテーブル（表）構造の表記ルール

(1)　関係スキーマの表記ルールを，図5に示す。

関係名（属性名 1，属性名 2，属性名 3，…，属性名 n）

図5　関係スキーマの表記ルール

①　関係を，関係名とその右側の括弧でくくった属性名の並びで表す。[1] これを関係スキーマと呼ぶ。

②　主キーを表す場合は，主キーを構成する属性名又は属性名の組に実線の下線を付ける。

③　外部キーを表す場合は，外部キーを構成する属性名又は属性名の組に破線の下線を付ける。ただし，主キーを構成する属性の組の一部が外部キーを構成する場合は，破線の下線を付けない。

(2)　関係データベースのテーブル（表）構造の表記ルールを，図6に示す。

テーブル名（列名 1，列名 2，列名 3，…，列名 n）

図6　関係データベースのテーブル（表）構造の表記ルール

関係データベースのテーブル（表）構造の表記ルールは，(1)の①～③で"関係名"を"テーブル名"に，"属性名"を"列名"に置き換えたものである。

注 [1]　属性名と属性名の間は"，"で区切る。

問1　データベースの設計，実装に関する次の記述を読んで，設問に答えよ。

(855711)

　健康機器のハードウェアの製造及びソフトウェア開発会社であるF社は，スマートウォッチなどを利用して，個人の活動状況を可視化するサービスの提供に向け，健康支援システムの構築を行っている。

〔業務の概要〕

(1)　F社は，独自のスマートウォッチを開発して，ユーザー（サービスを利用する個人）の様々な活動状況をスマートウォッチから収集する。ユーザーは20〜99歳を対象としている。スマートウォッチには様々な製品があり，これらをまとめて計測デバイスと呼んでいる。また，計測デバイスから収集したデータは，スマートフォンと連携することで，スマートフォンの通信を利用して送信される。スマートフォンなどの通信機能を備えたハードウェアを通信デバイスと呼んでいる。F社では，情報をデータベースに蓄積して，通信デバイスのアプリケーションで活動記録を表示する。

(2)　ユーザーは，サービスを利用するためにF社のサイトでユーザー登録を行う必要があり，通信デバイスにアプリケーションをインストールして，登録されたアカウントでログインする。アプリケーションからは，ユーザーの活動記録が表示される。ユーザーは複数の通信デバイスと複数の計測デバイスを使用することができるが，一度に活動データを取得できるのは一つの計測デバイスと通信デバイスである。

(3)　スマートウォッチで収集できるデータは，歩数，ランニング（距離のこと），脈拍，睡眠時間である。歩数とランニングは，それぞれ排他的であり，スマートウォッチが自動で判別している。睡眠時間は，レム睡眠，浅い睡眠，深い睡眠に分けて記録される。計測デバイスを腕に装着しているときは，データを収集することができるが，装着していないときはデータを収集することができない。また，計測デバイスの不具合などで活動データが取得できないこともある。ユーザーがアプリケーションから見ることができる情報の例（睡眠記録画面の例）を図1に示す。

(4)　F社は医療機関と連携して，ユーザーの活動記録から医師のアドバイスを表示するサービス提供を想定している。月に1回医師から健康状態についてのアドバイス内容がアプリケーションで表示される。

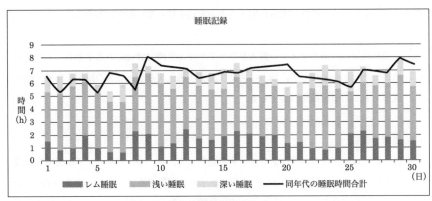

図1　睡眠記録画面の例

〔健康支援システムのテーブル構造〕

　　設計済みの健康支援システムのテーブル構造を図2に，主な列とその意味・制約を
　　表1に示す。

ユーザー（ユーザー番号，ユーザー名，生年月日，メールアドレス）
計測デバイス（計測デバイス番号，型番，製造仕様，ユーザー番号）
通信デバイス（通信デバイス番号，メーカー名，製品名，製品分類，製品仕様，ユーザー番号）
カレンダー（年，月，日，曜日）
歩数（計測デバイス番号，通信デバイス番号，記録開始日時，記録終了日時，歩数）
ランニング（計測デバイス番号，通信デバイス番号，記録開始日時，記録終了日時，距離）
脈拍（計測デバイス番号，通信デバイス番号，記録開始日時，記録終了日時，脈拍数）
レム睡眠（計測デバイス番号，通信デバイス番号，記録開始日時，記録終了日時，睡眠時間）
浅い睡眠（計測デバイス番号，通信デバイス番号，記録開始日時，記録終了日時，睡眠時間）
深い睡眠（計測デバイス番号，通信デバイス番号，記録開始日時，記録終了日時，睡眠時間）
医師（医師番号，医師名，専門分野，認定資格，経歴）
アドバイス履歴（ユーザー番号，年月，医師番号，アドバイス内容）
階級履歴（ユーザー番号，年月，全体ランク，年代別ランク，年代別階級番号，月間活動時間）

図2　設計済みの健康支援システムのテーブル構造（一部省略）

表1　主な列とその意味・制約

列名	意味・制約
ユーザー番号	サービスを利用するユーザーを一意に識別するコード（5桁の半角英数字）
計測デバイス番号	計測デバイスを一意に識別するコード（1〜999,999,999）
通信デバイス番号	通信デバイスを一意に識別するコード（1〜999,999,999）
記録開始日時	活動データの取得を始めたときの日付と時刻
記録終了日時	活動データの取得を終了したときの日付と時刻
歩数	ユーザーが歩いた歩数（単位歩 1〜999,999,999）
距離	ユーザーがランニングで走った距離（単位 km，1〜999,999）
医師番号	ユーザーにアドバイスをする医師を識別するコード（3桁の半角英数字）
アドバイス内容	医師がユーザーの活動から送るアドバイス
全体ランク	全てのユーザーを対象に，1か月間の活動時間の合計を大きい方から順序付けした番号
年代別ランク	該当するユーザーと同年代の中で，1か月間の活動時間の合計を大きい方から順序付けした番号
年代別階級番号	各ユーザーの年代ごとに1か月間の活動時間の合計を大きい方から順序付けし，順序に沿ってユーザーが均等になるように5階級に分けた番号（1〜5）。月ごとにデータの履歴を保持する。
年，月，日，曜日	カレンダーの年（西暦），月，日，曜日を，それぞれ文字列としたデータ
月間活動時間	月間の歩数とランニングの合計時間（単位時間，1〜999,999,999）

〔健康支援システムの処理〕

　　健康支援システムの処理の例を，表2に示す。

表2　健康支援システムの処理の例

処理名	内容
処理1	指定されたユーザー番号について，睡眠記録画面に示されたグラフを表示するためのデータを抽出する。当月のレム睡眠，浅い睡眠，深い睡眠及び比較対象の睡眠時間を対象に，年月日ごとにそれぞれレム睡眠，浅い睡眠，深い睡眠を集計する。また，指定されたユーザー番号と同年代の睡眠時間合計を表示する。年代は，年齢を10で割り，商を求めた値に10を掛けた数値である。
処理2	指定されたユーザー番号について，当月の脈拍数の年月日ごとの平均脈拍数，最低脈拍数，最高脈拍数を集計する。
処理3	指定されたユーザー番号について，過去7日間の1日当たりの歩数の平均値と，ユーザーの同年代の歩数の平均値，及び全ユーザーの歩数の平均値を比較する。年代は，年齢を10で割り，商を求めた値に10を掛けた数値である。
処理4	指定された年月について，全ユーザーを対象に，年代ごとの1か月間の活動時間の合計を大きい方から順序付けして，順序に沿ってユーザーが均等になるように5階級に分ける。階級に1〜5の階級番号を付け，ユーザー番号，年代，全体ランク，年代別ランク，年代別階級番号，月間活動時間を抽出する。抽出されたデータは，階級履歴に登録される。年代は，年齢を10で割り，商を求めた値に10を掛けた数値である。
処理5	該当月において，医師がまだアドバイスの記入を実施していないユーザーを検索する。該当月に"アドバイス履歴"から存在しないユーザーを検索して，ユーザー番号，ユーザー名を抽出する。

〔RDBMS の仕様〕

1. テーブル・索引

 (1) RDBMS とストレージ間の入出力単位をページという。

 (2) 同じページに異なるテーブルのデータが格納されることはない。

 (3) NOT NULL 制約を指定しない列には，1 バイトのフラグが付加される。

 (4) 列の主なデータ型は，表 3 のとおりである。

 (5) 索引にはユニーク索引と非ユニーク索引がある。

 (6) DML のアクセスパスは，統計情報を基に，RDBMS によって索引探索又は表探
   索が選択される。索引探索が選択されるためには，WHERE 句又は ON 句の AND
   だけで結ばれた一つ以上の等値比較の述語の対象列が，索引キーの全体又は先頭か
   ら連続した一つ以上の列に一致していなければならない。

 (7) 索引探索では，ページの読込みはバッファを介して行われ，バッファの置換えは
   LRU 方式で行われる。同じページ長のテーブルは，一つのバッファを共有する。バ
   ッファごとにバッファサイズを設定する。

 (8) 索引のキー値の順番と，キー値が指す行の物理的な並び順が一致している割合
   （以下，クラスタ率という）が高いほど，隣接するキー値が指す行が同じページに
   格納されている割合が高い。

表 3　列の主なデータ型

データ型	説明
CHAR(n)	n 文字の半角固定長文字列（1≦n≦255）。文字列が n 字未満の場合は，文字列の後方に半角の空白を埋めて n バイトの領域に格納される。
NCHAR(n)	n 文字の全角固定長文字列（1≦n≦127）。文字列が n 字未満の場合は，文字列の後方に全角の空白を埋めて "n×2" バイトの領域に格納される。
NCHAR VARYING(n)	最大 n 文字の全角可変長文字列（1≦n≦4,000）。"値の文字数×2" バイトの領域に格納され，4 バイトの制御情報が付加される。
SMALLINT	−32,768〜32,767 の範囲の整数。2 バイトの領域に格納される。
INTEGER	−2,147,483,648〜2,147,483,647 の範囲の整数。4 バイトの領域に格納される。
DECIMAL(m,n)	精度 m（1≦m≦31），位取り n（0≦n≦m）の 10 進数。"m÷2+1" の小数部を切り捨てたバイト数の領域に格納される。
DATE	0001-01-01〜9999-12-31 の範囲内の日付。4 バイトの領域に格納される。
TIMESTAMP	0001-01-01 00:00:00.000000〜9999-12-31 23:59:59.999999 の範囲内の時刻印。10 バイトの領域に格納される。

2. ウィンドウ関数

RDBMS がサポートする主なウィンドウ関数を，表 4 に示す。

表 4　RDBMS がサポートする主なウィンドウ関数

関数の構文	説明
RANK() OVER([PARTITION BY e1]ORDER BY e2[ASC|DESC])	区画化列を PARTITION BY 句の e1 に，ランク化列を ORDER BY 句の e2 に指定する。対象となる行の集まりを，区画化列の値が等しい部分（区画）に分割し，各区画内で行をランク化列によって順序付けした順位を，1 から始まる番号で返す。同値は同順位として，同順位の数だけ順位をとばす。 　（例:1,2,2,4,…）
NTILE(e1) OVER([PARTITION BY e2]ORDER BY e3[ASC|DESC])	階級数を NTILE の引数 e1 に，区画化列を PARTITION BY 句の e2 に，階級化列を ORDER BY 句の e3 に指定する。対象となる行の集まりを，区画化列の値が等しい部分（区画）に分割し，各区画内で行を階級化列によって順序付けし，行数が均等になるように順序に沿って階級数分の等間隔の部分（タイル）に分割する。各タイルに，順序に沿って 1 からの連続する階級番号を付け，各行の該当する階級番号を返す。

注記 1　関数の構文の[ ]で囲われた部分は，省略可能であることを表す。
注記 2　PARTITION BY 句を省略した場合，関数の対象行の集まり全体が一つの区画となる。
注記 3　ORDER BY 句の[ASC｜DESC]を省略した場合，ASC を指定した場合と同じ動作となる。

3. クラスタ構成のサポート

(1) シェアードナッシング方式のクラスタ構成をサポートする。クラスタは複数のノードで構成され，各ノードには専用のストレージをもつ。

(2) ノードへのデータの配置方法には複製，分散の二つがあり，テーブルごとにどちらかを指定する。複製は，各ノードにテーブルの全行を配置する方法である。分散は，一つ又は複数の列を分散キーとし，その値に基づいて RDBMS 内部で生成するハッシュ値によって，各ノードにデータを配置する方法である。

(3) データベースへの要求は，いずれか一つのノードで受け付ける。要求を受け付けたノードは，要求を解析し，自ノードに配置されているデータへの処理は自ノードで処理を行う。自ノードに配置されていないデータへの処理は，当該データが配置されている他ノードに処理を依頼し，結果を受け取る。

〔システムの構成〕

(1) 複数の AP サーバと複数の DB サーバから成る。ユーザーは，AP サーバを介して操作を行う。AP サーバはいずれか一つの DB サーバにアクセスする。

(2) データベースは，シェアードナッシングのクラスタ構成とし，20 ノードを配置す

る。各ノードには同じ仕様の DB サーバを配置する。クラスタ構成による DB サーバ全体の TPS は，ノード数に比例することを確認している。

(3) 歩数，ランニング，脈拍，レム睡眠，浅い睡眠，深い睡眠の各テーブルは，配置方法を分散にし，計測デバイス番号を分散キーに指定する。それ以外のテーブルの配置方法は複製にする。

〔データベースの物理設計〕

1. テーブルの行数，所要量見積り

次の前提で主なテーブルの行数，所要量を見積もり，表 5 を作成した。

(1) 歩数，ランニング，脈拍，レム睡眠，浅い睡眠，深い睡眠は，2 年前の 1 月 1 日から現在まで，最大 3 年分のデータを保存する。1 年を 360 日として行数を見積もる。

(2) どのテーブルもページ長を 2,000 バイト，空き領域率を 10％とする。

(3) 見積ページ数は，"見積行数÷ページ当たり平均行数"の小数部を切り上げる。ページ当たり平均行数は，"ページ長×(1−空き領域率)÷平均行長"の小数部を切り捨てる。

(4) 所要量は，"見積ページ数×ページ長"で算出する。

表 5 主なテーブルの見積行数・所要量

テーブル名	見積前提	見積行数	平均行長 (バイト)	見積 ページ数	所要量 (バイト)
ユーザー	100,000 人	100,000	193	11,112	23M
計測デバイス	1 個／ユーザー	100,000	525	33,334	67M
通信デバイス	2 個／ユーザー	200,000	520	66,667	134M
歩数	1,800 件／月／ユーザー	6,480,000,000	32	115,714,286	232G
ランニング	900 件／月／ユーザー	3,240,000,000	32	57,857,143	116G
脈拍	24 件／月／ユーザー	2,592,000,000	32	46,285,715	93G
レム睡眠	4 件／日／ユーザー	432,000,000	28	6,750,000	13.5G
浅い睡眠	4 件／日／ユーザー	432,000,000	28	6,750,000	13.5G
深い睡眠	2 件／日／ユーザー	a	b	c	6.8G
医師	300 人	300	514	100	200k
アドバイス履歴	1 件／月／ユーザー	3,600,000	272	600,000	1,200M
階級履歴	1 件／月／ユーザー	3,600,000	12	24,000	48M

注記 表中の単位 k は 1,000，M は 100 万，G は 10 億を表す。

2. テーブル定義表の作成

次の方針に基づいてテーブル定義表を作成した。その一部を表6〜8に示す。

(1) データ型欄には，適切なデータ型，適切な長さ，精度，位取りを記入する。

(2) NOT NULL欄には，NOT NULL制約がある場合だけYを記入する。

(3) 格納長欄には，RDBMSの仕様に従って，格納長を記入する。

(4) 索引の種類には，P（主キー索引），U（ユニーク索引），NU（非ユニーク索引）のいずれかを記入し，各構成列欄には，構成列の定義順に1からの連番を記入する。該当する索引がなければどちらも空欄にする。

(5) 主キー及び外部キーには，索引を定義する。

表6　"歩数"テーブルのテーブル定義表

列名＼項目	データ型	NOT NULL	格納長（バイト）	索引の種類と構成列 P
計測デバイス番号	INTEGER	Y	4	1
通信デバイス番号	INTEGER	Y	4	2
記録開始日時	TIMESTAMP	Y	10	3
記録終了日時	TIMESTAMP	Y	10	
歩数	INTEGER	Y	4	

注記　"ランニング"テーブルは，歩数と距離が異なるだけであり，その他は同じ定義である。

表7　"脈拍"テーブルのテーブル定義表

列名＼項目	データ型	NOT NULL	格納長（バイト）	索引の種類と構成列 P
計測デバイス番号	INTEGER	Y	4	1
通信デバイス番号	INTEGER	Y	4	2
記録開始日時	TIMESTAMP	Y	10	3
記録終了日時	TIMESTAMP	Y	10	
脈拍数	INTEGER	Y	4	

表8　"レム睡眠"テーブルのテーブル定義表

列名＼項目	データ型	NOT NULL	格納長（バイト）	索引の種類と構成列 P
計測デバイス番号	INTEGER	Y	4	1
通信デバイス番号	INTEGER	Y	4	2
記録開始日時	TIMESTAMP	Y	10	3
記録終了日時	TIMESTAMP	Y	10	

注記　浅い睡眠，深い睡眠もテーブル定義は同じものとする。

3. テーブル構造の検討

表2の処理1では，該当ユーザーと同年代の睡眠時間合計の集計を行う場合に，ストレージからの読込みに時間が掛かるおそれがある。次の前提で読込みページ数の予測を行い，必要であれば対策を講じる。

(1) 前提

・図1の睡眠記録画面で，対応する年月を‘2022年4月’として問合せを行う。

・“レム睡眠”，“浅い睡眠”，“深い睡眠”の各テーブルには，計測デバイス番号当たりの行数は均等で，どのページにも最大行数分の行が格納されているものとする。

・アクセスパスは，どのテーブルも索引探索が選択されるものとする。索引のバッファヒット率は，100%とする。

・該当ユーザーと同年代のユーザーは，500名とする。

(2) 予測

・表9に睡眠記録画面における読込みページ数の予測をまとめた。

・探索行数は，選択条件に一致する行を求めるために読み込む行数である。

・最小読込みページ数は，クラスタ率が最も高い場合の読込みページ数で，探索行数÷ページ当たり平均行数の小数部を切り上げた値に等しい。

・最大読込みページ数は，クラスタ率が最も低い場合の読込みページ数で，探索行数に一致する。

・クラスタ率50%の読込みページ数を平均読込みページ数といい，“(最小読込みページ数＋最大読込みページ数)×50%”の小数部を切り上げる。

表9　睡眠記録画面における読込みページ数の予測（未完成）

テーブル名	結果行数	探索行数	最小読込みページ数	最大読込みページ数
ユーザー	500	500		
計測デバイス	500	500		
レム睡眠	30	2,160,000		
浅い睡眠	30	2,160,000		
深い睡眠	30	d	e	f

注記　網掛け部分は表示していない。

(3) 対策

　　表9の結果から問合せの応答時間が長すぎると判断した。そこで，次の対策を行うことで，平均読込みページ数を100以下にすることにした。

・問合せ対象となる年代と睡眠時間を集計した"年代別日別睡眠集計"テーブルを追加する。テーブル構造は次のとおりである。

　　　　年代別日別睡眠集計（年代，年月日，睡眠時間合計）

・問合せ対象となるユーザーごとのレム睡眠，浅い睡眠，深い睡眠の睡眠時間を集計した"ユーザー別日別睡眠集計"テーブルを追加する。

・追加したテーブルには，前日までの集計行を夜間バッチ処理で追加する。

・追加したテーブルの列は，全て必須列とする。

・追加したテーブルの索引は，表2の処理1で利用されることを想定して設定する。

・当日の睡眠時間は，"レム睡眠"，"浅い睡眠"，"深い睡眠"の各テーブルから求める。

〔問合せの検討〕

1.　表2の処理2の問合せ

　　処理2の問合せ内容を表10に整理し，問合せに用いるSQL文を図3に示す。問合せ内容は，次の要領で記入し，内容のない欄は"－"にする。

(1) 行ごとに構成要素となる問合せを記述する。結果を他の問合せで参照する場合は，行に固有の名前（以下，問合せ名という）を付ける。

(2) 列名又は演算には，テーブルから射影する列名又は演算（MAX関数，AVG関数など）によって求まる項目を"項目名＝[演算の概要]"の形式で記述する。

(3) テーブル名又は問合せ名には，参照するテーブル名又は問合せ名を記入する。

(4) 選択又は結合の内容には，テーブル名又は問合せ名ごとの選択条件，結合の具体的な方法と結合条件を記入する。

表10 処理2の問合せ内容

問合せ名	列名又は演算	テーブル名又は問合せ名	選択又は結合の内容
W1	ユーザー番号, 年=[記録開始日時の年], 月=[記録開始日時の月], 日=[記録開始日時の日], 脈拍数	脈拍, 計測デバイス, ユーザー	① "脈拍","計測デバイス","ユーザー"をそれぞれ内結合する。 ② 指定されたユーザー番号, 記録開始日時の期間に一致する行を選択する。
W2	年, 月, 日, 脈拍数, 平均脈拍数=[年月日ごとの脈拍数の平均値], 最低脈拍数=[年月日ごとの脈拍数の最低値], 最高脈拍数=[年月日ごとの脈拍数の最高値]	W1	W1の全行を選択する。
―	年, 月, 日, 平均脈拍数, 最低脈拍数, 最高脈拍数	カレンダー, W2	① "カレンダー"とW2を左外結合する。

```
WITH W1 AS (
SELECT Y.ユーザー番号,
 CAST(TO_CHAR (記録開始日時, 'YYYY') AS INTEGER) AS 年,
 CAST(TO_CHAR (記録開始日時, 'MM') AS INTEGER) AS 月,
 CAST(TO_CHAR (記録開始日時, 'DD') AS INTEGER) AS 日, 脈拍数
FROM 脈拍 P INNER JOIN 計測デバイス S ON S.計測デバイス番号 = P.計測デバイス番号
    INNER JOIN ユーザー Y ON Y.ユーザー番号 = S.ユーザー番号
WHERE Y.ユーザー番号 = :user AND 記録開始日時 BETWEEN :start_date AND :end_date),

W2 AS (
SELECT 年, 月, 日,
 [    g    ]  AS 最低脈拍数,
 [    h    ]  AS 最高脈拍数,
 TRUNC(AVG(脈拍数))  AS 平均脈拍数
FROM W1
GROUP BY 年, 月, 日)

SELECT C.年, C.月, C.日, 平均脈拍数, 最低脈拍数, 最高脈拍数
FROM カレンダー C LEFT OUTER JOIN
    W2 ON [                    i                    ]
    WHERE C.年 = :year AND C.月 = :month
```

注記1 TO_CHAR は,指定した書式を文字列として出力する関数である。
注記2 CAST は,指定した型に型変換する関数である。
注記3 TRUNC は,小数点以下を切り捨てる関数である。
注記4 :user, :start_date, :end_date, :year, :month は,与えられたホスト変数である。

図3 処理2の問合せに用いるSQL文(未完成)

2. 表2の処理4の問合せ

処理2と同様に,処理4の問合せ内容を表11に整理し,問合せに用いるSQL文を図4に作成した。

表11　処理4の問合せ内容（未完成）

問合せ名	列名又は演算	テーブル名又は問合せ名	選択又は結合の内容
W1	活動時間=[記録終了日時から記録開始日時の差（分）], 計測デバイス番号	歩数, ランニング	"歩数"と"ランニング"の和集合を求める。
W2	ユーザー番号, 年代=[生年月日から年齢を求め, 年齢を10で割り, 商を10倍する], 月間活動時間=[ユーザーごとの活動時間の合計]	W1, 計測デバイス, ユーザー	"W1", "計測デバイス", "ユーザー"をそれぞれ内結合する。
—	ユーザー番号, 年代, 全体ランク=[全ユーザーの中での月間活動時間の順位], 年代別ランク=[同年代ユーザーの月間活動時間の順位], 年代別階級番号=[年代別ユーザーの月間活動時間の階級番号], 月間活動時間	W2	"W2"の全行を選択する。

```
WITH W1 AS (
    SELECT EXTRACT(EPOCH FROM 記録終了日時) - EXTRACT(EPOCH FROM 記録開始日時)  AS 活
    動秒数, 計測デバイス番号 FROM 歩数
    WHERE 記録終了日時 BETWEEN '2022-04-01' AND '2022-04-30'
          [    j    ]
    SELECT EXTRACT(EPOCH FROM 記録終了日時) - EXTRACT(EPOCH FROM 記録開始日時)  AS 活
    動秒数 , 計測デバイス番号 FROM ランニング
    WHERE 記録終了日時 BETWEEN '2022-04-01' AND '2022-04-30'
),

W2 AS (
SELECT Y.ユーザー番号,
 TRUNC(DATE_PART('year', AGE(CURRENT_DATE, Y.生年月日) /10 )) * 10 AS 年代,
 TRUNC([       k       ]) AS 月間活動時間
 FROM W1 INNER JOIN 計測デバイス S ON W1.計測デバイス番号 = S.計測デバイス番号
 INNER JOIN ユーザー Y on Y.ユーザー番号 = S.ユーザー番号
       [        l        ]
)

SELECT ユーザー番号, 年代,
 RANK() OVER(ORDER BY 月間活動時間 DESC) AS 全体ランク,
 RANK() OVER([            m            ]) AS 年代別ランク,
 NTILE(5) OVER([            m            ]) AS 年代別階級番号, 月間
活動時間
 FROM W2
```

注記1　EXTRACT（EPOCH FROM TIMESTAMP 型）は，TIMESTAMP 型を秒数に変換する関数である。

注記2　TRUNC は，小数点以下を切り捨てる関数である。

注記3　AGE(引数1, 引数2)は，引数1と引数2の日数の差を年数に変換する関数である。

図4　処理4の問合せに用いる SQL 文（未完成）

〔性能テストの実施〕

1. 性能テストの方針
    (1) DB サーバ 2 台による 2 ノードのクラスタ構成のテスト環境を使用する。各 DB サーバの仕様は本番の DB サーバと同じにする。また、ページ長が 2,000 バイトのバッファには、480,000 ページ分のサイズを設定する。
    (2) ピーク時の 5 分間に、表 2 中の複数の処理が、それぞれ複数同時に DB サーバ上で実行される状況を模してテストを行い、応答時間を計測して見積りと比較する。処理は、それぞれピーク時の想定に基づき DB サーバごとに 50〜100 の多重度で実行する。
    (3) 表 5 の見積り行数を基に、テスト環境の特性を踏まえて、適切な行数、適切な列値、参照整合性を備えたテストデータを作成する。

2. 応答時間の見積り
    次の前提に基づいて、トランザクション当たりの応答時間見積りを表 12 にまとめた。なお、見積りに際して、バッファヒットしたページは各処理の開始前に既にバッファに読み込まれているものとする。また、ストレージへアクセスして得られるページのバッファへのアクセス時間は無視するものとする。
    (1) ページ当たりのバッファへのアクセス時間は、平均 0.1 ミリ秒である。
    (2) ページ当たりのストレージへのアクセス時間は、平均 8 ミリ秒である。
    (3) 各 DB サーバは、本テストにおける最大の同時並行処理数を上回る並行処理能力を備えている。
    (4) DB サーバ上の実行待ち時間、ネットワーク待ち時間、CPU 待ち時間は考慮しない。

表 12 トランザクション当たりの応答時間見積り

処理名	トランザクション当たりのアクセスページ数	バッファヒット率	トランザクション当たりの応答時間（ミリ秒）
処理 2	5,000	40%	24,200
処理 3	200	90%	n
処理 5	500	50%	o

3. テストデータの作成

主なテーブルのテストデータの作成要領を表 13 に示す。

表 13　主なテーブルのテストデータの作成要領

テーブル名	行数	テストデータの作成要領
ユーザー	見積行数の 10 分の 1	・ユーザー番号は, 一意になる 5 桁の英数字の組合せを付与する。 ・ユーザー名やメールアドレスなどの文字列型の列には, その列の平均的な文字数を基準にランダムな文字列を生成して設定する。 ・②生年月日には, 適切な列値を設定する。
計測デバイス, 通信デバイス	同上	・計測デバイス番号又は通信デバイス番号は, 1 からの連番を付与する。 ・ユーザーに存在するユーザー番号を設定する。 ・計測デバイスや通信デバイスは, ユーザーに対して一つ以上, 五つ以下のデータを設定する。
歩数, ランニング, 脈拍	同上	・計測デバイス, 通信デバイスに存在するそれぞれの番号ごと, 3 年分の年月日ごとに, ランダムな記録開始日時, 記録終了日時を設定する。
レム睡眠, 浅い睡眠, 深い睡眠	同上	・計測デバイス, 通信デバイスに存在するそれぞれの番号ごと, 3 年分の年月日ごとに, ランダムな記録開始日時, 記録終了日時を設定する。 ・レム睡眠, 浅い睡眠, 深い睡眠は, 連続した時間になるように設定する。
医師	同上	・医師番号は, 一意になる 3 桁の半角英数字の組合せを付与する。 ・医師名や専門分野などの文字列型の列には, その列の平均的な文字数を基準にランダムな文字列を生成して設定する。
アドバイス履歴	同上	・医師番号及びユーザー番号は, ユーザーと医師に存在する組合せを全て設定する。 ・年月は, 3 年分の年月をユーザーと医師の組合せに対して割り当てる。 ・アドバイス内容は, 平均的な文字数を基準にランダムな文字列を生成して設定する。 ・ユーザー番号, 年月の順で行を追加する。

4. 性能テストの結果

性能テストの実行結果を表 12 の見積りと比較したところ, 次の差異があった。

・差異 1：処理 5 は, バッファヒット率が 90％を超え, 応答時間は見積りの約 50 分の 1 だった。

・差異 2：処理 3 は, 処理 2 と同時に実行したとき, 応答時間が想定よりも長くなった。特に処理 2 を先行トランザクションとして実施, 処理 3 を処理 2 の処理中に実施した場合に, 応答時間の遅れが顕著であった。

設問1　〔データベースの物理設計〕について答えよ。

(1) 表5中の　 a 　～　 c 　に入れる適切な数値を答えよ。

(2) "3. テーブル構造の検討"について答えよ。

(a) 最小読込みページ数は，探索行数÷ページ当たり平均行数の計算式で求めることができる。また，最大読込みページ数は，探索行数と同じとなる。計算方法の根拠となる理由をそれぞれ40字以内で答えよ。

(b) 表9中の　 d 　～　 f 　に入れる適切な数値を答えよ。

(c) 対策について，追加する"ユーザー別日別睡眠集計"テーブルのテーブル定義表を答えよ。また，レム睡眠，浅い睡眠，深い睡眠を区別する列の列名を"睡眠区分"とし，データ型をCHAR(1)，年代と睡眠時間の列を用いる場合は，データ型をINTEGERとせよ。

"ユーザー別日別睡眠集計"テーブルのテーブル定義表

列名 ＼ 項目	データ型	NOT NULL	格納長 （バイト）	索引の種類と構成列		

(d) (c)のテーブルを使用して睡眠記録の問合せを行う場合の読込みページ数の予測を行い，(c)のテーブルの最小読込みページ数，最大読込みページ数をそれぞれ答えよ。

設問2　〔問合せの検討〕について答えよ。

(1) 図3及び表10について答えよ。

(a) 図3中の　 g 　～　 i 　に入れる適切な字句を答えよ。

(b) 表10中の下線①について，左外結合する理由を25字以内で答えよ。

(2) 図4中の　 j 　～　 m 　に入れる適切な字句を答えよ。

設問3　〔性能テストの実施〕について答えよ。

(1) 表 12 中の　　n　　，　　o　　に入れる適切な数値を答えよ。

(2) 表 13 中の下線②について，生年月日コードに値を設定する上で留意すべき事項を 50 字以内で具体的に答えよ。

(3) "4．性能テストの結果"の差異 1，差異 2 について，最も可能性が高いと考えられる差異の発生原因を，それぞれ 55 字以内で具体的に答えよ。

問2　受注，入出庫，出荷業務に関する次の記述を読んで，設問に答えよ。

(855596)

　　N社は，防犯用センサー，自動ドアセンサー，計測機器向けの赤外線センサーなど
の電子部品メーカーである。N社では，現行システムを再構築することになり，業務
分析の結果に基づいて，概念データモデル及び関係スキーマを設計した。

〔現行業務〕

1.　調達先，得意先，社内の組織の概要

　(1)　部品の調達先は，回路基板，投光素子，受光素子，マイコンなどの製造メーカー，
　　　電子部品卸売業者及び製造委託業者である。製品の調達先は，センサーを扱う他の
　　　電子部品メーカーである。調達先は，調達先コードで識別する。

　(2)　製品の得意先は，防犯機器メーカー，自動ドアメーカー，エレベータメーカー，
　　　計測機器メーカーなどの企業である。得意先は，得意先コードで識別する。

　(3)　社内の組織には，製造拠点と営業所がある。

　　　①　製造拠点は1か所だけである。製造拠点内には，製造工場が1か所，倉庫が複
　　　　数か所ある。

　　　②　製造工場では，製品の需要見込みや在庫量に基づき，一定数量をまとめて生産
　　　　している（これをロット生産という）。製造工場には，複数の組立ラインがある。

　　　③　倉庫は，部品倉庫及び製品倉庫として使用する。部品倉庫には，調達先から納
　　　　品された部品を入庫して保管する。製品倉庫には，製造された製品及び調達され
　　　　た製品を入庫して保管する。倉庫は，倉庫コードで識別し，倉庫名，倉庫区分な
　　　　どを登録する。

　　　④　営業所は，全国に複数か所あり，得意先からの注文を受け付ける。

2.　品目の概要

　(1)　N社では，部品及び製品を総称して品目と呼ぶ。品目は品目コードで識別し，品
　　　目名及び次の区分を設定する。

　　　・部品か製品のいずれかを表す品目区分

　　　・外部調達する調達品か，自社製造する製造品のいずれかを表す自社製造区分

　(2)　部品には，JIS規格に準拠した汎用部品と，N社の特別仕様に合わせた特注部品
　　　がある。

(3)　製品には，JIS 規格に準拠した汎用製品と，得意先の特別仕様に合わせた特注製品がある。汎用製品は，更に，外部調達する調達汎用製品と，自社製造する製造汎用製品に分類される。

(4)　調達品には，部品と調達汎用製品が含まれ，製造品には，特注製品と製造汎用製品が含まれる。

(5)　調達品と調達先の関係

　①　汎用部品は，複数の調達先があらかじめ決められており，これを部品調達先という。部品調達先の決定は発注の際に行われる。

　②　特注部品，調達汎用製品は，あらかじめ調達先が一つ決められている。

(6)　リードタイム

　　部品及び製品には，品目ごとにリードタイム（以下，LT という）を設定する。

　①　調達品には，調達 LT を設定する。調達 LT は，社外から調達するのに必要な期間である。ただし，汎用部品の場合は部品調達先ごとに設定する。

　②　製造品には，製造 LT を設定する。製造 LT は，部品が全て揃っている段階での製品の組立期間である。

(7)　汎用部品と汎用製品には JIS 規格を，特注部品には N 社特別仕様を，特注製品には得意先特別仕様を，それぞれ設定する。

(8)　汎用部品には，その部品と機能的に同等，もしくはより高機能な代替品が存在し，汎用部品の一つとして登録する。調達先の都合で，発注した汎用部品に対して代替品が納品されることがある。

　・汎用部品には，代替品を識別する代替品区分を設定する。

　・代替品には，固有情報として，その代替品に置き換えが可能な元の汎用部品（以下，代替元汎用部品という）を登録する。

　・一つの代替元汎用部品に対応する代替品は一つとは限らない。また，代替元汎用部品を，その代替品の代替品として登録することはない。

(9)　一つの製品を構成する部品の構成数量を表したものを製品構成という。同じ部品が複数の製品に使用されることがある。

3.　ロット管理

(1)　N 社では調達品と製造品について，品目ごとに一意なロット番号を採番し管理している。これを品目別ロットという。製造品には，1 回の製造単位に新たなロット

番号を付与し，調達品には，1回の納品単位に新たなロット番号を付与する。

(2) 品目別ロットは，部品別ロットと製品別ロットに分類される。

・品目別ロットは，連番で識別し，登録日を登録する。登録日には，納品日又は製造日を設定する。

・部品別ロットは，部品ごとのロット番号で識別し，連番を登録する。

・製品別ロットは，製品ごとのロット番号で識別し，連番を登録する。

(3) 調達品の納品単位は，N社の発注の単位と必ずしも同一ではなく，調達先のロットが複数になる場合は，その単位に分ける。この調達先のロットには，調達先で採番したロット番号が付けられており，これを供給者ロット番号という。供給者ロット番号は，納品時に知らされ，N社のロット番号とは別に記録する。

4. 製品及び部品の在庫管理

N社では，得意先向けの製品の出庫を効率よく行えるように，製品については棚番で管理している。部品は部品倉庫の決まった場所に保管しており，棚番管理を行わない。

(1) 棚番は，製品倉庫を複数の区画に区切り，それぞれの区画に番号を付したものであり，倉庫ごとの一意な棚番号によって表現する。

(2) N社の棚番管理では，入庫に際して，あらかじめ，棚番ごとに製品を固定的に割り当てるが，これを棚割という。棚割には，棚番ごとに，保管する製品，棚割当日を登録する。

(3) 一つの棚には，一品目の一つ以上のロットを置くが，複数品目を置くことはない。出荷量の多い品目では，一品目の一つのロットが複数の棚にまたがることもある。空いた棚には，同じ品目の新たなロットを置き，サイクリックに使用する。

(4) 棚別製品在庫には，棚番ごと，保管する製品のロット番号ごとに，在庫数を記録する。棚番管理とは別に，製品ごとの在庫数を管理する必要があるので，製品在庫には，製品ごとに，在庫数，引当済数，引当可能数を記録する。

(5) 部品別ロット別倉庫には，部品別ロットごとに，部品を保管すべき部品倉庫をあらかじめ登録しておく。部品在庫には，部品別ロットごとに，在庫数，引当済数，引当可能数を記録する。

(6) 棚別製品在庫，製品在庫，部品在庫は，製品・部品の入庫，出庫，引当が行われるたびに更新される。

5.　調達業務

(1)　調達業務では，部品と製品はそれぞれ別に発注を行い，調達先から納品されると，部品倉庫と製品倉庫にそれぞれ入庫する。

(2)　発注は，部品発注と製品発注に分類される。部品発注のうち，汎用部品の発注を特に汎用部品発注という。

・発注には，一意な発注番号を付与し，発注数，納品指定日を記録する。

・部品発注には，発注する部品を記録し，製品発注には，調達汎用製品を記録する。

・汎用部品発注には，部品調達先から選定した調達先を記録する。

(3)　納品は，供給者ロット番号の単位に記録する。納品は，部品納品と製品納品に分類される。

・納品には一意な納品番号を付与し，供給者ロット番号，実際の納品数，納品日を記録する。

・部品納品には，実際に納品された部品，対応する発注を記録し，製品納品には，実際に納品された調達汎用製品，対応する発注を記録する。

・実際に納品された部品（汎用部品）は，調達先の都合で，同等，もしくはより高機能な代替品になる場合がある。

(4)　調達品の入庫に際して，あらかじめ品目別に新たなロット番号を採番しておく。部品の入庫の場合には，部品別ロット別に決められた倉庫に部品を保管する。製品の入庫の場合には，棚割に従い，該当の棚に製品をロット単位に保管する。製品の納品数が多くて棚を分ける場合は，各々別の調達品入庫として記録する。

(5)　調達品入庫は，部品入庫と調達製品入庫に分類される。

・調達品入庫には，一意な入庫番号を付与し，入庫数，入庫日を記録する。

・部品入庫には，実際に入庫した部品とそのロット番号，対応する納品を記録する。

・調達製品入庫には，入庫した調達汎用製品の棚番，入庫した調達汎用製品のロット番号，対応する納品を記録する。

6.　製造業務

(1)　製造業務では，需要見込みや在庫情報を勘案して作成した製造予定に基づいて，製造指図を行い，その製造指図に従って製品の製造を行う。製造した製品は製品倉庫に入庫される。製造に先立って，製品別の新たなロット番号を採番しておく。

(2)　製造指図は，1回の製造単位ごとに行う。組立ラインが複数になる場合は，各々

の組立ラインに対して製造指図を行う。製造指図には，一意な製造指図番号を付与し，製造品，組立ライン，製造予定数，製造予定日を記録する。

(3) 製造には，一意な製造番号を付与し，実際に製造された製品とそのロット番号，製造数，製造日，対応する製造指図を記録する。

(4) 製造入庫では，調達製品入庫と同様に，棚割に従って，該当の棚に製造品をロット単位に保管する。製造数が多くて棚を分ける場合は，各々別の製造入庫として記録する。製造入庫には，一意な製造入庫番号を付与し，入庫した製造品の棚番，入庫した製造品のロット番号，入庫数，入庫日，対応する製造を記録する。

7. 受注及び出荷業務

(1) N社では，一つの受注で，複数の製品の注文を受け付けている。受注には，一意な受注番号を付与し，得意先，受注日を記録する。受注明細には，受注番号ごとに一意な受注明細番号を付与し，製品，受注数を記録する。

(2) 当日の受注を締め切ると，一括で引当を行い，得意先に対して納期回答を行う。製品在庫の状況によって，受注日が同じでも製品によって出荷予定日が異なることがあり，受注明細の製品ごとに出荷予定日を記録する。

(3) 受注した製品のうち出荷予定日が同じものは，製品ごとにまとめて出庫指図を行う。出庫指図には，一意な出庫指図番号を付与し，製品，出庫指図数，出庫指図日を記録する。

(4) 出庫指図に基づき，該当する棚から製品を選別する。選別した製品を棚別ロット別にそろえた上，製品倉庫から出庫し，出荷場所に搬送する。出庫には，この製品の棚別ロット別の単位に一意な出庫番号を付与し，出庫した製品の棚番，出庫した製品のロット番号，出庫数，出庫日，対応する出庫指図を記録する。

(5) 出荷場所に搬送された製品に対し受注単位に仕分を行う。仕分には，一意な仕分番号を付与し，仕分日などを記録する。仕分明細には，仕分番号ごとに一意な仕分明細番号を付与し，実際の仕分数，対応する受注明細，対応する出庫を記録する。

(6) 受注明細に示された製品の受注数が，一つの出庫の出庫数よりも少ない場合は，一つの出庫を複数の仕分に割り当てる。受注明細の製品の受注数が，一つの出庫の出庫数よりも多い場合には，受注数に合致するように，一つの仕分に対し，複数の出庫を割り当てる。

(7) 仕分が行われた製品は，同じ配送エリアごとにまとめられ，得意先へ出荷される。

〔工場内物流の改善〕

1. 重点品の搬送数削減

　　工場内物流の改善策として，工場内物流の製品の入庫，出庫のための搬送の個数（以下，搬送数という）に着目し，これを削減することにした。現行業務では，製造した製品を一度全て製品倉庫の棚へ入庫し，仕分を行う出荷場所には，全て倉庫の棚から出庫している。この入庫，出庫について，製品別に調査したところ，入庫・出庫数の多い上位 5 ％の製品が，全製品の入庫・出庫数の 80 ％以上を占めていることが分かった。そこで，入出庫数の上位 5 ％の製品を“重点品”，その他の製品を“非重点品”と呼び，重点品については，当日製造されたものを入庫せずに，製造現場から出庫を行い，出荷場所へ直接搬送する方法にすることで，搬送数を削減することにした。

2. 現行の出庫，製造入庫の変更

(1) 製品（製造）のうち重点品には，重点品フラグを設定する。

(2) 出庫指図が行われ，当日に出庫を予定する製品（重点品）については，当日に製造した製品（重点品）から優先的に出庫を行う。出庫指図の出庫指図数に対して，当日の製造数が不足する場合は，不足分を倉庫から補って出庫する。このために，現行の出庫を次のように変更する。

　① 現行の出庫について，製造した製品（重点品）を直接出荷場所へ出庫する製造出庫と，倉庫の棚からの出庫を行う倉庫出庫に分ける。

　　・出庫には，一意な出庫番号を付与し，出庫日，対応する出庫指図，出庫区分を記録する。出庫区分によって，製造出庫か倉庫出庫のいずれかを識別する。

　　・製造出庫には，出庫番号，製造出庫の対象となる製造，直接出庫数を記録する。

　　・倉庫出庫には，出庫番号，出庫した製品の棚番，出庫した製品のロット番号，倉庫出庫数を記録する。

　② 製造出庫は製品のロット別の単位で出庫し，倉庫出庫は，現行の出庫と同様に，製品の棚別ロット別の単位で出庫する。

　③ 出庫指図の出庫指図数に対して，当日の製造数が不足する場合は，製造出庫の直接出庫数に当日の製造数を設定し，倉庫出庫の倉庫出庫数には出庫指図数から当日の製造数を減じた値を設定する。この場合，製造出庫と倉庫出庫が存在する。

　④ 出庫指図数≦当日の製造数の場合は，製造出庫の直接出庫数に出庫指図数を設定する。この場合，製造出庫は存在するが，倉庫出庫は存在しない。

⑤　出庫指図した製品が非重点品，又は当日に製造した製品が全て非重点品の場合は，現行の出庫と同様に，製品倉庫の棚から出庫する。製造出庫は存在しない。

(3)　出庫指図された製品（重点品）の出庫指図数に対して，当日の製品（重点品）の製造数が上回る場合は，余剰分を倉庫の棚に入庫する。このため，現行の製造入庫の運用を次のように変更する。

①　出庫指図数＜当日の製造数の場合には，製造入庫の入庫数に，製造数から出庫指図数を減じた値を設定する。この場合には，製造出庫と製造入庫が存在する。

②　出庫指図数≧当日の製造数の場合には，製造数に余剰がないので，製品倉庫の棚への入庫は発生しない。

③　これら運用上の変更点を除き，現行の製造入庫に変更はない。

〔棚番管理の改善〕

　　N社では，従来，製品の棚番管理において，棚番に製品を固定的に割り当てる方式を採用してきたが，得意先から少量多品種の注文が増えたこともあり，製品倉庫の棚（以下，出荷棚という）では，出荷する品目が頻繁に入れ替わり，棚の空きが目立つようになってきた。そこで，出荷棚の棚番管理を現行の固定方式からフリー方式に変更し，出荷棚の利用効率を改善することにした。

1.　出荷棚の棚番管理の変更

(1)　現行の固定方式では，棚番ごとに製品を固定的に割り当てていたが，フリー方式では，入庫の際に，空いている出荷棚に自由に任意の製品を保管できるようにする。一つの出荷棚には，複数の品目とロットの組合せを置くことができる。また，一つの品目とロットの組合せが複数の出荷棚にまたがることもある。

(2)　棚番管理の変更に伴い，現行の棚割と棚別製品在庫を次のように変更する。

・入庫に際して，事前にどの出荷棚に，どの製品のどのロットを保管するのかを決め，棚割に登録する。併せて，棚割では出荷棚の使用状況を管理する。

・棚割には，棚番ごとに棚スペース使用状況を登録し，その詳細（以下，棚割詳細という）には，棚別製品別ロット別の単位に一意な棚割詳細番号を付与し，棚番，保管する製品とそのロット番号，棚割当日を登録する。

・棚別製品在庫には，棚番ごと，製品ごと，その製品のロット番号ごとに在庫数を登録する。棚別製品在庫は，対応する棚割詳細と関連付けられる。

2.　棚番管理の改善に伴うその他の変更

　(1)　現行の調達製品入庫と製造入庫を次のように変更する。

　　・調達製品入庫には，どの出荷棚にどの調達汎用製品のどのロットを実際に入庫したのかという情報をもたせ，その情報に基づき，棚別製品在庫を更新する。

　　・製品の納品数が多くて棚を分ける場合は，現行業務と同様に，各々別の調達製品入庫とする。

　　・調達製品入庫には，入庫番号，調達汎用製品の入庫先の棚割詳細，対応する納品を記録する。

　　・製造入庫にも，調達製品入庫と同様に，どの出荷棚にどの製造品のどのロットを実際に入庫したのかという情報をもたせ，その情報に基づき棚別製品在庫を更新する。

　　・製造数が多くて棚を分ける場合は，現行業務と同様に，各々別の製造入庫とする。

　　・製造入庫には，製造入庫番号，製造品の入庫先の棚割詳細，入庫数，入庫日，対応する製造を記録する。

　(2)　〔工場内物流の改善〕では，現行の出庫を製造出庫と倉庫出庫に分けたが，この倉庫出庫を，次のように変更する。

　　・倉庫出庫には，どの製品のどのロットをどの出荷棚から実際に出庫したのかという情報をもたせ，その情報に基づき，棚別製品在庫を更新する。

　　・倉庫出庫は，現行の出庫と同様に，該当製品の棚別ロット別の単位で出庫する。

　　・倉庫出庫には，出庫番号，製品の出庫元の棚割詳細，倉庫出庫数を記録する。

〔概念データモデル及び関係スキーマの設計方針〕

　(1)　現行業務の概念データモデルと関係スキーマを設計してから，工場内物流及び棚番管理の改善に伴う変更を加える。

　(2)　関係スキーマは，第 3 正規形にする。

　(3)　リレーションシップが 1 対 1 の場合，意味的に後からインスタンスが発生する側に外部キー属性を配置する。

　(4)　概念データモデルでは，リレーションシップについて，エンティティタイプ間の対応関係にゼロを含むか否かの表記は不要である。

　(5)　認識可能なサブタイプにおいて，そのサブタイプ固有の属性がある場合，必ずそ

のサブタイプの属性とする。

(6) サブタイプが存在する場合，他のエンティティタイプとのリレーションシップ
は，スーパータイプ又はサブタイプのいずれか適切な方との間に設定する。

〔現行業務の概念データモデル及び関係スキーマ〕

現行業務のマスター及び在庫領域の概念データモデルを図1に，現行業務のトラン
ザクション領域の概念データモデルを図2に，現行業務のマスター及び在庫領域の関
係スキーマを図3に，現行業務のトランザクション領域の関係スキーマを図4に示す。
なお，マスターとトランザクションの間のリレーションシップは記述していない。ま
た，図1，図3において，エンティティタイプ"得意先"は省略してある。

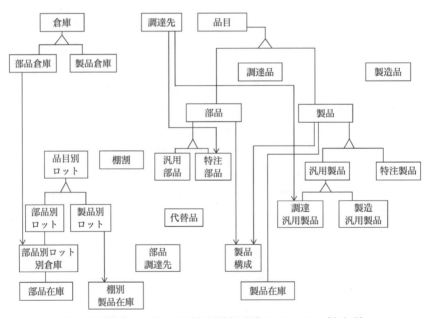

図1 現行業務のマスター及び在庫領域の概念データモデル（未完成）

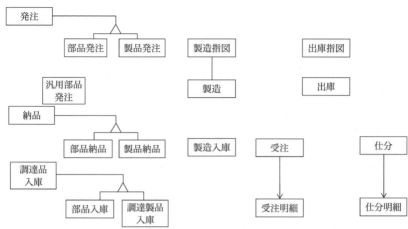

図2　現行業務のトランザクション領域の概念データモデル（未完成）

調達先（調達先コード，調達先名，…）
倉庫（倉庫コード，倉庫名，倉庫区分，…）
　部品倉庫（倉庫コード，…）
　製品倉庫（倉庫コード，…）
品目（品目コード，品目名，［　a　］）
部品（品目コード，…）
　汎用部品（品目コード，［　b　］）
　代替品（品目コード，［　c　］）
　特注部品（品目コード，調達LT，N社特別仕様，調達先コード）
製品（品目コード，単位重量，…）
　汎用製品（品目コード，JIS規格，…）
　　調達汎用製品（品目コード，［　d　］）
　　製造汎用製品（品目コード，…）
　特注製品（品目コード，得意先特別仕様）
調達品（品目コード，…）
製造品（品目コード，製造LT，…）
部品調達先（［　e　］）
製品構成（製品品目コード，部品品目コード，構成数量）
品目別ロット（連番，登録日）
　部品別ロット（　　　　　　　）
　製品別ロット（［　f　］）
部品別ロット別倉庫（部品品目コード，ロット番号，部品倉庫コード）
部品在庫（部品品目コード，ロット番号，在庫数，引当済数，引当可能数）
棚割（［　g　］）
棚別製品在庫（［　h　］，在庫数）
製品在庫（製品品目コード，在庫数，引当済数，引当可能数）

注記　網掛け部分は，表示していない。

図3　現行業務のマスター及び在庫領域の関係スキーマ（未完成）

発注（発注番号，発注数，納品指定日）
　部品発注（発注番号，［　　　］）
　　汎用部品発注（発注番号，［　i　］）
　製品発注（発注番号，［　　　］）
納品（納品番号，供給者ロット番号，納品数，納品日）
　部品納品（納品番号，［　j　］）
　製品納品（納品番号，［　k　］）
調達品入庫（入庫番号，入庫数，入庫日）
　部品入庫（入庫番号，部品品目コード，ロット番号，部品納品番号）
　調達製品入庫（入庫番号，［　l　］，製品納品番号）
製造指図（製造指図番号，製造品品目コード，組立ラインコード，製造予定数，製造予定日）
製造（製造番号，製造品品目コード，ロット番号，製造数，製造日，製造指図番号）
製造入庫（製造入庫番号，［　l　］，入庫数，入庫日，製造番号）
受注（受注番号，得意先コード，受注日）
受注明細（受注番号，受注明細番号，製品品目コード，受注数，出荷予定日）
出庫指図（出庫指図番号，製品品目コード，出庫指図数，出庫指図日）
出庫（出庫番号，［　l　］，出庫数，出庫日，出庫指図番号）
仕分（仕分番号，仕分日，…）
仕分明細（仕分番号，仕分明細番号，仕分数，［　m　］）

注記　網掛け部分は，表示していない。

図４　現行業務のトランザクション領域の関係スキーマ（未完成）

〔工場内物流及び棚番管理の改善に伴う現行システムの変更〕

工場内物流及び棚番管理の改善に伴う現行システムの変更に関して検討を開始した。工場内物流及び棚番管理の改善に関係する領域の概念データモデルを図５に，同じ領域の関係スキーマを図６に示す。なお，図５，６においてエンティティタイプの製造品は省略してある。

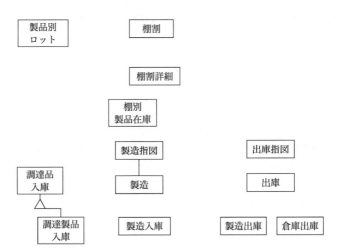

図5　工場内物流及び棚番管理の改善に関係する領域の概念データモデル（未完成）

製品別ロット（　　　f　　　）
棚割（　　　n　　　）
棚割詳細（　　　o　　　，棚割当日）
棚別製品在庫（　　　　　　　，在庫数）
調達品入庫（入庫番号，入庫数，入庫日）
　調達製品入庫（入庫番号，　　　　　　，製品納品番号）
製造指図（製造指図番号，製造品品目コード，組立ラインコード，製造予定数，製造予定日）
製造（製造番号，製造品品目コード，ロット番号，製造数，製造日，製造指図番号）
製造入庫（製造入庫番号，　　　　　，入庫数，入庫日，製造番号）
出庫指図（出庫指図番号，製品品目コード，出庫指図数，出庫指図日）
出庫（出庫番号，　　　p　　　）
　製造出庫（出庫番号，　　q　　）
　倉庫出庫（出庫番号，　　r　　）

注記　網掛け部分は，表示していない。

図6　工場内物流及び棚番管理の改善に関係する領域の関係スキーマ（未完成）

解答に当たっては，主キー及び外部キーの表記を含めて，巻頭の表記ルールに従うこと。なお，属性名は，本文中の用語を用いた適切な名称とすること。

設問1 現行業務の概念データモデル及び関係スキーマについて答えよ。

(1) 図1に欠落しているリレーションシップを補って，図を完成させよ。

(2) 図2に欠落しているリレーションシップを補って，図を完成させよ。

(3) 図3中の　　a　　 ～ 　　h　　 ，図4中の　　i　　 ～ 　　m　　 に入れる適切な属性名を，一つ又は複数答えよ。

設問2 工場内物流及び棚番管理の改善に関係する領域の概念データモデル及び関係スキーマについて答えよ。

(1) 図5に欠落しているリレーションシップを補って，図を完成させよ。

(2) 図6中の　　n　　 ～ 　　r　　 に入れる適切な属性名を，一つ又は複数答えよ。

＜午前Ⅰ（共通知識）の問題　内容と解答一覧＞

☆得点は各問 3.4 点で計算（上限は 100 点），100 点満点

番号	問 題 内 容	答
問 1	集合の包含関係	エ
問 2	ハミング符号による誤り訂正	イ
問 3	線形リスト	ア
問 4	キャッシュの平均読取り時間	ア
問 5	サーバ機器に搭載する CPU 台数	ウ
問 6	セマフォとタスクの状態遷移	ア
問 7	D/A 変換器の出力電圧	ウ
問 8	第 3 正規形	ア
問 9	CAP 定理における三つの特性の組合せ	イ
問 10	イーサネットのL2 スイッチ	イ

番号	問 題 内 容	答
問 21	データバックアップ	ア
問 22	システム運用のセキュリティに関する監査の指摘事項	ウ
問 23	EA のアーキテクチャと成果物	イ
問 24	サービスパイプライン	イ
問 25	要件定義の留意点	ウ
問 26	バリューチェーン分析	ウ
問 27	技術開発における"死の谷"の説明	エ
問 28	PM 理論によって類型化されたリーダーのタイプ	イ
問 29	利益を確保するために必要な販売数量	ウ
問 30	CC ライセンス	ア

番号	問 題 内 容	答
問 11	ネットワークアドレスとサブネットマスク	イ
問 12	Emotet に感染した場合の影響	エ
問 13	CSIRT の説明	ウ
問 14	情報システムのセキュリティコントロール	エ
問 15	ドメイン間で認証情報などを伝送・交換する Web サービス	イ
問 16	モジュール強度とモジュール結合度	イ
問 17	五つの価値を原則とするアジャイル開発手法	ア
問 18	プレシデンスダイアグラムにおける作業完了日数	ウ
問 19	リスク対応とリスク対応戦略の組合せ	イ
問 20	IT サービスマネジメントにおけるインシデント	ウ

＜データベーススペシャリスト　午前Ⅱの問題　内容と解答一覧＞

☆1問4点，100点満点

番号	問 題 内 容	答
問1	適切な DBMS	ウ
問2	参照制約に伴う実行結果	エ
問3	導けない関数従属	イ
問4	関係の正規化	ア
問5	冗長なリレーションシップ	ウ
問6	集合演算	エ
問7	ウィンドウ関数による移動平均を求める SQL 文	イ
問8	外結合	ア
問9	CASE 式の穴埋め	エ
問10	SQL 文の実行結果	ア

番号	問 題 内 容	答
問21	オープンリダイレクトを悪用される被害の例	イ
問22	MIPS 値の算出	ウ
問23	システムが故障によって使えなくなる確率	ア
問24	マイクロサービス	エ
問25	アジャイル開発の体制	エ

番号	問 題 内 容	答
問11	データブロックサイズ	イ
問12	隔離性水準	ア
問13	多版同時実行制御（MVCC）の記述	イ
問14	関係データベースシステムの性能向上	ウ
問15	DBMS のチェックポイント	ウ
問16	デッドロックの対策	エ
問17	ビッグデータ	ア
問18	データの問合せ・分析をリアルタイムに行うもの	エ
問19	Web 画面からの入力文字列の置換え	エ
問20	共通鍵暗号方式	エ

＜データベーススペシャリスト　午後Ⅰの解答例＞

問1　　データベース設計	(855592) ■公 20HDBPⅠ1

【解答例】

［設問1］　　(1)　太線，太矢印が解答となる。

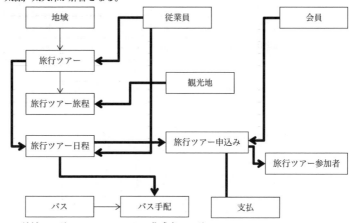

(2)　a：地域コード　　　　　b：作成者コード

　　　c：ツアーコード　　　　d：ルートコード

　　　e：観光地コード　　　　f：ツアーコード

　　　g：ツアー日付　　　　　h：添乗員コード

　　　i：バスコード　　　　　j：ツアーコード

　　　k：ツアー日付　　　　　l：会員コード

　　　m：ツアーコード　　　　n：ツアー日付

　　　o：会員コード　　　　　p：ツアーコード

　　　q：ツアー日付

※空欄a・bは順不同，空欄c〜eは順不同，空欄f〜hは順不同，空欄i〜kは順不同，
空欄l〜nは順不同，空欄o〜qは順不同

[設問2] (1) ① 太枠線内が解答となる。

エンティティ タイプ名 処理名	従業員	旅行ツアー	旅行ツアー日程	旅行ツアー旅程	旅行ツアー申込み	観光地	地域	バス	バス手配
旅行ツアー作成	R	C					R		
旅行ツアー旅程作成		R		C		R			
旅行ツアー日程作成	R	R	C						
旅行ツアーバスの手配			R					R	C
旅行ツアー日程の中止			D	D					D

② 太枠線内が解答となる。

エンティティ タイプ名 処理名	会員	旅行ツアー参加者	旅行ツアー日程	旅行ツアー申込み	支払
新規会員登録	C				
旅行ツアーの申込み	R	C	R	C	
支払処理	R			R	CU
旅行ツアーの参加者変更	R	CUD 又は CD	U	U	U
旅行ツアーのキャンセル	R		U	D	D

(2) ① 追加するエンティティタイプ名：旅行ツアー日程

② 旅行ツアー日程の属性で中止フラグを立て，旅行ツアー申込みのレコードは削除しない。

[設問3] (1) ① 追加するエンティティタイプ名：会員

追加する属性名：ポイント数

② ポイント（会員コード，ツアーコード，ツアー日付，付与利用，ポイント数）

(2) サブタイプ：共存的サブタイプ

理由：添乗員が旅行ツアーを作成することがあるため

問2　データベースでのトリガーの実装
(855710)
■公 23ADBP I 2

【解答例】

[設問1]　(1)　ア：挿入　　イ：製品番号　　ウ：オフ　　エ：実在庫数量

　　　　　　　　オ：未引当　　カ：受注数量　　キ：引当済数量

　　　　　(2)　(a)　ク：READ COMMITTED

　　　　　　　　　　ケ：ロストアップデート（又は，更新の喪失）

　　　　　　　(b)　FOR UPDATE 句を指定する。

[設問2]　(1)　a：UPDATE　　b：引当済数量　　c：FOR EACH ROW　　d：WHEN

　　　　　(2)　(a)　出庫でも"在庫"テーブルの引当済数量が更新される

　　　　　　　(b)　生産指示フラグがオフを判定する。

　　　　　　　　　　（又は，生産指示フラグがオンでないことを判定する。）

[設問3]　(1)　e：在庫　　　f：製品　　　g：ランダム（又は，無作為，任意，不定）

　　　　　(2)　受注明細の登録と入庫の処理を，それぞれ製品番号順に処理する。

問3　関係データベースの性能
(855594)
■公 20HDBP I 3

【解答例】

[設問1]　(1)　a：3,000　　　　b：15,000　　　c：3

　　　　　(2)　d：5　　　　　　e：200　　　　f：1,500

　　　　　(3)　表探索が実行されるため

[設問2]　(1)　ユニーク索引

　　　　　　　　理由：タスク番号で行を一意に識別できるため

　　　　　(2)　索引3

　　　　　　　　理由：主キーによる並べ替えが頻繁に行われるため

[設問3]　(1)　g：索引5　　h：索引4　　i：索引3

　　　　　(2)　従業員番号は，索引キーの1列目以外に編成されているため

　　　　　(3)　優先度，カテゴリ番号

問番号	設問番号	配点	小計	得点
問1	[設問1]	(1) リレーションシップ：1点×9, (2) a～q：1点×17	50点	
	[設問2]	(1) ①, ②：2点×2, (2) ①, ②：3点×2		
	[設問3]	(1) ①追加するエンティティタイプ名：2点, 追加する属性名：2点, ②4点, (2) サブタイプ：3点, 理由：3点		2問解答=100点
問2	[設問1]	(1) ア～キ：2点×7, (2) (a) ク, ケ：2点×2, (b) 2点	50点	
	[設問2]	(1) a～d：2点×4, (2) (a) 5点, (b) 5点		
	[設問3]	(1) e～g：2点×3, (2) 6点		
問3	[設問1]	(1) a～c：3点×3, (2) d～f：3点×3, (3) 4点	50点	
	[設問2]	(1) 名称：2点, 理由：3点, (2) 名称：2点, 理由：3点		
	[設問3]	(1) g～i：3点×3, (2) 5点, (3) 4点		
		合　計		100点

＜データベーススペシャリスト　午後Ⅱの解答例＞

| 問1　データベースの設計，実装 | (855711)
■公 23ADBPⅡ1 |

【解答例】

[設問1]　(1)　a：216,000,000　　b：28（バイト）　　c：3,375,000

　　　　　(2)　(a)　最小読込みページ数の根拠：クラスタ率が最も高く，1ページ中の行が全て探索行であるため

　　　　　　　　　　最大読込みページ数の根拠：クラスタ率が最も低く，1ページ中の行に探索行が1行しかないため

　　　　　　　(b)　d：1,080,000　　e：16,875　　f：1,080,000

　　　　　　　(c)

列名＼項目	データ型	NOT NULL	格納長（バイト）	索引の種類と構成列 P	NU
ユーザー番号	CHAR(5)	Y	5	1	
年月日	DATE	Y	4	2	2
睡眠区分	CHAR(1)	Y	1	3	
年代	INTEGER	Y	4		1
睡眠時間	INTEGER	Y	4		

　　　　　　　(d)　最小読込みページ数：1　　最大読込みページ数：90

[設問2]　(1)　(a)　g：MIN(脈拍数)　　h：MAX(脈拍数)

　　　　　　　　　i：C.年 = W2.年 AND C.月 = W2.月 AND C.日 = W2.日

　　　　　　　　　（AND で区切られた条件は順不同）

　　　　　　　(b)　脈拍が取得されない年月日が存在するため

　　　　　(2)　j：UNION（又は, UNION ALL）

　　　　　　　k：SUM(活動秒数)/3600

　　　　　　　l：GROUP BY Y.ユーザー番号

　　　　　　　m：PARTITION BY 年代 ORDER BY 月間活動時間 DESC

[設問3]　(1)　n：178（ミリ秒）　　o：2,025（ミリ秒）

　　　　　(2)　ユーザーの年代が実データに近い比率で分散するように値を設定する

　　　　　(3)　差異1："アドバイス履歴"テーブルの探索は，索引だけで処理されデータページの読込みが発生しなかったから

　　　　　　　差異2：処理2の実行によって，同時に実行される処理3が参照するページがバッファから追い出されたこと

【解答例】

［設問1］　(1)　太線，太矢線が解答となる。

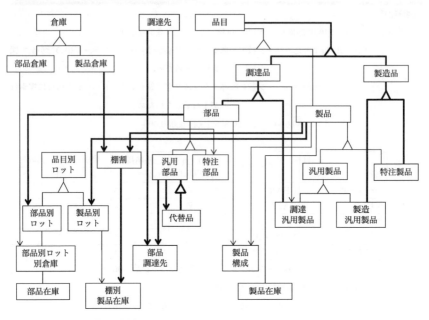

(2)　太線，太矢線が解答となる。

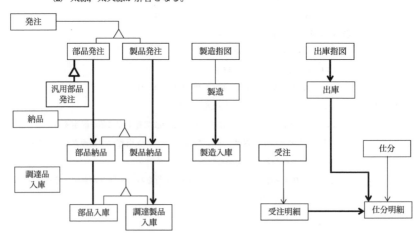

(3) a：品目区分，自社製造区分

b：JIS 規格，代替品区分

c：代替元汎用部品品目コード

d：調達 LT，調達先コード

e：汎用部品品目コード，調達先コード，調達 LT

f：製品品目コード，ロット番号，連番

g：製品倉庫コード，棚番号，製品品目コード，棚割当日

h：製品倉庫コード，棚番号，ロット番号

i：調達先コード

j：部品品目コード，部品発注番号

k：調達汎用製品品目コード，製品発注番号

l：製品倉庫コード，棚番号，ロット番号

m：受注番号，受注明細番号，出庫番号

［設問 2］　(1)　太線，太矢線が解答となる。

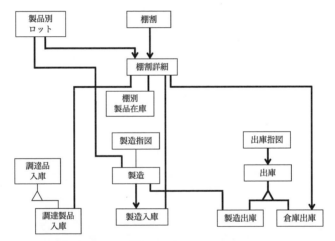

(2) n：製品倉庫コード，棚番号，棚スペース使用状況

o：棚割詳細番号，製品倉庫コード，棚番号，製品品目コード，ロット番号

p：出庫日，出庫指図番号，出庫区分

q：製造番号，直接出庫数

r：棚割詳細番号，倉庫出庫数

問番号	設問番号	配点	小計	得点
問1	［設問1］	(1) a〜c：2点×3，　(2)(a) 最小読込みページ数の根拠：4点，最大読込みページ数の根拠：4点，(b) d〜f：2点×3，(c) 1点×27，(d) 最小読込みページ数：2点，最大読込みページ数：2点	100点	1問解答 ＝100点
	［設問2］	(1)(a) g〜i：4点×3，(b) 3点，(2) j〜m：4点×4		
	［設問3］	(1) n，o：2点×2，(2) 4点，(3) 差異1：5点，差異2：5点		
問2	［設問1］	(1) リレーションシップ：2点×12，(2) リレーションシップ：2点×9，(3) a〜m：2点×13	100点	
	［設問2］	(1) リレーションシップ：2点×11，(2) n〜r：2点×5		
		合　　計		100点

■執　筆

山本　森樹

井上　祐輔
大熊　伸幸
三浦　一志
森脇　慎一郎

アイテック IT 人材教育研究部
　石川　英樹
　長谷　和幸
　小口　達夫

2024−2025　データベーススペシャリスト　総仕上げ問題集

編著■アイテック IT 人材教育研究部
制作■山浦　菜穂子　　晴野　慧大
DTP・印刷■株式会社ワコー

発行日　2024 年 4 月 17 日　第 1 版　第 1 刷
発行人　土元　克則
発行所　株式会社アイテック
　　　　〒143-0006
　　　　東京都大田区平和島 6-1-1　センタービル
　　　　電話　03-6877-6312
　　　　https://www.itec.co.jp/

© 2024 ITEC Inc. 703616-10WC
ISBN978-4-86575-321-9 C3004 ¥2980E

プロ講師の解法テクニック伝授で合格を勝ち取る！

2024秋　アイテックオープンセミナー
情報処理技術者試験対策講座『合格ゼミ』

https://www.itec.co.jp/howto/seminar/#a02

高いスキルと豊富な経験を誇るベテラン講師の解説で，テキストで学ぶ以上の知識や
テクニックを習得できます。最新の試験傾向をいち早く分析し対応している，
アイテックと講師のノウハウが詰まった，最善のカリキュラムを提供します。
『合格ゼミ』で合格を勝ち取りましょう！

試験区分	略号	セミナー名	価格	第1回	第2回	第3回
基本情報技術者	FE	一日対策講座	¥16,980	9/21(土)		
応用情報技術者	AP	テクノロジ系午後対策講座	¥47,000	8/3(土)	8/24(土)	9/14(土)
		マネジメント系 / ストラテジ系午後対策講座	¥18,980	9/7(土)	—	—
		直前対策講座	¥18,980	9/22(日)	—	—
情報処理安全確保支援士	SC	午後対策講座	¥57,000	8/4(日)	8/25(日)	9/15(日)
		直前対策講座	¥19,980	9/22(日)	—	—
データベーススペシャリスト	DB	午後対策講座	¥57,000	8/3(土)	8/24(土)	9/14(土)
		直前対策講座	¥19,980	9/21(土)	—	—
エンベデッドシステムスペシャリスト	ES	試験対策講座	¥19,980	9/7(土)	—	—
プロジェクトマネージャ	PM	午後対策講座(論文添削付き)	¥81,000	8/3(土)	8/24(土)	9/14(土)
		直前対策講座	¥20,980	9/21(土)	—	—
システム監査技術者	AU	午後対策講座(論文添削付き)	¥81,000	8/3(土)	8/24(土)	9/14(土)
		直前対策講座	¥20,980	9/21(土)	—	—

※表示の価格はすべて税抜きの価格です。本内容は予告なく変更となる可能性がございます。
　詳細は Web にてご確認ください。